高等学校
工程管理专业应用型本科规划教材

Jianzhu Qiye Jingying Guanli

# 建筑企业经营管理


主　编　张涑贤　姜早龙
副主编　张国兴　周桂芳
　　　　王东民
主　审　庞永师




人民交通出版社
China Communications Press

## 内容提要


本书为高等学校土建学科工程管理专业应用型本科规划教材。

本书系统地阐述了市场经济条件下建筑企业经营管理的基本理论、基本内容和基本方法等，并介绍了企业管理理论最新理论和方法在建筑企业经营管理活动中的应用。全书内容共分12章，主要包括建筑企业管理总论、建筑企业组织管理、建筑企业战略管理、建筑企业文化和人力资源管理、建筑企业经营预测与决策、建筑企业计划管理、建筑企业投标与合同管理、建筑企业施工生产要素管理、建筑企业技术管理、建筑企业财务管理、建筑企业质量管理、建筑企业信息化建设与管理等。

本书可作为高等学校工程管理专业、土木工程专业及管理类其他专业的教材或教学参考书，亦可供管理科学与工程研究生、专业研究生及有关企事业单位中的人员学习和参考。

# 高等学校工程管理专业应用型本科规划教材出版说明

工程管理专业自1998年设置以来，伴随着国民经济及工程建设的迅猛发展，已逐步成熟完善，目前已有近300所院校开设该专业。在这些院校里面，有相当一部分以“应用型”定位为主，各院校结合自身的专业特点，形成了各具特色的教学培养模式。为满足广大“应用型”本科院校的需要，加强特色方向教材的出版，人民交通出版社深入调研，周密组织，在高等学校工程管理专业指导委员会的热情鼓励和悉心指导下，蒙清华大学朱宏亮教授尽心主持，得到了国内七十余所高校的积极响应，邀请一大批各院校骨干教师参与，由国内一流专家审稿，组织、编写、出版了本套高等学校土建学科工程管理专业应用型本科规划教材。

本套教材以《全国高等学校土建类专业本科教育培养目标和培养方案及主干课程教学基本要求——工程管理专业》为纲，结合专业建设、课程建设和教学改革以及本学科的最新研究成果，设置了技术平台课程、管理平台课程、经济平台课程、法律平台课程，以及工程项目管理方向课程、房地产经营与管理方向课程、投资与造价管理方向课程、公路工程项目管理方向课程，进行了相应的教材开发，供各院校选用。

本套教材以“应用型”定位为出发点，结合教学实际，全面规划成系列开发近50个品种。教材编委会、审稿委员会、编写与审稿人员全力以赴，为打造精品教材做出了不懈努力，希望能够以此推动工程管理专业的教材建设。

本套教材适用于高等学校工程管理专业，各高校独立学院、成人教育学院及网络教育中的工程管理、房地产经营与管理、工程造价等相关专业亦可选用。

**人民交通出版社**

**2006年12月**

# 前　言

2006年4月22日，全国高等院校土建学科工程管理专业应用型本科教材编写委员会建设工程项目管理方向教材大纲审定会在北京召开，本次会议对包括《建筑企业经营管理》在内的10本规划教材的编写大纲进行了充分的讨论。会议指出，本套教材编写要结合“全国高等学校土建类专业本科教育培养目标和培养方案及主干课程教学基本要求”，紧密围绕本次会议确定的编写大纲展开，并应注重教材的通用性，切实体现本套教材的应用型特色。

根据上述会议精神，本教材的编写凸显以下特色：

(1) 本着“应用型”教材的特色定位，教材在编写的过程中，尽量少理论阐述，多实践应用，注重实例和案例教学，教材中涉及到多种具体的技术方法在建筑企业管理相应领域的具体应用。

(2) 考虑与工程管理专业其他相关课程的内容衔接，又不失本教材的独立性与完整性，综合权衡，来安排本教材的内容。尽量避免重复，更不要有某个知识模块的短缺。

(3) 融入最新的企业管理理论和方法及其在建筑企业经营管理中的应用状况和应用前景。

本教材包括建筑企业管理总论、建筑企业组织管理、建筑企业战略管理、建筑企业文化和人力资源管理、建筑企业经营预测与决策、建筑企业计划管理、建筑企业投标与合同管理、建筑企业施工生产要素管理、建筑企业技术管理、建筑企业财务管理、建筑企业质量管理、建筑企业信息化建设与管理等共12章内容。由西安建筑科技大学张涞贤副教授和湖南大学姜早龙副教授主编。其中，绪论、第1章由张涞贤和长安大学研究生刘涛编写，第4章、第7章由姜早龙编写，第3章、第6章由平顶山工学院张国兴副教授编写，第9章、第12章由平顶山工学院王东民副教授编写，第8章、第10章第3、4节由平顶山工学院周桂芳高级会计师编写，第11章由西安建筑科技大学孔凡楼讲师编写，第2章由湖南城市学院朱伟华讲师编写，第5章由平顶山工学院孙亚辉讲师编写，第10章第1、2节由山东财经大学温凤荣老师编写。全书由张涞贤最终统稿，定稿。

本教材在编写的过程中，参考了大量的相关教材、文献，论著和资料，在此谨向编著者表示衷心的感谢。并感谢在本教材校稿工作中付出辛勤劳动的王瑾、何汉东、周金菊等同志。

本书由广州大学庞永师教授主审，为本书提供了许多建设性的意见，在此表示感谢。

由于编者水平有限，本教材中难免有不妥和错误之处，恳请读者给予批评指正。

**编　者**

**2006 年 11 月**

# 学习导言

各位同学，首先欢迎你们进入建筑企业经营管理课程的学习。《建筑企业经营管理》作为工程管理专业的学科方向课，不论对大家的学习，还是以后走向工作岗位都有着重大的指导意义。

学生毕业以后要到企业去工作，而工程管理专业的学生有相当一部分同学要到建筑企业去工作，所以在走向工作岗位以前应该首先对建筑企业的生产、经营状况有一个全面的了解，而《建筑企业经营管理》课程正是迎合了工程管理专业培养的此项目的和要求。

《建筑企业经营管理》是一门综合性的交叉学科，其内容涉及到建筑企业生产与经营活动的方方面面。本教材在编写的过程中，既考虑到与工程管理专业其他相关课程的内容衔接，又不失本教材的独立性与完整性，另外，还特别注意将企业管理的最新理论和方法结合建筑企业的特殊性来应用。鉴于以上考虑，教材的内容安排总体上包括**建筑企业管理基本理论**、**建筑企业经营管理**和**建筑企业生产管理**几个大的模块，具体表现为建筑企业管理总论、建筑企业组织管理、建筑企业战略管理、建筑企业文化和人力资源管理、建筑企业经营预测与决策、建筑企业计划管理、建筑企业投标与合同管理、建筑企业施工生产要素管理、建筑企业技术管理、建筑企业财务管理、建筑企业质量管理、建筑企业信息化建设与管理等相关章节。各章节内容与建筑企业经营管理的实践活动之间的逻辑对应关系如下图所示：

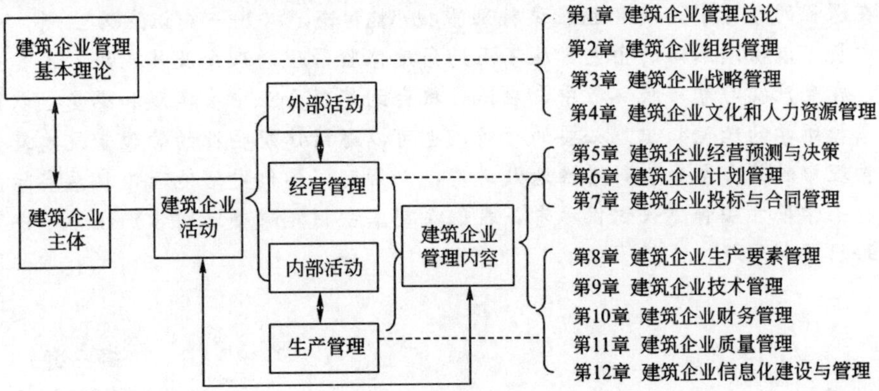

由上图可以看出本教材的内容安排概况。首先介绍建筑企业主体和建筑企业不同于其他企业的特点，并介绍由建筑企业特点决定的建筑企业管理的特点，进一步介绍了现代一些企业管理理论在建筑企业的应用。由“建筑企业主体”决定的是教材中的“建筑企业管理基本理论”模块，由教材内容的第 1 章至第 4 章体现；“建筑企业活动”包括“外部活动”和“内部活动”，“建筑企业管理的内容”即是由“建筑企业活动”的内容所决定的，由“外部活动”的内容决定的是建筑企业“经营管理”模块的内容，在教材中体现为第 5 章至第 7 章；由“内部活动”决定的是建筑企业的“生产管理”模块的内容，在教材中体现为第 8 章至第 12 章。当然，教材中三大模块内容的安排只是编写教材的总体思路，而涉及到某些具体的章节，对于这三大块内容的体现并没有绝对的界限。

根据工程管理专业的培养计划，《建筑企业经营管理》课程拟在第 6 学期或第 7 学期开设。为了使本课程有更好的学习效果，结合这些年的教学经验，介绍几点学习要领以供参考：

本课程的先行课应该有《管理学》等其他课程。有了管理学的基本理论，在《建筑企业经营管理》的学习过程中，同学们就可以进一步更好地理解和体会管理学基本理论在建筑企业经营管理中的应用。

在《建筑企业经营管理》的内容结构中，重点应该是建筑企业管理总论，建筑企业组织管理、建筑企业战略管理、建筑企业经营预测与决策、建筑企业计划管理、建筑企业生产要素管理、建筑企业质量管理等，其中，国民经济中的建筑业、建筑企业的特点、建筑企业管理的特点、我国建筑企业管理的现状与发展、建筑企业素质、建筑企业组织结构的形式以及未来组织结构发展的方向、建筑企业战略形势分析、建筑企业计划体系与计划指标体系、建筑市场的特征、建筑企业施工生产管理等内容是难点。在学习这些内容时，一方面应结合建筑企业的特点关注有关理论在建筑企业的应用，另一方面应特别关注有关理论的最新发展。所以本课程的学习中应特别注意查阅相关网站和期刊，以期了解有关知识的最新发展趋势。

在课程的学习中，读者也应该特别重视**小组讨论**，以某个知识点为主题，小组中的成员可以扮演不同的角色，从不同的角度体验管理的理念及其应用。尤其是本科生，在生产实习等实践环节中，应抓住机会到建筑企业中去实践和感受，以期更好地掌握所学的理论知识。必要的时候，也可以邀请建筑企业的管理者就建筑企业经营管理中的某个主题有针对性地做讲座，以帮助同学们更好地理论联系实际。

以上学习方法和建议仅供参考，我们希望本教材能够帮助同学们在学习中得到更多的启发和乐趣。

**编　者**

**2006 年 11 月**

# 目 录

# 绪论

### 1. 建筑企业经营管理的研究内容和任务

建筑企业经营管理是系统地研究建筑企业生产经营管理活动的客观规律及其方法的一门科学。它是由一系列的管理理论、原则、形式、程序、方法和制度等组成，是企业管理学的一个特殊领域。它是建筑企业经营管理实践活动在理论上的概括和反映。

建筑企业经营管理的研究内容主要包括以下三个方面：一是研究合理组织生产力的问题，即研究如何根据市场的需要和企业目标的要求合理配置和充分利用企业中的人、财、物及各种资源，以求得最佳的社会经济效益的问题；二是研究改善生产关系的问题，即研究如何正确处理企业中人与人的相互关系问题，研究如何建立和完善企业领导体制和组织结构等问题：研究如何教育、激励企业内员工，从而最大限度地调动各方面的积极性和主动性，为实现企业目标而服务；三是研究上层建筑方面的问题，即研究如何使企业内部环境与其外部环境相适应的问题，研究如何使企业的经营方针政策、规章制度、价值标准、道德规范等与社会的政治、经济、法律、道德等上层建筑保持一致的问题，从而维护正常的生产关系，促进生产力的发展。上述几方面是密切结合不可分割的。

建筑企业经营管理的任务是：总结我国建筑企业管理的实践、思想、理论和丰富的经验，研究和借鉴国外企业管理有益的、最新的理论和方法，建立具有中国特色的企业管理理论，指导建筑企业生产经营管理活动，促进建筑企业管理现代化和国际化。

### 2. 建筑企业经营管理课程的性质

建筑企业经营管理作为一门学科与其他学科不同，它具有很多特点，如建筑企业经营管理是一门综合性学科，既是科学又是艺术，是一门不精确的学科，要用系统的观点来学习等。了解建筑企业经营管理的这些特点，将有助于加深理解本书内容。

建筑企业经营管理是一门综合性的交叉学科。其主要目的是要指导建筑企业经营管理的实践活动。而当代的企业经营管理活动是十分复杂的，影响因素有经济、技术、社会文化、政治和法律等一般环境因素，还有竞争对手、顾客、供应商、政府机构、各利益相关者等任务环境因素，以及自然因素等，因此，作为管理者要搞好企业的经营管理工作，仅掌握单一方面的知识是远远不够的，只有具备广博的知识面才能对各种管理问题应付自如。管理者必须考虑企业内外错综复杂的因素，要利用工程技术学、经济学、数学、运筹学、系统工程、统计学、心理学、人类学、社会学、生理学、伦理学等的研究成果和方法，借助电子计算机等有效工具，对企业经营管理活动进行定性和定量的分析，从中研究出行之有效的管理理论，并用以指导企业管理的实际工作。所以从建筑企业经营管理与许多学科的相互关系来看，它是一门交叉学科，但从它又要综合利用上述许多学科的成果才能发挥自己的作用来看，它又是一门综合性的学科。

建筑企业经营管理既是一门科学又是一门艺术。建筑企业经营管理是一门科学，因为它具有科学的特点，即客观性、实践性、理论系统性、真理性与发展性。建筑企业经营管理是从客观实际出发，揭示建筑企业经营管理活动的各种客观规律，这些规律是客观存在的，违反规律必然遭到惩罚；建筑企业经营管理又是从实践中产生并发展起来的一门学科，它所包含的知识是人们多年来经营管理实践经验的总结，它的直接目的是有效地指导实践；建筑企业经营管理的管理理论是对大量的实践经验进行概括和总结而完成的，它的各部分内容有着紧密的联系，从而形成合乎逻辑的系统；建筑企业经营管理是一种科学知识，是对客观事物及其规律的真实反映；建筑企业经营管理知识处于不断发展完善的过程当中，要在发展中不断充实、完善，有些内容要根据实际进行修正，使之能够更有效地指导实践。

建筑企业经营管理又是一门不精确的学科。在给定条件下能够得到确定结果的学科称之为精确的学科。数学就是一门精确的学科，只要给出足够的条件或函数关系，按一定的法则进行演算就能得到确定的结果。企业管理则不同，在已知条件完全一致的情况下，有可能产生截然相反的结果。亦即在投入的资源完全相同的情况下，其产出却可能不同。因为影响管理的管理效果的因素太多，两个企业的生产条件、人员素质和领导方式完全相同，它们的经营效果很可能相差甚远。因为两个企业的“投入”，即使表面上在数量、质量等方面完全相同，人的心理因素也不可能完全相同，而人的心理因素在企业管理中必然是一种不可忽略的因素。在这样复杂的情况下，还没有找出更有效的定量方法使管理本身精确化，只能借助于定性的办法或利用统计学的原理来研究企业管理。所以说，企业管理是一门不精确的学科。

建筑企业经营管理既是一门应用科学又是一门艺术。建筑企业经营管理的思想、理论和方法来源于建筑企业经营管理的实践，接受实践的检验，反过来指导管理实践，具有很强的应用性。建筑企业经营管理又是一门艺术，艺术的含义是指能够熟练地运用知识并且通过巧妙的技能来达到某种效果。真正掌握了企业管理知识的人，应该能够熟练灵活地把这些知识应用于实践，并能根据自己的体会不断创新。这一点同其他学科不同。学会了数学，就能求解微分方程；背熟了制图的所有规则，就能画出建筑物。企业管理则不然，背会了所有的管理原则，不一定能够有效地进行管理。重要的是培养灵活运用管理知识的技能，这种技能在课堂上是很难培养的，需要在实际管理工作中去掌握。

3. 建筑企业经营管理的学习方法

建筑企业经营管理是工程管理专业的一门学科方向课。房屋建筑学、工程结构、土木工程施工等课程为学习该课程提供技术基础；应用统计学、运筹学等课程为学习该课程提供理论方法和手段；管理学原理、工程经济学、工程估价等课程是建筑企业经营管理的先行课。以上这些课程都与建筑企业经营管理密切相关，是学习该课程的重要基础。

学习建筑企业经营管理必须采用系统的方法和理论联系实际的方法。系统的学习和研究方法，就是用系统的观点来分析研究和学习企业管理的原理和管理活动；理论联系实际的方法，就是要进行企业案例调查和分析、企业实习、开展课堂或小组专题讨论等，以提高运用管理的基本理论和方法去发现问题、分析问题和解决问题的能力。在本课程的学习中，还特别要注意在学习国外企业管理理论和经验时，一定要从我国国情出发，考虑我国的社会制度、生产力发展水平、自然条件以及传统文化的不同，并结合我国建筑企业管理发展和改革的实际情况，有分析有选择地学习和吸收，通过实践不断升华和运用、检验理论，形成符合我国建筑企业实际经营管理状况的建筑企业经营管理理论。

# 第1章 建筑企业经营管理总论

**本章概要**

1. 企业的概念及分类，企业管理的概念、性质和任务，企业管理的职能，企业管理现代化；
2. 现代企业的一般特征，及其定义与形式；
3. 建筑企业概念、分类及特点，建筑企业管理的内容和特点；
4. 我国建筑企业现状与发展；
5. 建筑企业系统的构成要素，企业素质的概念，建筑企业素质的内容；
6. 建筑企业资质等级及其管理。

## 1.1 企业及企业管理

### 1.1.1 企业及其分类

1. 企业概念及特征

**企业**是从事生产、流通和服务等经济活动，以盈利为目的，向社会提供产品或劳务，依法自主经营、自负盈亏、自我发展、自我约束，依照法定程序成立的经济组织。

企业具有以下特征：

(1) 企业是一个经济组织。企业从事的活动主要是经济活动，即从事有关社会生产、交换、分配、消费等活动。这是区别企业与国家机构和行政机关的重要标志。企业是直接从事经济活动的经济组织，而国家机构和行政机关虽然也要管理经济，如制定经济政策、经济法规，进行经济规划等，但他们不直接从事经济活动。

(2) 企业以盈利为目的。企业不仅要为社会提供需要的产品，而且要为社会经济的发展提供积累，以保证扩大再生产。这是区别企业与事业单位的主要依据。企业从事经济活动的直接目的是追求利润，创造利润是其生存的条件。

(3) 企业实行自主经营和自负盈亏。以盈利为目的决定了企业必须具有独立性，即实行独立核算，力争以尽可能少的人力、物力、财力和时间的投入，获得尽可能多的利润。但盈利的结果，取决于企业经营管理水平。企业在经济活动中可能盈利，也可能亏损。如果企业盈利，企业就将得到发展；如果出现亏损，企业必须扭亏为盈，否则将会倒闭、破产。

（4）企业必须承担社会责任。企业对社会承担责任的目的在于满足社会需要，并获取利润。满足社会需要不仅要满足顾客和用户的需要，而且要满足股东、员工、供应商、经销商、银行、同行业竞争者的需要，以及满足政府机关、社区、媒体及一切与之相关社会团体的需要。这就决定了企业不能只为了自身谋取利益，而且要肩负兼顾各方面利益的社会责任。企业必须根据社会的需要，组织生产经营活动，时时、事事、处处为顾客和客户着想，注重社会效益，这样才能在竞争中求生存、谋发展。

（5）企业必须是经济法人。“法人”是相对于自然人而言的。经济法人是指依法成立，并能按有关法律规定行使法定权力、履行法定义务的社会经济组织。

一个企业的成立，必须依照法律规定，依法办理注册登记和完备的审批手续，取得政府有关部门在法律上的正式承认，并在银行开设账户，这样，企业才取得法人资格。

作为法人，就能以自己的名义从事民事活动，享有民事权利，承担民事义务。企业就能独立地对外与其他社会组织签订具有法律效力的合同、协议、契约，并受到法律的保护和制约。

任何企业均应同时具有以上特征。所以，看一个组织是否为企业，关键看其特征，而不管其名称如何。

2. 企业的分类

企业作为国民经济的基本单位或细胞，对社会的发展、国家经济的繁荣、人民生活的改善都起着十分重要的作用。企业可从以下不同的角度进行分类。

（1）按行业的不同，企业可分为工业企业、建筑企业、农业企业、交通运输企业、邮电通讯企业、商业企业、物资企业、金融企业、服务企业等。

（2）按从事经济活动的不同，企业可分为：从事商品生产的生产性企业，如工业企业、农业企业、建筑企业等；在流通领域中为交换和分配服务的企业，如交通运输企业、商业企业、金融企业等；为生产、流通、消费服务的各类服务性企业（如提供咨询、信息服务的企业）和提供生活消费和文化娱乐等服务的企业（如饭店、旅馆、文娱体育场所等）。

（3）按生产资料所有制不同，企业可分为国有企业、集体所有制企业、私营个体企业、三资企业和混合所有制企业等。

（4）按生产力各要素所占比重不同，企业可分为劳动密集型企业、技术密集型企业和知识密集型企业。

（5）按资产组织形式和所承担的法律责任不同，企业可分为独资企业（即个人业主制企业）、合伙制企业和公司制企业等。

### 1.1.2 企业管理的概念、性质和任务

#### 1. 企业管理的概念

企业管理就是对企业的生产经营活动所进行的决策、计划、组织、控制，以及对职工的领导和激励等一系列工作活动的总称。企业的生产活动主要以内部活动为主，经营活动主要以外部活动为主，其内容如图 1-1 所示。由于企业活动包含生产活动和经营活动两部分，所以企业管理包括生产管理和经营管理两大部分。

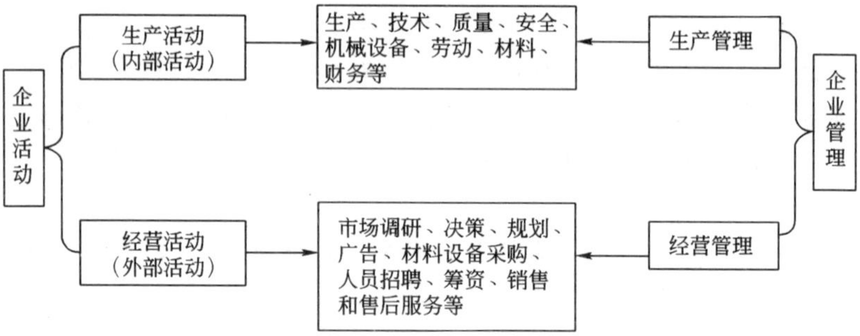


图 1-1　企业活动与企业管理对应图

（1）企业内部生产活动。

企业内部生产活动是指为了实现企业的经营目标，执行经营确定的方针和策略，对企业的生产活动及人、财、物、信息等资源所进行的计划、组织、控制等一系列工作活动，即生产管理。其目的是不断提高生产和工作效率，保证企业生产经营活动正常进行。企业生产管理，是以生产为对象的管理，其活动范围主要是企业内部的生产领域，其工作内容主要包括生产、技术、质量、安全、机械设备、劳动、材料、财务等具体管理业务。

（2）涉及企业外部流通领域的活动。

企业的经营是面向市场、面向未来的，时刻研究外部环境的变化，不断寻求新出路、新目标的总体思考和战略行动。根据其外部环境和内部条件，制定所应采取的目标、方针与策略等一系列具有全局性战略意义的活动。企业经营活动范围主要是社会市场，涉及商品流通领域，其工作内容主要包括市场调研、决策、规划、广告、材料设备采购、人员招聘、筹资、销售和售后服务等，对其称为经营管理。其目的在于不断提高企业的经济效益，保证企业生存和不断发展。

2. 企业管理的性质和任务

(1) 企业管理的性质。

企业作为一个生产经营活动的经济组织，具有二重性。一方面，它是组织生产力活动的组织，具有由生产力、社会化大生产所决定的**自然属性**；另一方面，它又是体现一定生产关系的组织，具有由生产关系、社会制度所决定的**社会属性**。企业本身既然具有二重性，对企业的管理工作也必然具有二重性。这种管理的二重性是客观存在的。

企业为了提供满足社会及用户需要的产品并获取盈利，为了其生存和发展，必须根据市场的需求和现代化大生产的客观要求，按照生产技术经济规律的要求，对生产经营过程合理地进行决策、计划、组织和控制，有效地利用企业的一切资源，提高企业的经济效益。这种由合理组织和发展生产力引起管理的需要，就是企业管理的自然属性。它是没有阶级性的，在任何社会的企业都是相同的。

企业的生产经营活动都是生产资料的所有者按照自己的利益和意志来进行的，企业管理就是要维护和完善一定的生产关系，实现特定的目的。生产资料所有制不同，生产目的、人们的相互关系、分配制度也就不同，这就决定了企业管理的社会属性。它是有阶级性的，生产资料所有制不同的企业其社会属性也是根本不同的。

正确认识企业管理的二重性，有着重大的现实意义。

首先，企业管理的二重性体现着生产力和生产关系的辩证统一关系。在重视企业管理对维护和完善社会主义生产关系作用的同时，更要重视企业管理对发展生产力方面的作用。要提高企业的生产水平，必须着重抓好企业经营和合理组织生产力方面的工作。

其次，外国的企业管理理论、技术和方法是人类长期从事生产经营管理实践的产物，是人类智慧的结晶，是不分国界的。在学习、引进国外先进的管理经验时，要有鉴别和分析，要根据我国的国情和特点，辩证地使用。

再次，企业管理的制度、方法和技术，既受生产力发展水平的制约，又受社会制度、民族文化传统的制约和影响。要建立有中国特色的企业管理的科学体系，必须认真总结、继承和发展我国企业管理的经验，并吸取外国的先进经验。

(2) 企业管理的任务。

企业管理的任务取决于企业管理的性质，服从于企业的任务。企业任务的完成是通过管理任务的完成来实现的。企业管理的任务主要包括以下几个方面：

①树立正确的经营思想。经营思想是指企业在整个生产经营活动中的指导思想。它反映了人们对在生产经营全过程中发生的各种关系的认识和态度的总和。它决定着企业的经营目标、方针和经营战略。企业管理的首要任务，就是要确立企业的正确的经营思想，其核心就是为社会、用户、职工、出资者服务，提高整个社会

经济效益。为此，企业必须遵守国家的方针、政策、法律、法规，遵循规范的经营道德，杜绝违法乱纪、惟利是图、投机取巧、损人利己、破坏国家经济、妨碍社会发展的各种不正当行为。

②根据企业的外部环境和内部条件，正确制定企业的发展目标、经营方针和经营战略。企业的发展目标或经营目标是企业在一定时期内，在生产、技术和经济等方面应达到的规模、水平和发展速度。企业的发展或经营目标是在其经营思想的指导下，通过认真分析企业经营环境和经营要素的基础上得以确定的。

企业的经营方针是指导企业生产经营活动的行动纲领。它是按照企业的经营思想，为达到企业的经营目标而确定的，它反映了企业在一定时期的经营方向。

企业的经营战略，是为实现其经营目标，通过对外部环境和内部条件的全面估量和分析，从企业全局出发而作出的较长期的总体性的谋划和活动纲领。它涉及企业发展中带有全面性、长远性和根本性的问题，是企业经营思想、经营方针的集中表现，是确定规划、计划的基础。

③合理组织生产力，就是要使劳动力、劳动手段、劳动对象达到优化配置和充分利用，以取得企业的综合经济效益。

要合理组织生产力，必须正确处理生产力诸要素同生产工艺技术的关系。只有把劳动力、劳动手段、劳动对象与严格的工艺规程和熟练的操作技术结合起来，才能形成既定的生产力。此外，合理组织生产力，还必须做好一系列的生产组织工作，包括生产计划工作、生产准备工作、技术工作、物资供应、劳动力组织和经济核算等工作。只有全面做好这些工作，并且使它们密切配合，才能保证企业的生产顺利进行。

④不断调整生产关系，以适应生产力发展的需要。企业中的生产关系包括三个方面：生产资料所有制形式、生产过程中人与人的关系和产品分配关系。生产关系必须适应生产力的发展，才能促进生产的发展。

企业调整生产关系的内容包括：正确处理企业和国家之间的关系，正确处理企业与企业之间的竞争与协作关系，正确处理企业内部人与人的关系和分配关系，以及企业与消费者（用户）、出资者和地区社会间的关系。

企业管理的过程就是协调生产关系的过程，以调动各方面的积极性和创造性。

⑤不断调整上层建筑，以适应生产关系的改善和生产力的发展。这就要根据实现企业的经营目标、提高企业经济效益的需要，不断调整和改革管理体制和规章制度，改进领导方法等。

### 1.1.3 企业管理的职能

所谓**职能**是指人、事物或机构应有的作用。

管理的职能是由管理的二重性决定的，二重性又通过管理职能体现出来，即合理组织、发展社会生产力和维护、完善现有生产关系。前者是任何社会制度都适用的，后者在不同社会制度下，其作用是不同的。这两种职能在同一管理过程中不可分割地结合在一起，任何管理工作都要按照生产力和生产关系两个方面的要求来进行，否则，管理工作就不会取得应有的成效。

对于管理的职能，目前国内外尚有不同的说法和学派，有的认为管理的职能包括计划、组织、指挥、控制；有的认为管理的职能包括计划、组织、指挥、控制、激励；有的认为管理的职能包括计划、组织、控制、激励、领导等；还有的把决策单独列出来作为管理的职能，现在有人提出将创新也要单独列出作为管理的职能。但不管哪一学派，虽然对管理职能的提法不尽一致，但其基本含义是一致的，管理最基本的职能包括计划、组织、控制。

在具体的管理活动中，管理职能可以概括为若干具体方面。尽管管理学者对管理的职能说法不一，但一般认为有四个方面八项基本职能。

1. 决策与计划

决策是指为实现某一目标，从若干可以相互替代可行方案中选择一个合理方案并采取行动的分析判断过程。决策的对象主要是企业的生产经营发展方向、战略目标以及由此产生的一系列重大问题。企业的最高领导做出的战略性决策正确与否，是企业经营成败的关键。决策是在计划制定之前或制定过程中做出的，因此，决策的好坏对企业生产经营管理效果的好坏影响甚大。

计划是事先对未来应采取的行动所作的规划和安排。计划职能包括：为达到企业预定的长、中、短期目标，对企业生产经营活动的全过程和企业的人、财、物进行全面分析，统筹安排综合平衡等一系列工作。计划是企业管理的起点，又是归宿，是评价企业管理好坏的重要标准。计划应具有科学性、先进性和可行性，而且应具有统一、灵活、均衡和连续的特征。

要做出正确的决策和计划，必须要有市场调研和科学的预测。预测是决策和计划不可缺少的前提。

2. 组织与指挥

组织是保证实现预定目标和计划的一项重要管理职能。科学的组织就是把生产经营活动的各种要素（劳动者、劳动手段、劳动对象）、各环节（供应、生产和销售）和各个方面（基本生产、辅助生产、附属生产、生活后勤、行政事务）从纵横交错的联系上，从时间和空间的相互联结上，合理地组织起来，形成相应的机构、人员、岗位和职权，使生产经营活动高效地运行。

指挥是通过组织机构，形成强有力的生产经营指挥系统，为共同的计划和目标，协调企业各部门的岗位进行一致而有效的生产技术和经营管理活动，使生产连续、均衡和有秩序的一种职能。

任何社会形态，只要进行生产，就必须使劳动者（人）之间，劳动者和生产资料（机具和材料）之间结合起来，就必须有组织与指挥。在同样条件下，组织、指挥的好坏，将会影响到企业的效益。

3. 控制和协调

控制职能是指在企业计划的执行过程中，接受企业内外的信息，经常监督、检查计划的执行情况，把企业生产经营活动的实际情况与原定的目标、计划、标准进行对比，发现差异，找出问题，查明原因，采取措施，予以解决，并防止再度发生，是企业的活动符合预定计划目标的一系列管理活动。控制与计划是不可分割的，计划是控制的前提和依据，控制是保证实现计划的手段。没有控制就无所谓管理。

协调也就是调节，是指企业各部门、各单位的工作，对市场经营活动的各个环节加以统一调节，使之配合得当，保持平衡，不发生矛盾和脱节，以有效地实现企业的目标的管理活动。协调包括外部协调和内部协调。外部协调是指企业与市场、政府及其他市场主体间的协调。内部协调又分为纵向协调（上下级领导人员之间和上下级职能部门之间活动的协调）和横向协调（同级各单位、职能机构之间活动的协调）。协调工作要借助交谈、会议、计划图表、信息系统等手段来实现。

4. 领导与激励

领导职能是指领导者根据企业的目标或要求，在生产经营活动中对被领导者进行引导和施加影响，使之自觉自愿地为完成计划和任务而努力的管理工作。为此，领导者要了解并尽可能满足员工的需要，要充分发挥个人素质的影响力和职位权力的影响力。

激励是指管理者运用某种方法和途径，使职工为达到企业的生产经营目标而积极行动、努力工作。现代管理理论认为，管理的本质是人对人的管理，要实现企业的目标，核心是调动人的积极性和创造性。为此，就要做好职工的物质激励和精神激励。要把企业内各单位和个人付出的劳动与他们得到的报酬紧密联系起来，正确地进行奖罚，重视职工参与企业管理，对有成就的职工进行表彰等。

上述企业管理的四个方面八项职能，是不可分割的相互联系的统一体，是相互渗透和交叉发挥作用的。同时管理职能的各个方面也存在一定的程序关系，即，决策计划要先行，组织指挥作保证，控制协调要及时，领导激励在其中。进行企业管理就是执行这些职能，它们之间环环相扣，无限循环，促使企业管理向更高水平发展。这种循环也反映了管理工作的运动状况及其规律。管理职能之间的相互关系及循环如图 1-2 所示。

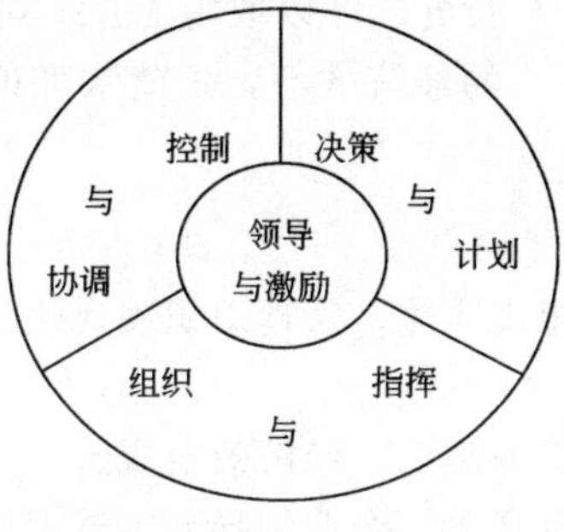


图 1-2　企业管理职能之间相互关系及其循环图

### 1.1.4　企业管理现代化

#### 1. 企业管理现代化的内涵

管理现代化是以发展现代管理科学和管理工程为宗旨，以科学管理为基础，用现代科学技术的理论、方法、手段来研究和处理现代化管理工作中的规律性问题，使管理工作更趋于完善。现代化管理的特点有：

①突出经营决策，认为管理重心在经营，经营重心在决策；②实行计划、组织、控制等系统工程；③采用现代科学技术成就；④建立激励机制，激发员工积极性和创造力；⑤重视员工教育，开发人力资源。

企业管理现代化的内涵有四层意思。首先，企业管理现代化是一个发展变化的动态概念。企业管理现代化是在一定生产力和科学技术发展条件下，企业经营管理所达到的水平。它的内容会随着时间和空间的变化而发展。二是企业管理现代化是世界性概念。在当代，生产力和科学技术的发展更加迅速，尽管国际关系错综复杂，不同社会制度国家的企业，在其性质上有所不同，但从总的方面来说，企业之间国际性的技术经济联系仍然很密切，如果企图把企业管理只封闭于国内，不但不能实现现代化，而且要这样做事实上也不可能。因此，企业管理现代化具有世界性。三是企业管理现代化是一项巨大的系统工程。企业管理现代化不仅是国家建设现代化、工业管理现代化的子系统，而且它本身也要自成系统，内含企业人、财、物、信息和时间多种因素，涉及到管理计划、组织和控制等多种职能的融合和渗透，以及管理水平的提高。四是企业管理现代化需具有各国的特色。中国企业管理现代化要从中国实际情况出发，适应社会主义市场经济的要求。

事实上，在西方发达国家，企业无不把提高管理水平放在非常突出的地位，把管理看成是和科学、技术并驾齐驱的现代文明的三个组成部分。国内一些企业家认为，在一个企业里，如果投资占1分，科技占3分，那么管理就占6分。国外的研究机构研究结果表明：在一个现代化企业里，每增加一名合格的体力劳动者可取得1∶1.5的经济效益，每增加一名合格的技术人员，可以取得1∶2.5的经济效益；每增加一名有效的管理者，则可以取得1∶6的经济效益，这就从理论到实践都说明了企业现代化管理的地位和重要性。

2. 企业管理现代化的主要内容

企业管理现代化的内容包括：管理思想现代化、管理组织现代化、管理方法现代化、管理人力资本现代化四个方面。

（1）企业管理思想的现代化。即要有服务观念、经济效益观念、时间与效益观念、竞争观念、知识观念、人才观念、信息观念。企业领导者本着“以善为本，以和为贵”的主导思想，结合现代人的工作需求，给员工创造一个可发挥其特长并能使其心情愉快的工作环境，为企业发展树立管理现代化的新理念，这是企业管理现代化的标志之一，也是容易被员工所接受并使其成为企业员工的新思维。

（2）管理方法的现代化。即适应现代化大生产的要求，在总结和继承传统的行之有效的管理经验和方法的基础上，积极推广先进的管理方法，包括现代经营决策方法、现代理财方法、现代物资管理方法、现代企业生产管理方法等。以建立质量保证体系的管理模式为基础方法来规范企业多方位的管理。

（3）管理工具的现代化。即信息传递手段现代化，如无线电传真设备、自动显示装置等在管理中的运用。应用计算机及其网络技术是以计算机网络技术为信息处理手段和传输工具，建立企业管理信息系统，这是企业管理现代化的标志，其目标是以更高的工作效率适应市场经济运作形式的需要，从而给企业带来更多的经济效益。计算机网络技术已进入了各个领域，成为各行业实际工作基础，迅速成为企业管理现代化快捷工具。建立管理信息系统就是通过计算机网络把各种信息来源互相连接起来，对来自各方面的信息进行整理、加工、传输、存储、浏览等，为企业管理提供决策信息的现代化人机系统，以满足各级管理者的决策管理需要。在企业计算机网络管理信息系统环境下，各方面的信息统一存在服务器的数据库中，企业员工可根据权限利用浏览器访问和处理静态或动态信息。

（4）管理人力资本的现代化。即努力提高企业管理人员的基本素质，实现人才知识结构现代化，使企业所有管理人员真正做到“懂技术、会管理、善经营”。“人力资本”的概念是20世纪60年代两个美国的经济学家第一次提出的。他们当时对国民经济的增长和教育的关系进行研究，得出两个结论：第一个结论是国民经济的增长快于物质资本和货币资本收益的增长，物质资本、货币资本收益的增长，小于国民经济增长，中间有一个差额，他们认为这个差额是科技进步造成的。第二个结论是在科技投资中，教育投资的收益高于物化投资的收益，而且教育投资的收益在全部劳动投资收益中的比重占到70%，这说明投资到人力方面的收益要大于物化和货币资本的收益。因此，他们提出“人力资本”这个概念，并得出“人力资本”可以创造利润的结论。这是第一次对人力资本进行系统考察所得出的结论。以后人们越来越认识到人力资本在企业运营中所起的举足轻重的作用，所以管理人力资本的现代化是实现企业管理现代化的关键。

3.实现企业管理现代化的途径

管理现代化是一个不断发展、完善的过程。由于我国计划经济体制下传统的管理思想影响很深，实现管理现代化是一项很艰难、复杂的工程，需要不断的探索、开拓，逐步推进。结合我国当前管理实际，实现管理现代化应从如下几个方面着手。

(1) 从思想入手，认识到企业管理现代化的重要性和迫切性。管理现代化和科学技术现代化是发展生产力不可缺少的两个方面。当前我国同发达国家相比，生产技术水平固然落后，但管理水平更加落后。因此，我们在推进技术进步的同时，必须十分强调管理现代化，迅速提高管理水平。

(2) 加强管理现代化工作的组织领导。需要有一个结构合理、勇于改革创新、能够开创新局面的企业领导班子，这是实现管理现代化的关键。要针对企业的特点和管理上的关键问题，确定目标，搞好管理现代化的规划，组织企业各单位、各部门分工协作，使管理现代化工作多层次的发展，逐步完善和提高。

(3) 从实际出发，加强管理基础工作。这个“实际”就是我国当前的国情、企业管理改革的现状。要推动企业管理现代化的步伐，必须加强企业管理基础工作。基础管理工作对于所有企业都是一样的，如成本管理、质量管理、财务管理等。企业只有把这些基础管理搞好了，现代化管理才有扎实的基础，才能进一步提高企业管理的整体效能。

(4) 进行人才培训和智力开发，不断提高管理人员的素质，使其具有实现管理现代化的观念、知识和能力，这对推进管理现代化具有决定性的作用。

(5) 逐步实现计算机辅助管理。要建立和完善计算机管理系统，不断提高计算机开发应用水平，从市场预测到企业日常管理工作，都应逐步应用计算机进行管理。要积极参与全国以及国际性的信息网络，以适应国内国际市场竞争的需要。

(6) 总结自己的、学习和借鉴外国先进的管理经验和方法。要结合我国实际，结合本企业的条件，深入进行改革，认真进行管理现代化试点和探索，不断总结经验，及时加以推广，丰富我国的企业管理理论。同时要注意学习引进外国的管理理论、技术和方法，加以消化改造，提高和创新，以形成中国特色的企业管理理论体系。

4.企业管理现代化的发展趋势

管理现代化的最终目的是最大限度地提高劳动生产率，实现生产资料的科学配置与有效组合，高速、均衡、科学地发展生产力，增加企业实力，积累社会财富。广义的现代化企业管理是以整个社会经济系统优化和协调发展为目标，以制度创新和整体推进为主要特征，以现代化管理原理和方法为基础，以人为中心，以创造性管理人才为依托的系统管理观念。

(1) 由追求利润最大化向追求企业可持续成长转变。研究表明，把利润最大化作为管理的惟一主题，是造成企业过早夭折的重要根源之一。在产品、技术、知识等创新速度日益加快的今天，成长的可持续性已经成为现代企业所面临的一个比管理效率更重要的课题。坚持可持续成长管理观，在管理中就会注重整体优化，讲求系统管理，实行企业系统整体功能优化，注重依靠核心竞争力，不断提高市场竞争优势，注重夯实基础管理，讲求管理精细化、科学化、程序化、规范化和制度化，注重以人为本，不断提高员工素质，充分调动员工积极性，发挥其能动作用等。

(2) 企业竞争由传统的要素竞争转向企业运营能力的竞争。企业从大量市场产品和服务标准化、寿命期长、信息含量少、简单的一次性交易的竞争环境，向产品和服务个性化、寿命期短、信息含量大，并与顾客保持沟通关系的全球竞争环境转变。提升企业的运营能力，就要使企业的生产、营销、组织、管理等方面都“敏捷”起来，使企业成为一个全新的“敏捷性”经营实体，实现向“敏捷管理”方式的转变。一个企业要适应超倍速的竞争，必须在以下各层面具备**敏捷性**的特点：在生产方面，敏捷管理意味着具有依照顾客定单，任意批量制造产品和提高服务的能力；在营销方面上，它具有以顾客价值为中心、丰富顾客价值、生产个性化产品和服务组合的特点；在组织方面，敏捷管理要求能够整合企业内部和外部与生产经营过程相关的资源，通过与供应商和顾客的互动合作，创造和发挥资源杠杆的竞争优势；在管理方面，它一改强调指挥和控制的管理思想，转换到领导、激励、支持和信任上来。

(3) 企业间的合作由一般合作模式转向供应链协作、网络组织、虚拟企业、国际战略联盟等形式。现代企业不能只提供各种产品和服务，还必须懂得如何把自身的核心能力与技术专长恰当地同其他各种有利的竞争资源结合起来，弥补自身的不足和局限性。在现代企业的生存原则中，“排他”已被“合作”所取代包容。许多成功企业形成了不少互利合作的竞争方式，如供应链式，主要是企业与供应商之间的合作。

(4) 员工的知识和技能成为企业保持竞争优势的重要资源。企业将主要通过管理员工的知识和技能，而不是金融资本或自然资源来获取竞争优势。企业的知识被认为是和人力、资金等并列的资源，并将逐渐成为企业最重要的资源。企业需要更多地通过组织学习、知识管理和加强协作能力来应对知识经济的挑战，将现有组织、知识、人员和流程与知识管理和协作紧密结合起来。

(5) 从传统的单一绩效考核转向全面的绩效管理。传统的绩效考核是通过对员工工作结果的评估来确定奖惩，以期实现对员工的激励，其致命的问题在于：从目标到绩效结果的形成过程缺乏控制；不是封闭的，没有绩效改善的组织手段作为保证，在推行绩效考核时会遇到员工的反对。把绩效管理与公司战略联系起来，变静态考核为动态管理，是近年来绩效管理的显著特点。主要包括目标管理、关键绩效指标、360 度打分、平衡计分卡和 EVA 价值管理等。

(6) 信息技术改变企业的运作方式。信息技术的发展和应用，几乎无限制地扩大了企业的业务信息空间，使业务活动和业务信息得以分离。在订单的驱动下，原本无法调和的集中与分散的矛盾得以解决，并提供了手段。通过整合能够实现企业内部资源的集中、统一和有效配置；借助信息技术手段，如“协同设计”、“协同制造”和“客户关系管理”等，企业能够跨越内部资源界限，实现对整个供应链资源的有效组织和管理。

(7) 顾客导向观念受到重视并被超越。由于顾客往往缺乏主见，因此顾客导向难以使企业具有前瞻性。而近十几年来，以微软、英特尔为首的部分高科技企业放弃了“顾客导向”，采用以产品为中心的经营战略，并取得了巨大成功，由此产生了超越“顾客导向”的竞争新思维。这种现象的出现，主要是因为随着知识经济时代的到来，企业面对的已不仅仅是现有的份额，更重要的是未来的市场和挑战。

(8) 由片面追求企业自身利益转变为注重履行社会责任，实现经济、环境、社会协调发展。一方面越来越多的消费者关注跨国公司在推行市场全球化过程中的社会责任表现，同时更多的企业认识到，良好的企业社会责任策略和实践可以获取商业利益，社会责任表现良好的企业不仅可以获得社会利益，还可以改善风险管理，提高企业的声誉。

### 1.1.5 企业管理的基本观念

企业管理的基本观念要根据环境的变化不断更新，当今企业应具有的基本观念主要有：

#### 1. 战略管理观念

战略管理是指企业围绕战略目标的实现而展开的管理活动，其内容包括战略制定管理、战略实施管理、战略控制管理。战略管理是一种系统的、科学的管理。企业战略和战略管理思想、理念的提出，是现代管理思想的新发展，与其他管理理论相比，产生历史还比较短。战略管理是企业适应现代社会复杂多变环境的产物，现代管理活动中，复杂多变的经济、政治环境，要求管理主体必须有“高瞻远瞩”把握事物未来发展趋势的观念。如今社会发展趋于多元化，而且变化越来越快，战略管理也越来越显示其重要性。企业只有强化战略管理，才能在市场竞争中立于不败之地；缺少了战略管理观念，企业难以有大的作为，也难以持续发展。

2.注意力管理观念

长期以来，处在工业经济时代的经济学家和企业家，按照传统的市场观念认为，启动生产和消费需要的最重要因素是价格。谁能以低于生产该商品的社会必要劳动时间的价格出售商品，谁就能在市场竞争中成为大赢家。随着信息社会的到来，这种情形正在改变。我国的企业和企业家们也必须重视研究注意力管理，学会和掌握注意力经营的技巧。企业一方面要采取各种方法扩大知名度，同时不断提高产品质量和服务水平，提高企业的美誉度，以此来吸引住消费者的眼球，拥有了最广大客户的注意力，既能在市场竞争中获取最大的价值；另一方面，要从内部管理中获得并保持员工和股东们的注意力，以及面对过量的信息要合理地分配自己的注意力，使注意力这一新经济条件下最重要而又十分稀缺的资源得到最有效地利用。总之，树立注意力管理的观念，将为我国的企业管理开辟新的视野，加强注意力管理将成为企业管理的重要内容，把握注意力管理的方法和技巧，将使企业在新经济条件下大有作为。

3.人力资源管理观念

人力资源管理是现代最先进的管理思想，它将人力资源视为第一资源，将人力资本视为最重要的资本，它强调加大对人力资本的投入，加强对员工潜能的开发，这样就会使企业得到最大的经济利益。今天，人力资源在企业的发展中扮演越来越重要的角色。在全球性的市场竞争中，企业间比拼最激烈的不是资金，不是先进技术，也不是市场份额，而是人才，谁拥有了高素质的人力资源，谁就将获得最丰厚的回报。企业树立现代人力资源管理和“以人为本”观念，应当以人为中心，充分理解人、尊重人、关心人，千方百计通过各种措施吸引人才、留住人才，并且通过教育、培训、激励等多种方式，加大对人力资源的开发力度，充分发挥人的主动性和积极性。

4.无形资产管理观念

企业无形资产的内容非常广泛，主要的有企业形象、商誉、品牌、公共关系、专利权、商标权、非专利技术、企业文化、企业独特的管理艺术与方法等。无形资产虽无实物形态，但能够给企业带来超额利润，是企业的宝贵财富。随着市场经济的发展，企业无形资产越来越显示其重要性——其价值越来越高，在企业中所占的比例越来越大。企业必须通过管理思想创新，加强对企业无形资产的培育和管理，要精心塑造企业形象，树立商誉观念、诚信观念，以优质的产品、优良的服务、独特的风格打造企业的品牌，扩大企业影响，提高企业的知名度、美誉度，使企业无形资产与有形资产有机结合，形成企业的特殊优势，取得超过同行业平均水平的级差收益。

5. 知识管理观念

知识管理作为一种全新的企业管理理念出现在实践中已显示出强大的生命力”。所谓知识管理，简言之，是通过知识的积累、共享和交流，运用集体智慧来提高企业应变、创新能力的一种新的管理思想。其主要内容是最大限度地开发、共享和利用知识这一最重要的资源，确保企业在激烈的市场竞争中以十倍速前进。正因为如此，实施知识管理，以知识创新促进人力资源开发和管理创新，便成为知识经济时代企业管理的最重要内容之一。企业实施知识管理应当抓好四项工作：一是创建学习型组织；二是建立适宜知识创新的流动网络；三是设立企业知识主管；四是建立开放管理机制。

6. 时间成本观念

胜利属于行动快捷者。伴随知识经济的崛起，全球市场的快速交流，要求企业战略的重点逐渐转变为时间。知识经济时代，一个主要特点就是“快”——科技进步快、产品更新快、市场变化快。市场竞争不仅仅只是比价格、比质量、比服务，更重要的是比速度，看谁能更快地为目标消费者提供所需产品。因此，企业获取市场信息要快、决策要快、产品的研制开发要快、生产要快、上市要快、资金周转要快、产品销售后的信息反馈要快。快的“本质”就是降低时间成本。因此，时间成本成为知识经济时代最重要的成本概念。只有降低时间成本，才可能满足市场交易方便多样化和市场需求个性化所决定的多品种、少批量、灵活生产的要求。

7. 生态管理观念

企业生态是指企业所处的环境。企业生态管理观念的确立，是指企业经营中应努力营造企业生存和发展的和谐环境，包括内部环境和外部环境。当今时代企业之间的竞争结果，不再一定是你死我活，而可以做到“双赢”。因为企业之间不仅仅只是竞争，也不仅仅只是合作，而是解决矛盾的“协同竞争”。这种思维方式向我们昭示：大多数企业只有在其他企业成功时才会取得更大的成功。企业生态意识下的超越传统竞争观念的管理理念，很显然有利于企业的持续发展，企业能够在竞争与合作的和谐环境中，发挥优势和潜能，从而降低经营成本和风险。这就表明，企业同供应商合作，创建团队，同竞争对手建立战略性伙伴关系将成为时尚。因而，企业管理中必须明确生态管理的理念。

8. 危机管理观念

危机管理观念，就是对危机实行管理，以达到防止和规避危机或将危机造成的损害限制在最低限度的目的。伴随着知识经济的到来，高新技术快速发展，企业经营环境的变化节奏要比过去快得多，面临的不确定因素比以往多得多，遇到各种风险的可能性和概率比过去大得多，在此情况下，一种新的管理理念——危机管理被人们提上了重要日程。搞好危机管理的基本要求：首先是要重视危机管理，要从危机处理意识向危机管理意识转变，培育预见能力，及早发现危机征兆，以便采取有先见的措施；其次是要构建防范危机的预警系统，防患于未然，尽可能减少危机发生，对不可避免的危机，精心策划好各种应急预案；再次是要提高危机管理水平，在危机到来时能够灵活应变，妥善处置，将危机造成的损失降到最低点，并能化险为夷，及时消除危机带来的不利影响。

9.绿色管理观念

绿色管理是以环保作为企业生存发展的基础，将环保的价值观念融入企业的经营管理之中，从各个环节控制污染与节约能源；使用绿色技术，进行绿色生产；开展绿色营销。另一方面，企业作为社会基本经济细胞，存在于社会之中，企业不仅应通过各种形式将利润返还给社会，而且应该将自身目标与社会目标协调，追求企业与社会的共同发展。我国的环境问题已到了严重阻碍社会经济发展的地步，企业推崇绿色管理已刻不容缓。将环保意识融入管理活动中已成为当代企业不可推卸的社会责任。

上述几条管理观念，既有区别，又有联系；它们既体现了商品生产的要求，又体现了现代企业管理的特征。

### 1.1.6 现代科学管理原理

1.科学管理原理

科学管理原理最早是由美国著名工程师和管理学家费雷德里克·温斯洛·泰罗(FrederickWinslowTaylor)提出的，泰罗通过管理实践，总结了一套提高工作效率、改善劳资关系的“科学管理原理”，从而把传统管理中的感性上升为理性，使管理成了一门可供研究和传授的科学。泰罗的科学管理原理主要包含了以下内容：

(1)强调管理的规范化

泰罗提出：“最佳的管理是一门实在的科学，其基础建立在明确规定的纪律、条例和原则上。”他认为，规范化、制度化是企业大规模生产的基本要求，是任何先进管理思想得以实施的基础，是实现科学管理的依据。只有制定严格的规范，企业具体工作按章进行，主管人员才能集中精力于企业的大政方针和处理少数“例外事件”，工人的行动才能有章可循。否则，势必造成管理的随意和生产的混乱。可见，科学管理实际上是一种规范化、标准化的管理。

(2)强调管理的责任分担

泰罗针对管理与执行不分的现象，提出将“一切可能用脑的工作都应该从车间里转移出来，集中到计划或设计部门。”他强调，“资方和工人们之间在工作和职责上几乎是均分的，资方把自己比工人更胜任的那部分工作承揽下来。”这里所谓的“更胜任的那部分工作”实际上就是指管理。通过管理人员和工人分摊工作责任，良好沟通，促进生产的发展。

(3) 强调管理的协调性

泰罗认为：“科学管理的常规特征是协调而不是不和。”在科学管理的众多要素中，最重要的是劳资双方的密切合作。“用和平代替斗争，用全心全意兄弟般的合作代替争吵和冲突，用向同一方向的努力代替背道而驰，用相互信任代替相互猜疑，双方成为朋友而不是对头。这是科学管理的精华所在。”只有在劳资双方相互信任和理解、协调合作的基础上，管理才会取得持久的成功。尽管泰罗的科学管理原理出于所处时代的原因，存在一定局限性，但其对现代管理思想和实践的影响是十分深远的。著名管理学家厄威克曾说：“目前所谓现代管理方法，如果不说是绝大多数，至少有许多可以追溯到泰罗及其追随者半个世纪以前提出的思想。这些管理方法虽然已改进和发展得几乎同原来面目全非了，但其核心思想通常可以在泰罗的著作和实践中找到。”可见，即使在今天，强调科学管理仍不过时。

2.现代科学管理原理

现代科学管理原理主要有：

(1) 系统原理

系统原理就是把企业看成为一个系统，利用系统的观点来剖析企业；剖析企业的经营管理，也把企业管理视为一个系统，从而对企业实施系统管理。

对企业实施系统管理，第一，要求按照系统的整体性原则，从全局综合考察企业内部和外部的三种关系——企业与外部环境的适应关系，企业与其组成部分之间的关系，企业内部各组成部分之间的关系；第二，要按照事物间的内在联系，而不要相互割裂、孤立地就事论事地处理问题，要注意综合治理，要动态地进行管理；第三，在上述系统分析的基础上运用定量分析方法，研究管理系统的最优设计和实施。

(2) 分工—协调原理

高效率的管理必须在了解整体运动过程的前提下实行明确的专业分工，在专业分工的基础上进行有效的综合（即协调）。

合理的分工，必然要求强有力的协调活动。这样，才有高度的生产效率和工作效率，也才能创造出高水平的生产力。

不讲专业分工，必然是“小而全”、“大而全”，企业办成小社会；在管理工作上就是职责不分，工作范围不清。当然，专业分工应该有个合理的界限，不是分工愈细愈好。这个合理的界限也是动态的，衡量的尺度是能否获得高的工作效率和最优的经济效果。

(3) 反馈原理

所谓反馈，就是控制系统把信息输送出去，又把其作用结果返送回来，并对信息的再输出施加影响，起到控制的作用，以达到预定的目的。

任何活动过程，在达到预定目标的过程中，往往会发生偏差。将这一偏差反映回原控制（或计划、决策）部门，使它影响活动过程，从而使活动沿着预定的计划目标进行，达到预期的效果，这就是反馈原理的应用。没有反馈，就不能达到有效的控制，也就不能达到有效的管理，更谈不上科学管理。

(4) 能级原理

能是指能量，这里是指管理的能力。能力有大有小，就可以分级。分级就是确定一定的规范、一定的标准。

要使管理顺利进行并得到最佳的效益，必须建立合理的管理能级。其主要内容有：

①管理能级的确定必须保证管理结构具有最大的稳定性。

②对于不同的管理能级应授予与其责任相适应的权力、物质利益和精神荣誉。做到责、权、利的统一，体现为在其位，谋其政，行其权，尽其责，取其值，获其荣，同时，惩其误，以形成一种能促使职工自觉做好本职工作的机制。

③人与岗位动态地对应。各种管理岗位有不同的能级；各个人有不同的才能。现代管理要求管理人员动态地处于与其才能相对应的能级岗位，人尽其才，各尽所能，这种管理才能有高效率。为此，现代管理必须知人善任，保证人们在各个岗位上不断地流动，通过各个层次岗位的实践，发展、锻炼和检验人们的才能，使其各得其所。另外，岗位的层次必须是有序的，而人员的流动必须是无序的，不能终身制，不能只上不能下。

(5) 封闭原理

所谓封闭原理是指企业内的管理过程和管理环节，必须构成一个封闭的环路，这样才能形成有效的管理。

例如，若指挥中心下达计划指令而不管执行与否，下达的再多也无用。又若对执行过程不施监督，这样的执行是没有效果的。再如对监督中发现的问题不予处理，则这样的监督也是没有作用的。所以，在指挥、执行、监督、处理之间应形成封闭的环路。又如，推行责任制而不进行严格考核，就会流于形式；而若考核不与奖惩制度联系起来，责任制终究也不能巩固。所以，在责任制、严格考核、奖惩制之间必须形成封闭的环路。

根据封闭原理，在采取任何管理措施和制度时，都要考虑到可能产生的后果，看后果是否符合预期的目的，有无副作用。如有副作用，就要采取对策加以封闭。

如何进行封闭？基本方法是从后果出发，循踪追迹，对后果采取针对性措施，直到达到预期目的。当然，封闭只是相对的，一劳永逸的封闭是没有的。要在管理中通过检查，不断反馈、修正，不断采取封闭的对策。

(6) 弹性原理

根据管理活动的特点，管理必须保持充分的弹性，以及时适应客观事物各种可能的变化。

管理活动涉及因素多，变化大，百分之百地反映客观规律的管理是不存在的。再有，管理不同于科学研究，可以排除次要因素，只抓主要矛盾。在研究管理问题时，可从主要矛盾考虑，但回到管理实践中，主次矛盾又往往交叉在一起。所以，管理要尽可能把正反两面、左邻右舍、前因后果都照顾到。即使这样，也还可能有遗漏疏忽。所以，管理必须留有余地，保持弹性。

弹性有两种：一种是消极的弹性，就是计划指标定得低，人员、材料、设备多多益善，打埋伏；另一种是积极的弹性，就是要有预见，要进行科学预测，要有应变打算等。

## 1.2 现代企业制度

### 1.2.1 现代企业的一般特征

1. 企业的本质

一般来说，企业（Firm）是指市场经济中工业（Industry）和商业（Business）组织的基本单位。

不同时期，经济学和管理学对企业本质的认识和表述有所不同，基本观点有两种。

(1) 实体观（见图 1-3）。传统企业理论将企业作为生产实体来研究，认为企业是在市场价格引导下以“利润最大化”为目标的“黑箱”（Black-box）。企业的基本行为是优化投入、合理组织生产和销售、提高生产率、降低生产和经营成本、提高产品和服务质量，以获得最大利润。企业管理的重点是“黑箱”里的操作，即以生产组织为核心的，包括计划、生产、技术、质量、物资、设备、劳动人事、成本财务及销售等职能管理。

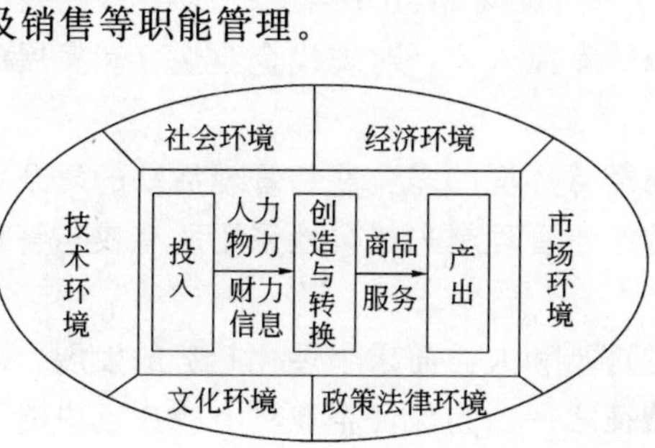


图 1-3 企业——实体观

(2) 契约观见图 1-4)。现代企业理论认为，企业是多利益主体之间契约关系的集合，其管理的重点应是各利益主体的行为和关系以及企业制度的建立和改善，体现在动态、柔性的企业战略管理全过程之中。

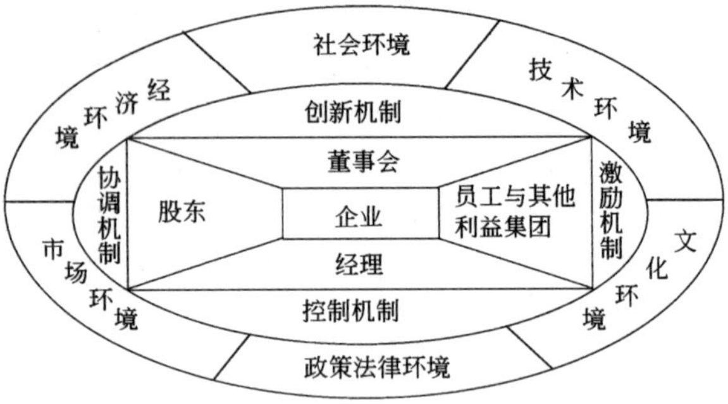


图 1-4　企业——契约观

2. 现代企业的一般特征

现代企业是面向市场的经济组织，是具有一定规模和社会分工的企业。现代企业制度是超越国家范围的制度模式，具有国际通用性。现代企业具有以下的一般特征：

(1) 规模与范围并重。现代企业为了满足市场需要和提高生产率，通过有效使用各种设备、专业人才和雄厚资金兼顾品质与产量以提高获利能力。

(2) 分工适度。分工是现代生产的基础，一定的分工和专业化可以提高生产效率，但分工过细则会增加协调成本。因此，现代企业的分工日趋过程导向。

(3) 组织高效。为保证分工的科学性和协作的有效性，企业必须有高效合理的组织。

(4) 大量采用高新技术。企业发展依赖科技进步。大量采用高新技术改造生产设备和生产工艺、开发新产品、提高产品质量、提高管理水平是现代企业的显著特征。

(5) 高素质人才。随着生产力的不断提高和世界经济一体化的发展，人力资源，特别是掌握现代科技和管理知识的专业人才，对现代企业生存和发展的作用日益突出。

(6) 所有权与管理权分离。企业经营环境的多变性和管理活动的复杂性以及人类能力分布的不均衡性，使得企业的经营管理越来越多地采用所有权与管理权相分离的方式进行。

(7) 快速反应。随着信息技术的进步和人类需求个性化趋势的发展，对市场作出快速反应已成为现代企业的专业特征之一。为保证企业具有快速反应能力，各种新的组织和管理技术应运而生。

(8) 柔性联盟的大量出现。综合大、小规模组织的优点，现代企业发展的趋势明显表现出通过信息化、多元化、国际化发展战略联盟的趋势。

### 1.2.2 现代企业制度的定义

目前世界各国的企业制度可分为三种类型。第一种是以自然人为基础的传统企业制度，如个体业主制、合伙制等。这是资本主义生产方式出现以前就已经存在的企业制度，直到现在仍然非常普遍。第二种是以法人制度为基础的近代企业制度，包括有限责任公司和股份有限公司。这是伴随资本主义生产方式出现而产生的企业制度，也是当今发达国家企业的主体形式。第三种是以两权分离为基础的现代企业制度，在大量的股份有限公司中只占极少部分。这种企业制度萌生于19世纪中叶，直到20世纪五六十年代在发达国家才成为占“优势”的企业制度。传统企业制度、近代企业制度和现代企业制度在历史上递次出现，在当代市场经济条件下又同时并存、互为补充。传统企业制度以所有权和经营权的高度统一为基本特征，近代企业制度以两权一定程度的分离为基本特征，而现代企业制度则以两权的彻底分离为基本特征。

#### 1. 现代企业制度的定义

简单地说，现代企业制度就是现代公司制度，其定义有两个要点：第一，它是一个法人组织；第二，它由一个公司（法人）治理结构来经营管理。更深入地说，现代企业制度是由现代企业的治理结构、运行机制和管理行为所构成的动态发展的系统。

所谓治理结构是指为实现资源配置的有效性通过激励和协调运行的经济制度框架。而典型的公司治理是由所有者（股东）、公司的法定代表——董事会和管理层之间形成的一定关系。这是决定公司发展方向及业绩的各参与方之间的关系。运行机制是企业运行过程中控制、激励、协调等的具体方式，通常以规章制度等形式来体现，而管理行为则是治理结构、运行机制最终得以实现所需的具体的行为方式。治理结构、运行机制与管理行为经过动态结合形成了企业制度。

典型的公司治理参与方由股东大会、董事会和管理者组成。股东大会和董事会、管理者之间是信任托管关系，股东大会将公司财产托付给董事会管理，董事会作为公司内部的所有者主要保证股东利益和企业目标，并通过经理层的有效管理得以实现。要做到这一点，经理人员的能力是基础，薪酬机制是关键。

公司治理结构的要旨在于明确划分股东、董事会和经理人员各自的权力、责任和利益，从而形成三者之间的制衡关系。产权（Property rights）清晰主要体现于此，每一种具体的所有制形式，都需要借助适当的产权关系来实现自身的经济利益。不同的所有制形式在一定程度上决定不同的企业组织形式，而不同的企业组织形式则反映了不同所有者的追求目标，所有权的多元化也是产权清晰化的另一方面。

组成股份公司治理结构的各方的产权关系为：股东拥有终极所有权；董事会拥有占有和支配权也就是法人财产权，负责对经理人员的监督；管理层（经理人员）拥有使用权，负责企业的经营业绩。

如果说治理结构主要解决产权关系、激励目标这些事前（Exante）控制问题的话，那么，解决实施过程中多种冲突和问题的、体现协调、激励的运行机制和科学、创新的管理行为则是现代企业制度这一系统中事后（Ex-post）控制所必不可少的。

经济组织与管理本质的基本关系如图 1-5 所示。

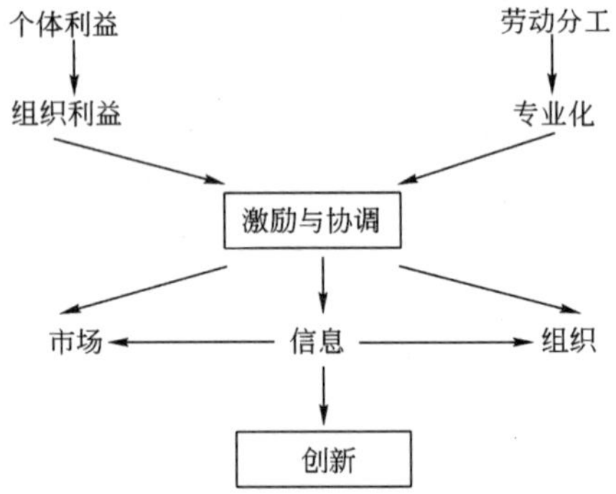


图 1-5 经济组织与管理本质基本关系图

2. 对治理结构的进一步认识

作为企业制度的一个重要组成部分，前面已对治理结构作了简单介绍，鉴于治理结构对建立现代企业制度的重要意义，故对治理结构内涵的一些深层次问题详细讨论。

公司治理结构（Croporation Governance），是一组联结并规范所有者（股东）、经营者（董事会、经理）、使用者（职工）相互权力和利益关系的制度安排，进而解决公司内部不同权利主体之间的监督、激励和分配等问题。公司治理结构又称公司体制结构、公司控管体制或管理体制。无论如何称谓，它在本质上并非一般的企业管理，而是指在公司法人资产的委托—代理制下，规范不同权利主体之间权、责、利关系的制度安排。公司治理结构的提出，在于现代股份公司的法人财产制度是一种典型的资产委托代理制。

公司治理结构是建立在出资者所有权与法人财产权相分离的基础上，企业股东会、董事会、监事会、经理人分权制衡的企业组织制度和企业运行机制。具体看来，公司治理结构的内涵具有多样性。

(1) 公司治理结构是一种经济关系。在公司治理结构的出资者、经营者、管理者、监督者之间，均是一种经济关系。这种经济关系是财产权利的直接体现。基于一定的产权、治理结构的各方有各自的经济利益，关系是以公司法和公司章程加以保障的。出资者投入资本，承担有限风险并由此获取剩余收益；经营者委托经营，代表出资者经营企业，承担经营责任，行使法人财产权，并分享剩余收益；管理者接受有偿聘用，行使法人代理权，并获得相应报酬；监督者代表出资者行使对企业经营管理监督权，维护出资者的利益，监督者的利益与出资者的利益相一致。出资者、经营者、管理者的责任明确、权利到位、利益协调。

(2) 公司治理结构是一种契约关系。公司治理结构的各方实际都是通过契约纽带联结起来的。出资者——股东授权董事会经营企业，这是一种信托管的契约关系。股东对董事的信任，董事对股东的忠诚，并以契约合同的形式订立双方的责权利，董事会对经理人是一种委托代理关系，通过委托代理合同明确双方的责权利，建立起契约关系。代理人在委托人授权的范围内行使法人代理权。监事会按照公司章程的规定行使监督权，董事会和经理人按相应的契约接受监督，各方均有明确的权力边界。这些契约的形式包括公司法、公司章程和有关的聘用合同、委托书、股东会决议、董事会决议。

(3) 公司治理结构是一种制度安排。公司治理结构是适应现代企业产权制度的根本特点——所有权和控制权分离而造成的一种制度结构。公司法规定了治理结构框架的一般要求，而公司章程规定了本公司治理结构的特殊要求，如股权的确立、各权力机构的权限、议事程序、表决方式，以及信任托管、委托代理关系的产生和取消等。公司治理结构各方应遵循公司法和公司章程的制度规定行事。现代公司就是在这种科学的制度安排下运转的。

(4) 公司治理结构是一种权力制衡机制。有权力，就会有制衡。公司治理结构的“三会四权”都应是相互独立，又相互制约的。股东会、董事会、经理人和监事会在各自的一定范围内独立行使权力，承担相应责任，享有相应利益；同时又是彼此制约的，谁都没有无限的权力，有最终决定权就有经营管理权。为保障制衡机制的形成，在公司实践中一般各机构的主要负责人不得兼职。在制衡机制的作用下各方独立运作，又相互制约，共同推进公司的有效运作。

企业股东会、董事会、经理人、监事会的“三会四权”可以从两个方面来理解：一方面，它是一种产权结构。即公司内部各产权主体之间的关系。股东会是出资者所有权的主体，董事会是法人财产权的主体。而股东会派出的监事会是出资者监督权的主体，董事会聘任的经理人经授权成为法人代理权的主体。另一方面，也就是通常所说的公司治理结构。按照这种治理结构的内在规定，股东会的最终控制权、董事会的经营决策权、经理人的经营指挥权、监事会的监督权相互独立，相互制约，有机结合，从而为公司经济目标发挥整体效能。

(5) 公司治理结构是一种基于特定产权的经济民主形式。在这种分权的公司治理结构中，各方均有充分的表达权力意志的机会，谁都不允许滥用权力。股东会的重大决策是通过投票表决的，以股权的大小行使决策权，为了防止大股东操纵公司，规定了相应的限制大股东权力的条款，以保障股东都能参与公司重大事务的决策。民主投票产生的决议是有法律保障的，任何个人无权推翻。董事会的经营权也以民主形式集体讨论决定重大事务。在经营决策形成之后，再由经理人具体贯彻实施，而经理人在授权范围内行使职权却无须讨论。

### 1.2.3 现代企业制度的形式

公司制是现代企业制度的最主要的形式。公司是企业法人，有独立的法人财产，享有法人财产权。公司以其全部财产对公司的债务承担责任。我国目前的公司制，通常被称为“有限责任公司”和“股份有限公司”。有限责任公司的股东以其认缴的出资额为限对公司承担责任；股份有限公司的股东以其认购的股份为限对公司承担责任。公司股东依法享有资产收益、参与重大决策和选择管理者等权利。公司从事经营活动，必须遵守法律、行政法规，遵守社会公德、商业道德，诚实守信，接受政府和社会公众的监督，承担社会责任。

1. 有限责任公司

(1) 有限责任公司的设立

设立有限责任公司，应当具备下列条件：①股东符合法定人数；②股东出资达到法定资本最低限额；③股东共同制定公司章程；④有公司名称，建立符合有限责任公司要求的组织机构；⑤有公司住所。

有限责任公司由五十个以下股东出资设立，有限责任公司章程应当载明下列事项：①公司名称和住所；②公司经营范围；③公司注册资本；④股东的姓名或者名称；⑤股东的出资方式、出资额和出资时间；⑥公司的机构及其产生办法、职权、议事规则；⑦公司法定代表人；⑧股东会会议认为需要规定的其他事项。

(2) 有限责任公司的组织机构

①股东会　有限责任公司股东会由全体股东组成。股东会是公司的权力机构，股东会行使的职权包括：a. 决定公司的经营方针和投资计划；b. 选举和更换非由职工代表担任的董事、监事，决定有关董事、监事的报酬事项；c. 审议批准董事会的报告；d. 审议批准监事会或者监事的报告；e. 审议批准公司的年度财务预算方案、决算方案；f. 审议批准公司的利润分配方案和弥补亏损方案；g. 对公司增加或者减少注册资本作出决议；h. 对发行公司债券作出决议；i. 对公司合并、分立、解散、清算或者变更公司形式作出决议；j. 修改公司章程；k. 公司章程规定

的其他职权。

②董事会　有限责任公司设董事会，其成员为三人至十三人；股东人数较少或者规模较小的有限责任公司，可以设一名执行董事，不设董事会。董事会对股东会负责，行使的职权包括：a. 召集股东会会议，并向股东会报告工作；b. 执行股东会的决议；c. 决定公司的经营计划和投资方案；d. 制订公司的年度财务预算方案、决算方案；e. 制订公司的利润分配方案和弥补亏损方案；f. 制订公司增加或者减少注册资本以及发行公司债券的方案；g. 制订公司合并、分立、解散或者变更公司形式的方案；h. 决定公司内部管理机构的设置；i. 决定聘任或者解聘公司经理及其报酬事项，并根据经理的提名决定聘任或者解聘公司副经理、财务负责人及其报酬事项；j. 制定公司的基本管理制度；k. 公司章程规定的其他职权。

③经理　有限责任公司可以设经理，由董事会决定聘任或者解聘。经理对董事会负责，行使的职权包括：a. 主持公司的生产经营管理工作，组织实施董事会决议；b. 组织实施公司年度经营计划和投资方案；c. 拟订公司内部管理机构设置方案；d. 拟订公司的基本管理制度；e. 制定公司的具体规章；f. 提请聘任或者解聘公司副经理、财务负责人；g. 决定聘任或者解聘除应由董事会决定聘任或者解聘以外的负责管理人员；h. 董事会授予的其他职权。

④监事会　有限责任公司设监事会，其成员不得少于三人。股东人数较少或者规模较小的有限责任公司，可以设一至二名监事，不设监事会。监事会、不设监事会的公司的监事行使的职权包括：a. 检查公司财务；b. 对董事、高级管理人员执行公司职务的行为进行监督，对违反法律、行政法规、公司章程或者股东会决议的董事、高级管理人员提出罢免的建议；c. 当董事、高级管理人员的行为损害公司的利益时，要求董事、高级管理人员予以纠正；d. 提议召开临时股东会会议，在董事会不履行《公司法》规定的召集和主持股东会会议职责时召集和主持股东会会议；e. 向股东会会议提出提案；f. 依照《公司法》第一百五十二条的规定，对董事、高级管理人员提起诉讼；g. 公司章程规定的其他职权。

2.股份有限公司

（1）股份有限公司的设立

设立股份有限公司，应当具备下列条件：①发起人符合法定人数；②发起人认购和募集的股本达到法定资本最低限额；③股份发行、筹办事项符合法律规定；④发起人制订公司章程，采用募集方式设立的经创立大会通过；⑤有公司名称，建立符合股份有限公司要求的组织机构；⑥有公司住所。

股份有限公司章程应当载明下列事项：①公司名称和住所；②公司经营范围；③公司设立方式；④公司股份总数、每股金额和注册资本；⑤发起人的姓名或者名称、认购的股份数、出资方式和出资时间；⑥董事会的组成、职权和议事规则；

⑦公司法定代表人；⑧监事会的组成、职权和议事规则；⑨公司利润分配办法；⑩公司的解散事由与清算办法；⑪公司的通知和公告办法；⑫股东大会会议认为需要规定的其他事项。

(2) 股份有限公司的组织机构

股份有限公司的组织机构包括股东大会、董事会、经理和监事会，股东大会由全体股东组成。股东大会是公司的权力机构，依照本法行使职权。股东大会应当每年召开一次年会。有特殊情形的，应当在两个月内召开临时股东大会。股份有限公司设董事会，其成员为五人至十九人。董事会、董事会成员中可以有公司职工代表。董事会中的职工代表由公司职工通过职工代表大会、职工大会或者其他形式民主选举产生。董事会设董事长一人，可以设副董事长。董事长和副董事长由董事会以全体董事的过半数选举产生。董事长召集和主持董事会会议，检查董事会决议的实施情况。副董事长协助董事长工作，董事长不能履行职务或者不履行职务的，由副董事长履行职务；副董事长不能履行职务或者不履行职务的，由半数以上董事共同推举一名董事履行职务。股份有限公司的经理，由董事会决定聘任或者解聘。公司董事会可以决定由董事会成员兼任经理。经理的职权同有限股份公司。股份有限公司的监事会，其成员不得少于三人。监事会应当包括股东代表和适当比例的公司职工代表，其中职工代表的比例不得低于三分之一，具体比例由公司章程规定。监事会中的职工代表由公司职工通过职工代表大会、职工大会或者其他形式民主选举产生。监事会设主席一人，可以设副主席。监事会主席和副主席由全体监事过半数选举产生。监事会主席召集和主持监事会会议；监事会主席不能履行职务或者不履行职务的，由监事会副主席召集和主持监事会会议；监事会副主席不能履行职务或者不履行职务的，由半数以上监事共同推举一名监事召集和主持监事会会议。董事、高级管理人员不得兼任监事。监事会每六个月至少召开一次会议。监事可以提议召开临时监事会会议。

## 1.3 建筑企业及建筑企业管理

### 1.3.1 国民经济中的建筑业

根据《国民经济行业分类》(GB/T 4754—2002)，建筑业属于第二产业，包括土木工程建筑业、线路、管道和设备安装业及装修装饰业，土木工程建筑业包括房屋建筑业，矿山建筑业，铁路、公路、隧道、桥梁建筑业，堤坝、电站、码头建筑业及其他土木工程建筑业，线路、管道和设备安装业包括专门从事电力、通信线路、石油、燃气、给水、排水、供热等管道系统和各类机械设备、装置的安装活动，装修装饰业包括从事对建筑物的内、外装修和装饰的施工和安装活动，车、船、飞机等的装饰、装璜活动也包括在内。

早在20世纪90年代，理论界就对建筑业在国民经济中的地位与作用进行过探讨，对于建筑业在国民经济中的地位已有了毋庸置疑的定论，即建筑业是国民经济的支柱产业之一。进入新世纪以来，建筑业继续呈现出快速发展的态势。2001年至2003年，建筑业总产值、增加值的年均增长率超过20%，2003年，建筑施工总承包和专业承包建筑业企业完成总产值为23083.87亿元，全社会建筑业实现增加值8181.3亿元，占GDP的比重达到6.9%。建筑业从业人数占到全部从业人数的5.2%，完成增加值4654.7亿元，按照总产值计算的劳动生产率达到17476元/人。2004年建筑业实现增加值占GDP的比重再超6%。建筑业作为我国国民经济的支柱产业，为推动国民经济增长和社会全面发展发挥了重要作用。主要表现在以下几方面：

(1) 建筑业的快速发展支撑了国民经济的稳定、快速发展，为改善城乡面貌、统筹城乡发展做出了积极贡献。

(2) 大量的投资正是通过建筑业的转化作用，形成了促进国民经济长期发展的固定资产。2003年固定资产投资规模达5.56亿元，其中3.34亿元是由建筑业转化为生产力的，占到总规模的60%。国民经济的发展离不开建筑业。

(3) 建筑业总产值占GDP比重逐年提升。1980年到2003年，建筑业总产值占GDP比重从6.35%提升到19.69%，增加3.1倍。

(4) 建筑业在安置人员就业、尤其是吸纳农村富余劳动力进城就业方面作用突出。建筑业就业人数占全国就业总人数比重逐年增加。1980年到2003年，建筑业就业人数占全国就业总人数比重从2.3%增加到5.3%，增加2.3倍。2002年全国建筑业农民工3137万人，占建筑业从业人员总数的80.58%。占农村进城务工人员总数的近三分之一。

(5) 建筑业对其他行业的拉动作用逐年增大。1990年到2000年，建筑业完全消耗系数在2.0左右，这就是说，建筑业每增加1亿元产值，整个社会总产值将增加3亿元；建筑业影响力系数在1.2左右，说明建筑业对其他部门所产生的波及影响程度超过社会平均影响力水平，是提高国民经济发展速度的关键行业；建筑业感应度系数在0.45左右，说明当国民经济各部门均增加一个单位最终产品时，建筑业所受到的感应程度低于全社会的平均感应程度。建筑业对相关的上下游产业、包括相关的研发、咨询服务以及各类新型建材产业如建筑材料及其他非金属矿物制品业、金属产品制造业和金属设备制造业等的发展都起到了明显的拉动和辐射作用。

(6) 建筑企业单位个数、从业人员和总产值不断增加。建筑业企业单位从1980年的6604个，增加到2003年的48688个，增加7.37倍，但1997年以来，国有、集体和外商投资企业个数则呈现逐年减少趋势。建筑业从业人员从1980年的648万人增加到2003年的2414.3万人，增加3.73倍，1997年以来，国有、集体和外商投资企业的从业人员也呈现逐年减少的趋势。建筑业总产值从1980年的286.93亿元增加到2003年的23083.87亿元，增加80.45倍，除集体企业1990年以来逐年减少外，其他各类企业都是逐年增加。

(7) 建筑业和建筑劳务输出已经成为北方地区县域经济增长和农民增加收入的重要来源。即使在东南部发达地区，农民收入中也有超过40%来自于建筑业。

但是，目前我国建筑企业的科技水平还比较低，管理水平还不能适应建筑业发展的需要，我国建筑企业发展中仍旧存在着一些主要问题：

(1) 以政府为主体的行政直控式，政企不分，企业缺乏经营自主权；

(2) 建筑业生产要素被分割，无法形成综合生产能力。

(3) 建设资金不足或不到位，工程拖欠款锐增不减，企业亏损情况依然严重。

(4) 施工力量明显大于施工任务，建筑业供过于求的状况仍十分突出。

(5) 建筑市场个体行为不规范，建筑市场秩序混乱。

(6) 一些建筑企业市场竞争能力不强。

所以，我国建筑业的效益还不很理想，主要表现在：

(1) 建筑业产值利润率徘徊不前，资本利润率增长缓慢。1993年产值利润率为2.0%，1996年下降到1.2%，2002年回到1993年的水平，2003年提升到2.3%。建筑业的资本利润率1996年为5.6%，1998年下降到5.0%，2003年回升到7.9%。

(2) 建筑业各经济类型企业亏损都比较严重。2002年，亏损面为15.4%～38.9%。

(3) 年人均竣工面积较低，只有发达国家的1/2～1/3。2002年，私营建筑企业的年人均竣工面积最高，为52.0$m^2$；港澳台投资和中央建筑企业的年人均竣工面积最少，分别为20.1$m^2$和18.3$m^2$。

(4) 各经济类型建筑企业的利润都不高。2002年国有建筑企业产值利润率、资本金利润率和人均利润分别为0.8%，2.6%和800元，都远低于其他经济类型建筑企业；集体建筑企业产值利润率最高，为5.8%，股份制建筑企业资本利润率最高，为8.9%；外商投资建筑企业的人均利润最高，为4100元。

(5) 材料和能源消耗高、污染大，技术创新机制不健全，投入不足，成果少，转化率低，效益不显著，市场以价格为中心的无差别竞争仍占主导地位。

### 1.3.2 建筑企业的分类及特点

1.建筑企业及其分类

(1) 建筑企业

建筑企业是指依法自主经营、自负盈亏、独立核算，从事建筑商品生产和经营，具有法人资格的经济实体。具体地讲，建筑企业是指从事铁路、公路、隧道、桥梁、堤坝、电站、码头、机场、运动场、房屋（如厂房、剧院、旅馆、医院、商店、学校和住宅等）等土木工程建筑活动，从事电力、通讯线路、石油、燃气、给水、排水、供热等管道系统和各类机械设备、装置的安装活动，从事对建筑物内、外装修和装饰的设计、施工和安装活动的企业。建筑企业又称建筑施工企业。它通常包括建筑公司、建筑安装公司、机械化施工公司、工程公司及其他专业性建设公司等。

根据工程专业特点，建筑企业有不同的名称，如工程局、工程处、建设公司、工程公司、市政公司、房修公司、建筑安装公司、机械施工公司、基础公司、装饰公司等。建筑企业（施工企业）是其总称。

建筑企业与一般工业企业相比较，既有相似之处，又有不同的特点。相似之处是：①都把一系列资源投入生产过程，产出产品并进行销售；②都具有生产的阶段性和连续性；③都具有组织的专业化和协作化；④都在经营上进入流通领域。

建筑商品包括各种建筑物、构筑物、设备安装以及技术、劳务服务等。建筑商品具有一系列技术经济特点，例如地点固定、类型多样、体形庞大、使用寿命长等。这些特点决定了建筑企业本身也存在许多行业特征。比如，采取以承包为主的经营方式，通过承揽工程任务获得建筑商品的销售权；采取以现场管理为主的生产组织方式，以项目为对象建立基层管理机构；企业的生产经营地点总是不断流动，无法固定。此外，建筑企业在核算方式、机构设置、生产要素管理等方面，也存在许多行业特点。

(2) 建筑企业的基本条件

从事建筑安装生产经营活动的企业，必须具备一些基本条件：①有独立组织生产的能力和独立经营的权力；②有与承担施工任务相适应的技术人员、管理人员和生产技术工人；③有与承担工程任务相适应的注册资本；④有健全的会计制度和经济核算办法，能独立进行经济核算；⑤有保证工程质量和工期的手段和设施。

(3) 建筑企业的任务

从总体来说，建筑企业的任务就是在不断提高产品质量、缩短工期和提高效益的基础上，全面完成所承担的建设任务，并为满足社会扩大再生产、改善人民生活条件做出贡献。具体地讲，其任务包括以下两个方面。

①从使用价值的生产而言，建筑企业应满足社会生产、生活对建筑产品的需要。一是社会需求者即用户的新建、扩建、改建或维修的需要；二是社会的建设和环境保护的需要。

②从价值的生产而言，建筑企业应不断提高经济效益，保证盈利。一是为国家提供积累；二是为企业发展提供更多的积累；三是为生产者即职工的物质文化生活水平的提高创造经济效益。

建筑企业的生产经营活动这两方面的任务，都不能忽视，而且次序不能颠倒，还要使二者统一。企业的首要任务是生产物质产品，其次才是盈利，二者缺一不可。建筑企业只有首先为社会需要提供物质产品，才能实现盈利，二者是不可分割的统一体。

(4) 建筑企业的作用

建筑企业同工业企业、农业企业一样，作为国民经济的细胞，作为国民经济有机体的一个不可缺少的组成部分，发挥着如下作用：①肩负着国民经济各部门的新建、扩建工程和技术改造工程的施工任务，为不断完善我国完整的国民经济体系，加强国防实力，改善人民物质文化生活条件做贡献；②为社会创造比较永久性的文明和财富，提供相当的国民收入；③为国家提供利税，是为国家赚钱的一支重要力量；④建筑企业大多属于劳动密集性企业，能容纳大量劳动力，是重要的劳动就业场所；⑤能消耗大量物资，对诸多相关产业，如建筑材料生产、机械制造、交通运输的发展，具有积极的促进作用；⑥能进入国际建筑市场，提供劳务或承包而赚取外汇。

(5) 建筑企业的分类

建筑企业有多种类型，可以按照以下标准进行分类。①按企业制度不同，建筑企业可分为个人业主制企业、合伙制企业、公司制企业；②按资产所有制不同，建筑企业可分为国有企业、集体所有企业、个体企业，以及各种资产混合所有企业(如中外合资企业和国家参股、控股的企业等)；③按经营范围不同，建筑企业可分为综合性建筑企业和专业性建筑企业；④按企业规模不同，建筑企业可分为大型建筑企业、中型建筑企业、小型建筑企业。建筑业的企业规模主要表现为企业组织项目生产的专业门类多少和可以承担的与工程项目相关的服务范围的纵深程度。也就是说，建筑业的企业规模一定要与企业所拥有的要素性质及不同性质要素的密集程度相关联。具体到指标上，衡量建筑业企业规模大小最主要的指标应当包括：劳动力人数的多少，专业技术人员的数量，多专业的承包能力，资本金数量，年营业额，年利税额及人均利润；⑤按资质条件不同，建筑企业可分为不同级别的企业。如房屋建筑工程施工总承包企业分为特级、一级、二级、三级；专业承包企业资质分为一级、二级、三级；劳务分包企业资质分为一级、二级。其他类型的建筑企业也都按相应的标准分成不同等级的企业。

2. 建筑企业特点

一般企业管理的原理和方法，适用于各类企业。但是对建筑企业来说，其生产对象——建筑工程（产品）、生产的组织和技术、生产经营管理，都具有与一般工业企业不同的特点。因此，研究建筑企业管理，首先必须了解建筑产品及其生产的特点以及对企业管理的影响。

（1）建筑产品的特点：

建筑产品是指建筑物或构筑物。它们具有以下特点。

①建筑产品的固定性。作为具有使用功能的最终工程产品，是不能移动的，只能在使用它的地方进行建造。许多建设工程如地下建筑、道路、隧道等本身就是土地不可分割的一部分。

②建筑产品的多样性。首先是使用功能的多样性，使用功能不同，工程产品的类型也就不同。其次，即使使用功能、工程类型相同，但在不同的地区建造，也因建设地区条件的不同而表现出差异。

③建筑产品体形庞大。建筑产品形体庞大，功能复杂，工程量大，占用广阔的空间，需要大量的物质资源。

④建筑产品使用寿命长。工程建成竣工投产交付使用后，使用寿命很长。一项建筑物或构筑物，无论是钢结构、钢筋混凝土结构，还是砖混结构的工程，交付使用后，少则使用十几年，多则几十年，甚至上百年才会丧失使用价值。

（2）建筑产品生产的特点

①生产的流动性。施工生产的流动性表现为：第一，各工种的工人在一个工程项目的不同部位上进行流动；第二，工人在一个工地现场范围内各个施工对象上进行流动；第三，施工队伍在不同工地、不同的建设地区间辗转流动。

②生产周期较长。这是由于建筑产品体形庞大和地点固定所引起的。体形庞大，占用和消耗的人力、物力和财力就多。地点固定，约束条件就多。建筑产品的生产周期，从几个月到一年、几年甚至十几年不等。

③生产的单件性。建筑产品由于类型繁多，要求各异，不可能进行批量生产。每一件产品都必须根据用户要求，进行单独的设计和施工。即使采用标准设计，也会因为地质、气候以及各种社会经济环境的不同，需要对基础、材料、施工组织、施工方法做修改，从而带来一系列单件性的特点。

④露天高空作业。一般工业产品的生产，多数在房屋内进行，而建筑产品的生产只能露天作业，受季节、气候、地质、自然条件变化的影响。此外，建筑产品体形庞大而又无法移动，造成高空作业多。

⑤机械化、自动化水平较低。由于建筑产品本身的特点，与一般工业产品生产相比较，建筑生产机械化、自动化水平提高较慢，手工作业较多，劳动强度大，劳动条件艰苦。

⑥协作关系复杂。建筑生产涉及面广，协作关系多。在企业内部，要在不同时期、不同地点和不同产品上组织多工种综合作业；在企业外部，要同建设单位（即用户）、勘察设计单位、材料供应单位等协作配合，从而具有广泛的社会综合性。

### 1.3.3 建筑企业管理的内容和特点

#### 1. 建筑企业管理的概念和内容

建筑企业管理就是按客观的、技术的、经济的规律，合理地组织建筑企业的全部生产经营活动。如前所述，建筑企业的生产经营活动，大致也可以分为两部分：一部分是在企业内部的活动，它以生产活动为中心，包括基本生产过程、辅助生产过程、施工准备和技术准备过程以及为施工生产的服务工作等。对于这些活动的管理，叫做生产管理。建筑企业的另一部分活动，涉及到企业外部，联系到社会的流通、分配、消费等过程，包括原材料、能源等物资供应问题，生产任务落实问题，企业系统外部环境的调查、预测问题，机械设备、劳动力等的调整补充问题以及企业需要处理的各种经济关系问题等。对这些活动的管理，叫做经营管理。建筑企业生产活动及其管理与经营活动及其管理的关系如图 1-6 所示。

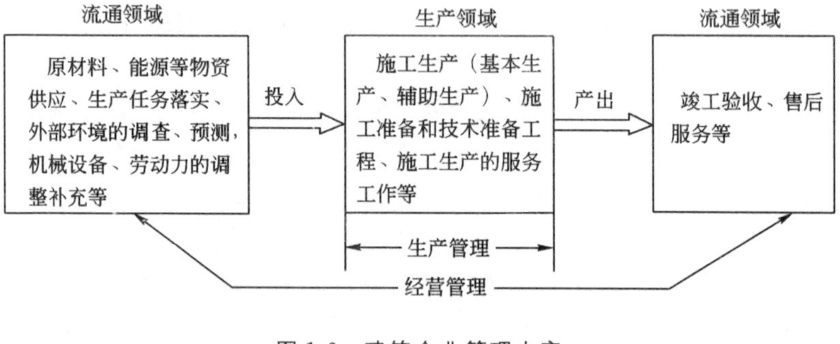


图 1-6　建筑企业管理内容

#### 2. 建筑企业管理的层次

建筑企业管理包括 3 个层次，即企业层次、项目层次和作业层次。

（1）企业层次

企业层次代表的是一个法人职责范畴，它具有 3 个主体特点：一是市场竞争主体；二是合同履约责任主体；三是企业利益主体。企业层次作为生产要素控制的第一层面，要搞好工程信息市场、资金市场、劳动力市场、设备材料市场、租赁市场等五大市场的组织协调和动态管理工作。

（2）项目层次

项目层次的组织形式就是项目经理部，它是新型生产方式和经营管理模式的运行载体。项目层具有“三个一次性”的特点，即项目层是企业法人一次性的授权管理、一次性临时组织、一次性成本中心。项目经理部只负责一个单体项目的质量、工期、成本等，是企业面向市场为用户提供服务的直接责任层面。项目经理作为项目层次的代表，是企业法人所中标的工程项目负责组织施工的授权责任人；是实现一个单体项目质量、工期、成本、安全等目标的直接责任人；是一个企业面向市场、对接业主、服务用户的岗位责任人。

（3）作业层作业层以劳务人员为主体，可以提供工程建设所需要的各种专业施工力量。其发展方向应是专业化、独立化和社会化。

上述3个层次之间的关系是：企业层次服务于项目层次，而项目层次一定要服从于企业层次，这是因为项目层次只是成本中心。企业法人层次与项目层次是授权委托关系，而项目层次与作业层次之间是合同商务关系，项目层次与供应商之间也是合同关系。

### 3.建筑企业管理观念的形成

企业管理观念是指企业为了有效地运营，实现企业的任务，在经营管理上所具有的基本观念，也就是企业在整个生产经营管理活动中的指导思想。它是企业对生产经营全过程中发生的各种关系的看法和态度的综合体现，是企业管理的灵魂。

企业管理观念的形成首先是由所处的社会经济制度决定的，同时也受企业领导人的政治思想觉悟、科学知识、实践经验、思想方法、工作作风等主观因素和企业所处的经营环境的客观因素影响。企业管理观念应是以提高社会经济效益为核心，正确处理企业对社会、用户、竞争对手和企业内部职工之间的关系。为了进一步理解企业管理观念及其形成，我们从企业自身角度出发，观察与企业有关的四个方面，即消费者、生产者、出资者和企业所在地区的人们及其要求。

（1）消费者（用户）

对建筑企业来说，消费者就是建设单位或用户，他们订购或购买建筑企业生产销售的建筑产品或服务，予以使用。由于消费者的存在，才能有企业的生产、销售商品或服务，企业才能回收再生产的资金，才能支付劳动者的工资，购买材料、设备。如果没有消费者，企业就不能生产经营。为了满足消费者需求，企业生产的商品或服务，在质量、价格、期限上就必须达到国家的有关规定和消费者所期望的要求，主要有：质量好、使用方便、物美价廉；满意的服务；新产品的要求等。

（2）生产者（企业职工）

生产者是指进行企业生产、销售商品或服务的人们，包括企业的工人、工程技术人员、经营管理人员、各级领导者。有的企业还包括工程分包者和采购供应者。如果没有生产者，企业也就不存在，当然也就没有企业的商品和服务。因此，企业管理观念应反映生产者的要求，诸如：①企业要盈利，增加生产者的收入；②企业要有前途，职工工作、生活有保障；③企业有信誉，职工有荣誉感等。

（3）出资者

出资者是指为企业提供资金的人们，包括国家（国有企业的主要出资者是国家）、地方或集体、个人（股东）、银行、外商等。要开办企业或扩大经营，必须具有一定的资金、土地、房屋、机械设备、材料、构配件及职工所需的各种费用。这些费用将由企业销售回收的资金补偿。没有资金，企业就办不成。为此，企业经营必须考虑出资者的要求，诸如：①多生产社会需要的商品，对繁荣国民经济做出贡献；②提高社会效益、经济效益，企业稳定成长；③提高质量，不断贡献新产品；④给出资者以合理的报酬（纳税、付利息、分红等）。

（4）企业所在地区（社会）的人们

企业所在地区的人们是指为企业生产经营活动提供必需的水、电、物资、劳动力及交通服务的人们，受企业排放废弃物等影响的人们，以及地区居民等。因此，企业必须对地区人们承担责任和义务。地区（社会）人们对企业的要求主要有：①繁荣地区经济做出贡献；②为地区服务；③保护环境等。上述与企业密切相关连的四个方面各有各的希望和要求，企业管理观念必须反映四个方面的要求，使得四者都能接受。如果这四个方面的要求不能协调地考虑，企业也就无法经营。所以，只有是他们共同接受的观念，才是企业正确的管理观念。

**4. 建筑企业管理的特点**

建筑生产的特点，直接影响着建筑企业的生产经营管理，使其具有以下特点：

（1）生产经营业务不稳定

由于建筑产品的多样性，同一时期不同用户对建筑产品的种类需求是不同的，对一个建筑企业来说，其生产经营的对象和业务将是不固定和不稳定的。因此，就要求建筑企业善于预测社会经济发展趋势，以及固定资产投资规模、方向和产品种类构成比例，具有适应社会需求的应变能力。

（2）管理环境多变

由于建筑产品的固定性和生产的流动性，影响到企业管理环境变化大，可变因素多。管理环境可分为自然环境（包括地形、地质、水文、气候等）和社会环境（包括市场竞争、劳动力供应、物资供应、运输和配套协作条件等），这些环境是经常变化的。在大城市承包施工，组织分包、劳务、材料、运输等比较方便，而在边远地区或新开发地区就有许多不便。如果承包国外工程，则环境更为复杂、更为特殊。因而使建筑企业生产经营的预见性、可控性比较差，许多工作要因环境制宜。

(3) 特定的投标承包方式

建筑产品生产多是预约生产，以合同形式承包的。建筑企业首先需要通过投标竞争获得承包工程任务，并通过工程承包合同与用户建立经济法律关系。在招标投标中，往往是一家用户多家竞争，而且十分激烈。因此，必须讲究竞争策略。建筑企业要根据用户的委托，按合同要求完成预定的任务，并在工程进行过程中接受用户的监督。

(4) 基层组织人员变动大

由于产品多样、生产流动、任务不稳定、环境多变等原因，引起直接领导生产经营活动的企业基层组织结构和人员，随工程对象的规模、性质、地理分布不同而适时变化和调整。在建设过程中，不同工程、不同季节，职工的需要量波动很大，工种的配合比例也会有较大的差异。因此，建筑企业内部的管理组织结构适宜项目管理制。

(5) 计划管理方面

在计划管理方面，建筑企业的计划包括两类：一类是以企业为对象编制的生产经营计划，一类是以工程项目为对象编制的工程施工组织设计。这两类计划是相互依托、密切联系的，一般计划期较长的前一类计划由后一类计划去落实，而计划期较短的后一类计划受前一类计划的指导。

(6) 劳动用工方面

在劳动用工方面，由于建筑施工生产的流动性和均衡性较差，建筑企业不宜保持庞大的固定工队伍，只宜拥有精干的经营管理人员、工程技术人员和适量的技术工人骨干，工程需要时，再雇用合同工和临时工。

(7) 产品价格方面

由于建筑产品的多样性，几乎没有完全一样的建筑产品，所以建筑产品价格的确定不能像一般产品那样批量定价。建筑产品有其特殊的计价方法，即通过编制造价文件对不同工程定价，以此作为投标报价的基础或结算的依据。

(8) 资金占用方面

建筑产品由于其生产周期长、占用资金多，所支付的贷款利息也大，所以在计量、支付方面有其特定的要求。

上述这些特点，说明建筑企业生产经营管理比一般工业企业更复杂，我们要研究和认识建筑企业生产经营管理的这些特点，运用企业管理的基本原理，有针对性地采取措施，解决建筑企业管理中的上述问题。

# 1.4 我国建筑企业的现状与发展

## 1.4.1 我国建筑企业现状

### 1.我国建筑企业内部状况分析

随着我国市场经济体制的建立和完善，建筑企业的体制改革正不断深入，建筑企业的结构调整已在进行之中，并初步实现了生产型向生产经营型的转变。与发达国家建筑企业相比，我国建筑企业具有自身的优势，也存在着不可否认的劣势。

(1) 优势（Strength）

①生产能力强　我国的建筑企业特别是具有一级资质的企业，大多技术力量雄厚，拥有一定实力的施工队伍和高水平的管理人员，具有承建、招揽大型工程项目的能力。

②技术能力全面　我国的建筑企业具有不同专业特点与优势，所承接工程门类齐全，涉及核电站、水电站、火电站等能源工程，纺织、食品机械制造等工业工程，公路、铁路、机场、码头等交通工程，自来水、污水处理等市政工程；饭店、写字楼等商业设施及住宅等各个领域。

③劳动力成本低，资源丰富　我国劳动力成本要比西方发达国家低得多，且劳动力资源丰富，并有庞大的劳动力供给潜力。我国建筑业的从业人数占全世界建筑业从业人数的25%，而且每年新增人口愈千万人，加上大量的农村剩余劳动力，可以为建筑企业提供源源不断的从业者。

(2) 劣势（Weaknesses）

①管理制度不适应　由于长期受计划经济的影响，不少大型企业和多数的中小型企业，未能按照国际惯例建立相应的管理制度。所有权制度、分配制度、人事制度及运作程序等基本制度方面不能适应日趋激烈的竞争环境。企业还有很多关系未理顺，缺乏活力，难以适应市场经济的要求。

②经营粗放　目前，多数建筑企业仍属于劳务密集、粗放式经营和外延式发展模式。即产出的提高基本上依靠增加各种资源的投入来提高，建筑业总产值与从业人员数量的变化趋势成正比关系，在某种程度上说明，总产值的增加是靠从业人员的增加来实现的。另一方面，说明技术因素在建筑生产中的作用未能实现。这种发展受有限资源的限制，并且与国外先进企业在不增加或少增加资源投入的前提下主要依靠科技进步获得更高的产出的内涵式发展相比，存在很大的差距。多数建筑企业还只重视生产经营、重视投入、忽视产出，重视产值、忽视效益。

③组织结构不合理　由于长期以来受地方保护主义、行业垄断的影响，市场尚

未形成真正公开、公平、公正的竞争环境。我国建筑企业自成体系、各自封闭的发展模式，不仅造成相应的基础技术工作、技术装备、人才培训等方面的重复建设，还造成我国建筑企业“大而不强，小而不专”。大企业无法与国外大的承包商相抗衡。而小企业也未发挥专业承包的优势，与大企业挤在同一平台上竞争。人为地造成了僧多粥少的局面。

④管理水平低下　我国大部分建筑企业工程管理水平比较低，其中质量管理、成本管理仍属于粗放型管理。企业在施工生产中随意性强，未形成制度化、程序化、标准化的管理模式；在管理上缺乏先进、实用的手段，基于网络的信息管理技术还是空白，项目管理信息系统方面的软件应用水平还比较低。

⑤技术创新能力差　我国建筑企业缺乏国际领先水平的技术，专利技术少，而且技术应用层次不高，科技含量普遍偏低，特别是在新技术、新材料的开发和应用机械化水平方面，都处于相对较低层次。由于我国劳动力价廉，许多企业在权衡廉价的劳动力与高额的设备费用后，选择使用大量的人力。我国建筑业的科技贡献份额只占生产总量的25%～35%，而发达国家为75%～85%，研究开发投资不到0.3%（占国内生产总值），而发达国家为3%，相差10倍以上。

⑥人员素质低　一方面，我国建筑企业从业人员素质普遍偏低。在建筑业从业人员中，大约有三分之二是来自农村的劳动力。受自身的文化水平限制，加上企业对人员的岗前培训缺乏系统性和普遍性，造成人员素质普遍不高。另一方面，我国建筑企业专业技术人员及管理人员十分短缺，特别是懂经营、有技术、会管理的复合型工程管理人才更是凤毛麟角，精通金融、法律、索赔的市场营销高级人才奇缺，加上未建立人尽其才，才尽其用的用人机制，人才流失现象也十分严重。

2.我国建筑企业外部环境分析

我国建筑市场要按国际惯例与国际市场全面对接，进一步开放建筑市场，这既给建筑企业带来新的发展机遇，又带来了严峻挑战。

(1) 机遇（Opportunities）

①建筑市场的规范化　我国现有各类工程建设技术法规强制性标准和推荐标准存在制定、实施、修改方面透明度差，强制性标准还存在范围过宽、数量过多的问题。今后，我国政府会加快建筑市场管理体制的改革，清理、注销带有地方保护主义或行业保护主义色彩的建筑工程法规。为建筑企业提供一个全国统一而规范的、符合国际惯例并且保护公平和自由竞争的建筑市场，结束目前建筑市场条块分割的局面。为我国建筑企业进一步深化企业改革创造有利的外部环境。

②提供学习窗口　国内建筑市场开放后，会有更多的国外优秀企业进入我国建筑市场。我国建筑企业在与国外建筑承包商合作过程中，可以学到很多国际先进的工程管理方法和经营管理模式，有利于提高我国建筑企业的施工管理水平。我国建

筑企业还可以借助现代化的信息网络技术，及时了解国外在建筑施工方面的新技术、新理念，行业管理方面的新经验和国际市场信息。同时，还可以方便地引进国外先进的施工机具和新材料，不仅可以提高劳动生产率水平，还可以有效降低工程成本，促进建筑企业尽快赶上国际先进水平。

③提供更多进入国际市场的机会　在国内建筑市场开放的同时，国内建筑企业同时也可以获得更多进入国外市场的机会，给企业进行国外工程承包、拓展经营领域带来更多的机遇。

（2）威胁（Threats）

①竞争升级　随着我国建筑市场的开放，进入我国建筑市场的外国企业必然增加。这些国外优秀的建筑企业经济实力雄厚，具有较强的融资能力和较高的技术装备水平，经营机制灵活，经验丰富，管理水平较高，并且在资金、管理、技术和设备等方面占有优势。加之农村有2亿剩余劳动力和下岗职工不断涌入，建筑市场的竞争将会更加激烈。“僧多粥少”的局面将更加严峻。

②人才的争夺　加入WTO后，外国企业会利用他们在技术、薪酬等方面的优势招揽人才，这有可能将导致我国建筑企业现有优秀工程管理人员、技术人才，特别是高级人才的流失，无疑给我国建筑企业本来就人才短缺的现状雪上加霜。

③关税降低使国内壁垒消失　关税的降低打破了国内的价格壁垒，国外大量的建筑设备和材料必然抢占我国建筑市场。国外的产品会以其优质价廉和良好的售后服务，取代我国相应的建筑设备和产品，这样对我国的多数建筑企业来说，国外建筑企业的强大竞争力会造成很大压力。

### 3.建筑企业发展趋势

（1）国际建筑市场一体化更加明显

随着经济全球化和国际工程建筑服务贸易的确定，国际建筑市场越来越呈现出一体化的趋势，国际建筑市场规模进一步扩大，国内与国际市场的界限进一步模糊。

（2）资产重组与企业并购趋之若鹜

由于国际工程项目规模越来越大，技术要求越来越复杂，需多种技术综合，同时由于承发包模式的改变，项目的风险增大，竞争加剧，对原有的国际承包企业提出了新的挑战。所以众多国际承包商通过资产重组与企业并购扩大企业的经营规模及规模效益，提高市场竞争力。

（3）中小建筑企业向专业化发展的趋势更加明显

对于中小型企业，有市场活力和较强生命力的组织形式是向专业化发展。专业化方向表现为：企业以专业技术为支撑，从事专门的工程、工种和工艺；企业以管理技术为支撑，从事专门的工程、施工工种和工艺；企业以与特定客户群的长期合作关系为支撑，服务于专门的客户市场；专业化方向发展也不可专门作劳务企业。

目前我国已出现了管理优良、技术水平高、诚信守约、组织纪律性强、供不应求的建筑劳务企业。

(4) 环境、健康、安全、管理受到高度重视

为了规范全球企业及各种组织活动、产品和服务的环境行为，节省资源、减少环境污染，改善环境质量，发展循环经济，保持可持续发展，国际标准化组织继ISO9000质量管理体系标准后推出了ISO14000环境管理体系标准和OHSMS18000职业安全卫生管理体系标准。目前，已经有项目业主在招标文件中提出了职业健康安全等方面的规定，要求承包商为从事项目的有关人员提供一个安全的工作环境。

### 1.4.2 我国建筑企业的发展

我国建筑企业应根据其自身的特点，认真克服企业内在弱点，利用企业的优势抓住外部机会，减轻或避免外部威胁，实现可持续发展。

1.开拓市场，扩展生存空间

市场是企业赖以生存和发展的空间，市场的开发与占领是企业能否继续生存和发展的关键。企业必须以市场为导向，深入研究市场，在市场开发上下功夫。企业除了进一步巩固自己的强项，以自身的技术优势站稳已有市场外，还应积极开发相关领域，拓宽经营领域，形成一业为主、多业并举的多元化经营格局。特别是技术含量较高、产品附加值较大的业务，不仅可以提高企业的经济效益，为企业协调发展提供新的增长点，而且还可以提高企业抗风险能力。另一方面，面向国际建筑市场，遵循国际规则参与国际竞争，将成为对国内建筑企业的基本要求。建筑企业应转变观念，主动迎接国际挑战，抓紧时机，熟悉国际惯例及运作规则，积极开拓国际市场。

2.提高信誉意识，质量第一，精品取胜

由于建筑产品的特殊性（先交易，后出产品），建筑市场上的竞争很大程度上是企业信誉的较量。随着建筑市场的法制化、规范化，在激烈的市场竞争中，企业的信誉越来越重要。信誉不良的企业，会被市场无情地淘汰。其中工程质量的高低，是企业信誉的首要标志。创优质工程应成为建筑企业经营的指导思想。建筑企业应强化全员质量意识，开展多种形式的质量意识教育，使各级领导和广大职工牢固树立“质量第一”思想，进一步摆正质量与进度、效益、企业发展的关系，不断强化质量意识、信誉意识、精品意识和效益意识。建筑企业要自始至终地搞好全面质量管理，建立完善的质量保证体系，加强施工全过程的质量控制，坚决落实ISO 9000质量体系的贯标和认证，大力推行标准化作业，坚持动态管理，创优质工程，使每个工程都成为“精品”，增强市场竞争实力，在市场上站稳脚跟。

3. 进行市场定位

企业要根据市场及自身基础条件进行科学的分析，确定在市场中所占的位置。中小企业应提高生产专业化水平，走“专、精、特、新”的发展道路，形成专业承包和劳务分包型企业。对于中小企业来说，有一技之长，才能在市场中占有一席之地。对于大型企业来说，可以利用其在资金、设备、人才、技术和管理等方面的优势，向综合性总承包企业方向发展，经营可涉及工程建设的多个领域和地区，建成具有长期发展潜力和强大实力的现代化大企业。这样才能形成适应社会主义市场经济要求的专业化生产和社会化协作的格局，也更有利于各企业的健康发展。

4. 科技为本，注重人才的培养

随着社会的进步，“科技是第一生产力”已成为人们的共识。建筑企业应积极推行和应用新知识、新技术、新工艺、新材料，要根据自身的规模和经营范围尽量采用先进的设备、生产工艺和施工方法，从而不断提高工程质量，提高技术含量，加快工程进度，改善劳动条件，降低工程成本，提高经济效益。企业灵活、高效的管理需要高素质的管理人才，高新技术的运用需要掌握高科技的人才。企业应把科技、管理方面人才的培养提高到战略高度予以重视，根据近期和长远的发展目标，按照对不同层次人才的需要，制定人才培养计划，加快知识更新速度，培养拥有管理知识、现代科学知识、丰富实践经验，能够把握市场脉搏，具有较强的市场预测能力、调控能力的复合型人才。同时要树立科技人才的终身教育观念，使其跟上科学技术发展和知识更新的步伐。另外，企业还应改善用人机制，在各方面创造良好的环境，提高他们的工作条件、生活待遇，做到吸引人才、留住人才、充分发挥人才潜能，使之为企业做出贡献。

5. 资本经营

资本经营是在市场经济条件下，企业管理理念的创新，是对生产经营理念的扬弃。生产经营和资本经营是经营活动的两个不同阶段。生产经营是以生产、经营商品为手段，以资本增值为目的的经营活动；资本经营是以证券化的资本，或可以按证券化操作的物化资本为基础，通过优化配置提高其资本市场价值的经营活动。资本经营可使企业经济效益和社会效益双丰收，是企业可持续发展的物质基础。建筑企业在市场竞争中，为实现企业规模的扩大，增强抗风险和求发展的能力，除了进一步加强生产经营外，还要结合行业特点，走资本经营的道路。资本经营有实业资本经营、金融资本经营、产权资本经营、无形资本经营，企业应根据自身的情况进行选择，有的放矢。如投资有发展前景的相关行业、参与回报率较高的建设项目、参与证券市场投资，拓宽资本收益渠道。资本经营必须以生产经营为基础，并服从、服务于生产经营。建筑企业可以通过改革项目部管理机构，加强责任成本管理，对资源进行合理优化配置，以及建立财务风险预警系统等措施，使生产经营和资本经营有效的结合，实现企业规模的扩大和效益的提高。

6. 集约管理

建筑企业应该实现粗放型管理向集约型管理转变，这是建筑企业在以后的激烈竞争中能否生存的必要条件之一。工程项目是企业效益的源头，也是管理工作的出发点和落脚点。企业管理应以项目管理为主线，项目管理应以贯标和成本控制为切入点，走质量效益型之路。企业应坚持不懈地抓好贯标工作，使之纳入法制化轨道，要积极推行成本核算制，优化企业劳动定额，建立全员、全方位、全过程的目标考核、监督体系，使目标成本处于受控制状态。严格管理，努力实现按期、优质、安全、高效的项目管理目标。

## 1.5 建筑企业素质

### 1.5.1 建筑企业系统

所谓“系统”，就是由许多（至少两个以上）相互联系、相互制约的成分要素结合成的、能执行特定功能、达到特定目的的有机整体。

“系统”有自然系统（自然界本来存在的系统）和人造系统（经人改造或创造的系统）。建筑企业是人们按其性质、特点、任务设计的人造系统，它具有人造系统的基本特征。

1. 建筑企业系统的目的与功能

建筑企业系统的目的，就是要把输入的资源（人、财、物）转换为企业的成果输出，实现企业的目标。当我们把企业系统看成输入转换为输出的转换机构时，它的功能如图 1-7 所示。

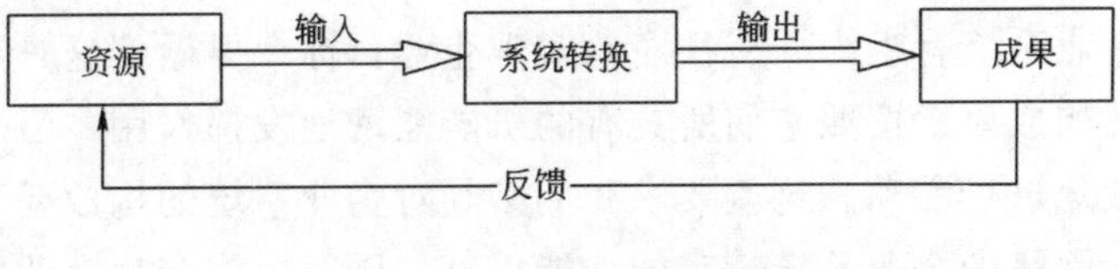


图 1-7　企业系统的功能

从图 1-7 可见，把资源（人、财、物）输入，经过转换机构，变成企业的成果输出；企业的内部、外部都有信息传送，有关输出的信息反馈到输入，输入就会根据收到的信息改变其内容、数量，从而使输入变为输出时总能满足企业的目的。这就是企业系统的功能。为了实现企业的目标，必须强化企业系统的功能，因而就要掌握输入和输出以及转换过程中的各种规律、关系和方法。

2. 建筑企业系统的构成要素

企业系统的构成要素亦称企业系统元素，它是构成企业机体的、相互关联又相互区别（可以分离）的必要因素。“要素”在系统中和从系统中分离出去时，它们的功能是不同的，整体的功能不是个别部分功能的叠加，新的组合会赋予系统以新的意义。因此，研究企业系统的构成要素、实现要素的最佳组合，对增强企业系统的功能具有重要的意义。

建筑企业是从事建筑产品生产活动的经济组织，所以企业系统必须具有从事建筑生产经营活动的劳动者、劳动对象和劳动手段等生产力要素，同时还要有反映这些要素相互结合和运动的价值表现和信息。建筑企业系统的基本要素构成如图 1-8 所示。

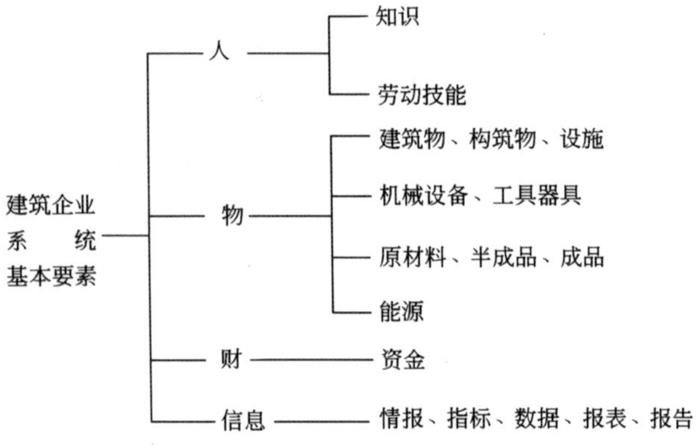


图 1-8 建筑企业系统的构成要素

3. 建筑企业系统的子系统

建筑企业必须科学地确定目标、活动方案和各种技术组织措施，并使其先进、合理、可行；必须不断地协调各种生产力要素，使其合理结合、正常运动，充分发挥作用，保证企业系统有组织、有秩序地实现企业目标。要做到这一点，一方面必须使企业系统的构成要素按照它们所具有的机能能动地发挥作用，另一方面则必须使企业系统有效地进行活动。这就要求我们必须对企业系统的构成要素进行科学地组合。这种组合除赋予企业系统特定的功能以外，同时也将产生企业的子系统、孙系统。

4. 建筑企业系统的环境与行为

当企业系统处于活动状态时，会产生人、物、财、信息等的流动。这种流动可以由企业系统流向其他系统，也可以自其他系统流向该企业系统。这样，企业系统就要与其他一些外部系统相互影响。广义而言，后者称为前者的环境。从环境向企业系统的流动称为输入，从企业系统向环境的流动称为输出。通常，我们把构成企业系统的要素的输入称为直接输入；把企业系统的成果输出称为直接输出。其他输入和输出则分别称为间接输入和间接输出。这样，接收企业系统的间接输出和给出企业系统的间接输入的外部系统环境称为环境（狭义的环境）。

环境是企业系统的客观条件（发展条件或制约条件），它对企业系统的作用表现为各种输入。建筑企业是国民经济（大系统）的基本单位（也可以说是国民经济的一个小的子系统或孙系统），它必然要受整个社会经济发展的影响，它本身的活动——企业行为，也会影响社会经济的发展。具体说来，由于建筑企业的自然属性（在社会化大生产和社会分工中所处的地位）和社会属性（所有制，企业目的等），一方面它离不开环境的支持，也摆脱不了国际形势、社会变动、经济动向、市场状况等对企业本身直接或间接的影响，它必须适应环境的变化和要求，使自己的活动与社会经济活动协调一致、密切衔接；另一方面，它必须对整个社会经济体系起积极推动作用，通过自己的活动，促进其他企业、其他经济单位乃至整个社会经济的发展。

总之，在企业系统的概念中，我们着重强调的是整体性观念。企业系统是作为一个整体而存在的，其构成要素（或子系统）是不能脱离其整体的，系统本身也是不能离开环境的。这就要求我们管理建筑企业，应采用系统分析的方法，把内部条件和外部条件结合起来，把局部利益和全局利益结合起来，把当前利益和长远利益结合起来。只有这样，才能科学地计划、组织和控制企业活动，用正确的企业行为实现企业目标。

### 1.5.2 建筑企业素质

#### 1. 企业素质的概念

“素质”通常是指事物内在的特性。所谓企业素质，就是企业系统构成要素的质量及其有机结合形成的企业生存与发展能力。企业素质从其内在因素看，包括人员素质、技术素质和管理素质；从其外在表现看，具体表现为企业的生存与发展能力。内在因素和外在表现，是企业素质的两个方面，二者紧密联系，相互制约，是不可分割的统一体。建筑企业素质是个整体的概念、质量的概念，它是动态和不断发展变化的。

建筑企业素质是指其内部的人力、物力、财力、技术等各种要素有机结合所形成的综合质量，表现为建筑企业生存发展的能力。建筑企业素质决定企业综合施工能力、管理水平和经济效益。建筑企业素质的高低，说明了建筑企业获取工程建设任务的可能性大小，说明了建筑企业施工生产能力的大小和施工管理水平的高低，说明了建筑企业降低成本增加盈利的水平，说明了建筑企业技术开发水平的高低，说明了建筑企业扩大再生产能力的大小。

2.建筑企业素质的内容

（1）内在因素

①领导班子素质

领导班子素质，包括领导者个人素质和领导班子整体素质两个方面。

领导者个人素质，是指领导者个人的政治思想觉悟、政策水平、文化程度、专业知识、业务能力、组织领导能力，以及年龄、健康状况等。其中企业主要领导人的个人素质尤为重要。

领导班子整体素质，一是指班子结构，包括年龄结构、知识结构、专业结构和智能结构是否合理；二是指班子的集合力。能否形成集合力，关键在于班子能否团结合作、相互支持。

②职工队伍素质

职工队伍指除领导班子外的工人、技术人员和管理人员。职工队伍素质，包括职工队伍的比例结构，职工的思想觉悟，文化、技术业务水平，处理技术和业务工作的能力。职工队伍素质是企业素质的基础。

③技术素质

技术素质是指企业的技术装备程度和施工工艺水平等。技术素质是搞好企业生产经营的物质基础。

④管理素质

管理素质包括管理思想、组织、方法和手段的科学化及现代化程度和企业管理基础工作的质量。管理是一种生产力，在现代化生产过程中，管理不仅是保证生产顺利进行的必要条件，也是充分发挥生产力要素的作用，提高生产能力和经济效益的推动力和创造力。

（2）外在表现

外在表现为企业的生存与发展能力，具体表现为：

①竞争能力。即企业在质量、成本、工期、服务、信誉等方面的水平和竞争地位，以及在竞争中取胜，赢得市场的能力。

②应变能力。即企业在瞬息万变的经营环境中，根据条件变化迅速作出反应，采取恰当对策的能力。

③盈利能力。即企业有效利用人力、物力和财力，获得预期利润的能力。

④技术开发能力。即企业在开拓市场，开发新产品、新技术、新工艺、新材料，开发管理技术等方面的创新能力。

⑤扩大再生产能力。即企业依靠自身的力量进行技术改造、增添设备、改善管

理、扩大生产规模的能力。

3.提高建筑企业素质的意义和途径

(1) 提高企业素质的意义

为什么要提高企业的素质呢?首先，提高建筑企业素质是适应国家大规模经济建设和社会发展的需要。我国的建设任务十分巨大，同时，现代的建设项目具有规模大、工艺先进、技术复杂、配套建设项目多、施工难度大等特点，客观要求建筑企业应具有较高的素质。其次，提高建筑企业素质，才能在激烈竞争的国内、国际建筑市场中生存发展。随着我国改革开放深入进行和市场经济体制的建立和完善，企业面临严峻的挑战。如果企业不从根本上提高素质，在竞争中就有被淘汰的危险。再者，为了提高国民经济的宏观经济效益，也要求提高作为国民经济细胞的企业的素质。

(2) 提高企业素质的途径

如何提高企业的素质?企业的素质是一个整体，提高企业素质要采取内外结合的办法来进行。

首先，在宏观上要为企业创造一种环境，使企业具有提高素质的内在动力和外在压力。构成企业素质的每一类因素，企业经营管理的每一个方面，都同国民经济的管理体制密切相关，并受其制约和影响。因此，从宏观的环境上要使企业成为具有一定权利和义务的法人，并把它置于经营竞争的环境之中，使其自主经营、独立核算、自负盈亏，产生内在动力和外在的压力，就会增强企业提高素质的自觉性。

其次，提高企业素质的关键是在企业内部。要想真正提高企业素质，必须从企业的实际情况出发，一方面要注重提高企业系统构成因素的质量，另一方面则要抓好各种构成要素的有机结合，实现各种构成要素的最优组成，使其互相协调、互相促进，发挥最大的效率或收益。主要途径有：

①提高领导班子素质

提高领导班子素质是提高企业素质的关键。

提高领导者个人的素质　作为现代企业的领导者，必须具备包括政治、知识、技能、身体、心理等五个方面的基本素质：有强烈的事业心和责任感、勇于改革、勇挑重担、不怕个人担风险，能密切联系群众、有民主作风，大公无私、作风正派；懂得基本经济理论、理解国家的各项方针、政策、掌握企业管理的基本原理方法和现代建筑科技知识，善于洞察形势，有远见、有战略头脑、能因势利导、驾驭企业的健康发展；有决策、组织、指挥、控制和协调的能力，有善于处理人际关系的能力、用人能力和创新能力；要身体健康、精力充沛；要有敏捷的认识力、健康的情感、坚强的意志和良好的个性等。

提高领导班子的整体素质　提高领导班子整体素质的中心问题是要有一个合理

的结构。这样，不仅能使各个领导成员人尽其才，而且还能通过有效的结构组合，迸发出巨大的集体能量。

什么样的领导班子结构才是合理的呢？一般应考虑以下四个方面的结构：

年龄结构。合理的年龄结构是指不同年龄的领导成员在领导班子中应有一个合理的比例，并使之处于不断发展的动态平衡之中，以发挥成员的最优智力和效能。现代生理科学和心理科学的研究表明，一个人的年龄与智力有一定的定量关系。以知觉而言，最佳年龄是10～17岁；以记忆、动作和反应速度而言，最佳的年龄是18～29岁；以比较和判断而言，最佳年龄是30～49岁。可见领导年轻化，是完全符合科学规律的。合理的年龄构成应当是老、中、青合理搭配，形成梯形的年龄结构。

知识结构。现代企业的领导成员必须具有足够的知识水平，特别是企业高级层次的领导，总是面对着全局的复杂变化的现实，必须具有更高知识水平。科学研究告诉我们，在现代社会，一个人的知识只有约10％是靠正规学校教育获得的，约90％的知识是以后的工作实践和职业学习中获得的。因此，在选任干部时，除了要注重学历外，还必须考察实际的知识水平。

专业结构。是指在领导班子中，各类专业人才的比例。企业的领导班子，要根据它所担负的职能，配备相应的各类专业人才，使整个班子成为具有综合业务领导能力的群体。

智能结构　智能指的是人们掌握和运用知识的能力，主要包括自学能力、研究能力、思维能力、表达能力、组织能力和管理能力。合理的智能结构，应由具有高超创造能力的思想家、具有高度组织能力的组织家和具有“一步一个脚印”的实干家共同构成。

综上所述，领导班子结构是考虑多因素的、动态的综合体。为了提高领导班子整体素质，必须全面考虑年龄、知识、专业和智能结构，同时必须注意，一个合理的结构必然是自适应、自控制、自调整的，并不是一次成功、永恒不变的。必须在不断运动中，逐步求得平衡和合理。只有这样，才能使领导班子内的“摩擦”和相互抵消力量转化成为动力，形成高效能的领导集体。

②提高职工队伍的素质

提高职工队伍素质必须做到：

制定各类人员（管理人员、工程技术人员、工人）的素质标准。一般包括政治素质、文化素质、技术业务素质、身体素质等。并采取各种形式进行全员培训。

讲求企业职工合理比例结构。一般主要指：企业的生产、管理、服务三类人员的合理比例；生产人员中，基本生产、附属生产、辅助生产之间，各工种构成的合理比例；管理人员中如政工、经营管理、技术人员之间的合理比例；职工的技术职称和等级的构成的合理比例。

③提高企业的技术素质

提高建筑企业技术素质的途径有：积极采用建筑施工新工艺、新技术；进行技术改造，采用先进的施工机械设备；积极进行技术开发及应用；形成和完善企业的适用技术体系，并不断提高其水平。

④提高企业的管理素质

提高建筑企业的管理素质的途径是：按照市场经济的要求，建立现代企业制度，加强企业管理的基础工作，结合企业实际，实行现代科学管理。

## 1.6 建筑企业资质等级及其管理

### 1.6.1 建筑企业资质等级标准概述

为了加强对建筑活动的监督管理，维护建筑市场秩序，保证建设工程质量，国家建设行政主管部门根据《中华人民共和国建筑法》、《建设工程质量管理条例》制定了《建筑业企业资质管理规定》，该规定自 2001 年 7 月 1 日起施行。

《规定》中指出，“建筑业企业应当按照其拥有的注册资本、净资产、专业技术人员、技术装备和已完成的建筑工程业绩等资质条件申请资质，经审查合格，取得相应等级的资质证书后，方可在其资质等级许可的范围内从事建筑活动。”

1.建筑企业资质序列

按照上述资质条件，建筑企业的资质可分为施工总承包、专业承包和劳务分包 3 个序列。

（1）施工总承包企业

获得施工总承包资质的企业，可以对工程实行施工总承包或者对主体工程实行施工承包。承担施工总承包的企业可以对所承接的工程全部自行施工，也可以将非主体工程或者劳务作业分包给具有相应专业承包资质或者劳务分包资质的其他建筑企业。

（2）专业承包企业

获得专业承包资质的企业，可以承接施工总承包企业分包的专业工程或者建设单位按照规定发包的专业工程。专业承包企业可以对所承接的工程全部自行施工，也可以将劳务作业分包给具有相应劳务分包资质的劳务分包企业。

（3）劳务分包企业

获得劳务分包资质的企业，可以承接施工总承包企业或者专业承包企业分包的劳务作业。

2.建筑企业资质类别

施工总承包资质、专业承包资质、劳务分包资质序列按照工程性质和技术特点分别划分为若干资质类别。

(1) 施工总承包企业的资质类别

施工总承包企业的资质分为12类，包括房屋建筑工程、公路工程、铁路工程、港口与航道工程、水利水电工程、电力工程、矿山工程、冶金工程、化工石油工程、市政公用工程、通信工程、机电安装工程的施工总承包企业。

(2) 专业承包企业的资质类别

专业承包企业的资质分为60类，包括地基与基础工程、土石方工程、建筑装修装饰工程、建筑幕墙工程、预拌商品混凝土、混凝土预制构件、园林古建筑工程、钢结构工程、高耸构筑物工程、电梯安装工程、消防设施工程、建筑防水工程、防腐保温工程、附着升降脚手架工程、金属门窗工程、预应力工程、起重设备安装工程、电机设备安装工程、爆破与拆除工程、建筑智能化工程、环保工程、电信工程、电子工程、桥梁工程、隧道工程、公路路面工程、公路路基工程、公路交通工程、铁路电务工程、铁路铺轨架梁工程、铁路电气化工程、机场场道工程、机场空管工程及航站楼弱电系统工程、机场目视助航工程、港口与海岸工程、港口装卸设备安装工程、航道工程、通航建筑工程、通航设备安装工程、水上交通管制工程、水工建筑物基础处理工程、水工金属结构制作与安装工程、水利水电机电设备安装工程、河湖整治工程、堤防工程、水工大坝工程、水工隧洞工程、火电设备安装工程、送变电工程、核工程、炉窑工程、冶炼机电设备安装工程、化工石油设备管道安装工程、管道工程、无损检测工程、海洋石油工程、城市轨道交通工程、城市及道路照明工程、体育场地设施工程、特种专业工程的专业承包企业。

(3) 劳务分包企业的资质类别

劳务分包企业的资质分为13类，包括木工作业、砌筑作业、抹灰作业、石制作业、油漆作业、钢筋作业、混凝土作业、脚手架作业、模板作业、焊接作业、水暖电安装作业、钣金作业、架线作业的劳务分包企业。

3.建筑企业资质等级

各资质类别的企业按照其拥有的注册资本、净资产、专业技术人员、技术装备和已完成的建筑工程业绩等条件划分为若干等级。

(1) 施工总承包企业的资质等级

房屋建筑工程、公路工程、铁路工程、水利水电工程、电力工程、矿山工程、市政公用工程施工总承包企业的资质分为特级、一级、二级和三级4个等级；港口与航道工程、冶金工程、化工石油工程施工总承包企业的资质分为特级、一级、二级 3 个等级；通信工程施工总承包企业的资质分为一级、二级和三级 3 个等级；机电安装工程施工总承包企业的资质分为一级、二级两个等级。

(2) 专业承包企业的资质等级

地基与基础、土石方、建筑装修装饰、建筑幕墙、园林古建筑、钢结构、高耸构筑物、消防设施、防腐保温、金属门窗、起重设备安装、电机设备安装、爆破与拆除、建筑智能化、环保、电信、电子、公路路面、公路路基、铁路电务、铁路电气化、港口与海岸、航道、通航建筑、通航设备安装工程、水工建筑物基础处理、水工金属结构制作与安装、水利水电机电设备安装、河湖整治、堤防、水工大坝、水工隧洞、火电设备安装、送变电、化工石油设备管道安装、管道、无损检测、城市及道路照明、体育场地设施等专业承包企业分为一级、二级、三级；电梯安装、附着升降脚手架、桥梁、隧道、铁路铺轨架梁、机场场道、机场空管及航站楼弱电系统、机场目视助航、港口装卸设备安装、核工程、炉窑工程、冶炼机电设备安装、海洋石油等专业承包企业分为一级和二级；预拌商品混凝土、混凝土预制构件、建筑防水、预应力等专业承包企业分为二级和三级。而公路交通（分为交通安全设施、通信系统工程、监控系统工程、收费系统工程和通信、监控、收费综合系统工程 5 个分项）、水上交通管制、城市轨道交通、特种专业的专业承包企业则不分级。

(3) 劳务分包企业的资质等级

木工、砌筑、钢筋、脚手架、模板、焊接等劳务分包企业分为一级、二级；而抹灰、石制、油漆、混凝土、水暖电安装、钣金、架线等劳务分包企业则不分级。

### 1.6.2 建筑企业资质管理

#### 1.建筑企业资质申请

建筑企业应当向企业注册所在地县级以上地方人民政府建设行政主管部门申请资质。中央管理的企业，直接向国务院建设行政主管部门申请资质，其所属企业申请施工总承包特级、一级和专业承包一级资质的，由中央管理的企业向国务院建设行政主管部门申请，同时，向企业注册所在地省级建设行政主管部门备案。新设立的建筑企业，到工商行政管理部门办理资质申请手续；企业在申请资质时，应当向建设行政主管部门提供下列资料：①建筑业企业资质申请表；②企业法人营业执照；③企业章程；④企业法定代表人和企业技术、财务、经营负责人的任职文件、职称证书、身份证；⑤企业项目经理资格证书、身份证；⑥企业工程技术和经济管理人员的职称证书；⑦需要出具的其他有关证件、资料。

建筑企业申请资质升级时，除向建设行政主管部门提供上述资料外，还应当提供下列资料：①企业原资质证书正、副本；②企业的财务决算年报表；③企业完成的具有代表性工程的合同及质量验收、安全评估资料。

2. 建筑企业资质审批

(1) 审批权限

对于施工总承包序列特级和一级企业、专业承包序列一级企业的资质，除中央管理的企业由国务院建设行政管理部门直接审批外，非中央管理的企业须经省级建设行政主管部门审核同意后，由国务院建设行政主管部门审批；其中铁道、交通、水利、信息产业、民航等方面的建筑企业资质，由省级建设行政主管部门商同有关部门初审同意后，由国务院建设行政主管部门审批。建筑企业的资质条件和申请资质提供的资料由审核部门审查核实。

施工总承包序列和专业承包序列二级及二级以下企业资质，由企业注册所在地省、自治区、直辖市人民政府建设行政主管部门审批；其中交通、水利、通信等方面的建筑企业资质，由省、自治区、直辖市人民政府建设行政主管部门征得同级有关部门初审同意后审批。

劳务分包序列企业资质由企业所在地省、自治区、直辖市人民政府建设行政主管部门审批。

申请施工总承包资质的建筑企业应当在总承包序列内选择一类资质作为本企业的主项资质，并可以在总承包序列内再申请其他类不高于企业主项资质级别的资质。施工总承包企业承担总承包项目范围内的专业工程可以不再申请相应专业承包资质。

专业承包企业、劳务分包企业可以在本资质序列内申请类别相近的资质。

(2) 审批时限

建设行政主管部门对建筑企业的资质审批，应当从受理建筑企业的申请之日起60日内完成。

由有关部门负责初审的，初审部门应当从收到建筑企业的申请之日起20日内完成初审；建设行政主管部门应当在收到初审材料之日起30日内完成审批，并将审批结果通知初审部门。

建设行政主管部门应当将审批结果在公众媒体上公告。

(3) 新设立企业的资质等级

新设立的建筑企业，其资质等级按照最低等级审核，并设一年的暂定期。

由于企业改制，或者企业分立、合并后组建设立的建筑企业，其资质等级根据实际达到的资质条件按照规定的审批程序核定。

建筑企业资质条件符合资质等级标准的，建设行政主管部门颁发相应资质等级的《建筑业企业资质证书》。

3. 建筑企业资质晋升

建筑企业申请晋升资质等级或者主项资质以外的资质，在申请之日前一年内有下列行为之一的，建设行政主管部门不予批准：①与建设单位或者企业之间相互串通投标，或者以行贿等不正当手段谋取中标的；②未取得施工许可证擅自施工的；③将承包的工程转包或者违法分包的；④严重违反国家工程建设强制性标准的；⑤发生过三级以上工程建设重大质量安全事故或者发生过两起以上四级工程建设质量安全事故的；⑥隐瞒或者谎报、拖延报告工程质量安全事故或者破坏事故现场、阻碍对事故调查的；⑦按照国家规定需要持证上岗的技术工种的作业人员未经培训、考核，未取得证书上岗，情节严重的；⑧未履行保修义务，造成严重后果的；⑨违反国家有关安全生产规定和安全生产技术规程，情节严重的；⑩其他违反法律、法规的行为。

建筑企业资质条件符合资质等级标准，且未发生上述行为的，建设行政主管部门颁发相应资质等级的《建筑业企业资质证书》。

《建筑业企业资质证书》分为正本和副本，由国务院建设行政主管部门统一印制，正、副本具有同等法律效力。

4.建筑企业资质的年检制度

《建筑业企业资质管理规定》中指出，建设行政主管部门对建筑企业实行年检制度。

(1) 年检权限

施工总承包特级企业资质和一级企业资质、专业承包一级企业资质，由国务院建设行政主管部门负责年检；其中铁道、交通、水利、信息产业、民航等方面的建筑企业资质，由国务院建设行政主管部门会同国务院有关部门联合年检。

施工总承包、专业承包二级及二级以下企业资质、劳务分包企业资质，由企业注册所在地省、自治区、直辖市人民政府建设行政主管部门负责年检；其中交通、水利、通信等方面的建筑企业资质，由建设行政主管部门会同同级有关部门联合年检。

(2) 年检程序

建筑企业资质年检按照下列程序进行：

①企业在规定时间内向建设行政主管部门提交《建筑业企业资质年检表》、《建筑业企业资质证书》及其他有关资料，并交验《企业法人营业执照》；

②建设行政主管部门会同有关部门在收到企业年检资料后40日内对企业资质年检作出结论，并记录在《建筑业企业资质证书》副本的年检记录栏内。

(3) 年检内容及结论

建筑企业资质年检的内容是检查企业资质条件是否符合资质等级标准，是否存在质量、安全、市场行为等方面的违法违规行为。

建筑企业年检结论分为合格、基本合格、不合格3种。

①合格。建筑企业资质条件符合资质等级标准，且在过去的一年内未发生下列

行为的，年检结论为合格。

a. 与建设单位或者企业之间相互串通投标，或者以行贿等不正当手段谋取中标的；

b. 未取得施工许可证擅自施工的；

c. 将承包的工程转包或者违法分包的；

d. 严重违反国家工程建设强制性标准的；

e. 发生过三级以上工程建设重大质量安全事故或者发生过两起以上四级工程建设质量安全事故的；

f. 隐瞒或者谎报、拖延报告工程质量安全事故或者破坏事故现场、阻碍对事故调查的；

g. 按照国家规定需要持证上岗的技术工种的作业人员未经培训、考核，未取得证书上岗，情节严重的；

h. 未履行保修义务，造成严重后果的；

i. 违反国家有关安全生产规定和安全生产技术规程，情节严重的；

j. 其他违反法律、法规的行为。

②基本合格。建筑企业资质条件中，净资产、人员和经营规模未达到资质等级标准，但不低于资质等级标准的 80%，其他各项均达到标准要求，且在过去的一年内未发生上述 10 项行为的，年检结论为基本合格。

③不合格。有下列情形之一的，建筑企业的资质年检结论为不合格：

a. 资质条件中净资产、人员和经营规模任何一项未达到资质等级标准的 80%，或者其他任何一项未达到资质等级标准的；

b. 有上述 10 项行为之一的。

已经按照法律、法规的规定予以降低资质等级处罚的行为，年检中不再重复追究。

建筑企业年检不合格或者连续两年基本合格的，建设行政主管部门应当重新核定其资质等级。新核定的资质等级应当低于原资质等级，达不到最低资质等级标准的，取消资质。

（4）有关年检的其他规定

①建筑企业连续 3 年年检合格，方可申请晋升上一个资质等级。

②建筑企业资质升级，由企业在资质年检结束后两个月内提出申请，分批集中办理；建筑企业资质其他变更事项，应当随时办理。

③降级的建筑企业，经过一年以上时间的整改，经建设行政主管部门核查确认，达到规定的资质标准，且在此期间内未发生上述 10 项行为的，可以按照规定重新申请原资质等级。

④在规定时间内没有参加资质年检的建筑企业，其资质证书自行失效，且一年

内不得重新申请资质。

5. 建筑企业违法违规行为的处罚

①涂改、伪造或者采取不正当手段骗取《建筑业企业资质证书》的建筑企业，将被吊销资质证书并处以工程合同款 2%以上 4%以下的罚款；有违法所得的，将被没收。

②未取得《建筑业企业资质证书》承揽工程的建筑企业，将被取缔并处以工程合同款 2%以上 4%以下的罚款；有违法所得的，将被没收。

③超越本单位资质等级承揽工程的建筑企业，将被责令停止违法行为并处以工程合同款 2%以上 4%以下的罚款，有可能被责令停业整顿；降低资质等级；情节严重的，将被吊销资质证书；有违法所得的，将被没收。

④转让、出租《建筑业企业资质证书》的建筑企业，将被责令改正并处以工程合同款 2%以上 4%以下的罚款；有可能被责令停业整顿，降低资质等级；情节严重的，将被吊销资质证书。

⑤未在规定期限内办理资质变更手续的建筑企业，将被责令限期办理，处 1 万元以上 3 万元以下的罚款。

⑥将承包的工程转包或者违法分包的建筑企业，将被责令改正，没收违法所得，并处以工程合同价款 0.5%以上 1%以下的罚款；有可能被责令停业整顿，降低资质等级；情节严重的，将被吊销资质证书。

⑦有下列行为之一的建筑企业，依照有关法律、行政法规将被责令改正，被处以罚款；情节严重的，将被责令停业整顿，降低资质等级或者被吊销资质证书。

a. 施工中偷工减料的，使用不合格的建筑材料、建筑构配件和设备的，或者有不按照工程设计图纸或者施工技术标准施工的其他行为的；

b. 未对建筑材料、建筑构配件、设备和商品混凝土进行检验，或者未对涉及结构安全的试块、试件以及有关材料取样检测的；

c. 其他违法违规行为。

## 本章小结

本章以企业及企业管理的概念为出发点，介绍了现代企业制度、建筑企业及建筑企业管理的基本概念，我国建筑企业现状、建筑企业素质以及建筑企业资质等级及管理等内容。

企业是从事生产、流通和服务等经济活动，以盈利为目的，向社会提供产品或劳务，依法自主经营、自负盈亏、自我发展、自我约束，依照法定程序成立的经济组织。按照不同的标准可以将企业分为不同的种类。企业管理就是对企业的生产经营活动所进行的决策、计划、组织、控制以及对职工的领导和激励等一系列工作活动的总称。企业活动主要包括内部市场活动为主的生产活动和外部活动为主的经营活动。所以，企业管理包括生产管理和经营管理两部分。

不同时期，经济学和管理学对企业本质的认识和表述有所不同，基本观点有两种，即：实体观和契约观。现代企业的一般特征包括规模与范围并重、分工适度、组织高效、大量采用高新技术、高素质人才、所有权与管理权分离、快速反应、柔性联盟等。公司制是现代企业制度的最主要的形式。我国目前的公司制，通常有“有限责任公司”和“股份有限公司”。

建筑业是我国国民经济的支柱产业，为推动国民经济增长和社会全面发展发挥了重要作用。建筑企业是指依法自主经营、自负盈亏、独立核算，从事建筑商品生产和经营，具有法人资格的经济实体。与一般工业企业相比较，建筑企业具有由建筑产品的特点决定的特殊的生产的特点。建筑企业管理就是按客观的、技术的、经济的规律，合理地组织建筑企业的全部生产经营活动。建筑企业生产经营管理比一般工业企业更复杂。随着我国市场经济体制的建立和完善，我国建筑企业的体制改革正不断深入。我国建筑市场按国际惯例与国际市场全面对接，给建筑企业带来了更大的发展机遇，同时建筑企业也面临着严峻挑战。我国建筑企业应克服自身弱点，利用优势，抓住外部机遇，减轻或避免外部威胁，实现可持续发展。

“系统”，就是由许多（至少两个以上）相互联系、相互制约的成分要素结合成的、能执行特定功能、达到特定目的的有机整体。建筑企业系统的基本要素包括人、财、物、信息等。企业素质，就是企业系统构成要素的质量及其有机结合形成的企业生存与发展能力。建筑企业素质的内容包括领导班子素质、职工队伍素质、技术素质、管理素质等，其外在表现具体为企业的竞争能力、应变能力、盈利能力、技术开发能力和扩大再生产能力等。提高企业素质要采取内外结合的办法来进行，但关键是在企业内部。

建筑企业的资质可分为施工总承包、专业承包和劳务分包三个序列，这三个序列按照工程性质和技术特点分别划分为若干资质类别。各资质类别的企业按照一定的条件划分为若干等级。建筑企业资质的申请、审批、晋升、年检以及违法违规行为的处罚均按照《建筑业企业资质管理规定》执行。

本章主要是介绍建筑企业经营管理的基本内容和框架，以后各章节详细介绍建筑企业经营管理的具体内容。

## 复习思考题

1. 企业的概念及其基本特征是什么？企业管理的概念、内容和性质是什么？
2. 什么是决策与计划、组织与指挥、控制与协调、领导与激励职能？相互关系如何？
3. 企业管理现代化的内涵及主要内容是什么？实现企业管理现代化的途径有哪些？
4. 企业管理的基本观念有哪些？现代科学管理原理有哪些？
5. 对企业认识的基本观点有哪些？简述现代企业的一般特征。
6. 现代企业制度的定义是什么？现代企业制度主要有哪些形式？

7. 建筑业在国民经济中的地位和作用是什么？建筑企业的概念是什么？类型有哪些？

8. 建筑产品及其生成的特点有哪些？

9. 建筑企业管理的观念、内容和特点有哪些？

10. 试对我国建筑企业的内部状况和外部环境及发展趋势进行分析，我国建筑企业发展的策略应有哪些？

11. 系统的概念是什么？企业系统的构成要素有哪些？建筑企业素质的概念和内容是什么？如何提高建筑企业素质？

12. 建筑企业资质序列有哪些？各自承包的范围是什么？这些序列的资质等级各是如何划分的？

## 参考文献

[1] 田金信．建筑企业管理学（第二版）．北京：中国建筑工业出版社，2004.
[2] 刘伊生．建筑企业管理．北京：北方交通大学出版社，2003.
[3] 石勇民．施工企业经营管理．北京：人民交通出版社，1999.
[4] 赵西萍．高级管理学教程及学习指导．北京：高等教育出版社，1999.
[5] 黄宁．论科学管理原理在安全生产管理中的应用．社科纵横，2006.
[6] 韩梅，李忠霞．谈现代企业制度．农业与技术，2006 年.
[7] 吴广义，栾风涛．现代企业制度的内涵及其社会基础．http：//www. cnki. cet.
[8] 黄卫．贯彻落实科学发展观，加快改革步伐，促进建筑业持续健康发展．中国有色建筑，2005. 1.
[9] 叶耀先．建筑业技术进步和建设创新型建筑业．建筑经济，2006. 2.
[10] 吴杰，刘伊生．我国建筑企业现状及发展策略．北方交通大学学报，2001. 10.
[11] 孟慧霞．关于国有建筑企业改革发展的思考．科技情报开发与经济，2005. 9.
[12] 周民忠．关于我国建筑业企业改革发展的几点思考．铁道工程学报，2005. 4.
[13] 邢德录，赵永瑞．浅析 21 世纪我国建筑企业管理思想发展趋势．经济师，2004. 12.
[14] 熊钟．企业管理现代化的发展趋势分析．现代管理科学，2005. 5.
[15] 黄立启．企业管理现代化浅谈．经济师，2005. 4.
[16] 贺宣真．论如何创新和构建现代企业管理观念．经济·管理，2005. 3.
[17] 阮素英．论我国民营企业的管理观念创新．福建轻纺，2005. 2.
[18] 刘承伟．论知识经济时代的企业管理观念和管理模式．山东经济，1999. 3.
[19] 杨耀峰，陈静．知识经济与我国企业管理观念．计划与市场，2001. 4.

# 第2章 建筑企业组织管理

**本章概要**

1. 组织的概念及组织工作的主要内容与作用；
2. 组织设计的任务与基本原则以及组织设计过程中职务设计与部门化过程；
3. 企业组织结构的基本模式及各自的适应性问题，目前我国建筑企业的组织结构模式；
4. 我国建筑企业组织变革的影响因素、变革动力及注意事项；
5. 建筑企业组织再造的必要性、思路、措施及注意事项；
6. 建筑企业如何创建学习型组织。

## 2.1 组织设计的基本原则

### 2.1.1 组织的概念及基本特点

1. 组织的概念

“组织”的概念分静态和动态两层含义：静态含义的组织是指组织体，是由两个或两个以上的个人为了实现共同的目标组合而成的有机整体。如一个企业、学校、医院或政府机关等都称为组织。动态含义的组织是指一种过程或活动，它是管理的一项职能。作为过程，组织是在一定的时间和空间内向各个成员分配工作，统一各种行为的动态活动，是为了实现企业的共同任务和目标，对人们的生产经营活动进行合理的分工和协作，合理配备和使用企业的资源，正确处理人们相互关系的管理活动；作为结构，是把动态活动中有效合作的相互关系相对静止而形成的静态模式，是为了实现企业的目标，以工作流程（业务流程或工作流程）、信息流程为基础，通过分工与协调，使承担一定责权角色结构的人整合起来的有机体。

作为管理的一项基本职能，企业的组织工作就是要把达到组织目标而必须从事的各项工作或活动进行分类组合，对包括人、财、物和信息在内的各种资源在一定的空间和时间范围内进行有效的配置，划分出若干管理层次、分出若干部门；对人员进行选聘、考评和培训，为组织结构中的各个职位配备合适的人员，并把监督每类工作或活动所必需的职权授予各个管理层次、各个部门的主管人员，以及规定上下左右的协调关系；此外，还需要根据组织内外诸要素的变化，不断地对组织结构做出调整和变革，以确保组织目标的实现。按组织工作的对象来划分，企业组织工作可分为生产组织、劳动组织、管理组织。生产组织或生产过程组织是指合理组织产品生产过程各阶段、各工序在时间上和空间上的衔接协调。劳动组织是指在生产过程组织的基础上，合理组织劳动，正确处理劳动者相互之间的关系以及劳动者与劳动工具、劳动对象之间的关系。管理组织则是根据企业管理对象、任务和目标，将企业划分为若干层次和若干单位或部门，为每个管理层次、单位或部门配置一定数量和质量的人员，明确他们之间的分工协作关系，以及各自的职责和权限，并规定他们之间的信息沟通方式，以求提高管理效率，实现企业的目标。管理组织这一要领有以下几层含义：它是管理职能中的一个职能，是实现企业目标的一种手段；它要建立企业组织系统，主要表现为人与人、人与事关系的相对稳定的结合形式；它所追求的目标是以最大的管理效率实现企业的目标，要求整个企业人员分工协作，共同努力，造成组织的高效行为。

现代企业组织与计划经济体制下的企业组织不同，企业的组织结构应该是动态的，随着市场形式、企业任务的变化而变化。为了加强价值链管理，企业应不断地进行组织变革，对组织结构进行变动和调整。企业规范化管理体系在制订了发展战略后，首先要确定企业的价值链，如何使自己的产品逐步增值。

2. 组织的特点

(1) 静态含义组织的特点

作为组织体，组织是由两个或两个以上的个人为了实现共同目标结合而成的有机整体。而根据组织形成过程是否由正式筹划而形成，组织又分为正式组织和非正式组织。

正式组织是组织设计工作的结果，是由管理者通过正式的筹划，并借助组织图和职务说明书等文件予以明确规定的。它具有严密的组织结构，主要表现在指挥链、职权与责任的关系以及功能作用。正式组织具有三个基本特征：

①目的性。正式组织是为了实现组织目标而有意识建立的，因此，正式组织要采取什么样的结构形态，从本质上说应该服从于实现组织目标、落实战略计划的需要。这种目的性决定了组织工作通常是在计划工作之后进行的。

②正规性。正式组织中所有成员的职责范围和相互关系通常都在书面文件中加以明文的、正式的规定，以确保行为的合法性和可靠性。

③稳定性。正式组织一经建立，通常会维持一段时间相对不变，只有在内外环

境条件发生了较大变化而使原有组织形式显露出不适应时，才提出进行组织重组和变革的要求。

非正式组织，就是未经正式筹划而由人们在交往中自发形成的一种个人关系和社会关系的网络。组织生活的一个现实是，在正式组织运作中常常会存在一个甚至多个非正式组织。机关里午休时间的扑克会、工余时间的球友会，交通车的乘客、第六楼的伙伴、星期五晚上的桥牌队员以及咖啡室的经常座上客等都是非正式组织的例子。与正式组织相对应，非正式组织的基本特征是：

①自发性。在非正式组织中，成员之间的关系是一种自然的人际关系，他们不是经由刻意的安排，而是由于日常接触、感情交融、情趣相投或价值取向相近而发生联系。非正式组织不是经正式筹划而形成的。

②内聚性。在非正式组织里，共同的情感是维系群体的纽带，人们彼此的情感较密切，互相依赖，互相信任，有时甚至出现不讲原则的现象。非正式组织的凝聚力往往超过正式组织的凝聚力。并且由于有自愿的结合基础，非正式组织成员对某些问题的看法基本是一致的，因而情绪共振，感情融洽，行为协调，行动一致，归属感强。

③不稳定性。正式组织是非正式组织形成的基础，一旦正式组织解散或发生重大变化，非正式组织也可能会随之消亡。

④信息沟通灵

非正式组织成员之间感情密切、交往频繁、知无不言，信息传播迅速，成员对信息反应往往具有很大的相似性。

⑤自然形成“领导”人物

非正式组织不是由组织的决定而成立的，它虽然没有上级任命的领导，但实际上每个非正式组织都有自己的“领导”。非正式组织内“领导”的形成，是在发展过程中自然涌现出来的，成员的拥戴程度比正式组织高，号召力强。

（2）动态含义组织的特点

①组织工作的过程性。组织工作是根据组织的目标，考虑组织内外部环境来建立和协调组织结构的过程，一般情况下包括下面几个步骤：

a. 确定组织目标，并合理分解派生各分目标。组织设计的最终目的是为了整合组织所有资源，通过最合理途径实现组织目标，组织中每个部门或个人的贡献越有利于实现组织目标，组织结构就越合理。而组织整体目标往往是抽象、概括性的，并且，为了衡量整体目标的完成程度，往往无法通过采用单一指标的评价得以体现，对整体目标进行合理分解就会有利于在组织设计中更具有针对性，以利于整体保证目标的实现。

b. 确定为实现目标所需的各项业务活动。一定的目标是通过相关项业务活动的完成来实现的，所以如果能够把各项目标与实际业务活动有机联系起来，就会实现目标——活动的进一步具体化。从而更好地保证组织目标的实现。

c. 根据现有人力、物力、财力等各种资源及充分利用资源的方案来划分各种工作，由此形成不同部门。对于部门化的具体做法，我们将在本章后面的内容中做更细致地讨论。

d. 将能保证顺利开展各种业务活动所需的职权授予各部门的负责人，由此形成职务说明书，规定该职务的职责和权限及所需人员的能力。

e. 根据职权关系系统和信息沟通系统，把各部门的业务活动从横向和纵向紧密联系起来，形成组织结构图。

②组织工作的动态性。组织结构是根据组织目标制定的，而组织目标是适应组织内外部环境而形成的，当组织内外部环境变化时，就有必要对组织结构进行调整。

随着我国经济改革的不断深入，知识经济时代的到来，全球经济一体化进程的加快以及我国加入世贸组织，消费市场天平向消费者不断倾斜，消费需求日益多变，服务竞争日趋重要等多种因素正极大地影响着企业的竞争地位。我国建筑企业想要在日益加剧的市场竞争中取得进步，就必须根据企业所面临的内外部环境对组织结构进行适当的调整。同时现代技术的不断高速发展，也对组织设计产生了很大的影响，例如：在信息化程度比较高的组织中，由于大量的管理工作由电脑完成，大大地减少了管理者处理事务的时间，使管理者管理跨度加宽，从而管理层次减少，使组织从传统的"金字塔结构"转变成"扁平结构"成为可能。另外，组织的规模往往是由小变大的，在这种变化过程中，组织结构呈现某种规律性。美国学者托马斯·卡蒙（J. Thomas Camon）得出了组织发展分为五阶段的理论，认为组织发展过程中会经历创业阶段、职能发展阶段、分权阶段、参谋激增阶段、再集权阶段。不同发展阶段要求有与之相适应的组织结构形态，而各阶段的特征如下：

a. 创业阶段

在这个阶段，决策主要由组织经营者个人做出，组织结构不正规，对团队的组织协调只能满足最低限度的要求，企业内部的信息沟通主要建立在非正式的基础上。

b. 职能发展阶段

这时决策越来越多地由中层主管做出，而经营者亲自决策的程度越来越小。组织的组织结构建立在专业职能的基础上，各部门间的协调需要增加，信息沟通变得更为重要。

c. 分权阶段

随着组织管理的日渐成熟，各个职能部门形成了更完善的自我管理能力。这时，组织经营者的目光更多地集中在宏观调控上，专心于企业的经营。

d. 参谋激增阶段

随着企业的发展，组织员工队伍的扩大，经营者身边必然增加许多参谋助手。而参谋的增加又会导致意见的分歧，造成团队内部的矛盾，在一定程度上影响组织命令统一和执行力。

e. 再集权阶段

分权与参谋激增阶段所产生的问题，可能迫使组织经营者再度高度集中决策权力，最终形成在组织统一领导下的、各职能部门充分实现自主管理的完善管理系统。

③考虑非正式组织的影响。非正式组织与正式组织相互交错地同时并存于一个单位、机构或组织之中，这是一种不可避免的现象。有些场合下，利用非正式组织能够取得意想不到的益处，而有些情况下非正式组织则有可能会对正式组织的活动产生不利影响。非正式组织对正式组织的积极的、正面的作用表现在：它可以满足成员心理上的需求和鼓舞成员的士气，创造一种特殊的人际关系氛围，促进正式组织的稳定；弥补成员之间在能力和成就方面的差异，促进工作任务的顺利完成；此外，还可以用来作为改善正式组织信息沟通的工具。非正式组织的消极作用主要是：它可能在有些时候会和正式组织构成冲突，影响组织成员间的团结和协作，妨碍组织目标的实现。因此，组织工作必须考虑如何最大限度地发挥非正式组织的积极作用，克服其消极作用。

### 2.1.2 组织设计的基本原则

#### 1. 组织设计的任务

组织目标确定之后，如何使这些目标得以顺利实现，就需要制定并保持一种职务系统，使组织中的每一个人清楚自己在组织工作中的作用以及相互之间的关系，并使他们能在一起有效地工作。组织设计就是进行专业分工和建立使各部分相互有机地协调配合的系统过程。具体地说，组织设计的任务是建立组织结构和明确组织内部相互关系，提供组织结构图和职务说明书。

组织结构图的形状在具体介绍各种常见组织结构的内容中如图 2-5～图 2-10。

职务说明书要求能简单而明确地指出该管理职务的工作内容、职责和权限、与组织其他部门和职务的关系，要求担任该项职务者所必须具备的基本素质、技术知识、工作经验、处理问题的能力等。

#### 2. 组织设计原则

设计一个健全完善的管理组织系统，是管理组织工作的关键。设计时必须遵循科学原则。

（1）适应企业战略目标的原则

战略是实现组织目标的各种行动方案、方针的方向选择的总称。企业组织系统的确立是为实现企业发展战略与经营目标服务的，要做到与目标相一致、与任务相一致。组织结构设计要服从每一项工作的任务和目标，尤其是价值链上的目标，体现一切设计为目标服务的宗旨。

管理组织结构的建立必须有利于企业目标的实现和任务的完成。目标要明确，离开战略目标，管理组织改革就会成为单纯的机构增减、人员增减、人事安排，达不到预期的效果。组织战略对企业组织设计的影响表现在两个方面：一方面，不同的战略要求不同的业务活动，从而需要由不同管理职务的组织成员来完成相应的管理工作，从而需设立不同的管理岗位而形成不同的组织结构形式；另一方面，组织战略是依据一定的组织环境制订的，而管理环境是受组织内外部多个因素影响而多变的，一旦企业战略变化，也会要求企业和管理职务及各部门关系作相应调整。

（2）统一领导、分级管理的原则

即集权与分权的原则，这是组织系统设计的基本原则。统一领导就要恰当的集权，分级管理体现为适当的分权，要正确处理集权与分权的关系。

企业内部的集权主要是指生产经营的决策指挥权、评价奖惩权必须相对集中于相应的领导者手中。不论是全企业范围，还是企业内各个层次、各个部门，凡是一个单位都只能由一个领导人来行使决策权与奖惩权，一切副职都是他的助手。集中领导不仅能够提高工作效率，而且可以提高各级各部门领导人的责任感，使他们能够独立负责，敢于负责，有利于培养企业家和管理人才。也就是说无论公司怎么设计，都要服从统一指挥的原则，要在公司的总体发展战略指导下工作。公司所有部门要按照董事会的方针进行工作，在总经理和总裁的统一指挥下工作。但是，由于现代建筑企业承担的工程任务，技术及经济情况十分复杂，为了防止指挥失误和失灵，一是要加强咨询、参谋机构的作用，或者配备得力的助手；二是要形成一个指挥等级链，实行逐级授权。这两者就要求把集权与分权结合起来。

集权和分权同样都是组织社会化大生产和现代企业经营管理的需要。分权要通过授权来实现。授权要有适当的程度。授权程度是指授予下级可以自己做主不需要事先请示的权力范围。授权程度取决于企业规模大小、施工地区分散情况、工程技术复杂程度、业务渠道多少、上层控制手段和健全程度、各级领导能力的强弱等。

（3）劳动的专业化原则

对于现代组织来说，随着其规模的不断扩大和环境的日益多变，其管理工作所涉及的领域宽度及专业内容越来越多。虽然我们现在强调一专多能，但由于人的时间和能力所限，一个人想拥有所有各领域的专业技能是不可能的，所以组织中大多数的人员都只能是精通于某一种或几种领域专业知识的人员，而要完成组织目标，就必须将组织中不同专业领域的工作分配给相关领域的人员来完成。按照劳动专业化，即对组织中的各项工作，按专业领域的不同进行分类的过程。对于组织中的管理和作业岗位，按劳动专业化原则可作不同的分类，分类方式如图 2-1a）及图 2-1b）。

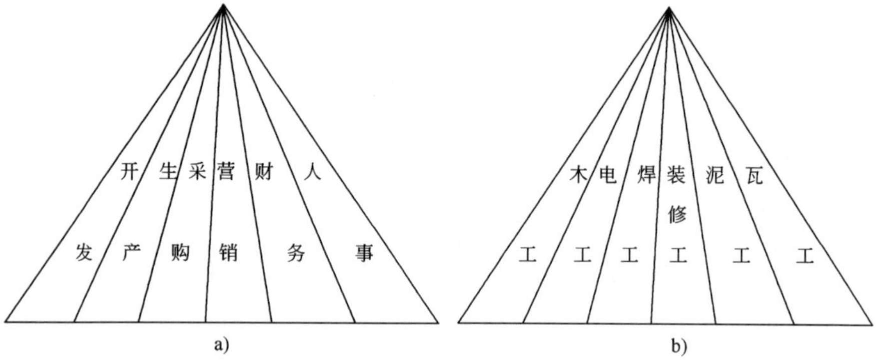


图 2-1　人员专业化分工

a）管理人员专业化分工；b）作业人员专业化分工

劳动专业化是社会化大生产的特点，不但生产要分工，企业管理工作也要实行专业分工，以提高管理工作的质量和效率，有利于创新。分工是指把企业的任务作垂直和横向分解，并配备适当的人员从事相应的工作。企业的分工包括：职务设置、部门化、地区的分工、按施工或生产的专业分工，按工程的任务分工等。分工要恰当，过细的分工往往造成机构重叠，各自为政，不利于互相配合和共同完成任务。所以，如何在分工的基础上，使各不同专业领域的人员围绕组织目标的实现而充分合作是组织设计所必须处理好的一个非常重要的问题。尤其是职务设计和部门化，我们需要在组织设计中重点注意。

①职务设计，如前面提到的管理工作的过程性特点所述，我们按劳动专业化原则将实现组织目标所必须进行的活动划分为有机联系的不同部分后，再根据人员的能力素质水平组合起来就可以设置相应的职务。职务设计根据实现组织目标所需完成的任务，分析确定需要哪些职务、每一个职位的责、权、利以及任职资格的过程。组织中人们所担任的职务并不是随机确定的，而是管理者预先有意识设计安排的。职务设计就是将若干工作任务组合起来构成一个完整的职位。有些职务是常规性的，其任务是标准化和经常重复的；另一些职务则可能是非常规性的。有些要求大量变化、多样的技能；另一些只要求范围狭窄的技能。有些职务限定人员遵循非常严格的工作程序；另一些则对人员如何做好工作给予充分的自由。有些职务以一组人员按团队的方式进行可取得更好的效果；另一些职务让个人单独做可以做得更好。组织设计中职务设计的任务就是科学地对此做出决定。

职务设计的主要工作内容包括：

a. 根据项目目标，明确项目需要完成哪些任务

可通过组织分解结构，将组织目标进行层层分解，直到明确组织所要完成的具体任务。

b. 明确需要在什么时间完成这些任务。

c. 确定需要设置哪些职务及每一个职务的职责、权利，在上面两项工作的基础上，分析确定需要设置什么样的职务，每一个职务的责、权、利。

d. 这些职务需要什么样的任职人员。

e. 在确定了职务的责任和任务之后，还需进一步分析这些职务需要什么样的任职人员，对其任职资格做出明确规定。

职务设计经历了四个发展阶段：

a. 按照专业化分工原则设计职务

在20世纪上半叶，亚当·斯密就提出了劳动分工的原则，这一原则一直是职务设计的一项基本原则。按照劳动分工的原则，在进行职务划分时使职务的工作内容尽量专业化，如承建一幢办公大楼项目，其职务一般划分为：施工监工、木工、电工、焊工、装修工、混凝土搅拌工等。

专业化分工的好处是：有利于提高员工的工作训练程度，有利于减少因工作变化而损失的时间，有利于使用专用设备和减少人员培训的要求，有利于扩大劳动者的来源和降低劳动成本等。但是职务设计过于狭窄不可避免地会带来负面的影响。如工作的枯燥、单调、乏味造成人们在生理、心理上的伤害，导致员工的厌烦和不满情绪，工作之间的协调成本上升，从而影响总体的工作效率和工作质量。

b. 职务扩大化

这是为了克服由于过度分工而导致工作过于狭窄的弊端而得出的一种职务设计思想。职务扩大化就是考虑适当拓宽一个职务所需完成的任务数量，从而避免过度专业化对人心理的负面影响。职务扩大化可提高工作的多样性，使工作对人更有吸引力、更有挑战性，增加工作的乐趣，从而调动人的积极性。

另一种相似的做法是职务轮换，即让员工定期地从一项工作更换到另一项工作上去。这种职务设计方法使人员的活动得以多样化，从而避免职务专业化使人员对工作的厌倦。工作职务轮换可结合对人员的培训计划进行，使人员得到多方面的技能培训，拓宽他们的工作领域。

c. 职务丰富化

职务扩大化是指工作的横向扩展，职务丰富化则是纵向充实和丰富工作内容，即在权力分配时，考虑给予项目组织的人员更多工作自主权，更多参与管理的机会，更多对如何解决问题的发言权，使他们具有更大的独立性和责任感。

d. 团队

前面的几种方式是依据个人来进行职务设计的，而团队方式主张职务不是围绕个人而是小组来设计，将一系列任务分配给一个小组，然后，再由小组决定给每个成员分派具体什么任务，并在任务需要时在成员之间进行工作轮换。这是一种日益盛行的职务设计方法。

职务设计的最终成果是形成职务说明书与工作规范。

a. 职务说明书

职务说明书是职务设计的书面文件之一，是一种说明职务性质的文件，包括职务定义与说明，即每个职务工作的内容、职能、工作关系、工作条件等内容。工作规范是职务设计的另一个书面文件，是针对“什么样的人适合此职务”而写，主要包括工作所需的知识、能力和个人特性等。

一份完整的职务说明书应主要包括以下几方面内容：

工作内容　明确说明该职务的主要工作内容，工作的多样性、复杂性，工作的难度和整体性等一系列内容。

工作职能　明确说明该职务的工作要求和方法。这包括：工作责任和工作权限，所承担的信息沟通责任，工作方法的要求，以及该职务在团队协作与配合的要求等内容。

工作关系　明确说明该职务在工作中与他人之间的关系。这包括工作中与其他人相互联系和交往的工作范围，与他人建立友谊的机会，参加团队集体工作的机会和相互协作配合的要求等。

b. 工作规范的编写

工作规范主要是根据职务说明书中所规定的工作职责，说明对担任该职务的人员的特定知识、能力和个性特征的规范化要求。通过确定这些方面的要求，为以后的人员招聘和选择及培训提供依据。主要内容如下：

知识　知识分为普通知识和专业知识，普通知识是在日常生活中获得的。专业知识则是需要进行专业的学习才能获得，在工作规范中通常主要考虑对专业知识的要求。专业知识是个体所掌握的知识系统中的重要组成部分，是在社会分工协作体系中胜任工作岗位必备的知识，不同工作岗位对于专业知识的要求不同。有些岗位必须有熟练的专业知识才能胜任，因此应视不同的工作岗位，提出不同的专业知识要求。

能力　能力是个人完成某种活动所必备的心理特征，任何活动都要求参与者具备一定的能力。例如要从事项目管理工作，项目经理要具有领导能力、人员开发能力、沟通能力、处理矛盾冲突的能力和解决问题的能力。只有具备这些能力，才能取得良好的工作绩效。如果能力不够，就会影响工作绩效。能力按不同的特征一般可分为体能、智能和技能三类，体能是指个体的身体素质和健康程度；智能是指个体理解事物本质和应用科学技术的能力；技能是指个体运用所掌握的专业技术解决实际问题的能力。能力按其复杂程度可分为基本能力和综合能力。基本能力是指单因素能力，如，感知力、记忆力等。综合能力是基本能力的结合，如：管理能力、领导能力、沟通能力等，综合能力往往比基本能力更重要。不同的工作岗位对不同的能力有不同的要求。

个性特征　个性特征是指个体在认知、情感、意志等方面所表现出来的相对稳定而又区别于他人的特点。影响个性形成的因素是多方面的，有先天因素，也有家庭影响、文化传统影响、社会阶级和阶层的影响。个性特征直接影响一个人的工作成就。美国心理学家特尔曼曾对800名男性做过研究。通过对被测的800人中成就最大的20%和成就最小的20%进行比较，发现两组人在智力方面没有什么差别，最明显的差别在于他们的个性特征。成就最大的这一组人的个性特征是：有理想、谨慎、有进取心、自信和不屈不挠。这与成就最小的一组人的特征不同，特别在自信和不屈不挠方面有很明显的差别。另外，不同的工作岗位对人员的个性要求不同，如：销售员这一岗位，一般要求善于与人沟通、活泼好动等个性特征，而会计这一岗位，一般要求顺从、安静、实际等个性特征。

②部门化，在对整个组织的工作进行充分细致地分析和明确地分类后，进行科学地综合就形成通常所指的部门。部门的划分是组织的横向分工，其目的在于：确定组织中各项任务的分配与归属，分工合理、职责明确，有效地达到组织的目标。部门的划分应确保组织目标的实现、保持组织的一定弹性、力求维持最少的部门。部门划分的方法及各自的特点如下：

a. 按职能划分部门（有基本相似的专业知识）。

按职能划分部门是将相同性质的工作合并在一起，这是传统、最普遍的部门化方式。它完全遵循专业化分工原则，以工作或任务的专业领域性质为基础，并按这些工作或任务在组织中的重要程度，分为主要职能部门和从属派生部门。其优点在于遵循专业化原则，能使各部门充分发挥专业优势，对于主管人员来说下属的能力较强，沟通协调容易。同时也会简化培训工作。但这种划分方式会使各部门易产生“隧道视野”，即由于各职能部门专业化，各部门人员只注重强调本部门的工作，例如管生产的不注重质量、成本，管财务的不注重市场等。这种部门主义或本位主义会给部门之间的相互协调带来很大的困难。所以，这种部门化方式只适应于组织规模较小、产品较少的组织。

b. 按产品划分部门

按产品划分部门是根据产品或产品系列来组织业务活动。这种部门化方式是为了适应现代组织规模不断扩大所导致管理工作越来越复杂，职能部门化组织中部门主管的工作负担越来越重而能力精力所限使他们无法通过增加直接下属来解决问题的情况而产生的。这种部门化方式能够发挥个人的技能和专长，发挥专业设备的效率，有利于产品或服务的改进，有利于部门内协调，便于最高主管把握各种产品或产品系列对总利润的贡献，有利于培养能独当一面的总经理型人才。但这种方法要求部门主管具备更全面的管理能力，且可能产生部门化倾向（本位主义）。同时，由于机构重叠，管理费用高，它适用于规模大、产品多、产品之间差异大的企业和服务业。

c. 按地区划分

按地区划分部门是指把某一地区的业务集中于某一部门。对于活动地域分散在不同地区的组织来说，按地区划分是一种比较普遍采用的方法。但地理位置分散、不便于通讯和联络并非是按地区划分部门的唯一理由，这种划分部门的方式最终目的在于调动地方、区域的积极，谋求地方化经营的某种经济效果。这种方法针对性强，能对本地区环境变化迅速做出反应，有利于培养全能管理者，有利于取得地方化经营的优势效益。但由于机构重复设置而使管理费用增加，并且与总部之间协调困难。其适应于活动地域分散，信息沟通不方便的组织，例如国际化经营的企业。

d. 按顾客划分

按顾客划分部门是为了更好地迎合特定顾客群体的需求，在将与某类特定顾客有关的各种活动集中起来的基础上划分部门的方法。这种方法要求每个部门所服务的特定顾客有共同需求、且数量足够多。它有利于增加顾客满意度，有利于形成对特定顾客的技能和诀窍。但会带来部门协调困难，不能充分利用专业人员与设备等缺点。

e. 按人数划分

这是一种原始、简单的部门化方法。例如在军队中常按军、师、团、营、连、班等来划分部门。其方法是抽取一定数量的人在主管人员的指挥下去执行一定的任务。这种方法简单且容易控制，但适应面窄，只适应于最终成果取决于总人数或每个人的劳动都单纯无差别的情况。

f. 按时间来划分

这是一种古老的划分部门的方法，多见于基层。由于受经济的、技术的或其他一些原因限制，在正常的工作日不能满足工作需要的时候常采用的一种轮班制的方法。例如许多企业采用早、中、晚班制进行生产，这样划分部门有利于连续、不间断地生产或提供服务，有利于设备、设施的充分利用。但会给管理带来监督、效率、协调问题，费用上升（如中、晚班费用较高）。

g. 按技术或设备划分

这种方法按技术或设备的相同或相近性划分部门，其优点在于能经济地使用设备，充分发挥设备的能力，便于设备维修和材料供应，有利于发挥专业技术人员的特长。但这种方法不适合批量、规模较小的生产方式，部门之间运输费用高，库存成本较高。

除了以上介绍的划分部门的方法外，还有一些其他方法，如按市场销售渠道划分、按工艺划分等。部门化是为保证组织目标实现而对业务工作进行安排的一种手段。所以在实际运用中，每个组织都应根据自己的特定条件，选择能取得最佳效果的划分方法，在很多情况下，组织常常采用混合的方法来划分部门。混合划分部门的方法，常常能更有效地实现组织的目标。同时，由于业务工作的划分难以避免地带来部门间不协调的问题，因此在划分部门的同时，必须考虑到这种不协调所带来的消极影响。

（4）管理跨度与管理层次适度原则

管理组织的指挥系统是在管理层次的基础上建立起来的，而管理层次的划分在组织规模相对稳定的情况下，又是根据适当的管理跨度来确定的。

任何人所能够直接有效地指挥和监督的下属数量总是有限的。所谓管理跨度是指一个领导者直接有效地指挥下属的人数，又称管理幅度或管理宽度。由于管理跨度的存在，在一个组织中，最高管理人员会将其一部分工作委托给其下属来完成，同理，其下属也会将一部分工作交给他的下属来完成，这样层层下去，直到受托人有能力直接安排和协调组织成员的具体业务活动，由此就形成了组织中由最高主管到具体工作人员之间的不同的管理层次。

管理跨度应恰当。如果跨度过大，领导者由于时间、精力等原因可能管不过来，如果过小，又会造成人才浪费和管理层次的增多。如何选择适当的管理跨度呢？根据一些管理学者的研究，影响有效管理跨度的大小取决于多种因素，其中主要有：

①主管人员与其下属双方的素质与能力的影响

主管人员综合能力强，他就能迅速地把握所要处理问题的关键，能对下属做出迅速、正确的指导和建议，并能通过恰当的方式使下属明确理解自己的意图从而减少与每一位下属接触所占用的时间，这样他就有能力管辖更多的下属；同理，如果下属各方面的能力水平较高，就能独立处理更多的事物，不必事事向上级汇报请示，同时，对需要领导处理的事物也能在领导做出指示后更快地领会其意图，从而增大管理跨度。

②工作的内容和性质的影响

主管所处的层次越高，其用于决策方面的时间就越多，能用于指导下属的时间就越少，管理跨度越小；下属工作的相似性越大，主管对下属的指导与建议就会越相近，减少个别指导的时间，同一主管所能指挥的下属就会越多，管理跨度越大；

组织的计划越完善，下属的工作目的就会越明确，对领导的请示就会越少，管理跨度越大；主管代表着组织的不同层次，作为组织的代表将或多或少地必须处理组织外部的非管理事务，非管理事务越少，管理跨度越大。

③工作条件的影响

如果给主管配备助手，则有关下属遇到的问题，重要的由主管自己来处理，而一般的问题可以授权助手来处理，这样会给主管节约大量的时间。同时，主管也可以把一些与下属联络沟通的工作交由助手去完成，使主管人员的管理跨度增大。同时，信息手段越完备，则可以帮助主管越快，越全面地了解下属的工作情况，并及时提出忠告和建议，而且可以使下属更多地了解与自己工作有关的信息，从而更好地自主处理其事务，增加主管的管理跨度。另外，工作场所越接近，主管对下属的指导就更方便快捷，也能一定程度地增加管理跨度。

④工作环境的影响。

组织环境稳定与否会影响组织活动的内容和政策的调整频率与幅度。环境变化越快，变化程度越大，组织中遇到的新问题就越多，下级向上级的请示就越有必要、越经常，而上级能用于指导下属的时间与精力却越少，因为他要花时间去关注环境的变化，考虑应变的措施。因此，环境越不稳定，管理人员的管理跨度就越小。

⑤沟通的有效性

信息沟通渠道越畅通、准确，上下级之间信息传递的准确性、及时性会越强，可以增加管理跨度；反之，管理跨度会减小。

因此，在选择有效管理跨度时，必须考虑上述各种因素才能最后确定。合理规定管理跨度的大小，即要定量描述管辖人数究竟以多少为佳，这是一项非常困难的任务。对于确定管理跨度的方法，有下列两种可以作为参考：

①格拉丘纳斯的上下级关系理论

法国管理顾问格拉丘纳斯（V. A. Graicunas）提出了一个用来计算在任何管理跨度下，可能存在的人际关系数的数学模型，他的理论把管理跨度划分为三种类型。

a. 直接的单一的关系

指上级直接地、个别地与其直属下级发生联系。

b. 直接的组合关系

指存在于上级与其下属人员的各种可能组合之间的联系。

c. 交叉关系

即下属彼此打交道的联系。

如果 A 有下级 B，C，D，那么他们之间的三种关系表现如表 2-1：

**一位领导三个下级可能存在的人际关系** 表 2-1

| 直接的单一关系 | 直接的组合关系 | 交叉关系 |
|---|---|---|
| A→B | A→B和C | B→C |
| A→C | A→B和D | B→D |
| A→D | A→C和D | C→B |
| | A→C和B | C→D |
| | A→D和B | D→B |
| | A→D和C | D→C |
| | A→B和C及D | |
| | A→C和B及D | |
| | A→D和C及B | |

通过这三种上下级关系的分析，格拉丘纳斯认为，在管理跨度的算术级数增加时，主管人员和下属间可能存在的互相交往的人际关系数几乎将以几何级数增加。据此，他提出了一个可以在任何管理跨度下用于计算上下级人际关系数目的经验公式（2-1）：

$$C = n[2^{n-1} + (n-1)] \tag{2-1}$$

式中：$n$——可能存在的人际关系数；

$C$——管理跨度。

根据这一公式，不同下属人数的可能关系数如表 2-2。

**不同下属人数的可能关系数** 表 2-2

| $n$（下属人数） | $C$（关系数） | $n$（下属人数） | $C$（关系数） |
|---|---|---|---|
| 1 | 1 | 8 | 1080 |
| 2 | 6 | 9 | 2376 |
| 3 | 18 | 10 | 5210 |
| 4 | 44 | 11 | 11374 |
| 5 | 100 | 12 | 24708 |
| 6 | 222 | 13 | 2359602 |
| 7 | 490 | ⋮ | ⋮ |

由此可见，随着管理跨度的增加，上下级之间的相互关系数量也在急剧上升。这说明管理较多下属的复杂性，因此主管人员在增加下属人数前一定要三思而行。需要注意的是，格拉丘纳斯的这个公式没有涉及到上下级关系发生的频率和密度，

实用性受到了限制。

②变量依据法

变量依据法是洛克希德导弹公司研究出的一种方法。该方法认为，决定管理跨度的变量主要有以下几个方面：

a. 职能的相似性。显然，下属职能相似程度高，则管理跨度可较大。

b. 地区的邻近性。下属较为集中的，管理跨度可较大。

c. 职能的复杂性。指要完成的任务和管理的部门特点和工作性质的难易程度。

d. 指导与控制的工作量。

e. 协调的工作量。指本单位与上级单位、同级单位之间，以及与下属各部门之间的协调配合所需花费的精力和时间。

f. 计划的工作量。指用来反映主管人员及其所在单位的计划工作职能的重要性、复杂性和时间要求。

在明确了管理跨度的变量依据之后，就可以把这些变量按困难程度分为五个等级，每个等级规定一个权数，如表 2-3 所示。

**管理跨度影响因素与权数** 表 2-3

| 影响跨度因素 | 工作量的级差与权数 | | | | |
|---|---|---|---|---|---|
| 职能相似性 | 完全相同<br>1 | 基本相同<br>2 | 相似<br>3 | 基本不同<br>4 | 根本差别<br>5 |
| 地区邻近性 | 完全在一起<br>1 | 同一办公楼<br>2 | 同一工厂不同办公楼<br>3 | 地区同一不同地点<br>4 | 不在同一地区 5 |
| 职能复杂性 | 简单的工作<br>2 | 例行公事<br>4 | 稍微复杂<br>6 | 复杂多变<br>8 | 非常复杂而且多变<br>10 |
| 指导与控制 | 管理训练工作量极少<br>3 | 管理工作量有限<br>6 | 适当的定期管理<br>9 | 经常持续的管理<br>12 | 始终严密的管理<br>15 |
| 协调 | 与他人的关系极少<br>2 | 明确规定的有限关系<br>4 | 适当的便于控制的相互关系<br>6 | 相当密切的关系<br>8 | 相互间接触面广而又不重复的关系<br>10 |
| 计划工作 | 规模与复杂性都很小<br>2 | 规模与复杂性有限<br>4 | 中等规模和复杂性<br>6 | 要求相当的努力，有有关政策指导<br>8 | 要求极大努力，范围与政策均不明确<br>10 |

在此基础上，他们分析了若干组织与管理较好的企业，得出了一个由不同变量影响程度的权数总和所对应的建议管理跨度标准值表（表 2-4），供各级主管人员参照和对比。

**管理跨度标准值** 表 2-4

| 影响管理跨度诸变量权数值和 | 建议的标准宽度人数 | 影响管理跨度诸变量权数值和 | 建议的标准宽度人数 |
|---|---|---|---|
| 22～24 | 8～11 | 34～36 | 4～7 |
| 25～27 | 7～10 | 37～39 | 4～6 |
| 28～30 | 6～9 | 40～42 | 4～5 |
| 31～33 | 5～8 | | |

从上表可看出，权数总和越小，管理跨度越大；反之，则越小。但需要说明的是：对上表的具体运用，由于尚有些未能考虑到的因素，还应根据不同情况对所得的权数总和加以修正。

总之，管理跨度问题存在于各类、各级组织之中，它是研究和具体设计组织结构时要考虑的最基本的问题。这就要求处于各级主管职位的主管人员应根据本单位的具体情况，随机制宜地考虑各种影响因素，运用各种方法，来确定自己理想的管理跨度。

管理层次是指将企业内最高领导到基层员工之间划分成的隶属关系的数量，或者说是企业纵向管理系统从最高管理层到最低管理层的等级数量。管理层次应适当，不应过多，层次多，所需人员设施多，费用就多，信息上下传递慢，指令常常走样，而且增加协调上的困难。由于企业的规模、生产技术情况、管理基础和管理人员的素质等条件不同，管理层次也不同。通常，大中型企业的管理组织有三个层次，即企业最高管理层或称经营决策层、中间管理层和作业管理层。组织的管理层次如图 2-2。

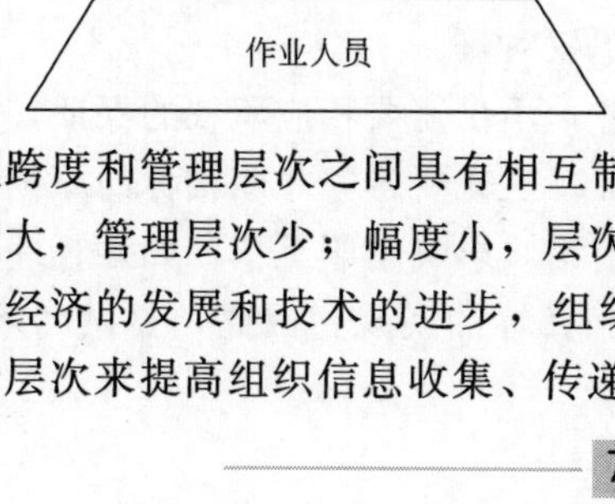


图 2-2 管理层次示意图

管理跨度和管理层次之间具有相互制约的关系。在企业总人数不变的情况下，管理跨度大，管理层次少；幅度小，层次就多。

随着经济的发展和技术的进步，组织趋于扁平化，就是组织通过增大管理跨度、减少层次来提高组织信息收集、传递和组织决策的效率，最终发挥组织的内在潜力和创新能力，从而提高组织的整体绩效，完成组织的战略目标。按照管理跨度的大小及管理层次的多少，可形成两种结构模式：扁平结构和锥式结构。所谓扁平结构，就是管理层次少而管理跨度大的结构，锥式结构的情况正好相反。扁平结构和锥式结构各有利弊：首先扁平结构缩短上下级距离，密切上下级关系，信息纵向流通快，管理费用低，而且由于管理跨度较大，被管理人员有较大的自主性、积极性、满足感，同时也有利于更好地选择和培训下层人员；但由于不能严密地监督下级，上下级协调较差，管理跨度加大，也加重了同级间相互沟通联络的困难。其次，锥式结构具有管理严密、分工明确、上下级易于协调的特点。但层次越多，带来的问题也越多。这是因为层次越多，需要从事管理的人员迅速增加，彼此之间的协调工作也急剧增加。管理层次的增加，会使上下级的意见沟通和交流受阻，组织最高层管理人员要求实现的目标，制定的政策和计划，不是下层不能完全了解，就是层层传达到基层之后变了样。管理层次增多后，上层管理人员对下层的控制变得困难，易造成一个单位整体性的破裂；同时由于管理严密，影响下级人员的主动性和创造性。因此，一般来说，为了达到有效控制的目的，应尽可能地减少管理层次。这也是近年来组织结构变革的趋势。

（5）精干高效的原则

在组织系统设计时，不论是部门、层次、岗位的设置，上下左右关系的安排，各项责任制及规章制度的建立，都必须有明确的目的。要因事设职，因职设人，尽量减少管理层次。只有机构精简、人员精干，管理工作效率才能提高。如一件工作，首先考虑对实现目的是否需要，如果需要，是否专门设置一个职位，能不能合并到别的单位中去。这样才能避免因人设事，达到精干的目的。只要能实现目的，结构最简单的组织就是最好的组织。

（6）责权对等、才职相称的原则

职责是在一定职位上对完成工作任务所负的责任。为了保证任务的完成，必须授予管理者一定的职权。职权是指一定职位上的管理者所拥有的权力，主要是指决策或执行任务时的决定权。职责和职权对等是指根据一定职位上的管理者所承担的责任，应在相应的程度上授予他保证完成任务的权力。职权大于或小于职责都是不恰当的，职权大于职责会产生不恰当干涉职责范围以外的活动，职权小于职责则不能保证完成职责范围内的工作，因此要求职权对等。

管理者在一定职位上履行职责完成任务，不仅需要相应职权的保证，而且还需要管理者本身的才智、能力和责任心的保证。这就要遵守才职相称的原则。如果管理者才大于职，会有屈就之感而产生消极情绪，影响本职工作；如果管理者才小于职，会产生力不从心之感，影响任务完成和目标的实现。因此，要做到才职相称，既不能大材小用，也不能小材大用。

(7) 均衡与稳定的原则

均衡原则是指同一机构、人员之间在工作量、职责、职权等方面要大致均衡，不宜偏多或偏少。否则，苦乐不均、忙闲不均等都会影响管理人员的积极性和工作效率。

稳定原则是指组织系统一旦形成，便应保持相对稳定，不要总是轻易变动。这和组织随内外条件变化做出相应调整和改革并不矛盾。组织系统没有相对的稳定性，容易造成人心浮动，也不利于提高工作效率。

(8) 有利于信息沟通的原则

信息沟通包括信息的交流、传递、下达、反馈、汇集等活动。综合前面劳动专业化原则与管理跨度与管理层次适度原则的论述，企业通过按劳动专业化原则进行组织设计，总会使不同专业领域人员产生一定的“隧道视野”，从而把整个组织纵向人为地分割成不同的领域；而由于管理跨度的客观存在，使组织横向地分为不同的层次。不同层次之间由于所处的立场地位不同，也会产生一定的隔阂，因此，整个组织会被人为地分割成分散的模块（图 2-3）。企业管理追求的不是最优而是全局最优，一个组织各专业领域的各层次目标往往是相悖的，比如我们不能期望成本最低的同时实现效率最高或质量最好，这样，如果我们不能协调处理好各部门各层次的关系，各部门层次分别追求其分目标的最优化，就不能实现整体目标的最优化。而协调处理好组织中的各种关系必须通过及时准确地沟通信息来实现，所以，在组织设计时我们必须设计有效的信息沟通系统。信息沟通系统包括：沟通方式，如会议制度、文件收发制度、请示报告制度等；传递渠道，如上下垂直的传递、平等交流；信息的分类，如会计信息、控制信息、业务信息等。

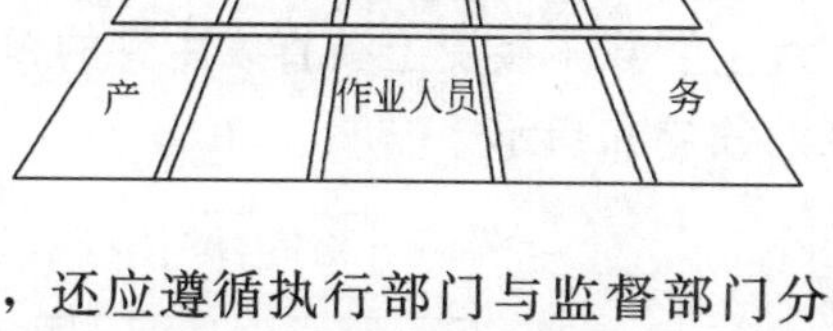


图 2-3 管理隔阂示意图

此外，还应遵循执行部门与监督部门分设原则：例如财务部负责日常财务管理、成本核算，审计部专门监督财务部。执行部门和监督部门分设，也就是通常所说的不能既当裁判员又当运动员。协调有效原则：组织方案的设计应遵循协调有效的原则，而不应在执行组织设计方案之后，部门之间无法相互监督控制，或者一旦出现这一现象运营机制效率低下，就说明组织方案设计没有遵循协调有效原则。

# 2.2 建筑企业组织结构

## 2.2.1 建筑企业组织结构的基本形式

建筑企业组织结构的基本形式是管理组织的各个要素相互联结的框架的形式。建筑企业组织结构是多种多样的，现将不同的管理组织结构形式及特点分述如下：

（1）直线制组织结构

直线制组织结构是从古代军队移植而来，在管理权和所有权完全一致的早期企业一般运用这种形式（图 2-4）。其特点是：组织中各种职务按垂直系统直线排列，各级主管人员对所属下级拥有直接的领导职权，组织中每一个人只能向一个直接上级报告，组织中不设专门的职能机构，至多有几名助手协助最高层管理者工作。这种组织结构优点是：结构比较简单、权力集中、权责分明、命令统一、沟通简捷、决策迅速、比较容易维护纪律和秩序；其缺点是在组织规模较大的情况下，由于所有的管理职能都集中由一人承担，往往会因为个人的知识及能力有限而难以深入、细致、周到地考虑所有管理问题，因此管理就比较简单粗放，有时还会顾此失彼，产生失误；此外，组织中的成员只注意上情下达和下情上达，每个部门只关心本部门工作，因而部门间的横向联系与协调比较差，难以在组织内部培养出全能型、熟悉组织情况的管理者。一般地，这种组织结构一般只适用于那些产品单一，生产技术简单，无须按职能实行专业化管理的小型企业，或者是现场的作业管理。其特点是权力集中，责任分明，命令统一，控制严密，信息交流少，适用于劳动密集，机械化程度比较高、规模较小的企业。

（2）职能型组织结构

职能型组织结构最早是泰罗提出的（图 2-5）。其特点是：采用专业分工的管理者，代替直线型组织中的全能型管理者。组织内除直线主管外还相应地设立一些组织机构，分担某些职能管理的业务。这些职能机构有权在自己的业务范围内，向下级单位下达命令和指示，因此下级直线主管除了接受上级直线主管的领导外，还必须接受上级各职能机构在其专业领域的领导和指示。

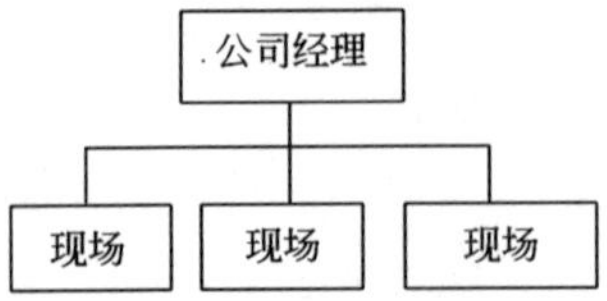


图 2-4 直线型组织结构图

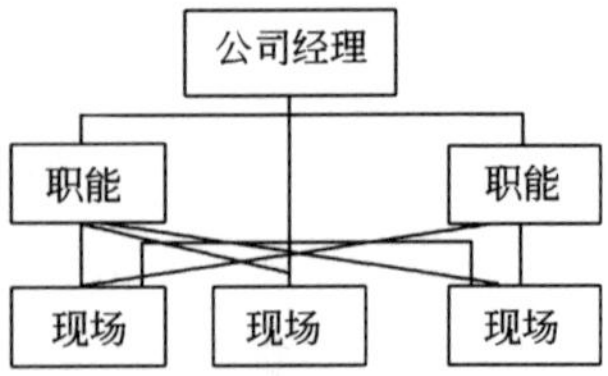


图 2-5 职能型组织结构图

这种组织结构的优点是能够充分发挥职能机构的专业管理作用，适应现代组织技术比较复杂和管理分工较细的特点，因而有可能发挥专家的作用，减轻上层主管人员的负担。但其缺点也比较明显，即妨碍了组织中必要的集中领导和统一指挥，形成了多头领导；各部门容易过分强调本部门的重要性而忽视与其他部门的配合、忽视组织的整体目标；不利于明确划分直线人员和职能科室的职责权限，容易造成管理的混乱；加大了最高主管监督协调整个组织的要求。因此，在实践中这种管理组织结构并未得到推广应用。

这种组织形式适用于任务复杂的社会管理组织和生产技术复杂、各项管理需要具有专门知识的企业管理组织，其特点是权力集中，命令统一，信息交流多，控制严密，适应于劳动密集，重复劳动的大中型企业。

（3）直线职能结构

直线职能型组织结构是对职能型组织结构的改进，是以直线型组织为基础，在各级直线主管之下，设置相应的职能部门，即设置了两套系统：一套是按命令统一原则组织的指挥系统，另一套是按专业化原则组织的管理职能系统。其特点是，直线部门和人员在自己的职责范围内有决定权，对其所属下级的工作进行指挥和命令，并负全部责任，而职能部门和人员仅是直线主管的参谋，只能对下级机构提供建议和业务指导，没有指挥和命令的权力。（图 2-6）

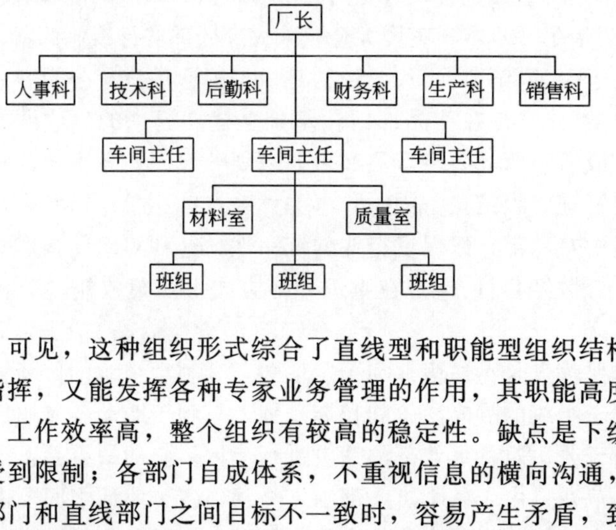


图 2-6　直线职能型组织结构图

可见，这种组织形式综合了直线型和职能型组织结构的优点，既保证了集中统一指挥，又能发挥各种专家业务管理的作用，其职能高度集中、职责清楚、秩序井然、工作效率高，整个组织有较高的稳定性。缺点是下级部门主动性和积极性的发挥受到限制；各部门自成体系，不重视信息的横向沟通，工作容易重复；当职能参谋部门和直线部门之间目标不一致时，容易产生矛盾，致使上层主管的协调工作量增大；整个组织系统的适应性较差，缺乏弹性，对新情况不能及时做出反映；还会增加管理费用。

这种组织结构形式对中、小型组织比较适用，但对于规模较大、决策时需要考虑较多因素的组织，则不太适用。在目前仍被我国大多数企业采用。

(4) 事业部结构

事业部制组织结构是通用汽车公司总裁瓦格纳提出的，并被称之为组织管理的一次革命。事业部制是按照产品、地区或者顾客划分，并依据划分的结果成为一些独立的事业部。事业部的特点是独立经营、独立核算，有自己的经营自主权。但是它不是法人，不是独立的公司，不能独立签合同，一定要获得公司的委托才能签合同。这样做有什么好处呢？使事业部有独立核算的压力。它本身是利润中心，自己承担产品的经营责任。事业部制特别适合规模大、产品多、市场分散的企业，例如中国几个大的家电企业，像“海尔”、“联想”、“长虹”大部分都实行事业部制（图 2-7)。

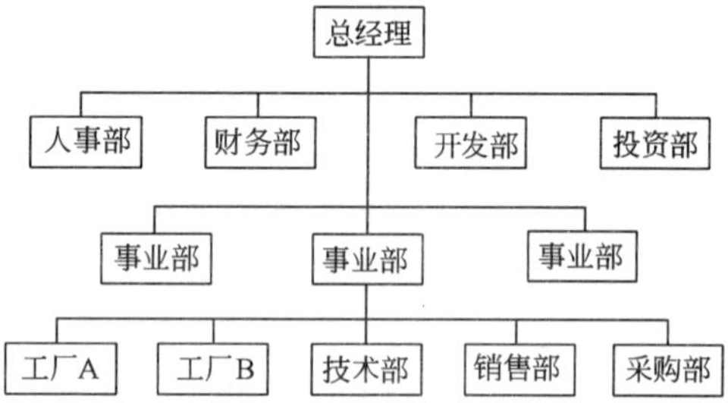


图 2-7　事业部制组织结构图

尤其像“海尔”，基本是事业部制。事业部制结构显示出它很强的生命力，既能独立核算，有责任感，又是公司的重要部分。有专门的市场，例如海尔的洗衣机事业部、电冰箱事业部都是独立发展的。日本、美国大企业，大部分都实行事业部制。

事业部制组织结构首创于 19 世纪 20 年代，最初是由美国通用汽车公司副总经理斯隆创立，又称“斯隆模型”。它是在产品部门化基础上建立起来的。这种类型结构的特点是，组织按地区或所经营的各种产品和事业来划分部门，各事业部独立核算，自计盈亏的一种分权管理组织结构。同时，事关大政方针、长远目标以及一些全局性问题的重大决策集中在总部，以保证企业的统一性。这种组织结构形式最突出的特点是“集中决策，分散经营”，这是在组织领导方式上由集权制向分权制转化的一种改革。

这种组织结构形式的主要优点是：适应性和稳定性强，有利于组织的最高管理者摆脱日常事务而专心致力于组织的战略决策和长期规划，有利于调动各事业部的积极性和主动性；并且有利于公司对各事业部的绩效进行考评。它的缺点是：由于机构重复，造成了管理人员浪费；由于各个事业部独立经营，各事业部之间要进行人员互换就比较困难，相互支援较差；各事业部主管人员考虑问题往往从本部门出发，各事业部间独立的经济利益会引起相互间激烈的竞争，可能发生内耗；由于分权容易造成忽视整个组织的利益、协调较困难的情况，也可能出现架空领导的现象，从而减弱对事业部的控制。

这种组织结构形式适用于产品多样化和从事多元化经营的组织，也适用于面临市场环境复杂多变或所处地理位置分散的大型企业和巨型企业。其特点是集中决策，分散经营，风险多元化，反应灵活，权力适当下放。适用于规模化企业经营单位，权力科学分配，双重职能权力与责任明确界定，考核指标多元化。

(5) 其他组织结构类型

①矩阵型组织结构

这是一种把按职能划分的部门同按产品、服务或工程项目划分的部门结合起来的组织形式（图 2-8）。在这种组织中，每个成员既要接受垂直部门的领导，又要在执行某项任务时接受项目负责人的指挥。可以说，矩阵结构是对统一指挥原则的一种有意识的违背。这种结构的主要优点是：灵活性和适应性较强，有利于加强各职能部门之间的协作和配合，并且有利于开发新技术、新产品和激发组织成员的创造性。其主要缺陷是：组织结构稳定性较差，双重职权关系容易引起冲突，同时还可能导致项目经理过多、机构臃肿的弊端。这种组织结构主要适用于科研、设计、规划项目等创新性较强的工作或者单位。其特点是加强了横向联系，组织的机动性加强，集权和分权相结合，专业人员潜能得到发挥，能培养各种人才。适用于集权、分权优化组合，员工素质较高，技术复杂的企业。

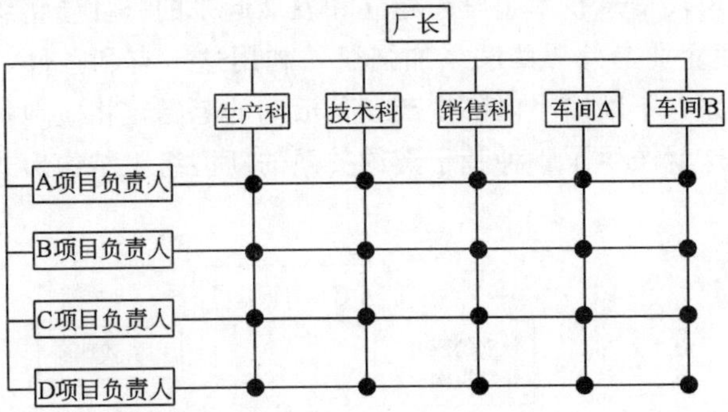


图 2-8 矩阵型组织结构图

②多维立体型组织结构

这种组织结构是矩阵组织结构形式和事业部制组织结构形式的综合发展。这种结构形式由三方面的管理系统组成：第一，按产品（项目或服务）划分的部门（事业部），是产品利润中心；第二，按职能如市场研究、生产、技术、质量管理等划分的专业参谋机构，是职能利润中心；第三，按地区划分的管理机构，是地区利润中心。在这种组织结构形式下，每一系统都不能单独作出决策，而必须由三方代表，通过共同协调才能采取行动。因此，多维立体型组织结构能够促使每个部门都能从整个组织的全局来考虑问题，从而减少产品、职能、地区各部门之间的矛盾。即使三者之间有摩擦，也比较容易统一和协调。这种类型的组织结构形式最适用于跨国公司或规模巨大的跨地区公司。

③控股型组织结构

控股型结构，是在非相关领域开展多元化经营的企业所常用的一种组织结构形式。由于经营业务的非相关或弱相关，大公司不对这些业务经营单位进行直接的管理和控制，而代之以持股控制。这样，大公司便成为一个持股公司，受其持股的单位不但对具体业务有自主经营权，而且保留独立的法人地位。

控股型结构是建立在企业间资本参与关系的基础上。由于资本参与关系的存在，一个企业就对另一个企业持有股权。基于这种持股关系，对那些企业单位持有股权的大公司便成了母公司，被母公司控制和影响的各企业单位则成为子公司或关联公司。子公司、关联公司和母公司一道构成了以母公司为核心的企业集团。

母公司亦称集团公司，处于企业集团的核心层，故称之为集团的核心企业。集团公司或母公司与它所持股的企业单位之间不是上下级之间的行政管理关系。母公司作为大股东，对持股单位进行产权管理控制的主要手段是：母公司凭借所掌握的股权向子公司派遣产权代表和董事、监视，通过这些人员在子公司股东会、董事会、监视会中发挥积极作用而影响子公司的经营决策。

④网络型组织结构

网络型组织，是利用现代信息技术手段而建立和发展起来的一种新型组织结构（图 2-9）。现代信息技术使企业与外界的联系加强了，利用这一有利条件，企业可以重新考虑自身机构的边界，不断缩小内部生产经营活动的范围，相应地扩大与外部单位之间的分工协作。这就产生了一种基于契约关系的新型组织结构形式，即网络型组织。

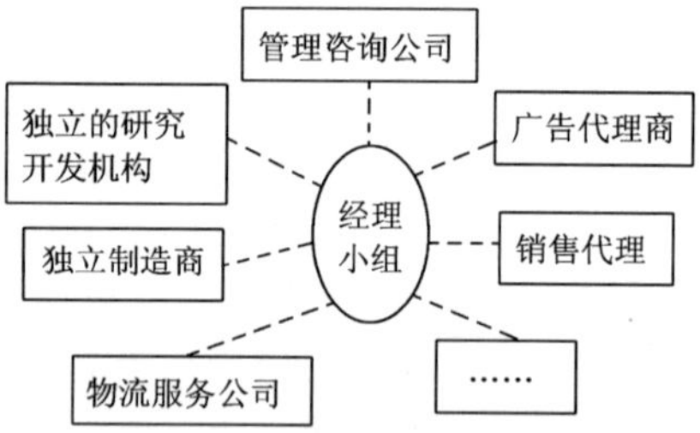


图 2-9　网络型组织结构图

这种组织形式的特色是将企业内部各项工作（包括生产、销售、财务等），通过承包合同交给不同的专门企业去承担，而总公司只保留为数有限的职员，它的主要工作是制定政策及协调各承包公司的关系。这种结构可使企业减少行政开支，具有较强的应变能力。缺点是总公司对各承包公司控制能力有限。网络型结构使企业可以利用社会上现有的资源使自己快速发展壮大起来。

（6）建筑企业常见的组织形式——项目组织

①项目组织的概念

项目组织是为完成项目而建立的组织，一般也称为项目班子、项目管理班子、项目组等。一些大中型项目，如建筑施工项目的项目组织目前在我国叫项目经理部，由于项目管理工作量很大，因此，项目组织专门履行管理功能，具体的技术工作由他人或其他组织承担。而有些项目，例如软件开发项目或某些科学研究项目，由于管理工作量不大，没有必要单独设立履行管理职责的班子，因此，其具体技术性工作和管理职能均由项目组织成员承担。这样的项目组织负责人除了管理之外，也要承担具体的系统设计，程序编制或研究工作。

项目组织的具体职责、组织结构、人员构成和人数配备等会因项目性质、复杂程度、规模大小和持续时间长短等有所不同。

项目组织可以是另外一个组织的下属单位或机构，也可以是单独的一个组织。例如某企业的新产品开发项目组织是一个隶属于该企业的组织。而某水电站项目组则是水电开发有限责任公司，本身是一个法人企业，负责该水电站的资金筹集、建设、建成投产后的经营、偿还贷款和水库上游地区的开发管理。项目组织的一般职责是项目规划、组织、指挥、协调和控制。项目组织要对项目的范围、费用、时间、质量、采购、风险、人力资源和沟通等多方面进行管理。

②项目管理组织机构设置原则

a. 目的性原则

项目组织机构设置的根本目的，是为了产生组织功能实现项目目标。从这一根本目的出发，就应因目标设事，因事设岗，因职责定权力。

b. 精于高效

大多数项目组织是一个临时性组织，项目结束后就要解散。因此，项目组织应精干高效，力求一专多能，一人多职，应着眼于使用和学习锻炼相结合，以提高人员素质。

c. 项目组织与企业组织一体化原则

项目组织往往是企业组织的有机组成部分，企业是它的母体。项目组织是由企业组建的，项目管理人员来自企业，项目组织解体后，其人员仍回企业，所以项目的组织形式与企业的组织形式密切有关。

③项目组织结构的类型

项目组织结构类型有许多，常见的有工作队式、部门控制式、项目型、矩阵型和直线职能型。

a. 工作队式项目组织

工作队式项目组织具有项目经理在企业内抽调职能部门的人员组成管理机构；项目管理班子成员在项目工作过程中，由项目经理领导，原单位领导只负责业务指导，不能干预其工作或调回人员；项目结束后机构撤消，所有人员仍回原在部门的特征，适用于大型项目，工期要求紧，要求多工种、多部门密切配合的项目。它具有能发挥各方面专家的特长和作用；各专业人才集中办公，减少扯皮和等待时间，办事效率高，解决问题快；项目经理权力集中，受干扰少，决策及时，指挥灵便；不打乱企业的原有结构等优点。但也存在各类人员来自不同部门，具有不同的专业背景，配合不熟悉；各类人员在同一时期内所担负的管理工作任务可能有很大差别，很容易产生忙闲不均；成员离开原单位，需要重新适应环境，容易产生临时观点等缺点。

b. 部门控制式项目组织

部门控制式项目组织具有按职能原则建立项目组织，把项目委托给某一职能部门，由职能部门主管负责，在本单位选人组成项目组织的特征。一般适用于小型的，专业性较强，不需涉及众多部门的项目。其优点是人事关系容易协调；从接受任务到组织运转，启动时间短；职能专一，关系简单。但同时也存在不适应大项目需要的缺点。

c. 项目型项目组织

项目型项目组织的特征是企业中所有人都是按项目划分，几乎不再存在职能部门。在项目型组织里，每个项目就如同一个微型公司那样运作，完成每个项目目标所需的所有资源完全分配给这个项目，专门为这个项目服务，专职的项目经理对项目组拥有完全的项目权力和行政权力。其优点是项目型组织的设置能迅速有效地对项目目标和各户的需要做出反应，而不足之处在于资源不能共享，成本高，项目组织之间缺乏信息交流。所以，项目型组织结构适用于同时进行多个项目，但不生产标准产品的企业。常见于一些涉及大型项目的公司，如建筑业，航空航天业等。

d. 矩阵型项目组织

矩阵型组织具有项目组织与职能部门同时存在，既发挥职能部门的纵向优势，又发挥项目组织的横向优势；专业职能部门是永久性的，项目组织是临时性的。职能部门负责人对参与项目组织的人员有组织调配和业务指导的责任。项目经理将参与项目组织的职能人员在横向上有效地组织在一起。项目经理对项目的结果负责，而职能经理则负责为项目的成功提供所需资源的特征，它适应于同时承担多个项目的企业，其优点是能将职能与任务很好结合在一起，既可满足对专业技术的要求，又可满足对每一项目任务快速反应的要求，同时充分利用人力及物力资源并促进学习、交流知识。同时，它存在双重领导；各项目间、项目与职能部门间容易发生矛盾；项目组成员不易管理等缺点。

④项目组织结构的设计与选择

前面介绍的是项目组织经常采用的几种组织结构形式，除了这几种常见的组织结构之外，还可能存在其他组织结构形式。通过前面的介绍，大家可以看出，每一种组织结构形式都有其优点、缺点和适用条件，没有一种万能的，最好的组织结构形式。对不同的项目，应根据项目具体目标、任务条件、项目环境等因素进行分析、比较，设计或选择最合适的组织结构形式。一般来说，部门控制式的组织结构适用于项目规模小、专业面窄、以技术为重点的项目。如果一个组织经常有多个类似的、大型的、重要的、复杂的项目，应采用项目式的组织结构；如果一个组织经常有多个内容差别较大、技术复杂、要求利用多个职能部门资源时，比较适合选择矩阵式组织结构；如果要完成一个大型的、重要的、复杂的要求利用多个职能部门资源的项目则可采用工作队式。

### 2.2.2 建筑企业组织变革

#### 1.组织与环境

有效的组织结构是根据企业战略的要求，通过配合企业的业务流程和分工情况设置合适的部门和岗位，将合适的人放在合适的岗位上，从而形成组织能力，适应外部环境的要求。

一个企业现有组织是否合适取决于企业外部因素和内部因素（表 2-5），内部一致性和外部环境适应性是组织结构是否适应的重点。管理大师亨利·明茨伯格指出：“本质上，组织有两个选择。它可以在牺牲内部一致性的条件下持续地适应环境，即不断重新设计结构来保持与外部的匹配。或者，它可以在逐渐牺牲与外部环境的匹配性的条件下保持内部一致性，然后在匹配变得糟糕时快速重新设计组织，即进行组织变革，达到内部一致的新形式。换句话说，要么进化，要么革命。在经常的小变化和不经常的重大变化之间，前者重视与外部的匹配，后者重视内部的一致性。”

**组织设计的影响因素** 表 2-5

| 序号＼因素 | 外部因素 | 内部因素 |
|---|---|---|
| 1 | 宏观经济发展速度的变化 | 企业战略：决定组织的经营范围及其与内外部环境的关系 |
| 2 | 政府主要经济政策的调整 | 组织规模 |
| 3 | 产业结构的调整 | 企业文化 |
| 4 | 技术创新与进步 | 管理层级 |
| 5 | 市场需求变化和竞争环境变化 | 集权程度 |
| 6 | 标杆企业组织设计的有效调整 | |

2. 我国建筑企业组织变革的动力

环境变化不仅影响到组织工作的绩效，而且往往是推动组织变革的主要力量。任何组织都是一个开放的系统，环境是组织生存和发展的土壤，环境变化往往是导致组织进行变革的一个最为直接的原因。能够激发建筑企业组织变革的动力有：

①全球经济一体化，WTO 与外资进入，我国建筑市场竞争空前激烈。

我国加入 WTO 后，国内建筑市场对外资已经开放，我国建筑市场直接面对国外竞争者的抢食。例如，中国建筑设计研究院院长张文成在 2004 年北京市建筑业峰会的演讲中介绍到："目前世界排名前列的 200 家勘察设计咨询企业，进入我国拓业的已经超过三分之二。2008 年奥运会国家体育场设计竞赛，参赛的 44 家设计机构中，来自美国、意大利、法国、日本、韩国、瑞士等国家的境外设计公司超过了半数。"外国建筑设计师大量进入我国淘金，使得我国建筑设计市场竞争空前激烈。

②已有的建筑企业组织结构陈旧，与国际通行模式不符合。

例如，国外有一定规模的工程咨询设计公司，一般就专业设置固定的业务部门。在接受工程设计委托后，从各专业部门抽调人员，组成项目组，从头到尾对项目负责，项目组由项目经理全权领导，形成项目组和专业部门的矩阵式管理，是国外普遍实行的项目管理方式。

而我国国有大中型勘察设计行业目前主要以设计院下面设立综合所的组织结构为主。这种模式一般来说，有几大弊端：

第一，专业技术人员分散在各个所，每个所受人员数量、结构限制，难以在专业人员之间再进行深度分工，使得技术人员难以专注于某个专业领域，进而形成特色和专长。

第二，各综合所是相对独立的结算单元，有各自的领导体系，给分布在不同所的同专业的技术人员之间技术交流与学习带来困难，特别是项目完成后的经验总结交流方面，带来一定的困难。

第三，各综合所之间业务对象完全重叠，没有探索进行适当的业务分工，各有侧重地发展有特色的业务领域，从而提升设计品质。各个综合所都是小而全，所的技术实力就代表了设计院的技术实力。

由于我国建筑设计企业院综合所模式主要弊端在于专业化分工程度还不够高，在与国外同行进行竞争中，往往感觉到竞争的压力。例如国内某知名建筑设计研究院院长就说，他在某医疗项目争取中遇到的国外竞争对手只做医疗，其主建筑设计师在该领域已经出版过两本专著了。在专业化程度相差过于悬殊的情况下，往往我国国内的建筑设计企业在国外建筑设计企业面前败下阵来。这也是为什么许多标志性建筑例如国家大剧院、国家体育场等建筑屡屡被国外建筑设计企业得手的原因之一。

③国有大型建筑企业进行组织结构改革势在必行。

企业走向市场，最重要的内功是重组企业内部组织结构，即重新划分部门职能，设计新的部门关系，调整企业内的分工协作关系等。传统的企业内部组织结构，是在计划经济体制下，由于企业是政府的附属物这一性质决定的。其特征表现为：

封闭性——单纯从事生产活动，缺乏面向市场的经营职能。

全能性——专业化、商品化水平低，形成“大而全”“小而全”，企业办社会，办事不求人。

执行性——企业只是政府计划的执行者，没有自主经营和决策职能。

集权性——就企业内部而言，其管理权限一律高度集中于企业上层。在由计划经济体制转变为社会主义市场经济体制的进程中，企业的组织结构就必须按社会主义市场经济的要求重新构建，因为：

第一，这是市场竞争的需要。据对我国国有企业内部组织结构的抽样调查，在企业中从事主业生产、辅助生产、生活服务后勤的三部分人员，约各占职工人数的二分之一。企业组织结构的不合理，势必造成人员过多、效率低下。显而易见，不认真改变企业组织结构的现状，背着机构臃肿、人浮于事的冗员包袱，背着“大而全”、“小而全”的企业办社会的包袱国有企业就很难轻装上阵，迎接来自国内和国际市场的竞争挑战。

第二，从组织结构现代化在企业管理现代化中的地位来看，也具有十分重要的地位。企业管理的现代化是包括管理思想、组织、结构、管理方法和手段，以及管理人才的现代化等一系列内容的系统工程。实施这个系统工程，必须抓住核心内容，以期带动其他方面。核心何在呢？根据发达国家的成功经验和我国企业改革的实践来看，这个核心内容应当是组织结构的现代化。从管理思想同组织结构的关系来看，的确是前者重要，这如同“灵魂”与“躯体”的关系，“灵魂”一旦离开了“躯体”，还有什么“生命”可言呢？可以说，管理思想确定以后，组织结构就是决定因素。离开了组织结构的现代化管理思想只能成为一种无法付诸实施的空想。

第三，从企业组织结构同管理方法与手段的关系来看，企业组织结构是管理方法和手段的框架、支撑。这好比“硬件”和“软件”的关系，先进的“软件”要求其运行的“硬件”环境也必须是先进的。我国许多企业推行现代化管理的多年实践表明，不改革组织结构，仅仅局部的或单方面的推行某些现代化管理方法和手段，例如全面经济核算、全面质量管理等，其效果总是有限的；而且由于缺乏现代化的企业组织结构的支持，难以巩固和提高。

企业的发展，靠一定的组织结构支撑；新的发展，需要新的组织结构。这是组织结构与功能的内在的逻辑的联系。组织结构是企业能否整体转向市场的关键，是企业能否自立于市场经济的必备条件，也是企业能否实现从粗放型经营向集约型经营转变的关键之所在。

3. 我国建筑企业组织变革的模式选择

对于企业组织变革的必要性，有这样一种流行的认识：企业要么实施变革，要么就会灭亡。然而事实并非总是如此，有些企业进行了变革，反而加快了灭亡。这就涉及到组织变革模式的选择问题。这里将比较两种典型的组织变革模式：激进式变革和渐进式变革。激进式变革力求在短时间内，对企业组织进行大幅度的全面调整，以求彻底打破初态组织模式并迅速建立目的态组织模式。渐进式变革则是通过对组织进行小幅度的局部调整，力求通过一个渐进的过程，实现初态组织模式向目的态组织模式的转变。

激进式变革能够以较快的速度达到目的态，因为这种变革模式对组织进行的调整是大幅度的、全面的，可谓是超调量大，所以变革过程就会较快；与此同时，超调量大会导致组织的平稳性差，严重的时候会导致组织崩溃。这就是为什么许多企业的组织变革反而加速了企业灭亡的原因。与之相反，渐进式变革依靠持续的、小幅度变革来达到目的态，即超调量小，但波动次数多，变革持续的时间长，这样有利于维持组织的稳定性。两种模式各有利弊，也都有着丰富的实践，企业应当根据组织的承受能力来选择企业组织变革模式。激进式变革的一个典型实践是“全员下岗、竞争上岗”。改革开放以来，适应市场经济的要求，许多国内企业进行了大量的管理创新和组织创新。“全员下岗、竞争上岗”的实践即是其中之一。为了克服组织保守，一些企业在组织实践中采取全员下岗，继而再竞争上岗的变革方式。这种方式有些极端，但其中体现了深刻的系统思维。稳定性对于企业组织至关重要，但是当企业由于领导超前意识差、员工安于现状而陷于超稳定结构时，企业组织将趋于僵化、保守，会影响企业组织的发展。此时，小扰动不足以打破初态的稳定性，也就很难达到目的态。“不过正不足以矫枉”，只有通过全员下岗，粉碎长期形成的关系网和利益格局，摆脱原有的吸引子，才能彻底打破初态的稳定性。进一步再通过竞争上岗，激发企业员工的工作热情和对企业的关心，只要竞争是公平、公正、公开的，就有助于形成新的吸引子，把企业组织引向新的稳定态。此类变革如能成功，其成果具有彻底性。

在这个过程中关键是建立新的吸引子，如新的经营目标、新的市场定位、新的激励约束机制等等。如果打破原有组织的稳定性之后，不能尽快建立新的吸引子，那么组织将陷于混乱甚至毁灭。而且应当意识到变革只是手段，提高组织效能才是目的。如果为了变革而变革，那么会影响组织功能的正常发挥。

渐进式变革则是通过局部的修补和调整来实现。这种方式的变革对组织产生的震动较小，而且可以经常性地、局部地进行调整，直至达到目的态。其不利之处在于容易产生路径依赖，导致企业组织长期不能摆脱旧机制的束缚。

比较企业组织变革的两种典型模式，建筑企业在实践中应当加以综合利用。在建筑企业内外部环境发生重大变化时，有必要采取激进式组织变革以适应环境的变化，例如我国参与国际竞争的大型建筑企业在我国加入 WTO 后就应该考虑到采取激进式的组织变革方法迅速适应国际市场竞争规划。但是激进式变革不宜过于频繁，否则会影响企业组织的稳定性，甚至导致组织的毁灭；因而在两次激进式变革之间，在更长的时间里，组织应当进行渐进式变革。

4. 我国建筑企业组织变革的注意事项

①明确组织变革的原则和目标

组织的变革是一场革命，是随着企业的发展、市场的变化而变化的，没有现成的东西。任何企业都要依据自己自身的特点和所面临的环境来确立组织变革的方案。但组织变革的原则和目标是降低组织的运营成本，提高运营效率，这是制订变革方案的根本依据。

②把握组织变革的核心

组织变革的核心是管理从职能式管理过渡到流程式管理。管理的“第一次革命”是泰勒的科学管理，“第二次革命”是“人性化”的知识管理，现在有些管理学家把流程管理提高到一个新的高度，叫做管理的“第三次革命”。“第三次革命”主要有以下几个特点：

a. 以顾客为导向

一家能充分满足顾客需求的企业，必然是一家以顾客为导向的企业。今天的市场竞争，在很大程度上归结为对顾客的争取。在市场经济大潮中，面对的是非常激烈的市场竞争，激烈的市场竞争体现在对顾客的争取。在市场竞争中的成败都取决于对客户的争取。好的企业一定努力满足顾客的需求，顾客需要什么就生产什么，顾客需要哪些服务就提供哪些服务。这样的企业才会受到顾客欢迎，才能在激烈的市场竞争中站稳脚跟。所以强调以顾客为导向，就是企业所有工作都面对顾客，使顾客满意。

b. 以流程为中心

坚持以流程为中心的原则，将企业过去的以任务为中心改造成以流程为中心。企业的管理流程是以顾客为导向而设置的，这样的流程将给企业带来最大的经济效益，给顾客带来最好的服务。在计划经济体制下，你管计划、生产，他管财务、人事，没有考虑企业的价值链和企业主导业务，现在就要转变。组织设计的时候是以流程为中心，流程又是以顾客为导向，在以顾客为导向的基础上进行流程管理，特别强调企业价值链的主导流程。主导业务流程是指处于主导地位的流程，以房地产公司为例，买地、策划、规划、设计、施工、销售、售后服务（物业管理）是企业的价值链的主导业务流程。组织结构的变革就要围绕这个流程进行。组织变革的核心就是从“职能式”管理向“流程式”管理过渡。

### 2.2.3 建筑企业组织结构的未来发展方向

1. 虚拟组织

随着世界经济一体化逐渐形成，国内国际的建筑市场合二为一，竞争将日趋激烈。而且建筑工程市场结构日益细分化，承包商要面对由于地域、技术条件、文化等因素造成的日益多变的业主要求，项目大型化和业主对全方位服务的需求，要求承包商将有限的人、财、物的资源分摊在众多的经营领域中。而且全球日益频繁的经济波动，也使建筑企业面临着巨大的风险和不确定性。面对以上难题，传统的低劳动生产率、低收益的中国建筑业必须进行组织模式创新，这种创新要求企业把灵活性、快速反应性作为其必备素质，不能再单纯依靠自身的资源优势进行膨胀式发展，而应在充分发挥自身优势的同时，与企业外部的资源优势相结合，构建企业的核心竞争力，不断适应市场环境变化所带来的挑战。20 世纪 80 年代开始在国际工程承包市场上出现的联营体，部分体现了这种组织创新思想，在实践中也被证明是一种行之有效的经营战略，但在经济全球化、市场动态化的今天，强调信息技术应用的虚拟化经营（动态联盟）是新的竞争环境下企业组织创新的必然趋势。所以立足于我国建筑业行业特点以及所面临的形势，以联营体为基础，吸收动态联盟（虚拟企业）的思想方法合理地构建虚拟组，成为我国建筑企业组织发展的新方向。

虚拟组织是随着科学技术的进步、信息网络技术的飞速发展推动着经济全球化的进程中逐渐发展起来的。任何一个公司都不能忽视来自本国和外国的竞争者，也不能忽视消费者的需求。可以说，市场和竞争中急剧而不确定的变化是企业如今必须着手应付的市场现实。产品生命周期日趋缩短，革新的步伐在加速，而革新的方向却变得无法可依，产品多样化已经达到了纷繁缭乱的程度，同时，采用模仿战略的竞争者迅速出现并正在影响企业能够获得的利润。企业在以多变和不确定性及全球化趋向为特征的市场环境中寻求生存和发展的同时，一种动态组织机制虚拟组织出现了，它使企业能够集中面对以时间为基础的转瞬即逝的市场机会。

（1）虚拟组织的含义

虚拟组织指两个以上的独立的实体，为迅速向市场提供产品和服务、在定时间内结成的动态联盟。它不具有法人资格，也没有固定的组织层次和内部命令系统，而是一种开放的组织结构，因此可以在拥有充分信息的条件下，从众多的组织中通过竞争招标或自由选择等方式精选出合作伙伴，迅速形成各专业领域中的独特优势，实现对外部资源整合利用，从而以强大的结构成本优势和机动性、完成单个企业难以承担的市场功能，如产品开发、生产和销售。

虚拟组织中的成员可以遍布在世界各地，彼此也许并不存在产权上的联系，不同于一般的跨国公司，相互之间的合作关系是动态的，完全突破了以内部组织制度为基础的传统的管理方法。

网络的发展推动了虚拟组织的发展。其实，网络本身也是虚拟组织的一种形式、它是系列预先认证合格的合作伙伴。同时，作为辅助工具，网络又推动了各个领域中合作的开展和众多虚拟组织的形成。

(2) 虚拟企业的特征

虚拟组织的关键特征大致表现在以下几个方面：

①虚拟组织具有较大的适应性，在内部组织结构、规章制度等方面具有灵捷性。

虚拟组织是一个以机会为基础的各种核心能力的统一体，这些核心能力分散在许多实际组织中，它被用来使各种类型的组织部分或全部结合起来以抓住机会。当机会消失后，虚拟组织就解散。所以，虚拟组织可能存在几个月或者几十年。

②虚拟组织共享各成员的核心能力。

虚拟组织是通过整合各成员的资源、技术、顾客市场机会而形成的。它的价值就在于能够整合各成员的核心能力和资源，从而降低时间、费用和风险，提高服务能力。如波音 777 型客机开发小组的某些成员具有互补性核心能力，某些成员具有协同操作能力，而另一些成员则能提供进入非波音公司市场的途径。

现在，建立这样一个特殊工作团体并非难事，把实现既定目标所需要的理想资源整合到一起，又不改变团体成员的生活方式，就像组成体育运动队中的全明星队那样集中了各代表队中最优秀的运动员去应付每天的变革所带来的挑战。显然，在相同的市场机会下、虚拟组织会优于各成员公司。对于顾客而言，整合的特征是无形的、无边界的。

③虚拟组织中的成员必须以相互信任的方式行动。

合作是虚拟组织存在的基础。但由于虚拟组织突破了以内部组织制度为基础的传统的管理方法，各成员又保持着自己原有的风格，势必在成员的协调合作中出现问题。但各个成员为了获取一个共同的市场机会结合在一起，他们在合作中必须彼此信任，当信任成为分享成功的必要条件时，就会在各成员中形成一种强烈的依赖关系。否则，这些成员无法取得成功，顾客们也不会同他们开展业务。

有些企业通过拥有突出的能力处于虚拟组织的中心，并对其他成员产生有力的影响，使虚拟组织的协调变得相对容易。

(3) 虚拟组织应用的价值

有人预言，随着信息技术的发展、竞争的加剧和全球化市场的形成、没有一家企业可以单枪匹马地面对全球竞争。因此，由常规组织过渡到虚拟组织阶段是必然的，虚拟组织日益成为公司竞争战略“武器库”中的核心工具。这种组织形式有着强大的生命力和适应性，它可以使企业准确有效地把握住稍纵即逝的市场机会。对于我国小型建筑企业来说，借用大型合作伙伴的一个特殊好处在于容易被银行和客户所接纳。

2. 组织结构扁平化

(1) 组织结构扁平化的含义

传统的层级制组织结构模式是按照亚当·斯密的劳动分工理论将全部经营活动和生产过程分解为若干经营阶段和若干道工序的管理思想建立起来的。组织层次繁多、机构臃肿、人浮于事，面对激烈市场竞争的应变能力就越弱。因此，减少管理层次、扩大管理跨度、使组织结构扁平化是当今企业组织结构变革的一大趋势。

结构的扁平化是对层级制组织类型的进一步发展，即是指为适应竞争的特点，在信息技术的基础上，着眼于减少层级，改善沟通，促使管理层次的减少和管理跨度的扩大，组织结构形态由标准的金字塔形向扁平模式转化的过程。

(2) 扁平化管理的优势

扁平化管理的自身特性决定了在组织中实施扁平化管理会带来这样的优势：

①由于管理层次少，信息的传递快，从而可以使高层较快地发现信息所反映的问题，并及时采取相应的应对措施。

②管理链条的缩短，使管理信息在传递过程中失真的可能性降低。

③由于管理跨度宽，高层管理人员由于能力、时间所限，不会对下属层管理人员控制过多过死，有利于下属主动性和创造精神的发挥。

④由于少了管理的层次，优化了组织结构，强化了内部管控，降低了管理成本，提高了管理效率和企业的核心竞争力。

总之，扁平化组织结构一方面增强了组织的灵活度，快速的决策意味着更高的员工满意度：一方面更能激励员工，员工热衷参与，并发挥他们的创新积极性；另一方面，上层管理费用减少了，团队将取代管理工作。组织从纵向到横向的发展，表明组织由注重职能转向了注重流程。

(3) 实现组织结构扁平化的途径

扁平化意味着撤除了一些检查或重复的工作职位，可以给知识员工较多的现场处置权，从而缩短上下级之间的距离。按照德鲁克的构想，扁平化的结果便是组织中不增加价值的层级的减少。德鲁克提出了两条途径：一是损耗。当某一职位由于退休、死亡、辞职等因素空缺出来的时候，不要立刻填补它，让它空缺一段时间，看看会出现什么结果。除非人们都发现效率因此而受损，纷纷要求填补这一职位，否则就废除它；二是以工作扩大取代晋升。作为奖励的晋升往往会导致层级膨胀。满足年轻管理人员职业成就动机的唯一途径是使工作变得更加重要，更具有挑战性、要求更高，越来越多地通过不同岗位之间的水平调动，而非晋升来对管理人员的高效工作给予肯定和奖赏。

## 2.3 建筑企业组织再造、学习型组织

### 2.3.1 建筑企业组织再造

1. 组织再造的概念

所谓“组织再造”，简单地说就是以工作流程为中心，重新设计企业组织的结构形式及运作方式。组织再造是企业再造的前导工程和重要组成部分。企业再造(Re-engineering)，也称为组织重建、流程改革。所谓企业再造，出发点在于解决组织流程的欠缺效率、不顺畅，目的在于将组织传统的金字塔形结构，改为专业分工、权力下放的小组操作，化简为繁，提高企业的效率与简化企业的层级架构，以达到顾客满意。美国管理学者詹姆斯·钱辟（James Champy）在其《企业再造》(Reengineering the Corporation）一书中指出，由于现今经营环境递变，企业必须进行由内到外、从上到下的全面组织改造，内涵为结构性、行为性与科技性。企业再造的目标在于重新设计企业作业流程，以增加绩效。企业再造的做法包括：由第一线执行者作决策，整合相关性的分工功能，以专案经理为主要沟通桥梁，同时提供多种流程方式，降低对内部控制、检验与协调活动的需求，便利工作团队与专案经理全心协力完成特定组织目标。

组织再造与以前的渐进式变革理论有本质的区别。组织再造通过重新设计业务流程，进而带动组织的全面变革，最后形成一种新型的组织。组织再造不是对组织进行肤浅的调整修补，而是要进行脱胎换骨式的彻底改造，抛弃现有的业务流程和组织结构。它组织的再生策略，需要全面检查和彻底翻新原有的工作方式，把被分割得支离破碎的业务流程合理地“组装”回去。通过重新设计业务流程，建立一个扁平化的、富有弹性的新型组织。组织再造是一次彻底的变革。

2. 实施组织再造的条件

美国著名心理学家、诺贝尔经济学奖获得者赫伯特·西蒙曾经说过：“有效开发社会资源的第一个条件是有效的组织结构。”对企业而言，组织再造能有力地推动企业变革，消除员工的消极怠惰与不满情绪，同时能够更加有效地实现企业新战略的执行、合并业务的整合消化及提升生产效率。但是，组织再造如果不按照一定

的规律进行，即使设计原则正确，也很可能无法实现预期目标，还可能引发员工间更严重的消极情绪。造成许多组织再造计划最后不了了之的主要原因是员工的反对，因此，组织变动与策略成效要能持久，必须做到以下三点：

（1）形成强有力的企业理念

管理者进行组织再造应首先思考为什么要组织再造以及组织再造是为达到什么目标。如果根据这两个问题的答案，可以形成一个强有力的企业理念，则组织再造可以继续进行；反之，这个再造计划很可能破绽百出。强有力的企业理念不同于策略，策略是达成特定目标的详细行动方针，而企业理念则是一种可以激励人心、统一士气的主张。经过完善的沟通，它可以促使组织再造并往前推进。如果没有这样的企业理念，公司对外宣布的计划会模糊得令人无法捉摸，员工无所适从，客户也会存在风险感，组织再造的计划就无法克服四面八方涌来的反对声；相反，如果企业理念清晰有力，并能够有效地在组织中传达，企业再造成功的可能性就大了许多。

（2）寻找企业再造的适当时机

公司仅仅有了合适的企业理念还不够，要使企业再造获得成功，必须在合适的时机推出自己的企业理念。公司的 CEO、高级主管与负责的项目团队必须挑出最佳时机，以便同时改善员工的怠惰情绪并达成组织再造的策略性目标。要找出适当的时机，无法套用简单的模式或者常规，这是企业面临的最大难题之一，而且不可避免地会有利弊得失。CEO 可以先调查清楚公司对于组织再造计划的接受度有多高，以及实际执行的能力。同时，也要考虑执行计划的利益是否能弥补其造成的业务中断与不安。

（3）面对社会现实

公司进行企业再造时，会遭遇来自社会各个方面及传统管理思维的阻力，如对员工的承诺、法令规章、管理主导权等等。假如公司一开始没有相应的思想准备，以上各项限制将会在改造过程中逐渐显现出来，严重阻碍企业改造的进行，并有可能使整个计划功亏一篑。当然，所谓面对社会现实，不代表必须一味地调整组织架构来配合社会现实，关键要看所谓的限制是否触及或危害到组织改造的企业理念本身。有时，特别是牵涉到主导权和心态等问题，会直接影响组织改造的企业理念本身，企业必须移除这项限制，改造才有机会成功。

### 3. 我国建筑企业组织再造的必要性

（1）我国建筑企业集团“大”而不“强”，无法实现集团运作，未实现真正的集团运作，主要表现为：

①从资产结构上，我国建筑企业集团为多级法人经营同一资产，多级机构管理同一项目，有的达到 5～6 级，管理链条过长，难以监控。

②管理控制体系不科学，该分权的未实现分权，该集权的未实现集权。总公司多为原行业行政管理机构改组而来，不能成为对主业有较强支配功能的核心企业，与下属从事建筑施工主业的单体企业之间多是母子公司的分权制，甚至是关联企业的管理模式。而对于从事与主业并不相关的多种经营的企业却成为总公司的事业部。

③母子公司主业经营结构趋同，同业竞争严重。截止到2002年底，我国施工企业按“新资质标准”就位后总数有6136万家，普遍缺乏勘测设计能力和科技开发能力，经营结构趋同，过度竞争情况严重，市场竞争格局层次性不强，金字塔层次竞争格局远未形成，母子公司同业竞争严重，经常出现由于争夺同一个工程项目而互相掣肘。

(2) 建筑企业集团内各单体建筑企业组织结构模式不合理。

我国建筑集团内各单体施工企业内部组织机构臃肿，层次不清晰，部门功能交叉。目前，施工企业集团内各单体企业的内部组织结构仍沿用直线职能制结构模式，强调上下级之间的对口管理，结果造成各层级设置雷同的职能部门。其缺陷是下级部门积极性不易发挥，职能部门和直线部门之间易产生矛盾，权力过于集中，信息传递不畅。

我国建筑企业的组织结构，在计划体制下受原苏联产业组织结构的影响，形成了企业分割、部门分割、地区分割的三重分割局面。企业组织结构布局很不合理，很难形成专业化协作关系下的经济规模。以1999年为例：我国四种级别企业的数量比例分别为：一级5.0%，二级15.8%，三级39.2%，四级40.0%，形成了大公司不大不强，小公司不小不专的局面，具有一级总承包资质的企业过多，导致在总承包管理这一平台上过度竞争，管理水平较低，而日、美两国的特大型企业比例一般在1%以下。目前，由于投资结构和项目业主管理模式更加市场化，我国建筑业组织结构和资源配置方式正在发生着深刻的变化，项目管理（MC)、工程总承包（EPC）方式有逐步成为主要的工程承包模式的趋势。在新的形势下，我国大型建筑业企业通过管理变革和流程再造，来提高企业的市场竞争能力，就成为了一个必然的选择。国有建筑企业的项目管理组织形式一般还在实行工作队式，矩阵式在职能部门和项目管理层还处于“磨合期”，工作效率较低下。建立现代企业制度，加强成本管理，是一件漫长而艰苦的过程。现代信息技术的发展和运用为我们进行管理变革和流程再造提供了十分重要的手段。

#### 4. 建筑企业组织再造的思路与措施

建筑企业的组织结构不能简单划一、一概而论，具体采取什么样的结构有利影响的因素很多，企业高层管理对此应有辩证的认识。应根据外部环境、所在企业在行业中的地位、处于何种发展阶段、采取什么样的战略、企业家的信念及员工的价值观等来确定企业的组织结构。组织结构应随生产或市场发展的战略变化而作相应的调整，组织结构设计必须能实现组织整体性所必需的信息处理要求，而信息处理与目标、环境、技术及规模这些因素密切相关。同时信息的处理容量和速度构成结构纵向和横向联系部门组合，组织结构设计应适应组织的信息要求。否则，部门及各成员得不到信息或处理对任务不重要的信息会大大降低组织的有效性。现在常见的为企业所采用的有职能式结构、事业部结构、矩阵式结构等三种基本组织结构模式。专业型承包企业采用职能式结构能较好地满足信息处理要求及技术特征。职能式组织结构适用于外界环境稳定，技术相对例行，而又不需要太多的跨职能部门间的相互依存。它的目标在于内部效率和技术专门化，并有助于职能部门的规模经济和员工技能的进一步提高。但此结构对外界环境变化反应太慢，又需跨部门协调，协调少导致缺乏创新，可通过加强横向联系来改善，比如增加信息系统促进或通过任务组来整合。

针对工程或项目、地理分布、商务或利润中心来组织事业部是有效的管理方法。对跨地区、跨国界的大型综合承包企业适合采用事业部结构或区域性结构。时间和空间的距离，阻碍了信息的及时性、真实性，使部门间的协调变得很困难，影响决策质量。事业部结构基于组织内产业的组合，每个事业部内跨职能的协调增强，并且事业部实行决策分权对外界反应灵活。区域性工程的独特性反映在环境的不确定性，工作程序的非例行性及技术工作过程的高度依存性上，但信息容量大，处理信息反应快，因此采用事业部结构能较好地解决这些矛盾。

对于设计——管理公司或这种有特色的综合承包企业宜采用矩阵式结构。管理工程中，各项目之间或各专业之间存在着资源缺乏的压力。比如，不能为每一工程项目指派专业工程师，还有如果工程项目环境不确定和技术复杂，就会使部门之间存在较高的相互依存，组织内纵向与横向就需要大量的协调和信息沟通。矩阵组织结构是实现纵向、横向联系有力的模式，能满足规模中等的企业或企业下的事业部管理的要求。但也存在着为解决部门或员工受双重领导方式导致组织的有效性下降，由此演化出一方占据支配地位的不平衡性矩阵。工程管理中，采用以项目经理起主导作用，职能部门仅仅是专业技术人员和专业技术咨询的项目式矩阵，以此来提高管理的有效性。

从宏观面来看，实现全国统一的建筑市场，实现建筑企业管理层与经营层分离，管理层与劳务层的分离，有待于有关政策、法律、法规的贯彻执行，但地区间的区域性差别和地方保护政策，必然使建筑企业的组织结构为适应这个时期的变化呈现出不同的形式。企业的历史沿革、专业方向及地域性差别即使在产业结构趋于合理时，企业组织结构也必然有不同的形式。如在美国，有像福陆丹尼尔这种承担工程五个阶段中的计划、组织、设计、管理的超大型企业，也有业务范围有所侧重的设计管理型企业和管理型企业。中国建筑企业进入国际市场参与竞争，也是一个分阶段过程。随着业务的不断扩大，组织结构也将不断调整以适应发展，所以一个企业的组织结构既要具有相对的稳定性，又要有变化。某一单一的结构形式不能满足管理要求时，可采用两种不同的结构组合的方式来取长补短。职能式结构与事业部结构的结合，职能式结构与矩阵式结构的结合形成混合式结构，也可用改进性的超事业部式的组织结构。如以一大型企业为核心的企业集团，核心企业在集团中对于决策、营销、施工、管理起主导作用，为适应跨地区发展战略，在职能式组织结构基础上可建立职能式——区域性的组织结构，区域性部门贴近工程前沿利于管理。根据企业向集约化方向转化的不同发展阶段，企业可以采取职能式结构、混合式结构、事业部式结构、有国际业务的混合式结构和全球区域性结构等不同的结构。

(1) 建筑企业组织再造的思路。

现代企业制度关于“产权明晰、政企分开、权责明确”内容的逐步落实给企业实行科学管理创造了良好的外部条件，企业可以利用产权关系和政企关系的重大变化，重组企业的组织结构。

首先，根据企业自身的特点和优势条件，扬长避短、实事求是，明确企业的经营领域是多元的。企业生存与发展的外部空间，不仅包括传统的水利水电工程施工，还应包括各类工业、能源、交通、市政和民用建筑工程等；不仅包括上述建筑安装工程施工，还包括加工制造业和第二产业；不仅包括国内市场，还包括国际市场。在如此广阔的、现实的、潜在的市场中，企业不难找到最佳的目标市场。

其次，根据目标市场的要求，就可以确定企业应该干些什么事情，应该承担什么任务；这些任务应通过哪些生产经营活动来完成以及企业应该具备什么样的基本功能。

再次，这些功能以及相应的活动与任务，应设置哪些部门来担当；部门之间、各层次之间如何分工协作，如何形成合力；这种合力要能够有效地确保企业，占领市场、维持和开拓市场、依托市场谋求企业长期稳定的经济效益。

最后，国有大型施工企业在组织结构改革乃至整个经营战略谋划中，要采取“抓大放小、抓主放次”这一思路。即抓住建安工程施工主业这个大头，放开搞活辅助生产、多种经营和生活服务后勤部门，达到提高企业劳动生产率，进而提高整个企业经济效益的目的。

以上四点从属于现代企业制度中“管理科学”的范畴，是企业的内功。产权明晰、政企分开只是一种外部必要条件，但任何外在的力量都不可能替代企业在内部管理上的努力。

(2) 施工企业组织再造的措施。

①改善队伍结构，提高队伍素质。今后若干年内，企业应在补充具有真才实学

的、高学历的工程技术人员和经营管理人员的同时，严格控制职工总数不再增加，随着自然减员而实现职工总数的负增长；与此同时，专业技术人员（含同级技术工人）和经营管理人员在数量比重上和人员素质上得到显著提高，一专多能、训练有素的技术工人基本队伍形成，与此不合要求的其他人员，可在企业内分流或剥离，经转岗培训后，安排从事多种经营。

②辅助生产、多种经营、后勤生活服务部门，应在企业内分立或剥离出去，走社会化、专业化、商品化的道路。随着社会化大生产和市场经济的发展，社会化专业协作已成为现代工业社会生产组织的基本形式，成为合理利用社会经济资源，优化企业组织结构的重要标志、将给社会和企业都带来了巨大的经济效益，因此社会化专业协作应作为现代企业的经营方针。上述部门分立或剥离的方法，可根据具体情况，分别采取移交当地政府或社区组织（如学校、医院、幼儿园、公安局等）；独立组成新的企业法人，成为企业全资或控股或参股的子公司（如机械修造厂、预制构件加工厂、物资和设备供应部门、大型商店以及供水供电和房产部门等）；通过拍卖、兼并等方式出售卖断（适用于各小型商业、服务业经营网点等），其所得可用于职工转岗培训或用于兴办再就业项目。

③企业机关实行机构综合化。即在坚持适当分工的前提下，简化分工，将相关性强的几个部门合并为一个职能部门，实行“一个基本职能一个部门”的原则。按照这个原则，以下部门是不可缺少的：经营管理部、工程部、财务部、人事部、监审部、政工办公室、行政办公室。各部门应尽量实行正职负责制，不设副职；为适应工作需要，可设必要的主任工程师、主任会计师、主任经济师担任部门业务主管。

④实事求是，从企业实际出发，实行组织结构形式多样化。现代企业内部组织结构形式主要有集权的职能制、分权的事业部制、分公司制。对于国有大型施工企业而言，单纯采用这两种结构中的任意一种，都是不现实的、不可取的。根据企业的实际情况可以采用集、分权相结合的两种结构形式并存的组织结构。例如，一家水电施工企业，其工程局和一级单位（指局属各分局、工程处、厂、公司等）的组织结构形式分别采用集权的职能制和母子公司制。其一，从事建安工程施工主业的分局或工程处，是工程局的分支经营单位，无独立法人资格，不能对外独立经营；它们在工程局的统一管理下，实行内部独立核算，是企业的成本责任中心，其主要职能是带好队伍、搞好施工、管好设备、抓好核算。其二，对分立出去的辅助生产、多种经营等部门，实行子公司制，子公司独立行使法人财产权，开展自主经营，实行自负盈亏，是工程局的投资责任中心，要确保资产保值增值；工程局对子公司依法行使投资者权力并获得投资收益。而在建安工程施工主业中，实行集权职能制和分权的事业部制相结合的

组织结构形式。工程局对承建的工程项目派出项目经理部，项目经理经工程局授权，对项目进行经营管理，按项目法组织施工。项目经理部是工程局的利润责任中心，项目经理部与参与施工的各个一级单位是“契约”关系，严格实行合同管理和经济核算。

在市场经济条件下，许多东西可以通过交换获得，但企业的组织结构是“买”不到的。企业的组织结构极富个性，这是因为各个企业所面对的市场需求不同，所拥有的有形的或无形的资源条件不同，所在地区的地理区位和经济发展程度不同，以及所面临的竞争状态不同。因此就要求企业以不同的组织结构来谋求企业自身实力、市场需求和竞争者压力这三者之间的平衡。事实上，也正是企业在组织结构上的差异，形成了企业各自的风格和个性，使各企业能够凭借自身组织结构上的差异，在市场经济中占据不可替代的位置从而获得相对的竞争优势。

5.建筑企业组织再造的注意事项

(1) 没有最好，只有适合

现代组织理论认为：没有一种一成不变的最好的组织形式，组织需要根据环境而发生变化，在组织结构与环境之间找到一种“最适状态”(goodness of it)。在一种环境下适用的组织形式不一定适用于另一种环境。这就是权变理论 (contingency theory)。权变理论认为组织需要主动变化以适用新环境。否则，不适应新环境的组织将缺乏运行效率，并最终被环境所淘汰。最后能够生存下来的企业组织结构必然是那些能够适应新环境变化的组织结构。这就是“自然选择” (natural sel ection) 原则。

权变理论对建筑设计企业组织结构选择的启示就是：组织结构形式并没有最好的，只有最适合的。各企业需要根据自身的特点来选择与之相适应的组织结构形式。

(2) 兼顾先进性与可操作性

国内的建筑设计企业在对组织结构进行调整时，不但要考虑组织结构形式的先进性，也要考虑组织结构形式的转变是否易于操作。

一般来讲，组织结构形式的先进性方面可以考虑如下因素：

①专业化程度：是否更加有利于内部专业化分工。

②资源整合能力：是否有利于形成规模优势。

③人才成长：是否能够给组织成员以更多的学习机会和技术积累机会。

④客户导向：是否有利于从设计周期、设计品质、服务质量等方面提升客户满意度。

而可操作性方面可以考虑如下因素：

①与人员素质及结构特点的适应程度：包括人员结构，高素质的项目经理数量，人员的协作精神等。

②与企业管理能力的适应程度：包括项目管理能力和财务管理能力，技术质量管理、人力资源管理能力等。

③与现有业务特点的适应程度：主要考虑新的组织结构是否符合企业目前的业务结构特点。

### 2.3.2 学习型组织

#### 1.学习型组织的概念及意义

学习型组织，是指通过培养弥漫于整个组织的学习氛围，充分发挥员工的创造性思维能力而建立起来的一种有机的、柔性的扁平化的，符合人性的、能持续发展的组织。随着建筑企业经营机制改革的不断深化，在经济转型时期，面对企业求生存、求盈利的压力和紧迫感的不断加剧，企业如今考虑更多的是如何通过增强自身实力或组建战略联盟而立于不败之地。职工是企业的立身之本，许多企业领导人都想着眼于通过提高企业职工素质来提高企业竞争力。传统观念认为，提高企业职工素质的有效办法是职工培训。其实，这只是一种比较片面、狭隘的认识。培训是一种重要的方法，但不是仅仅通过培训就能解决的，关键在于建立一个企业不断学习、不断树立价值追求目标、不断改进思维方式、提高思想认识水平的机制，将企业逐步改造，过渡为符合这种机制的组织的管理理论、经验与方法。创建学习型组织是一项重要的战略行动，无论对于单个的企业，还是建筑企业战略联盟，都具有非常重要的战略意义。

#### 2.学习型组织的五项修炼

学习型组织的理论是由美国学习理论专家彼得·圣吉提出的，他认为，在学习型组织的领域里，有五项新技术汇聚起来，使学习型组织演变成一项创新。虽然，它们的发展是分开的，但都紧密相关，对学习型组织的建立，每一项都不可或缺。他称这五项学习型组织的技能为五项修炼，我们也可以把这五项修炼看作是学习型组织建立的五大原则。

（1）第一项修炼：自我超越（Personal Mastery）。为了促进组织学习，高层管理人员必须允许组织中的每一个人进行自我超越。管理者必须赋予员工权力，允许他们根据自己的想法进行试验，创造和研究。

（2）第二项修炼：改善心智模式（Improving Mental Models）。作为促进自我超越的一部分，组织必须鼓励员工发展和使用复杂心智模式——一种可以激励员工寻找新的、更好的完成任务的方式的复杂思维方式。通过这一模式的使用，能够加深员工对于其特定工作活动的理解。圣吉认为，管理者必须鼓励员工形成一种实验和冒险的偏好。

（3）第三项修炼：建立共同愿景（Building Shared Vision）。管理者必须强调建立共同愿景的重要性。所谓共同愿景，是指所有组织成员用来考虑机会的共同的心智模式。

（4）第四项修炼：团体学习（Team Learning）。管理者必须尽其所能激发组织的创造性。圣吉认为，在不断壮大的组织学习中，团队学习（发生于集体或团队中的学习）比个人学习更为重要。

（5）第五项修炼：系统思考（Systems Thinking）。管理者必须鼓励系统思考。圣吉强调，为了建立一个学习型组织，管理者必须认识到学习过程中各层级之间的相互影响。

### 3. 建筑企业创建学习型组织的条件

（1）建立创新理念

①观念创新

思想是行动的先导，观念上的滞后是学习型企业难以建立的最大障碍，只有不断扭转以前落后的学习观念，才能加快学习型企业的形成和发展，才能增强企业的竞争实力，使企业在未来的竞争中处于有利的地位。同时，个体的学习观念也要更新。在知识经济时代，每一个个体只有终身学习才能有效汲取有用的知识和信息，才能在激烈的竞争中占有优势，个体学习的危机意识、主动意识的培养和形成是实现个体成功的必要条件。

②组织创新

要进行必要的组织机构的调整。企业的培训机构是企业的组织核心，但企业培训机构的最重要任务不是向员工传授、灌输知识，而是培养员工学习的兴趣、学习的动力，更重要的是学会学习的能力。尊重、鼓励中下层组织的学习能力和创新能力，进行组织结构调整，发挥培训机构的积极作用是建立学习型企业的重要条件。

③制度创新

即要建立健全企业的学习制度。学习制度是学习型企业建立的根本性和全局性的问题，建立健全学习制度，使学习制度与考核评价制度工资福利制度、人事组织制度有效衔接，形成科学的学习激励机制。

④领导创新

企业领导对学习型企业的创建起着最为关键的作用。企业领导的引导和激励作用具有巨大的影响，企业领导要起到负责培养、教育下级，评判、监督实施，率先垂范以及创造发展条件等重要作用。

（2）创建学习型战略联盟

当前，由于建筑市场竞争的白热化，总体上我国建筑企业规模不大，市场竞争缺乏层次。为了进一步增强实力，强强联合，向战略伙伴学习其优点，取长补短，建立学习型战略联盟是重要途径。把介于企业和市场之间的联盟创建为学习型组织，对于提升企业战略联盟的竞争实力和合作质量具有深远的意义。

4.建筑企业创建学习型组织的措施

（1）企业每一个职工、每一个部门、每一个单位，都要有一个学习的近期计划和远期规划。学习型组织拥有三个层次的含义，即建立学习型组织就要从个人的学习、组织的学习和平等精神这三个层次出发。学习型组织的细胞是个人学习，学习型组织的关键是团队学习，学习型组织的核心思想是行为学习。

（2）个人学习方面的措施

促进个人学习，必须建立员工理性思考和系统思考的思考方式。理性思考有两个基础：一是自我意识，二是自控能力。员工自我意识的真正迸发，是理性的前提。系统思考的方式之一是进行适当的工作轮训。工作轮训的意义并不是要让每位员工都成为多面手，最终的意义在于让员工了解每一道工序对于企业都是至关重要的，可以让员工的眼光不仅仅局限于自己的岗位，可以使他能从全局看不同工作的不同作用。工作轮训是培养系统思考方式非常重要的组成部分。

（3）组织的学习方面

通过组织学习，可以使得组织具有明显高于其他企业的竞争能力、经营实力和技术实力，促进组织学习，可以采取如下措施：

①建立目标管理体制。这个目标也就是共同愿景，即要建立共同愿景，给企业设置一个努力要达到的目标，企业每一个部门、每个单位都有其各自明确的、经过努力可以达到的奋斗目标。

②建立企业信息管理系统。企业信息管理系统可以使企业管理柔性化、扁平化，明显提高管理效率；加快信息的传递速度；提高企业领导掌握企业实际状态和变化的准确性与速度；保证企业领导决策质量。

③建立双向沟通机制。将双向机制纳入企业的组织管理体制，作为企业日常管理工作的一部分，使企业职工和管理者，包括企业的最高管理者有直接的信息传递和反馈渠道，对于职工反映的信息和提案必须给予充分重视和积极回应。

④规范化与自由。企业必须要有学习的规范，即相应的规章制度，将学习制度化和规范化。同时职工也有学习的自由，这也是发挥职工学习主动性和积极性、结合职工个人兴趣和爱好的非常重要的方面。

创建学习型建筑施工企业具有重要的战略意义，创建学习型建筑施工企业要以企业战略目标为导向，充分研究建筑企业的特点，把创建活动纳入企业总体战略中，进行长期的坚持不懈的努力，从实际出发，将企业逐步改造、过渡为学习型组织。创建学习型建筑施工企业必将收到全面提高企业职工素质，明显提高企业竞争力的积极效果。

## 本章小结

本章以“组织”的基本概念和特点为出发点，在介绍组织设计基本原则的基础上，重点介绍了建筑企业组织结构的基本形式、建筑企业组织变革和建筑企业组织结构的未来发展趋势等内容。

“组织”的概念有两个含义：一是指组织体，是由两个或两个以上的个人为了实现共同的目标组合而成的有机整体。二是指一种过程或活动，它是管理的一项职能。建筑企业是一种组织体，是为实现其特有目标组合而成的有机整体。而为了实现其组织目标，必须在组织内部进行专业分工和建立使各部分相互有机地协调配合的系统。

组织设计的基本原则主要包括劳动的专业化原则、部门化原则、管理跨度原则和统一指挥原则等。劳动的专业化原则为任务的组分提供依据，任务组分的结果形成一个个的部门，部门可以根据产品类型、地理位置、用户特点以及企业内部生产经营特点进行设置。管理跨度原则解决的是组织规模问题，是指一个上级主管的下属的数量。管理跨度的大小用人数来表示，管理跨度的大小决定着相应的工作接触机会的多少，亦即决定着工作量的多少，所以管理跨度大小应适中。影响管理跨度大小的因素包括一次接触所需要时间的长短、处理的例外性事务的多少、授权的程度、责任的轻重、领导者本人的能力以及工作成效衡量的难易程度等。管理跨度的大小决定着组织的层次，管理跨度大，则组织层次少，形成一种扁平化的组织形式，相反，管理跨度小，则组织层次多，形成一种细长的组织形式，两种组织形式各有不同的特点。

组织结构包括直线制、职能制、直线职能制、事业部制及矩阵型等基本类型，各不同类型的组织结构具有不同的特点，企业可以根据自身的实际情况选择和设计不同的组织结构类型。随着经济的不断发展，组织结构的形式也在不断演变，出现了多维立体型、控股型、网络型及我国建筑行业常见的项目组织形式等组织结构的类型。随着科学技术的进步、信息网络技术的发展，建筑企业未来的发展趋势应是虚拟组织和扁平化组织。虚拟组织不具有法人资格，也没有固定的组织层次和内部命令系统、而是一种开放的组织结构；扁平化的组织是指为适应竞争的特点，在信息技术的基础上，着眼于减少层级，改善沟通，促使管理层次的减少和管理跨度的扩大。在组织中实施扁平化管理具有一定的优势。

“组织再造”简单地说就是以工作流程为中心，重新设计企业组织的结构形式及运作方式。进行组织再造的企业应具备一定的条件。学习型组织是指通过培养弥漫于整个组织的学习氛围，充分发挥员工的创造性思维能力而建立起来的一种有机的、柔性的、扁平化的，符合人性的、能持续发展的组织。学习型组织建立的五大原则包括：自我超越、改善心智模式、建立共同愿景、团体学习和系统思考。建筑企业建立学习型组织对于全面提高企业职工素质，明显提高企业竞争力具有积极的效果。

## 复习思考题

1. 什么是组织？

2. 组织工作的内容包括哪些？

3. 组织设计的任务包括哪些？

4. 组织设计原则包括些？

5. 职务设计经历了哪几个阶段，各阶段有何特点？

6. 部门划分的方法有哪些？

7. 建筑企业项目组织的类型有哪些，各有何特点？

8. 我国建筑企业为什么要变革？结合你身边的一家建筑企业，谈谈其是否需要变革？如何变革？

9. 什么是组织再造？组织再造和传统的组织变革有何区别？建筑企业如何进行组织再造？

10. 什么是虚拟组织？

11. 什么是学习型组织？建筑企业如何创建学习型组织？

12. 案例分析：环球公司组织结构的变迁。

(1) 经营概况

环球公司是一家房地产公司，成立于1992年，成立之初主要经营房地产，规模较小，但随着公司的发展，规模的扩大，该公司总经理带领全体员工艰苦创业取得了很大的成绩，员工也由几人发展到几百人。

(2) 原有组织结构（题图2-1）

(3) 现行组织结构图

由于公司规模和经营范围的不断扩大，原来的组织结构越来越难以适应企业的管理要求。为适应公司发展的需要，1996年底公司决定聘请管理专家对公司的组织结构变革。专门在充分调查研究的基础上，结合公司未来发展战略的要求，向公司提出了一个全新的组织结构图，并进行了配套设计。公司在充分酝酿讨论的基础上决定采纳专家的意见。新的组织结构设计图如题图2-2。

讨论题：

(1) 结合本章内容，讨论环球公司组织结构为什么要作上述调整？

(2) 新的组织结构还有哪些方面需要改进？

(3) 新旧组织各属于什么类型的组织结构？各有什么特点？

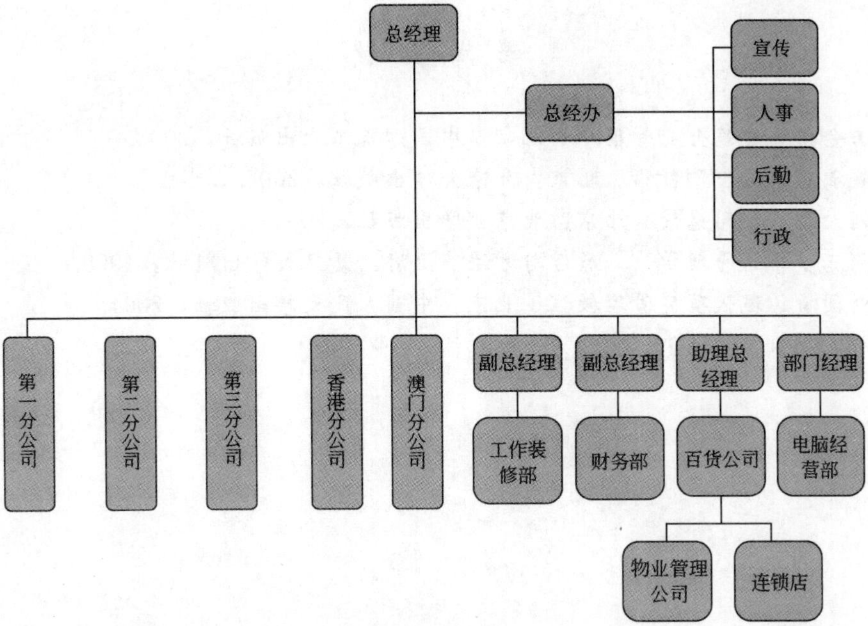


题图 2-1　原有组织结构

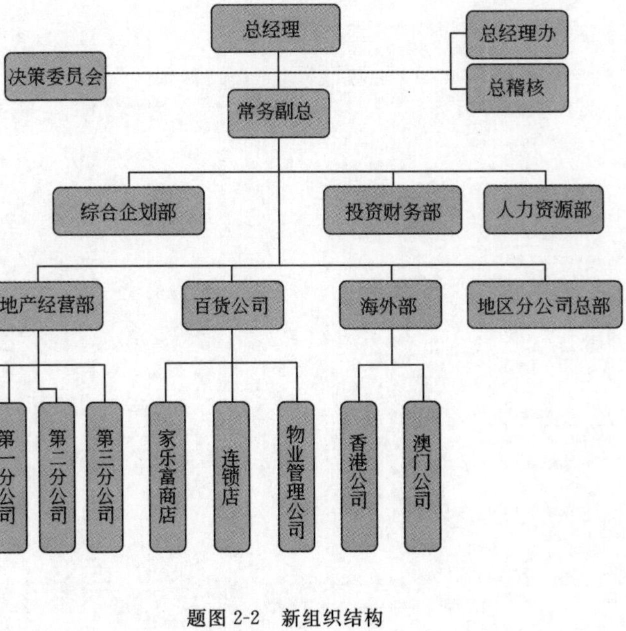


题图 2-2　新组织结构

# 参 考 文 献

[1] 田金信．建筑企业管理学．北京：中国建筑工业出版社，2003.
[2] 戴淑芬．管理学教程．北京：北京大学出版社，2005.
[3] 刘大星．共同愿景．北京：北京大学出版社，2004.
[4] 周三多等．管理学——原理与方法．上海：复旦大学出版社，1999.
[5] 刘国靖．现代项目管理教程．北京：中国人民大学出版社，2004.

# 第3章 建筑企业战略管理

**本章概要**

1. 企业战略及其战略管理的概念、特征及层次；
2. 企业战略管理的过程及战略管理的基本原理；
3. 建筑企业的外部宏观环境分析；
4. 建筑企业所处的行业分析；
5. 建筑企业的内部条件分析及建筑企业的综合分析；
6. 建筑企业的总体战略、经营战略及职能战略；
7. 建筑企业战略的制定、实施与控制。

## 3.1 企业战略管理概述

### 3.1.1 企业战略的概念及其特征

战略一词原来是军事学上的一个术语，是与战术一词相对而言的。其本意是基于对战争全局的分析、判断而做出的筹划和指导，后来演变成泛指重大的、全局性的、左右胜败的谋划。一般来说，战略是指对于任何一个组织的具有全局性或决定性的谋划。把战略一词引入经营学领域，形成企业战略这一概念，产生于20世纪60年代的西方国家。把战略与企业经营活动结合起来的代表人物是美国的管理学者安德鲁斯（K. Andreus)、钱德勒（A. D. Chandler）和安索夫（H. I. Arsolf）等人。可以说，20世纪60年代企业战略理论的基本框架已经基本形成了。因此，战略的本质可以用一句简洁的话来概括：运用系统论等整体思维方法，帮助企业在一定时期内和一定条件下，获取并确认局部或整体的竞争性成长优势的全过程。战略就是管理，战略渗透并指引着现代市场经济条件下企业经营管理的全过程。

企业战略是企业面对激烈变化、严峻挑战的经营环境，为求得长期生存和不断发展而进行的总体性谋划。它是企业战略思想的集中体现，是企业经营范围的科学规定；同时，企业战略又是制定各种计划的基础。更具体地讲，企业战略是在符合保证实现企业使命的条件下，在充分利用环境中存在的各种机会和创造新机会的基础上，确定企业同环境的关系，规定企业从事的经营范围，成长方向和竞争对策，合理地调整企业结构和分配企业的全部资源，从而使企业获得某种竞争优势。它具有以下特点：

(1) 方向性。它有明确的目的，立足主业，向相关高技术产业延伸，向世界发展。

(2) 长远性。企业战略不是一蹴而就的，制订之后，不能轻易的变动，至少要管十年。

(3) 全局性。企业战略的制订涉及整个企业，任何举措都具有全局性。

### 3.1.2 企业战略管理的概念、特征、层次及意义

#### 1. 企业战略管理的概念

战略问题是指那些对企业实现战略，达到目标的能力有重大影响的企业内部或外部即将出现的问题。企业战略管理的基本思路是，企业高层管理人员要根据企业的使命和目标，分析企业经营的外部环境，确定存在的经营机会和威胁；评估自身的内部条件，认清企业经营的优势和劣势。在此基础上，企业要制定用以完成使命，达到目标的战略计划。根据战略计划的要求，管理人员应配置企业资源，调整企业结构和分配管理工作，并通过计划、预算和进程等形式实施既定的战略。在执行战略的过程中，企业管理人员还要对战略的实施成果和效益进行评价，同时，将战略实施中的各种信息及时反馈到战略管理系统中来，确保对企业整体经营活动的有效控制，并且根据变化的情况修订原有的战略，或者制定新的战略，开始新的战略管理过程。因此，战略管理是一种循环复始、不断发展的全过程总体性的管理。

企业战略管理一词最初是由安索夫在其 1976 年出版的《从战略规划到战略管理》一书中提出的。他认为：企业的战略管理是指企业的日常业务决策同长期的计划决策相结合而形成的一系列经营管理业务，而战略管理专家斯坦纳在其 1982 年出版的《企业政策与战略》一书中则认为，企业战略管理是确定企业使命，根据企业外部环境和内部经营要素确定企业目标、保证目标的正确落实并使企业使命最终得以实现的一个动态过程。

企业战略管理的关键词不是战略而是动态的管理，它是一种崭新的管理思想、理念和方式。指导企业全部活动的是企业战略，全部管理活动的重点是制定战略和实施战略。而制定战略和实施战略的关键是在于对企业外部环境的变化进行分析，对企业内部条件和素质进行审核，并以此为前提确定企业的战略目标，使企业的外部环境、内部条件和企业目标三者之间达到动态平衡。

企业战略管理的任务，就在于通过企业形势分析、战略的制定、战略实施和战

略控制等管理工作，在保持这种动态平衡的条件下，最终实现企业的战略目标。

综上所述，企业战略管理是指对企业活动实行的总体性管理，是企业制定战略、实施战略、控制战略等一系列的管理活动，其核心问题是使企业的自身条件和环境相适应，以求得企业的生存和发展。

2. 企业战略管理的特征

由于企业战略管理是一种循环复始、不断发展的全过程总体性的管理。因此，企业战略管理的主要特征表现在以下几方面：

(1) 着眼全局性。以企业全局为对象，根据企业的总体发展的需要来规定企业的总体行动。从全局去实现对局部的指导，使局部得到满意的结果，最终使全局目标得以实现。

(2) 注重长远性。建筑企业在制定战略时要着眼于未来，对较长时期内（5 年以上）如何生存和发展进行通盘筹划，站在长远的高度来实现既定目标。

(3) 考虑整体性。按照事物各部分之间的有机联系，把整体作为研究的对象，立足于整体功能，从整体和局部相互依赖、相互结合的关系中，提示整体的特征和运动规律，发挥战略的整体优化效应，以达到预期的目标。

(4) 把握风险性。企业的外部环境和市场机会都具有一定的风险性。这就要求建筑企业在迎接来自各方面的竞争、压力和困难的挑战时，要想办法适应环境，变压力为动力，把握可能的机会，避开可能的风险，寻求合理的行为方式去实现企业的经营目标。

(5) 服务社会性。建筑企业的战略虽有自己的直接目的性和倾向性，但其是社会整体发展战略的重要组成部分，所以它既要体现管理者和员工的利益，同时还要服从社会共同的长远的利益，要正确处理社会、企业和个人三者的利益关系。

3. 企业战略管理的层次

在企业管理实务中，企业的战略可划分为三个重要的层次：即企业总体战略、经营单位战略和职能部门战略（图 3-1）。在这三类战略里，战略的四个构成要素又起着不同的作用，发挥着各自不同的特性。

- 建筑企业战略
  - 总体战略
    - 发展性战略
    - 稳定性战略
    - 撤退性战略
  - 经营战略
    - 成本领先战略
    - 差异化战略
    - 集中化战备
  - 职能战略
    - 财务战略
    - 施工技术战略
    - 人力资源管理战略

图 3-1　建筑企业战略层次图

(1) 总体战略。总体战略，又称公司战略。在大中型企业里，特别是多种经营的企业里，总体战略是企业战略中最高层次的战略。它需要根据企业的目标，选择企业可竞争的经营领域，合理配置企业经营所必需的资源，使各项经营业务相互支持，相互协调。其特点是：企业总体战略是有关企业全局发展的、整体性的，长期的战略行为；企业总体战略的制定与推行的人员主要是企业的高层管理人员；企业总体战略与企业的组织形态有着密切的关系。

(2) 经营单位战略。又称经营战略。在大型企业中，特别是在企业集团里，为了提高协同作用，加强战略实施与控制，企业从组织上把具有共同战略因素的若干事业部或其中某些部分组合成一个经营单位。经营单位战略是在企业总体战略的制约下，指导和管理具体经营单位的计划和行为，为企业的整体目标服务的战略。它与总体战略的区别是：总体战略是有关企业全局发展的，整体性的，长期的战略计划，对整个企业的长期发展产生深远的影响；而经营单位战略着眼于企业中有关事业部或子公司的局部性战略问题，影响着某一具体事业部或子公司的具体产品和市场，其只能在一定程度上影响总体战略的实现。同时，总体战略形成的主要参与者是企业的高层管理者，而经营单位战略形成的参与者主要是具体的各事业部或子公司的经理。

(3) 职能部门战略。职能部门战略，又称职能层战略，是企业内主要职能部门的短期战略计划，它使职能部门的管理人员可以更加清楚地认识到本职能部门在实施企业总体战略中的责任和要求，有效地运用研究开发、营销、生产、财务、人力资源等方面的经营职能，保证实现企业目标。

#### 4.建筑企业战略管理的意义

在市场经济条件下，建筑企业面临的外部环境，可以概括为顾客导向、变化快速和竞争激烈的“3C”。随着经济的全球化，建筑企业发展的新趋势是企业的兼并、多元化、集团化、国际化经营。在这样复杂的环境和新趋势面前，建筑企业必须通过战略管理，做好战略环境分析，未雨绸缪、高瞻远瞩、运筹帷幄，才能掌握主动，利用机会，取得生存与发展。

因此，推行战略管理，对进一步提高建筑企业管理水平，增强建筑企业的竞争能力，推动我国建筑企业管理现代化，具有十分重要的意义。

(1) 有利于建筑企业建立长远的发展方向和奋斗目标。战略管理的一个重要特点就是不断适应环境变化，调整企业战略或实施新的战略，从而把握企业未来的发展。它要求企业管理人员必须具有战略的思想和理念，通过一系列战略决策和行动，保证企业经营朝着有利的方向长期稳定的发展。

目前在竞争日趋激烈的建筑市场。我国大中型建筑企业普遍面临缺乏竞争优势、包袱沉重等困境，在这种情况下，建筑企业只有放眼未来，把战略管理工作作为企业管理的重点来抓，才有可能提高建筑企业对外界环境的应变能力，使企业既能在短期内获得收益，又能在未来得到发展。

(2) 有利于明确建筑企业在市场竞争中的地位。实行战略管理有利于企业明确自己在市场中所处的地位，制定并实施有效的战略，强化企业的竞争能力。搞活企业运营是当前国民经济发展的重要问题，也是经济体制改革的难点。为了能使建筑企业不断适应市场需求和日益激烈的竞争局面，建筑企业应对关系到企业全局和长远发展的生产经营活动进行通盘谋划，及时捕捉、利用外部环境的有利变化给予企业所提供的良好时机，在竞争中求得生存和发展。

(3) 有利于提高建筑企业的获利能力和经济效益。实践证明，实行战略管理的企业的经营成果大大超过了那些没有实行战略管理的企业，同时也大大超过自己以前未实行战略管理的经营成果。

(4) 有利于建筑企业全面推行现代化管理。企业是否推行战略管理是区别传统静态管理和现代动态管理的一个重要标志。建筑企业在制定和实施企业战略的过程中，能够把管理思想、管理组织、管理人员、管理方法、管理手段等方面的现代化结合成为一个有机的整体，全面提高建筑企业的管理现代化水平。

为此，企业要正确地实行战略管理，用战略的理念把企业的市场营销、生产、技术、财务等各项工作组织好、协调好，发挥企业的整体功能，使企业在激烈的市场竞争中做到进可攻、退可守，不断增强建筑企业的竞争能力。

### 3.1.3 企业战略管理过程

战略管理是一个过程，是一个计划实施和评估的过程，共有九个步骤，它们是缺一不可的，如图 3-2 所示。

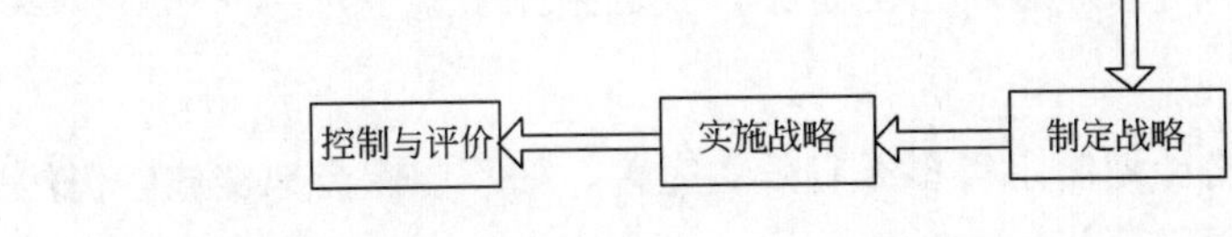


图 3-2 建筑企业战略管理过程

1. 确定建筑企业宗旨、目标

每一个企业都有一个宗旨，它规定了企业的目的和回答了这样一个问题：我们到底从事的是什么事业？定义建筑企业的宗旨是促使管理者仔细确定建筑企业的产品和服务范围，即生产能够满足社会和人们所需要的各类建筑产品并提供优质的服务。这也是建筑企业战略管理的起点。

2. 外部环境分析

在现今的经济社会中，建筑企业要同外部环境发生相互作用，并受外部环境的影响。企业环境在某种程度上决定着企业的最高管理者决策的选择。

3. 发现机会和威胁

环境的变化对建筑企业来说是机会还是威胁，取决于建筑企业所控制的资源，在分析了环境之后，建筑企业的管理者需要评估有哪些机会可挖掘，以及企业可能面临哪些威胁。

4. 企业的内部资源分析

无论具有多么强大竞争优势的建筑企业，其都在资源和技术等方面受到某些限制，不可能具有绝对优势。分析建筑企业的资源，需要回答这样一些问题：企业的现金状况如何，施工人员的技术力量如何，新工艺、新技术、新材料开发和应用能力如何，施工质量和服务的水平如何，等等。

5. 识别优势和劣势

在分析建筑企业所拥有的资源的基础上，管理者应识别出本企业在与同行业竞争中所具有的优势及所存在的问题。在充分发挥自己优势的同时，通过资源的有效整合弥补自身的劣势，提高自身整体的竞争能力。

6. 重新评价企业的宗旨和目标

把企业的优势和劣势、机会和威胁分析结合在一起，对企业的机会再评价，以便发现企业可能发掘的细分市场，进一步理清建筑企业的组织目标和宗旨，确定其发展的方向。

7. 战略制定

以能够充分利用建筑企业的资源和企业外部环境的机会为准则，制定符合要求且可供选择的战略方案。寻求企业的恰当定位，获取领先于竞争对手的相对优势。

8. 实施战略

无论建筑企业的战略计划制定得多么有效和完善，如不能恰当地实施，仍然是一纸空文，没有任何意义。

9. 战略的控制与评价

建筑企业的最高管理层要对战略的实施效果进行评价，找出战略计划的成功与不足之处，进一步总结经验，寻求调整方法，以便今后获得更大的成功。

### 3.1.4 企业战略管理的基本原理

#### 1.三要素平衡原理

人类在与自然的斗争过程中，在悠久和丰富的实践活动中积累了许多宝贵的经验，并揭示了许多真理，对于管理活动具有重要的启示和指导意义。如同在海上航行的帆船，向一个目标行使，只要有船帆，水手就可以通过调整船帆的角度，利用风的力量向着目标前进。在这里帆船的航行有三个要素：船帆、风和目标，三者缺一不可。

企业的战略管理也是由三个要素所组成，即外部环境、内部条件和组织的方向目标。

所谓三要素平衡原理就是指为了实现企业方向目标而谋求企业外部环境、企业内部条件和企业较低层（或短期）方向目标三者在动态上的平衡。由于各种原因，上述三者的发展是不可能同步的，往往会出现不平衡。战略管理的实质就是要解决三者之间存在的不平衡，因为出现任何一种不平衡，都会影响企业的发展，甚至威胁企业的生存。

#### 2.局部优势原理

在中华民族的智慧宝库中，许多战略思想闪烁着永恒的光辉，例如著名的田忌赛马。这个实例提示了这样一个战略决策的重要原理：仅从战略的角度考虑，在一个有限的范围内，以强胜弱是绝对的。如果你在某一个全局总体上处于劣势，可以将这个总体划分为若干局部，然后通过配置资源，在某些局部上取得优势，通过在一个个局部上的胜利，来取得全局的胜利。

从理论上说，任何企业的优势都是在有限范围内的。这个范围以国家反垄断的有关法律和政策为上限，以企业自身所要取得经济效益的最小规模为下限。这个原理关键是：任何企业都要全力找到这样的范围。这个范围的大小、位置要适当。太小了效益低，太大了力所不能；位置太正，会竞争激烈，经营成本高，位置太偏(如过分强调特色经营、满足少数人需求等)，则顾客群太小。

#### 3.异轨超越原理

运动员在田径场上比赛长跑，后者若想超越前者，是不能完全步前者后尘的，必须错开跑道。仅从战略的角度考虑，而不考虑其他因素，在竞争中的落后者，是不可能在同一条轨道上超越前者的。不在同一条轨道上与对手竞争，才有可能超越竞争对手，这也是弱者在强者众多、激烈残酷的建筑市场竞争中保持生存的战略。

因此，最好的竞争就是不在同一条轨道上竞争。正如我国传统经商所提到的人无我有、人有我好、人好我廉、人廉我转的理念。

异轨超越原理，与前面的三要素原理和局部优势原理结合起来，就是通过对外部环境和内部条件的分析，寻找社会需要、自己又能发挥优势的范围。在这个力所能及的范围内，做到与别人不同、比别人好或比别人廉。

## 3.2 建筑企业战略形势分析

建筑企业战略形势分析包括建筑企业外部宏观环境分析、建筑企业所处的行业分析和企业自身条件的分析。

### 3.2.1 建筑企业的外部宏观环境分析

建筑企业外部的宏观环境分析可分为经济、社会、政治法律、技术等四个方面，这四个方面的影响是交互的。企业在制定战略前应对这些方面的情况进行认真的分析，而企业外部宏观环境分析的意义，是确认和评价经济、社会、政治、科技等宏观因素对企业战略目标和战略选择的影响。

1.经济环境

一般说来，在宏观经济发展良好的情况下，市场扩大，需求增加，企业发展机会就多，建筑等行业都会有较大的发展；反之，在宏观经济发展停滞或倒退的情况下，企业的发展机会就会减少。

企业在进行外部宏观环境分析时应注意以下因素的搜集和分析：国际、国内经济发展的趋势；国家的建筑投资变化情况及趋势；国际外汇汇率的变化及商业银行贷款利率的变化；能源、原材料价格的变化；国际、国内工程建设（承包）中的风险情况；治理污染占用资金的多少；国际或地区经济政策的变化等。

2.社会环境

社会环境主要是指人们的价值观的变化，它对建筑企业的影响是不可忽视的。改革开放后的市场经济环境，人们的价值观发生了很大的变化。人们对生活的质量要求提高了，对住房和社会基础设施及福利设施的要求也随之提高。同时，买方和卖方的关系也在不断发生变化，“为用户服务”是每个企业经营者必须牢记的宗旨。随着建筑市场理念的建立，促使建筑企业的经营观也要随之适当调整。

3.政治法律环境

政治法律环境是指对企业经营活动具有现实的和潜在的作用与影响的政治力量，同时也包括对企业经营活动加以限制和要求的法律和法规等。

政治因素对建筑企业行为的影响是比较复杂的。有些政府的行为对企业的活动有限制性作用；但也有些是对企业有着指导作用和积极的影响。一般来说，政府主要是通过制定一些法律和法规来间接影响建筑企业的活动。通过制定诸如《建筑法》、《合同法》、《招投标法》、《安全生产法》等法律法规来规范建筑市场。因此，建筑企业制定战略必须服从这些法律和法规的要求。

4. 技术环境

技术环境是指建筑企业所在国家或地区的施工技术水平、技术政策、新工艺开发和创新能力以及技术发展的动向等。技术的变革对企业而言，既是机遇的提供，也是威胁的形成。从机遇来看，主要表现在新技术的出现使得社会和新兴行业增加对建筑行业产品的需求，从而使得建筑企业可以开辟新的市场和新的经营范围；技术进步可使建筑企业通过利用新的施工方法、新的施工工艺或新材料等各种途径，生产出高质量、高性能的产品，同时也会使施工成本大大降低；从挑战来看，新技术的出现也使建筑企业面临着巨大的挑战，竞争对手的技术进步可能使得本企业的产品或服务陈旧过时，也可能会使得本企业的产品价格过高，从而失去竞争力。因此，要认真分析技术革命给企业所带来的影响，认清本企业和竞争对手在技术上的优势和劣势。

### 3.2.2 建筑企业所处的行业分析

建筑企业的行业分析是企业对所处的宏观环境分析。其主要内容是分析建筑行业中的企业竞争格局以及本行业和其他行业的联系。建筑行业的结构及竞争性决定着建筑行业的竞争原则和建筑企业可能采取的战略。因此，行业分析是建筑企业制定战略的最主要的基础性工作。

按照迈克尔·波特（M. E. Porter）的观点，一个行业的竞争，远不止在原有竞争对手中进行，而是存在着五种基本的竞争力量。它们是：潜在的行业新进入者、替代产品的威胁、供应商讨价还价能力、用户讨价还价能力以及现有竞争者之间的竞争，如图 3-3 所示。

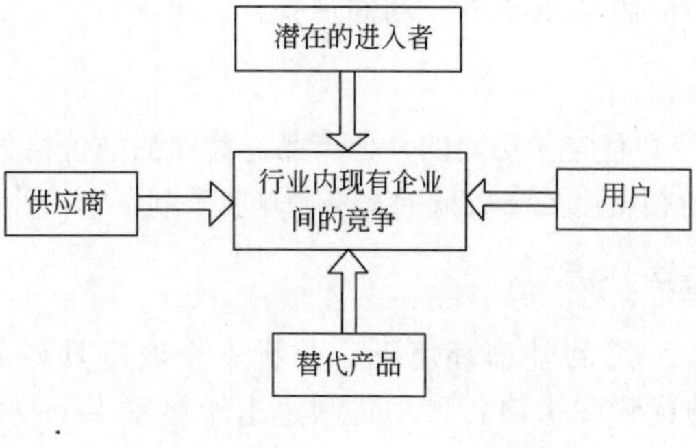


图 3-3　基本竞争力模型

这五种基本竞争力量的状况及其综合强度，决定着行业的竞争激烈程度，从而决定着企业获利的最终潜力。

1. 行业潜在进入者的威胁

这种威胁主要是由于潜在进入者加入建筑行业，会带来生产能力的扩大，带来对市场占有率的要求，必将引起建筑行业现有企业的激烈竞争，使建筑产品的价格下降；并加剧了在建筑原材料、人才等资源方面的争夺而导致成本增加。

潜在进入者的威胁状况取决于建筑行业的进入障碍和原有企业的反击程度。建筑行业基本是属于劳动密集型行业，其行业的进入障碍较低，这也是目前建筑行业竞争日趋激烈的主要原因之一。

2. 行业内现有企业之间的竞争

行业内现有企业之间的竞争采用的主要手段是价格竞争、广告竞争、加强服务保修竞争及企业形象竞争等。竞争的产生是由于一个或多个竞争者感受到了竞争的压力或看到了改善其地位的机会。显然一个企业挑起的竞争行为会迅速导致其他企业的报复性反应，从而竞争的结果可能会使彼此都无从得到益处，特别是竞争卷入者甚多时，竞争的激烈程度随建筑行业所处的阶段的不同而有所不同。在现今建筑行业成熟阶段，往往显示出涉及面广、竞争深入而持久的态势。

3. 用户的讨价还价能力

在建筑市场属于买方市场的条件下，业主往往压价承包工程，并且还要求高质量的施工和优质的服务，其结果是使得建筑行业内的竞争者们相互竞争残杀，导致行业利润下降。因此，建筑企业必须了解、分析顾客的状况，预测市场规模的演变，充分了解顾客需求的内容、趋势及特点，顾客的规模结构、消费心理、习俗及层次，应用产品、价格、销售渠道及促销手段等营销组合来满足用户的要求；同时要借助国家法律、法规的力量、政府监督的力量，以维护企业的合法权益。

4. 供应商的讨价还价能力

在建筑市场中，由于建筑原材料供应商的威胁手段是提高供应价格或降低供应原材料产品或服务的质量，从而使施工单位行业利润下降。

5. 替代品的威胁

替代品是指那些与本行业的产品有同样功能的其他产品。替代品的价格如果太低，其投入市场就会使本行业产品的价格上限处于较低的水平，这就限制了本行业的收益。

### 3.2.3 建筑企业的内部条件分析

所谓内部条件分析，是指在一定的外部环境下，分析本企业所具备的内部条件，重点找出相对于竞争对手的优势和劣势，目的是制定出能够发挥企业优势、避免企业劣势的战略。

1.建筑企业内部条件分析的内容

内部条件分析包括对建筑企业管理过程、市场营销、财务能力、施工生产、人员素质和研究与开发等方面的分析，分析其与竞争对手相比的优势和劣势。成功的战略管理要求来自企业内部所有职能领域的管理者之间的有效协调、沟通与理解，并了解本企业其他业务领域决策。不能认识和理解企业各职能领域之间的关系对于建筑企业的战略管理是极为不利的。

（1）管理过程分析

管理过程渗透在建筑企业的一切工作之中，其可分为计划、组织、指挥、控制、协调、领导及激励等职能，所以分析管理过程是否有效，重点是分析各项工作是否有效地支持战略，各职能部门是否可以有效地配合。管理过程分析要求对下述问题做出回答，以检验建筑企业在管理方面的优势与劣势。公司是否有明确的战略管理思想；是否有一系列相互配合的近期和远期目标；公司的战略是否分解为各层次、各部门的执行计划；各层次、各部门的工作是否有效协调，共同支持战略的实现；组织结构是否适应战略；责任与权力的划分是否明确和规范；利益分配是否合理并明确；职工的积极性如何；工作中的偏差是否及时被发现并得到纠正。

（2）营销分析

建筑企业的营销分析包括市场定位分析、营销组合分析及市场调研等内容：市场定位分析，主要是分析建筑企业的市场定位是否准确，产品和服务是否对准了目标市场，是否明确了企业的顾客群的特点等；建筑企业的营销组合分析是指对建筑产品、价格、营销渠道和促销手段的组合是否合理有效而进行的分析；建筑企业市场调研一般包括本企业的市场占有率、本企业的市场份额与竞争对手的差别、企业的市场形象、当前市场的需求和潜在市场的需求、建筑行业的发展潜力、竞争者的营销策略及地区建筑市场的需求等内容。

（3）财务分析

建筑企业的财务分析一般分为建筑企业财务管理水平分析和建筑企业财务状况分析两个方面。建筑企业财务管理水平分析是根据建筑企业的战略要求，保证有效的资金来源、资金使用和资金控制，决定资金筹措的方法和资金分配。

建筑企业财务状况分析是判断建筑企业的实力和增强对投资者吸引力的最好办法。它主要了解建筑企业在财务方面的状况，对于有效地制定建筑企业战略具有十分重要的意义，企业的偿债能力、销售利润率、现金流、负债比率等可能排除许多本来是可行的战略选择。如果本企业的财务状况恶化，可能会导致战略实施的中止和现有企业战略的改变。

（4）施工生产分析

建筑企业的施工生产过程是企业将投入（原材料、劳动、资本、技术等）转化为建筑产品和服务的一系列过程。施工生产管理包括施工生产准备管理、施工生产过程管理、施工生产能力管理、库存管理和质量管理等。

施工生产活动是占建筑企业人力和物力最主要的部分，是施工成本和建筑产品的主要产生过程，对于建筑企业进行战略管理具有重要的意义。进行施工生产分析主要解决如下问题：原材料、构配件的供应是否质量可靠、低价合理；施工生产流程是否合理，施工生产工艺是否先进；施工生产能力与建筑安全生产任务是否平衡；建筑企业质量管理体系是否有效；建筑材料库存是否合理；施工生产设备运行是否良好等。

(5) 研究与开发

建筑企业的研究与开发包括新产品、新工艺、新技术及新材料等方面的研究与开发，其主要目的是为了提高工程质量或改进施工工艺以降低成本。分析建筑企业的研究与开发状况需要解决如下问题：企业是否有足够的研究与开发设施；研究开发人员的能力如何；现有的施工生产技术是否具有竞争力；研究开发部门与企业的市场部门、施工生产部门是否有有效的沟通；是否建立了有效的管理信息系统；研究开发的经费投入为多少；研究开发的成本是否合理等。

#### 2. 企业能力分析

企业能力与企业资源有密切联系。所谓企业能力，就是能够把企业的资源加以统筹整合以完成预期的施工生产任务和目标的技能。企业的能力集中体现为管理能力，没有能力，资源就很难发挥作用，也难以实现增值。

建筑企业既要分析资源状况，更要分析能力水平。事实上，企业能力始终是相对于企业的施工生产经营活动所做的事而言的，企业的能力也只有在施工生产活动中才会逐步显现出来，任何企业都不具备无所不能的能力。

企业的能力是多方面的，既有职能领域能力，又有跨职能的综合能力。职能领域能力包括营销、人力资源、研究与开发、施工生产及建筑企业管理信息系统等；跨职能的综合能力包括学习、创新及战略性整合等。企业的能力往往首先体现在职能领域，如投标能力、施工能力、研发能力等等。但是，企业更应注重提升自身的综合能力，特别是学习能力、创新能力。因为在知识经济时代，企业是创造知识的组织，创新是企业不断发展的源泉。

### 3.2.4 综合分析

#### 1. 企业竞争优势分析

企业竞争优势是指一个企业所具有的能够维持持续向市场提供比其他企业更有效的产品或服务，并获得盈利和发展自身的综合素质。

企业竞争优势的确立往往与外部环境、资源等因素相关。企业在竞争过程中所发生的或者可以形成的各种关系，就是建筑企业各方面的环境。建筑企业所拥有的或者可以获得的各种资源，包括外部资源和内部资源，可以使本企业具有某种优势。如人力资源、技术资源、组织资源，当然还包括社会关系资源、区位资源等。

另外，企业对环境的适应性、对资源开发控制的能动性以及创新性、独特创意、理念、经营管理、团队合作等不受物质资源约束而本身却能够物化为企业的资源和能力的知识或者学识，都是建筑企业的竞争优势。

建筑企业在明确自身资源和能力的基础上，应该进一步研究如何把资源和能力转化为优势，并展开深入的分析。首先，应对企业资源和能力的稀缺性和相关性特征进行分析，这是关系到资源和能力是否可能转化为竞争优势的关键之处。资源和能力的稀缺性，会使拥有者的竞争地位大为提高。其次，还应注意资源和能力的稀缺性并不是静止不变的。随着科学技术的发展和普及，曾一度稀缺的资源和能力会被更多的企业所获得，因此竞争优势也会随之下降。相关性是指资源和能力与行业发展中的关键成功因素的关联。只有具备这种相关性，资源和能力才有可能转化为竞争优势。从根本上讲，资源和能力必须有助于企业创造对用户感兴趣的价值，企业才能获得真正的竞争优势。

为了使企业的竞争优势得以长久维持，还需要分析企业所拥有的资源和能力的持久性、灵活性以及是否易于被模仿等特征。从持久性来分析，企业首先要关心实体形态资源的持久性，如施工机械设备资源的持久性，其技术状况是否能够保持先进性；其次，要分析无形资产资源，特别是人力资源、企业信誉、专利等无形资产资源，这些对企业的竞争优势能否持久关系则更大，必须认真分析，若有重大变化，应认真掌握这些资源和能力的变化将会给企业的竞争优势造成何种影响，以便未雨绸缪，事先制定应对措施。所谓灵活性是企业的资源和能力可以被转移的灵活度。这一特征和易被模仿性特征相似，都会对企业的竞争优势能否持久造成很大影响，故应认真加以分析。

2.企业核心能力分析

自20世纪90年代以来，越来越多的研究人员和企业界人士开始热衷于企业能力理论的研究。企业能力理论之所以受到企业界的关注，主要是由于近年来企业联合、兼并的兴衰，使回归主业又一次成为众多企业的明智的选择。企业的内因成为企业竞争优势中的重要因素。产品和市场战略被看作是企业中相对周期短暂的决策，而企业的核心能力则被认为是企业竞争优势的持久源泉。这一重要理论随着产品生命周期的日渐缩短和企业经营日益国际化而迅速崛起。

企业核心能力理论的主要理论基础是：与企业外部条件相比，企业内部条件对于企业的市场竞争优势具有决定性作用；企业内部作用、能力和知识的积累，是企业获得超额收益和保持企业竞争优势的关键。

(1) 核心能力的概念

所谓企业的核心能力，就是指企业中的集体学习，特别是关于如何协调不同的生产技能和有机整合多种技术流派的技巧，是一组技能和技术的集合体，而不是单个分散的技能或技术。

企业的一项技能要真正成为“核心”能力，必须经得住用户价值、独特性及延展性等三方面考验：

用户价值。核心能力必须特别有助于实现用户所看重的价值。那些能够使公司为用户提供根本性好处的技能，才能称得上核心能力。

独特性。一项能力要成为核心能力，还必须有独树一帜的能力。这并不是说，一种能力要成为核心，必须为某家公司所独有，但如果某种能力为整个行业普遍掌握，就不能成为核心。

延展性。如果某种能力能够成为开拓新市场的基础，该能力才能真正够得上是核心能力。

(2) 核心能力的分析

在一个企业构建核心能力，是一项长期而细致的工作，需要企业所有部门和人员的全力投入，坚持多年才能见效。因此，企业加强核心能力的管理和分析是十分必要的。主要包括核心能力的确定、获取核心能力计划、培养新的核心能力、部署核心能力及保护并保持核心能力的领先地位等内容。

确定核心能力。衡量一家企业对核心能力的管理水平，首先应看其对核心能力的定义和内容是否明确，以及全体员工对这个定义和内容的认同程度。虽然企业中的大多数管理人员对本企业的优势有所认识，但一般难以指出某些特定技能与最终产品和服务的竞争力之间的联系。

在确定企业核心能力过程中，还应确定各项核心能力究竟由哪些因素构成。企业应将自己的核心能力与其他企业做比较，企业的高层领导应参与找出核心能力工作的全过程，并组织各层次管理人员和全体员工积极投入这一工作，以便提高他们对参与构建核心能力的主动性和能动性，并为有效管理企业最宝贵的资源打下良好的基础。

制定获取核心能力计划。为了更好地获取企业的核心能力，有必要制定一个获取核心能力的计划，这个计划应根据市场的不同（已有的和新的）、核心能力的不同（已有的和新的），来明确本企业获取核心能力的区域范畴。

培养新的核心能力。企业在培养新的核心能力方面一定要有充分的预见能力，着眼于行业发展的未来。实践证明，建立世界领先的核心能力，必须以正确的预见力为基础，花费 5～10 年甚至更长的时间，没有持之以恒的努力是完全不可想象的，而要做到这一点，首先企业内部对建立与支持哪些能力应该意见基本一致，其次，负责建立能力的管理班子应保持相对稳定。

部署核心能力。为了使一项核心能力在多种业务或者新市场上发挥作用，常常需要在企业内部重新部署这项能力——从一个部门或战略性单位转移到另一个部门或单位。

保护并保持核心能力的领先地位。核心能力的领先地位在许多情况下会丧失，如资金投入不够，可能会造成能力的萎缩；过于部门化，可能割裂能力；尤其是没有一位高层主管全权负责管理企业能力时，能力更易散失等。

为了防止核心能力下降，高层管理人员应该保持警惕。企业要定期召开“能力总结会”，重点讨论对此能力的投资规模，强化构成能力的技能与技术的计划、内部部署能力的模式以及战略联盟与外购对能力的影响。

## 3.3 建筑企业的总体战略、经营战略和职能战略

### 3.3.1 建筑企业的总体战略

总体战略是建筑企业对整体发展方向及实现方式的确定，其主要包括三种类型，即发展性战略、稳定性战略和撤退性战略，如图 3-4 所示。每一种总体战略方式都是由若干部分和内容组成，也都有其特定的适用范围。

1. 发展性战略

发展性战略是企业为了在原有基础上扩大范围，增强实力或为了进入新领域所采用的战略。其前提条件是有较大的资源投入；或外部环境发生或将要发生明显变化；或内部条件具有可利用外部机会的发展优势。

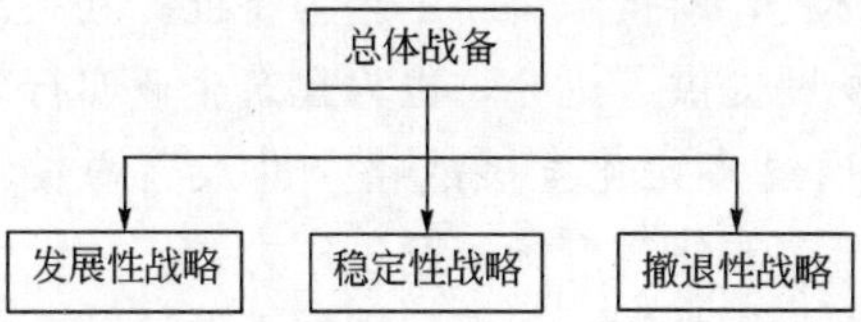


图 3-4 企业总体战略类型

发展战略又包括集中战略、一体化战略、多元化经营战略等多种形式。

(1) 集中战略

集中战略也称集中生产单一产品或服务战略，是企业以快于过去的增长速度来增加销售额、利润额或市场占有率。执行这一战略的前提是将自己的经营业务集中在某一个确定的行业、产品或服务领域而获得发展的态势。如建筑企业根据市场环境和企业自身条件的分析，将本企业的人力、物力、财力、研发等资源集中于某类

建筑工程产品或某种服务领域，以取得相对的竞争优势，占领一部分稳固的市场。

建筑企业在采用集中战略时，还应根据外部环境和企业自身条件等因素，来选择是以市场渗透方式，还是以市场开发方式或是以产品开发等方式来实现自己企业的发展模式。集中战略在执行中也会存在一些缺点，如可能会因环境变化而带来较大的风险；由于产品和服务单一，限制企业进一步的发展；企业资源不能充分发挥作用等。

（2）一体化战略

一体化战略是建筑企业在目前经营范围的基础上进行横向或纵向的扩展，包括前向一体化、后向一体化、横向一体化和企业集团战略。

采用这一战略的优势有三方面：一是将关键的生产过程或阶段纳入本企业，可减少风险或增加获利的可能性。如建筑企业通过后向一体化可以使企业摆脱建筑原材料供应商的压力，减少供应商利用市场机会而给企业造成原材料供应的不稳定性等；二是加强了成本和质量的控制；三是发展规模经济和降低费用等。

采用一体化战略面临的一些风险，如由于建筑企业将业务链全部包括在企业内部而丧失了其经营的灵活性，增加了资本投资需求，企业内部的平衡也会出现问题，管理上的不协调会随之产生等。

（3）多元化战略

多元化战略是企业同时提供两类或两类以上的产品或服务，是与集中战略相反的战略。企业合理的多元化发展，特别是集中多元化的发展，可以充分挖掘企业的核心资源和核心能力，发展更多的业务，为企业提供更广泛的利润源泉。企业可以利用研发能力的相似性、原材料的共同性、施工生产技术及工艺等方面的关联性，充分发挥技术、资本等作用，取得良好的经济效益和社会效益。

实施多元化发展战略同时也能分散企业的经营风险，提高企业的应变能力，加之由于技术进步的影响，导致一批以新材料、新技术、新工艺为特征的新兴产业的出现，这既为建筑企业向新的产业领域发展提供了机会，也为建筑企业实行多元化经营提供了丰富的物质基础，企业可以通过多元化发展战略，进入高增长、高收益、高附加值的新兴产业，以减轻日益严重的建筑市场的竞争压力。

与集中战略及一体化战略类似，多元化战略的实施也同样存在着风险，特别是当企业贸然采取不相关多元化战略时，这种风险很可能会增大到危及企业生存的境地。实施多元化战略所可能产生的风险主要是资源的分散配置。企业的资源是有限的，如果分散使用，就有可能无法在各个经营领域中获得普遍的竞争优势，从而败给各个竞争对手；运营费用增加。企业在进入另一个或多个产业领域时，必然要增加运营费用，企业是否有足够的费用投资来维持费用的增加，是否会对企业的正常运营造成巨大的冲击？此外产业选择的错误及缺乏必要的人才资源等都是造成多元化经营的风险。

2. 稳定性战略

稳定性战略也称维持战略，是企业基本在原有战略的基础上保持稳定，不在战略上进行大幅度的调整。采用这种战略的建筑企业不需要改变战略方向和经营范围，只需按一定比例提高销售、利润等具体目标就可以了。

采用这种战略的企业，一般处在市场需求及行业结构稳定或者较小动荡的外部环境中，因而企业所面临的竞争挑战和发展机会都相对较少，但此时企业只要集中资源于原有的经营范围和建筑产品，并通过改进各部门、各项目经理部和员工的表现，就可保持和增加其竞争优势。

稳定性战略的优点主要表现在：企业经营的风险较小；能避免因改变战略而改变资源分配的困难；能避免因发展过快而导致的弊端；能给企业员工较好的休整期，使企业积聚更多的“能量”，以便为今后的发展做好准备等。稳定性战略的缺陷主要表现在：稳定战略的执行是以包括市场的需求、竞争格局在内的外部环境的基本稳定为前提的，但这通常是难以达到的；特定细分市场的稳定战略往往也含有较大的风险；容易使企业的风险意识减弱，甚至形成惧怕风险、回避风险的企业文化，这就会大大降低企业对风险的敏感性、适应性和勇气，从而也增大了以上所述风险的危害性和严重性。

3. 撤退性战略

撤退性战略是指企业通过出让整个企业或企业的一部分，停止企业的全部或部分经营活动的战略。实施撤退性战略的主要目的是通过有计划的退出过程，使企业能够更多地收回投资。企业采用撤退性战略的原因很多，如退出前景不佳的经营领域、突出主营业务、改善财务状况、为进入新的业务领域做准备等。

撤退性战略的优点主要表现在：能帮助企业在外部环境恶劣的情况下，节约开支和费用，顺利地度过当前所面临的不利困境；能在企业经营不善的情况下最大限度地降低损失；能帮助企业更好地实行资产的最优组合和配置。同时撤退性战略也存在着缺陷，如实行撤退的尺度较难把握，可能会引起企业内部人员的不满，从而引起员工情绪的低落，使企业的整体利益受到伤害等。

### 3.3.2 建筑企业的经营战略

建筑企业经营战略也称竞争战略。经营战略所涉及的问题是在给定的一个业务或行业内，经营单位如何竞争取胜的问题，即在什么基础上取得竞争优势。对此，战略管理专家波特提出三种可供采用的一般竞争战略，即成本领先战略、差异化战略和集中化战略。

1. 成本领先战略

成本领先战略是使企业的全部成本低于竞争对手的成本，甚至是在同行业中的最低成本。实施成本领先战略需要建筑企业要有高效率的施工生产设备、先进的施工工艺和先进高水平的成本控制工作。同时，为了和竞争对手相抗衡，企业在质量、服务及其他方面的管理也不容忽视，但降低建筑工程成本则是贯穿建筑企业整个战略的主题。

成本领先战略的理论基石是规模效益（即单位产品成本随生产规模增大而下降）和经验效益（即单位产品成本随积累产量而下降），它要求企业的产品必须具有较高的市场占有率。如果产品的市场占有率很低，则大量生产毫无意义；而不能大量生产也就不能使产品成本降低。

成本领先战略实施的优势在于：企业处于低成本地位上，可以抵挡现有竞争对手的对抗；面对用户要求降低建筑工程发包价格，有更大的自主权，增强讨价还价的能力；面对建筑原材料供应价格上涨，可以有更多的灵活性来解决困境；企业已建立起的巨大的生产规模和成本优势，使欲加入该行业的新进入者望而却步，形成进入障碍等。

保持成本领先战略地位的企业可能会遇到的风险是：施工生产技术的变化或新技术的出现可能会使得过去的施工生产设备或施工经验变得无效而变成无效的资源；行业中新进入者通过模仿、总结前人经验或购买更先进的施工生产设备，使得他们的成本更低而后来居上，从而使企业丧失原有的成本优势；由于采用成本领先战略的企业其力量集中于降低工程成本，从而使他们丧失了预见建筑产品的市场变化能力；受外部条件影响，生产投入成本升高，从而降低了产品成本——价格的优势，从而不能与采用其他竞争战略的企业相竞争。

因此，建筑企业在选择成本领先竞争战略时，必须正确地估计建筑市场需求状况及特征，努力使成本领先战略的风险降低到最低限度。

2. 差异化战略

差异化战略是企业使自己的产品或服务区别于竞争对手的产品或服务，创造出与众不同的东西。如建筑企业在施工生产技术上的差异化、用户服务上的差异化等。应当强调的是，产品或服务差异化战略并不是讲企业可以忽视成本，只不过这时主要战略目标不是降低成本而已。

企业要实施差异化战略，有时可能要放弃获得较高市场占有率的目标，因为它的排他性与市场占有率是不相融合的。实施差异化战略，企业应具备的条件是：具有很强的研发能力；具有技术领先的声望；具备能够吸引人才的物质设施等。

企业通过差异化战略可以建立起稳固的市场竞争地位，从而使得企业获得高于行业平均水平的收益。差异化战略的优点主要表现在：建立起用户对建筑产品或服务的认识和信赖，当其价格发生变化时，用户的敏感程度就会降低；用户对企业的依赖和忠诚形成了强有力的行业进入障碍；差异化战略产生的高边际收益增强了企业与原材料供应商的讨论还价能力等。

与其他竞争战略一样，建筑企业实施差异化战略也有一定的风险，即生产成本很高，随着企业所处行业的发展进入成熟期，差异化产品的优点很可能为竞争对手所模仿，从而削弱产品的优势等。

3. 集中化战略

集中化战略是指企业的经营活动集中于特定的建筑产品或某一地域上的市场。如同差异化战略一样，集中化战略也有多种形式。虽然成本领先战略和差异化战略二者是在整个行业范围内达到目的，但集中化的目的是很好地服务于某一特定的目标，其关键在于能够提供比竞争对手更为有效和效率更高的服务。因此，建筑企业既可以通过差异化战略来满足某一特定目标的需要，又可通过低成本战略服务于这个目标。

尽管集中化战略不寻求在整个行业范围内取得低成本或差异化，但它是在较低的市场目标范围内来取得低成本或差异化的。

同其他战略一样，集中化战略也能使建筑企业在本行业中获得高于一般水平的收益。其主要表现为：集中化战略便于集中使用整个企业的资源，更好地服务于某一特定的目标；将目标集中于特定的细分市场，企业可以更好地研究与其有关的施工生产技术、市场及竞争对手等各方面的情况；战略目标集中明确，经营成果易于评价，战略管理过程也易于控制等。

集中化战略也有相当大的风险，其主要表现在：由于企业全部力量和资源都投入到了某一产品或某一个特定的市场，当用户偏好发生变化、技术出现创新等时，企业就会受到很大的打击；竞争者进入企业选定的细分市场，并且采取了优于企业的更集中化的战略等。

### 3.3.3 建筑企业的职能战略

建筑企业各个职能部门直接承担着完成相应企业战略目标的任务。建筑企业的战略目标必须分解至各个职能部门，通过其各项职能活动，保证企业战略得以顺利实施。

把企业完成各项职能活动所采取的战略行动，称之为企业的职能战略。这种战略比企业总体战略具体，制定和实施战略的期限较短，其主要是涉及协同作用和资源配置等战略构成要素，如企业的财务战略、施工技术发展战略、人力资源战略等。

1. 财务战略

建筑企业财务战略就是在对现有的资金市场充分分析和认识的基础上，根据企业实际财务状况，选择企业的投资方向，确定融资渠道和方法，调整企业内部财务结构，保证建筑企业经营活动对资金的需要，以最佳的资金利用效果来帮助企业实施战略目标。

建筑企业财务战略的确定要考虑两个方面的因素：一是企业外部财务环境分析，即企业从外部筹集资金和投资活动的可能性与影响因素，企业或其他机构之间的资金往来关系或资金市场状况等；二是企业内部资金条件分析，建筑企业内部资金条件分析是对企业内部资金流动和积累及企业的财务结构和状况等进行充分分析基础上，为适应复杂的外部环境，在企业总体战略的指导下，制定出适合本企业特点的财务战略。其包括内容如下：

(1) 筹资战略

筹资战略主要是根据建筑企业经营的实际需要量，针对现有的筹资渠道，选择资金成本最低的筹资方案，即在筹资数额、期限、利率、风险等方面统筹考虑，选出满意的方案。其具体内容包括资金成本分析、筹资结构分析、筹资方法的选择、施工机械设备租赁分析等。

(2) 投资战略

投资就是将资金物化为资产的一种活动，它是为了获取资金增值或避免风险而运用资金的一种活动。需要确定的是决定企业基本结构的固定资产投资和维持施工生产所必需的流动资产的投资。

投资战略内容的设定是基于一定假设的，即：各种备选的投资方案是可以预见的；各种投资方案预知的内容是分析决策的依据；决策的目标是最大限度地增加企业收益。其具体内容包括投资战略决策方法确定、固定资产投资策略的确定及流动资产投资策略的确定等。

(3) 利润分配战略

建筑企业的税后利润按道理是归股东所有的，但这并不意味着股东们要按照他们的股份分享所有的利润，原因是股东大会或董事会有权决定利润部分或全部留在企业。有关利润分配政策，不同的建筑企业之间差别较大，是企业眼前利益和长远利益的矛盾所在。

利润分配战略所要解决的利润分配问题主要包括：利润的再投资、通货膨胀与股利、合理的利润留成、利润分配政策的制定、股利政策的制定、股票拆细政策、股票回购政策等。

(4) 财务结构战略

财务结构是指企业全部资产的对应项目，即负债和权益的具体构成以及它们相互之间各种比例关系的总和。

财务结构战略主要是在对建筑企业当前财务结构有正确估价的基础上，结合企业的经营现状，通过调整各种比率等经济杠杆，确定最有助于企业战略目标实现的财务结构。财务结构战略包括以下主要内容：流动性比率、资产管理比率、获利能力比率及保障比率等的分析；经营杠杆、财务杠杆及综合杠杆程度的分析等。

2. 施工技术发展战略

生产技术是第一生产力。因此，企业的发展应当依靠技术，技术融会于各生产要素之中，各生产要素技术含量的增加可使生产水平提高。建筑企业的施工技术发展战略对于企业发展的作用是不言而喻的。

建筑企业技术发展战略要全面、有效，因此，技术发展战略既要包括技术改造战略，又要包括技术引进战略，还包括技术开发战略。只有各项分战略的成功实施，才能使建筑企业施工技术的综合水平得到提高，从而促进企业的不断发展。目前，我国建筑企业综合技术水平和发达国家相比，还很落后，因此技术发展战略的制定和实施是必不可少的。

（1）技术改造战略

施工技术改造战略实际上是走内涵发展企业的道路，是增强企业实力最有效的途径。施工技术改造战略通过改造落后的施工设备，提高装备水平；改进传统施工工艺，发展新工艺；改进原有产品，加快新产品的设计开发；改善施工项目管理手段，促进科技管理等四个方面入手，充分贯彻国家的科技政策，把握技改方向，做好科技决策，安排合理的科技规划和攻关，并积极有效地推广普及技术改造成果，通过培训使技术改造成果为员工所掌握，真正转化为企业现实的生产力和竞争力。

（2）技术引进战略

施工技术引进战略是指企业由于发展施工技术水平的需要，从其外部学习、购买或合作取得新技术，从而使企业的技术发展走上捷径。施工技术引进战略包括引进施工技术知识、施工技术装备，购买施工技术专利、学术交流和施工技术合作等，它可以有效地节省时间、人力和资金。

施工技术引进应本着以下原则：适合本企业的实际情况；注重引进技术软件；注重引进内容的理解、消化，并在此基础上的创新；促进自主开发等。

（3）技术开发战略

施工技术开发战略是指企业利用基础研究，应用研究成果或已有的知识，通过实验开发出新产品、新材料、新设备、新技术、新工艺，使企业拥有自主产权的施工技术。建筑企业的技术开发领域主要集中于：大型施工机械、混凝土搅拌及输送机械、高层建筑施工技术、钢结构技术、智能建筑技术、节能绿色生态建筑技术、地下施工技术、预应力技术、大型施工设备和特种结构安装技术、现代化管理技术等。

3. 人力资源管理战略

人力资源管理（简称 HRM）战略是建筑企业职能战略的重要组成部分。它是从企业战略的总体思路出发，研究在人力资源开发和管理方面的一系列战略问题，从发挥企业员工作用的角度，配合企业总体战略，对人力资源管理活动所做出的长远性谋划。

人力资源管理战略虽然是职能战略的一个部分，但从人力资源管理要素的重要性来看，它远远超出其职能的范围，成为企业成功与否的关键。人力资源管理战略的总体模型如图 3-5 所示。

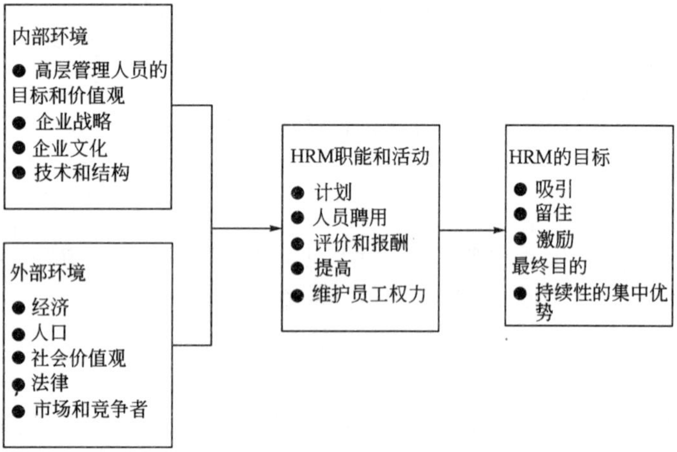


图 3-5　人力资源管理战略的总体模型

## 3.4　建筑企业战略的制定、实施与控制

### 3.4.1　建筑企业战略的制定

战略的制定是建筑企业战略管理的核心与关键问题，战略方案的正确与否，最终要由以后的形势发展的实施来检验，其重要程度可用“失之毫厘，谬以千里”来形容。

1. 战略制定的影响因素

建筑企业战略的制定受多种因素的影响和制约，制定战略时主要应考虑以下因素：

(1) 行业机会和行业吸引力。这是企业制定战略时必须要考虑的重要问题。企业首先要判断该行业是否存在机会，如果存在行业机会，接着就要分析行业结构和竞争状态，然后研究如何在行业竞争环境中抓住机会。为此，企业要对竞争者、供应者、用户、自我等各方面的现状，以及对市场趋势、行业变化动向、竞争者战略、技术发展等因素进行详细分析和客观评价，以求掌握第一手资料。

（2）企业资源和实力。企业要想抓住行业机会，必须具备相应的资源和实力。因此，企业必须善于分析自己的独特能力，争取竞争优势，抓住有吸引力的机会，并努力使这种独特能力成为企业经营战略的基石。

（3）影响企业生存和绩效的威胁。企业外部环境中经常有一些对企业长期经营带来威胁的因素，如新技术发展、经济形势的转变、政策的调整、消费者生活方式的改变等。企业不能只对环境变化的威胁作出被动反应，而应主动地预测发现各种威胁，并制定应变战略，减轻环境变化的威胁，降低经营战略风险。

（4）个人价值观念。企业经营战略的制定经常受到企业决策层人员的背景、经历、信念、价值观念等因素的影响。

（5）社会、经济和政治因素。企业在一定的社会环境之中，必然受到社会、政治、经济等因素的影响。因此，企业必须树立环境意识和社会意识，在制定战略时，将企业利益和社会利益结合起来，将社会道德、责任和义务放在优先考虑的位置上。

（6）企业文化。企业文化使企业具备了特有的形象和“个性”。与文化有关的价值观念会影响决策人的思维，决定企业对外界环境的反应，从而使企业文化在经营战略中或多或少地反映出来，有时甚至对战略的形成起着至关重要的作用。

2.战略制定的过程

建筑企业战略制定本身有其具体过程，其模式如图 3-6 所示。战略制定的重点在于对现有战略的分析，并解决三个方面的问题：

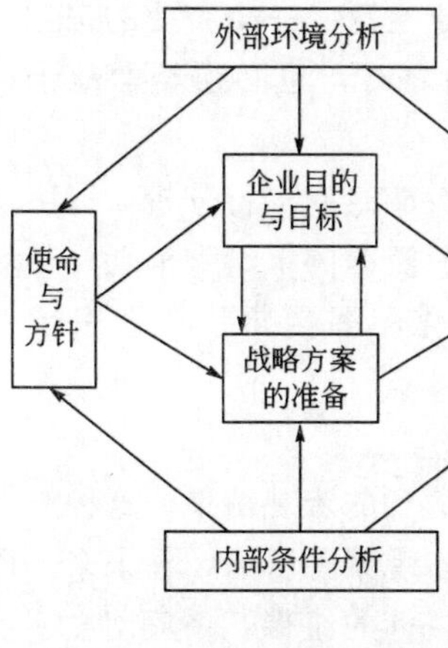


图 3-6 战略制定的过程模式

（1）目前的战略及基本特点是什么？

（2）根据建筑企业外部环境的变化，企业的前景如何？目前的战略是否适用？

(3) 是坚持或调整目前的战略，还是制定新的战略?

3. 企业使命、目的及目标的确定

(1) 建筑企业使命的确定

建筑企业使命是企业管理者所确定的建筑企业发展的总方向、总目的、总特征和总的指导思想。它反映了建筑企业的价值观和企业力图为自己树立的形象，揭示出企业与其他企业在总体上的差异。企业使命实际上反映的是自身存在的特定理由，而不论其管理者是否清楚地认识到，或者是否用文字准确地表达出来。

从一个建筑企业来说，通过确定自身的使命，可以明确企业的整体定位，从而增加员工的自信心，明确企业的长期发展方向，突出业务主干，加强核心能力的建设和创新，使企业的“共同愿望”得到发展，增强全体员工的使命认同感，合理处理企业内部矛盾。建筑企业正确地确定自身的使命，有利于确立企业的社会责任，正确处理企业与社会、企业与其他企业之间的关系。

企业的使命包括两个方面的内容，即企业的哲学和企业的宗旨。

所谓企业的哲学是指一个企业为其经营活动方式所确立的价值观、态度、信念和行为准则，是企业在社会活动及经营过程中起何种作用或如何起这种作用的一个抽象反映。企业哲学的主要内容通常由处理企业经营过程中各种关系的指导思想、基本观点和行为准则所构成，如关于企业与社会关系的观点；关于企业与外部关系(用户、竞争对手、供应商等)的观点；关于企业与雇员关系的观点等。

所谓企业宗旨是指企业现在和将来应从事什么样的事业活动，以及应成为什么性质的企业或组织类型。明确企业宗旨的作用就在于，如果没有具体的宗旨，就不可能制定出清晰的战略目标和达成目标的战略。在确定企业宗旨时，企业的高层管理者要避免两种倾向：将企业宗旨确定的过于狭窄与过于空泛。一个企业的宗旨不仅要在创业之初加以明确，而且在遇到困难或企业繁荣之时，也必须经常地予以确立。

一般来说，一个企业的哲学应保持稳定，而企业宗旨应定期进行分析，以决定其是否需要改变。因为竞争定位、高级管理层、新技术、资源的供给和消耗、市场人口统计特征、政府法规及消费者的需求等方面的变化，都会导致企业宗旨的改变。

(2) 企业目的和目标的确定

企业目的是建筑企业根据自己的使命，在某方面要达到的宏观结果，这种结果指明了企业在某方面的努力方向。目标是建筑企业为了实现某种目的，在未来一段明确的时间内所要达到的具体结果。目的是联结使命与目标的纽带，一般用文字表达，内容比较粗略一些；而目标是由目的分解而成，一般用数字表达，内容具体，是联结目的与企业日常经营活动的纽带。

4. 环境、战略、能力的有效结合

根据环境和战略的关系要求，不同的外部环境，建筑企业需要有不同的活动与其匹配。这样，环境便成了建筑企业制定战略的出发点、依据和限制条件。当环境发生变化时，为了适应这种变化，建筑企业必须改变战略，制定出适应新环境的新战略。

分析战略是否与环境相匹配，主要是看战略的进取性，即战略攻势或态势。战略攻势或态势主要表现在两个方面：一是创新攻势。主要是指建筑企业产品、市场和施工技术及工艺的组合上与偏离原来低水平状况的程度。偏离程度大，创新攻势就高。二是市场攻势，主要是指建筑企业市场战略的竞争性。其最低水平是使建筑产品适应市场的需要；最高水平是以开拓性的市场观念作为市场战略的指导思想。

以战略攻势的两个表现方面作为划分战略攻击水平的标准，与环境水平相适应。战略攻势也可分为五个等级：稳定的战略、反应的战略、预见的战略、探索的战略和创新的战略。环境的变化需要企业采用相应的战略。如果战略的攻击性低于环境变化水平的要求，无论企业采用什么样的战略，也都难以满足起码的要求。相反，如果战略的进攻性超过了环境变化水平的要求，战略的发挥就要受到环境的制约，也可能要以失败而告终。

对于企业能力来说，其也是企业战略制定的出发点、依据和限制条件。因为企业的能力或条件是支持战略的基础，任何能够适应环境的战略，如果没有执行或实施战略的能力，其战略也只能是空中楼阁。

对于建筑企业能力水平的度量，可以用能力的开放性来表示。能力的开放性又可以用三个相互补充的方面来说明：一是企业怎样对待变化。随着企业对环境变化理解能力的提高，企业对变化也会逐渐由抵制变为开创。二是企业追求的目标。建筑企业是追求效率还是追求有效性。追求效率的企业其能力必然是内向的，集中于企业内部；而追求有效性的企业，集中注意的是企业未来的获利能力，其必然是外向的。三是对环境刺激的敏感性。建筑企业是无视环境的封闭系统，还是对环境刺激非常敏感的开放系统。

综上所述，根据环境、战略与能力三者的关系，当环境发生变化时，为了适应这种变化，建筑企业必须改变战略，制定出适应新环境的新战略。同样，战略改变了，企业的能力也必须随着改变，使企业能力能够符合战略的要求，保证企业战略的实施。

5. 战略方案的准备和选择

（1）战略方案的准备

战略方案的准备。其是要将一系列可行的战略方案都列出来，以备进一步选择。

组织方法。与前述制定建筑企业目的与目标的方法相类似，一般由企业最高层负责，在充分搜集各方面信息、听取各方面意见的基础上，按民主集中制的原则进行。

SWOT 方法。SWOT 方法是制定企业战略的最基本的思路和方法。建筑企业在制定企业战略时，要在对外部环境和内部条件进行充分分析的基础上，将外部环境与内部条件因素进行匹配，制订出企业可行的备选方案。

SWOT 分析。其就是对企业所面临的机会和威胁、优势和劣势进行综合分析。其中 S 代表企业的优势，W 代表企业的劣势，O 代表企业的机会，T 代表企业外部的威胁。

不同的建筑企业，其施工技术工艺、有形资产、无形资产、组织资产、人才资源、施工能力、市场等方面的影响差异使每个建筑企业具有不同的内部优势和劣势。建筑企业之间的这些差异就是企业在竞争中处于不同地位的因素。抓住外部的机会，发挥企业的自身优势，两者结合使企业的资源发挥出最大的能力，获取最佳绩效；回避外部的威胁，克服自身的劣势，把这两者对企业的影响减到最小。

进行 SWOT 分析，可以分为相同的方面来进行，也可有不同的侧重点。

①优势—机会（SO）分析，就是将企业的内部优势与外部机会相结合进行分析。其目的是为制定进攻型战略，所有的企业都要千方百计地利用自己的内部优势去抓住和利用外部的发展趋势与事件所提供的机会。

②劣势—机会（WO）分析，就是将建筑企业内部劣势与外部机会相结合进行分析。目的是通过利用外部机会来弥补劣势。适用这一战略的基本情况是，存在有外部机会，但企业有一些内部的劣势而妨碍着它利用这些外部机会。

③优势—威胁（ST）分析，就是将建筑企业的内部优势与外部威胁相结合进行分析，目的是利用本企业的优势来回避或减轻外部威胁的影响。

④劣势—威胁（WT）分析，就是将建筑企业的内部劣势与外部威胁相结合进行分析，目的是减少内部劣势，回避外部环境威胁。这是为了制定防御型战略而进行的分析。

SWOT 分析的形式可以用表 3-1 的表格来表示。

**SWOT 分析表**　　表 3-1

| | 列出优势<br>1.<br>2.<br>3. | 列出劣势<br>1.<br>2.<br>3. |
|---|---|---|
| 列出机会 | SO 分析 | WO 分析 |
| 1.<br>2.<br>3. | 如何：发挥优势<br>利用机会<br>获得发展 | 如何：利用机会<br>克服劣势 |
| 1.<br>2.<br>3. | 如何：利用优势<br>回避威胁 | 如何：减少劣势<br>回避威胁<br>做好防御 |

通过SWOT分析方法只是选出企业可行的备选战略，而不是选择或确定的最终方案。在此基础上，建筑企业决策者通过战略制定过程来确定最终所采取的战略。

(2) 战略方案选择的原则

根据战略管理的基本原理，在选择战略方案时必须综合考虑建筑企业的外部环境、内部能力和企业方向，使三者达到动态平衡，为此应遵循如下原则：

①与外部环境相一致的原则。建筑企业的战略方案首先要与外部环境相一致，符合外部环境的变化趋势，利用外部环境提供的机会，避免外部环境的威胁。

②发挥建筑企业的内部优势原则。战略方案要能利用企业的核心专长，充分发挥企业的内部资源、企业文化、地理位置等竞争优势，并尽可能避免内部劣势。

③符合建筑企业的总方向原则。按照企业方向层次的概念，战略方案要符合建筑企业的使命，与企业目的和目标相互协调。

(3) 影响战略选择的因素

所有战略的决定者都谋略理性地选择最优的战略，但往往发现战略的方案并不是唯一的。这是由于在实际决定采用何种战略时，还要自觉不自觉地受一些因素的影响，这些因素往往通过战略选择者的个人直觉、经验、关系、有关背景和情感等方面影响其对战略的选择，所以也叫非理性因素。它包括：企业以往或目前所采用的战略；企业对外部环境的依赖程度；企业决策者对风险的态度；企业文化的影响；企业中层管理人员和职能部门人员的影响等。

由于这些因素会自觉或不自觉地影响决策者对战略的选择，其中会有积极的影响，也会有消极的影响，所以企业对这些要加以认识和研究，这对建筑企业正确地选择战略是必不可少的。

### 3.4.2 建筑企业战略的实施

对企业最高层领导来说，选择好战略实施的模式是企业实施战略的重要工作。一般来说，战略的实施有五种模式，如表3-2所示。

**五种战略实施模型**

表3-2

| 模　型 | 企业总经理所研究的战略问题 | 总经理的角色 |
|---|---|---|
| 指令型 | 如何制定出最适合的战略 | 理性行为者 |
| 转化型 | 战略已考虑成熟，如何实施 | 设计者 |
| 合作型 | 如何能使高层管理人员从一开始就对战略承担自己的责任 | 协调者 |
| 文化型 | 如何使整个企业都保证战略的实施 | 指导者 |
| 增长型 | 如何激励管理人员去执行完美的战略 | 批判者 |

1. 指令性

指令性模式具有极为正式的集中指导的倾向，战略的实施靠的是最适合的战略和有权威的日常指导。该模式在战略中较易实施，在企业已掌握了准确的信息并作了大量的分析，并有较客观的高素质规划人员的情况下，能使战略得到较好的贯穿。该模式的缺点是把决策者与执行者分开，很容易产生执行者缺乏动力和创造精神的现象。

2. 转化型

转化型模式是从指令型转变而来的。该模式十分重视运用组织结构、激励手段和控制系统来促进战略的实施。它在原有的分析工具的基础上增加了三种行为科学的方法：一是利用组织机构和参谋人员明确地传递企业优先考虑的事物信息，把注意力集中在所需的领域；二是建立规划系统、效益评价及激励补偿等手段，以便支持实施战略的行政管理系统；三是运用文化调节的方法促进整个系统发生变化。该模式的缺点是：过分强调组织体系和结构，有可能失去战略的灵活性。因此，该模式较适合于环境确定性较大的企业。

3. 合作型

合作型模式把战略决策范围扩大到企业最高管理集体之中，调动了高层管理人员的积极性和创造性。协调高层管理人员成为总经理的工作重点。由于战略是建立在集体智慧的基础上，从而提高了战略实施成功的可行性。它的缺陷是：战略是不同观点、不同目的的参与者协商的产物，可能会降低战略的经济合理性。这种模式比较适合于复杂而又缺乏稳定性环境的企业。

4. 文化型

文化型模式是把合作型的参与成分扩大到了整个企业的较低层次，力图使整个企业人员都支持企业的目标和战略。在这种模式中总经理起到指导者的作用，通过灌输一种适当的企业文化，使战略得以实施。这种模式的局限性是：企业的职工必须有较高的素质；企业采用这一模式要消耗较多的人力和时间；强烈的企业文化可能会掩盖企业中的某些问题。

5. 增长型

增长型模式的企业战略是从基层单位自下而上产生的。它的关键是通过激励管理人员的创造性来制定和实施完善的战略，使企业的能量得以发挥，并使企业实力得到增长，因此采用这一模式对总经理的要求很高，要能正确评判下层的各种建议，淘汰不适当的方案。

从实践来看，上述的五种模式并不是相互排斥的。在某种意义上讲，它们可能只是形式上有所区别。一个稳定的企业可能对各种模式都感兴趣，只不过各有不同的侧重。这些模式中的任何一种都不可能适用于所有企业。建筑企业在运用这些模式时主要取决于建筑企业本身的条件、发展变化的速度以及目前的文化状态。

选择好战略实施的模式后，战略方案的分解和组织机构的调整成为战略实施最重要的两项工作。要使战略得以实施，必须把战略方案分解，使每一个建筑企业的员工都明确自己在战略中的地位，明确自己的任务和职责。战略方案分解主要包括空间分解、时间分解以及综合协调。空间分解，即把战略方案的内容分解给各个职能部、项目经理部，再由他们逐层分解到岗位和个人，形成一个层层目标明确、岗位职责清晰的、责任体系与目标体系相结合的矩阵结构系统。时间分解，就是把战略方案的长期目标，从时间上分解成一个个短期目标，明确规定什么目标，到什么时候完成到什么程度，便于实施，便于检查。按照时间的同步性和空间的合理性结构，进行综合平衡和系统协调。

组织机构与管理体制，是实施战略目标的重点保证，是联结战略方案与各个实施部门、岗位和个人的纽带，是实施战略目标的基础。组织机构与管理体制问题是一个带有战略性的复杂问题，尽管在前面的章节已有详细地阐述，但这里还需要进一步强调的是，建筑企业的组织机构和管理体制必须适应战略任务的需要，必须随战略任务的变化而调整，否则战略目标的实施就会落空。

### 3.4.3 建筑企业战略的控制

战略控制是把战略执行过程中所产生的实际效果与预定的目标和评价标准进行比较，评价工作业绩，发现偏差，采取措施，以达到预期的战略目标。

建筑企业的战略控制是保证战略实施的一个重要环节。建筑企业战略控制作为一个调节的过程，一般有以下几个步骤：

1. 确定目标

建筑企业管理部门在战略方案执行以前就要明确而具体地指出企业的战略总目标和阶段目标，并将此目标分解给下属各职能部门、施工项目经理部，使其既具有一个确定的奋斗方向，又有每个阶段的分目标。

此外，在企业目标层次结构中，虽然将目标表述得越具体就越易于执行，但是仍然必须向各级管理者和员工宣布某些抽象的目标，以便使各级管理人员在执行任务时不忘企业长期的经营宗旨或“经营哲学”，从而能使局部战略与全局战略相协调。

2. 确定衡量工作成果的标准

衡量标准或评价标准是工作成果的规范，是从一个完整的战略方案中选择出的对工作成员进行计量的一些关键点，其用来确定企业各级是否达到战略目标和怎样达到战略目标。评价标准应包括定性的标准和定量的标准两个方面。

3. 建立报告和通讯等控制系统

报告和通讯系统是建筑企业进行控制的中枢神经，是收集信息并发布指令所必需的。它对于一个大型总承包企业尤为重要。没有一个报告和通讯系统，企业就不可能获得进行分析和决策所需要的充足而及时的信息。

4. 审查结果

建筑企业要对收集到的信息资料与既定的企业评价标准和企业战略目标进行比较和评价，找出实际活动成效与评价标准的差距及其产生的原因。这是发现战略实施过程中是否存在问题和存在什么问题，以及为什么存在这些问题的重要过程。要做好这项工作，需要正确选择控制方法和控制机制，并在适当的时间、地点来进行。

5. 纠正偏差

通过对结果的审查，如果达不到所期望的水平，则企业应采取纠正措施。纠正措施应视问题的性质和产生的原因而定，不一定是对问题所在部门采取责令其改变实施活动或行为，也可能是调整评价标准或企业目标以及该部门的分目标。

在企业战略的控制过程中，从着手纠正到完成纠正之间往往存在一个时滞，建筑企业的经营地域越分散，跨文化经营越多，组织规模越大越复杂，这种时滞也就越长。虽然计算机的应用、通讯能力的提高，有助于控制的强化，但仍然不可能真正解决反馈控制的时间间隔。因此建筑企业必须以不间断的方式来审查结果和采取纠正措施。由此可见，建筑企业战略的控制过程是一个周而复始且复杂的管理过程。

## 本章小结

本章在介绍战略及战略管理的概念、特征及基本原理的基础上，详细介绍了建筑企业战略形势分析、建筑企业战略的内容以及建筑企业战略的制定、实施与控制。

企业战略是在符合保证实现企业使命的条件下，在充分利用环境中存在的各种机会和创造新机会的基础上，确定企业同环境的关系，规定企业从事的经营范围、成长方向和竞争对策，合理地调整企业结构和分配企业的全部资源，从而使企业获得某种竞争优势。企业战略管理是指对企业活动实行的总体性管理，是企业制定战略、实施战略、控制战略等一系列的管理活动，其核心问题是使企业的自身条件和环境相适应，以求得企业的生存和发展。企业战略管理着眼全局性、注重长远性、考虑整体性、把握风险性及服务社会性。

建筑企业外部的宏观环境分析可分为经济、社会、政治法律、技术等四个方面。建筑企业的行业分析具体包括对行业潜在进入者的威胁、行业内现有企业之间的竞争、用户的讨价还价能力、供应商的讨价还价能力及替代品的威胁的分析。建筑企业内部条件分析包括对建筑企业管理过程、市场营销、财务能力、施工生产、人员素质和研究与开发等方面的分析，分析其与竞争对手相比的优势和劣势。企业能力是能够把企业的资源加以统筹整合以完成预期的施工生产任务和目标的技能。企业竞争优势是指一个企业所具有的能够维持持续地比其他企业更有效地向市场提供产品或服务，并获得盈利和自身发展的综合素质。企业核心能力是指企业中的集体学习，特别是关于如何协调不同的生产技能和有机整合多种技术流派的技巧，是一组技能和技术的集合体。

建筑企业的战略可划分为三个重要的层次：即企业总体战略、经营单位战略和职能部门战略。总体战略是建筑企业对整体发展方向及实现方式的确定，主要包括发展性战略、稳定性战略和撤退性战略。建筑企业经营战略也称竞争战略，包括成本领先战略、差异化战略和集中化战略等。职能部门战略包括财务战略、施工技术发展战略和人力资源管理战略。

战略的制定是建筑企业战略管理的核心与关键问题。制定战略时应考虑行业机会和行业吸引力、企业资源和实力、影响企业生存和绩效的威胁、个人价值观念、社会、经济和政治因素及企业文化等因素。战略实施的模式包括指令型、转化型、合作型、文化型及增长型等模式。战略控制是把战略执行过程中所产生的实际效果与预定的目标和评价标准进行比较，评价工作业绩，发现偏差，采取措施，以达到预期的战略目标，包括确定目标、确定衡量工作的标准、建立控制系统、审查结果和纠正偏差等主要步骤。

## 复习思考题

1. 企业战略管理的概念与特征是什么？
2. 战略管理应遵循哪些基本原理？
3. 企业如何进行战略形势分析？
4. 什么是企业的核心能力？如何分析企业的核心能力？
5. 建筑企业总体战略应包括哪些内容？
6. 什么是企业的竞争优势？企业竞争优势的确定应考虑哪些因素？
7. 简述 SWOT 方法的基本内容。
8. 建筑企业的职能战略与总体战略、竞争战略的关系如何？包括哪些内容？
9. 简述影响战略选择的因素。
10. 企业战略的实施有哪些模式？如何对企业战略的实施进行有效的控制？

## 参考文献

[1] 孙兴民．建筑企业管理．北京：科学出版社，2002.
[2] 张海贵．现代建筑施工项目管理．北京：金盾出版社，2001.

[3] 周直．工程项目管理．北京：人民交通出版社，2001.
[4] 石勇民．施工企业经营管理学．北京：人民交通出版社，2001.
[5] 武育秦．建筑工程经济与管理．湖北：武汉工业大学出版社，1997.
[6] 黄定显．建筑经济与企业管理．江西：江西高校出版社，1996.
[7] 黄仕诚．建筑工程经济与企业管理．湖北：武汉工业出版社，1996.
[8] 黄强．建筑企业管理与改制．北京：中国建筑工业出版社，2002.
[9] 田金信．建筑企业管理．北京：中国建筑工业出版社，2004.
[10] 刘冀生．企业经营战略．北京：清华大学大学出版社，2000.

# 第4章 建筑企业文化和人力资源管理

**本章概要**

1. 企业文化的内涵、特点、功能及其在企业管理中的作用；
2. 建筑企业文化的基本内涵、特殊性及其建设的现状与思路；
3. 建筑企业精神的含义、培育；
4. 建筑企业形象的含义、作用及其策划的内容、程序；
5. 人力资源管理的概念、内容、职能和作用；
6. 建筑企业人员招聘、录用、培训及考核；
7. 人员招聘的原则和程序；
8. 建筑企业人力资源的优化配置和能力开发。

## 4.1 建筑企业文化

### 4.1.1 企业文化概述

#### 1. 企业文化理念的兴起

企业文化理念的兴起是从日本经济的崛起和美国人的反思开始的。近一百年来，美国一直是西方世界企业管理的领导，从泰勒的“科学管理”到行为科学与管理科学理论的发展，给美国带来了滚滚的财源。然而，20世纪70年代的挫折使这个经济巨人蓦然惊醒：在东方的日本，有一种更为先进的管理模式使日本人在激烈的竞争和危机中安然无恙并获得先机，而且在许多领域已赶上甚至超过了美国。

为什么这个陆地面积狭小、资源匮乏且经历了第二次世界大战摧残的国家在短短的几十年的时间内，从一个经济基础几乎为零的国家一跃成为世界经济大国。带着这个问题，几十位美国经济学家、心理学家、文化学家、管理学家前往日本考察。考察表明，美国经济增长速度低于日本的原因不在于科学技术不发达，也不是物力、财力的匮乏，而是日本的管理更为先进。专家们发现，美国倾向于企业结构、战略计划、规章制度等硬件方面的管理，而忽视了对人性的重视和对人的本质的深刻理解，因而阻碍了人的主观能动性的充分发挥，阻碍了企业活力的提升。他们认为管理的差异源于文化的差异。正是由于日本企业内部的这种强大的精神因素，也就是日本企业中浓厚特别的企业文化，在推动日本经济的崛起。

1981年，美国哈佛大学教授特雷斯·迪尔和管理顾问阿伦·肯尼迪合著的《企业文化——企业生存的习俗和礼仪》一书的问世，标志着企业文化理论的诞生。他们通过研究发现，成功而杰出的大企业都具有明确的经营哲学，员工有共同的价值观念，有共同遵守并不见得诸于文字的行为规范，并有各种来渲染和强化这些文化内容的礼仪和习俗。每个企业都有自己的文化，它潜移默化地对企业的时时事事起着重要的作用，从企业的决策、人事的升迁，到员工的行为举止和衣着爱好等都受企业文化的影响。成功的企业必定有繁荣的企业文化，因此它是企业制胜的法宝。作为一种先进的管理理论和新的管理观念，企业文化所追求的是一种“以人为中心”的较高层次的管理。

可以这样说，企业文化的兴起在很大程度上改变了过去的管理行为，成为一场波及全球、影响深远的管理革命。自从20世纪80年代企业文化这个概念传入中国以来，关于企业文化的研究不断深入，尽管人们对企业文化的定义分歧很大，但是，重视企业文化建设，让企业“文化”起来，已经成为企业界的基本共识。

2. 企业文化的内涵

文化是人类行为模式、艺术、宗教信仰、群体企业和其他一切人类生产活动、思维活动的本质特征。文化是有差异的，不同的民族有不同的文化模式，不同企业群体也有自己不同的文化模式。企业作为一个独立的经济实体企业，既具有经济性质，又具有文化性质。随着现代工业文明的发展，企业在一定的民族文化传统中逐步形成了具有企业特征的基本信念、价值观念、道德规范、规章制度、生活方式、人文环境以及与此相适应的思维方式和行为方式。因此，企业文化实际上是指企业的共同观念系统，它是一种存在于企业之中的共同理解。在每一个企业中，有各种不断发展着的价值观、仪式、规章、习惯等，这些观念一旦为全体员工所接受，就变成了企业的共同观念，成为企业文化的一部分。而企业文化一旦形成，就会在很大程度上对管理者的思维和决策施加影响。它是一种渗透在企业一切活动之中的东西，是企业的灵魂所在。

那么，如何来描述一个企业的文化呢？到目前为止，尚没有一种确定的衡量企业文化的方法。我们可以通过对一个企业在以下几方面所达到的程度的分析来描述其企业文化：

（1）控制的程度：规章制度的多少，或用于监督和控制员工行为的指导原则的多少。

（2）导向性：企业建立明确的目标和业绩要求的程度。

（3）管理者与员工之间的关系：管理者给下属以清楚的沟通、帮助和支持的程度。

（4）对员工的基本看法：信任员工或不信任员工，或予以员工责任、自由和独立的程度。

（5）对风险的容忍度：鼓励员工开拓、创新和承担风险的程度。

（6）纷争容忍度：允许员工自由发表不同意见和公开批评的程度。

（7）沟通的模式：企业信息传递是否受正式的权力线限制。

（8）协作意识：鼓励企业员工的团队协作的程度。

（9）整体意识：员工把企业作为一个整体而不是把他们特定的工作小群体作为整体的程度。

（10）奖励的指向：奖励基于员工的业绩而不是感觉、好恶的程度。

根据对一个企业以上十方面的描述，就可以大致勾画出该企业的企业文化。

以上所说的只是表述企业文化的一种方法，人们还可以从其他方面来描述企业文化，例如从企业哲学、企业目标、民主意识、道德观念、规章制度、团体意识等方面来描述。

3. 企业文化的特点

（1）客观性

企业文化是企业在其所处的一定经济社会文化合力作用下，在长期的发展过程中逐步生成和发展起来的。企业文化的产生和存在是不以人们的意志为转移的。只要是一个企业，在企业中就必然会形成企业文化，不管人们意识到与否，企业文化总是存在着，并发挥着或正或负、或大或小的作用。成功的企业有优秀的企业文化，失败的企业有不良的企业文化。

（2）各异性

每个企业由于其使命不同，所拥有的资源和所处的环境不同，相应地其企业文化也不同。任何企业的企业文化都有其鲜明的个性。所有的企业都有其特定的企业文化，但其文化对管理的影响程度是不同的。

根据企业文化对管理的影响程度的大小，企业文化可分为强的企业文化和弱的企业文化。所谓强的企业文化是指主要的价值观念为企业内员工所广泛了解和接受的企业文化，弱的企业文化则相反。比如在有些企业中，什么是重要的、一个好的员工应该怎么做、怎样才能被评为先进等是非常明确的，这是一个强的企业文化，在这样的企业中，管理者的决策行为受到了企业文化的很大制约。

（3）民族性

民族性是指人们在历史上形成的有共同语言、共同区域、共同经济生活及表现于共同文化上的共同心理素质的稳定的共同体。每一个民族都有其独特的民族文化，任何企业都是存在于某一区域内的，它们必然要受到所在地区民族文化的影响，相应地，其企业文化也必然带有地域性、民族性和时代性。例如在中、日、美三国的企业文化中，各自体现出了崇尚“集体主义”、“家族主义”、“个人英雄主义”的鲜明特征。

（4）稳定性

企业文化一旦形成，就具有稳定性，就像人的个性较难随时间改变一样，企业文化的改变也是十分困难的。美国通用电器公司在20世纪30年代就被认为是一个没有人情味、正规、保守的公司，到20世纪90年代它基本上还是这样。

4. 企业文化的功能

企业文化与企业核心竞争力是20世纪八、九十年代提出的两个不同的企业管理概念。企业文化理论是继科学管理、行为科学、管理科学之后的企业管理理论发展的第四阶段。作为一种企业管理理论，现在人们将企业文化定义为以企业价值观为核心的企业意识形态，包括价值观念、经营理念及行为准则。

（1）企业文化具有增强企业核心竞争力、提高企业经营业绩的重要作用

日本企业通过企业文化管理模式，迅速从战后的创伤中恢复、崛起，创造了经济发展的“东方神话”；美国借鉴了日本企业文化管理的经验，并加以本土化，终于促进了美国经济的进一步腾飞，实现了由经济强国向超级经济强国的飞跃。企业文化是企业的灵魂，它渗透于企业产品，生产技术及经营行为之中，它是物质产品所蕴含的价值取向，是员工对知识技能的态度，是企业制定规章制度的心理，是企业经营管理行为所体现的精神境界。

（2）企业文化具有人文性和经济性的双重特征

企业进行文化建设，就是为了改善企业生产经营环境，提高企业生产经营效率，增加企业利润。另外，企业文化也能为顾客带来明显的好处和效用。根据马斯洛的需求层次理论，人类在低层次的需求得到基本满足以后，就开始追求高层次的需求。当今知识经济时代，人们需要的是文化内涵丰富、充满人文关怀的产品，因此，企业应加强文化建设，满足客户的多层次需求。对于建筑企业来说，应想方设法满足客户的安全性需求、秘密性需求、交往性需求、纪念性需求和情操性需求。

（3）企业文化是企业的灵魂

企业文化渗透于企业生产经营的方方面面，充斥于企业的每一个车间、每一个项目、每一道工序、每一件产品，甚至延伸到产品的流通领域，这些都使顾客感受到企业产品中所蕴含的文化因子，提高顾客满意度和忠诚度。当然，企业文化的可延展性特征要求企业文化要与社会整体价值取向相符合，否则企业文化就成了一句空话，因为脱离社会大众的企业文化是难以生存的，更不用说实现延展。

（4）企业文化的难模仿性特征使企业长期确保竞争优势

长期以来，企业赢得竞争优势主要有以下途径：个性化的产品、独特的技术、高效率的经营管理方式等。但是，随着网络信息技术的发展，在核心竞争力的组成要素中，企业的产品很容易被复制甚至被假冒，企业的技术可以被模仿，企业的管理方式可以被借鉴，而唯一具有核心竞争力的企业文化是“偷不去、买不来、拆不开、带不走、溜不掉”的。

（5）企业文化是企业核心竞争力的动力源，影响企业核心竞争力的其他组成要素

企业文化是企业的精神支柱，是企业核心竞争力的动力源，具有很强的辐射作用，它影响着物质产品的生产，生产技术的创新，经营行为的发生及企业形象、品牌的建立。

①企业文化是企业物质产品的灵魂。随着科学技术的飞速发展及信息技术的广泛应用，现代企业的竞争已经向纵深推进，从表象的竞争转向内涵的竞争，从浅层的产品、服务平台的竞争转向深层的理念平台的竞争，企业最终的竞争优势取决于它在一系列价值中如何进行价值选择，以企业价值观为核心的企业文化成了企业核心竞争力的动力源。过去，消费者追求的是质优价廉服务好的产品；今天，他们所需要的是那些有浓厚文化底蕴，彰显独特文化个性，可以从中得到精神食粮的产品。另外，企业物质产品的形状、颜色、图案等无不体现着企业的文化特征，顾客常常可以根据企业生产的产品来推断企业的价值追求和经营理念。

②企业文化是企业技术创新的依据。当今社会，科技发展日新月异，企业只有不断开发新技术满足顾客的需要，才能保持长期竞争优势。但企业在技术开发过程中，要充分重视企业过去的文化品味及价值理念，既要注重技术方面的创新，又要使新技术不悖于企业一贯的文化特征。否则，企业将有可能失去原有顾客群，导致技术创新的失败。

③企业文化是企业经营管理行为的指南。企业文化是企业经营管理行为的精神动力，企业经营管理行为是企业价值观和经营理念的体现；企业文化是企业经营行为的思想保证，可以协调企业运行中个人目标与企业整体目标之间的矛盾，使个人目标服从企业整体目标，提高企业运行效果；企业文化是企业经营管理行为的“润滑剂”，可以改善企业内部信息沟通渠道，减少经营管理中的摩擦；企业文化可以营造一种和谐融洽、健康进取的工作氛围，增加员工精神愉悦感，激发员工奋发向上，提高工作效率。

④企业文化是企业形象和品牌的核心。企业文化和企业形象、品牌是“内隐”和“外显”的关系。企业文化是企业形象与品牌的核心和灵魂，企业形象与品牌是企业文化的外在表现，是企业的无形资产。良好的企业形象可以凝聚人心，招揽人

才，吸引顾客，是企业竞争优势的源泉之一。企业形象可分为创新形象、服务形象、质量形象等。对于建筑企业而言，树立质量形象尤为重要。质量是建筑企业的生命。建筑产品质量不仅关系到企业的形象和声誉，而且关系到人民的生命财产安全。“鲁班奖”是建筑企业质量形象和品牌的象征。许多企业正是由于夺了“鲁班奖”而提高了企业形象，树立了企业品牌。

5. 企业文化在企业管理中的作用

企业文化对企业生产经营的影响是通过作为企业主体的员工实现的。企业文化首先影响企业员工的思想意识，通过员工的意识进而影响他们的行为，通过员工的行为进而影响企业生产经营的方方面面。概括地说，企业文化对于企业员工的影响表现在以下几个方面：

（1）导向作用

企业文化是一只“无形的手”，具有提纲挈领、统揽全局的作用。它影响员工的思想和心灵，并通过对员工思想的影响而引导员工的行为。企业文化引导企业战略规划的制定，企业的战略规划如果没有文化理念的指导，就不可能落实为全体员工的自觉行动。企业文化如果离开了企业发展战略的支撑，就无法发挥企业文化的价值和功能。企业文化的导向作用是无形的，但却是长久和深远的。

（2）凝聚作用

企业文化是企业的黏合剂，它犹如一根无形的纽带，将企业上下紧紧地联系在一起。当企业处于顺境时，全体员工围绕着企业的共同价值目标而奋斗，再创辉煌；当企业处于逆境时，企业全体员工协调一致，共渡难关。建筑行业是特殊行业，员工来源复杂，以农民工为主；施工场地分散，流动性大；工程投资大，协作要求高，这些都要求建筑企业加强企业文化建设，增强企业的凝聚力和向心力。

（3）激励作用

企业文化坚持以人为中心，强调“企业是员工的集合，员工是企业的主人”的观念，激励企业员工的士气，提高员工的积极性、主动性和创造性。企业文化建设要求企业不但要满足员工的物质需求，更应注重他们的精神需求，关心员工，爱护员工，让员工感受到企业的温暖。大多数企业都注重对员工的精神奖励，在企业内部设立奖项，评选劳动模范，以激励和鼓舞员工。

（4）约束作用

企业规章制度与企业文化都对人具有约束作用，企业规章制度的约束是“硬约束”，通过运用各种强制手段要求全体员工遵照执行，而不管企业员工内心认可与否；企业文化可以发挥“软约束”的功能，它通过灌输企业价值理念，让员工明白应该做什么，不应该做什么。企业文化是一种充满人文关怀，带有浓厚感情的约束，让员工觉得企业不是在规范、约束他们，而是在关怀他们，理所当然，员工对企业文化就有一种归属感和认同感。另外，企业规章制度不可能面面俱到，通过企业文化的感召作用，可以提高员工遵纪守法的自觉性，将企业规章制度的“他律”转化为员工日常行为中的“自律”，自觉规范、约束自己的行为。

### 4.1.2 建筑企业文化建设

#### 1.建筑企业文化的内涵

作为国家支柱产业之一的建筑业，面对日趋激烈的市场竞争，要求得生存，保持优势，就必须从文化角度出发，以文化为依托，促进传统文化的转轨变型，重构新的文化结构，提高企业的科学管理层次，使企业在其文化意识与文化行为的相互促进中得以发展壮大。

我国的建筑业是一个传统行业，建筑企业的主要任务不仅在于完成一项具体的工程，而且要对国家和社会负责，负有提高人类生存环境质量，保护文化发展连续性，创造新的文化形式的历史责任。

建筑企业文化是指在一定的历史条件下，建筑企业及其员工在生产经营和变革的实践中逐渐形成的共同思想、作风、价值观念和行为准则，是一种具有建筑企业个性和特色的信念和行为方式，它包括价值观、行为规范、道德、习惯习俗、规章制度和精神风貌等。建筑企业文化是一个多元、动态、综合的概念，它贯穿于建筑企业内外部因素之中，贯穿于建筑企业生产经营活动的全过程。

#### 2.建筑企业文化的特殊性

(1) 劳动密集。建筑企业多是劳动密集型企业，生产力构成中人的因素比例大，劳动者个人的质量意识、协作意识、责任意识都直接对产品质量构成影响。建筑产品质量问题历来较多，而人为的质量问题占绝大部分。因此，建筑企业文化建设工作亟待加强。

(2) 建筑产品的生产过程是各工序、工种协同合作的过程，大量的隐蔽工程除靠有限的检查把关而外，主要靠员工的负责精神和自觉性。在这个问题上，员工的主动与被动是造成工程质量优与劣的根源，必须通过建筑企业文化建设杜绝那些“明明能干好却不好好干的”不良现象，重点做好职业道德工作。

(3) 施工现场的分散性造成企业文化建设的离散性。由于临时用工较多，异地施工较多，工作强度大，使建筑企业文化建设难度更大，需要企业文化建设工作更灵活，更有声势，更富感染力。因此，必须把企业文化建设工作做到施工现场去。

(4) 近年来建筑市场竞争一直异常激烈，企业文化建设特别是为外界树立的企业形象在企业竞争中起着很大的作用。一个建筑企业能艰苦奋斗，吃苦耐劳，科学管理，勇攀高峰，在不利的环境下建设起用户满意的优质工程，就能受到建设单位的好评，就能把企业文化的精神财富转化成物质财富。

建筑企业的文明施工是企业文化的直接体现，通过文明施工，带动、促进和完善企业整体管理，改善生产环境和生产秩序，培养企业尊重科学、遵守纪律、团结协作的大生产意识，从而促进了企业的精神文明建设。企业对施工现场各要素所处状态不断地进行以整理、整顿、清扫、清洁和提高素养为内容的“5S”现场管理制度以及通过合理定置，实现人与物、人与场所、物与场所、物与物之间的最佳结合，是企业群体意识与制度化管理的有机结合，并使施工现场秩序化、标准化、规范化，其结果是高度的文明带来高度的效率与效益。

在管理实践中，各建筑企业也都在策划和树立企业形象，把企业优秀的工作作风作为企业精神提出来成为企业共同一致的行为准则。如某建筑公司具有个性的“团结、自强、创优、争先”的企业精神；某建筑公司以“一流质量、一流速度、一流服务、一流职工队伍”为奋斗目标和质量第一的企业宗旨，反映了该企业“求实创新、精益求精”的企业精神。这些都反映了建筑企业文化建设的崭新风貌。

3. 建筑企业文化建设的现状

建筑企业文化建设是一项系统工程，企业文化的培育，不是一蹴而就、一劳永逸的，它经历着发育、形成、鼎盛、更新的过程，需要把握市场发展的各种趋势，努力提高企业的文化品位，提高产品、经营管理的文化含量和员工的整体素质，不断增强企业的内部凝聚力和外部竞争力，使文化力转化为经济力，进一步挖掘建筑企业文化更深的内涵和探索建筑企业文化建设更广的途径。

然而，在国有建筑企业实际运行过程中，企业文化建设出现了一些误区或偏差，主要表现在：

(1) 狭义化。把企业文化等同于企业的思想政治工作或一般文体活动，企业文化的形成只停留在单个层面。

(2) 扩大化。把企业文化当作企业管理，以文化建设代替企业管理活动。

(3) 形式化。认为提几句时髦的口号便是开展文化建设的表现。

(4) 空置化。没有一个明确的领导体制，没有一个实际运作的部门，没有一个总体的规划和目标。

(5) 盲目化。热衷于嫁接游戏，缺乏对企业文化建设的深入研讨。这种在建筑企业中普遍存在的短期行为，往往无法发挥企业文化的作用，变革无法涉及深层的文化。

经过十几年的探索和实践，企业文化无论在理论研究上，还是在实践建设上，都取得了一定的成就。但在大多数建筑企业中，企业文化的地位和作用，企业文化战略的意义和本质，还没有被充分地认识到。尤其是在实际操作中，出现了一些误区和偏差，主要表现为：

(1) 娱乐化。把建筑企业文化等同于企业的一般文艺娱乐活动。

(2) 扩大化。把建筑企业文化完全等同于企业所有的经营和管理活动，将企业文化视作一个筐，什么东西都往里面装。

(3) 表面化。热衷于作表面文章，赶时髦，赶任务，搞花架子。

(4) 政工化。企业文化的操作机构没有实际的基础，仅是企业党政工团的编外任务，而企业的行政领导不介入、不重视，未将企业文化纳入企业发展的整体战略中。

在建筑企业文化建设过程中出现的这些问题，其重要原因就是建筑企业中普遍存在的经营管理中的短期行为，没有把包括建筑企业文化在内的企业管理作为一种能够有力促进企业长期稳定发展的战略。因此，树立建筑企业文化的战略意识，增强建筑企业文化的战略观念，强调建筑企业文化的战略决策，进行建筑企业文化的战略实施，是在中国加入 WTO 之后，建筑企业转换经营机制和进行科学管理以赢得市场经济优势的迫切需要和必然趋势。

4.我国建筑企业文化建设的基本思路

企业文化不是自然而然地形成和发展起来的，企业文化的形成要靠塑造，企业文化的发展重在建设。根据企业文化形成和发展的一般规律，从当代中国建筑企业的实际情况出发，建筑企业文化建设必须抓好以下几个环节：

(1) 研究、分析

世界上许多国家在建筑企业管理上都有不少能为我们所借鉴的内容和经验，我国建筑企业贵在推进企业改革，从我国建筑企业的实际出发，作进一步深层的研究和思考，为建筑企业文化构建打下牢固的实践基础。

一般地说，建筑企业文化建设研究和分析阶段应注意以下几点：

①了解企业的内外环境，把握企业文化建设主体的基本情况。

②分析建筑企业的弱势，如市场行为不规范、存在严重的混乱状况以及改革不到位等阻碍企业文化建设健康发展的现实问题。

③研究建筑行业的优势，如我国对外承包市场将扩大，关税壁垒的减少将使我国对外承包工程成本降低；国外的先进的技术、管理和施工模式的引进等给我国建筑业带来了发展机遇。

④开展实证分析，如传统观念、传统心理、传统行为方式、传统习俗与现代化进程关系的实证分析等。

企业文化是一种动态的文化，它随着企业的发展、社会环境的变化、时代的变迁而不断发展变化，企业文化建设必须坚持发展的观点和实证的方法去研究和设计。而且，每个企业又都有自己的个性，没有也不可能有一种放之四海而皆准的企业文化模式，建筑企业文化建设一定要突出自己的个性，创造自己的特色。

(2) 选择、定位

企业文化建设的规划应具有针对性、实效性和可操作性，考虑建筑企业的属性、行业特性、历史特点。建筑企业文化构建分为两个层次：一是与企业员工信念、意识相关的核心价值观，着力于培育“勤俭创业和勇于拼搏”的企业精神；二是与具体业务行为相关的操作层面的文化。

从企业文化的阐释中可以看到，在建筑企业文化的两个层面中，核心价值观是最主要的，它决定着建筑企业文化的基本形态，因为它不随具体的业务范围的变化而变化，所以它可以统配于各个子公司和各属地公司，是企业赖以生存的精神源泉。而操作层面的文化却因各自的业务范围不同而有所不同，也因各个时期的各种政策环境不同而有所不同。操作层面的文化是随企业的生长不断调整和积累的，具体地讲，就是要着力于培育技术文化、质量文化和信用文化。

①技术文化。作为一种特殊的意识形态，技术文化对建筑企业的发展起着重大作用。不同技术与产品之间的竞争不仅是工程成本等经济因素的竞争，而且是科技含量的竞争，只有采用新技术、新材料，降低成本，提高质量，才能在市场上具有竞争力，但更重要的是形成技术创新的全员意识，这样技术本身就被赋予了生命力，进而形成建筑企业的技术文化。技术的存在是有时间局限性的，一项技术不可能永远处于领先地位，但是积极的技术文化却能长久地使企业走在同行的前列。技术文化是思想、意识、价值观念等在技术进步活动中集中统一的体现。技术文化决定企业技术进步机制，并使其有效运行。同时，技术文化是决定技术的企业和管理特色的决定性因素，因而，企业发展还必须高度重视人本思想，突出人的价值，注重提高员工的科技意识和科学文化素质，形成有利于发挥人的积极性的技术氛围，促使员工在企业科技进步中更好的发挥作用。

②质量文化。质量文化是一个企业在长期的质量管理过程中形成的具有本企业特色的管理思想和精神理念。其主要指质量方针、质量哲学、质量管理风格，包括价值标准、管理制度、行为准则、道德规范、文化传统、质量激励和质量精神、质量形象等。质量文化是一种渗透在质量经营活动中的文化，包含着施工过程中对建筑产品的质量追求，也包含企业质量教育培训，是建筑企业文化的重要方面。作为一个建筑企业，要在市场中站稳脚跟，靠的就是质量，要以抓质量效益作为企业发展的根本，把质量意识作为企业文化建设中的一个重要内容，突出质量就是突出文化的竞争力功能，塑造良好的企业形象，为企业不断开拓市场奠定基础。

③信用文化。信用文化是指关于信用的意识、理念、评价、体系、规则、机制等方面的文化积累。市场经济是法制经济，更是信用经济，信用是企业的生命线。随着中国加入 WTO，逐步与国际接轨，制度的国际化、规范化是市场发展的必然，从长远发展来看，建筑企业必须形成信用文化。首先，必须形成全体员工的诚信度；其次，必须建立信用管理机制，以良好的信用来获取市场的通行证。

当然，由于企业所处的环境不同，企业的目标定位不同，企业文化的构建方式也会不同，建筑企业文化建设需要立足企业自身的实际，准确把握自己目前的境况及今后的发展目标，明确企业将是什么企业、企业应该成为什么企业，从而确定具有个性的企业理念，确定企业的文化类型，以培育企业精神、增强企业凝聚力为核心，以面向市场、优化经营理念和员工思想行为方式为着力点。大力营造生产优质产品、造就优秀人才的环境和氛围，塑造员工和企业的良好形象，才能把员工凝聚到企业目标的旗帜下，贯穿于企业经营的各个环节中，形成一种共同的定向目标与合力，提高企业的市场竞争力。

（3）操作、实施

建筑企业文化作为新的管理理论和管理思想，其运作方法也应进行创新。一定要有明确的程序，即在原有文化基础上调查研究，用确切的语言和符号将肯定的企业价值观表示出来，实施新文化机制，完善新文化机制。尤其要注重企业形象的CI设计，确立CI策略的规范操作，要有鲜明的行业性、突出的时代性，紧紧把握时代的脉搏，倡导创新和竞争精神；孕育出良好的产品形象、员工形象、管理形象、经营形象和服务形象。

在具体运作时要注意这样几个问题：

①要有历史的继承性。企业文化要植根于自身的土壤，从历史中继承，由经营实践中提炼，在发展中创新。

②以科学的管理体系为基础。企业文化是经营管理的有机组成部分，是一个极富现实性和实践性品格的动态管理过程。塑造企业文化要特别重视与企业日常管理的紧密结合，经营有理念，服务有标准，现场管理有准则，在导入企业文化的过程中，对规章制度进行修改、补充和完善，以有形的制度和严格的规范来引导和约束员工的思想和行为。

③企业文化建设可根据自身情况通过各种活动来倡导和传播企业文化。把企业精神渗透到生产经营的全过程，分解传达给员工，强化员工的企业意识，使其成为凝聚和鼓舞全体员工的物质力量和精神力量。

④企业文化建设要体现新意。在企业不同的发展阶段，企业文化应有不同的内容和不同的风格，面对变化的市场竞争，要建立与之相适应的经营观念和文化氛围，企业文化要在不断更新的过程中再塑、优化、发展和创新。

### 4.1.3 建筑企业精神和企业形象

#### 1.建筑企业精神

（1）企业精神的含义

企业精神是指企业在长期生产经营活动的实践中，为谋求企业的生存和发展而逐步形成的，并为企业员工所认同和信守的共同理想、价值观和基本信念。它代表着企业员工的精神风貌，并渗透在企业的宗旨、战略目标、经营方针、职业道德、人事关系等方面，反映在司风、司纪、司容、司誉上。它是企业文化的核心和灵魂，是企业生机和活力的源泉。一般地说企业精神主要包括三个方面：一是对社会、国家、民族做出贡献的理想追求；二是企业的价值观；三是企业群体的信念。

企业文化现象在企业诞生的同时就开始存在了，而企业精神作为企业有意识地培养的一种职工群体意识，是对企业的全部观念意识、风俗习惯、行为方式等积极因素进行总结和倡导的结果，它是企业文化发展到一定阶段上的产物。企业精神的成熟度，是企业文化发展状况的标尺。

我们可以举出几个企业精神的实例，如：甲建筑公司的“用我们的智慧和承诺，雕塑时代的艺术品”；乙建筑公司的“用大地人的精神，营造大地上的精品”；丙建筑公司的“立广厦于天地，奉爱心于人间”。这些企业精神都反映了企业员工健康向上的精神，具有凝聚力、号召力和鲜明的个性。

(2) 企业精神的形成

企业精神有其自身形成、发展的规律，它是在企业生产经营活动的基础上，经过内部孕育、外部影响、长期实践、反复锤炼而成的。

企业精神的形成，首先要在企业内部经历一个不自觉的孕育过程。在生产实践的初始阶段，企业精神还处在比较零碎、不系统的感性状态。随着实践的发展，人们的认识不断提高，经过集中、概括、升华，用语言表达出来，就成为理性观念。当这种观念形态被广大群众认同并用以自觉指导和规范自己的行为的时候，就成为一种自觉的群体意识。

企业精神的形成离不开外部环境的影响，任何事物的发展，都有它的内部原因和外部条件，在企业精神的发展形成过程中，外部环境起到相当大的作用。实践证明，企业精神往往是在企业环境发生明显变化的情况下产生的，甚至是企业最困难的时刻确立的。企业最困难的时刻也是能最好体现企业精神的时刻，也正是在这一时刻，可以充分体现企业精神作为企业的“灵魂”而发挥出的巨大作用。

(3) 企业精神的培育

企业精神的培育是一项综合性的系统工程，需要广泛倡导、精心培育，反复锤炼；需要系统规划，长期作战，点滴做起。一般来说，简单地宣布，或者人为地赋予一个企业“企业精神”是容易做到的，但这不是来源于企业成员的自觉意识，其没有生命力，不能成为企业发展的内在动力，因而算不上真正的企业精神。真正的企业精神，渗透在企业的各个肌体，是企业每一个成员的价值观的组成内容，而这要做大量的艰苦的工作方能实现。

①灌输教育。任何一个企业培育企业精神都离不开教育。企业精神作为先进的

群体意识，不可能自发的形成，也不会在企业实践中自然而然地产生，只能靠灌输教育。这种教育不是一朝一夕就能完成的，而须通过长期地灌输；不是一人一事的个别教育，而是整体上升到理想、信念等世界观的高度的教育。

②实践锤炼。实践是锤炼企业精神的大熔炉。只有实践，才能体验到树立社会主义企业精神的意义和作用，才能变成职工的意识和行动，才能不断丰富发展和升华。因此，实践锤炼是培养企业精神的一种基本方法。

a. 在生产经营实践中锤炼。要把企业精神贯注到生产经营的每一个环节、每一项具体工作中去，而每个环节，每项具体工作的工作成绩，又折射出企业精神培养的状况。许多事实说明，在生产经营实践中锤炼企业精神，既能保证生产任务的完成，又能提高人的觉悟，锻炼人的意志，使职工队伍始终保持蓬勃向上、奋发有为的进取精神和爱国家、爱集体的主人翁责任感。

b. 在企业管理实践中锤炼。可以把企业精神放到管理中锤炼，比如在管理思想方面，从培养企业精神出发，对全体职工广泛进行观念更新教育，使之树立适应现代管理的各种新观念。在管理基础工作方面，用企业精神建立起独具特色的标准化管理体系；制订和完善各类定额，建立健全管理信息系统，切实抓好班组建设等。

c. 在劳动竞赛实践中锤炼。劳动竞赛，既是群众性的生产运动，又是群众性的自我教育运动；既是劳动、智慧的竞赛，又是风格、道德的竞赛，它是树立企业精神的推动力量。

③树立榜样。有意识的树立榜样，可以使企业精神形象化、具体化，使职工在无形中感到有形；使员工有学习、追赶的目标，从而增强企业精神的可信性、感召力。企业可以利用人们“从众”的心理状态，造成一种人人学先进、赶先进的形势，使企业精神在互相学习中深化，在互相竞赛中升华。

④环境渗透。要有意识地通过改善和调适环境，以增加对员工的渗透力，培育企业精神。疏通党、政、工、团各种宣传渠道，充分利用广播、电视、厂报、板报、画廊等各种宣传工具，采取多种宣传手段，反复宣传自己的企业精神和体现企业精神的先进典型。造成一种良好的宏观气氛和浓厚热烈的舆论环境，使员工群众每天都能看到、听到本企业精神的目标要求，知道本企业精神的实质内容，都感到自己生活在一个火热的集体之中，使之为实现企业的目标勤奋工作，从而不断地使企业精神深入人脑，振奋人心，真正成为员工的追求。

⑤活动熏陶。把已经形成的企业文体娱乐工作体系，包括配套的活动阵地、丰富的活动内容和常年不断的安排，做到经常化和制度化。通过寓教于学，寓教于乐，寓教于帮，向员工渗透企业精神。总之，通过各种活动向员工融注企业精神，是培育企业精神的重要方法。

⑥形象塑造。这是把企业精神物化为外形的一种方法。企业精神是无形的，形象塑造可以把抽象的企业精神具体化和形象化，有利于增强员工的参与意识，把他们广泛地吸引到企业精神建设中来，同时又受到企业精神的熏陶。形象塑造包括两个方面：一是形象体现。集中表现为制作司旗、司徽、司服、谱写司歌。二是形象激励。把企业精神用模型、图像、演唱等方式加以表现，可以使员工产生真实感，激励他们为实现目标而拼搏。

⑦制度保证。企业制定的各项制度和规定，包括领导制度、经营制度、劳动制度、分配制度、奖惩条例，都应充分体现企业精神。

建立健康向上的企业精神，使思想政治工作具有更丰富的内容，促进其进一步科学化并被群众所接受。企业精神的培育，是思想政治工作的创新，为企业思想政治工作开辟了新的广阔的天地。但是，无论采取什么样的途径和方法，它的直接对象都是人，最终的目的都是启发人的自省，使其自觉地释放潜在的能量。因此，必须尊重人、理解人、关心人，着眼于人的主动性、积极性、创造性的发挥。

2. 企业形象

(1) 企业形象的含义

企业形象是指消费者、社会公众以及企业内部员工和企业相关部门与单位对企业、企业行为、企业的各种活动成果所给予的整体评价。它是企业文化对外界公众的直接表现，是直观可感的。公众对企业产品质量的认可，对企业行为的评价，都反映出公众对企业的具体感受，从而在心中留下或优或劣的印象。优秀的企业形象是企业长期努力的结果，恶劣的企业形象则易得而不易改。

企业形象一般由三个方面来确定，即产品形象、组织形象和企业领导形象。它又可以通过美誉度和知名度两个指标来表现。对企业形象好与差的评价，是通过对下列一些因素的评价而形成的：

①产品。包括质量、造价、工期、售后服务等方面。质量高，价格合理，按时交工，售后服务良好，那么企业形象就好。

②企业内部工作。主要包括企业管理方式，企业创新活动，企业财务状况，文明施工情况等。效益好的企业，因员工收入高而受人羡慕，而亏损企业常因财务纠纷而破坏企业形象。重大事故会使公众感到管理混乱，刑事犯罪活动会导致企业较高的知名度和较低的美誉度。

③企业领导。主要指董事长、总经理等领导在社会上的影响，包括公众宣传方面的知名度和领导个人的工作作风及品德素质。

④政府职能部门。政府职能部门的评价主要指建设管理部门、质量监督部门及工商、金融部门对企业的评价，而这些部门提供给社会和用户的企业形象信息是举足轻重的。

⑤用户和消费者。用户和消费者对产品的质量的反映以及售后服务情况，回访保修情况，及时处理质量问题的情况，是对企业形象的直接评述，一些新房漏雨、墙皮脱落、下水不畅等情况的发生是对企业形象的直接损害。

⑥社会。社会评价主要包括是否文明施工，是否困民扰民，是否损害环境等。一些企业常通过建设位于城市中心地段的大型公共建筑，试图在社会公众中建立自己的企业形象和知名度，那么它同时也应该把文明施工和公众利益时时放在重要的位置，不能只让用户对质量满意而不让公众对文明施工满意，可以说公众和社会是企业将来的客户。

（2）企业形象的作用

企业形象是企业文化建设的重要内容，它不仅对团结职工努力工作有重要心理作用，而且在企业的外部也能产生很大的社会心理效应。所以许多企业都十分重视企业形象的树立，通过开展树立优秀企业形象活动来推动企业文化的建设。

良好的企业形象是一种无形的财富，企业形象好，用户就信赖，投标中标的可能性就大。从企业外部来看，良好的形象使公众充分信赖企业，为改善企业经营提供更多的机会；从企业内部看，良好的企业形象可以使全体员工在工作中产生同企业同呼吸、共命运的价值观念。从而最大限度地调动了员工的积极性，保证了企业旺盛的生命力。

（3）企业形象策划的内容、程序

①企业形象策划的内容

企业形象策划可分为两个层次，即总体企业形象战略的策划和具体塑造企业形象活动的策划。企业形象广告策划、CI 操作技术等属于具体塑造企业形象活动的策划；而 CI 总体策划、企业名牌战略、企业公关战略等属于总体企业形象战略策划。

CI（Corporate Identity system）就是企业识别系统，是一种经营管理策略。其基本构成要素有三：一是企业理念识别（简称 MI，包括企业经营信条、精神标语、座右铭、企业经营策略等，MI 可称为 CI 的“想法”）；二是企业行为识别（简称 BI，是 CI 的动态识别形式，包括对外回馈、参与活动，对内组织、管理和教育，BI 可称为 CI 的“做法”）；三是企业视觉识别（简称 VI，是 CI 的静态识别符号，是具体的、视觉化的传达形式，其项目最多、层面最广、效果最直接，VI 可称为 CI 的“看法”）。三者相互作用，带动企业经营管理，塑造企业独特形象。

CI 总体策划主要通过 CI 的设计，把标准统一的企业经营理念、行为规范和视觉形象，通过企业自身的或外界的媒体扩散出去，使社会大众或消费者对企业产生信赖、认同感和偏爱心理效应，达到提高企业知名度，最终占领和扩大市场的目的。通过独具特色的企业标志、色彩、音乐和口号，如企业的徽章、服装、旗帜、符号、图案、文字、报纸、广告和工程项目的名称、简介、纪念牌以及企业的歌曲、文体比赛、广播电视等，向社会展示企业自身与众不同的风格和形象。

②企业形象策划的程序

a. 企业形象调查。通过调查，了解公众对企业的意见、态度和反映，对企业形象及其信誉做出自我反思与评价，寻找企业形象自我评价与公众评价的差距。根据这种形象差距通过再度形象策划后加以调整。调查的方法可以采用询问法、观察法、实验法等完成。

b. 策划方案制定。详细确定人员分工、传播媒介、经费开支、工作途径、行动手段、效果检测以及运行结果等。为保证策划方案科学合理，可以采用诸如“德尔菲”法、“头脑风暴”法等，每一个方案都可以做几个前提假设作为依据，使问题讨论更加深入，还可以考虑把问题本身分为若干小问题，或者是通过提类似的问题，使参加讨论的专家畅所欲言，避免思想受问题局限。

c. 策划后的实施。策划后的实施重点要注意选择形象策划活动的媒介和活动方式的有效性，要根据策划工作的目标要求、公众对象、传播内容、经济条件选择媒介，根据活动方式的侧重性、功能性，选择宣传性策划、交际性策划、服务性策划、社会公益文化策划等方式，边实施边反馈。

d. 反馈与评估。通过反馈与评估，客观评价策划工作的成败，通过定性定量评价、公众与市场的反映，对形象策划的媒介、活动方式进行必要的调整。

企业形象策划的过程是一个循环反复的不断调整的过程，市场在变，环境在变，企业状况在变。因此，企业形象策划的过程是不断优化的动态过程。

(4) 完善企业形象的策略

完善企业形象必须从企业形象的现状出发，根据其美誉度和知名度高低所处的不同状态，以高美誉度、高知名度为目标，进行策略的计划调整。

①对美誉度和知名度都低的企业其基本策略是：先提高美誉度，后提高知名度。从企业内部管理着手，狠抓产品质量，夺取几个优质工程金牌，再依靠新闻宣传及用户的舆论，从而打开工作局面。

②对高知名度、低美誉度的企业基本策略是：首先弄清造成这一状况的历史，一种可能是本来默默无闻的企业因发生大的事故而导致企业出名；另一种是企业本来有较高的美誉度和知名度，由于某些重大问题处理不当而使美誉度大大降低，这两种情况应区别对待。

第一种情况下，企业的中心工作应是先降低其已享有的知名度，通过企业联合或其他借用别的企业形象的办法，改名换姓，然后再采取措施，重新争取美誉度。

第二种情况，企业的中心策略应该是坦诚地向公众交代事故的原因，以及改善这方面工作的措施，以取得公众的谅解，恢复企业的美誉度。

③对高美誉度、低知名度的企业，企业的工作重点应是提高企业知名度，扩大宣传范围，增强宣传力度。如在在建工程上悬挂标语，在有影响的工程招标中中标，在报纸杂志上进行企业宣传等。

④对美誉度和知名度都高的企业，企业的工作重点是保持企业具有的美誉度和知名度。要给公众留下持久的良好印象，必须具有鲜明的企业个性，重视企业文化建设。

## 4.2 人力资源管理概述

### 4.2.1 人力资源管理的概念与内容

#### 1.人力资源管理的概念

人力资源是指在劳动生产过程中，可以直接投入的体力、智力、心力的总和及在此基础上形成的基本素质，包括知识、技能、经验、品性与态度。

对于什么是人力资源，历史上曾有过三种主要的、不同的理解。一种意见把人力视为劳动力，认为人力就是有劳动能力的全部人口；第二种意见认为，人力资源是目前正在从事社会劳动的全部人口；第三种意见认为，人力是人的素质得到综合发挥所产生的作用力，包括人的现实劳动能力和潜力。其中第三种意见比较符合当代的现实情况，并已成为人们的共识。

人力资源具有以下特性：一是活动性，人力资源依存于其拥有者；二是可控性，人力资源的生成过程多数情况下是可控的；三是时效性，人力资源闲置或使用不当会降低或失去作用；四是能动性，人力成为资源必须有拥有者主观能动性的发挥；五是变化性，环境对人力资源的效用影响很大；六是再生性，人力资源可以在利用中增值、再生；七是持续性，人力资源可以持续开发利用；八是独立性，人力资源主要是以个体的形态存在的；九是内耗性，人力资源在利用中会有内耗；十是资本性，人力资源的开发和维护，需要物资、资金和时间等投入。

所谓人力资源管理是依据组织和个人发展的需要，对组织中的人力这一特殊资源进行有效开发、合理利用与科学管理的机制、制度、流程、技术和方法的总和。

人力资源管理学是近20年兴起的一门关于人的管理科学，它正在迅速取代传统的劳动管理学和人事管理学，成为企业中人的管理的理论基础和实践基础。

#### 2.人力资源管理的内容

(1) 制定人力资源规划

人力资源规划是企业在员工队伍建设方面的目标、行动规则、行动程序和方法的复合体。人力资源管理部门需要根据企业的整体发展战略规划和当前经营计划，在认真评估企业的人力资源现状和趋势，搜集和分析劳动力市场相关人力资源供求关系的基础上，预测本企业人力资源的供求情况，制定出有针对性的人力资源开发和管理规划，同时制定出相应的政策措施。

(2) 进行人力资源成本核算

与财务等部门合作，建立企业人力资源成本核算制度和核算体系，以便为人力资源方面的决策提供数量化的依据。

(3) 进行工作分析与评价

对企业的所有工作进行分析，依次分析出职务系列中的职级、等次，确定每项工作的工作描述和价值。制作工作岗位职责说明书，作为招聘、确定薪酬、考核和评价的依据。

(4) 进行员工的招聘和选拔

根据企业工作分析的结果和岗位需要，通过内部选拔和参加人才交流会、广告招聘、院校招聘及与猎头公司合作等外部途径吸引应聘者。经过面试、考核、心理测评等方法进行审查和筛选，以获得企业需要的合格人才。

(5) 建立劳动关系，进行劳动合同管理

在现代企业中，企业与员工的劳动关系一般以劳动合同来确立。企业的劳动合同管理一般包括：规定用人标准和岗位责任；制作岗位说明书；负责劳动合同的订立；进行劳动合同履行情况的考评；规定劳动合同的管理制度；管理劳动档案；配合劳动行政部门和主管部门做好劳动合同的管理工作，如处理劳动纠纷等。

(6) 进行薪酬管理

现代企业的薪酬包括以货币形式直接支付给员工薪金和以非货币形式提供员工福利等。薪酬管理的核心是进行薪酬设计。薪酬的设计需要遵循按劳取酬、同工同酬、外部平衡与合理保障的原则，可以根据企业的实际情况及劳动力市场的状况，决定采用岗位工资制、技能工资制、绩效工资制、结构工资制等薪酬制度中的任何一种或几种类型。

进行薪酬设计时，需要经过确定企业付酬原则与政策、工作分析、工作评价、工资结构设计、工资状况调查与数据收集、工资分级与定薪、工资的执行控制与调整等七个步骤。设计的基础是工作分析与评价。工作评价的方法有分类法、点数法、序列法、因素比较法和市场定位法。

(7) 进行员工的教育培训，推进学习型组织建设

现代化的企业一般都会对新员工进行入职培训，随着员工在企业中服务年限的增长、业务的熟练、职位的晋升，依次再进行各种岗位技能培训和继续教育，努力

形成一种人人学习、终身学习的学习型组织。20 世纪 90 年代以来，许多企业力图建成学习型企业，以适应科技的进步和经济社会的飞速发展，这使人力资源管理中的培训职能得到进一步的丰富和扩展。

(8) 进行员工的业绩考评

员工考评是人力资源管理者对员工整体素质及其工作表现进行考查、评定活动的总称。员工考评是企业人力资源管理中最为核心的工作，培训工作者必须充分认识到考评在人力资源管理中的评价、区分、反馈、管理作用及其设计和实施的方法。

(9) 进行劳动保障管理

劳动保障管理是当前人力资源管理的一个热点，直接关系着职工群众的切身利益和社会稳定，是人力资源管理部门必须做好的重要工作。我国的劳动保障管理主要有社会保障管理、劳动安全卫生管理及作业条件管理等几方面工作。

劳动保障管理的主要工作有：

①贯彻执行国家和行业主管部门关于社会保障和劳动安全卫生的政策法规。

②建立和管理员工参加社会保障的档案。

③制定劳动安全卫生规章制度。

④会同有关部门经常检查、指导、改进劳动安全卫生工作和作业条件。

⑤处理劳动安全卫生方面的事故。

(10) 进行职业生涯管理

职业生涯管理是从个人和组织两个方面对员工职业生涯设计和开发进行规划、促进和完善的过程。在此，主要介绍企业所应进行的员工职业生涯管理活动，这是近年人力资源管理增加的一项新职能。

企业进行职业生涯管理主要是为了保护员工的长期兴趣，帮助员工挖掘自身的潜力，取得职业的成功，以此赢得员工对企业的忠诚，同时使企业获得发展所需的人才。企业对员工职业生涯进行管理的措施主要包括：

①在招聘时，向应聘者提供较为客观的组织情况介绍和职业的未来发展展望。

②了解初人企业员工的职业兴趣、技能情况，进行岗前的培训引导，帮助其制定职业生涯规划。

③对处于职业稳定期和危机期的骨干职工，建立各种适合员工特点的职业发展通道和阶梯，针对员工的发展需求提供适当的培训机会。

④提供必要的职业指导。

⑤编写以员工职业生涯发展及管理规定为内容的培训教材，并对新员工进行培训等。

### 4.2.2 人力资源管理的职能和作用

1.人力资源管理的职能

(1)招收、录用。主要包括以下活动:

①根据组织中工作岗位的需求,提出人员补充的计划。

②对有资格的求职人员提供均等的就业机会。

③根据岗位要求和条件允许确定合格人选。

(2)保持。保持员工有效工作的积极性和安全健康的工作环境,主要是通过激励措施以调动和维持员工的工作积极性和责任心,保证他们身心健康。

(3)发展。通过教育、培养、训练,促进员工知识、技巧、能力和其他方面素质提高,不断保持和增强员工在工作中的竞争地位,使员工的劳动能力得到开发。

(4)评价。对员工的工作成绩、工作表现、品德风范、技能水平及其他方面进行观察分析,并得出鉴定意见。

(5)调整。为保持员工的正常状况,通过奖惩、解聘、晋升、调动等方法,使员工技能水平和工作效率达到岗位的要求。

2.人力资源管理的地位和作用

(1)人力资源管理的地位

现代管理理论认为,对人的管理是现代企业管理的核心。人是社会中的人,管理的根本目的之一,就是采用特定方法,充分发挥人的积极性、主动性和创造性。有效的管理者总是既把人看作管理的对象和客体,又把人看作是管理的主体和动力。

现代管理的一个重要学派——行为科学学派认为,管理的首要问题是如何调动员工的积极性,激励人的动机。动机可以支配人的行为,一个能力差的人有时工作成绩可能比能力强的人更好;一个处境艰难的企业通过企业和全体员工的努力,有可能在很短时间内超过比自己先进的企业。这是因为动机激励程度不同的结果。

总之,企业在市场经济条件下要生存发展,就要重视人的因素,特别要重视加强企业的人力资源管理,人力资源管理在现代企业管理中居于核心地位。

(2)人力资源管理的作用

实践证明,重视和加强企业人力资源管理,以人为本,对于促进生产经营的发展,提高企业劳动生产率,保证企业获得最大的经济效益并使企业的资产保值增值有着重要的作用。

①有利于促进生产经营的顺利进行。劳动力是企业生产力的重要组成部分,只有通过合理组织劳动力,不断协调劳动力之间、劳动力与劳动资料和劳动对象之间的关系,才能充分利用现有的生产资料和劳动力资源,使它们在生产经营过程中最

大限度地发挥其作用，并在空间上和时间上使劳动力、劳动资料和劳动对象形成最优的配置，从而保证生产经营活动有条不紊地进行。

②有利于调动企业员工的积极性，提高劳动生产率。人是有生命、有情感、有思想、有尊严的，这就决定了企业人力资源管理必须设法为劳动者创造一个适合他们所需要的劳动环境，使他们安于工作、乐于奉献，并能积极主动地把个人劳动潜力和全部智慧发挥出来，为企业创造出更有效的生产经营成果。因此，企业必须善于处理好物质奖励、行为激励以及思想教育三方面工作的关系，使企业员工始终保持旺盛的工作热情，充分发挥自己的专长，努力学习技术和钻研业务，不断改进工作，从而达到提高劳动生产率的目的。

③有利于现代企业制度的建立。科学的管理制度是现代企业制度的重要内容，而人力资源的管理又是企业管理中最为重要的组成部分。一个企业只有拥有第一流的人才，才会有第一流的组织、第一流的领导、第一流的管理才能，创造出第一流的产品。否则，如果一个企业不具备优秀的管理者和劳动者，企业的先进设备和技术无法发挥应有效益。提高企业现代化管理水平，最重要的是提高企业员工的素质。由此可见，注重和加强对企业人力资源的开发和利用，搞好员工培训教育工作，是实现企业管理由传统管理向科学管理和现代管理转变过程中一个不可缺少的环节。随着现代企业制度的逐步建立，企业人力资源管理将越来越显得突出和重要。

④有利于减少劳动耗费，提高经济效益并使企业的资产保值增值。合理组织劳动力，科学配置人力资源，可以促使企业以最小的劳动消耗取得最大的经济成果。在市场经济条件下，企业的资产保值增值，争取企业利润最大化，价值最大化，都需要加强人力资源管理。

## 4.3 建筑企业人员招聘、录用、培训及考核

### 4.3.1 人员招聘

人员招聘是“获取”人力资源的一个重要手段，也是人力资源管理的一项基本工作。人员招聘工作，是企业人力资源管理的经常性工作，是指组织通过采用一切科学的方法去寻找、吸引那些有能力又有兴趣到组织来任职的人员，并从中选出适宜人员予以聘用的过程。

#### 1.招聘原则

(1) 公开原则

把招聘的单位、招聘的种类、数量、要求的资格条件以及考试方法均向社会公

开。这样做不仅可以大范围地广招贤才，而且有助于形成公平竞争的氛围，使招聘单位确实招到德才兼备的优秀人才。此外，在社会的监督下，还可以防止不正之风。

（2）平等原则

对待所有的应聘者应该一视同仁，不得人为地制造不平等条件。在我国的一些招聘启事中经常可以看到关于年龄、性别的明确限制，这在国外是违反法律的，国外法律规定用工不得有种族、性别、年龄歧视。企业作为招聘单位就应努力为人才提供公平竞争的机会，不拘一格地吸纳各方面的优秀人才。

（3）竞争原则

人员招聘需要各种测试方法来考核和鉴别人才，根据测试结果的优劣来选拔人员。靠领导的目测或凭印象，往往带有很大的主观片面性和不确定性。因此，必须制定科学的考核程序、录用标准，才能真正选到良才。

（4）全面原则

录用前的考核应兼顾德、才、能等诸方面因素。因为一个人的素质不仅取决于他的智力水平、专业技能，还与他的人格、思想等因素密切相关。我国公务员的考试内容就是根据全面考核人才的原则制定的，涉及了职业倾向、个性倾向、认知能力等多方面的考察项目。

（5）量才原则

招聘录用时，必须做到“人尽其才”、“用其所长”、“职得其人”。认真考虑人才的专长，量才录用，量职录用。有的招聘单位盲目地要求高学历、高职称，不考虑拟招聘岗位的实际需求，结果花费了大量人力物力招聘来的，用不了多久就都“孔雀东南飞”了。要知道，招聘最终的目的是每一岗位上用人都是最合适、最经济，并能达到组织整体效益最优。

2.招聘的程序

（1）制定招聘计划

首先必须根据本组织目前的人力资源分布情况及未来某时期内组织目标的变化，分析从何时起本组织将会出现人力资源的缺口，是数量上的缺口，还是层次上需要提升，这些缺口分布在哪些部门，数量分布如何，层次分布是怎样的。根据对未来情况的预测和对目前情况的调查来制定一个完整的招聘计划、拟定招聘的时间、地点、欲招聘人员的类型、数量、条件、具体职位的具体要求、任务，以及应聘后的职务标准及薪资等。

（2）组建招聘小组

对许多企业，招聘工作是周期性或临时性的工作，因此，应该有专人来负责此项工作，在招聘时成立一个专门的临时招聘小组，该小组一般应由招聘单位的人事主管以及用人部门的相关人员组成。专业技术人员的招聘还必须由有关专家参加，如果是招聘高级管理人才，一般还应有经济管理等相关方面的专家参加，以保证全面而科学地考察应聘人员的综合素质及专项素质。招聘工作开始前应对有关人员进行培训，使其掌握政策、标准，并明确职责分工，协同工作。

（3）确立招聘渠道，发布招聘信息

根据欲招聘人员的类别、层次以及数量，确定相应的招聘渠道。一般可以通过有关媒介（如专业报刊、杂志、电台、电视、大众报刊）发布招聘信息，或去人才交流机构招聘，或者直接到大中专院校招聘应届毕业生。

（4）甄别录用

一般的筛选录用过程是：根据招聘要求，审核应聘者的有关材料，根据从应聘材料中获得的初步信息安排各种测试，包括笔试、面试、心理测试等，最后经高级主管面试合格，办理录用手续。在一些高级人员的招聘过程中，往往还要对应聘者进行个性特征、心理健康水平以及管理能力、计算机水平模拟测试等。

（5）工作评估

人员招聘进来以后，应对整个招聘工作进行检查、评估，以便及时总结经验，纠正不足。评估结果要形成文字材料，供下次参考。此外，在新录用人员试用一段时间后，要调查其工作绩效，将实际工作表现与招聘时对其能力所做的测试结果做比较，确定相关程度，以判断招聘过程中所使用的测试方法的信度和效度，为测试方法的选择和评价提供科学的依据。

### 4.3.2 人员录用

#### 1.建筑企业用工制度

用工制度是企业为了解决生产对劳动力的需要而采取的招收、录用和使用劳动者的制度，它是企业劳动管理制度的主要组成部分。随着国家和建筑业用工制度的改革，建筑企业可以采取多种形式用工。

（1）固定工

固定工即与建筑企业签长期用工合同的自有员工，主要由工人技师、特殊复杂技术工种工人组成。

（2）合同工

企业根据临时用工需求，本着“公开招工、自愿报名、全面考核、择优录取”的原则，从城镇、农村招收合同制工人。

（3）计划外用工

企业根据任务情况，使用成建制的中小建筑公司（如劳务分包企业），以弥补劳务人员的不足。

（4）建立劳务基地

企业出资和地方政府一起在当地建立劳务培训基地，采用“定点定向、双向选择、专业配套、长期合作”的方式，为企业提供长期稳定的劳务人员。

(5) 建立协作关系

一些大型建筑企业利用自身优势，有选择地联合一批施工能力强、有资质等级的施工企业（包括劳务分包企业），同他们建立一种长期稳定的伙伴协作关系。

上述建筑企业的多元结构的用工制度，适应了建筑施工和施工项目用工弹性和流动性的要求。同时，建筑企业的用工制度也决定了建筑企业人员招聘和录用工作的特殊性。

2. 录用工作

录用有签订试用合同、员工的初始安排、试用和正式录用等过程。

新员工进入企业以前，一般要签订试用合同，对新员工和组织双方进行必要的约束和保证。合同内容包括：试用的职位；试用的期限；试用期间的报酬与福利；试用期应接受的培训；试用期责任义务；员工辞职条件和被延长试用期的条件等。

一般来说新员工进入企业以后其职位均是按照招聘的要求和应聘者的意愿安排的。有时组织可以根据需要，在征询应聘者意见以后，也可以充实到别的职位。对于一些岗位，应聘者可能要经过必要的培训以后才能进入试用工作。

试用期满后，如果新员工表现良好，能够胜任工作，就应办理正式录用手续。正式录用企业一般要与员工签订正式的录用合同。合同内容和条款应当符合劳动法的有关规定。

### 4.3.3 员工培训

员工培训是指在将组织发展目标和员工个人发展目标相结合的基础上，有计划、有系统地组织员工从事学习和训练，增长员工的知识水平，提高员工的工作技能，改善员工的工作态度，激发员工的创新意识，最大限度地使员工的个人素质与工作需求相匹配，使员工能胜任目前所承担的或将要承担的工作与任务的人力资源管理活动。

1. 培训的原则

(1) 理论联系实际，学用一致

培训不同于基础教育，应当有明确的针对性，从实际工作需要出发，与职位特点紧密结合，与培训对象所需的知识与技能相结合，才能收到培训的实效。

(2) 专业知识技能培训与组织文化培训兼顾

培训的内容还应与管理人员和工人标准相衔接。除了安排文化知识、专业知识、专业技能的培训内容外，还应安排理想、信念、价值观、道德观等方面的培训内容，而后者又常常与企业目标、企业哲学、企业精神、企业道德、企业制度等结合起来进行。

(3) 全员培训和重点提高

全员培训就是有计划、有步骤地对在职的各级各类人员都进行培训，这是提高全员素质的必由之路，但全员并不等于平均使用力量，仍然要有重点，即重点培训技术、管理骨干，特别是培训中上层管理人员。

(4) 严格考核和择优奖励

培训工作与其他工作一样，严格考核和择优奖励是不可缺少的管理环节。严格考核是保证培训质量的必要措施，也是检验培训效果的重要手段。实际中，很多培训只为了提高素质，并不涉及录用、提拔或安排工作问题。因此，对受训人员择优奖励就成为调动其积极性的有力杠杆。要根据考核成绩，设不同的奖励等级，并且考核成绩要备案，与今后的奖励、晋级等挂钩。

2. 培训的形式

(1) 按培训与工作的关系分类

从培训与工作的关系来划分，有在职培训和非在职培训。

在职培训即人员在实际的工作中得到培训，这种培训很经济，不需要另外添置场所、设备，有时也不需要专职的教员，而是利用现有的人力、物力来实施培训。同时，培训人员不脱离岗位，可以在不影响工作和生产的情况下进行。

非在职培训即在专门的培训场所接受训练。其形式很多，诸如与学校挂钩方式、委托代培方式等。有条件的单位亦可自办各种培训学校及短训班。由于学员脱产学习，没有工作压力，时间集中，精力集中，其知识技能水平会提高很快，这种培训方式的缺点是需要资金、设备、专职教师、专门场所，所以成本较高。

为了克服两者缺点，集中两者优点，出现了另一种培训形式——半脱产培训，在实践中取得较好的效果。

(2) 按培训的组织形式分类

从培训的组织形式来划分，有正规学校、短训班、自学等形式。

正规学校包括高等院校、党校、管理干部学院等。承担企业人员正规化培训任务这种形式一般费用较高，通常用于较高层次管理人员的培养。

与正规学校相比，短训班形式专业性强、灵活、内容有鲜明的针对性，可以使一批人同时受到培养，费时不长，花费不大，易于组织，已被广泛采用。这种形式的培训特别适用于专业培训，在某一问题上集中深化，使受训者了解有关动态和最新发展，跟上技术进步、管理变革和政策环境、市场竞争态势的变化，回到工作岗位立即应用，见效较快。

自学是一种自我完善、提高的培训方式。其特点是组织简单、费用低、行之有效，特别是成人自学考试制度实行以来，自学成才的人数呈增加趋势。企业对有志于自学培训的人员应采取措施支持和鼓励。

(3) 按培训目标分类

从培训的目的来划分，有文化补习、学历培训、岗位职务培训等形式。

文化补习和学历培训的目的在于增加普通的文化科学知识，为以后的进一步提高奠定文化基础。

岗位职务培训是以工作的实际需要出发，围绕着职位的特点而进行的针对性培训。这种培训旨在传授个人以行使职位职责、推动工作方面的特别技能，侧重于专门技术知识的灌输。同时，这种培训还用来使人员在担任更高职务之前，能够充分了解和掌握未来职位的职责、权力、知识和技能等。这样，在担任较高职务时，就有可能尽快胜任工作，打开局面。

(4) 按培训层次分类

从培训的层次上划分，有高级、中级和初级培训。

培训工作应因人而异，分层次进行。一般而言，初级培训可侧重于一般性的知识和技术方法；中级培训可适当增加有关理论课程；高级培训则应侧重于学习新理论、新观念、新方法。培训的级别越高，所采用的组织形式就越趋小型化、短期化。如初期培训通常要借助正规学校、社会办学的方式实现，而高级培训则可采用短训班、研讨班，甚至出国考察培训等方式来实现。

3.建筑企业职业培训的内容

(1) 管理人员培训

①岗位培训。岗位培训是对一切从业人员，根据岗位或职务对其具备的全面素质的不同需要，按照不同的劳动规范，本着“干什么学什么，缺什么补什么”的原则进行的培训活动。它旨在提高职工的本职工作能力，使其成为合格的劳动者，并根据生产发展和技术进步的需要，不断提高其适应能力。其包括对企业经理的培训，对项目经理的培训，对基层管理人员和土建、装饰、水暖、电气工程的培训以及对其他岗位的业务、技术干部的培训。

②继续教育。继续教育包括建立以“三总师”为主的技术、业务人员继续教育体系、采取按系统、分层次、多形式的方法，对具有中专以上学历的管理人员进行继续教育。

③学历教育。学历教育主要是有计划选派部分管理人员到高等院校深造。培养企业高层次专门管理人才和技术人才，毕业后回本企业继续工作。

(2) 工人培训

①班组长培训。即按照国家建设行政主管部门制定的班组长岗位规范，对班组长进行培训，通过培训最终达到班组长100%持证上岗。

②技术工人等级培训。按照建设部颁发的《工人技术等级标准》和劳动部颁发的有关工人技师评聘条例，开展中、高级工人应知、应会考评和工人技师的评聘。

③特种作业人员的培训。根据国家有关特种作业人员必须单独培训、持证上岗的规定，对企业从事电工、塔式起重机驾驶员等工种的特种作业人员进行培训，保证100%持证上岗。

4.培训的管理

企业领导及主管教育培训的职能部门要按照“加强领导、统一管理、分工负责、通力协作”的原则，长期坚持、认真做好培训工作，做到思想、计划、组织、措施四落实，使企业的职工培训制度化、正规化。

思想落实，即提高广大干部群众对职工教育培训工作的认识，使各级领导从思想上真正认识到职工教育培训的重要性，就像抓生产一样，认真抓好职工教育。

计划落实，就是根据企业的实际情况，制定职工教育的长远规划和近期具体实施计划，因地、因时、因人制宜地落实规划。按干部、技术人员、工人所从事的业务类型，分门别类地组织学习，进行岗位培训。

组织落实，即要有专门的机构和人员从事职工教育的领导和管理工作，建立能动的教育运行机制，从组织上保证职工教育工作有人抓、有人管。

措施落实，要有一定的物质条件，教育用房、实验设备、师资配备、经费来源等必须切实解决。

### 4.3.4 员工的绩效考核

员工的绩效考核就是通过科学的方法和客观的标准，对职工的思想、品德、工作能力、工作成绩、工作态度、业务水平以及身体状况等进行评价。

1.绩效考核的作用

(1) 给用人单位提供科学依据

通过考核全面了解职工的情况，为职工的奖励、晋升、分配报酬等提供了科学依据，考核是企业劳动人事管理部门掌握职工情况的重要手段。

(2) 激励员工上进

在企业实行严格的考核制度，并以考核结果作为用人及分配报酬的依据，必然促使员工认真钻研业务技术，努力勤奋工作，全面提高自己的政治、业务、身体素质，以便在考核中获得好成绩。

(3) 便于选拔、培养人才

通过考核，可以发现员工中的优秀人才，有的放矢地培养，适时地选拔到更重要的职位上；另一方面，通过考核掌握员工全面情况后，才能对员工进行各有侧重的培训，尽快地提高他们的素质。否则，优秀人才缺乏显露才华的机会，将会埋没人才，员工培训没有一定的目标，也不可能收到好的效果。

2.绩效考核的内容

(1) 工作成绩

重点考核工作的实际成果，不管其经过如何。工作成绩的考核，要以员工工作岗位的责任范围和工作要求为标准，相同职位的职工应以同一个标准考核。

(2) 工作态度

重点考核员工在工作中的表现，如职业道德，工作责任心，工作的主动性和积极性等。

(3) 工作能力

考核员工具备的能力。员工的工作能力由于受到岗位、环境或个人主观因素的影响，在过去的工作中不一定显示出来，要求通过考核去发现他们。

工作成绩、工作态度和工作能力是员工从事一定工作所表现出来的三个相互联系的要素。一个员工在一定岗位上工作，必须具备一定能力才可能干好，没有能力即便工作态度再好也不可能获得好的成绩。但是，一个具备了能力的员工，不一定就肯定获得优良的成绩，因为这里有一个工作态度问题，能力虽然高但不愿付出(即工作态度不好)也不可能取得成绩。所以，对于员工的考核必须从以上三个方面全面考核，缺一不可。

企业对员工绩效的考核是针对企业工作特点决定的，它与公务员绩效考核的德、能、勤、绩考核提法上有很大不同，但内容有较大的一致性。

3.绩效考核的方法

(1) 主观评价法

主观评价法是依据一定的标准对被考核者进行主观评价。在评价过程中，可以通过相对比较法，将被考核者的工作绩效与其他被考核者的比较，评出最终的顺序或等级；也可以通过绝对标准法，直接根据考核标准和被考核者的行为表现进行比较。主观评价法比较简易，但也易受考核者主观的影响，需要在使用中精心设计考核方案，减少考核的不确定性。

(2) 客观评价法

客观评价法是依靠工作指标的完成情况对被考核者进行客观评价。为了增加考核的可信度，一般来说，要求这些指标是客观的和定量的，主要包括：

①生产指标，如产量、销售量、废次品率、原材料消耗率等；

②个人工作指标，如出勤率、事故率、违规违纪次数等指标。

客观评价法注重工作结果，忽略被考核者的工作行为，一般只适用于生产一线从事体力劳动的员工。

（3）工作成果评价法

工作成果评价法是为员工设定一个最低的工作成绩标准，然后将员工的工作结果与这一最低的工作成绩标准进行比较。它重点考核被考核者的产出和贡献，着眼于“干出了什么”而不是“干什么”。在实行团队工作的组织中，把员工工作成果作为业绩考核的依据会加剧员工个人之间竞争，影响彼此之间的协作和相互帮助，不利于整个组织的工作绩效，所以，在采用工作成果评价法时应当加以注意。

4.绩效考核的影响因素与注意事项

影响绩效考核的因素有：

①考核者的判断。

②考核者与被考核者的关系。

③考核的标准和方法。

④组织条件。

⑤考核中常见的心理弊病等。

绩效考核的信度是指考评结果的一致性和稳定性。为了提高考核的信度，应注意：

①对考核者进行必要的培训，保证他们对考核内容理解一致和对考核标准的准确把握。

②采用全方位考核，对被考核者进行全面完整的评价。

③保持必要的考核次数和信息采集。

④在设计考核方案和考核方法时，尽量采用考核格式和程序的标准化以及考核标准的量化。

绩效考核的效度，是指考核获取的信息及结果与考核的工作绩效之间的相关程度。考核效度意味着必要信息的被忽略或无关信息的被纳入。因此，在设计考核方案时，首先要做到考核维度的全面并使各维度的权重反映实际情况，然后用具体、明确、容易理解的词语和指标来定义它们的内容。此外，还要处理好被考核者可能存在的考核数据不全或缺项问题。

## 4.4 建筑企业人力资源的优化配置和能力开发

### 4.4.1 企业人力资源的优化配置

企业人力资源优化配置的含义有两个方面：一是结构的优化，即配置的各种资源必须根据施工生产的需要有一个合理的结构；二是总量投入的优化，即在结构合理的情况下，总量按需投入。因此，优化应从结构和总量两个方面进行。

1. 项目经理部人员的优化配置

项目经理部人员在项目施工现场的人力资源中处于核心地位，其可以分为项目经理和其他管理人员。

项目经理是完成项目施工任务的最高责任者、组织者和管理者，是项目施工过程中责、权、利的主体，在整个工程项目施工活动中占有举足轻重的地位。因此，项目经理必须由公司总经理来聘任，以使其成为公司法人，代表在工程项目上的全权委托代理人。

项目经理部其他管理人员配置的种类和总量规模，根据工程项目的规模、建筑特点、技术难度等因素来决定。从其所行使的职能来看，项目经理部应当配置能满足项目施工正常进行的预算、成本、合同、技术、施工、质量、安全、机械、物资、后勤等方面的管理人员。项目经理部人员的配备可采用责任矩阵图法。

责任分配矩阵是一种将项目所需完成的工作落实到项目有关部门或个人，并明确表示出他们在组织中的关系、责任和地位的一种工具。它将人员配备工作与项目工作分解结构相联系，明确表示出工作分解结构中的每个工作单元由谁负责、由谁参与，并表明了每个人或部门在整个项目中的地位。一般情况下，责任矩阵中纵向列出项目所需完成的工作单元，横向列出项目组织成员或部门名称，纵向和横向交叉处表示项目组织成员或部门在某个工作单元中的职责。

表示职责的符号有多种形式，常见的有字母、数字和几何图形。

某企业在制定的项目管理制度中，用矩阵图法确定了项目经理部各职能部门的主要职责，形成了责任分配矩阵，如表 4-1 所示。

**某项目经理部责任矩阵表** 表 4-1

| WBS | 项目经理 | 总工程师 | 机电工程师 | 总经济师 | 工程处 | 技术质量处 | 安全处 | 合同处 | 资源处 | 经济处 |
|---|---|---|---|---|---|---|---|---|---|---|
| 项目管理规划 | △口 | ○ | ○ | ○ | ◇ | ◇ | ○ | ○ | ○ | ○ |
| 进度管理 | △ | 口 | ○ | ○ | ◇ | ○ | ○ | ○ | ○ | ○ |
| 质量管理 | △ | 口 | ○ | ○ | ○ | ◇ | ○ | ○ | ○ | ○ |
| 费用管理 | △ | ○ | ○ | 口 | ○ | ○ | ○ | ○ | ○ | ◇ |
| 安全管理 | △ | 口 | ○ | ○ | ○ | ○ | ◇ | ○ | ○ | ○ |
| 生产要素管理 | △ | 口 | ○ | 口 | ○ | ○ | ○ | ○ | ◇ | ○ |
| 现场管理 | △ | 口 | ○ | ○ | ◇ | ○ | ○ | ○ | ○ | ○ |
| 合同管理 | △ | ○ | ○ | 口 | ○ | ○ | ○ | ◇ | ○ | ○ |
| 组织协调 | △ | 口 | ○ | | ◇ | ○ | ○ | ○ | ○ | ○ |

注：△——决策；口——主持；◇——主管；○——参与。

在整个工程项目的施工过程中，除特殊情况外，项目经理是固定不变的。由于实行项目经理负责制，项目经理必须自始至终负责项目施工的全过程活动，直至工程项目竣工，项目经理部解散。

由于在项目施工过程中施工工序和部位是在不断变化的，对项目施工管理和技术人员的需求也是不同的。项目经理部的其他人员可以实行动态配置。当某一项目某一阶段的施工任务结束以后，相应的人员可以动态地流动到其他项目上去，这项工作一般可由公司人事部和工程部综合考虑全公司在建项目进行统筹安排，对项目管理人员实行集权化管理，从而在全公司范围内进行动态优化配置。

2. 劳务人员的优化配置

劳动力的配置应根据承包项目的施工进度计划和工种需要数量进行。项目经理部根据计划与劳务合同，接收到劳务分包企业派遣的施工人员后，应根据工程的需要，或保持原建制不变，或重新进行组合，组合的形式有 3 种，即专业班组、混合班组和大包队。

### 4.4.2 员工能力的开发和行为激励

人力资源管理的主要目的是运用各种手段调动员工积极性，提高劳动生产率，而员工能力的开发是实现人力资源管理目的的重要手段。

1. 员工能力开发的含义和内容

(1) 员工能力的含义

员工能力是一个综合性的概念，它不仅指某个人是否具备完成某项工作的能力，还包括这种能力是否能充分发挥。因为只有能力发挥出来，才能创造成绩、履行职务，通过业绩反映一个人的能力。

影响员工能力的因素很多，主要有体力、智力、知识、性格、经验、适应能力、工作热情等，员工能力是上述因素有机结合而形成的一种综合能力。

(2) 能力开发

能力开发，就是将员工身上的潜在能力开发出来，让其充分发挥作用。此外，能力开发还有培养员工能力的意识，因为人的能力不是天生就有的，需要经过后天的不断培养才能形成。

开发员工能力大致包括以下几层含义：

①充分利用现有员工的人力资源。让每个人都能充分发挥自己的聪明才智，在各自的工作岗位上积极努力地工作，即尽可能做到“人尽其才”。能力开发的任务之一就是要为员工发挥能力创造条件；

②不断培养员工的能力。对于员工的能力，不能只顾使用，必须进行“再培

养”，通过“再培养”，使各类人员不断地获得新的能力；

③引进人才，形成新的能力。随着企业生产经营的发展，只依靠现有人员能力是不够的，需要引进掌握了新技术的人才，保证企业的活力。

(3) 能力开发的内容

①体力开发，指员工身体素质、耐久力的开发。

②智力开发，指员工的记忆、观察、想像、思考、判断、理解、分析、创造等能力的开发。

③知识开发，包括员工文化知识、专业技术知识、经营管理知识的培养。

④性格开发。这里的性格不是指人的个性，而是指员工在工作中表现出来的责任感、积极性、创新性、诚实性、协调性等。

⑤经验开发，总结和发挥员工在工作中积累起来的经验。

⑥适应能力的开发，培养员工对环境的适应性和应变能力。

⑦工作热情的开发，人的能力必须通过积极的工作，才能发挥出来，工作热情是员工能力的组成部分，激发工作热情是能力开发的一项重要内容。

2. 员工行为的激励

员工的能力只有发挥出来后，才能产生效果。通过恰当的激励，可以使员工产生良好的行为，从而充分发挥其自身的工作能力。员工行为的激励，就是利用各种手段，去调动广大员工的积极性。

(1) 激励的方式

①工资与奖金

工资与奖金是一种吸引、保持并激励员工尽力工作的有效方法。工资与奖金对于不同的人，有不同的作用。对有的人来说，工资和奖金是生活的需要；而对另外的少数人来说，取得社会地位更加重要。要充分发挥工资和奖金的激励作用，需要具备以下条件：

a. 员工个人很需要工资和奖金，而且把工资和奖金的价值看得很重。

b. 企业可以做到给表现好的员工以较高的报酬。

c. 员工能够通过改进工作，获得更多的报酬。

d. 在企业中，工作表现好、获酬较多的员工能得到认可。

②表扬与批评

表扬与批评不仅是建立正常工作秩序所必需的手段，而且也能够加深领导与员工的相互了解，对员工的行为起激励作用。表扬时要做到：及时性、准确、亲切；批评时要做到：及时、准确、诚恳。表扬与批评的目的是为了及时鼓励员工的工作热情，肯定成绩，及时制止员工的不良行为，纠正缺点。

③目标管理

当一个人有了明确的目标后，能激发工作热情和信心。在企业实行目标管理，可以将企业的总目标和员工个人的奋斗目标结合在一起，使员工的前途与企业的命运息息相关，促使员工关心、爱护企业，从而提高企业的凝聚力。

④工作内容的丰富化

可以从扩大工作内容和丰富业余生活两方面入手，消除员工的厌烦情绪，激励员工的劳动行为。扩大工作内容，是指在专业化的前提下，让员工兼做一、两种与本岗位工作有联系的其他工作，以改善单调的工作环境和内容，让员工有一种新鲜感，从而调整情绪，产生积极行为。这种方法特别适用于求知欲望较高的员工，可以使他们的工作和生活更加充实。

丰富业余生活，是指通过业余生活改变工作的单调感，调整情绪，从而产生积极行为。扩大工作内容的范围是有限的，因此，可以通过工作以外的生活丰富化来解决厌烦情绪，可以举办各种类型的小组，如球队、乐队、合唱队、舞蹈队、棋类小组、服装表演队等，开展各种类型的学习、互助和娱乐活动，还可以举办运动会，使员工在业余生活中大显身手，从业余生活中获得乐趣。

⑤理想前途教育

经常对员工进行人生观、价值观教育，让员工树立社会主义道德观念，增强为人类多做贡献的思想，用理想去激发员工的热情。

（2）激励的工作方法

管理人员在激励下属行为时经常采用两种方法：一种是工作行为，即以完成组织的目标为第一需要，鼓励完成任务好的员工，批评差的员工；另一种是关系行为，即为完成任务，通过协调关系达到目的。这两种工作方法可组合成以下几种形式。

①高工作行为与低关系行为

这种方法侧重于用严格的工作标准和规章制度，帮助员工建立正常的工作秩序和劳动纪律，以保证任务的完成和提高操作水平，这种方法适用于不成熟的员工，通过制度帮助他们成熟起来。

②高工作行为与高工作关系

这种方法既强调工作上的严格要求，又注意协调员工之间、领导和下级之间关系。当员工从不成熟向成熟过渡的时候，宜采用此种方式，让员工既习惯于严格管理、遵守规章制度和劳动纪律，又注意培养工作的自觉性，搞好关系。

③低工作行为和高关系行为

这种方法不直接用强调硬的制度去管理员工，而是侧重协调关系，激发工作的主动性去完成任务，它适用于比较成熟的员工。成熟的员工已经具备了一定的工作自觉性，这时过于频繁的指导和过严的管理往往会使员工感到领导不信任他，引起反感，甚至产生对立情绪，影响积极行为。

④低工作行为与低关系行为

这种方式在管理制度上和关系协调上做的工作都很少，主要依靠员工自己管理自己，适用于完全成熟的员工。成熟的员工了解自己工作的社会价值，了解工作的目标和要求，能自觉遵守纪律，处理员工之间的相互关系。这时，严格的规章制度、指导、监督及批评表扬之类协调人际关系的工作等都显得多余，领导的主要精力应放在为员工创造工作条件，等员工有了成果后及时给予表扬和授予荣誉。

综上所述，在激励员工积极行为的时候，应注意培养员工思想、业务和道德，使其尽快成熟起来，让员工成熟是行为激励成果的体现。

### 4.4.3 项目管理高效团队建设与激励

#### 1.高效团队建设

高效团队应具备这样的特点：明确的目标和共同的价值观；明晰的分工和精诚的协作；融洽的关系和畅达的沟通；高昂的士气和高效的生产力；很强的凝聚力。

项目管理团队建设的核心目标就是将项目成员有效地组织起来，创造出一种开放、自信、团结、协作的气氛，使项目成员有统一感，强烈希望为实现项目目标做出贡献。团队建设要做好以下几点：

（1）配备好团队成员。考虑成员的工作经验、教育背景、年龄、性别、性格和事业心等。

（2）加强团队成员的培训。通过培训，提高团队成员的综合素质、工作技能、技术水平、管理水平和道德品质等。进行岗前培训，也要进行岗上培训。

（3）搞好对团队成员的激励。激励是调动团队成员工作积极性和创造性的重要手段，应做好以下几项工作：

①明确责任，即清楚、具体地明确团队成员应承担哪些任务，任务完成后交付有什么成果。

②授权，即授予团队成员与责任相匹配的权限，给予一定的自主权和资源使用权，以便充分发挥主观能动性和创造性。

③制定绩效考评办法，要采用有效的绩效考评程序，合理确定工作标准，规定成绩评定办法。

④给予适当的奖励与激励，要坚持三项原则：一是按成绩给奖；二是导致损失要罚；三是要利用行为科学因人而异地给予激励。

（4）进行有效的冲突管理，解决冲突有以下方法：协商、妥协、缓和、强制、退出等，应以前两者为主。

（5）加强团队文化建设，团队文化指团队的管理理念、经营目的、管理制度、价值观念行为规范、道德风尚、社会责任、队伍形象等。团队文化的核心是VMV，即远景、使命、价值观。

(6) 提高凝聚力，凝聚力是指团队对每个成员的吸引力和向心力。有凝聚力的团队具有以下特征：沟通快；成员有归属感；有良好的实现自我价值和发展的条件。

(7) 提高团队士气。团队士气是成员为实现目标的精神状态和工作作风。高士气的团队凝聚力高、没有离心倾向、具有解决内部矛盾和适应环境变化的能力、彼此理解、具有认同感和归属感、掌握目标、支持领导、维护团队。

(8) 同时还需做好以下工作：

①促进团队成员相互了解、相互信任、相互依赖。

②定期召开团队会议，举行团队活动，以增强凝聚力。

③通过各种方法提高团队的士气，提高战斗力。

④培养团队成员的团队意识，以实现团队目标为已任，在实现目标的同时，接受锻炼，增加经验，提高能力，提升个人价值。

⑤培养团队成员的对内合作精神和对外沟通能力，并与激励相结合。

⑥培养团队成员的道德品质和工作技能，使其得到提高与发展。

2. 进行激励应注意的问题

(1) 对于不同的员工，应采取不同的激励手段。

(2) 适当拉开实际效价的档次。

(3) 注意期望心理的疏导。

(4) 注意公平心理的疏导。

(5) 恰当地树立奖励目标。

(6) 注意奖励时机和奖励频率。

## 本章小结

本章内容包括两大部分，即建筑企业文化和建筑企业人力资源管理。

建筑企业文化是指在一定的历史条件下，建筑企业及其员工在生产经营和变革的实践中逐渐形成的共同思想、作风、价值观念和行为准则，是一种具有建筑企业个性和特色的信念和行为方式，它包括价值观、行为规范、道德、习惯习俗、规章制度和精神风貌等。建筑企业文化的建设是一项系统工程，它经历着发育、形成、鼎盛、更新的过程。企业精神是指企业在长期生产经营活动的实践中，为谋求企业的生存和发展而逐步形成的，并为企业员工所认同和信守的共同理想、价值观和基本信念。它是企业文化的核心和灵魂，是企业生机和活力的源泉。企业形象是指消费者、社会公众以及企业内部员工和企业相关部门与单位对企业、企业行为、企业的各种活动成果所给予的整体评价。企业形象一般由产品形象、组织形象和企业领导的形象三个方面来确定，又可以通过美誉度和知名度两个指标来表现。

人力资源管理是依据组织和个人发展的需要，对组织中的人力这一特殊资源进行有效开发、合理利用与科学管理的机制、制度、流程、技术和方法的总和。人力资源管理的内容包括：制定人力资源规划、进行人力资源成本核算、进行工作分析与评价、进行员工的招聘和选拔、建立劳动关系，进行劳动合同管理、进行薪酬管理、进行员工的教育培训，推进学习型组织建设、进行员工的业绩考评、进行劳动保障管理和进行职业生涯管理。企业人力资源优化配置的含义有两个方面：一是结构的优化，即配置的各种资源必须根据施工生产的需要有一个合理的结构；二是总量投入的优化，即在结构合理的情况下，总量按需投入。人力资源管理的主要目的是运用各种手段调动员工的积极性，提高劳动生产率，而员工能力的开发是实现人力资源管理目的的重要手段。员工能力不仅指某个人是否具备完成某项工作的能力，还包括这种能力是否能充分发挥。员工能力开发就是将员工身上的潜在能力开发出来，让其充分发挥作用。员工行为的激励，就是利用各种手段，去调动广大员工的积极性。

高效团队应当具备明确的目标和共同的价值观、明晰的分工和精诚的协作、融洽的关系和畅达的沟通、高昂的士气和高效的生产力、很强的凝聚力等特点。项目管理团队建设的核心目标就是将项目成员有效地组织起来，创造出一种开放、自信、团结、协作的气氛，使项目成员有统一感，强烈希望为实现项目目标做出贡献。进行激励应针对不同的员工，采取不同的激励手段，注意适当拉开实际效价的档次、期望心理的疏导、公平心理的疏导、恰当地树立奖励目标以及注意奖励时机和奖励频率等问题。

本章内容学习时应注意有关企业文化和企业人力资源管理的理论与建筑企业具体特点相结合。

## 复习思考题

1. 什么是企业文化？有何特点？
2. 简述企业文化的功能及其在企业管理中的作用。
3. 什么是建筑企业文化？有何特殊性？
4. 简述建筑企业文化建设的现状与思路。
5. 简述建筑企业精神的含义及其培育思路。
6. 什么是建筑企业形象？有何作用？
7. 简述建筑企业形象策划的内容、程序。
8. 简述人力资源管理的概念和职能。
9. 简述人力资源管理的内容和作用。
10. 简述建筑企业人员招聘的原则。

11. 简述建筑企业人员招聘的一般程序。

12. 简述员工能力开发的内容。

13. 简述项目管理绩效考核的影响因素。

14. 项目管理团队建设要做好哪些工作？

15. 怎样建立学习型企业？建立学习型企业过程中会遇到什么困难？工作的突破口应在哪里？

16. 案例分析题

**【案例一】** 企业文化

背景：

某建筑企业甲，该企业的员工必须遵守许多规章制度；每一个员工都有其特定的工作目标，管理者严格管理员工以确保不发生偏差；员工对其工作几乎没有任何决策权，当出现任何不平常的问题时，都必须向其上司报告，由上司来决定如何处理；企业要求所有的员工都必须按正式的权力线进行信息传递；管理人员不相信员工的诚实和正直，因此它实行严格的控制，企业雇用的管理者或员工都要按一定的程序先在基层各个部门锻炼，成为多面手而不是专业人员；企业高度赞扬和奖励的是努力工作、团结协作、不犯错误和忠诚。

某建筑企业乙，该企业的规章制度很少；员工们被认为是努力工作和值得信赖的，因此监控是比较松散的；它鼓励员工自己解决问题，但当他们需要帮助时，可随时向其上司请教；各部门分工明确；企业鼓励员工开发其专业技能；人际之间和部门之间存在不同意见或差异被认为是正常现象；企业根据管理者所在部门的业绩和该部门与企业其他部门之间的配合情况来评价管理者；晋升和奖励倾向于那些为企业作出最大贡献的员工，即使他有不同的观点、异于常人的工作习惯或独特的个性。

问题：

(1) 何谓企业文化？建筑企业文化对企业管理有何促进作用？

(2) 根据背景材料总结上述两家建筑公司的企业文化。

**【案例二】** 资源的优化配置和激励

背景：

某建筑公司通过投标承包了某办公楼项目，建筑面积15万$m^3$。甲公司正在制定项目管理制度，拟编制责任矩阵图。

项目经理认识到：项目管理团队建设的核心目标就是将项目成员有效地组织起来，创造出一种开放、自信、团结、协作的气氛，使项目成员有统一感，强烈希望为实现项目目标做出贡献。

问题：

（1）何谓责任矩阵图？

（2）项目管理团队建设要做好哪些方面的工作？

（3）项目经理为了调动员工的积极性，采取了一些激励措施，但效果不明显。请问项目经理进行激励应注意哪些问题？

（4）试完成该公司的项目经理部的矩阵责任图，明确各部门或人员的职责——决策、主持或主管。

| WBS | 项目经理 | 总工程师 | 总经济师 | 工程处 | 技术质量处 | 安全处 | 合同处 | 资源处 | 经济处 | 机电工程师 |
|---|---|---|---|---|---|---|---|---|---|---|
| 项目管理规划 | | | | | | | | | | |
| 进度管理 | | | | | | | | | | |
| 质量管理 | | | | | | | | | | |
| 费用管理 | | | | | | | | | | |
| 安全管理 | | | | | | | | | | |
| 生产要素管理 | | | | | | | | | | |
| 现场管理 | | | | | | | | | | |
| 合同管理 | | | | | | | | | | |
| 组织协调 | | | | | | | | | | |

注：△——决策；◇——主持；□——主管。

## 参考文献

[1] 田金信．建筑企业管理学（第二版）．北京：中国建筑工业出版社，2004.

[2] 刘伊生．建筑企业管理．北京：北方交通大学出版社，2003.

[3] 田平．企业形象策划．北京：中央翻译出版社，1995.

[4] 彼得·圣吉．第五项修炼——学习型组织的艺术与实务．上海：上海三联书店，1996.

[5] 彭剑锋．人力资源管理概论．上海：复旦大学出版社，2005.

# 第5章 建筑企业经营预测与决策

**本章概要**

1. 市场调研的概念、程序及方法；
2. 建筑企业市场调研的内容；
3. 预测的概念和分类；
4. 建筑企业经营预测的内容；
5. 经营预测的基本程序；
6. 定性预测和定量预测的方法；
7. 决策的概念、特征及类型；
8. 决策的理论和要素；
9. 经营决策的基本程序；
10. 定性和定量的决策分析方法。

## 5.1 建筑企业市场调研

### 5.1.1 市场调研的概念及作用

市场调研是企业运用一定的技术、方法和手段，对影响市场变化及发展的因素条件等所进行的收集资料、掌握客观情况、提供市场信息，为企业进行经营预测、制订正确的经营方针和合理的经营决策提供可靠依据的一系列工作。

随着市场经济的发展，企业与市场的联系日益密切，对市场信息的需求日益增强，它迫使企业重视市场信息，开展市场调研。市场调研在企业经营活动中的重要作用，可概括为以下几个方面：

1.市场调研是了解市场的重要手段

市场调研可以认识市场的过去、现在和未来。市场供求规律是受商品供应量和购买力两方面的因素影响的。通过对工农业生产、库存、进出口情况及商品货源的调查，可以了解商品供应总量；通过对购买力、人口、消费水平、消费结构及各影响因素的调查，可以了解市场的商品需求总量与需求结构。企业可据此并结合自身实际，确定经营战略和制订经营计划。

2. 市场调研是企业经营预测与决策的基础

在市场经济条件下，市场预测和经营决策都是以及时、准确和全面的信息资料为前提的。正确的市场调查，可以增强市场预测的科学性，有助于减少经营决策中的失误，使企业的市场预测和经营决策切实可靠，降低经营风险。科学、细致的市场调查将使企业的管理工作建立在现实的基础上，并有明确、现实的目标和视野。

3. 市场调研是调整和矫正计划执行情况的重要依据

通过市场调查取得的资料，可以了解市场供求状况，进而可以检查企业的战略和计划是否正确，在哪些方面还存在不足或失误；可以认识客观环境是否发生了变化，是否出现了新情况等。从而为企业调整和矫正计划执行情况提供了重要依据。

4. 市场调研为企业开展市场营销提供各类信息

市场调研是企业选择与确定目标市场的前提；为企业实行正确的产品定价与价格策略提供信息；有利于企业正确选择销售渠道和销售策略；有利于企业实行正确的产品开发和竞争策略等。

5. 市场调研是使市场经营组合经常处于最佳状态的手段

企业市场经营组合是运用系统的方法对企业内部可控制的各种因素的综合运用。市场经营组合最佳状态的最根本要求是企业内部的经营组合要适应外部环境的发展，以提高企业的应变能力。而市场调研是掌握企业外部环境的唯一手段。

### 5.1.2 市场调研的程序及方法

1. 市场调研的程序

市场调研既是经济工作，也是科学实验，具有较强的科学性。要保证市场调研的准确性，市场调研就必须遵循一定的科学程序进行。市场调研的科学程序是保证市场调研的质量，提高工作效率的重要手段。市场调研的一般程序如图 5-1 所示。当然，由于受到各种条件的限制，在具体程序上不可能一致，也没有必要强求一致。

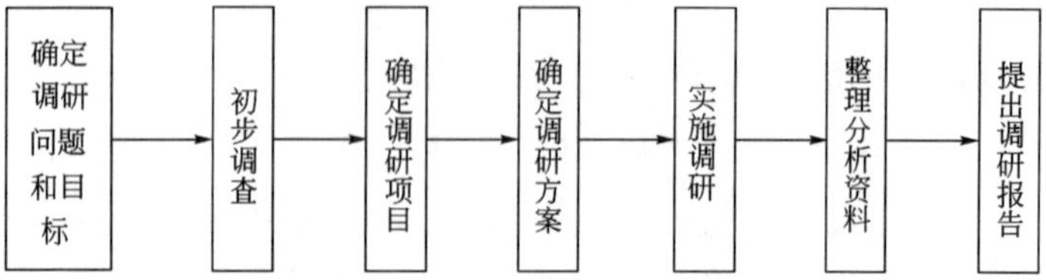


图 5-1　市场调研的程序

(1) 确定调研问题和目标

市场调研的第一步是确定调研问题。在这一过程中，调研人员应考虑的问题有：调研目的、有关的背景信息、所需信息以及这些信息能否为决策者所采用。界定问题还涉及到同决策者进行沟通，访问专家，分析二手资料，定量调研等。只有准确地界定了问题，才能确定调研目标。调研目标就是调研所要达到的具体目的。为使调研目标明确、具体，必须考虑调研的目的，调研的内容、调研结果的用处以及调研结果的使用者等诸方面的问题。也就是说，在调研前，要确定为什么要进行调研，调研要了解什么问题，掌握市场信息资料对企业生产经营作用如何？做到有的放矢。

(2) 初步调查

调查人员首先要搜集企业内部和外部的有关情报资料，进行初步情况分析。企业的内部资料包括各种记录、历年的统计资料、生产销售的统计报表和财务决算报告等。企业外部资料包括政府公布的统计资料、研究机关的调查报告、有关刊物及年鉴等，进行初步情况分析的目的就是帮助调查人员验证调研目标的准确性或使调研目标具体化，属探索性调研。此阶段的资料不必过于详细，只需重点搜集对所要研究分析的问题有参考价值的资料。

(3) 确定调研项目

经过初步调查，使所要调研的问题更加清楚明白，就可以确定调研的具体项目。确定调研项目应根据其所需资料和费用情况，考虑其可行性和经济性。

(4) 确定调研方案

确定调研方案的目的是为了使调研有秩序有目的地进行，对大型市场调研是十分必要的。调研方案应明确需要收集哪些信息资料；资料的来源和收集方法；调查的具体方法与技术；评价方案设计的可行性及核算费用；数据的分析及处理方法；方案进一步实施的准备工作等。

(5) 实施调研

根据所确定的调研方案，组织有关调研人员进行实际调查。

(6) 整理分析资料

首先要检查和评定所搜集的资料。要审核资料的根据是否充分、推理是否严谨、阐述是否确切、观点是否成熟，以确保资料的真实性和准确性；然后将资料分类、统计计算，有系统地制成多种计算表、统计表、统计图，以便分析利用；最后运用调查所得资料数据和事实分析情况，得出结论，进而提出改进建议。

(7) 提出调研报告

调研报告是对某件事情或某个问题调查研究之后，编写的书面报告。它是调查的最后成果，是用客观材料对所调查的问题，作出系统的分析说明，提出结论性的意见。编写调查报告时要遵循以下原则：

①报告的内容要紧扣主题；

②准确运用调查中的数据，列举事实要客观；

③文字简练，尽量使用图表；

④较好地提出解决问题的看法或建议。

调查报告应包括以下内容：

①封面：写明题目、承办单位和日期；

②序言：主要说明调查目的、过程与方法，以及其他需要说明的问题；

③主体：写出调查经过、情况分析、数据统计，做出适当结论，提出看法或意见；

④附件：主要说明主体部分引用过的重要数据或资料，以及必要的统计图表和参考资料，以便为预测和决策提供详细的情报来源。

2. 市场调研的方法

能否恰当地运用市场调研方法，关系到是否能够及时取得真实、完整的资料和数据，从而保证市场调研工作的质量。市场调研的方法很多，最常用的调研方法可从两方面划分：从调研技术上分，主要有询问调查法、现场观察法、实验调查法和资料分析法；从调查样本的多少上分，主要有普遍调查法、典型调查法和抽样调查法等。

(1) 询问调查法

询问调查法是市场调查中最常见、最基本的一种信息收集方法，是由调查人员当面或通过电话、书面等方式向被调查者了解情况、搜集资料的调查方法。根据调查者与被调查者接触方式的不同，可以分为直接面谈法、电话询问法、留置问卷调查法、邮寄法和网上调查法。

①直接面谈法。直接面谈法是调查者与被调查者之间面对面交谈、访问和搜集所需资料的一种方法。这种方法是市场调查中最常用的一种方法。根据谈话方式的不同，有个别面谈和集体座谈之分。个别面谈是通过个别口头询问，取得关于个人或家庭特征方面的资料。其优点是可以提出许多在人多的场合不宜讨论的问题，还可以使被调查者充分发表自己的见解，顾忌较小，不受他人意见左右。缺点是获取总体的信息资料需要抽取足够多的被调查者，以提高信息的准确性、代表性，这样无疑加大了调查费用，费时费力。集体座谈法是通过座谈会等形式，邀请有关人士在一起座谈。其优点是可以提高调查效率，被调查者可在参考别人意见的条件下充分表示自己的见解。缺点是容易受他人的影响和左右，有时反而不能表达自己真实准确的意见和见解。

②电话询问法。电话询问法是通过电话向被调查者询问有关调查内容和征求意见的方法。其优点是获取信息资料的速度快、时间短、回答率较高、调查费用比面谈法低。缺点是被调查者仅限于能通电话者，询问时间不能太长，不能问太复杂的问题，不能做深入交谈。

③留置问卷调查法。留置问卷调查法是调查者将调查表当面交给被调查者，经说明和解释后留给调查对象自行填写回答，然后再由调查者按约定的时间上门收回的一种收集资料的方法。其优点是被调查者能充分按照自己的见解填卷回答，干扰性小，回答率高。缺点是受调查范围的限制，调查费用高。

④邮寄法。邮寄法是将事先设计好的调查表通过邮局寄送给被调查对象，然后邀请他们按时填好寄回。其优点是调查区域不受限制，可以进行大范围的调查，调查费用低。缺点是回收率较低，容易出现差错，所需时间较长。但目前盛行的有奖评选活动，又在一定程度上克服了上述不足，这是一种有奖搜集信息的做法。

⑤网上调查法。网上调查法是通过互联网所进行的统计调查。它是现代传播媒介新技术与统计调查理论方法的结合。网上调查具有其他统计调查方式方法所没有的优势。主要是：

a. 组织简便，费用低廉。因为无需大量印制和寄发调查方案和调查问卷，无需派遣大量的调查人员，信息采集和录入工作都在众多的网上用户的终端完成。

b. 传输技术现代化，并可全天候运作，可大大缩短调查时间。

c. 可扩大调查空间，在网络覆盖的范围内，调查可跨越区域甚至跨越国界进行。

当然，网上调查也有它的局限性，主要是调查对象只能限于网上用户。目前，我国上网单位和个人还十分有限，而且主要集中在城市，广大农村基本上是空白。但是，随着网络技术的发展和上网用户的增加，我国网上调查也必将迅速发展。此外，网上调查资料的保密性和可信度是目前较难控制的。

（2）现场观察法

现场观察法是观察者根据研究目的，有计划地运用自己的感觉器官或借助科学观察工具（如照相机、录像机等）直接搜集当时正在发生的，处在自然状态下的市场现象有关资料的方法。与询问法不同的是，它不向被调查者提问题，而是让被调查者在不知不觉中，在自然状态下，调查者用耳闻目睹等亲身感受去观察和体会有关信息。其优点是这样取得的情况更直接，更能反映实际，不受干扰。其缺点主要是花费大，对调查人员的素质要求高且要对调查人员进行较多培训。由于调查人员只能观察表面现象，而不能探知现象之后的原因和动机，需多次观察才能发现某些规律性，故适用范围有限。

（3）实验调查法

实验调查法是在给定条件下，通过试验进行对比，对市场营销中某些变量之间的因果关系及其发展变化过程加以观察分析的一种市场调查方法。实验调查法有其特殊作用，若要了解企业某项经营措施的效果，一般只有通过此法方能达到目的。例如，企业某项新产品或新包装是否受顾客欢迎、是否能增加销量，通过试销实验，可以测定其发展趋势，以此确定取舍。它的应用很广，凡是改变与产品销售有关的因素，如品种、质量、装备、包装、式样、价格、广告等，都可用实验调查法了解用户反应，确定其是否合适和有效。实验法的优点是调查可运用实验取得的资料，实验结果具有一定的客观性和实用性，调查表可有控制地分析某些市场容量之间的相互影响。缺点是市场变化的非科学性影响实验的效果，进行市场实验需要的时间长、成本高、实施困难。目前，此法我国一般只限于新产品的试销、展销、试用等。

(4) 资料分析法

资料分析法是依靠历史和现实的动态统计资料进行统计分析的方法。通过资料研究，可以进行市场供求趋势分析、市场相关因素分析、市场占有率分析等。其优点是可以充分利用现成的第二手资料，节省调查费用。这就要求调查人员必须有较丰富的专业知识和分析能力。这种方法既可为现场直接调查做准备，也可弥补它的不足。

(5) 普遍调查法

又称全面调查法，简称“普查”，即对所有的被调查对象全面了解某些问题。此法取得的资料较全面、系统、准确、可靠，但费工、费时、费钱，故只在有限范围内使用。如企业的库存清查就是采用普遍调查法。

(6) 典型调查法

典型调查法是一种通过典型单位而推断市场一般情况的方法。这种方法在我国许多部门和企业经常采用，通常采用较固定的典型对象常年对之进行调查。其调查对象少，且较合作，费用较省。在具体运用时，要注意选择实实在在的典型，切忌主观臆断。

(7) 抽样调查法

抽样调查法是市场调查中普遍采用的方法。它是从全部对象中抽取一部分具有代表性的样本，进行调查研究，从而推断市场整体。只要样本抽样适当，它便具有很强的科学性。

### 5.1.3 建筑企业市场调研的内容

市场调研的内容比较广泛，既包括企业的外部环境，也要考虑企业内部环境，概括起来，建筑企业的市场调研主要包括如下内容：

1. 企业外部总体环境的调研

主要包括党和国家的路线、方针、政策以及颁布的统一的规章制度，各种法律、法规，国民经济的发展，文化科学技术的发展，自然情况的变化等。企业外部总体环境的调研对企业的战略、策略目标都有较大影响与制约作用，是十分重要的。

2. 市场需求调研

主要包括当前和潜在的用户、各种建筑类型的需求量、用户的分布情况、各种用户对建筑产品的评价等。市场需求调研可使企业掌握建筑市场的需求情况及发展趋势，了解用户的心态，从而为企业的经营方针和长远规划提供依据。

3. 市场供应的调研

主要包括各种建筑类型的可供量，建筑材料、构配件、建筑机械设备、劳务市场等的供应情况，社会生产发展水平及技术水平等。市场供应的调研有助于了解企业在市场中的地位，对制定战略目标是有益的。

4. 市场竞争状况调研

主要包括竞争对手的数量、分布情况及潜在竞争者的情况，竞争对手的工程质量、工期、服务态度及履约情况，各竞争对手企业状况及信誉等。市场竞争状况调研对于认识本企业在竞争中所处的地位，以便采取相应的竞争方法是十分有利的。

5. 对建筑市场参与单位的调研

主要包括对建筑设计院、建设单位主管部门、有关管理公司、咨询公司的调研。对建筑市场参与单位的调研，有利于企业和参与单位之间的协作和配合，以便为企业的市场经营战略提供更为详实的依据。

## 5.2 建筑企业经营预测

### 5.2.1 预测的概念、作用及分类

1. 预测的概念

预测是人们对未来不确定事件进行推断和预见的一种认识活动。它是人们对客观实践中各种各样事物的未来发展变化的趋向以及对人类实践活动的结果，事先所做的分析和估计。人们研究未来，是为了探求客观事物未来的发展变化趋势和内在规律，以指导自己的行动，力求趋利避害，按客观规律办事，达到

改造客观世界的目的。因此预测的要求就是把某一未来事件发生的不确定性极小化，尽量消除预测与实际的信差，以减少不确定性对人们的影响。我们所说的预测，绝不是凭空想象的猜测，而是根据过去和现在的客观实际资料，运用科学的方法，探求事物演变规律，从现在预计未来，从已知或有根据的假设推测未来的可能的趋向。

市场预测是预测科学的一个重要组成部分。所谓市场预测，是借助历史统计资料和市场调查，运用科学的预测技术，对未来一定时期内市场供需变化及其发展趋势进行预算，分析和推断的活动和过程。简单地说，就是“由往知来”。是在取得大量信息资料的基础上，运用数学方法和逻辑方法对市场未来的发展和变化趋势所作的定性的描述或量化的推断。

2. 预测的作用

预测在企业经营管理中起着重要作用。在市场经济条件下，企业经营条件瞬息万变，如何使企业具有弹性，适应环境，在竞争中取胜就变得至关重要。预测是预见事物发展的未来趋向，为决策和计划提供依据。只有经过适时精确的预测，才能抓住机遇，做出决策。具体地说，预测有如下作用。

（1）通过市场预测，掌握市场需求变化的动态

在市场调查的基础上，通过市场预测，可以了解建筑商品需求的变化及其发展趋势。搞好市场预测可以根据建筑市场商品需求变化及时调整生产，在投资和新产品开发方面，在经营建筑商品的品种、规格、数量和质量等方面与建筑市场需求相适应，更好的促进生产发展。

（2）通过市场预测，为企业决策提供依据

通过预测，可以了解和掌握建筑市场的动态和发展趋势，提供一定条件下生产经营各个方面未来可能实现的数据，为决策提供依据。没有准确、科学的预测，要做出符合客观实际的决策是不可能的。

（3）通过市场预测，为制定建筑企业生产经营计划提供依据

建筑企业所制定的生产经营计划是否符合实际情况，这要通过市场来检验。通过预测，掌握建筑产品的投资方向、类型及构成比例，掌握建筑企业的资源需求情况与供应条件，对企业未来的生产能力和技术发展有所估计，才能确立正确的经营目标，制定与调整近期计划和长远规划。

（4）通过市场预测，提高建筑企业经营管理水平和竞争能力

在市场经济条件下，必然存在着竞争和风险。要使建筑企业在竞争中得到发展，必然通过市场预测比较准确地掌握建筑市场供求变化情况，用以指导建筑企业生产经营活动，合理的使用人力、物力、财力，提高劳动效率，扩大建筑产品销售，加速资金周转，降低费用水平，增加盈利。

在实行招标承包制的情况下，建筑企业的竞争能力主要表现为得标率的高低。企业依据科学的预测，充分了解竞争的形势和竞争对手的情况，才能采取合理的投标策略，在竞争中争取主动。

（5）通过市场预测，增强企业的应变能力

通过对外部环境、施工条件变化及各种不可控因素的充分估计，针对不同情况多准备几套应变方案，就可以提高企业对各种情况的应变能力。

3. 预测的分类

根据划分依据的不同，市场预测可做如下分类：

（1）按预测时间划分，可分为如下几类：

①短期预测。又称近期预测，一般指年度、季度或月度预测，有时还包括旬度预测。一般来讲，这种预测结果的准确性和可靠性都比较高。

②中期预测。又称战术预测，一般指 1 年以上，5 年以下时间长度的市场预测，是长期预测的具体化和短期预测的依据。中期预测由于时间较短，对预测期内的各种不确定因素考虑比较全面和准确，数据资料较齐全，预测的难度和精确性仅比短期预测稍差。

③长期预测。又称远景预测或战略预测，一般指对预测对象在 5 年或更长时间区段的可能状况所作的推测和预计。它是市场预测中时间最长的一类。由于不确定性因素多，且时间越长，不可控的因素越多，预测中就越难以全面把握和预计各种可能的变化因素。因此，预测结果和实际发生的结果之间的误差较大，需要根据实际工作情况不断调整其预测结果。

预测结果的准确性和可靠性与预测期限有关。而预测期限的长短，要依预测对象的内容、性质、特点和具体要求，以及进行经营决策和制定战略的需要而定。为了使短期预测、中期预测和长期预测在时间上协调一致，弥补各自的不足，减少差异，可在预测体系中制定一个滚动式的预测方案，不断修正预测结果，以保持预测结果的科学性和完整性。

（2）按预测范围划分，可分为如下几类：

①宏观预测。即整个国民经济、一个地区或一个部门的预测。如固定资产投资方向预测、建筑产品的构成比例预测等。

②微观预测。即一个企业、一个单位的发展情况预测。如对企业经济活动状态的估计、资源需求预测等。

（3）按预测的方法划分，可分为如下几类：

①定性预测。又称直观判断预测，是指通过直观材料或判断的方法对事物的未来发展变化趋势进行分析。在实际工作中，由于各种因素影响，人们不可能掌握预测对象及其影响因素的统计资料，无法以定量的形式进行分析，只能凭借积累的经

验、少量的数据和主观判断等，对事物的发展趋势和未来状态进行分析、假设、判断、推理、估计和评价。另一方面，有些实际问题本身就不便于或不能用定量方法进行描述，也必须进行定性推断。

定性预测的应用范围很广，如政治形势发展预测、国民经济发展预测、科技发展预测、产品发展预测、产品销售预测等，都可以用它进行。目前，我国许多企业就是应用定性预测方法进行预测的。当然，为了使预测结果准确明了，要尽可能地给出定量化的结果。常用的定性预测方法有个人判断法、专家意见法、德尔菲法、主观概率法和主观计分法等。

②定量预测。定量预测是在充分占有大量、准确、系统的数据资料的基础上，根据实际经验和具体情况，建立合适的数学模型，通过分析和计算推断出事物在未来可能发生的结果（用数据表示）。定量预测仅仅是依据事物过去和现在的统计资料和情况，分析研究其发展变化规律，对未来进行预测的。但影响事物的因素是多方面的，由于诸多因素的变化不可预见，再加上有些因素无法用定量方式描述，建立数学模型时也不可能把所有的因素都考虑进去，因此，预测结果与实际是有误差的，故我们不能认为，定量预测的预测结果就能准确地反映事物的未来发展趋势。实际上，定量预测的结果常常要进行修正。常用的定量预测方法有移动平均法、指数平滑法和趋势预测法等。

③综合预测。即综合采用两种或两种以上方法进行的预测。由于前面两种方法都有其局限性，为了克服其缺点，在预测时，常常把许多方法结合起来运用。综合预测可以是定性与定量综合，定性与定性综合，定量与定量综合。特别是把定性方法和定量方法结合运用，使之互相验证、互为补充，以提高预测的准确性。综合预测法，可以对各种不同预测结果进行对比分析，找出并消除其中的不确定因素；另一方面，可以找出各相关事件相互影响的规律性，把它们结合起来进行分析，以提高预测结果的准确性。

### 5.2.2 建筑企业经营预测的内容

#### 1.建筑市场预测

在市场调研的基础上，对建筑市场的需求和供应进行预测；对建筑市场的竞争形势及竞争势态的变化趋势进行预测；对企业工程任务来源进行预测；对建设单位对建筑产品的质量要求、配套性要求进行预测。

#### 2.资源预测

对企业所需材料、资源的需求数量、供应来源、配套情况、满足程度和供应条件等进行预测。

3. 生产能力预测

企业生产能力预测是对企业人员、机械设备的需求变化情况的估计，也包括对劳动力需求、劳动力供应条件件的估计。

4. 企业的技术发展预测

包括建筑施工技术、管理技术、企业技术改造和设备更新的预测。即新产品、新技术、新工艺、新机械、新材料的预测。

此外还有利润、成本预测，多种经营方向预测等内容。

### 5.2.3 经营预测的基本程序

为了保证预测工作的顺利进行，必须按预测工作的过程加强组织工作，以利于各环节工作的相互协调，进而取得成效。经营预测的基本程序如图 5-2 所示：

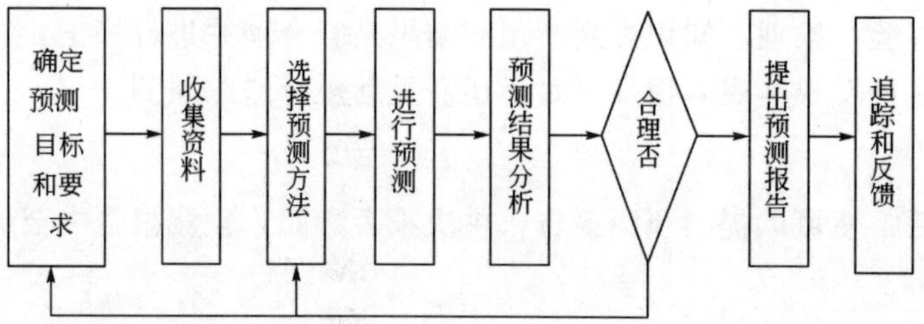


图 5-2 预测的基本程序

1. 确定预测目标和要求

企业进行预测，首先要确定预测的对象和目的，并要求具体、准确、清楚。是短期预测还是中长期预测，是需求预测还是销售预测，是对一种产品或几种产品的社会需求量进行预测，或是对某一地区某一特定时间某种产品的销售量进行预测，或是预测市场占有率等，这些都必须非常具体的确定下来。确定预测目标和要求是预测全部工作的关键，对以下各步起指导作用。预测目标和要求应尽量详细具体，操作时才能具体实施。

2. 收集资料

预测资料的数量和质量直接关系到预测结果的精确度。因此，在收集资料时，一方面要考虑资料的准确性，另一方面还要考虑资料的相关性。对收集到的资料还要加工整理，整理资料要尽量做到数字资料和文字资料相结合，宏观资料和微观资料相结合，动态资料和静态资料相结合，使资料发挥更大的作用。

3. 选择预测方法

选择预测方法是整个预测工作的核心。各种预测方法都有其不同的原理、特点和适用性，要根据预测目标和资料占有情况综合分析。预测方法的选择标准有预测期的长短，信息资料的多少，历史数据的类型，预测费用，预测结果和精度的要求以及预测方法的实用性等。

4. 进行预测

利用现有的资料和选定的预测方法进行预测。由于客观经济现象错综复杂，在预测时尽量同时采用几种预测方法进行比较和验证，这样可以减少预测失误，提高预测的准确性。

5. 预测结果分析

对预测结果进行分析，检查是否达到预期目标，预测误差是否在允许的范围之内，预测结果是否合理等。如果得出否定的结论，则需重新确定预测目标或选择其他预测方法，再次进行预测。预测结果产生一定的误差是必然的，因此，这就需要一方面分析预测模型中所没有考虑到的因素，把它加到预测结果中去进行修正，另一方面还要根据自己的经验、推理、知识去判断预测结果是否合理并进行修正。有时在原来的模型不能如实地反映客观事物发展时，还需重新进行追踪预测。

6. 提出预测报告

预测结论得以确认后，便可以提出预测报告，供决策者参阅，预测报告中至少应包括预测结论及建议等。

7. 追踪与反馈

提出预测报告后，还要追踪预测报告的结论及建议是否被采用，实际效果如何等，对追踪的结果进行反馈，以便在下一次预测时，纠正偏差，改进预测方法。

### 5.2.4 经营预测的方法

1. 定性预测方法及应用

随着科学技术的发展，社会现象日益复杂，市场情况瞬息万变，企业在进行经营预测时，有许多问题是无法定量化或难以获得充足的数据资料作为依据，也有许多问题定量化所费的代价是昂贵的，对于此类情况，只能依靠人的主观经验和综合分析能力，对未来事物的发展状况作出判断。这就要应用定性预测方法。下面介绍几种常用的定性预测方法。

（1）个人判断法

个人判断法是凭借个人的知识、经验和综合分析能力，对预测对象未来发展变化趋势作出的推断。这种方法简便易行，能迅速得到预测结果，但有一定的片面性，且易受当时环境气氛的影响。实践中常和其他预测方法结合使用。

（2）专家意见法

专家意见法是在国内外广泛使用的一种预测方法。它是根据市场预测的目的和要求，向一组经过挑选的有关专家提供一定的背景资料，通过会议的形式对预测对象及其前景进行评价，在综合专家分析判断的基础上，对市场趋势作出量的推断。专家意见法一般用于以下几种情况：没有历史资料或历史资料不完备；难以进行定量的分析；需要进行定性分析的预测。

①专家的选择。专家意见法效果的好坏，在很大程度上取决于专家选择的适当与否。专家选择要注意以下要点：

a. 专家要具有代表性。专家应来自与预测项目有关的各个方面，互相之间最好互不相识，有较好的代表性。

b. 专家要具有丰富知识和经验。专家应具有较高的学历，较长的相关工作经历和经验，良好的思维能力，良好的个人表达能力。

c. 专家要具有一定的市场调研与预测方面的知识和经验。

d. 专家的人数要适当。经验表明，人数控制在15人以内比较恰当。

②专家意见法预测步骤：

a. 预测组织者根据预测的目的和要求，拟定意见咨询表。

b. 选定若干个熟悉预测对象的专家组成一个预测小组。

c. 召集小组成员开会，在会上向各成员发放意见咨询表，说明预测的要求，并尽可能提供有关参考资料。

d. 小组成员根据预测要求，凭个人经验和分析判断能力，提出各自的预测方案，并说明其理由。

e. 预测组织者计算有关人员的预测方案的方案期望值。

f. 将参与预测的有关人员分类，计算各类综合期望值。

g. 确定最终的预测值。

专家意见法的优点是由专家作出的判断和估计具有更高的准确性。同时，这种方法本身可以使与会专家能畅所欲言，自由辩论，充分讨论，集思广益，从而提高预测的准确性。但是，这种方法也同样存在受专家个性和心理因素或其他专家的意见的影响或左右，同时受参加人数和讨论时间的限制，会影响到预测的科学性和准确性。

(3) 德尔菲法

又称专家意见征询法。是美国兰德公司在20世纪40年代末开始使用的一种函询预测方法。德尔菲法是把所要预测的问题和必要的背景资料，用信函的方式寄给各位专家，分别征求他们的意见，得到答复后，把各种意见经过综合、整理和反馈，让专家们再次作出判断，如此反复多次，直到预测的问题得到较为满意的结果。从运用实践看，大致要进行四轮。

运用德尔菲法的预测要点：

①调查前的准备工作：

a. 确定预测题目，即预测的对象。明确预测所要研究和解决的问题。

b. 根据题目确定调查内容。

c. 制作调查表。即把所要预测的问题按次序排列在表格中，以供专家回答。调查表中语句要表达准确清楚，便于回答；问题数量宜少而精，回答方式简便，并留有空白以供专家说明自己的意见和观点；企业不能把自己的意见表露出来，以免影响专家的观点。

d. 专家的选择。所选专家应对所预测的问题熟悉、了解，并具有较强的分析判断和预测能力，专业知识和工作经验丰富。

②调查预测。首先把调查表寄给各位专家，要求他们独立回答调查表中的问题。企业对答案进行综合整理，汇总形成第二轮调查表。在第二轮调查中，把第一轮调查汇总的调查表再寄给每位专家，并提供有关的预测参考资料，以供专家们提出新的判断，再把意见进行整理，汇总成新的调查表，再反馈给每位专家，要求每位专家在提出自己的意见时，说明自己意见的理由或论证。在前三轮调查的基础上，每位专家对各种预测意见做出最后的评价，并提出他最后的预测意见及预测依据，如此多次反复。

③德尔菲法的特点：

a. 匿名性。参加预测的专家在整个预测过程中彼此互不通气，以“背靠背”的方式接受咨询。即预测是以匿名方式进行的。其目的在于尽可能减少各种因素对专家的影响，使他们畅所欲言。同时，这种匿名方式使专家们在整个应答过程中可以随时改变意见，重新进行预测，也不致损害自己的威望。从而可使各种意见得到比较充分的讨论和发挥。

b. 反馈性。德尔菲法并不是靠个人意见的发挥来进行预测，而是通过大量的反馈信息，使专家们的意见得到交流和沟通。第一轮预测结果收回后，经预测机构的整理、统计和分类，将应答情况的统计资料反馈给各位专家，如此反复，直到全过程完结。专家们从反馈回的各种资料中进行分析、选择，可参加其中有价值的意见，深入联想，反复比较，有利于提出较好的预测意见。

c. 统计性。德尔菲法不是简单地收集专家的意见，而是要经过一系列的统计分析和处理，最后得到一个定量的预测结果。

（4）定性预测结论的形成

通过主观预测得到的结果大部分都是定性的，为了便于比较，我们有时要进行整理、加工，最后用定量的数据表示出预测的结果来。

①主观概率法。主观概率法是预测者对预测事件发生的概率作出主观估计，然

后计算它的平均值，以此作为预测事件的结论的一种方法。

［例 5-1］ 某企业拟开发某类商品房，根据市场销售的历史和现状，对该类商品房市场需求可能出现的自然状态及概率，估计如表 5-1 所示：

主观概率统计表　　表 5-1

| 概率 预测者 自然状态 | A | B | C | D | E | 平均值 |
|---|---|---|---|---|---|---|
| 需求量高 | 0.6 | 0.4 | 0.5 | 0.7 | 0.4 | 0.52 |
| 需求量一般 | 0.2 | 0.3 | 0.2 | 0.2 | 0.5 | 0.28 |
| 需求量低 | 0.2 | 0.3 | 0.3 | 0.1 | 0.1 | 0.21 |

根据表 5-1 中数据，计算其平均值，得到需求量高的概率为 0.52，需求量一般的概率为 0.28，需求量低的概率为 0.20。

当持各种意见的专家人数不同或专家们的实际经验和知识不同时，可对于不同概率给予不同的权数，用加权平均法求其预测值。

②主观记分法。事先予以不同的事件或方案不同的计分标准，由调查者根据自己对事件的估计，按标准评定得出分值，这种方法叫主观记分法。对分数的整理和比较有许多方法，常用的有：平均值法，加权平均法，比重系数法等。

2. 定量预测方法及应用

定量预测法又叫统计预测法，就是根据一定数据，运用数学模型来确定各变量之间的数量关系，根据数学计算和分析的结果来预测市场的未来。定量预测法中目前采用较多的基本方法为时间序列分析预测法。时间序列分析法又称趋势预测法，是将历史资料和数据，按时间顺序排成一序列，根据时间序列所反映的经济现象的发展过程、方向和趋势，将时间序列外推或延伸，以预测经济现象未来可能达到的水平。

时间序列分析法有两个基本特点：其一，它承认在影响事物变动的基本因素未发生改变的情况下，其发展具有延续性。其二，承认事物发展的不规律性，所以采用各种方法对数据进行处理，消除不规律（偶然性）因素的干扰和影响。经济社会中的各种事物或现象的时间序列组成十分复杂，按它们作用的效果大致可分为：长期趋势、季节性变化、循环变动和偶然性波动等，相应的预测方法也有许多，这里简要介绍几种常用的方法。

（1）移动平均数法

移动平均数法假定待预测事物的未来状况只与近期的状况有关，而与较远期的状况无关。因此，只要选用近期的几个数据加以平均即可预测下期的数据。根据平均值的不同算法，移动平均法又分为简单移动平均法和加权移动平均法两种。

简单移动平均法是把过去数据对预测值的影响作用等同看待，采用简单算术平均法计算预测值。其预测模型为：

$$F_{t+1}=\frac{\sum_{i=t}^{t-N+1}V_i}{N} \tag{5-1}$$

式中：$F_{t+1}$——第 $t+1$ 期的预测值；

$V_i$——第 $i$ 期的实际值；

$N$——与预测期邻近的有关期数。

加权移动平均法是考虑远近不同的历史数据对预测值的影响不同。一般来说，距预测期越近的数据，对预测值的影响作用越大。其模型为：

$$F_{t+1}=\frac{\sum_{i=t}^{t-N+1}W_{t-i}\times V_i}{\sum_{i=1}^{N}W_i} \tag{5-2}$$

式中：$W_{t-i}$——与 $V_i$ 对应的权数，可结合实际经验加以选择。

**［例 5-2］** 某构件加工厂某年 1～12 月份产品销售额如表 5-2 所示。试用简单移动平均法（$N=3$，$N=6$）和加权移动平均法（$N=3$，权值分别为 3，2，1）计算移动平均值。

**解**：当 $N=3$ 时，根据式（5-1）用简单移动平均法进行预测可得

四月份的预测值为：

$$F_{3+1}=\frac{\sum_{i=3}^{3-3+1}V_i}{3}=\frac{170+200+150}{3}=173.3$$

五月份的预测值为：

$$F_{4+1}=\frac{\sum_{i=4}^{4-3+1}V_i}{3}=\frac{200+150+230}{3}=193.3$$

其他月份的预测值的计算方法以此类推，最终结果列于表 5-2。

**移动平均预测计算表** 表 5-2

| 月份 | 销售额（万元） | $F_{t+1}$ | | |
|---|---|---|---|---|
| | | 简单移动平均法 | | 加权移动平均法 |
| | | $N=3$ | $N=6$ | $N=3$（权值 3，2，1） |
| 1 | 170 | | | |
| 2 | 200 | | | |

续上表

| 月　　份 | 销售额（万元） | $F_{t+1}$ | | |
| --- | --- | --- | --- | --- |
| | | 简单移动平均法 | | 加权移动平均法 |
| | | $N=3$ | $N=6$ | $N=3$（权值 3，2，1） |
| 3 | 150 | | | |
| 4 | 230 | 173.3 | | 170 |
| 5 | 210 | 193.3 | | 198.3 |
| 6 | 280 | 196.7 | | 206.7 |
| 7 | 300 | 240.0 | 206.7 | 248.3 |
| 8 | 260 | 263.3 | 228.3 | 278.3 |
| 9 | 250 | 280.0 | 238.3 | 276.7 |
| 10 | 230 | 270.0 | 255.0 | 268.3 |
| 11 | 250 | 246.7 | 255.0 | 241.7 |
| 12 | 180 | 243.3 | 261.7 | 243.3 |

当 $N=6$ 时，根据式（5-1）用简单移动平均法进行预测可得：

七月份的预测值为：

$$F_{6+1}=\frac{\sum_{i=6}^{6-6+1}V_i}{6}=\frac{170+200+150+230+210+280}{6}=206.7$$

八月份的预测值为：

$$F_{7+1}=\frac{\sum_{i=6}^{7-6+1}V_i}{6}=\frac{200+150+230+210+280+300}{6}=228.3$$

其他月份的预测值的计算方法以此类推，最终结果列于表 5-2。

用加权移动平均法进行预测，需注意采用加权移动平均法时，距预测期越近的数据，对预测值的影响作用越大。此时，权值越大的应越靠近预测期的数据。当 $N=3$ 时，根据式（5-2）可得

四月份的预测值为：

$$F_{3+1}=\frac{\sum_{i=3}^{3-3+1}W_{t-i}\times V_i}{\sum_{i=1}^{3}W_i}=\frac{1\times170+2\times200+3\times150}{1+2+3}=170$$

五月份的预测值为：

$$F_{4+1}=\frac{\sum_{i=4}^{4-3+1} W_{t-i}\times V_i}{\sum_{i=1}^{3} W_i}=\frac{1\times200+2\times150+3\times230}{1+2+3}=198.3$$

其他月份的预测值的计算方法以此类推，最终结果列于表5-2。

(2) 指数平滑法

指数平滑法是用指数加权的办法来进行移动平均的预测方法。它以本期实际值和本期预测值为基数，分别给这两种数以不同的权数，计算出指数平滑值。其计算公式为：

$$S_{t+1}=\alpha\times X_t+(1-\alpha)\times S_t \tag{5-3}$$

式中：$S_{t+1}$——第 $t+1$ 期的指数平滑值；

$\alpha$——平滑系数（$0\leqslant\alpha\leqslant1$）；

$X_t$——第 $t$ 期实际值；

$S_t$——第 $t$ 期指数平滑值；

由式（5-3）可推得：

$$S_{t+1}=\alpha\times X_t+\alpha(1-\alpha)\times X_{t-1}+\alpha(1-\alpha)^2\times X_{t-2}+\cdots$$

从上式可以看出，指数平滑法就是对不同时期的数据给予不同的权数，既强调了近期数据对预测值的作用，又未完全忽略远期数据的影响。

在实际中，平滑系数 $\alpha$ 由预测人员判断选定，通常可以选用几个 $\alpha$ 值做实验，经试验与调整，选取误差较小的 $\alpha$ 值用于预测。当找到较满意的 $\alpha$ 值后，若连续运用，还要定期校核。一般情况下，可参考下列数字：

①如果时间序列虽有不规则变动，但长期趋势接近某一稳定常数时，则取较小的 $\alpha$ 值（0.05～0.20）。

②如果时间序列中具有迅速且明显的变动趋势，则 $\alpha$ 值取较大值（0.4～0.8），使新近趋势强烈地反映在预测值中。

③如果时间序列变化较小，则 $\alpha$ 宜取较小值（0.1～0.4），使较早的观察值亦能充分反映于指数平滑值中。

又因为 $S_2=\alpha\times X_1+(1-\alpha)\times S_1$，$S_1$ 为一未知值，称为初始值。如何确定 $S_1$，可分为两种情况。当样本为大样本时，初始值以时间数列的首项替代；当样本为小样本时，初始值以时间数列的前几项求一简单平均数作为替代。

**[例5-3]** 现以表5-3的实际数据为例，应用指数平滑法，分别按 $\alpha=0.3$ 和 $\alpha=0.7$ 计算预测值，计算结果如表5-3所示。

**解：** 表5-3中的时间数列中已知数据为时间 $t$（月）和相对应的施工产值 $X_t$（万元）。由于只有10个月的数据，属于小样本，初始值取前三项简单平均数。即：

$$S_1=\frac{120+125+130}{3}=125$$

当平滑系数 $\alpha=0.3$ 时，根据公式（5-3）可得二月份的预测值为：

$$S_{1+1}=0.3\times X_1+(1-0.3)\times S_1=0.3\times 120+0.7\times 125=123.5$$

三月份的预测值为：

$$S_{2+1}=0.3\times X_2+(1-0.3)\times S_2=0.3\times 125+0.7\times 123.5=123.95$$

以此类推，可得出其他月份的预测值。当 $\alpha=0.7$ 时计算方法相同。计算结果见表 5-3。

**指数平滑计算表** 表 5-3

| $t$ | 施工产值 $X_t$ | $S_{t+1}$（$\alpha=0.3$） | $\lvert S_{t+1}-X_t\rvert$ | $S_{t+1}$（$\alpha=0.7$） | $\lvert S_{t+1}-X_t\rvert$ |
|---|---|---|---|---|---|
| 1 | 120 | 125.00 | 5.00 | 125.00 | 5.00 |
| 2 | 125 | 123.50 | 1.50 | 121.50 | 3.50 |
| 3 | 130 | 123.95 | 6.05 | 123.95 | 6.05 |
| 4 | 115 | 125.77 | 10.77 | 128.19 | 13.19 |
| 5 | 135 | 122.54 | 12.46 | 118.96 | 16.04 |
| 6 | 140 | 126.27 | 13.73 | 130.19 | 9.81 |
| 7 | 146 | 130.39 | 15.61 | 137.06 | 8.94 |
| 8 | 137 | 135.07 | 1.93 | 143.32 | 6.32 |
| 9 | 142 | 135.65 | 6.35 | 138.90 | 3.10 |
| 10 | 150 | 137.56 | 12.44 | 141.07 | 8.93 |
| 11 | —— | 141.29 | 合计 85.83 | 147.32 | 合计 80.89 |

从表 5-3 中可以看出，当 $\alpha=0.3$ 和 $\alpha=0.7$ 时，计算出的各期预测值与实际值之差的绝对值之和分别为 85.83 和 80.89。因此，当 $\alpha=0.7$ 时其预测效果要优于 $\alpha=0.3$ 时。在实际的操作中，要再选取几个 $\alpha$ 值做实验，最终选取误差较小的 $\alpha$ 值用于预测。

（3）趋势预测法

趋势预测法是以一个经济变量在一定时期内大致沿某一趋势呈线性或非线性变化为研究对象，预测事物未来发展趋势的方法。趋势预测法中最为基础的方法为线性趋势预测法。当经济变量在某一时间内近似呈线性趋势时，我们可把事件的序列数作为变量 $X$，把所研究经济变量在各个时期的数值作为变量 $X$，则线性趋势预测模型为：

$$Y=a+bX \tag{5-4}$$

式中：$a$ 和 $b$——待定的系数。

利用最小二乘法，$a$ 和 $b$ 分别由下式确定：

$$b=\frac{N\sum x_i y_i-\sum x_i\sum y_i}{N\sum x_i^2-(\sum x_i)^2} \tag{5-5}$$

$$a=\frac{\sum y_i}{N}-b\frac{\sum x_i}{N} \tag{5-6}$$

式中：$N$——数据点数；

$x_i$ 和 $y_i$——实际数据点（$i=1, 2, \cdots, N$）。

根据时间序列的特点，我们可按照下述方法将时间序列数适当取值，使 $\sum x_i=0$，从而使计算简化。当周期数为奇数，我们可以以中间一期为原点，则 $x$ 的数列为…−3，−2，−1，0，1，2，3，…。当周期数为偶数，我们可以以中间二期之间的点为原点，则 $x$ 的数列为…−5，−3，−1，1，3，5…。这样 $\sum x_i=0$，由此上述计算公式简化为：

$$b=\frac{\sum x_i y_i}{\sum x_i^2} \tag{5-7}$$

$$a=\frac{\sum y_i}{N} \tag{5-8}$$

[例 5-4] 某企业 1～10 月份的施工产值如表 5-4 所示，试用趋势预测法预测 11 月份和 12 月份的可能施工产值。

**解**：首先根据统计资料绘出数据分布图（图 5-3）。

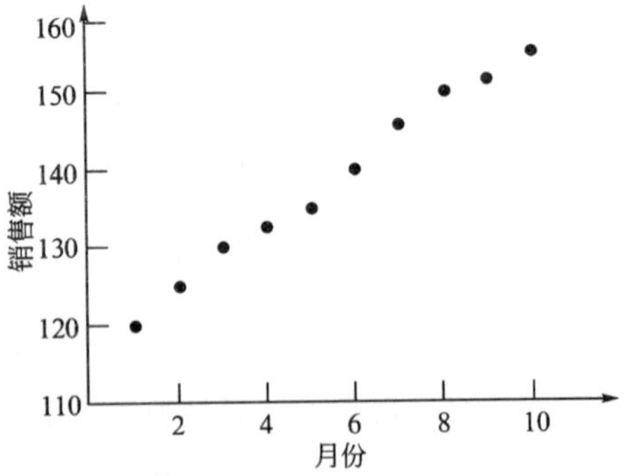


图 5-3 数据分布图

从图 5-3 中可以看出数据点的分布呈线性趋势，建立预测模型：

$$Y=a+bX$$

列表计算结果见表 5-4。

线性趋势计算表　　表 5-4

| 月　份 | $y_i$ | $x_i$ | $x_i^2$ | $x_i y_i$ |
|---|---|---|---|---|
| 1 | 120 | −9 | 81 | −1080 |
| 2 | 125 | −7 | 49 | −875 |
| 3 | 130 | −5 | 25 | −650 |
| 4 | 133 | −3 | 9 | −399 |
| 5 | 135 | −1 | 1 | −135 |
| 6 | 140 | 1 | 1 | 140 |
| 7 | 146 | 3 | 9 | 438 |
| 8 | 150 | 5 | 25 | 750 |
| 9 | 152 | 7 | 49 | 1064 |
| 10 | 155 | 9 | 81 | 1395 |
| 合计 | 1386 | 0 | 330 | 648 |

则：

$$b=\frac{\sum x_i y_i}{\sum x_i^2}=\frac{648}{330}=1.96$$

$$a=\frac{\sum y_i}{N}=\frac{1386}{10}=138.6$$

将 $a$、$b$ 值代入预测模型：

$$Y=a+bX=138.6+1.96X$$

由于此处使用的是简化计算，当预测 11 月份的施工产值时，$X_i$ 值为 11。则将 $X_i=11$ 代入预测模型。11 月份预测值为：

$$Y=138.6+1.96X=138.6+1.96\times 11=160.16$$

同样，当预测 12 月份的施工产值时，$X_i$ 值为 13。则将 $X_i=13$ 代入预测模型。12 月份预测值为：

$$Y=138.6+1.96X=138.6+1.96\times 13=160.16=164.08$$

## 5.3 建筑企业经营决策

### 5.3.1 决策的概念、特征及类型

#### 1. 决策的概念

关于决策的定义，国内外不同的学者看法不同。比较简单的定义是“从两个以

上的备选方案中选择一个的过程就是决策”。周三多等给决策下的一种比较具体的定义：“所谓决策，是指组织或个人为了实现某种目标而对未来一定时期内有关活动的方向、内容及方式的选择或调整过程。”国外教科书中路易斯、古德曼和范特的定义具有代表性，他们认为决策是“管理者识别并解决问题以及利用机会的过程”。

我们认为企业的决策是指为实现一定目标，解决一定的问题，有意识地寻求多种实施方案，按决策者的智慧、经验、胆识和决策标准，进行比较分析，确定较理想方案，予以实施及跟踪的过程。

2.决策的特征

(1) 决策活动是动态过程

它主要表现在两个方面：首先，决策活动包括从确定目标、方案比选、方案实施跟踪及方案修正的全过程。没有这一系列过程，决策就容易陷于主观、盲目，导致失误；其次，由于外部环境和内部条件随着时间的推移而发生变化，客观上要求决策随之而改变，做出适当的修改或调整，才能保证决策的正确。

(2) 决策有明确的目的

决策的目的是为了实现企业的一定目标，或解决企业发展中某一问题。企业经营管理中每个时期都有它的目标，为实现企业的目标，要解决许许多多的问题。要想正确解决这些问题，使企业的经营有更好的经济效益，就必须进行科学的决策。没有目的就无从决策，决策就是通过解决某个问题来达到某个目标，无目标的决策是盲目的决策。

(3) 决策有若干的备选方案

决策的核心问题是如何进行多方案的选择，一个方案没有选择的余地，就谈不上谁优谁劣，也就失去了决策的意义。凡是要做决策，都必须有意识地拟定不同的实施方案，至少有两个以上的备选方案，然后根据决策的标准选出较理想的方案。只有通过比较、鉴定，才能做出正确的决策。

(4) 决策以可行方案为依据

决策所做的若干个备选方案应是可行的，只有这样决策方案才会切实可行。这种可行性应包括技术上可行、经济上可行和社会上可行等多项要求。

(5) 决策有科学的标准和依据

决策要提倡用科学的数据说话，排除主观成见，但又要体现决策者的智慧、经验、胆识。这样才能做到大胆的开拓精神和实事求是精神的相互结合。

(6) 决策选择结果应是较理想的方案

在实际工作中影响一项事物发展的因素十分复杂，有很多不确定因素，决策方案最优化是不切实际的。在有限时间内、有限条件下，不可能对所有因素都给予同样的考虑。因此，决策只能做到尽可能的圆满，而不可能做到完美无缺。

（7）决策的主体是管理者

决策的主体既可以是单个的管理者，也可以是多个管理者组成的集体或小组。

3. 决策的类型

企业所要解决的问题是多方面的，根据所要解决问题的性质和内容，决策可以分成多种类型。企业管理者在进行决策时，应该先了解所要解决问题的特征，因为不同类型的决策，需要采用不同的决策方法。为了进行正确决策，必须对决策进行科学分类，采取不同的决策方法。

（1）按时间长短分类

①中长期决策。中长期决策是指在较长时期内，一般为3～5年，甚至更长时间才能实现目标的决策。它主要是确定与企业经营战略目标和发展方向有关的重大安排，如组织机构调整、投资方向与生产规模的选择、技术革新的发展方向、长远发展速度等。它属于战略性决策，往往与长期规划有关，并较多地注意企业的外部环境。这种决策一般需要一定数量的投资，具有实现时间长和风险较大的特点。

②短期决策。短期决策是指一年以内，或季度，或月份内实现的决策。它是实现战略目标所采取的手段，比中长期决策更具体，考虑的时间也短一些，主要着眼于企业内部，通过生产要素的优化配置与动态管理实现战略目标。一般属于战术或业务决策。

（2）按重要程度分类

①战略决策。战略决策是指直接关系到企业生存发展的全局性、较长期的问题的决策。如经营目标、产品结构、市场开拓等方面的决策。战略决策影响企业的全局，涉及范围广，时间长，对企业长远发展具有重要的意义。因此，这类决策一般由企业管理高层作出，是非常规性决策。战略决策又可分为总体战略决策和职能战略决策。

②管理决策。管理决策又称战术决策，是以战略决策为指导，根据战略决策的要求，解决执行中的问题，结合企业内外条件，安排一定时期的任务，解决生产中存在的某些缺陷，进行企业内部的协调与控制，实现系统优化。如实施方案的选择、生产计划、销售计划、企业资源分配、企业经营业绩评估等。这类决策往往由企业中层管理人员采用定量方法进行系统分析。

③业务决策。业务决策又称日常管理决策，是企业在日常业务活动中为了提高企业日常工作效率的一种决策。业务决策主要是解决作业任务中的问题，在企业管理中经常是与作业控制结合起来进行的。如生产经营任务日常安排、工作定额制定等。其特点是所要解决的问题比较明确、技术性强、时间紧，一般由基层负责人在考虑当前条件而作出的。

（3）按性质分类

①程序化决策。程序化决策又称常规性决策，是指经常重复发生，能按原已规定的程序、处理方法和标准进行的决策。程序化决策多属于业务决策，如企业退货处理、企业规章制度执行等。程序化决策主要适用于企业的例行性工作或经常反复出现的活动。由于这类问题是重复出现，因而可以规定出一定的程序，把决策过程标准化、程序化，企业一般按惯例和业务常规来进行处理。程序化决策帮助管理者特别是高层管理者，更好地处理日常事务，从而节省时间去处理更重要的问题。

②非程序化决策。非程序化决策又称非常规性决策或一次性决策，是指没有常规可循，对不经常重复发生的业务工作和管理工作所做的决策。

由于非例行性的事件往往是变化大，影响因素多，错综复杂，突发性强，缺乏准确可靠的统计数据和资料，所要解决的问题不易确定，而且解决这类问题的经验也不足。如新产品开发、企业重组、风险投资决策等。因此不可能建立起一个固定的决策模式，常常要依靠决策者的知识、经验、信息和对未来发展的判断能力来作出。

（4）按应用的方法分类

①定性决策。定性决策是不用或少用数据与模型，主要凭借决策者的经验和判断力在众多可行方案中寻找满意方案的过程。主要适用于缺乏数据或需迅速做出决定的场合。

②定量决策。定量决策是借助于数据分析与量化模型进行决策的方法。主要适用于历史资料充足，易于数据分析和建立模型的场合。

（5）按确定性程度分类

①确定型决策。确定型决策是指影响决策的因素或自然状态是明确的，肯定的，某一行动方案的结果也是确知的，因而只要比较各个不同方案的结果，就可以选择出最佳方案。

②不确定型决策。不确定型决策是指某一行动方案可能出现几种结果，即多个自然状态，且各种自然状态的概率也不确知，企业是在完全不确定的情况下，只能靠决策者的经验作出主观概率判断的决策。

③风险型决策。风险型决策又称随机型决策，是指可供选择的方案存在着两种以上的自然状态，即多种自然状态，究竟哪一种自然状态出现不能确定，决策者对未来的情况无法肯定的判断，但其出现的概率可知。在这类问题的决策中，企业决策人可以根据概率进行计算并作出决策，但无论采用何种方案都存在风险问题。

（6）按目标数量分类

①单目标决策。单目标决策是指决策者所追求的目标只有一个。

②多目标决策。多目标决策是指决策所追求的目标是多个。在决策分析中，往

往需要同时考虑多个目标。这些目标既有主次之分，又可能相互抵触，必须统筹兼顾。

(7) 按决策主体分类

①个人决策。个人决策是指单个人做出的决策。

②集体决策。集体决策是指多个人一起做出的决策。相对于个人决策，集体决策有一些优点：

a. 能更大范围地汇总信息；

b. 能拟定更多的备选方案；

c. 能得到更多的认同；

d. 能更好地沟通；

e. 能做出更好的决策等。

但集体决策也有一些缺点，如花费较多的时间、责任不明，或者个人由于真实或臆想的来自集体的压力，在认知或行动上不由自主地趋向于和其他人保持一致等。

(8) 按决策的起点分类

①初始决策。初始决策是零起点决策，是在有关活动尚未进行从而环境未受到影响的情况下进行的。

②追踪决策。追踪决策是非零起点决策。随着初始决策的实施，组织环境发生变化，这种情况下所进行的决策就是追踪决策。

## 5.3.2 决策的理论和要素

### 1. 决策的理论

(1) 古典决策理论

古典决策理论又称规范决策理论，是基于“经济人”假设提出来的一种决策理论，主要盛行于20世纪50年代以前。古典决策理论认为，应该从经济的角度来看待决策问题，即决策的目的在于为组织获取最大的经济利益。古典决策理论的主要内容包括：

①决策者必须全面掌握有关决策环境的信息情报。

②决策者要充分了解有关备选方案的情况。

③决策者应建立一个合理的自上而下的执行命令的组织体系。

④决策者进行决策的目的始终都在于使本组织获取最大的经济利益。

古典决策理论假设，作为决策的管理者是完全理性的，决策环境条件的稳定与否是可以被改变的，在决策者充分了解有关信息情报的情况下，是完全可以做出完成组织目标的最佳决策的。古典决策理论忽视了非经济因素在决策中的作用，这种理论不一定能够指导实际决策活动，从而逐渐被更为全面的行为决策理论代替。

(2) 行为决策理论

行为决策理论始于20世纪50年代。对古典决策理论的“经济人”假设发难的第一人是赫伯特·A·西蒙。他在《管理行为》一书中指出，理性的和经济的标准都无法确切表明管理的决策过程，进而提出“有限理性”标准和“满意度”原则。其他学者对决策者行为作了进一步研究，他们在研究中也发现，影响决策者进行决策的不仅有经济因素，还有其个人的行为表现，如态度、情感、经验和动机等。

行为决策理论的主要内容是：

①人的理性介于完全理性和大量理性之间，即人是有限理性的。这是因为在高度不确定和极其复杂的现实决策环境中，人的知识、想像力和计算力是有限的。

②决策者在识别和发现问题中容易受知觉上偏差的影响，而在对未来的状况做出判断时，直觉的运用往往多于逻辑分析法的运用。所谓知觉上的偏差，是指由于认知能力的有限，决策者仅把问题的部分信息当作认知对象。

③由于受决策时间和可利用资源的限制，决策者即使充分了解和掌握有关决策环境的信息情报，也只能做到尽量了解各种备选方案的情况，而不可能做到全部了解，决策者选择的理性是相对的。

④在风险型决策中，与经济利益的考虑相比，决策者对待风险的态度起着更为重要的作用。决策者往往厌恶风险，倾向于接受风险较小的方案，尽管风险较大的方案可能带来较为可观的收益。

⑤决策者在决策中往往只求满意的结果，而不愿费力寻求最佳方案。导致这一现象的原因有多种：决策者不注意发挥自己和别人继续进行研究的积极性，只满足于在现有的可行方案中进行选择；决策者本身缺乏有关能力，在有些情况下，决策者出于个人某些因素的考虑而做出自己的选择；评估所有的方案并选择其中的最佳方案，需要花费大量的时间和金钱，这可能得不偿失。

行为决策理论抨击了把决策视为定量方法和固定步骤的片面性，主张把决策视为一种文化现象。例如，日裔美籍学者威廉·大内在其对美日两国组织在决策方面的差异进行的比较研究中发现，东西方文化的差异是导致这种决策差异的一种不容忽视的原因，从而开创了决策的跨文化比较研究。

除了西蒙的“有限理性”模式，林德布洛姆的“渐进决策”模式也对“完全理性”模式提出了挑战。林德布洛姆认为决策过程应是一个渐进过程，而不应大起大落，否则会危及社会稳定，给组织带来组织结构、心理倾向和习惯等的震荡和资金困难，也使决策者不可能了解和思考全部方案并弄清每种方案的结果。因此“按部就班、修修补补的渐进主义决策者或安于现状的人，似乎不是一位叱咤风云的英雄人物，而实际上是能够清醒地认识到自己是在与无边无际的宇宙进行搏斗的足智多谋的解决问题的决策者”。这说明，决策不能只遵循一种固定的程序，而应根据组织内外环境的变化进行适时的调整和补充。

（3）当代决策理论

继古典决策理论和行为决策之后，决策理论有了进一步的发展，即产生了当代决策理论。当代决策理论的核心内容是：决策贯穿于整个管理过程，决策程序就是整个管理过程。

组织是由作为决策者的个人及其下属、同事组成的系统。整个决策过程是从研究组织的内外环境开始，继而确定组织目标、设计可达到该目标的各种可行方案、比较和评估这些方案进而进行方案选择（即做出择优决策），最后实施决策方案，并进行追踪检查和控制，以确保预定目标的实现。这种决策理论对决策的过程、决策的原则、程序化决策和非程序化决策、组织机构的建立同决策过程的联系等作了精辟的论述。

对当今的决策者来说，在决策过程中应广泛采用现代化的手段和规范化的程序，应以系统理论、运筹学和电子计算机为工具，并辅之以行为科学的有关理论。这就是说，运用当代决策理论应把古典决策理论和行为决策理论有机地结合起来，它所概括的一套科学行为准则和工作程序，既重视科学理论、方法和手段的应用，又重视发挥人的积极作用。

2.决策的要素

（1）决策者

决策者是决策的重要要素。对决策者的研究主要针对决策者对风险的态度及个人综合能力。风险是指失败的可能性。由于决策是人们确定未来活动的方向、内容与目标的行动。而人们对未来的认识能力有限，目前预测的未来状况与未来的实际状况不可能完全相符，因此在决策指导下进行的活动，既有成功的可能，也有失败的危险。任何决策都必须冒一定程度的风险。

组织及其决策者对待风险的不同态度会影响决策方案的选择。愿意承担风险的组织，通常会在被迫对环境做出反应以前就已采取进攻性的行动；而不愿承担风险的组织，通常只对环境做出被动的反应。愿冒风险的组织经常进行新的探索，而不愿承担风险的组织，其活动则要受到过去决策的严重限制。

因此，增强企业决策者的直觉、经验、个性、知识水平、认识和判断能力，以及决策者对风险的认识均直接影响决策的合理性。一般来说，企业决策者应从以下几个方面加强自已的素质和修养：

①要善于使用思想库。企业决策者要善于启发和引导有关人员发表意见，鼓励争论，并善于使用各方面力量以弥补自身知识的不足，从而集思广益，在决策中作出明智的抉择。

②要善于进行信息处理。决策者面对的可能是大量的信息，必须对这些信息进

行正确的处理，去粗取精、去伪存真。这要求企业决策者要善于学习、吸收大量的知识，总结和积累经验，培养定量思维能力和逻辑思维能力。

③要善于摆脱主观愿望的影响。企业决策者既要能够深入实际、亲自处理，又要能使自己处于超脱的境界；既要有自己的见解，又要避免主观主义。为此，要严格按科学的决策程序办事，并尽量掌握科学的决策方法。

④要善于及时调整和纠正错误。企业决策不是一劳永逸的，而是需要修正和调整的。这一方面是因为制定决策时可能存在失误，一方面是因为可能情况发生了变化造成原决策不适用了。因此，企业决策者应保持清醒的头脑，发现失误，及时调整。

（2）企业决策方法

决策存在于任何层次的管理中，所以决策的范围和内容大不一样，因此决策的方法也是多种多样的。决策方法对决策的正确性与精确度有重要的影响。决策者应当根据决策问题的性质选择适当的方法。

（3）企业决策体制

企业决策体制是指决策活动体系、工作方法、程序、权限和制度。完善决策体制需要注意以下问题：

①企业决策的层次问题。不同层次的管理者，其职权范围不同，掌握的信息也不一样，故而跨越层次的决策是很难保证成功的，决策者不应当超越本身的职权范围进行决策。

②企业职能部门与企业决策部门的关系问题。企业决策需要分析大量的信息，是一项知识密集型活动，现在已有专业化的部门为企业决策提供咨询服务。职能部门的工作是保证决策按照科学性和客观性的原则来进行。同时，企业职能部门也要提高自己的工作水平，努力制定适用的决策方案，提高方案的被采纳率。

（4）企业决策环境

企业决策总是在一定的环境中产生并加以执行的，影响企业决策的环境包括企业的内部环境和外部环境。企业的内部环境指企业所拥有的资源和管理手段，了解内部环境是正确决策的前提。企业的外部环境是与企业管理活动有关的各种外部因素，外部环境不仅是复杂的，而且是多变的、动态的。企业环境结构的变化会产生不同的效应，从而影响企业决策过程和实施过程的合理性。这种影响是双重的：

①环境的特点影响着组织活动的选择。比如，就组织而言，市场稳定，今天的决策主要是昨天决策的延续，而市场急剧变化，则需对经营方向和内容经常进行调整；位于垄断市场上的组织，通常将经营重点致力于内部生产条件的改善、生产规模的扩大以及生产成本的降低，而处在竞争市场上的组织，则需密切注视竞争对手的动向，不断推出新产品，努力改善营销宣传，建立健全销售网络。

②对环境的习惯反应模式也影响着组织的活动选择。即使在相同的环境背景下，不同的组织也可能做出不同的反应。而这种调整组织与环境之间关系的模式一旦形成，就会趋向固定，限制着人们对行动方案的选择。

### 5.3.3 经营决策的基本程序

决策工作是一项动态的完整的过程，一般包括确定决策目标、方案设计、方案选择和执行方案四个阶段。其基本程序如图 5-4 所示。

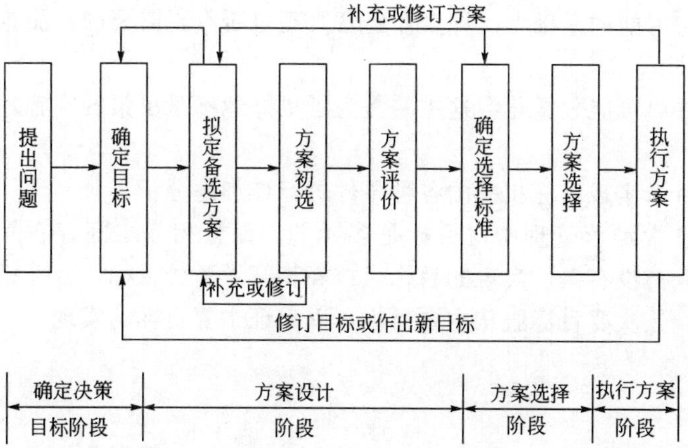


图 5-4 决策的基本程序

#### 1. 确定决策目标

确定目标是决策程序的第一阶段，主要包括提出问题和确定目标两个环节。这一阶段的工作成效直接关系到整个决策的成败。

(1) 提出问题

企业决策是为了解决企业经营管理中出现的问题。对问题的判断影响着决策的正确性，所以十分关键。企业面临的经营问题主要有两个方面，一是指在企业经营管理中现存的问题。这种问题主要是企业在经营管理中实际达到的状况与应当或期望达到的状况之间的差异。二是指有关企业的发展问题。随着社会经济的发展，企业应发现企业经营现状与社会实际需要的差距，不断调整自己的经营方针与对策。在管理实践中经常存在着企业管理者要么对问题不能作出正确判断，要么浮于表面，触及不了问题的实质。要解决这个问题，首先应确定企业是否存在需要解决的问题，这是企业管理者敏锐的洞察力和高度的预见性的综合体现。下一步是确定问题究竟出在什么地方，透过现象发现问题的本质，找出原因，只有在找出原因的基础上才能提出解决问题的有效办法。在此基础上，开始决策过程。

(2) 确定目标

决策是为了解决问题，而解决问题程度的预期，就是明确决策目标。确定决策目标是决策的前提。所谓目标是指在一定外部环境和内部条件下，在市场调查和预测的基础上，所希望达到的结果。目标确定十分重要，由于目标不同，对同样的问题采用的决策方案是不同的。决策目标可分为两类：一是必须达到的，对必须达到的目标，在资源使用上要明确最高限度，在此范围内尽可能放开；二是希望达到的，在取得成果上设立一个最低限度（边界条件）。

在确定决策目标时，要注意以下几个问题：

①目标应建立在需要与可能的基础上。即企业经营管理是否真正需要的，而企业是否具备达到目标的条件。

②目标应明确具体，并尽可能数量化。这主要是为了更好地衡量决策的实施效果。

③约束条件要明确。对与实现目标相关的各种条件进行详细地分析。

④把握主要目标。在日常经营管理中，目标是多元的，而且相互之间存在矛盾。确定决策目标时，应取消没有条件实现的目标，放弃相互矛盾的目标，合并相似的次要目标，分清主次，让次要目标服从主要目标，以保证主要目标的实现。

2. 方案设计

(1) 拟定备选方案

备选方案是指可供进一步选择用的可能方案，其数量和质量对于最后作出合理的选择有重大影响。企业应根据内外条件，拟定出众多的具备实施条件的可行方案。为保证备选方案的优良品质，防止遗漏，决策者必须拟定尽可能多的备选方案，注意方案的整体详尽性和相互排斥性。对于一些新问题，如有关企业发展的决策问题，一般属于非程序化决策，没有任何经验和案例可循，决策者必须充分发挥想像力和创造力，并发挥集体智慧集思广益，才能取得最佳效果。

(2) 方案初选

方案初选主要是通过对一些比较重要的限定因素的分析，比较各备选方案实现的可能性和效果，淘汰掉那些对解决问题基本无用或用处很小的方案以及那些客观条件不允许的方案，减少可行方案的数目，以便进行更深入的分析和比较。

(3) 方案评价

方案评价是对方案执行结果的估计。进行方案评价时，应忽略各方案的共同问题，而专注于不同因素的分析。对一些无形因素，可以用预测方法将其定量化，与有形因素一起考虑。

3. 方案选择

方案选择是决策的关键阶段。

(1) 方案选择标准

标准是衡量方案优劣的尺度，对方案的取舍关系极大。一个具有共性的标准是价值标准。在单目标决策情况下，价值标准是十分明确的，而对于多目标决策的情况，价值标准只有当各个目标的重要性明确后才能确定。

(2) 方案的选择

方案选择是在方案评价的基础上，按选择标准，进行执行方案的选择。进行方案选择时主要依据满意准则，即选择在目前情况下比较满意的适宜可行的方案。方案选定后，必须注意决策带来的影响，采取一些预防性措施或制定应变计划，以保证决策方案能按计划组织实施。

4. 执行方案

一旦作出决策，就要实施决策方案。如向下属宣布决策方案、解释决策的原因、分配企业资源和层层落实任务等，使企业决策真正成为全体员工的共识。执行已选择的决策方案，是将决策变为现实的关键。决策好坏要由实施的结果来判别。控制、监督和反馈对决策成败起决定性的作用。在实施中及时发现情况，及时反馈，查明原因，修正方案，进行有效控制，保证原定目标的实现。此外，在执行中还会发现新问题，从而需要作出新的决策后再付诸实施，这就开始了一个新的决策过程。

### 5.3.4 经营决策方法简介

1. 经营决策方法简介

随着决策科学的发展，特别是电子计算机在决策中的应用，为用量化方法解决复杂的决策问题创造了条件，使决策的科学性与可靠性不断提高，但这并未阻碍定性决策方法的发展。定性决策方法仍是经常使用的决策方法之一。这是因为：

(1) 定性与定量相结合的分析方法，是人们正确认识事物发展内在规律的首要途径。进行定量决策时，任何模型都是对系统的抽象描述，不可能包容系统内的所有影响因素，而只能抓住问题的主要矛盾，因此定量方法不能离开定性分析而独立存在。

(2) 迅速决策是企业经常面临的现实问题。定性决策主要凭借决策者的经验和判断力，因此，在企业的迅速决策方面实用性强。

(3) 定量决策一般需大量的统计资料，当企业资料不全或遇到新问题时，进行定量决策往往难度较大，而定性决策则具有优势。

因为社会现象比较复杂，变化快，定性决策在企业经营管理中仍然占有十分重要的比重。即使是定量决策，也还需要决策者根据更多的限制条件做出最好的决定。定性决策是充分发挥人们智慧进行决策的一种方法。在定性决策时，决策者的理论水平、经验阅历、能力素质往往起决定作用，但现代经营管理日趋复杂，所需各种专门知识越来越多，一个人的知识、经验往往是有限的。因此，定性决策常依靠专家的智慧进行集体决策。集体决策由于集思广益，互相学习，取长补短，考虑问题既广泛又深入，使决策具有充分的根据，保证决策的有效性。定性决策多用于外部环境变化大，影响决策的随机因素多且错综复杂，多种因素难以用数量表示的综合性战略决策。定性决策方法常用的有专家意见法、德尔菲法、小组决策法等。

总之，尽管定性决策很重要，但不能片面强调定性决策的重要性而忽略定量决策，两者是相辅相成，不可偏废的。一般凡可以用数量来表示决策的条件及决策结果的问题，应当力求用定量决策来辅助决策者的决策；但定量决策不能取代决策者的观念和逻辑思维能力，两者结合使用，使决策更加符合实际。

2.经营决策的定量方法及应用

(1) 确定型决策问题的分析方法

确定型决策问题具备如下四个条件：

①存在决策者希望达到的一个明确目标。

②只存在一个确定的自然状态。

③存在决策者可以选择的两个或两个以上的行动方案。

④不同的行动方案在确定状态下的益损值可以计算出来。

确定型决策的方法很多，如线性规划法、目标评分法、效益费用法等。人们对这类经营决策研究的比较充分，常使用运筹学的各种分支方法及其他数学方法。

(2) 不确定型决策问题的分析方法

不确定性决策问题的分析方法主要包括小中取大准则法、大中取大准则法、折中准则法、后悔值准则法等。

①小中取大决策标准法。小中取大决策标准法又称悲观标准法。持这种标准的决策者，对客观环境总是抱悲观态度，万事总觉得不会如意，所以为了保险起见，总是从最不利处估计事情的结果，而从最坏的情况中选择最好的方案。采用这种决策标准，首先从每一方案中选择一个最小的收益值，然后选取最小的收益值中的最大值相应的方案为最优方案。

**[例 5-9]** 某预制厂要确定下一施工年度空心板的生产批量，空心板的需求量有多、中、少三种情况，可采取的生产方案有大、中、小批量三种，各生产方案可能获得的收益值可以相应地计算出来，如表 5-5 所示。

小中取大决策标准决策计算表 表 5-5

| 方案＼收益值（万元）＼自然状态 | 空心板需求量 | | | 最小的收益值 |
|---|---|---|---|---|
| | 多 | 中 | 少 | |
| 大批量生产 | 20 | 12 | 8 | 8 |
| 中批量生产 | 16 | 16 | 10 | 10 |
| 小批量生产 | 12 | 12 | 12 | 12 |
| 各方案的最小收益值中的最大值 | | | | 12 |
| 最优方案 | | | | 小批量生产 |

②大中取大决策标准法。大中取大决策标准法又称乐观标准法，持这种标准的决策者，对客观环境总是抱乐观态度，不放弃任何一个获得最好结果的机会。决策时，首先把每一方案在各种自然状态下的最大收益值求出来，再选取与最大收益值中的最大值相应的方案为最优方案。

例如，采用乐观标准，对如上问题进行决策，其计算过程如表 5-6 所示。

大中取大决策标准决策计算表 表 5-6

| 方案＼收益值（万元）＼自然状态 | 空心板需求量 | | | 最大的收益值 |
|---|---|---|---|---|
| | 多 | 中 | 少 | |
| 大批量生产 | 20 | 12 | 8 | 20 |
| 中批量生产 | 16 | 16 | 10 | 16 |
| 小批量生产 | 12 | 12 | 12 | 12 |
| 各方案的最大收益值中的最大值 | | | | 20 |
| 最优方案 | | | | 大批量生产 |

③折中标准法。这一标准是以上两种标准的折中，决策时先确定介于 0 和 1 之间的乐观系数 $\alpha$，再找到每个方案在各种自然状态下的最大收益值和最小收益值，则各个方案的折中收益值为：

$$折中收益值=\alpha\times最大收益值+(1-\alpha)\times最小收益值$$

最后比较各个方案的折中收益值的大小，则最优方案为折中收益值最大的方案。

例如，采用折中标准，令乐观系数 $\alpha=0.7$，对如上问题进行决策，其计算过程如表 5-7 所示。

折中标准决策计算表　　表 5-7

| 收益值(万元) 自然状态 方案 | 空心板需求量 多 | 空心板需求量 中 | 空心板需求量 少 | 最大收益值 | 最小收益值 | 折中收益值 |
|---|---|---|---|---|---|---|
| 大批量生产 | 20 | 12 | 8 | 20 | 8 | 0.7×20+0.3×8=16.4 |
| 中批量生产 | 16 | 16 | 10 | 16 | 10 | 0.7×16+0.3×10=14.2 |
| 小批量生产 | 12 | 12 | 12 | 12 | 12 | 0.7×12+0.3×12=12 |
| 各方案的折中收益值中的最大值 | | | | | | 16.4 |
| 最优方案 | | | | | | 大批量生产 |

显然，乐观标准与悲观标准均是折中标准的特例。取 $\alpha=1$ 是乐观的情况，而取 $\alpha=0$ 则是悲观的情况。$\alpha$ 的值应根据具体情况取定，取值不同，可能会得到不同的决策结果。

④后悔值标准法。后悔值是指某种自然状态下可能获得最大收益与采用某一方案所实际获得的收益的差值。即应当得到，但由于失去机会未能得到的那一部分收益。采用这种决策标准，需先找出每个方案的最大后悔值，再选取与最大后悔值中的最小值相应的方案为最优方案。

例如，采用“后悔值”标准，对如上问题进行决策，其计算过程如表 5-8 所示。

“后悔值”标准决策计算表　　表 5-8

| 后悔值(万元) 自然状态 方案 | 空心板需求量 多 | 空心板需求量 中 | 空心板需求量 少 | 最大的后悔值 |
|---|---|---|---|---|
| 大批量生产 | 20−20=0 | 16−12=4 | 12−8=4 | 4 |
| 中批量生产 | 20−16=4 | 16−16=0 | 12−10=2 | 4 |
| 小批量生产 | 20−12=8 | 16−12=4 | 12−12=0 | 8 |
| 各方案的最大后悔值中的最小值 | | | | 4 |
| 最优方案 | | | | 大批量生产<br>中批量生产 |

(3) 风险型决策问题的分析方法

①风险型决策条件及特点：

a. 存在着决策者希望达到的目标（利益最大或损失最小）。

b. 存在着两个或两个以上的行动方案可供决策者选择。

c. 存在着两个或两个以上的不以决策者的主观意志为转移的自然状态。

d. 不同的行动方案在不同自然状态下的相应益损值（利益或损失）可以计算出来。

e. 各种自然状态出现的可能性（概率）决策者预先估计或计算出各自自然状态的概率。

风险型决策的这一特点恰恰与不确定型决策相反。在不确定性决策中，各种自然状态出现的可能性（概率），决策者预先无法估计或计算出来。

②风险型决策方法。风险型决策方法主要有最大可能法、期望值法、约当系数法、正态分布法和决策数法。以决策数法应用最为广泛。以下仅介绍决策数法。

决策树法是一种直观的图解决策方法，是在已知各种情况发生的概率的前提下，通过构造决策树，求取净现值的期望值来评价项目风险并判断其可行性的决策分析方法。它使用的图形符号通常有：

决策点用方框表示，由决策点向右方引出若干直线，每条直线代表一个方案，亦称“方案枝”，如图 5-5 所示。

机会点用圆圈表示。机会点左方与某一方案枝联结，右方引出若干条直线，每一条直线代表一个自然状态及其可能发生的概率，亦称“概率枝”。概率枝的末端列出该自然状态下的损益值，相应的概率标在概率枝旁边，如图 5-6 所示。图中第一个自然状态概率为 0.6，损益值为 2000 万元；第二个自然状态概率为 0.4，损益值为－400 万元（即亏损）。

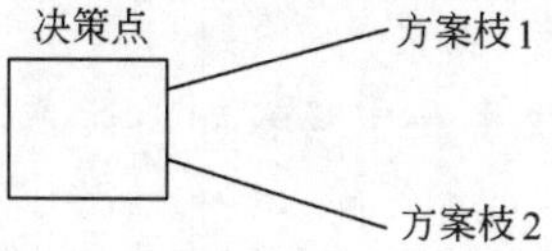


图 5-5　决策树图中的决策点与方案枝

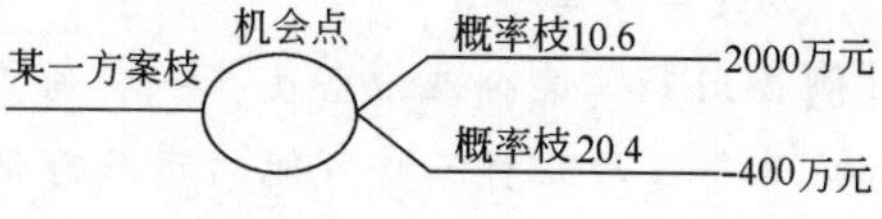


图 5-6　决策树图中的机会点、概率枝和方案枝

决策的过程是由右向左，首先根据右端的损益值和概率计算出方案在各自然状态下的期望值（把它标在机会点处），然后根据不同方案的计算结果，按期望值最大（或损失值最小）原则选择最优方案。

整个图解画出来像一棵树，如图 5-7 所示，“决策树”因此得名。有时在决策后把舍弃的方案在方案枝上画上“//”符号，称为“修枝”。

利用决策树进行决策，有单级决策和多级决策之分。只需要一次决策活动便可决出最优方案的称为单级决策；需要经过二次以上的决策活动才能决出最优方案的称为多级决策。下面分别通过单级决策和多级决策的例子来介绍决策树的运用。

a. 单级决策实例：

**[例 5-10]**　某建筑公司的管理人员要决定工程下月是否开工。如果开工后天气好，能按期完工，可得利润 5 万元；如果开工后天气坏，将拖延工期，造成损失

2 万元；假如不开工，则不论天气好坏，都要付出窝工损失 5 千元。根据以往的统计资料，预计下月天气好的概率为 0.3，而天气坏的概率为 0.7，试进行决策。

显然，这是一个面对两种自然状态（天气好、天气坏），又有两种行动方案（开工、不开工）可供选择的风险型决策问题。采用决策树法进行决策的过程如图 5-8 所示。

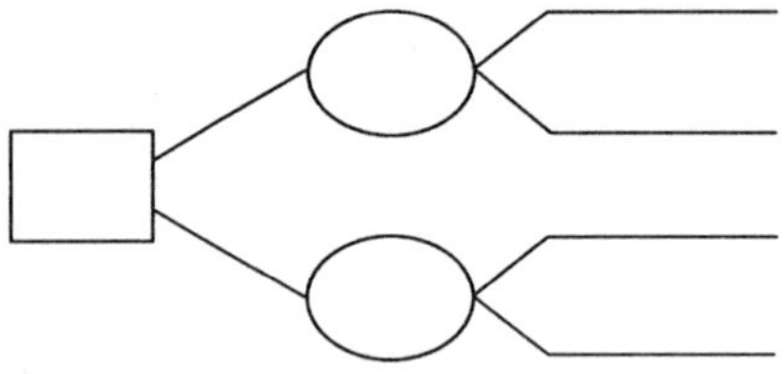

图 5-7　决策树示意图

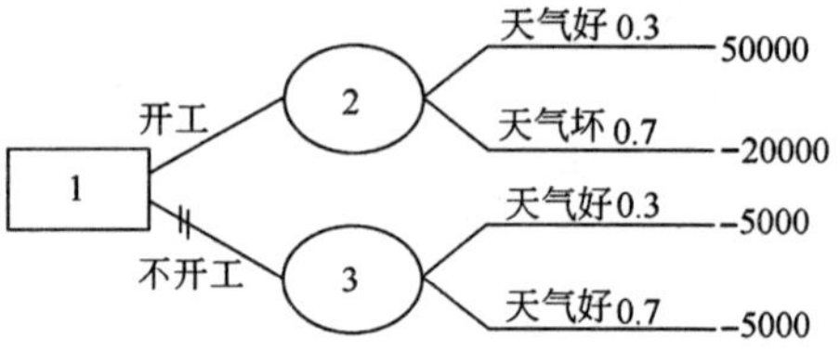


图 5-8　某工程开工决策树

首先求出两个方案的期望收益值。

开工方案期望收益值为：

$$0.3\times50000+0.7\times(-20000)=1000$$

不开工方案的期望收益值为：

$$0.3\times(-5000)+0.7\times(-5000)=-5000$$

由计算结果可知，开工方案的期望收益值大于不开工方案的期望收益值。因此，应选择开工方案，舍弃不开工方案。

b. 多级决策实例：

**[例 5-11]**　某企业准备生产一种新产品，根据技术和市场预测，该产品的寿命期为 10 年，产品有三种可能的市场前景：

$\theta_1$——表示 10 年内销路一直都好，其发生的概率 $P(\theta_1)=0.5$；

$\theta_2$——表示 10 年内销路一直都不好，其发生的概率 $P(\theta_2)=0.3$；

$\theta_3$——表示前 3 年销路好，后 7 年销路不好，其发生的概率 $P(\theta_3)=0.2$。

如果建大厂，需投资 380 万元，10 年内始终维持原规模；如果建小厂，需投资 140 万元，3 年后根据市场情况决定扩建与否，如果扩建还需再投资 270 万元。各种情况下的年净收益如表 5-9 所示。

**多级决策树决策数据表**（单位：万元）　　表 5-9

| 年净收益 \ 市场前景 / 年份 \ 方案 | | $\theta_1$ | | $\theta_2$ | | $\theta_3$ | |
|---|---|---|---|---|---|---|---|
| | | 1～3 | 4～10 | 1～3 | 4～10 | 1～3 | 4～10 |
| 建大厂 | | 90 | 90 | 40 | 40 | 90 | 40 |
| 建小厂 | 扩建 | 20 | 70 | — | — | 20 | 40 |
| | 不扩建 | 20 | 20 | 18 | 18 | 20 | 18 |

问：目前应决策建大厂，还是建小厂（$i_c=10\%$）？

解：已知：10 年内销路一直都好的概率 $P(\theta_1)=0.5$；

10 年内销路一直都不好的概率 $P(\theta_2)=0.3$；

前 3 年销路好，后 7 年销路不好，其发生的概率 $P(\theta_3)=0.2$。

（1）计算各市场状态的概率。三种市场状态可以看作四个独立事件的组合，这四个独立事件是：前 3 年销路好（记为 $G_1$）；后 7 年销路好（记为 $G_2$）；前 3 年销路不好（记为 $W_1$）；后 7 年销路不好（记为 $W_2$）。各状态发生的概率如下：

前 3 年销路好的概率：

$$P(G_1)=P(G_1 \mid G_2)+P(G_1 \mid W_2)=0.5+0.2=0.7$$

在前 3 年销路好的条件下，后 7 年销路好的概率：

$$P(G_2 \mid G_1)=\frac{P(G_1 \mid G_2)}{P(G_1)}=\frac{0.5}{0.7}=0.71$$

在前 3 年销路好的条件下，后 7 年销路不好的概率：

$$P(W_2 \mid G_1)=\frac{P(G_1 \mid W_2)}{P(G_1)}=\frac{0.2}{0.7}=0.29$$

根据各市场状态的概率及表 5-9 中的数据画出决策树图 5-9。

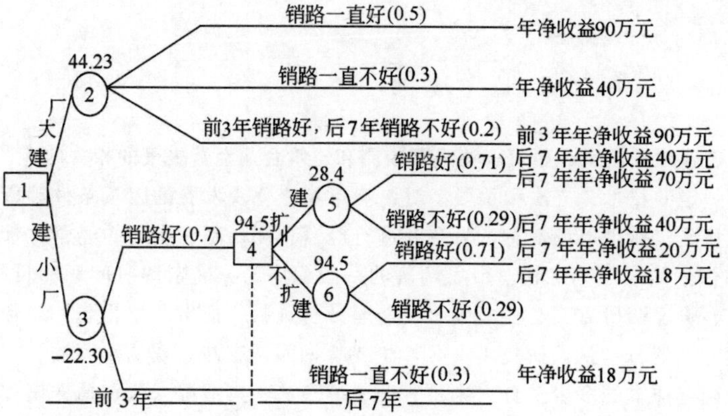


图 5-9　多级决策的决策树

（2）计算各点的期望损益值

点 5：$E(NPV)_5=70(P/A, 10\%, 7)\times 0.71+40(P/A, 10\%, 7)\times 0.29-270$

$=70\times 4.868\times 0.71+40\times 4.868\times 0.29-270$

$=28.4$（万元）

点 6：$E(NPV)_6=20(P/A,10\%,7)\times0.71+18(P/A,10\%,7)\times0.29-380$

$=20\times4.868\times0.71+18\times4.868\times0.29$

$=94.5$（万元）

由于$E(NPV)_6<E(NPV)_5$，故选择不扩建的方案。对扩建方案进行“修枝”，将点 6 上的期望损益值移到点 4 上，此为第一级决策。接下来进行第二级决策。

计算第 2、第 3 点的期望损益值。

点 2：$E(NPV)_2=90(P/A,10\%,10)\times0.5+40(P/A,10\%,10)\times0.3+[90(P/A,10\%,3)+40(P/A,10\%,7)(P/F,10\%,3)]\times0.2-380$

$=90\times6.144\times0.5+40\times6.144\times0.3+[90\times2.487+40\times4.868\times0.7513]\times0.2-380$

$=44.23$（万元）

点 3：$E(NPV)_3=[20(P/A,10\%,3)+94.5(P/F,10\%,3)\times0.7+18(P/A,10\%,10)\times0.3-140]$

$=[20\times2.487+94.5\times1.331]0.7+18\times6.144\times0.3-140$

$=-22.30$（万元）

由于$E(NPV)_2>0$，$E(NPV)_3<0$，因此该企业应当选择建大厂的方案。这就是第二级决策，也是最终决策。至此，企业决策完毕。

## 本章小结

本章主要介绍了建筑企业市场调研、建筑企业经营预测和建筑企业经营决策的相关内容。

市场调研是企业运用一定的技术、方法和手段，对影响市场变化及发展的因素条件等所进行的收集资料、掌握客观情况、提供市场信息，为企业进行经营预测、制订正确的经营方针和合理的经营决策提供可靠依据的一系列工作。市场调研的一般程序为：确定调研问题和目标、初步调查、确定调研项目、确定调研方案、实施调研、整理分析资料、提出调研报告。最常用的市场调研的方法可从两方面划分：从调研技术上分，主要有询问调查法、现场观察法、实验调查法和资料分析法；从调查样本的多少上分，主要有普遍调查法、典型调查法和抽样调查法等。建筑企业市场调研的主要内容包括企业外部总体环境的调研、市场需求调研、市场供应调研、市场竞争状况调研和对建筑市场参与单位的调研等。

预测是人们对未来不确定事件进行推断和预见的一种认识活动。它是人们对客观实践各种各样事物的未来发展变化的趋向以及对人类实践活动的结果，事先所做的分析和估计。预测按时间分为短期预测、中期预测和长期预测；按范围分为宏观预测和微观预测；按方法分为定性预测、定量预测和综合预测。建筑企业经营预测的内容包括建筑市场预测、资源预测、生产能力预测和企业的技术发展预测等。经营预测的基本程序包括确定预测目标和要求、收集资料、选择预测方法、进行预测、预测结果分析、提出预测报告、追踪与反馈等步骤。经营预测的定性方法有个人判断法、专家意见法、德尔菲法等，定量预测的方法有移动平均法、指数平滑法和趋势预测法等。

决策是指为实现一定的目标，解决一定的问题，有意识地寻求多种实施方案，按决策者的智慧、经验、胆识和决策标准，进行比较分析，确定较理想方案，予以实施及跟踪的过程。决策的特征主要有决策活动是动态的过程、决策有明确的目的、决策有若干的备选方案、决策以可行方案为依据、决策有科学的标准和依据、决策选择结果应是较理想的方案、决策的主体是管理者等等。决策理论主要有古典决策理论、行为决策理论和当代决策理论。决策的要素包括决策者、决策方法、决策体制和决策环境。决策程序包括确定决策目标、方案设计、方案选择和执行方案等几个主要阶段。决策的定性定量的方法很多，本章主要介绍了不确定型决策方法和风险型决策方法，不确定型决策问题分析方法主要包括小中取大准则法、大中取大准则法、折中准则法、后悔值准则法等，风险型决策方法则重点介绍了应用最为广泛的决策树法。

## 复习思考题

1. 简述建筑市场调研的内容、基本程序和常用方法。

2. 什么是预测？建筑企业为什么要进行经营预测？

3. 建筑企业经营预测主要包括哪些内容？

4. 简述预测的基本程序。

5. 简述专家意见法和德尔菲法的优缺点。

6. 某公司某年各月份某种材料的实际使用量如下表，运用移动平均法（$N=3$，$N=6$）和加权移动平均法（$N=3$，权值分别为3，2，1）计算移动平均值；运用指数平滑法，分别按$\alpha=0.2$、$\alpha=0.5$和$\alpha=0.8$，计算预测值。

**材料实际使用量一览表** 题表5-1

| 月　份 | 1 | 2 | 3 | 4 | 5 | 6 | 7 | 8 | 9 | 10 | 11 | 12 |
|---|---|---|---|---|---|---|---|---|---|---|---|---|
| 使用量（单位） | 43 | 55 | 62 | 71 | 73 | 73 | 62 | 54 | 49 | 41 | 47 | 48 |

7. 某混凝土构件厂第1年到第7年的销售额如下表，试预测第8年销售额。

**某构件厂第1年～第7年的销售额** 题表5-2

| 年　序 | 1 | 2 | 3 | 4 | 5 | 6 | 7 |
|---|---|---|---|---|---|---|---|
| 销售额（万元） | 200 | 210 | 280 | 250 | 360 | 320 | 380 |

8. 什么是企业决策？企业决策具有哪些特征？

9. 简述企业决策的类型。

10. 论述企业决策的理论和要素。

11. 简述决策的基本程序。

12. 某建筑企业需对其预制加工厂的发展作出决策，有三种可行方案：新建、扩建和改造原车间。市场有三种自然状态：高需求、中需求和低需求。各种需求情况的概率无法估计。但各种方案在以后5年内的收益或亏损估算如下：

不同需求状况下各方案的损益值　　题表 5-3

| 状态<br>方案 | 高需求 | 中需求 | 低需求 |
| --- | --- | --- | --- |
| 新建 | 60 | 20 | −15 |
| 扩建 | 40 | 25 | 0 |
| 改建 | 25 | 15 | 10 |

13. 某部门生产某产品需要进行投资决策。有两个方案可供选择：一是新建一个大厂，需投资300万元，如果销路好（概率为0.7），则年净收益为100万元，如果销路不好（概率为0.3），则年净收益为−20万元。另一个方案是先建小厂，需投资140万元，如果产品销路好（概率为0.7），年净收益为40万元，三年后如进行扩建，扩建所需投资为200万元，后7年销路好（概率为0.4），年净收益为95万元；后7年销路不好，年净收益为50万元；如不扩建，则销路好，年净收益80万元；销路差，年净收益为40万元。如果销路不好（概率为0.3），则小厂共维持生产10年。无论建大厂还是小厂，两方案的使用期均为10年，试进行决策（基准收益率为10%）。

## 参考文献

[1] 张国兴．建筑企业管理．武汉：武汉理工大学出版社，2005.
[2] 田金信．建筑企业管理学（第2版）．北京：中国建筑工业出版社，2004.
[3] 徐盛华，陈子慧．现代企业管理学．北京：清华大学出版社，2004.
[4] 谢启南，韩兆洲．统计学原理（第5版）．广州：暨南大学出版社，2004.
[5] 夏昌祥．现代企业管理．重庆：重庆大学出版社，2002.
[6] 余向平．企业管理原理（第2版）．北京：经济管理出版社，2004.
[7] 胡宇辰．企业管理学（第3版）．北京：经济管理出版社，2003.
[8] 安学锋．现代工业企业管理学．北京：经济管理出版社，2002.
[9] 周三多．管理学——原理与方法．上海：复旦大学出版社，2003.
[10] 杨青，胡艳．技术经济学．武汉：武汉理工大学出版社，2003.

# 第6章 建筑企业计划管理

**本章概要**

1. 计划与计划管理的概念、特点和任务；
2. 计划管理的工作过程；
3. 建筑企业的计划体系及其计划指标体系；
4. 建筑企业经营计划的概念及特征；
5. 建筑企业中长期计划、年度经营计划以及经营计划的贯彻；
6. 建筑企业施工生产计划的编制原则；
7. 施工项目管理实施计划和施工进度计划管理。

## 6.1 计划管理概述

### 6.1.1 计划与计划管理

计划是重要的管理职能之一，它是以经营决策作为基础，把决策所确定的目标数量化，并把它们调整、汇总成一个体系，借以有效地把握未来，达到有效地使用各种资源，成为取得最佳经营成果的行动纲领。它是基于对客观实际的认识，确定某项活动在未来一定时期内应达到的目标，以及为实现目标所进行的一系列筹划活动的总称。

计划是企业管理活动的首要一环，是一切管理的“龙头”。可以这样说，没有计划，就根本谈不上管理，也就无法管理好企业。

计划管理，简单来说就是用计划把企业的各项生产经营活动全面地组织起来，并对其进行平衡、协调、控制和监督。具体讲来就是通过计划的编制，确定企业的计划，组织计划的实施，并以计划为标准进行控制，根据实施及控制中的信息反馈，对计划进行调整的周期性的生产经营管理活动。

建筑安装企业要维护正常的生产经营活动，涉及土建配合、物资供应、建设单位提供条件等各方面，还涉及内部各业务部门及水、电、设备、通风等专业工种，因而必须有一个统一协调的计划，从而保证企业这部机器为完成自己的任务和目标而协调地运转。计划管理是一项全面的综合的管理工作，既是企业管理的起点，也是企业管理的归宿。因此，也可以说，没有计划就谈不上管理，更谈不上科学管理。在建筑企业管理体系中，全面计划管理与全面质量管理、全面经济核算、全面劳动人事管理等为并列的关系。全面计划管理，就是通过计划管理周期循环过程，把企业全体成员的一切活动和一切工作，都纳入计划的轨道。全面计划管理可以概括为全企业、全过程、全员性的计划管理。

全企业的计划管理，是指建筑企业不仅要有综合计划，而且企业内部各部门、各单位乃至每个岗位和职工的工作都应当有计划，构成全企业的计划体系。企业内部单位的计划，是企业综合计划的分解，它服从于企业计划的领导，保证企业计划的实现。

全过程的计划管理，是指建筑企业生产经营活动全过程的每个环节都必须实行计划管理。包括市场调查、参加投标、签订合同、施工准备、正式施工、交工验收、竣工结算、售后服务（回访）等都必须建立计划，构成企业生产经营活动全过程的计划体系。

全员的计划管理，是指企业计划的贯彻实施，是由企业所属各单位、各部门和全体职工的共同努力，企业的领导层、专业管理人员、普通工人都有自己的岗位和职责。企业计划管理不仅是计划部门的事情，企业全体职工人人都要管理计划，用每一个岗位计划任务的实现来保证全企业计划的实现。

通过计划管理，企业才能合理配置并有效地运用所掌握的人力、物力和财力，保证企业生产经营活动的有序性和高效率，完成企业的生产经营活动，实现企业生产经营目标，以不断提高企业经济效益和社会效益。

### 6.1.2 计划管理的任务

计划管理是现代化大生产的客观要求，是发展国民经济的需要，也是建筑企业提高经济效益的重要手段。为此，计划管理的基本任务是：

1. 制订目标

依据国家长期计划、市场预测及企业经营战略，制订企业在计划期内的各级目标；对这些目标逐项、逐级分解，并用它来落实岗位责任；动员与协调全体职工的行动。

2. 资源的优化配置

要全面考虑企业内部条件、外部条件、人和物的因素，充分挖掘企业潜力，进行积极平衡；抓好施工部署、工程排队、技术物质供应、机械设备、运输力量和施工综合进度的平衡；组织好施工现场、后勤供应及施工全过程的均衡施工。

3. 控制与协调

为保持计划实施过程中的动态平衡，维持施工正常秩序，使工程项目特别是国家重点项目尽快竣工投产，就要不断检查计划执行情况，及时了解和切实解决施工中出现的各种问题，及时调整薄弱环节，使施工计划真正起到全面组织施工活动的作用。

通过计划的制订、执行情况的检查、统计和分析，总结企业与工程计划管理的经验，不断提高企业和工程计划的管理水平。

### 6.1.3 计划管理的特点

1. 计划的被动性

建筑企业的生产任务来源受到固定资产投资数量的影响，使企业计划具有被动性。另外，建筑生产消耗资源品种多、数量大、施工周期长、市场价格等影响因素多、决算最终成本的时间长，这些都给企业计划管理带来被动局面。

2. 计划的多变性

首先，企业承建的工程是多种多样的，不像工业生产那样相对稳定。由于产品结构复杂程度不一，每一个时期施工的各专业工种比例也不同，受自然条件的影响大，不可预见因素多，使企业的生产效率不稳定。其次，由于施工队伍的流动性，施工地点和建设单位经常变化，从而影响企业的生产效率。第三，由于施工环境不稳定和产品结构复杂多变，难以做到生产管理的标准化、程序化和规范化。由于这些特点，影响企业生产效率、影响计划的稳定性。因此，建筑企业应提高计划的预见性，使施工计划富有一定弹性。

3. 计划的不均衡性

由于施工的季节性与任务得到的时间与数量不同，造成计划期内的施工内容与比例不同，使年、季、月之间做到计划均衡性的难度很大。另外，对一个具体工程来说，施工准备阶段、施工阶段和收尾阶段之间，施工内容与比例也各不相同，影响了年、季、月之间做到计划的均衡性。

4. 计划的协作性

建筑生产经营方式有总包与分包形式，常常是几个施工单位在一个建设项目甚至一个单位工程上施工。在一个单位工程施工中，又还需要组织多工种同时施工，进行立体交叉作业。因此在编制生产经营计划时，应使计划具有灵活性与协作性，满足各种协作条件的要求，合理安排时间和空间，严密组织施工。

### 6.1.4 计划管理工作的过程

1. 计划的编制

计划的编制要将社会及用户的需求和企业的条件、利益相统一；将企业的长期目标与短期目标相衔接；将企业的整体目标与企业内部的各级目标，以及每个员工的个人目标相联系。

计划的编制要做好综合平衡，既要使企业与外部环境保持协调，又要使企业内部生产经营活动的各环节、各要素间保持正常比例关系。

此外，在计划的编制中，还要通过对计划的优化选择最优的计划方案，保证最有效地利用人力、物力、财力，取得理想的经济效果。

2. 计划的实施

计划的实施是企业各部门各级机构，根据计划的内容和要求，组织落实，认真执行。在各级主管职责范围内，领导下级，沟通思想，通力合作，使企业的各项生产经营活动在计划指导下有序、高效地进行。实质上，这也就是计划的“组织”职能。

3. 计划的控制

在计划的实施过程中，通过检查与调节，消除实施过程中的薄弱环节和不协调因素。

上述计划管理工作的内容构成一个管理工作体系和管理工作循环。如图 6-1。

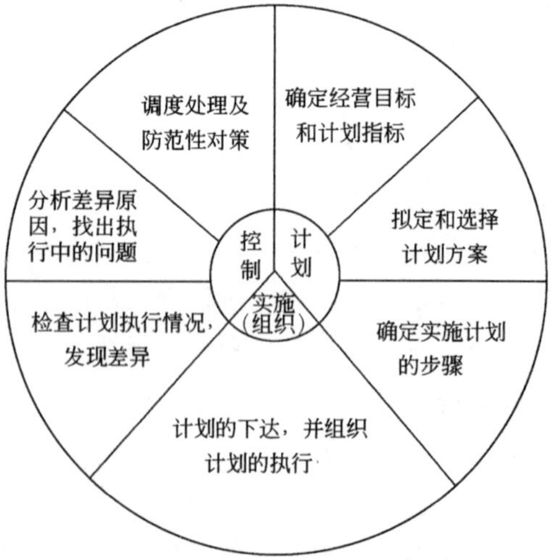


图 6-1 计划管理工作环节

## 6.2 建筑企业的计划体系与计划指标体系

### 6.2.1 建筑企业的计划体系

1. 计划体系的新观念

建筑企业的计划体系，应以经济效益为中心，坚持长期发展的战略目标和满足商品市场的需求，建立以经营合同计划为核心的生产经营计划体系。

在战略上要求把经营合同计划放在首要地位，不断提高市场决策和经营业务能力。在战术上应当加强工程施工组织计划管理，把施工组织设计作为计划体系和系统管理的重要内容和措施。把建筑企业从事“商品生产”的新观念，贯穿于计划编制和实施的全过程，使企业决策者到每个管理者和生产者牢固树立新的“市场计划”概念，建立新型的“生产经营计划”体系，实行系统管理。

2. 计划体系的分类

为了有效地、全面地指导企业的生产经营活动，保证企业生产经营活动在时间上、空间上的连续性和协调性，企业需要有不同性质和不同要求的多种形式的计划。

按计划时期不同，建筑企业计划可分为长期（五年以上）计划、中期（两年以上、五年以下）计划、短期（一年及一年以下）计划。

按计划对象不同，建筑企业计划可分为按企业（管理主体）编制的计划和按工程对象（管理客体）编制的计划。前一种计划，涉及企业同时承包的若干项工程任务，是多元计划；后一种计划就是工程施工组织设计，是一元计划。

按性质不同，建筑企业计划可分为经营计划（决策性计划）和作业计划（执行性计划）。经营计划是以提高经济效益为中心，在经营环境制约下，制订经营目标，规划企业的全部生产经营活动，实现经营决策目标。作业计划是经营计划的具体化。

以上各类计划相互联系、相互制约，互为依存、互为补充，构成了建筑企业的计划体系。如图 6-2 所示。以下按照计划体系的新观念，重点介绍经营性计划体系。

3. 生产经营计划体系的构成

建筑企业以“一个目标，两大子系统”，构成一个生产经营计划体系，如图6-3所示。“一个目标”，包括建筑企业的中长期目标和短期目标，它是两个计划子系统的计划依据和共同目标。“两大子系统”，是指企业经营计划子系统与工程施工组织计划子系统。建筑企业的经营计划子系统，又可分为以经营合同计划为核心的经营（销售）计划，和以建筑安装计划（或称施工计划）为核心的施工生产计划两个子系统，经营计划子系统包括经营与生产两大环节。而工程项目施工组织计划子系统，则是在企业经营合同计划指导下，以施工计划中的每个施工项目相协调，以具体的“单项合同”工程为对象编制的施工组织设计的“集合体”。

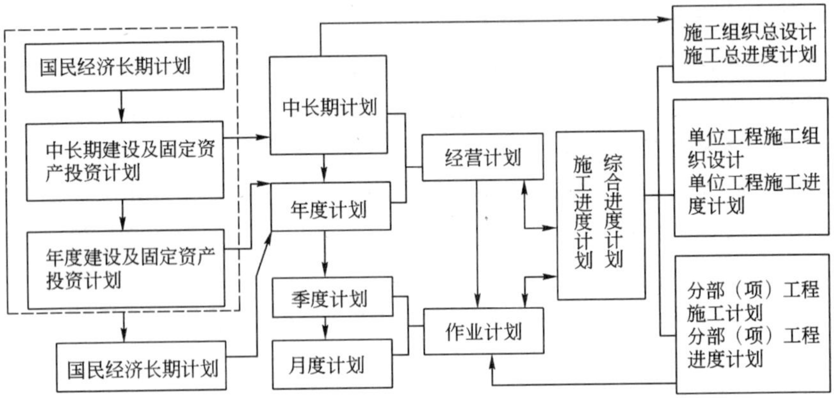


图 6-2　建筑企业计划体系

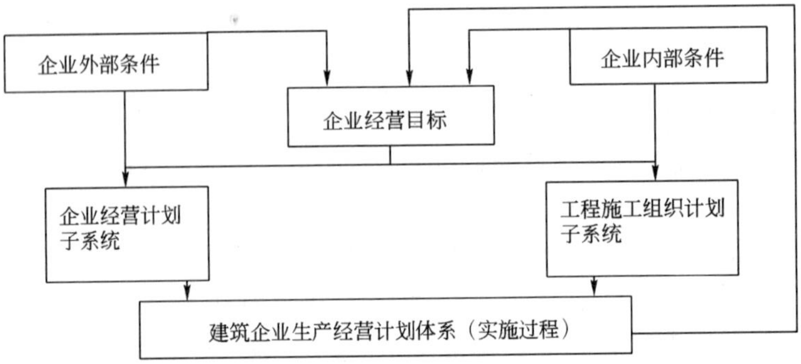


图 6-3　建筑企业生产经营计划体系

经营计划的控制目标，是企业中长期目标和年度综合目标，着重于企业全局性经济活动规律的组织和控制，用于指导全企业的生产经营管理。而工程组织计划，则是在经营计划的制约下，着重于施工现场为中心的局部性经济活动规律的组织和控制，用于指导每个单项工程的施工管理。它的中心目标是以每个具体工程的综合效益为保证，实现经营目标的优化，多快好省地完成企业经营计划所规定的任务。

建筑企业计划管理的最终目的，就是使整个企业的纵向与横向组织系统，在企业经营目标和生产经营计划指导下，形成一个有机的目标网络管理系统，通过各级组织对计划的实施和控制，达到企业经营目标的最优化。

### 6.2.2 建筑企业的计划指标体系

1.计划指标的概念、分类及作用

计划指标是企业计划内容和任务的具体化、数量化，用于表示在一定计划期内，企业生产经营活动所能达到的预期目标和水平。每个指标都反映生产经营活动的某一侧面，它们都有特定的内涵。

按计划指标的性质不同，可分为数量指标和质量指标。数量指标指企业在计划期内，生产经营活动的某个方面能达到的数量和目标，通常以绝对值表示，如产量、产值、利润、工程量、物资需求量、职工人数、工资等。质量指标指企业在计划期内，生产经营活动应达到的质量要求，即反映企业在利用人力、物力、财力以及发展技术等方面的水平，通常以相对值表示，如劳动生产率、总资产报酬率、工程合格率、技术装备率等。数量指标与质量指标相互联系、相互制约。达不到质量指标，数量指标也就失去了意义；而没有数量指标，质量指标也无从谈起。

按计划指标的表现形式不同，可分为实物指标和货币指标。实物指标是体现实物使用价值的指标，能具体表现产品（工程）的数量和生产经营过程的物质消耗，但因计量单位不同，指标间不可比，综合性差。货币指标是以货币为计量单位的指标，反映生产中的社会劳动消耗量和劳动成果，由于采用货币统一计量，可对不同实物进行综合计算。

按计划指标的作用不同，可分为国家考核指标和企业内部考核（或控制）指标。前者用以考核企业的生产经营活动效果。后者主要用以反映企业生产经营活动的全面情况，包括企业对施工队和各职能部门、施工队对生产班组、生产班组对工人的考核指标。企业对各级下属的考核指标，实质上是将国家对企业的考核指标加以分解而确定的内部控制指标。这些指标逐级下达，层层考核，以保证国家考核指标的完成。

通过计划指标可以认识企业经济活动现象，用量来描述企业的计划活动，通过它来认识企业，从而达到改造企业的目的。

计划指标是生产经营管理的重要工具，是计划管理中不可缺少的。编制计划时，用它来表示企业在计划期应达到的目标和水平；实施计划时，把实际和计划指标对照，是进行控制的依据。在计划结束时，是评价计划完成的依据；同时，又是企业间、企业内部各单位考核和评价其生产经营成果的尺度。

2.计划指标体系

建筑企业计划指标很多，反映着计划的各个组成部分的预期目标和水平，任何单一指标只能反映企业生产经营活动的某个方面，为能反映企业经营管理活动的全面指导和控制企业的生产经营活动，就必须设立一个计划指标体系，它是指由一系列相互联系、相互制约的且能全面反映企业生产经营全貌的若干指标组成的整体。

当前，为了适应社会主义市场经济，建立现代企业制度的需要，如何建立和完善新的计划指标体系，也就成为有待于进一步深入研究和探讨的课题。新指标体系的基本思路是：实物量指标与价值量指标相结合；宏观核算与行业管理相结合；全面调查与非全面调查相结合。

3.建筑企业主要计划指标的含义及计算方法

（1）建筑产品产量指标

建筑产品产量指标是表示企业在计划期内要完成的建筑产品实物量指标，一般有以下几项：

竣工面积，指计划期内房屋建筑按设计要求全部完工达到使用要求，经检查验收鉴定合格的房屋建筑面积的总和。

房屋建筑面积竣工率，它综合反映企业的施工进度和竣工程度。

$$\text{房屋建筑面积竣工率}=\frac{\text{计划期内竣工的房屋竣工面积}}{\text{计划期内施工的房屋建筑面积}}\times 100\% \tag{6-1}$$

实物工程量，指企业在计划期内要完成的，以物理或自然计量为单位表示的各种工程数量。如土方工程（$m^3$）、道路工程（$m^2$）、安装工程（t）等，它是编制和检查施工作业计划，确定劳动力、材料、机械设备需要量的重要依据，又是计算建筑业施工产值、实物劳动生产率等指标的基础。

工程形象进度，一般按单位工程中的分部分项部位，用文字结合实物量或百分比，简明扼要地反映计划期内施工的单位工程所要达到的形象部位和进度情况。

（2）建筑产品产值指标

建筑产品产值指标是指以货币表现的企业在计划期内要完成的建筑安装生产活动的成果的指标。一般有以下几项：

①建筑业总产值，即自行完成的施工产值，是以货币表现的企业在计划期要生产的建筑产品的总和。包括建筑工程产值和设备安装工程产值，一般按“单位法”计算，即按计划期内要完成的实物工程量乘以单价，再加上一定比例的费用计算。它是反映建筑企业生产规模、发展速度、经营成果的一项重要指标，是计算劳动生产率、产值利润率等指标的依据。

②建筑业增加值是企业在计划期内以货币表现的建筑生产经营活动的最终成果。计算方法有两种：一是生产法，即建筑业总产值减去中间投入；二是分配法（收入法），其具体构成项目有固定资产折旧、劳动者报酬、生产税净额、营业盈余等。

③增加值率是企业在计划期内新创造的价值占自行完成的施工产值的比例。计

算公式为：

$$增加值率=\frac{计划期增加值}{计划期总产值}\times 100\% \tag{6-2}$$

④竣工产值，也称竣工工程产值，它是指企业在计划期内以货币表现的最终建筑产品的总和，是反映企业的施工速度和经济效益的依据之一。

⑤销售率是反映企业的产销衔接和市场状况的指标，其计算公式为：

$$销售率=\frac{交工工程产值}{建筑业总产值}\times 100\% \tag{6-3}$$

(3) 全员劳动生产率指标

全员劳动生产率指标是反映计划期内企业劳动效率和经济效益的指标之一。它是以建筑产品的产量或产值和其相适应的劳动消耗量的比值来表示。其计算方法有两种：

用产值表示的全员劳动生产率（元/人）

$$全员劳动生产率=\frac{计划期内自行完成的施工产值}{计划期内全部职工平均人数}\times 100\% \tag{6-4}$$

用竣工面积表示的全员劳动生产率（$m^2$/人）

$$全员平均竣工面积=\frac{计划期内竣工面积}{计划期内全部职工平均人数}\times 100\% \tag{6-5}$$

(4) 工程质量指标

它是反映企业在计划期内完成最终建筑产品的质量情况，是综合反映企业的施工技术管理水平和经济效益的一项重要指标。一般用工程质量优良品率表示，其计算公式为：

$$工程质量优良品率=\frac{计划竣工的单位工程优良品个数（或面积）}{计划竣工的全部单位工程个数（或面积）}\times 100\% \tag{6-6}$$

(5) 利润指标

它是反映企业在计划期内生产经营管理效果的重要的综合性指标，是反映企业经济效益的指标之一。一般用以下几个指标表示。

$$利润总额=工程利润+产品销售利润+劳务作业利润+材料销售利润+多种经济利润+其他业务利润 \tag{6-7}$$

$$产值利润率=\frac{计划期利润总额}{计划期自行完成施工总额}\times 100\% \tag{6-8}$$

$$销售利润率=\frac{计划期利润总额}{计划期建筑产品销售收入}\times 100\% \tag{6-9}$$

$$人均利润率=\frac{计划期利润总额}{计划期全部职工平均人数}\times 100\% \tag{6-10}$$

$$总资产报酬率=\frac{计划期利润总额+利息支出}{计划期平均资产总数}\times 100\% \tag{6-11}$$

总资产报酬率指标反映企业全部资产的获利能力，是企业管理水平和经营业绩的集中表现，是评价和考核企业盈利能力的核心指标。

（6）工程成本降低率指标

它是反映建筑企业生产经营活动质量、企业管理水平和施工技术水平的综合性指标，其计算公式为：

$$\text{工程成本计划降低率}=\frac{\text{工程成本计划降低额}}{\text{工程预算成本}}\times 100\% \tag{6-12}$$

（7）流动资产周转率指标

它反映企业流动资产的周转速度和营运状况，是企业在生产经营过程中资产利用和发挥水平的体现。其计算公式为：

$$\text{流动资产周转率}=\frac{\text{计划期建筑产品销售收入}}{\text{计划期流动资产平均余额}}\times 100\% \tag{6-13}$$

（8）安全生产指标

安全生产指标是反映企业在计划期内工伤事故的内部控制指标，一般用工伤事故频率表示，其计算公式为：

$$\text{工伤事故频率}=\frac{\text{工伤事故人数}}{\text{全部职工平均人数}}\times 100\% \tag{6-14}$$

（9）机械设备完好率、利用率

机械设备完好率、利用率是反映企业机械设备管理水平的指标。除对某种机械设备进行计算外，还应按 20 种主要施工机械进行综合计算。

$$\text{机械设备完好率}=\frac{\text{计划期内机械设备完好台班数}}{\text{计划期内机械设备制度台班数}}\times 100\% \tag{6-15}$$

$$\text{机械设备利用率}=\frac{\text{计划期内机械设备工作台班数}}{\text{计划期内机械设备制度台班数}}\times 100\% \tag{6-16}$$

（10）材料节约率指标

材料节约率指标是反映施工技术水平和材料管理水平的指标，通常计算主要材料（钢材、水泥、木材）的节约率，其计算公式为：

$$\text{某种材料计划节约率}=\frac{\text{某种材料计划节约量}}{\text{某种材料的预算用量}}\times 100\% \tag{6-17}$$

## 6.3 建筑企业的经营计划

### 6.3.1 企业经营计划的概念与特征

#### 1. 经营计划概念

经营计划是以企业的经营活动为对象的计划安排，又称生产经营计划。它是企业在计划期内进行生产经营活动的奋斗目标和行动纲领，是由以经营目标为中心，市场为导向的企业多种计划组成的综合计划体系。

企业是由隶属于不同部门的许多职工组成的一个整体，经营计划的最主要职能就是为企业的发展确定一个目标，并将企业中个人行为和部门行为统一于经营计划目标。

企业要生存，要发展，必须对所处的市场环境和社会环境做出科学的预测和准确的判断，并采取相应的措施和对策，以立于不败之地。为此，企业需要制定统一的计划，加以系统化，并进行组织、协调和控制。所以，经营计划的另一个重要作用是分析和预测未来环境的变化，并使企业不断适应未来环境的变化，为企业描绘出未来的发展方向并指出可靠的发展道路。

综上所述，企业经营计划的实质在于，对内为企业确定未来的发展目标，来统一每一个人和每一个部门的行为；对外则使企业不断地适应未来的环境变化，使得企业不断地成长壮大。

2. 经营计划的特征

建筑企业经营计划是由多种计划组成的有机整体，它具有区别于其他计划的特征。主要表现在以下几方面：

（1）经营计划的综合性

经营计划不是一个单项计划，也不是特指企业编制的某几种或某一类计划，它是企业的全部计划活动、计划结果和相关工作的总称。企业的全部生产经营活动都是经营计划的对象，企业的全部业务都应处于计划控制之下。从施工任务的招揽、施工生产、产品开发、多种经营，到财务、人事、工资、福利等，都为经营计划所涵盖。特别是关系到企业未来发展的一系列重要经营管理活动，必须由经营计划作出统筹安排。经营计划的综合性还表现在它是一个复杂的计划体系，从时间上看有长短之分；从内容来看，有综合与部门之分等。

（2）经营计划的选择性

在计划制订过程中，决策和选择是一个关键步骤，直接关系计划的成败。因为企业经营管理者从若干个计划中选择一个更科学的方案意味着对市场、顾客和机会的选择，意味着对企业未来前途的选择。一念之差，往往会出现截然不同的结果。经营计划的这一特点，也要求经营管理者和计划人员有宽广的思路，敏捷的思维，渊博的知识和高度的决策能力。

（3）经营计划的应变性

企业经营计划一旦制定，轻易不要改动。但随着内外部环境条件的变化，在某种程度上，经营计划又显得有些呆板。所以，必须强调计划的弹性，强调人的主观能动性和局部适应性。计划必须留有一定的余地。当企业的内外部环境发生变化时，有迹象表明机会和风险即将产生，必须重新调整计划，移动经营重心，应付未来突发事件，抓住机会，躲过风险。

（4）经营计划的战略性

企业的生存和发展，并不完全取决于计划期的长短，计划内容是否详尽。有时，计划期越长，不确定因素越多，可能招致的危害越大。企业的命运取决于能否抓住市场中稍纵即逝的机会。经营计划的职能在于通过有组织的努力，建立起识别机会的机制，同时指明机会存在的依据、特征，有意识地为企业寻找走出困境、打开新局面的方向或规划新的可能的经营领域和经营机会。经营计划必须抓住重点，从战略的角度出发，在战略层次上展开，将经营者的经营方针、经营理念和经营策略贯穿于计划之中。

（5）经营计划的权威性

经营计划是企业经营的纲领，是经营者智慧和韬略的结晶。计划的数字化取代了计划的人格化，否定计划，也即否定经营管理者自身，经营管理者的权威也无从谈起。当然，计划的权威性与应变性并不矛盾，修订后的计划更需要权威，计划的权威性是就对计划制订到评价全过程而言的。

3.经营计划的分类

建筑经营计划子系统按计划期限的长短划分为：长期经营计划（3 年以上）、中期经营计划（1～3 年）、短期经营计划（年度计划和季度计划）以及作业计划（如月、旬计划）。不同计划期的各类计划本身，是由一系列横向计划构成，即由综合计划和专业职能管理单项计划（或称项目计划）组成。

（1）中长期经营计划

建筑企业的中长期计划又称长远发展计划，如 3 年、5 年、10 年计划等。它是企业未来发展的蓝图，是企业编制短期计划的依据和指导企业生产活动的纲领性文件，也是计划管理的主体与中心任务。它涉及企业较长期内生产、技术、经济等经营管理各方面的重大问题，如企业经营方向、经营方针、策略、目标、市场开拓、技术进步规划和企业规模等主要技术经济指标的发展目标、实现步骤与途径、企业素质与职工教育、培训规划、职工工资和集体福利事业发展规划以及科研、基建、环保等总体规划和大中型项目任务安排等。随着社会主义市场经济体制的逐步完善，企业自主权进一步扩大，客观上迫使企业独立思考和确定自己的长远经营方针及经营目标，认真制订好中、长期计划，而不是流于形式，从而有效地保证企业战略决策的实施，避免短期行为，更好地发挥中长期经营计划的指导作用。

（2）年度经营计划

年度经营计划在内容上包括企业全部生产经营活动，是企业在计划年度内生产经营计划的纲领。它以中长期计划为指导，又是中长期预定的目标在该年度的具体化。

(3) 季度经营计划

它是年度计划过渡到目标计划的桥梁，既能起到落实年度计划的作用，又能对月度计划起控制作用。所以，季度计划是较年度计划更具有实施性的控制计划。

(4) 月、旬作业计划

作业计划是生产（施工）性计划，是落实年、季计划和施工组织设计进度计划的综合性实施计划。月度计划是建筑企业基层施工单位直接组织生产的依据，是计划管理的中心环节。月度计划组织实施的业绩，也是检查和评价包括公司在内的各级管理实效的基本依据。旬作业计划是月作业计划的具体化，是更切合实际和挖掘内部潜力的实施性计划，也是施工队（车间）、班组和栋号施工生产活动的作业实施计划。

以上各类计划，计划期越长，越侧重于规划性，计划的实施性越差，计划内容越概括；计划期越短，计划的规划性减弱，计划的实施性越强，计划内容越详尽，指标也越详细、具体。

### 6.3.2 中长期经营计划

#### 1. 中长期经营计划与经营战略的关系

经营战略和中长期经营计划之间存在十分密切的关系。当我们从总体和长远发展的蓝图这种意义上来理解经营战略的时候，经营战略和中长期经营计划，就存在着战略思想和具体安排的关系。经营战略是一种发展策略思想，中长期计划是经营战略的具体体现和实际安排。因此，人们往往把中长期经营计划称为经营战略计划。但是，他们两者并不是同一回事，因为经营战略并不一定都通过中长期经营计划落实下去。有些经营战略是通过若干相互衔接的短期经营计划来落实的；有些经营战略提出的是某个部门的策略原则，这也很难以计划的形式作出具体的安排。实际上，企业或公司即使有了经营战略也不一定仅就此就能制订出中长期计划来，同时还需要进行企业外部环境、企业内部条件的分析。

#### 2. 中长期经营计划与短期计划的关系

从总体上说，中长期经营计划指导短期计划，短期计划受制于中长期经营计划。具体分析，有几种情况，一是短期计划的内容是中长期经营计划内容中的一部分，短期计划实际上是由中长期计划分解到不同年份得来的；二是中长期经营计划对以后若干年的情况作了趋向性的规定，具体任务目标并不确定。这样，有的短期计划可能是中长期经营计划的分解或落实，有的则与中长期计划只是间接的关系；三是一些短期计划，完全是在一种突变的情况下制订出来的，它和现有中长期经营计划有内容上的衔接关系。

3. 中长期经营计划的制订

(1) 中长期经营计划制订的组织

中长期经营计划的制订，是以企业综合计划部门为中心展开的。但综合计划部门无法单独承担此项工作，它需要各个组织部门的配合，从而在企业内部，形成了不同类型的计划制订的组织程序。

①部门主导型。大多数企业采用这种程序。其方法是首先由各职能部门制订出部门计划和专项计划，然后由综合计划部门汇总和平衡，形成中长期经营计划后，提交企业领导审查批准。部门主导型的缺点是，各部门在制订计划时，往往不能从企业整体和未来出发，仅仅考虑本部门的利益，中长期计划可能成为短期计划的汇总。特别是当企业的某项业务涉及到多个部门时难免出现扯皮现象。

②计划部门主导型。就是由计划部门召集各职能部门主管开会，集中研讨企业经营战略问题和制订中长期经营计划的思路，形成初步的计划方案，交企业领导审批或提交企业有关会议审议。计划部门主导型程序也有诸多局限性。如对企业业务状况把握不准、了解不清，就不能正确贯彻企业经营者的经营方针和经营理念等。

③经营者主导型。即以企业最高经营者为核心，制订中长期经营计划。具体做法是：首先，由最高经营者提出企业的发展方向与目标，自己的经营方针、经营理念和经营战略，中长期经营计划制订的基本方针、原则和总的思路；然后，综合计划部门以此为依据，提出计划方案；最后经最高经营者审查后，提交有关会议审议。

(2) 中长期经营计划制订的步骤

制订中长期经营计划，应依据企业生产经营的内外部环境，广泛应用现代预测技术和决策方法，按照一定的步骤和方法进行。

①检查经营思想，预测和分析企业内外环境。检查经营思想就是分析企业从上到下占主导地位的思想是什么，能否与现代企业经营的要求相吻合；检查企业高层管理人员是否树立了在急变中求生存，在适应环境中求发展的经营思想，是否对现实形势有着正确的分析。企业生产经营的外部环境包括政治、经济、技术、法律、民情风俗等。政治方面，指党和国家的方针、政策、法令；经济方面，指国家和主管部门的长远发展计划、国家基建投资规律、方向、布局、引进外资情况及哪些项目可能调整、哪些受资源的限制等；技术方面，指国内外应用新技术、新设计、新工艺、新材料的情况等；法律方面，指各项经济立法情况，如环境保护法、企业法等以及施工所在地的民情风俗、自然条件等。此外，竞争对手也是外部环境的一个重要因素。环境变化对企业来说，既是一种威胁，也是一种机会。要养成时常考虑某种环境变化对整个产业、对竞争对手、对本公司将会带来何种影响的习惯，这样，就会在收集情报时有很强的敏感性。在调查和收集情报资料的基础上，通过科学预测和分析，深刻理解外部环境变化的原因、趋势，采取对策，躲过风险，抓住

和利用机会，努力创造新的业绩。企业的内部条件包括企业内部的人力资源、机械装备水平、资金情况等。企业内部条件分析的目的在于充分认识企业的优势和不足，以便在预测、决策时能扬长避短，充分发挥企业的施工生产能力。

②确定中长期经营计划目标。中长期经营计划目标主要包括：企业发展目标、企业收益目标、企业安全目标。此外，还有其他一些目标。发展目标：它又可分解为销售额目标和增加值目标两个主要目标。销售额目标是企业发展最核心的目标，可以综合反映生产能力、销售能力的提高程度，增加值则是企业维持当前生产和取得未来发展的源泉；收益目标：通常主要的收益目标有：利润额、销售利润率、总资产报酬率，如果是股份公司，还有每股红利等。在比较稳定的经营环境下，上述目标数值可以通过预想的资产负债表和损益计算书用计算机处理，准确程度相对较高，但若计划期内环境变动不定，新事业开发项目较多，则他们的准确程度就会受到影响。安全目标：提高企业安全经营能力，从长远发展看，也不容忽视，企业安全目标主要通过确定自有资本（金）和总资本（金）的合适比率来达到。此外，还有一些其他目标，如资金周转速度、劳动生产率提高幅度等。企业目标的确定直接关系到企业的成长与发展，要正确处理企业发展目标、收益目标和安全目标这三大目标之间的平衡问题，过分强调一个目标，可能会影响另外两个目标的水平。另外，短期目标和中长期目标之间有时也会产生矛盾。为了求得长期的发展，从现在开始做的准备工作，如人才培养、研究开发、设备投资等，对眼前利益是会有影响的，这也需要进行平衡。

③中长期经营计划制订方法：滚动计划法。由于中长期经营计划综合性强，随机因素多，受到内外环境的制约，所以，多采用滚动计划法编制。

这种方法的特征是由近及远。近期做得细一些，具体一些；远期做得粗一些，概略一些，且每年（或定期）调整修改一次，将计划逐期向前推进，使企业的生产经营活动始终是以反映企业战略目标的经营计划为指导。例如，某建筑企业原已编制了一个2000～2004年的五年计划，到2000年底时根据当年计划的完成情况和企业内外环境，对原制订的五年计划进行必要的调整，在此基础上，编制出一个2001～2005年的五年计划。同样，到2001年底再编制出一个2002～2006年的五年计划。以此类推，滚动式计划的实施过程如图6-4所示。

采用滚动法编制计划的优点是：计划前后期衔接紧密，能更好地反映企业生产经营活动的连续性。既可指导企业当前的生产经营活动，又可为未来发展做好各方面的准备工作。

能真正结合企业内外环境的变化，对计划适时调整，提高其准确性和指导性。

长期计划与短期计划之间，以及短期计划内部的年度与月度计划之间，可前后衔接，即使不平衡也可及时修订，使各种计划不至于相互脱节。

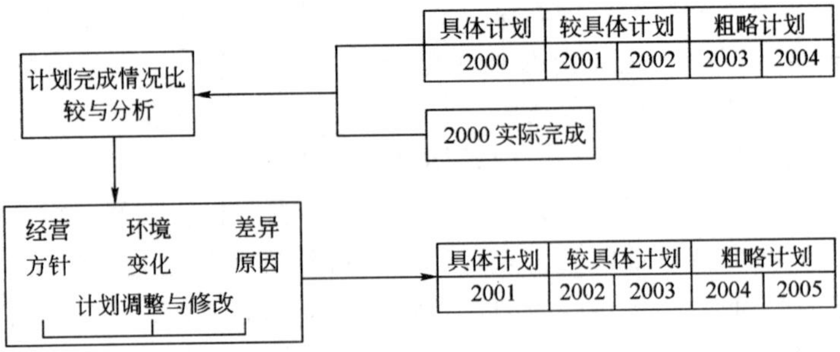


图 6-4　滚动式计划示意图

有时当建筑企业内外环境复杂、多变，致使计划的内容发生质的变化，如增加国外工程承包业务，承包工程的类型发生重大变化，资金严重短缺，主要工程投标或承包失败，社会政治、经济有较大变动等等，那么滚动计划就无法实行，这时企业必须根据环境、条件的变化，重新修改或调整原有计划。

### 6.3.3　年度经营计划

#### 1. 年度经营计划作用

年度经营计划是在计划年度内企业的综合经营计划。它是中长期经营计划的具体体现和实施的保障，由于直接指导计划年度内企业各项经营活动，也是评价企业在计划年度内生产经营业绩的基准。因此，企业必须科学合理地制定年度经营计划，并确保其全面、均衡、顺利地完成所制定的年度经营计划。年度经营计划与企业经营活动的关系是：年度经营计划对年度内企业经营活动，起着直接的指导作用。在一般情况下，年度经营计划是企业全体职工必须认真执行，坚决完成的。这是由于年度经营计划是按照科学的标准制定出来的，是今后一年间企业经营活动评价及其业绩评价的基准。

企业中长期经营计划和年度经营计划并不是简单地表现为时间上的长短之别，他们在计划的内容和具体运作上都存在着差异。从内容上看，中长期经营计划和年度经营计划表现为总体和部分的关系。中长期经营计划目标总可以分解成每年度经营计划目标。对于一些数量性的指标，其分解比较简单，而对于一些质量性的指标，其分解相对于难些。从制定方法看，年度经营计划更多地运用定量的办法，使所制订的计划真正具有操作性。

年度经营计划在落实中长期经营计划中，有时会否定中长期经营计划的某些内容，这是正常的。因为中长期经营计划计划期较长，它所提出的某些要求或任务会因为形势和企业内部条件的变化而变得不切实际，在这种情况下，年度经营计划排除这些要求或任务，会使企业的生产经营活动避免盲目性，减少损失。

### 2. 年度经营计划内容

年度经营计划内容主要包括：年度经营计划目标；施工生产计划；技术改造和开发计划；劳动计划；成本计划；财务计划；质量计划；多种经营计划等。

在企业年度经营计划中，年度经营目标计划是中心，其他各类计划都是围绕和为实现经营目标而设置的。

### 3. 年度经营目标计划

年度经营目标计划是企业年度经营计划的最重要的组成部分，在企业年度经营计划中起着龙头的作用，决定和指导着各类计划的编制。

年度经营目标计划的主要指标有：目标利润、交竣工面积、建筑业总产值和增加值、税金、劳动生产率等。

在确定企业年度经营目标水平时，应注意以下几点：国家、企业和职工个人三者之间的利益统一和平衡，当三者之间发生矛盾时，应以服从国家利益为主；长期目标和短期目标之间的平衡，短期利益服从长远利益；企业发展目标、经济性目标和技术开发目标之间的平衡；经营目标和企业可利用资源之间的统一和平衡。

### 4. 年度经营计划的编制

(1) 年度经营计划的编制依据

年度经营计划的编制，主要考虑以下外部环境和内部条件因素：

①外部经营环境。包括国家的经济发展和行业发展现状及趋势；市场的预测，主要包括建筑产品现时和潜在需求等；竞争对手情况资料；原材料、能源、运输等保证情况；技术和产品更新趋势和发展速度。

②企业内部经营条件。包括企业近期经营业绩和计划完成情况；企业生产能力情况；企业技术能力情况；企业职工构成变动情况；各类技术标准定额和有关核算资料等。

(2) 年度经营计划编制程序

①年度经营计划的编制按如下程序：首先要确定年度经营目标，编制年度经营目标计划。如目标利润、交竣工面积、建筑业总产值和增加值、税金等。其次要编制年度施工生产计划。根据所确定的经营目标和所承担的施工生产任务来进行编制。三是要编制其他保证性计划，如质量计划、劳动计划、成本计划、财务计划等。四是要制定落实经营计划的方案及措施，主要包括：资金的筹措、目标责任制、经营策略和管理机制等方面措施。

②计划的审核与评价。编制好的年度经营计划，需送交领导和有关部门审核和评价。一般企业应由职工代表大会行使审核权，股份制企业由股东代表大

会进行审核。其审核和评价的内容主要有：计划指标是否先进、合理；计划的可行性；计划进度安排的合理性；计划在保证经济效益的同时是否兼顾了社会效益和环境效益等。

(3) 年度经营计划的综合平衡

综合平衡法是编制计划的基本方法。年度经营计划的综合平衡包括以下几个方面：施工任务与劳动力的平衡、施工任务与机械设备能力的平衡、施工任务与物资供应的平衡等。

①施工任务与劳动力的平衡。经营计划的核心是目标利润，实现目标利润的前提是建筑企业施工任务的饱满，劳动力资源的充分利用，即工程量的确定必须与投入的人力资源相适应，方能保证建筑企业目标利润的顺利实现。

②施工任务与机械设备能力的平衡。施工任务的确定要与企业自身的机械设备能力相适应，尽管企业可以通过租赁的方式取得机械设备，但如果超越了自身的能力或者工作任务不饱满，不但完不成工作任务，反而会影响任务的及时完成。

③施工任务与物资供应的平衡。生产任务要与原材料、燃料、动力等物资供应相一致，才能实现它们之间的平衡。

④交竣工工程量与生产任务之间的平衡。经营计划要体现以销定产的原则，企业在工程量、工期、质量等方面必须满足合同中计划竣工工程的要求。

以上几个方面的平衡问题是相互联系，相互制约的，任何一方面的变动和调整都会影响到其他方面，因此综合平衡要逐项试算，反复调整。只有经过综合分析，才能较好地解决全面平衡问题。

### 6.3.4　经营计划的贯彻

建筑企业经营计划的贯彻必须按照以下基本要求：

1. 全面完成经营计划规定的各项计划指标

计划指标是企业经营目标的具体化和数量化，经营计划本身就是组织和规定如何实现这些指标。因此，企业经营计划的贯彻应该是全面地、而不是孤立地完成经营计划所规定的各项技术经济指标。

2. 保证均衡地执行经营计划

企业经济活动的基本要求之一，就是均衡稳定地发展。为此，不仅要在经营计划编制过程中注意协调和平衡，而且更要重视经营计划贯彻实施过程中的协调、平衡与稳定。也就是说，不仅要保证计划执行结果是全面的，而且要尽可能使企业生产经营活动的运行过程始终不偏离计划的轨道。要想达到这点，还必须要采取必要措施，对计划实施有效的控制。

3. 实行目标管理

贯彻企业经营计划要建立、健全并完善企业经济责任制，实行目标管理。这是贯彻企业经营计划的重要保证，企业从上到下建立起层层分解的目标责任体系，把企业经营计划目标最终落实到个人目标上，同时通过企业责任制体系，把企业对国家和社会的责任，最终变为职工个人的责任，通过企业责任的层层分解，目标层层落实、层层确保，最终保证企业经营计划的实现。

## 6.4 建筑企业的施工生产计划

### 6.4.1 施工生产计划的编制原则和综合平衡

1. 施工生产计划的作用和内容

施工生产计划的作用和内容随计划期长短不同而不同。年度施工生产计划，是企业年度经营计划的组成部分，用以规划和部署企业一年内的施工生产活动，组织跨年度工程施工。季度施工生产计划是季度经营计划的组成部分，是年度施工生产计划到月的施工生产计划的过渡性计划。月、旬的施工生产计划，属于作业计划性质，是直接组织企业施工生产活动的依据。

由于各企业内部的承包内容和工程对象的类型、规模不同，施工生产计划的内容也难以统一确定，请参阅表 6-1 的内容。

不同计划期的施工生产计划的内容　　表 6-1

| 年度施工生产计划 | 季度施工生产计划 | 月、旬作业计划 |
|---|---|---|
| 1. 主要工程项目施工进度计划<br>2. 分季工作量及主要实物工程量计划<br>3. 分季物资供应计划<br>4. 主要施工机械设备保证计划 | 1. 主要工程项目形象进度计划<br>2. 分月工作量及实物工程量计划<br>3. 附属、辅助生产计划<br>4. 分月物资供应计划<br>5. 施工机械设备保证及平衡计划<br>6. 主要工种保证及平衡计划 | 1. 工程项目形象进度计划<br>2. 实物工程量计划<br>3. 分日综合施工进度<br>4. 材料、半成品保证计划<br>5. 机械、运输、保证计划<br>6. 劳动力保证计划 |

计划期长的计划，因计划条件不易落实，一般起规划和指导作用。计划期短的计划，因计划条件易落实，计划指标也较具体，所以计划的实施性较强。

2. 施工生产计划编制的原则

建筑企业在编制施工生产计划时，一般应遵循以下原则：

(1) 要以按期完成最终建筑产品，竣工投产为目标因为只有工程交工验收，形成具有使用价值的固定资产，才能投产使用，发挥投资效益。所以，以竣工投产为目标是编制施工生产计划的重要原则。这就需要保证工程项目的配套建设，安排好总包、分包和生产条件间的综合协调。计划指标要做到工作量、工程量、形象进度三统一，并要以形象进度为主，以形象进度来推算和控制工作量和工程量指标。

（2）搞好工程排队，确保重点工程施工

在编制施工生产计划时，要按照重点优先，兼顾一般和保证合同工期的原则，并根据施工条件落实情况，把有限的人力、物力、财力进行合理安排，全面完成施工任务。

（3）坚持按建设程序和施工程序办事

编制施工生产计划时，工程项目必须具备一定的条件和做好施工准备工作。如初步设计和施工组织总设计没审批、土地未征用、设备材料订货未落实、工程合同没签订的项目就不能列入年度计划；施工图纸、材料和设备的供应不能满足连续施工的需要的项目就不能列入季度计划。同时要按先地下、后地上，先共用、后单体的原则和符合施工工艺和技术规范的要求来确定计划项目的先后。

（4）要以施工组织设计为基础

工程施工组织计划子系统，包括施工组织总设计、单位工程施工组织设计和分部分项作业设计。施工组织总设计，是以建设项目为对象，根据中长期计划和已批准的初步设计的要求进行编制。单项工程施工组织设计是以年度经营计划中的单位工程为对象，根据施工组织总设计、年度计划任务的要求和经过会审的施工图纸为依据进行编制的。分部（分项）工程作业设计，是以单位工程施工组织设计和季度经营计划为依据编制的施工方案作业设计。

施工组织设计是企业多快好省地完成施工任务的有效工具，是指导工程施工的技术经济条件。它十分注重具体建筑安装活动规律的控制，是工程项目的“战斗计划”。它从工程实际、社会和企业以及施工现场条件出发，经多方平衡，确定施工方案，编制进度计划、资源供应计划和施工准备工作计划、施工总平面布置等具体的组织工程建设的实施方案。施工组织设计既受企业中长期经营计划、年、季度经营合同计划的制约，又是编制年、季度施工计划以及月（旬）作业计划的依据。同时，它便于在施工生产中推广新技术、新工艺、新材料、新结构，促进企业的技术革新和改造，以利于企业不断挖掘潜力，扩大经营生产能力，超额完成经营计划任务。因此，在编制施工生产计划时，一定要以施工组织设计为基础。

（5）认真搞好综合平衡

综合平衡是计划工作的重要方法，施工生产计划的综合平衡，就是要解决企业所承担的施工任务与劳动力、机械设备、物资等资源供应的平衡，解决企业内部各单位、各生产环节的平衡，各项计划指标的平衡以及其他一些比例关系。要按企业的人力、物力、财力和技术的可能性确定施工生产计划，不留缺口，做到积极可靠、留有余地、防备万一。

（6）讲求经济效益

注重施工的连续性、紧凑性、均衡性和灵活性，有效地利用时间和空间，均衡、节约地使用人力、物力，最大限度地发挥生产能力，提高生产效率和经济效益。这里所说的连续性，是指时间的有效利用，使各施工队和班组连续工作；紧凑性，是指空间的有效利用，使上下工序紧凑，合理安排立体交叉作业；均衡性，是指在一定期间里人力、物力的均衡使用，避免忽高忽低；灵活性，是指利用关键线路中的时差，工序灵活错动，以求资源均衡。

以上 6 条原则中，第 1 条反映了计划的目的性；第 2、5 条反映了计划的科学性；第 3 条反映了计划的程序；第 4 条反映了计划的基础；第 6 条反映了计划的经济性。

**3. 施工生产计划的编制依据**

计划期不同的施工生产计划，其作用和内容不同，其编制的依据也有区别。见表 6-2。

**各类施工生产计划的编制依据**　　表 6-2

| 项　目 | 年　计　划 | 季　计　划 | 月　计　划 | 旬　计　划 |
|---|---|---|---|---|
| 编制依据 | 1. 年经营目标计划<br>2. 工程协议和承包人<br>3. 工程初步设计及概算<br>4. 施工组织设计或设计大纲<br>5. 主要材料、设备供应合同<br>6. 企业中长期计划<br>7. 上年度计划完成情况及预测资料<br>8. 定额资料<br>9. 企业内部经济承包合同 | 1. 年度计划<br>2. 工程承包合同<br>3. 工程项目的施工图及施工图预算<br>4. 施工组织设计<br>5. 施工准备、施工条件落实情况<br>6. 上季度计划完成情况及预测资料<br>7. 企业内部经济承包人 | 1. 季度计划<br>2. 已会审的设计图纸<br>3. 工程施工设计<br>4. 机械、材料、半成品、劳动力落实情况<br>5. 上月计划完成情况<br>6. 定额资料 | 1. 月计划<br>2. 机械、材料、半成品、劳动力落实及进场情况<br>3. 上旬计划完成情况<br>4. 定额资料 |

由表 6-2 可知，计划期愈短的计划，其实施性愈强，编制所依据的资料愈详细、具体，同时更应注意计划条件的落实。

**4. 施工生产计划编制的综合平衡**

施工生产计划综合平衡的主要任务是协调各项工程能够连续均衡地施工。为此，除企业生产能力应满足要求外，还应注意以下的问题：

(1) 正确处理好各种比例关系

施工面积和交竣工面积的关系。交竣工面积是企业生产经营成果的一项重要指标，也是施工生产计划的一项重要指标。年交竣工面积与施工面积之比等于年交竣工率，即

$$年交竣工率=\frac{年交竣工面积}{年施工面积}\times 100\% \tag{6-18}$$

年交竣工率，由于建筑生产的条件不同，各地区建筑企业有所区别。其大小的确定主要考虑是否利于连续均衡施工和提高经济效益。如我国南方地区宜控制在55%～65%，北方地区约在50%～60%。

建筑企业应有合理的施工面积。如果施工面积过大，就会拉长战线，分散施工力量，工期拖长，影响交工面积；施工面积过小，劳动力施展不开，不能充分发挥工效，造成浪费。所以，年施工面积应根据企业的生产能力和能否充分发挥工效来合理确定。一般年度任务确定后，年施工面积也就是确定的了。年施工面积，又包括续建面积和新开工面积。为保证各个时期都有合理的施工面积，对新开工面积应有适当控制，一般情况下，一个时期的开工面积应相当于交竣工面积。

为了提高交竣工面积，可以通过以下分析找出影响年交竣工面积的因素。

$$年交竣工面积=年交竣工年率\times 年施工面积$$

$$年施工面积=年建安工人平均施工面积\times 建安工人平均人数 \tag{6-19}$$

$$年建安工人平均施工面积=\frac{年施工天数（天）}{工程平均工期（天）}\times 100\% \tag{6-20}$$

人均在建面积，应从如何发挥效率的角度来确定。过大了，工作面则太大，不能提高工效；过小了，工作面则太小，会出现拥挤而窝工，也不能充分发挥工效。对于一般结构形式和构造的民用建筑，人均在建面积可在20～5m²/人左右。

又因为

$$\begin{aligned}人均在建面积&=\frac{工程平均施工面积}{建安工人平均人数}\times 100\%\\&=\frac{工程平均总工日数}{工程平均单方用工\times 建安工人平均人数}\\&=\frac{工程平均总工期}{工程平均单方用工}\end{aligned} \tag{6-21}$$

所以

$$\begin{aligned}年交竣工面积&=交竣工率\times\frac{年施工天数}{工程平均工期}\times 人均在建面积\times 建安工人平均人数交竣工率\\&=交竣工率\times\frac{年施工天数}{工程平均单方用工}\times 建安工人平均人数\end{aligned} \tag{6-22}$$

由上式可以看出，要提高年竣工面积，可以从增加年施工天数（减少作业天数

损失或增加班次等)，或降低工程单方用工，或增加建安工人人数等方面做工作。其中以降低工程单方用工为主要途径。

基础工程、主体结构工程和装修及水电安装工程施工面积的比例关系。如果它们之间没有合理的比例关系，就会造成主要工种之间的不平衡。

各季度交竣工面积的比例关系。由于施工生产受自然条件影响较大，每个季度的交竣工面积也不同。根据地区气候条件，合理安排各季度交竣工面积是建筑企业均衡生产的要求。

(2) 质量、成本、工期、工效各指标之间的平衡问题

在编制施工计划时，应注意对质量、成本、工期、工效进行反复分析，使他们之间保持协调和平衡。要在保证质量的前提下提高工效，缩短工期，降低成本。那些不顾质量盲目追求缩短工期，或不顾成本片面追求高质量的做法都是不可取的。

质量、工期、成本三者之间是相互联系，相互制约，且辩证统一的。他们的关系如图 6-5 所示。通常，工程进度与成本的关系为 $x$ 曲线，为完成规定指标的工程产品，进度过快或过慢都会使直接费用和间接费用受到影响，引起成本增加，由最低总费用确定的工期（如图 6-5）是合理工期。成本与质量的关系为 $y$ 曲线，只有符合设计要求和国家质量标准要求的工程质量，才是经济质量。质量达不到要求，工程不合格；或超过要求，会引起成本的增加。进度与质量的关系为 $z$ 曲线，在正常生产条件下，为达到规定的质量标准，应有合理的工期。工期过短，突击赶工，则质量下降。如果造成返工或片面追求高质量，则工期拖长。

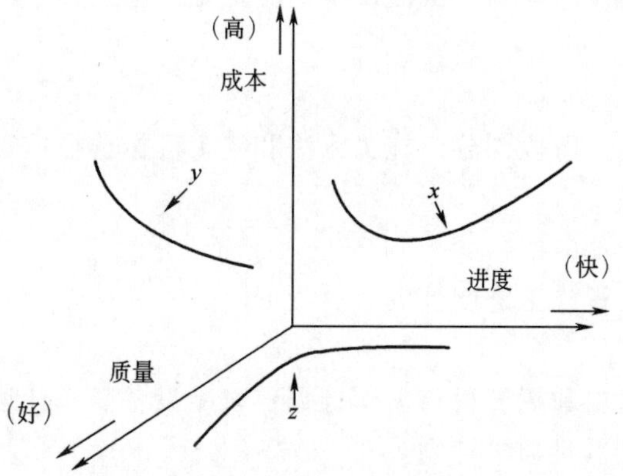


图 6-5　工程质量、成本、进度关系图

一个建筑产品同时要最快、最好、最省，事实上是不可能的。因此，应对好、快、省作综合分析。一般情况下，应满足工程质量和工期两个条件，着眼于在计划和控制工作中尽可能达到经济。

(3) 土建施工和安装施工及其他协作单位的合理配合问题

在安排各工程项目和综合进度时，要统筹兼顾，保证施工项目的配套施工，以提高综合效益。

### 6.4.2 施工项目管理实施计划

#### 1. 施工项目管理实施计划编制的依据和程序

施工项目管理实施计划必须由项目经理组织项目经理部在工程开工之前编制完成。其基本依据是施工项目管理规划大纲、施工项目管理目标责任书和施工合同等。

施工项目管理实施计划编制程序：对施工合同和施工条件进行分析；对施工项目管理目标责任书进行分析；编写目录和框架；分工编写；汇总协调；统一审查；修改定稿。

#### 2. 施工项目管理实施计划的内容

施工项目管理实施计划的主要内容如下：

(1) 工程概况

包括工程特点：建设地点及环境特征；施工条件；施工项目管理的特点及总体要求。

(2) 施工部署

包括施工项目的质量、进度、成本及安全目标；拟投入的最高人数和平均人数；分包计划、劳动力计划、材料供应计划、机械设备供应计划；施工程序；施工项目管理总体安排。

(3) 施工方案

包括施工流向和施工顺序；施工阶段划分；施工方法和施工机械选择；安全施工设计；环境保护内容和方法。

(4) 施工进度计划

包括施工总进度计划；单位工程施工进度计划。

(5) 资源需求计划

包括劳动力需求计划；主要材料和周转材料需求计划；机械设备需求计划；预制品订货和需求计划；大型工具、器具需求计划。

(6) 施工准备工作计划

包括施工准备工作组织及时间安排；技术准备及编制质量计划；施工现场准备；作业队伍和管理人员的准备；物资准备；资金准备。

(7) 施工平面图

包括施工平面图说明；施工平面图；施工平面图管理计划。施工平面图应按现行制图标准和制度要求进行绘制。

(8) 施工技术组织措施

包括保证进度目标的措施；保证质量目标的措施；保证安全目标的措施；保证成本目标的措施；保证季节施工的措施；保护环境的措施；文明施工的措施。各项措施应包括技术措施、组织措施、经济措施及合同措施。

(9) 施工项目风险管理计划

包括风险因素识别一览表；风险可能出现的概率及损失值估计；风险管理的重点；风险防范对策；风险管理责任。

(10) 施工项目信息管理计划

包括与施工项目组织相适应的信息流通系统；信息中心的建立计划；施工项目管理软件的选择与使用计划；信息管理实施计划。

(11) 技术经济指标的计算与分析

包括计划的指标；计划指标水平高低的分析和评价；实施难点的对策。

### 3. 施工项目管理实施计划的管理

施工项目管理实施计划的管理内容如下：施工项目管理实施计划应经会审，由项目经理签字并报企业主管领导人审批；当监理机构对施工项目管理实施计划有异议时，经协商后可由项目经理主持修改；施工项目管理实施计划应按专业和子项目进行交底，落实执行责任；执行施工项目管理实施计划过程中应进行检查和调整；施工项目管理结束后，必须对施工项目管理实施计划的编制、执行的经验和问题进行总结分析，并归档保存。

## 6.4.3 施工进度计划管理

### 1. 施工进度计划的编制

(1) 施工总进度计划的编制

施工总进度计划是用来确定工程项目所包含的各单位工程的施工顺序、施工时间及相互衔接关系的计划。编制施工总进度计划的依据有：施工合同；施工进度目标；工期定额；有关技术经济资料；施工部署与主要工程施工方案等。

施工总进度计划的编制步骤和方法如下：

计算工程量。根据批准的工程项目一览表，按单位工程分别计算其主要实物工程量，不仅是为了编制施工总进度计划，而且还为了编制施工方案和选择施工、运输机械，初步规划主要施工过程的流水施工，以及计算人工、施工机械及建筑材料的需要量。因此，工程量只需粗略地计算即可。

工程量的计算可按初步设计（或扩大初步设计）图纸和有关额定手册或资料进行。常用的定额、资料有：每万元、每10万元投资工程量、劳动量及材料消耗指标；概算指标和扩大结构定额；已建成的类似建筑物、构筑物的资料。

对于工业建设工程来说，计算出的工程量应填入工程量汇总表（表6-3）。

**工程量汇总表** 表6-3

| 序号 | 工程量名称 | 单位 | 合计 | 生产车间 | | | 仓库运输 | | | 管网 | | | | 生活福利 | | 大型临设 | | 备注 |
|---|---|---|---|---|---|---|---|---|---|---|---|---|---|---|---|---|---|---|
| | | | | ××车间 | …… | …… | 仓库 | 铁路 | 公路 | 供电 | 供水 | 排水 | 供热 | 宿舍 | 文化福利 | 生产 | 生活 | |
| | | | | | | | | | | | | | | | | | | |

确定各单位工程的施工期限。各单位工程的施工期限应根据合同工期确定，同时还要考虑建筑类型、结构特征、施工方法、施工管理水平、施工机械化程度及施工现场条件等因素。如果在编制施工总进度计划时没有合同工期，则应保证计划工期不超过工期定额。

确定各单位工程的开竣工时间和相互搭接关系。确定各单位工程的开竣工时间和相互搭接关系主要应考虑以下几点：同一时期施工的项目不宜过多，以避免人力、物力过于分散；尽量做到均衡施工，以使劳动力、施工机械和主要材料的供应在整个工期范围内达到均衡；尽量提前建设可供工程施工使用的永久性工程，以节省临时工程费用；急需和关键的工程先施工，以保证工程项目如期交工，对于某些技术复杂、施工周期较长、施工困难较多的工程，亦应安排提前施工，以利于整个工程项目按期交付使用；施工顺序必须与主要生产系统投入生产的先后次序相吻合，同时还要安排好配套工程的施工时间，以保证建成的工程能迅速投入生产或交付使用；应注意季节对施工顺序工期质量的影响；安排一部分附属工程或零星项目作为后备项目，用以调整主要项目的施工进度；保证主要工种和主要施工机械能边疆施工。

编制初步施工总进度计划。施工总进度计划应安排全工地性的流水作业。全工地性的流水作业安排应以工程量大、工期长的单位工程为主导，组织若干条流水线，并以此带动其他工程。

施工总进度计划既可以用横道图表示，也可以用网络图表示。如果用横道图表示，则常用的格式见表6-4。由于采用网络计划技术控制工程进度更加有效，所以人们更多地开始采用网络图来表示施工总进度计划。特别是电子计算机的广泛应用，为网络计划技术的推广和普及创造了更加有利的条件。

**施工总进度计划表** 表 6-4

| 序号 | 单位工程名称 | 建筑面积（$m^2$） | 结构类型 | 工程造价（万元） | 施工时间（月） | 施工进度计划 | | | | | | | | | | |
|---|---|---|---|---|---|---|---|---|---|---|---|---|---|---|---|---|
| | | | | | | 第一年 | | | | 第二年 | | | | 第三年 | | |
| | | | | | | I | II | III | IV | I | II | III | IV | I | II | … |
| | | | | | | | | | | | | | | | | |

编制正式施工总进度计划。初步施工总进度计划编制完成后，要对其进行检查。主要是检查总工期是否符合要求，资源使用是否均衡且供应是否能得到保证。如果出现问题，则应进行调整。调整的主要方法是改变某些工程的起止时间或调整主导工程的工期。如果是网络计划，则可以利用电子计算机分别进行工期优化、费用优化及资源优化。当初步施工总进度计划经过调整符合要求后，即可编制正式的施工总进度计划。

正式的施工总进度计划确定后，应据以编制劳动力、材料、大型施工机械等资源的需用量计划，以便组织供应，保证施工总进度计划的实施。

（2）单位工程施工进度计划的编制

单位工程施工进度计划是在既定施工方案的基础上，根据规定的工期和各种资源供应条件，对单位工程中的各分部分项工程的施工顺序、施工起止时间及衔接关系进行合理安排的计划。其编制的主要依据有：施工总进度计划；单位工程施工方案；主要材料和设备供应能力；施工人员的技术素质和劳动效率；施工现场条件，气候条件，环境条件；已建成的同类工程实际进度及经济指标等。

①单位工程施工进度计划的编制程序。单位工程施工进度计划的编制程序如图6-6所示。

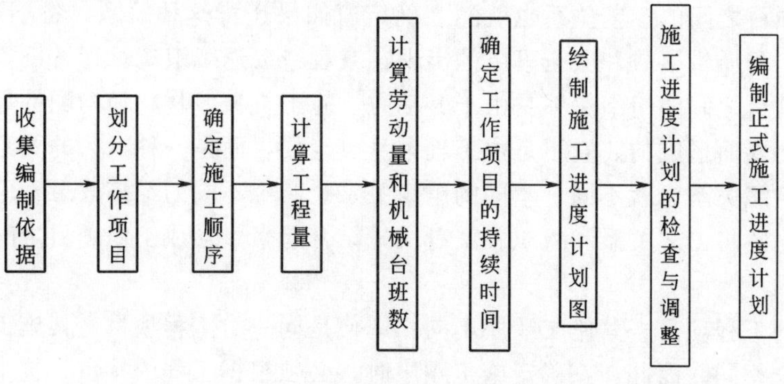


图 6-6 单位工程施工进度计划编制程序

②单位工程施工进度计划的编制方法。划分工作项目。工作项目是包括一定工作内容的施工过程，它是施工进度计划的基本组成单元。工作项目内容的多少，划分的粗细程度，应该根据计划的需要来决定。对于大型建设工程，经常需要编制控制性施工进度计划，此时工作项目可以划分得粗一些，一般只明确到分部工程即可。例如在装配式单层厂房控制性施工进度计划中，只列出土方工程，工作项目就应划分得细一些。在一般情况下，单位工程施工进度计划中的工作项目应明确到分项工程或更具体，以满足指导施工作业、控制施工进度的要求。例如在装配式单层厂房实施性施工进度计划中，应将基础工程进一步划分为挖基础、做垫层、砌基础、回填土等分项工程。

由于单位工程中的工作项目较多，应在熟悉施工图纸的基础上，根据建筑结构特点及已确定的施工方案，按施工顺序逐项列出，以防止漏项或重项。凡是与工程对象施工直接有关的内容均应列入计划，而不属于直接施工的辅助性项目和服务性项目则不必列入。例如在多层混合结构住宅建筑工程施工进度计划中，应将主体工程中的搭脚手架、砌砖墙、现浇圈梁、大梁及板混凝土、安装预制楼板和灌缝等施工过程列入。而完成主体工程中的运转砂浆及混凝土、搅拌混凝土和砂浆，以及楼板的预制和运输等项目，既不是在建筑物上直接完成，也不占用工期，则不必列入计划之中。

另外，有些分项工程在施工顺序上和时间安排上是相互穿插进行的，或者是由同一专业施工完成的，为了简化进度计划的内容，应尽量将这些项目合并，以突出重点。例如防潮层施工可以合并在砌筑基础项目内，安装门窗框可以并砌墙工程。

确定施工顺序。确定施工顺序是为了按照施工的技术规律和合理的组织关系，解决各工作项目之间在时间上的先后和搭接问题，以达到保证质量、安全施工、充分利用空间、争取时间、实现合理安排工期的目的。

一般说来，施工顺序受施工工艺和施工组织两方面的制约。当施工方案确定之后，工作项目之间的工艺关系也就随之确定。如果违背这种关系，将不可能施工，或者导致工程质量事故和安全事故的出现，或者造成返工浪费。

工作项目之间的组织关系是由于劳动力、施工机械、材料和构配件等资源的组织和安排需要而形成的。它不是由工程本身决定的，而是一种人为的关系。组织方式不同，组织关系也就不同。不同的组织关系会产生不同的经济效果，应通过调整组织关系，并将工艺关系和组织关系有机地结合起来，形成工作项目之间的合理顺序关系。

不同的工程项目，其施工顺序不同。即使是同一类工程项目，其施工顺序也难以做到完全相同。因此，在确定施工顺序时，必须根据工程的特点、技术组织要求以及施工方案等进行研究，不能拘泥于某种固定的顺序。

计算工程量。工程量的计算应根据施工图和工程量计算规则，针对所划分的每一个工作项目进行。当编制施工进度计划时已有预算文件，且工作项目的划分与施工进度计划一致时，可以直接套用施工预算的工程量，不必重新计算。若某些项目有出入，但出入不大时，应结合工程的实际情况进行某些必要的调整。计算工种量时应注意以下问题：

a. 工程量的计算单位应与现行定额手册中所规定的计量单位相一致，以便计算劳动力、材料和机械数量时直接套用定额，而不必进行换算。

b. 要结合具体的施工方法和安全技术要求计算工程量。例如计算柱基土方工程量时，应根据所采用的施工方法（单独基坑开挖、基槽开挖还是大开挖）和边坡稳定要求（放边坡还是加支撑）进行计算。

c. 应结合施工组织的要求，按已划分的施工段分层进行计算。

计算劳动量和机械台班数。当某工作项目是由若干个分项工程合并而成时，则应分别根据各分项工程的时间定额（或产量定额）及工程量，按公式（6-23）计算出合并后的综合时间定额（或综合产量定额）。

$$H=\frac{Q_1H_1+Q_2H_2+\cdots+Q_iH_i+\cdots+Q_nH_n}{Q_1+Q_2+\cdots+Q_i+\cdots+Q_n} \tag{6-23}$$

式中：$H$——综合时间定额（工日/$m^3$，工日/$m^2$，工日/t，……）；

$Q_i$——工作项目中第 $i$ 个分项工程的工程量；

$H_i$——工作项目中第 $i$ 个分项工程的时间定额。

根据工作项目的工程量和所采用的定额，即可按公式（6-25）或公式（6-24）计算出各工作项目所需要的劳动量和机械台班数。

$$P=Q\cdot H \tag{6-24}$$

或

$$P=Q/S \tag{6-25}$$

式中：$P$——工作项目所需要的劳动量（工日）或机械台班数（台班）；

$Q$——工作项目的工程量（$m^3$，$m^2$，t，…）；

$S$——工作项目所采用的人工产量定额（$m^3$/工日，$m^2$/工日，t/工日，……）或机械台班产量定额（$m^3$/台班，$m^2$/台班，t/台班，……）。

其他符号同上。

零星项目所需要的劳动量可结合实际情况，根据承包单位的经验进行估算。

由于水暖电卫等工程通常由专业施工单位施工，因此，在编制施工进度计划时，不计算其劳动量和机械台班数，仅安排其与土建施工相配合的进度。

确定工作项目的持续时间。根据工作项目所需要的劳动量或机械台班数，以及该工作项目每天安排的工人数或配备的机械台数，即可按公式（6-26）计算出各工作项目的持续时间。

$$D=\frac{P}{R\cdot B} \tag{6-26}$$

式中：$D$——完成工作项目所需要的时间，即持续时间，d；

$R$——每班安排的工人数或施工机械台数；

$B$——每天工作班数。

其他符号同前。

在安排每班工人数和机械台数时，应综合考虑以下问题：

a. 要保证各个工作项目上工人班组中每一个工人拥有足够的工作面（不能少于最小工作面），以发挥高效率并保证施工安全。

b. 要使各个工作项目上的工人数量不低于正常施工时所必需的最低限度（不能小于最小劳动组合），以达到最高的劳动生产率。由此可见，最小工作面限定了每班安排人数的上限，而最小劳动组合限定了每班安排人数的下限。对于施工机械台数的确定也是如此。

每天的工作班数应根据工作项目施工的技术要求和组织要求来确定。例如浇筑大体积混凝土，要求不留施工缝连续浇注时，就必须根据混凝土工程量决定采用双班制或三班制。

以上是根据安排的工人数和配备的机械台班数来确定工作项目的持续时间。但有时根据施工组织要求（如组织流水施工时），需要采用倒排的方式来安排进度，即先确定各工作项目的持续时间，然后以此来确定所需要的工人数和机械台数。此时，需要把公式（6-27）变换成公式（6-28）。利用该公式即可确定各工作项目所需要的工人数和机械台数。

$$R=\frac{R}{D\cdot B} \tag{6-27}$$

如果根据上式求得的工人数或机械台数已超过承包单位现有的人力、物力，除了寻求其他途径增加人力、物力外，承包单位应从技术上和施工组织上采取积极措施加以解决。

绘制施工进度计划图。绘制施工进度计划图，首先应选择施工进度计划的表达形式。目前，常用来表达建设工程施工进度计划的方法有横道图和网络图两种形式。横道图比较简单，而且非常直观，多年来被人们广泛地用于表达施工进度计划，并以此作为控制工程进度的主要依据。

但是，采用横道图控制工程进度具有一定的局限性。当单位工程项目中包含的工作项目较多且其相互间的关系比较复杂时，横道图就难以充分提示矛盾。尤其在计划的执行过程中，当某工作项目进度由于某种原因提前或拖后时，将对其他工作项目及总工期产生多大的影响就难以进行分析，因而也就不利于进度控制人员抓住主要矛盾指挥工程施工。

用网络图的形式表达单位工程施工进度计划，能够弥补横道图的不足。它能充分提示工程项目中各工作项目之间的相互制约和相互依赖关系，并能明确地反映出进度计划中的主要矛盾。由于其可以利用电子计算机进行计算、优化和调整，不仅可以减轻进度控制人员的工作量，而且使工程进度计划更加科学；同时，由于能够利用电子计算机编制和调整计划，也使得进度计划的编制和调整更能满足对进度控制及时、准确的要求。

施工进度计划的检查与调整。当施工进度计划初始方案编制好后，需要对其进行检查与调整，以便使进度计划更加合理。进度计划检查的主要内容包括：

a. 各工作项目的施工顺序、平行搭接和技术间歇是否合理。

b. 总工期是否满足合同规定。

c. 主要工种的工人是否能够满足连续、均衡施工的要求。

d. 主要机具、材料等的利用是否均衡和充分。

在上述四个方面中，首要的是前两方面的检查，如果不满足要求，必须进行调整。只有在前两个方面均达到要求的前提下，才能进行后两个方面的检查与调整。前者是解决可行与否的问题，而后者则是优化的问题。

2. 施工进度计划的实施

施工进度计划的实施就是按施工进度计划开展施工活动，落实和完成计划。施工进度计划逐步实施的过程就是项目施工逐步完成的过程。为保证各项施工活动按施工进度计划所确定的顺序和时间进行，保证各阶段进度目标和总进度目标的实现，应做好以下工作。

(1) 检查各层次的计划，并进一步编制月（旬）作业计划

工程项目的施工总进度计划、单位工程施工进度计划、分部分项工程施工进度计划，都是为实现项目总目标而编制的，其中高层次计划是低层次计划编制和控制的依据，低层次计划是高层次计划的深入和具体化。在贯彻执行时，要检查各层次计划间是否紧密配合、协调一致，计划目标是否层层分解、互相衔接，在施工顺序、空间及时间安排、资源供应等方面有无矛盾，以组成一个可靠的计划体系。

为实施施工进度计划，项目经理部应将规定的任务与现场实际施工条件和施工的实际进度相结合，在施工开始前和实施中按时编制本月（旬）的作业计划，从而使施工进度计划更具体、更切合实际、更适应现场情况的不断变化的需要。在月

（旬）计划中，要明确本月（旬）应完成的施工任务，完成计划所需的各种资源量，提高劳动生产率，保证质量和节约的措施得以实施。

作业计划的编制，要进行不同项目间同时施工的平衡协调；确定对施工进度计划分期实施的方案；施工项目要分解为工序，以满足指导作业的要求，并明确进度日程。

(2) 综合平衡，做好主要因素的优化配置

施工项目不是孤立完成的，它必须由人、财、物（材料、机具、设备等）诸生产要素在特定地点有机结合才能完成。同时，项目对诸生产要素的需要又是错落起伏的。因此建筑企业应在各项目进度计划的基础上，进行综合平衡，编制企业的年度、季度、月旬计划，将施工生产要素在项目间动态组合，优化配置，以保证满足项目在不同时间对生产力诸要素的需求，从而保证施工进度计划按顺序实施。

(3) 层层签订承包合同，并签发施工任务书

按前面已检查过的各层次计划，以承包合同和施工任务书的形式，分别向分包单位、承包队和施工班组下达施工任务。其中，总承包单位与分包单位、建筑企业与项目经理部、项目经理部与各承包队和职能部门、承包队与各作业班组间应分别签订承包合同，按计划目标明确规定合同工期、相互承担的经济责任、权限和利益。

另外，要将月（旬）作业计划中的每项具体任务通过签发施工任务书的方式向班组下达施工任务。施工任务书是向班组下达任务、实行责任承包、全面管理原始记录的综合性文件，它明确了各工作班组具体的施工任务、技术措施、质量要求、劳动量、完成时间等内容。并建立相应的责任制，促使各班组采取措施，确保按作业计划的完成。

(4) 全面实行层层计划交底，保证全员共同参与计划实施

在施工进度计划实施前，必须根据施工任务进度文件的要求进行层层交底落实，使有关人员都明确各项计划实施前，必须根据施工任务进度文件的要求进行层层交底落实，使有关人员都明确各项计划的目标、任务、实施方案，预控措施，开始、结束日期，有关保证条件，协作配合要求等，使项目管理层和作业层能协调一致工作。从而保证施工生产按计划、有步骤、连续、均衡地进行。

(5) 做好施工记录，掌握现场实际情况

在计划任务完成的过程中，各级施工进度计划的执行者都要跟踪做好施工记录，实事求是地记录计划执行中每项工作的开始日期、工作进程和完成日期，为施工进度计划实施的检查、分析、调整、总结提供真实、准确的原始资料。

(6) 做好施工过程中的调度工作

施工过程中的调度即是在施工过程中针对出现的不平衡和不协调进行调整，以

不断组织新的平衡，建立和维护正常的施工秩序。它是组织施工中各阶段、环节、专业和工种的互相配合、进度协调的指挥核心，也是保证施工进度计划顺序实施的重要手段。其主要任务是监督和检查计划实施情况，定期组织调度会，协调各方协作配合关系，采取措施，消除施工中出现的各种矛盾，加强薄弱环节，实现动态平衡，保证作业计划及进度控制目标的实现。

调度工作必须以作业计划与现场实际情况为依据，从施工全局出发，按规章制度办事，必须做到及时、准确、果断、灵活。

（7）预测干扰因素，采取预控措施

在项目实施前和实施过程中，应经常根据所掌握的各种数据资料，对可能致使项目实施结果偏离进度计划的各种干扰因素进行预测，并分析这些干扰因素所带来的风险程度的大小，预先采取一些有效的控制措施，将可能出现的偏离尽可能消灭于萌芽状态。

3.施工进度计划的检查与调整

（1）影响施工进度的因素

工程项目施工过程是一个复杂的动作过程，涉及面广，影响因素很多，任何一个方面出现问题，都可能对工程项目的施工进度产生影响。为此，应分析这些影响因素，并尽可能加以控制。影响施工进度的因素归纳起来主要有以下几个方面：

①设计单位的影响。设计单位工程设计资料及图纸提供的时间和质量是工程进度的主要干扰因素。若设计单位不按时交图，会拖延工期；若设计质量不好，其错误和变更均会打乱原定施工进度计划，致使施工返工和停顿。另外，由于建设单位或主管部门在项目实施中改变部分工程的功能，也可能使设计产生变更，从而扰乱施工进度。

②材料设备供应进度的影响。施工中需要的各种材料、机具设备能否按质、按量、配套地供应，也会对施工进度产生影响。

③资金的影响。足够的资金是施工顺序进行的保证，建设单位应按期支付给施工单位工程价款，若建设单位出现资金短缺，将会直接影响工程的施工进度。另外，施工单位往往还需在工程前期垫付一部分资金，若施工单位无法垫付，也可能影响工程的实施。

④施工条件的影响。若施工现场的施工条件比设计和签订合同时预计得更困难，如地质断层、地下水位过高、流沙等水文地质条件的变化等，也必然会影响施工进度。

⑤技术影响。若施工单位未能完全领会设计意图和技术要求，或低估了施工中可能遇到的技术问题，或未考虑解决设计、施工问题所进行科研和实验的时间，均可能影响施工进度。

⑥施工组织影响。施工单位组织不当，劳动力和施工机械的调配不当，不适应施工现场的变化，均可能影响进度计划的实现。

⑦不可预见事件的影响。若施工中出现恶劣的自然条件、自然灾害、工程事故、战争等，都将影响进度计划的实现。

⑧其他影响。与工程施工有关的运输部门、通信部门、供电部门及政府有关职能部门的工作都将对施工进度产生影响。因此，施工单位必须与有关部门相互协调配合，才能控制施工进度。若无法协调控制的，则应在进度计划中留有机动时间。

(2) 施工进度计划的检查

在施工项目实施过程中，施工进度计划的检查贯穿于始终。只有定期跟踪检查施工实际进展情况，掌握工程实际进度及各工作队（组）任务完成程度，收集计划实施的信息和有关数据，才能为施工进度计划的控制提供必要的信息资料和依据。

①跟踪检查实际施工进度。跟踪检查实际施工进度，就是要根据实际施工进度的有关数据，为分析施工进度状况、制定进度调整措施提供依据。跟踪检查的时间、方式和收集数据的质量，将直接影响进度控制的质量和效果。

a. 检查时间。检查的时间与施工项目的类型、规模、施工条件和对进度执行要求程度有关，通常有两类：一是日常检查，即由常驻现场管理人员每日进行检查，用施工记录和施工日志的方法记录下来；二是定期检查，其间隔可视工程实际情况，每月、半月、旬或周检查一次。

b. 检查方式。定期收集进度报表资料，定期召开进度工作汇报会，定期检查进度的实际执行情况。

②整理统计实际进度数据。在收集施工实际进度数据时，应按计划控制的工作项目内容进行统计整理，以相同的量纲和形象进度，形成与计划进度具有可比性的数据。一般可按实物工程量、工作量、劳动消耗及其累计百分比来整理、统计实际检查的数据，以便与相应的计划完成量相比。

③对比分析实际进度与计划进度。用已整理统计的反映实际施工进度的数据与计划进度数据相比较。通过对比分析，确定实际进度与计划进度是否一致，是超前还是延后，为调整决策提供依据。

常用的比较方法有以下几种：横道图比较法；S曲线比较法；香蕉型曲线比较法；前锋线比较法和列表比较法。

④施工进度检查结果的处理。对施工进度检查的结果，要形成控制报告，把检查比较的结果，有关施工进度现状和发展趋势，提供给项目经理及各级业务职能负责人。进度报告根据报告对象不同，分为项目概要级、项目管理级和业务管理级三个级别。它们的区别见表6-5。

不同级别进度报告的区别　　表 6-5

| 分类／级别 | 对　象 | 汇 报 部 门 |
|---|---|---|
| 项目概要级 | 整个施工项目 | 项目经理、企业经理或业务部门、业主或监理单位 |
| 项目管理级 | 单位工程或项目分区 | 项目经理、业务部门、监理单位 |
| 业务管理级 | 重点部分或重点问题 | 项目管理者、业务部门采取应急措施而使用 |

（3）施工进度计划的调整

①分析进度偏差产生的影响。根据实际进度与计划进度的比较，即可判断工作实际进度是否与计划进度相偏离。当出现进度偏差时，必须分析此偏差对后续工作和总工期的影响程度，然后决定是否进行进度计划的调整，以及调整的方法和措施。由于偏差的大小及偏差所处的位置不同，对后续工作及总工期的影响程度也是不同的，因此，可利用网络计划中工作的总时差和自由时差进行判断。具体分析步骤如下。

判断进度偏差是否大于总时差。如果工作进度偏差大于其总时差，则无论该工作是否为关键工作，其实际进度偏差必将影响后续工作和项目总工期，应根据项目工期及后续工作的限制条件调整原计划；如果工作进度偏差未超出其总时差，说明此偏差不会影响项目总工期，但是否对后续工作产生影响，还需进一步判断。

判断进度偏差是否大于自由时差。如果工作进度偏差大于其自由时差，说明此偏差必将对后续工作产生影响，应根据后续工作的限制条件调整原计划；如果工作进度偏差未超出其自由时差，说明此偏差对后续工作无影响，可不对原计划进度调整。

经过以上分析，进度控制人员便可根据对后续工作及项目总工期的不同影响而采取相应的进度调整措施，以便获得新的进度计划，用于指导工程项目的施工。

②施工进度计划的调整方法。为了实现进度目标，当项目进度控制人员发现问题时，必须对后续工作的进度计划进行调整。但由于可行的调整方案可能有多种，究竟采取什么调整方案和调整方式，就必须在对具体的实施进度进行分析的基础上才能确定。进度快速的方法有以下几种。

a. 改变工作间的逻辑关系。这种方法是通过改变关键线路和超过计划工期的非关键线路上的有关工作之间的逻辑关系，达到缩短工期的目的。只有在工作之间的逻辑关系允许改变的情况下，才能采用这种方法。

这种调整方法可将顺序施工的某些工作改变成平行施工或搭接施工，或划分为若干个施工段组织流水施工等。但由于增加了各工作间的相互搭接时间，因而进度控制工作显得更加重要，实施中必须做好协调工作。另外，若原始计划是按搭接施工或流水施工方式编制的，而且安排较紧凑的话，其可调范围（即总工期缩短的时间）会受到限制。

b. 缩短某些工作的持续时间。这种方法是不改变工作间的逻辑关系，只是缩短某些工作的持续时间，从而加快施工进度以保证实现计划工期。这些被压缩持续时间的工作是位于因实际施工进度的拖延而引起总工期延长的关键线路和某些非关键线路上的工作。而且，这些工作的持续时间还必须允许压缩。具体压缩方法就是采用网络计划工期优化的方法。一般考虑以下两种情况。

××第一种，网络计划中某项工作进度拖延的时间已超过自由时差，但未超过总时差。这种拖延不会对总工期产生影响，只对后续工作产生影响，因此，只对有影响的后续工作进行调整。通过跟踪检查，确定受影响的后续工作；确定受影响的后续工作允许拖延的时间限制，以此作为进度调整的限制条件；按检查时的实际进度重新计算网络参数，确定受影响的后续工作的允许开始时间；判断各允许开始时间是否满足进度调整的限制条件，若满足，可不必调整计划；若不满足，则可利用工期优化的方法来确定压缩的工作对象及其压缩的时间来满足限制条件。

××第二种，网络计划中某项工作进度拖延的时间已超过总时差。这将会对后续工作及总工期产生影响，其进度计划的调整方法视限制条件不同可分为以下几种情况。项目总工期不允许拖延。这时需采用工期-费用优化方法，以原计划总工期为目标，在关键线路上寻找缩短持续时间付出代价最小的工作，压缩其持续时间，以满足原计划总工期要求。项目总工期允许拖延。这里只需用实际数据取代原始数据，重新计算网络计划时间参数，确定出最后完成的总工期。项目总工期允许拖延的时间有限。此时可以把总工期的限制时间作为规定工期，用实际数据对还未实施的网络部分进行工期-费用优化，压缩网络计划中某些工作的持续时间，以满足工期要求。

以上两种进度调整方法，均是以总工期为限制条件来进行的。除此之外，还应考虑网络计划中某些工作在时间上的限制条件。

改变施工方案。当上述两种方法均无法达到进度目标时，只能选择更为先进快速的施工机具、施工方法来加快施工进度。

### 6.4.4 计划实施中的控制

在计划实施过程中，必定会出现技术经济指标的偏差和管理工作上的失误。只有通过对计划实施活动的控制，才能消除或减少偏差，调整生产经营管理的不良状况。

1.控制类型与要求

计划控制一般分为三种类型：反馈控制、过程控制和预先控制。如图 6-7 所示。反馈控制是针对生产经营活动的结果进行控制，即利用反馈原理，对计划执行情况进行检查、分析和核算，并与计划指标对比，及时发现和解决问题，保证计划按预定目标顺利完成。其关键在于保证信息通畅，做到上下情况及时沟通。过程控制是针对企业的生产经营活动本身进行控制。而预先控制是针对企业的生产经营活动的前提条件进行控制，如对施工班组实行限额领料。从控制效果来看，预先控制最佳，它是将问题消灭在设计和施工计划之中。过程控制次之。反馈控制是问题出现之后的控制，或多或少已经给企业带来了损失。

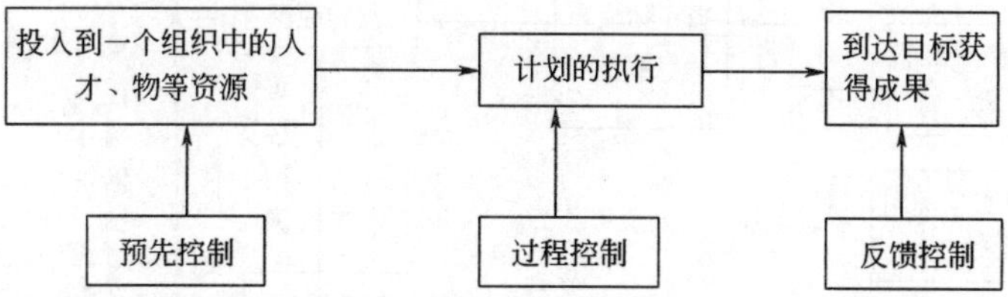


图 6-7　控制类型图

在现代管理中，特别强调人的"自我控制（或称人的主动控制）"，它是在一定条件下的更有效的控制方法。"自我控制"的方法，是上述三类控制方法的综合应用，如图 6-8 所示。

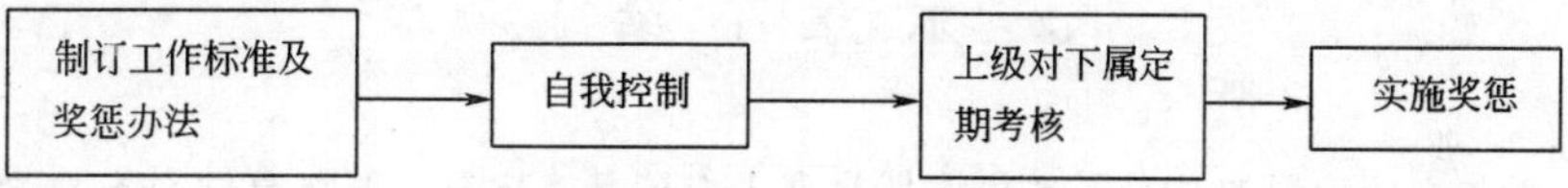


图 6-8　自我控制的程序

控制应具有系统性。计划实施的控制是对计划系统的综合控制，不只是某个环节、某个方面的控制，而是对企业各级的经营、生产、工程施工和返修服务等全过程的综合控制。工程进度、质量、消耗、安全、成本、材料、库存、资金运用等形成系统控制网络。各种控制应从实际出发，具有现实性、适应性、灵活性和经济性。

2.计划控制的方法

计划控制的方法主要有计划文件、工程进度图表、工程控制图表及有关计划执行情况的信息。根据计划控制的内容不同，可采用日常检查、定期检查和专题检查三种形式。日常检查是经常性的检查。它主要是对施工进度的检查，通过日报表、旬报表、调度会、管理人员深入现场等形式和手段，获取计划实施情况的信息，并以工程形象进度表形式公布，促进工程施工进度；定期检查是按周、旬、月进行的检查。它检查的内容比较全面，并应进行较细致的分析，找出问题，提出解决问题的办法；专题检查是有针对性的检查。它是根据管理的实际需要对特殊或薄弱环节以及某些重大的问题进行的检查，通常以现场会的形式进行。

控制过程一般包括三个步骤：确定控制标准，根据这些标准衡量执行情况，纠正实际执行情况与计划标准的偏差，如图 6-9所示。

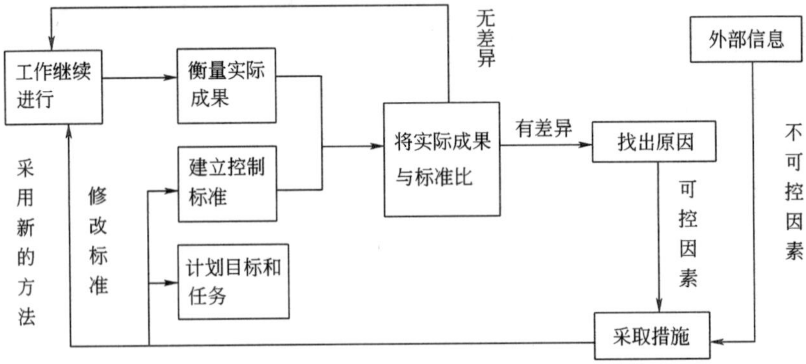


图 6-9　控制过程图

## 本章小结

本章首先介绍计划的基本概念和计划管理工作的基本内容，其次有针对性地提出建筑企业的计划体系与计划指标体系，详细阐述了建筑企业计划体系中的经营计划和施工生产计划。

计划是基于对客观实际的认识，确定某项活动在未来一定时期内应达到的目标，以及为实现目标所进行的一系列筹划活动的总称。计划管理，就是用计划把企业的各项生产经营活动全面地组织起来，并对其进行平衡、协调、控制和监督。计划管理工作的过程包括计划的编制、计划的实施和计划的控制。建筑企业的计划体系，应以经济效益为中心，坚持长期发展的战略目标和满足商品市场的需求，建立以经营合同计划为核心的生产经营计划体系。按照计划的时期、计划的对象和计划的性质可以从不同的角度对建筑企业计划体系进行分类。建筑企业计划指标是企业计划内容和任务的具体化、数量化，用于表示在一定计划期内，企业生产经营活动所能达到的预期目标和水平，可分为数量指标和质量指标。建筑企业主要计划指标有建筑产品产量指标、建筑产品产值指标、全员劳动生产率指标、工程质量指标、利润指标、工程成本降低率指标、流动资产周转率指标、安全生产指标、机械设备完好率与利用率指标、材料节约率指标等。

经营计划是企业在计划期内进行生产经营活动的奋斗目标和行动纲领，是由以经营目标为中心，市场为导向的企业多种计划组成的综合计划体系。经营计划具有综合性、选择性、应变性、战略性和权威性等特点。按计划期限的长短可以把经营计划划分为长期经营计划、中期经营计划、短期经营计划以及作业计划。建筑企业的中长期计划是企业未来发展的蓝图，是企业编制短期计划的依据和指导企业生产活动的纲领性文件，也是计划管理的主体与中心任务。年度经营计划以中长期计划为指导，又是中长期预定的目标在该年度的具体化。季度经营计划是年度计划过渡到目标计划的桥梁，既能起到落实年度计划的作用，又能对月度计划起控制作用。常用的编制计划的方法有滚动法。年度经营计划的综合平衡包括施工任务与劳动力的平衡、施工任务与机械设备能力的平衡、施工任务与物资供应的平衡等。经营计划的贯彻应达到全面完成经营计划规定的各项计划指标、保证均衡地执行经营计划、实行目标管理等基本要求。

施工生产计划的作用和内容随计划期长短不同而不同。建筑企业在编制施工生产计划时应遵循一定的原则。施工项目管理实施计划的内容非常具体。施工进度计划管理的具体内容在其他相关课程有详细介绍。计划控制一般分为反馈控制、过程控制和预先控制三种类型，计划控制的过程一般包括确定控制标准和根据这些标准衡量执行情况以及纠正实际执行情况与计划标准的偏差等三个步骤。

## 复习思考题

1. 何谓计划管理？
2. 简述计划原理的基本任务和主要工作内容。
3. 简述建筑企业计划体系的主要内容。
4. 什么是计划指标？建筑企业的主要计划指标有哪些？含义是什么？
5. 简述经营计划的概念及特征。
6. 简述中长期经营计划与经营战略的关系。
7. 简述建筑企业中长期经营计划的编制程序及方法。
8. 简述年度经营计划的编制依据和程序。
9. 简述何谓滚动式计划？有何优点？
10. 简述施工生产计划的编制原则。
11. 简述施工生产计划的作用及内容。
12. 如何贯彻执行建筑企业经营计划？
13. 如何搞好计划执行中的控制工作？
14. 影响施工进度的因素有哪些？

# 参考文献


[1] 孙兴民．建筑企业管理．北京：科学出版社，2002.

[2] 张海贵．现代建筑施工项目管理．北京：金盾出版社，2001.

[3] 周直．工程项目管理．北京：人民交通出版社，2001.

[4] 石勇民．施工企业经营管理学．北京：人民交通出版社，2001.

[5] 武育秦．建筑工程经济与管理．湖北：武汉工业大学出版社，1997.

[6] 黄定显．建筑经济与企业管理．江西：江西高校出版社，1996

[7] 黄仕诚．建筑工程经济与企业管理．湖北：武汉工业出版社，1996.

[8] 黄强．建筑企业管理与改制．北京：中国建筑工业出版社，2002.

[9] 田金信．建筑企业管理．北京：中国建筑工业出版社，2004.

# 第7章 建筑企业投标与合同管理

**本章概要**

1. 建筑市场的概念及特征；
2. 建筑企业经营方式的发展；
3. 建筑企业经营方式的分类；
4. 招标投标的概念与招标方式；
5. 招标投标的程序；
6. 工程投标报价的策略与技巧；
7. 建筑企业合同管理；
8. 工程索赔的概念、分类；
9. 工程索赔成立的条件；
10. 承包商施工索赔管理现状与索赔管理对策；
11. 工程索赔报告的编写。

## 7.1 建筑企业的经营方式

### 7.1.1 建筑市场的概念及特征

1. 建筑市场的概念

由市场的一般概念可知，对建筑市场可以从狭义和广义两个方面来理解。狭义的建筑市场，是指以建筑产品为交换内容的场所；广义的建筑市场，则是指建筑产品供求关系的总和。本章关于建筑市场的内容，是从广义的角度加以阐述的，其中也包含着狭义建筑市场。如果我们不拘泥于市场的一般概念，还可以把建筑市场的概念进一步抽象化，把它理解为由建筑产品、建筑生产活动和与建筑生产活动有关的机构所组成的三维空间。

这个三维空间应是这三个方面有机的统一体，应能充分体现“国家调节市场、市场引导企业”的经济运行机制。为此，需要通过经济、法律、行政等手段，以及职业道德规范等来约束、规范建筑市场活动主体的行为，协调建筑产品生产者和消费者之间的关系，兼顾建筑产品供求双方的利益，从而完善建筑市场的运行机制，并促使其健康地发展。

2.建筑市场的特点

与一般市场相比，建筑市场具有许多特点，主要表现在以下几个方面：

(1) 建筑市场中没有商业中介人，由建筑产品的需求者和生产者直接进行交易活动。建筑市场的这一特点是由建筑产品的特性所决定的

在一般特定商品的市场中，用于交换的商品具有同质性或可替代性，也就是说，同一产品的不同生产者向市场提供的商品对消费者来说是基本相同的。而建筑产品则不具有同质性，它表现出多种性能特征。而且，建筑产品的这一特征不是由生产者决定的，而是由需求者决定的。因此，建筑产品的生产者就不可能像制造电视机、电冰箱、洗衣机、汽车、机床等产品那样，预先生产出某种产品，再通过批发、零售环节进入市场，等候消费者挑选和购买；而只能直接与消费者商定交易条件，按照他的具体要求，在指定的地点为他生产特定的建筑产品。

(2) 在建筑市场中，交换关系的确立在产品生产之前

在一般市场中，总是先由生产者生产出产品，待商品（产品）进入市场后，根据其适应消费者需要的程度、生产者平均所消耗的劳动量即产品的价值量，以及市场中对该产品的供求关系等因素，由生产者和消费者通过中介人实现商品的交换关系。但在建筑市场并不以具有实物形态的建筑产品作为交换对象，而是就拟建建筑产品的质量、标准、功能、价格、交货时间、付款方式和时间等内容，由需求者和生产者达成交易条件，从而确立双方之间的交换关系。经双方达成一致的这些交易条件，不仅规定了生产者今后的生产活动，同时也明确了需求者的权利和义务，对供求双方都是约束条件。

另外，建筑产品的交换关系并不一定以最终产品为对象，或者说在大多数情况下不以最终产品为对象。这意味着，对于一个确定的建筑产品来说，一个需求者往往要和多个生产者分别确立交换关系，其交换内容为建筑产品的某一部分或中间产品。当然，这些分别确立的交换关系都在相应的交换内容的生产之前。

(3) 与一般商品的交换相比，建筑产品的交换过程很长

众所周知，一般商品的交换基本上都是“一手交钱、一手交货”，交换是一次完成的，无所谓交换过程（交换条件的确立需要花费时间，有时要经历很长的过程)。但建筑产品的交换则不同，由于不是以具有实物形态的建筑产品作为交换对象，因而无法进行这种现货交易。而且，由于建筑产品价值巨大，生产周期长，因而在确立交易条件时，生产者不可能接受先垫付资金进行生产、待交货后由需求者

全额付款的结算方式；同样，需求者也不可能接受先支付全部工程价款、待工程完全建成后才由生产者向需求者交货的交易方式。

因此，建筑产品的交换基本上都是采用分期交货（中间产品或部分产品）、分期付款的方式，通常是按月度进行结算。这样，从货款支付和交货过程（即建筑产品实物形态形成的过程）来看，建筑产品的交换就表现为一个很长的过程。

需要说明的是，对于一些高档耐用消费品如汽车、家具、家用电器等，也可以采用分期付款的方式，这在工业发达国家应用很普遍，我国也在少数商品领域开始应用。但是，这实际是促进商品销售的一种方式，与建筑产品的交换方式仍有根本的不同。因为这种商品交换方式只是改变了“一手交钱”的付款方式，而并未改变“一手交货”的供货方式，仍然是先有商品、后有交换。从货款支付的角度来看，这种交换方式的过程很长；而从交货方式来看，这种交换方式仍然是一次完成的。

由上可知，建筑产品的交换过程在时间上与其生产过程相伴随，但两者并不完全一致。建筑产品的交换过程始于生产者和需求者交换关系的确立，而终于交换关系的终止，即保修期结束，因而交换过程先于生产过程开始，而迟于生产过程结束（若保修业务未发生或不发生在保修期的最后期限）或与生产过程同时结束（保修业务一直持续到保修期结束）。另外，建筑产品的交换过程严格地说并不表现为一个“过程”，而是间断发生的交换行为，即定期地交货和付款；而建筑产品的生产过程则是一个连续的过程（虽然也可能有中断），直到最终建筑产品建成为止。尽管建筑产品的交换过程与生产过程在时间上存在基本一致的一面，但要注意不要把这两者混淆起来，它们毕竟是两个完全不同的概念：建筑产品的生产过程是建筑产品生产者单方的活动，建筑产品的交换过程则是生产者和需求者双方的活动，缺少任一方都不能完成交换过程。

（4）建筑市场具有显著的区域性特点

这一特点是由建筑产品的固定性所决定的。建筑产品的生产地点和消费地点是一致的，建筑市场中没有建筑产品的实物流通。对于建筑产品的生产者来说，他无权选择特定建筑产品的具体生产地点，但他可以选择自己的生产经营范围。由于大规模远距离的流动生产势必增加生产成本、降低竞争能力，因而建筑产品生产者的生产经营范围总有一个相对稳定和集中的地理区域。从建筑产品的需求方来看，他一旦选定了拟建建筑产品的建造地点，也就在一定程度上限制了对生产者的选择范围。这意味着，建筑产品生产者和需求者相互之间的选择都有一定的局限性，只能在一定范围内确定相互之间的交换关系，表现出明显的区域性。当然，建筑市场区域性并不是截然分割的，它是随着建筑市场供求关系的变化而变化的。

一般来说，建筑产品的规模越小，技术越简单，建筑市场的区域性就越强，或者说区域范围越小；反之，建筑产品的规模越大、技术越复杂，建筑市场的区域性越弱，即区域范围越大。这是因为小型建筑产品多由小型建筑企业承建，大型建筑产品则必须由大型建筑企业承建，而小型建筑企业生产经营的地理区域范围较小，大型建筑企业则可以在较大的区域范围内承建工程，可以采用多种灵活的承包方式。另外，建筑产品本身所具有的地区特点也是形成建筑市场区域性的一个原因。但是，这是从市场交换内容来理解，如果从市场交换活动来看，则也许可以忽略这一因素。

(5) 建筑市场中的竞争较为激烈

建筑业生产要素的集中程度远远低于资金、技术密集型行业，不可能采用生产要素高度集中的生产方式，而是采用生产要素相对分散的生产方式，大型企业的市场占有率较低。因此，在建筑市场中，建筑产品生产者之间的竞争就显得较为激烈。而且，由于建筑产品的不可替代性，建筑产品的生产者无法自己制定产品计划和相应的生产计划，而基本上是被动地去适应需求者的需要。也就是说，在建筑市场中，需求者相对来说处于主导地位，甚至处于相对垄断的地位，这自然就加剧了建筑市场竞争的激烈程度，常常出现一个需求者面对几个、十几个、甚至几十个生产者竞争的局面。

由于建筑产品的类型、形式、功能、质量标准等有关其使用价值的内容是由需求者决定的，也是每个参与竞争的生产者必须满足和实现的，因而建筑产品生产者之间的竞争首先表现为价格上的竞争。虽然产品的使用价值与价值之间存在着某种一致性，但需求者和生产者的出发点却根本不同。对于建筑产品的需求者来说，主要关心的是其使用价值能否实现，而不关心或较少关心其究竟要消耗多少劳动量，即不关心其实际的价值量，因而总希望在建筑产品功能和质量一定的条件下价格尽可能低。而作为建筑产品的生产者，既要保证实现既定建筑产品的使用价值，又要尽可能降低实际消耗的劳动量，即降低其实际的价值量，相对而言，生产者更关心产品的价值。由于不同的建筑产品生产者在专业特长、管理和技术水平、生产组织的具体方式、对建筑产品所在地各方面情况了解和熟悉程度以及竞争策略等方面有较大的差异，因而他们之间的生产价格会有较大差异，从而使价格竞争具有现实的可能性，而且表现得尤为激烈。

另外，建筑产品的需求者还非常关心拟建建筑产品投入使用的时间，因而建筑产品生产者之间的竞争还表现为交货时间即生产周期的竞争。在这一点上需求者和生产者的出发点也不相同：需求者希望在价格一定的条件下交货时间尽可能早，生产者则希望在价格一定的条件下按生产成本最低原则确定生产周期。由于建筑产品的生产周期和速度在很大程度上受到技术规律和自然规律的制约，因而不同生产者在这方面的差异较小，竞争程度相对来说不甚激烈。而且，建筑产品需求者往往预先规定了交货时间，而这一期限往往对大多数生产者来说都显得十分紧迫，几乎不可能再予以提前，这样一来，建筑产品生产者之间的竞争就要表现为价格上的竞争。

（6）建筑市场中的风险

建筑市场中的风险较大，而且，与一般市场不同的是不仅对生产者有风险，而且对需求者也有风险。

从建筑产品生产者方面来看，建筑市场的风险主要表现在以下三个方面：

①定价风险。由于建筑市场中的竞争主要表现为价格上的竞争，定价过高就意味着竞争失败，招揽不到生产任务；定价过低则可能导致亏本，甚至企业破产。而建筑产品是先定价、后生产，这种预先确定的价格很难保证其合理性。

②生产过程中的风险。建筑产品的生产周期长，在生产过程中会遇到许多干扰因素，如气候条件、地质条件，环境条件变化的影响等。这些干扰因素有些是可以预见到的，但未必能预见到其发生的确切时间和严重程度，有些则是难以预见的。这些干扰因素不仅直接影响到生产成本，而且会影响生产周期，甚至影响到建筑产品的质量和功能。

③需求者支付能力的风险。建筑产品的价值大，其生产过程中的干扰因素可能使生产成本和价格升高，从而超过需求者的支付能力；或因贷款条件变化而使需求者筹措资金发生困难，甚至有可能需求者一开始就不具备足够的支付能力。凡此种种，都有可能出现需求者对生产者已完成的阶段产品或部分产品拖延支付、甚至中断支付的情况。这无疑将影响生产者资金周转，使生产者难以连续、有效、合理地组织生产。

建筑市场对需求者的风险主要是由“先确定交换关系，后进行产品生产”的特点所引起的，其主要表现在于：

①价格与质量的矛盾。如上所述，建筑产品的需求者往往希望在产品功能和质量一定的条件下价格尽可能低。但是，这种“一定的”质量要求和标准其实并不确定，难以保证绝对严格和准确。这样，就有可能使需求者和生产者对最终产品的质量标准产生理解上的分歧，从而在既定的价格条件下达不到需求者预期的质量标准。另外，价格与价值毕竟有着内在的联系，当生产者以低于价值水平的价格接受建筑产品的订货生产之后，为了使自己有利可图或至少不亏本，就只能降低产品的价值量即降低质量标准。虽然这是违背建筑生产者职业道德的，却是客观存在的事实。

②价格与交货时间的矛盾。建筑产品的需求者往往对影响建筑产品生产周期的各种干扰因素估计不足，提出的交货日期有时很不现实，生产者为得到生产任务当然要接受这一条件，但却有相应的对策。例如，业主应承担的工作往往不能按时完成，从而成为生产者向需求者提出工期索赔和费用索赔的依据，使需求者陷入要么

增加费用、要么延长工期的两难境地，甚至既增加费用又延长工期。又如，生产者有时并不担心不能按规定时间交货，因为由此而产生的生产者损失（如拖延工期罚款）可能小于需求者的损失，生产者因此而破产将使需求者产生更大的损失。一个未完成的建筑产品有时很难找到愿意续建的生产者，或要付出较高的代价，从而使需求者陷入“骑虎难下”的境地。

③预付工程款的风险。由于建筑产品的价值巨大，生产者一般无力垫付巨额生产资金，故多由需求者先向生产者支付一笔工程款，以后随工程进展逐步扣回。这就可能使某些经营作风不正的生产者有机可乘，给需求者造成严重的经济损失。

建筑市场中需求者的风险有些是可以避免的，关键在于需求者对建筑生产的技术经济规律要有一个客观、正确的认识，不要片面追求低价格和短工期。另外，还要充分了解自己应完成的工作。

### 7.1.2 建筑企业经营方式的发展

建筑企业经营方式是指建筑企业向建设单位或服务对象提供建筑产品或服务的方式，也是建筑企业获得工程任务并组织其建设所采取的经营管理方式。

经营方式作为经济活动的方式，随着社会生产的发展，科学技术的进步而引起的社会分工和协作的变化而不断地演变。在国外，最典型的是英国，其建筑企业经营方式经历了如下五个阶段：

#### 1. 第一阶段（14 世纪前）

是按业主自营方式进行建筑营造活动的，特点是业主直接聘请并监管工匠进行建造活动。

#### 2. 第二阶段（14～15 世纪）

在 14 世纪初，随着社会分工的发展，出现了营造师。这一阶段也是按业主自营方式进行建筑营造活动的，特点是业主不但直接聘工匠建造，而且还聘请营造师代表业主对工匠的建造活动进行监管和指导。

#### 3. 第三阶段（15～17 世纪）

在 15 世纪初，又出现了建筑设计师。仍然是按业主自营方式进行建筑营造活动的，特点是业主聘请建筑设计师对建筑产品进行设计和建造过程中的指导，聘请工匠建造，而且还聘请营造师代表业主对工匠的建造活动进行监管和指导。

#### 4. 第四阶段（17～18 世纪）

随着社会分工的进一步发展，出现了承包人。业主作为发包者，进行建设项目发包。建筑师、工程师作为业主顾问，负责建设项目规划调查、设计和施工监督；建筑企业作为承包人，负责建设项目的施工建设。三者相互独立又相互协作，用经济合同联系起来。承发包方式出现以后，自营方式在国外就几乎不存在了。

5.第五阶段（19世纪～至今）

进入19世纪，又出现了总承包企业。到20世纪，它已具备了较完善的体系。逐渐形成了以承发包为主要特征的承包企业的多种经营方式。

近年来，又出现了设计—施工一体化、成套供应经营方式和工程管理方式（简称CM方式），这些先进的经营方式的出现，改变了以往传统经营方式的单调、落后的局面。

### 7.1.3 建筑企业经营方式的分类

1.按承发包中相互结合的关系分类

（1）独家承包

它是指承包企业完全利用自有的能力承包一项工程的全部施工。对于独家承包一般要求或是企业规模较大，或是承包工程的规模较小。

（2）总包—分包

这种方式是在独家承包方式基础上发展起来的，它已经历了一个多世纪，形成了比较完善的责任分担体系。在这个体系中业主和建筑设计单位在经营关系中属甲方，总包及下属施工企业属于乙方。其相互之间的关系均须通过工程合同结成承发包关系。

在该体系中，总包企业直接对建设单位负责，同时将其总包下来的任务分包给其他企业承担。分包出去的一般是劳务、施工机械设备、装饰等专业性较强的工作。分包企业直接对总包企业负责。总包企业和分包企业就分包工程的质量和安全对建设单位负责。

总包—分包经营方式突出的特点：一是由于专业化分工的发展，促进施工专门技术的发展和施工组织管理技术的发展；二是责任分担体系比较合理，由于合同制约，建筑企业必须确保工期、造价和质量，同时其既得利益也受到合同的保证，使其主动性和积极性能得到发挥；三是由于分工愈来愈细，环节愈来愈多，每个环节都有未知因素，从而导致总包对整个工程控制难度增加，并且工程规模愈大、分包环节愈多，则总包控制难度亦愈大。

（3）联合经营

它是指由两个或两个以上承包企业联合起来承包一项工程，共同对建设单位负责。参加联合的各施工企业仍是各自独立经营的企业，只是在共同承担的工程项目上，根据预先达成的联合经营协议，承担各自的义务、风险及分享各自的收益。

2.按业务承包范围分类

（1）施工承包经营方式

施工承包又分为包工包料、包工不包料、专业施工承包或专项施工承包等几种。包工包料实际上全面承包施工全过程。包工不包料是劳务承包，多适用于综合管理力量相对较弱的施工企业。专业施工承包是指专业技术要求高或有特殊技术要求工程的承包（如安装工程等）。专项承包是指如基础、土石方等工程承包，适用于专业化程度较高的企业。

（2）设计—施工承包经营方式

这种经营方式取消了传统经营中的施工总包环节，由设计—施工一体化经营企业承担总包角色。企业不必等待设计文件成套齐备，就可以分项发包、分项施工。这种设计和施工一体化方式，可以减少中间合同的变更。由于采取了分项设计、分项开工，大大提前了开工日期，加快了工程进度。

（3）规划—设计—施工联合经营方式

又称项目管理承包、一揽子承包或交钥匙方式。名称不同，其方式上也略有所差别，但大体上都是指建设单位把工程项目发包给承包企业，由承包企业按建设单位的意图，进行工程项目可行性研究、方案优化论证、计划、设计、施工直至竣工。承包企业可以自己不拥有施工力量，不承担设计或施工，而是将其发包给其他企业，但它必须是精通设计及施工的专门性企业。这种方式可以实现对工程项目的系统管理，有效地控制质量、工期和成本，同时减少计划、设计、施工之间的矛盾。该方式适用于小区住宅建设开发。

3.按合同取费方式分类

（1）总价承包

它是指按设计图纸和说明书，由工程数量计算出工程总价进行承包。总价中包含工程预期利润。它适用于工程规模、技术要求和质量标准都明确的工程。采用这种方式，对建设单位来说，有利于控制和节约投资；对承包企业来说，虽要承担工程中的风险损失，但也可能获得较大的、稳定的盈利。因此，这种方式采用范围较广。

（2）单价承包

建设单位和承包企业按工程的一定计量单位议定固定单价，然后再按实际工程量汇总计算总价的办法，由此来结算工程款。这种方式适用于工程量事前不能准确计算或变动较大的工程，如土石方、管道等工程。这种方式对建设单位来说，可简化招标工作，但不易于控制投资总额。对承包企业来说，只要能提高效率、降低单位成本，就能增加盈利。

（3）成本加酬金承包

建设单位要支付给承包企业工程实际成本加一定酬金。其中酬金由管理费、利润和奖金组成。该种方式适用于施工条件不正常的情况，如修复、改建等工程。根据酬金方式不同，其可分为：成本加固定百分比酬金、成本加固定数额酬金、成本加浮动酬金和目标成本加奖惩等形式。这种方式对建设单位来说，均不易于控制投资，对承包企业来说，可以确保其利润。

综上所述，承包企业不论采取哪种经营方式，都要通过招投标方式来获得工程承揽任务，以实现企业的经营目标。

## 7.2 建筑企业投标

### 7.2.1 招标投标的概念与招标方式

#### 1. 招标投标的概念

工程建设招标是指招标人在发包建设项目之前，公开招引或邀请投标人，根据招标人的意图和要求提出报价，择日当场开标，以便从中择优选定中标人的一种市场经济活动。

工程建设投标是工程建设招标的对称概念，指具有合法资格和能力的投标人根据招标条件，经过初步研究与估算，在指定期限内填写标书，提出报价并等候开标，决定能否中标的市场经济活动。

我国法学界一般认为，工程建设招标是要约邀请，而投标是要约，中标通知书是承诺。我国《合同法》也明确规定，招标公告或投标邀请函是要约邀请。也就是说，招标实际上是邀请投标人对其提出要约，属于要约邀请；投标则是要约，它符合要约的所有法定条件，投标书的内容具有足以使合同成立的主要条件，一旦中标，投标人将受投标书的约束；而招标人向中标的投标人发出的中标通知书，则是招标人同意接受中标的投标人的投标条件，即同意接受该投标人的要约的意思表示，属于承诺。

#### 2. 招标方式

根据我国《招标投标法》的规定，建设工程招标可分为公开招标和邀请招标。

（1）公开招标

又称无限竞争性招标，是指招标人通过报刊、广播或电视等公共传播媒介介绍、发布招标公告或信息而进行招标，它是一种无限制的竞争方式。公开招标的优点是招标人有较大的选择范围，可在众多的投标人中选定报价合理、工期较短、信誉良好的承包人，有助于打破垄断，实行公平竞争。但其缺点是，准备招标、对投标申请单位进行资格预审和评标的工作量大，因此，招标的时间长、费用高。

（2）邀请招标

又称有限竞争性招标，是指招标人以投标邀请书的方式邀请特定的法人或者其他组织投标。招标人采用邀请招标方式的，应当向三个以上具备承担招标项目的能力、资信良好的特定法人或者其他组织发出投标邀请书。邀请招标虽然也能够邀请到有经验的资信可靠的投标者投标，保证履行合同，但限制了竞争范围，可能会失去技术上和报价上有竞争力的投标者。邀请招标的邀请对象数目以 5～10 家为宜，但应不少于 3 家，否则就失去了竞争性。

### 7.2.2 工程项目施工招投标程序

工程项目施工招投标程序如图 7-1 所示。

1. 招标准备阶段的主要工作

招标准备阶段的工作由招标人单独完成，投标人不参与，主要包括招标备案、确定招标方式、标段划分、编制招标有关文件等工作。

（1）确定招标方式

根据规定，“依法必须进行施工招标的工程，全部使用国有资金投资或者国有资金占控股或者主导地位的，应当公开招标，但经国家计委或者省、自治区、直辖市人民政府依法批准可以进行邀请招标的重点建设项目除外；其他工程可以实行邀请招标。”

招标人应依据工程项目的特点、招标人的管理能力、工程建设总进度计划、招标前准备工作的完成情况、合同类型等因素的影响程度，最终确定招标方式。

（2）标段的划分

招标项目需要划分标段的，招标人应当合理划分标段。如建设项目的施工招标，一般可以将一个项目分解为单位工程及特殊专业工程分别招标，但不允许将单位工程肢解为分部、分项工程进行招标。标段的划分应当综合考虑招标项目的专业要求、管理要求、对工程投资的影响以及工程各项工作的衔接等因素。

（3）招标备案

招标人向建设行政主管部门办理申请招标手续。

按照国家建设部第 89 号令《房屋建筑和市政基础设施工程施工招标投标管理办法》，工程施工招标应当具备下列条件：

①按照国家有关规定需要履行项目审批手续的，已经履行审批手续；

②工程资金或者资金来源已经落实；

③有满足施工招标需要的设计文件及其他技术资料；

④法律、法规、规章规定的其他条件。

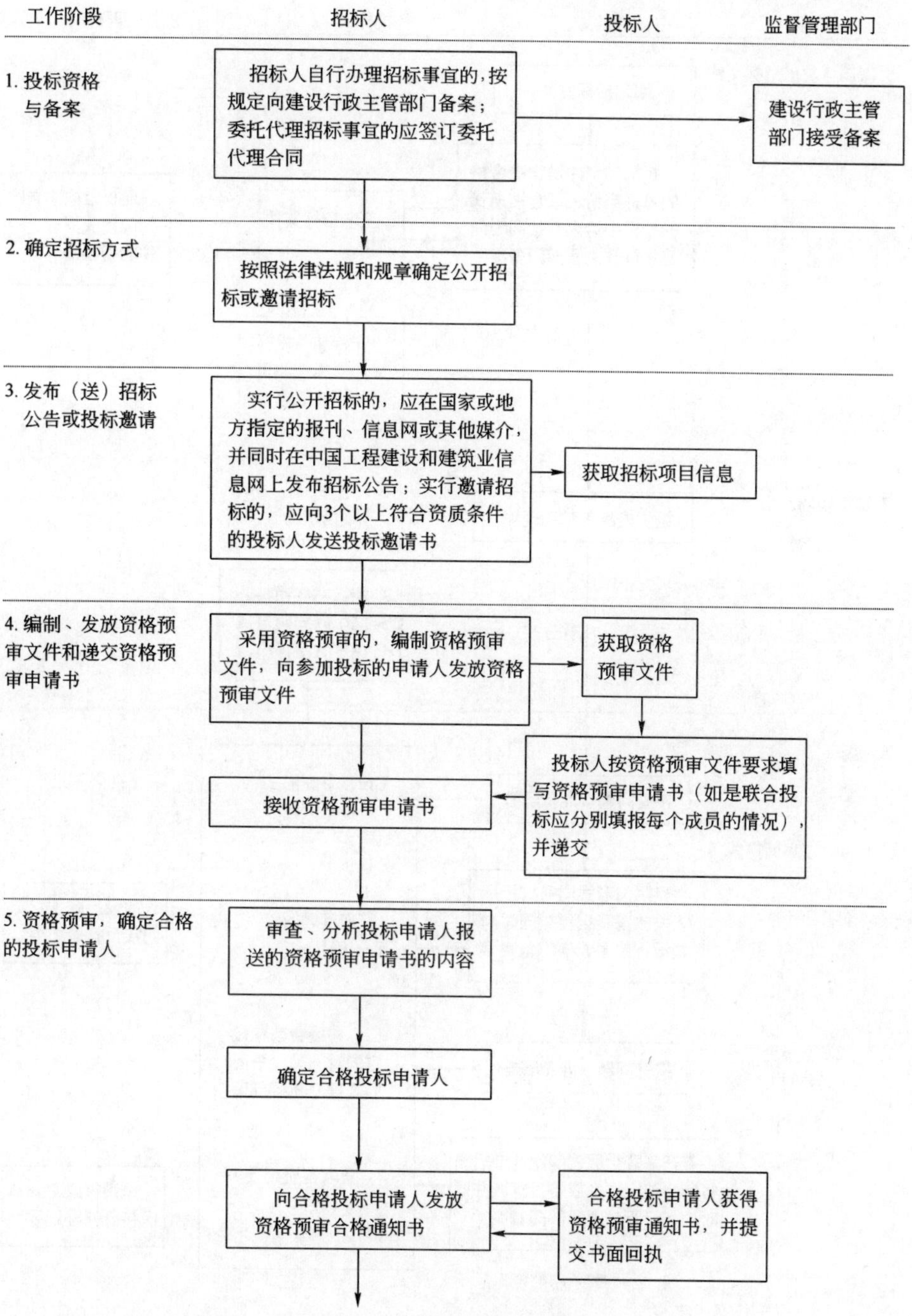


图 7-1（1） 施工招标投标程序

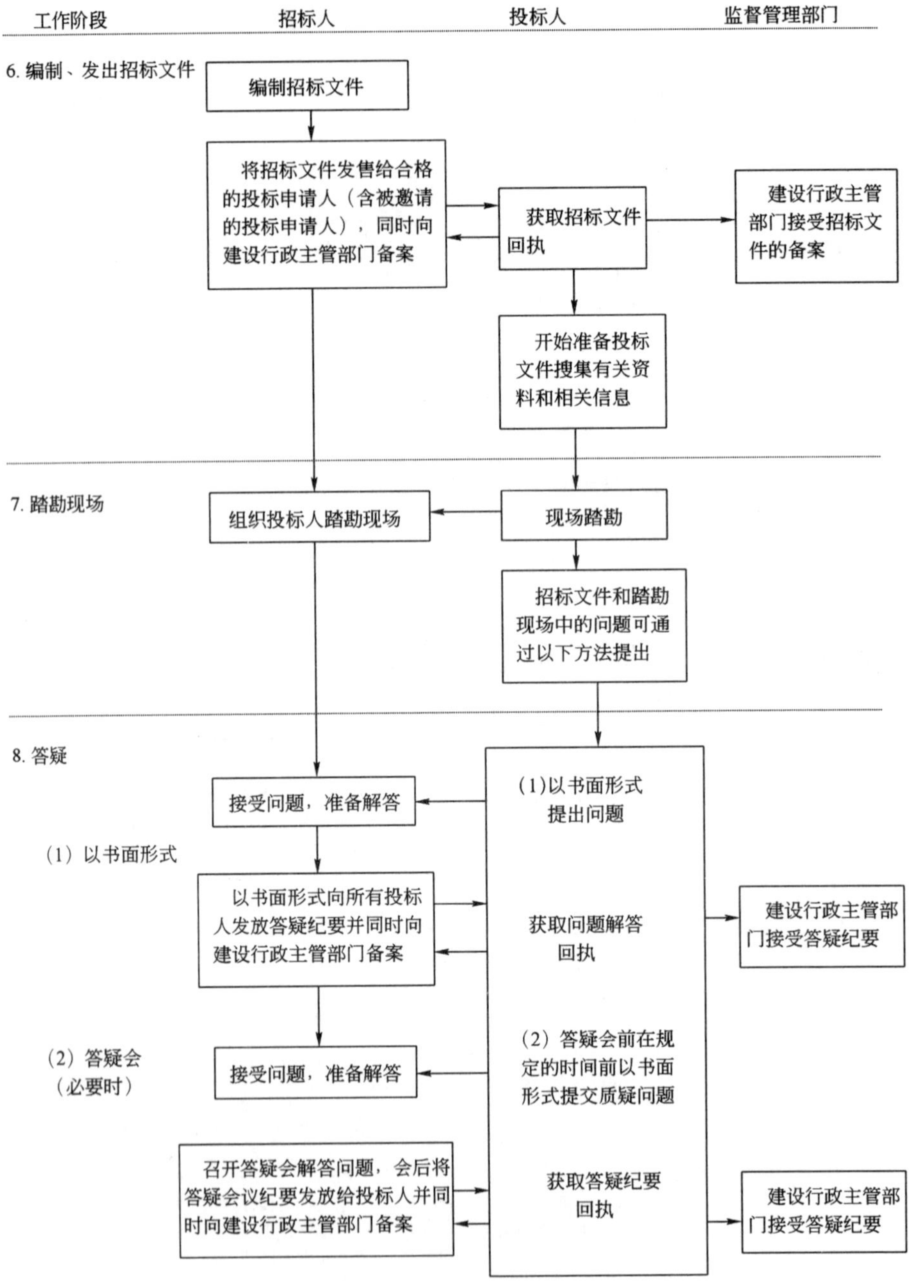


图 7-1 (2)　施工招标投标程序

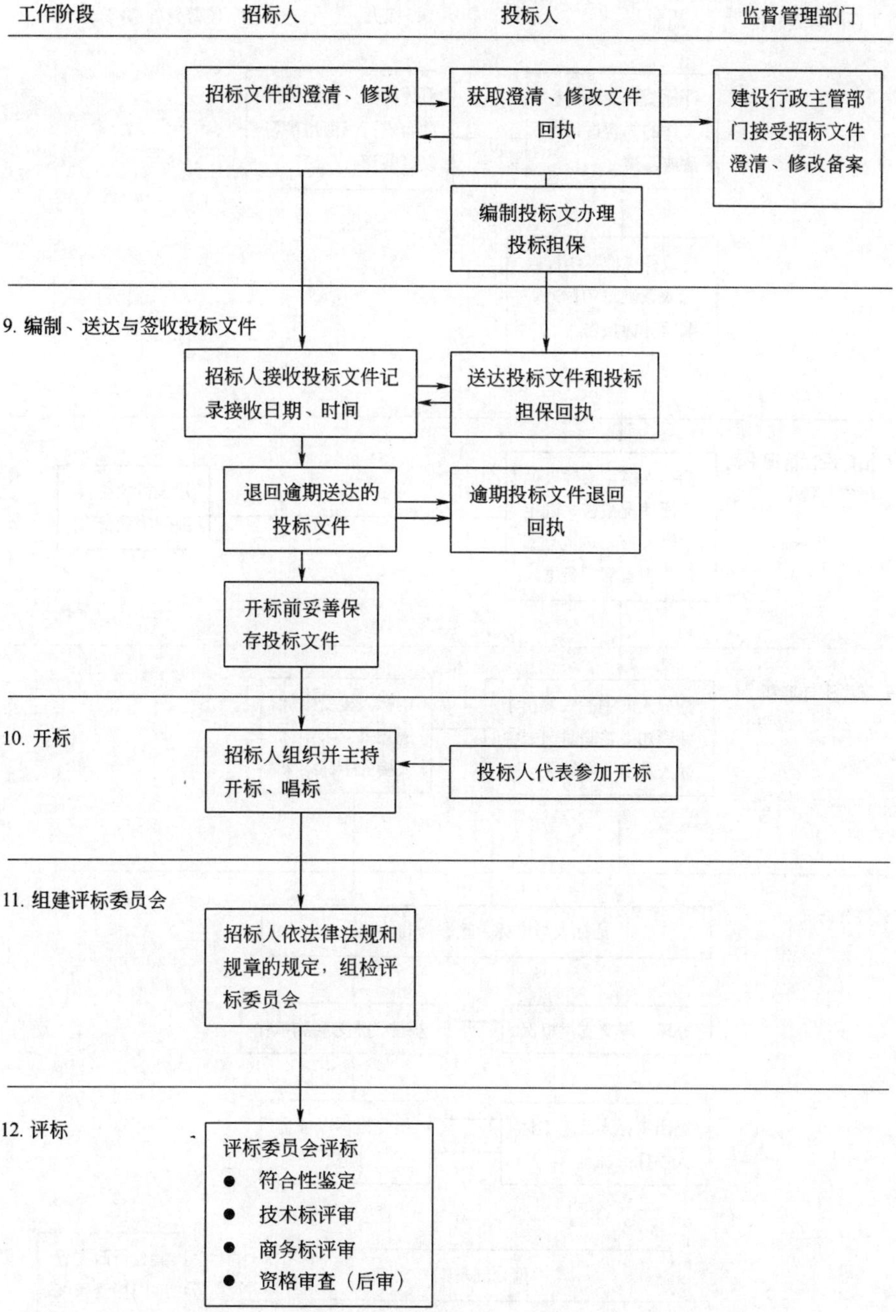


图 7-1（3） 施工招标投标程序

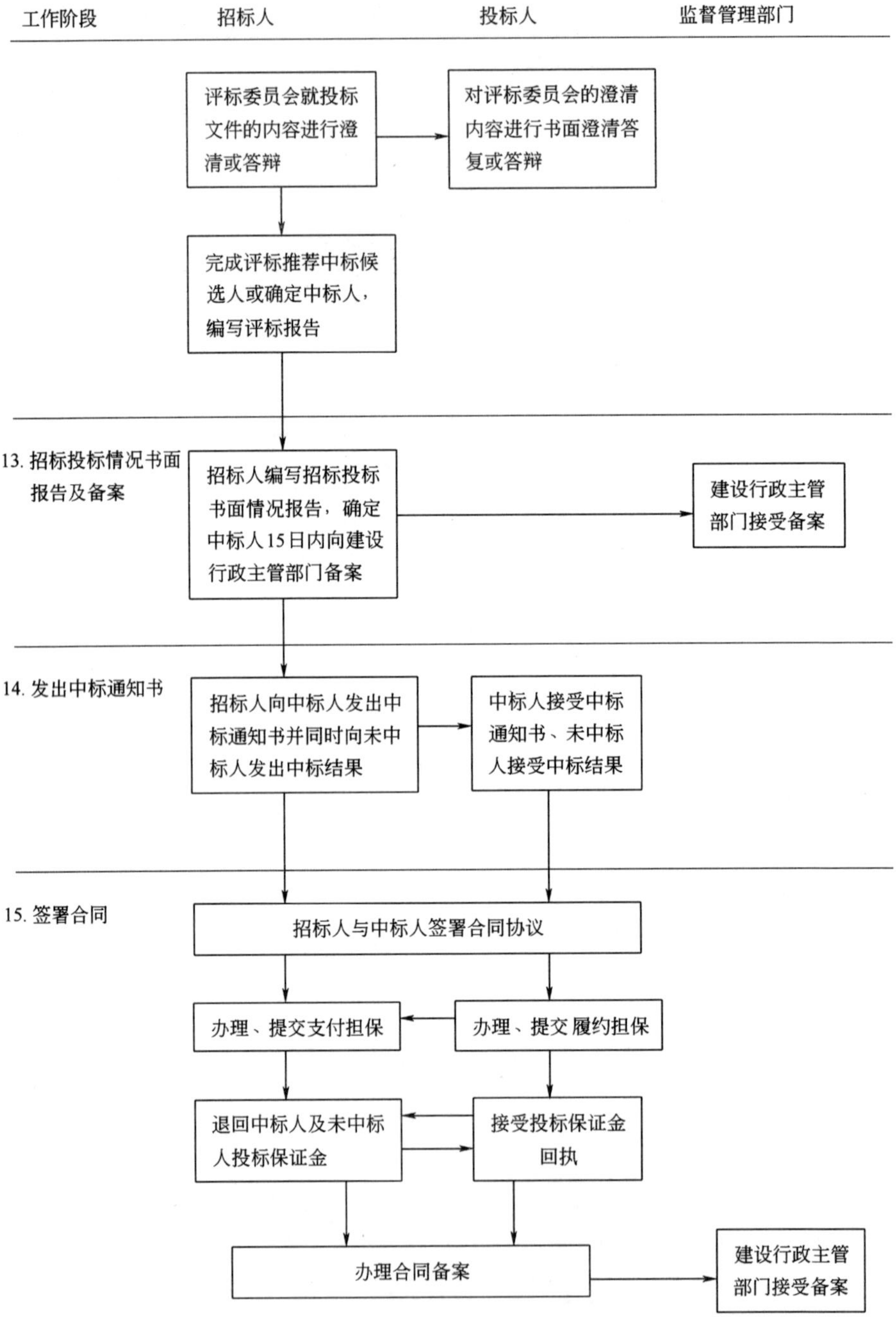


图 7-1（4） 施工招标投标程序

如果招标人具备前述招标能力，可以自行办理招标事宜，向有关行政监督部门进行备案即可。否则，须委托具有相应资质的中介机构代理招标。

2. 招标阶段的主要工作内容

从发布招标广告（投标邀请函）开始，到投标截止日期为止的期间称为招标投标阶段。

（1）招标公告（投标邀请书）发布

招标人采用公开招标方式的，应当发布招标公告。招标公告必须通过一定的媒介进行传播。投标邀请书是指采用邀请招标方式的招标人，向三个以上具备承担招标项目的能力、资信良好的特定法人或者其他组织发出的参加投标的邀请。

（2）资格预审

资格预审是指招标人在招标开始之前或开始初期，由招标人对申请参加投标的潜在投标人进行资质条件、业绩、信誉、技术、资金等多方面情况进行资格审查。只有在资格预审中被认定为合格的潜在投标人（或投标人），才可以参加投标。

（3）发售招标文件

招标文件一般发售给通过资格预审获得投标资格的投标人。投标人在收到招标文件后应认真核对，核对无误后应以书面形式予以确认。投标人购买招标文件的费用，不论中标与否都不予退还。

招标人对已发售的招标文件进行必要的澄清与修改的，应当在招标文件要求提交投标文件截止时间至少 15 日前，以书面形式通知所有招标文件收受人。该澄清或者修改的内容为招标文件的组成部分。

（4）现场考察

招标人在投标须知规定的时间组织投标人自费进行现场考察。设置此程序的目的，一方面让投标人了解工程项目的现场情况、自然条件、施工条件以及周围环境条件，以便于编制投标书；另一方面也是要求投标人通过自己的实地考察确定投标的原则和策略，避免合同履行过程中投标人以不了解现场情况为由推卸应承担的合同责任。

（5）投标预备会（招标答疑）

投标人研究招标文件和现场考察后会以书面形式提出某些质疑问题，可以采取函件形式或召开投标答疑会（签发会议纪要）的形式予以及时解答。招标人对任何一位投标人所提问题的回答，必须发送给每一位投标人，保证招标的公开和公平，但不必说明问题的来源。回答函件作为招标文件的组成部分，如果书面解答的问题与招标文件中的规定不一致，以函件的解答为准。

（6）投标文件的递交

投标文件须由投标人编制，且盖有投标人的印鉴，法人代表或法人代表委托人的印鉴，密封后在投标截止日期前送达指定地点。若发现标书有误，需在投标截止时间前用正式函件更正，否则以原标书为准。

投标人在招标文件要求提交投标文件的截止时间之前，可以补充、修改或者撤回已提交的投标文件，并以书面通知招标人。补充、修改的内容视为已提交的投标文件的组成部分。

在招标文件要求提交投标文件的截止时间后送达的投标文件，招标人应当拒收。

3. 决标成交阶段的主要工作内容

（1）开标

在投标须知规定的时间和地点由招标人主持开标会议，所有投标人均应参加。开标时，由投标人或其推选的代表检验投标文件的密封情况；也可以由招标人委托的公证机构检查并公正。确认无误后，工作人员当众拆封。

在开标时，如果发现投标文件出现下列情形之一，应当作为无效投标文件：

①投标文件未按照招标文件的要求予以密封。

②投标文件中的投标函未加盖投标人的企业及企业法定代表人印章，或者企业法定代表人委托代理人没有合法、有效的委托书（原件）及委托代理人印章。

③投标文件的关键内容字迹模糊、无法辨认。

④投标人未按照招标文件的要求提供投标保证金或者投标保函。

⑤出现重大偏差，未能在实质上响应招标文件。

⑥组成联合体投标的，投标文件未附联合体各方共同投标协议等。

（2）评标

评标委员会由招标人的代表和有关技术、经济等方面的专家组成，成员人数为5人以上单数，其中招标人以外的专家不得少于成员总数的2/3。专家人选应来自“专家库”并以随机抽取方式确定。与投标人有利害关系的人不得进入评标委员会，保证评标的公平与公正。

评标委员会完成评标后，应当向招标人提出书面评标报告，并推荐合格的中标候选人。招标人根据评标报告和推荐的中标候选人确定中标人，招标人也可以授权评标委员会直接确定中标人。

（3）定标

中标人应符合下列条件之一：

①能够最大限度满足招标文件中规定的各项综合评定标准。

②能够满足招标文件的实质性要求，并且经评审的投标价格最低；但是投标价格低于成本的除外。

在确定中标人之前，招标人不得与投标人就投标价格、投标方案等实质性内容进行谈判。经评标委员会论证，认定某投标人的报价低于其企业成本的，不能推荐为中标候选人。

（4）发出中标通知书并签订合同

中标人确定后，招标人应当向中标人发出中标通知书，并同时将中标结果通知所有未中标的投标人。

招标人和中标人应当自中标通知书发出之日起30日内，按照招标文件和中标人的投标文件订立书面合同。招标人和中标人不得另行订立背离合同实质性内容的其他协议。

### 7.2.3 工程投标报价的策略与技巧

#### 1.根据招标项目的不同特点采用不同报价

投标报价时，既要考虑自身的优势和劣势，也要分析招标项目的特点。按照工程项目的不同特点、类别、施工条件等来选择报价策略。

（1）高报价策略

遇到如下情况报价可高一些：

①施工条件差的工程。

②专业要求高的技术密集型工程，而本公司在这方面又有专长，声望也较高。

③总价低的小工程以及自己不愿做、又不方便不投标的工程。

④特殊的工程，如港口码头、地下开挖工程等。

⑤工期要求急的工程。

⑥投标对手少的工程。

⑦支付条件不理想的工程。

（2）低报价策略

遇到如下情况报价可低一些：

①施工条件好的工程，工作简单、工程量大而一般公司都可以做的工程。

②本公司目前急于打入某一市场、某一地区，或在该地区面临工程结束，机械设备等无工地转移时。

③本公司在附近有工程，而本项目又可利用该工程的设备、劳务或有条件短期内突击完成的工程。

④投标对手多，竞争激烈的工程。

⑤非急需工程。

⑥支付条件好的工程。

#### 2.不平衡报价法

不平衡报价法是指一个工程项目总报价基本确定后，通过调整内部各个项目的报价，以期既不提高总报价、不影响中标，又能在结算时得到更理想的经济效益。一般可以考虑在以下几方面采用不平衡报价：

①能够早日结账收款的项目（如开办费、基础工程、土方开挖、桩机等），可适当提高，这样结算时能获得更多的资金时间价值。

②预计工程量变化的项目。工程量会增加的项目，单价适当提高，这样在最终结算时可多赚钱；将工程量可能减少的项目单价降低，工程结算时损失不大。

上述两种情况要统筹考虑，即对于工程量有错误的早期工程，如果实际工程量可能小于工程量表中的数量，则不能盲目抬高单价，要具体分析后再定。

③设计图纸不明确的项目。估计修改后工程量要增加的，可以提高单价；而工程内容解说不清楚的，则可适当降低一些单价，待澄清后可再要求提价。

采用不平衡报价一定要建立在对工程量表中工程量仔细核对分析的基础上，特别是对报低单价的项目，如项目实施时工程量增多将造成承包人的重大损失；不平衡报价过多和过于明显（一般在±10%左右），可能会引起业主反对，甚至导致废标。

### 3. 多方案报价法

对于一些招标文件，如果发现工程范围不很明确，条款不清楚或很不公正，或技术规范要求过于苛刻，则要在充分估计投标风险的基础上，按多方案报价法处理。

具体做法：按原招标文件报一个价；然后再提出，如某条款作某些变动，报价可降低多少，由此可报出一个较低的价。这样，可以降低总价，吸引业主。

### 4. 增加建议方案法

（1）增加建议方案法

根据招标文件规定，可以提一个建议方案，即是可以修改原设计方案，提出投标者的方案。投标者可以抓住机会，对原招标文件的设计和施工方案仔细研究，提出更为合理的方案和相应报价，以吸引业主，促成自己中标。但要注意对原招标文件方案也一定要报价。

（2）与多方案报价法比较

多方案报价法与增加建议方案法很容易混淆，应注意它们的区别与联系：

①提出主体不同。多方案报价法是由投标人先行提出；增加建议方案法是必须由招标人先允许，允许投标人给自己提出建议方案，是对原设计方案进行修改。

②指向目标不同。多方案报价法的目标是招标文件条款；增加建议方案法的目标是原设计方案。

③变动前后均须报价。多方案报价法条款变动后，原招标文件报一个价，条款

变动后报一个价；增加建议方案法，原方案和建议方案均须报价。

5. 突然降价法

投标人在充分了解投标信息的前提下，通过优化施工组织设计、加强内部管理、降低费用消耗的可能性分析，提出降低报价方案，并在投标截止日规定的时间之前提出，从而增加中标的机会。

6. 无利润报价法

即投标报价时测算的利润为零或非常低。适用：

①投标人在可能中标的情况下拟采取将部分工程分包给报价低的分包人。

②或对于分期投标的工程采取前段中标后段得利。

③或为了开拓建筑市场扭转企业长期无标的困境等。

## 7.3 建筑企业合同管理与索赔

### 7.3.1 建筑企业合同管理

建筑企业合同管理主要是依据工程施工合同所组织的各项管理工作，包括合同订立前的管理、合同订立时的管理、合同履行过程中的管理、合同发生纠纷时的管理，重点是在工程合同的订立、变更、履行过程中的合同管理。

1. 工程施工合同的签订管理

建筑企业在收到中标通知书后，应立即组织本单位的合同管理部门和项目经理根据《建设工程施工合同（示范文本）》，结合招标文件和投标文件，研究合同的协议条款具体内容。

招标人和中标人应当自中标通知书发出之日起 30 日内，按照招标文件和中标人的投标文件订立书面合同。招标人和中标人不得另行订立背离合同实质性内容的其他协议。订立书面合同应当按规定将合同报县级以上工程所在地的建设行政主管部门备案。

建设部还规定，招标人无正当理由不与中标人签订合同，给中标人造成损失的，招标人应当给予赔偿。招标文件要求中标人提交履约保证金的，中标人应当提交。招标人应当同时向中标人提供工程款支付担保。中标人不与招标人订立合同的，投标保证金不予退还并取消其中标资格，给招标人造成的损失超过投标保证金额的，应当对超过部分予以赔偿；没有提交投标保证金的，应当对招标人的损失承担赔偿责任。

订立合同的过程是合同当事人就合同的权利、义务及合同的主要条款达到一致的过程，订立合同时必须遵循《合同法》所规定的基本原则：

（1）平等原则

合同当事人在法律面前一律平等，任何一方不得把自己的意志强加给对方；同时，法律也给双方提供平等的法律保护及约束。

（2）自由原则

合同当事人在法律允许的范围内享有完全的自由，他可按自己的意愿缔结合同，为自己设定权利、义务，任何机关、组织和个人都不得非法干预。

（3）公平原则

指以利益均衡作为价值判断标准，依此来确定合同当事人的民事权利、民事义务及其承担的民事责任。具体表现为：合同当事人有同等的进行交易活动的机会；合同当事人所享有的权利与其承担的义务大致相当，不得有失公平；合同当事人所承担的违约责任与其违约行为所造成的实际损害应大致相当；当实际情况发生重大变化导致不能维持合同效力时，合同内容应得到相应变更。

（4）诚实信用原则

简称诚信原则，是指合同当事人在行使权力、履行义务时，都应本着诚实、善意的态度，恪守信用，不得滥用权利，也不得规避法律或合同规定的义务。它是市场经济活动中的道德准则在法律中的体现，也是维护市场经济秩序的必然要求。

诚实信用原则是一切民事行为都应遵循的“黄金原则”，它可平衡当事人之间及当事人与社会之间的利益关系，在法律规定不明确时，法院可据此行使公平裁量权，因此，它还可在一定程度上弥补法律规定之不足。

（5）遵守法律，尊重社会公德，不得损害社会公共利益原则

《合同法》规定：“当事人订立、履行合同，应当遵守法律、行政法规，遵守社会公德，不得扰乱社会经济秩序，损害社会公共利益。”这就要求当事人在订立合同时，必须按照法律的规定来订立，不得采用欺诈、胁迫等有违背社会公德的手段，更不得损害社会经济秩序和社会公共利益，否则，其合同将不具有法律效力。这些都是法律为防止当事人滥用权利进行的约束，也充分体现了法律对社会的保护。

2.合同变更的管理

工程施工合同一经签订，就具有法律效力，双方当事人应按照合同的约定全面适当履行。合同变更是指当事人对已经发生法律效力，但尚未履行或者尚未完全履行的合同，进行修改或补充所达成的协议。合同法规定，当事人协商一致可以变更合同。

合同变更必须针对有效合同，协商一致是合同变更的必要性条件，任何一方都

不得擅自变更合同。

工程合同的承包人是经过选择，基于信任才确定的。所以，履行合同时承包人应坚持亲自履行原则，《合同法》、《建筑法》、《招标投标法》中都明确规定，承包人不得将其承包的全部建设工程转包给第三方。所以，工程合同的变更只是狭义的合同变更，即指在合同主体不变前提下合同内容的修改与补充。

由于建设工程式合同履行的期限长，涉及范围广，影响因素多，一份建设工程合同签订得再好，签约时考虑得再全面，履行时也免不了因工程实施条件及环境的变化而需对合同约定的事项进行修正，即对建设工程合同的内容进行变更。应该说，建设工程合同（主要是施工合同）不断进行变更是正常的、司空见惯的。

建设工程合同的变更是通过工程签证来加以确认的，实际上就是工程承发包双方在施工过程中支付各种费用、顺延工期、赔偿损失等事项所达成的补充协议。经双方书面确认的工程签证，将成为工程结算或工程索赔的依据。

《合同法》规定："当事人协商一致，可以变更合同"。工程签证是双方协商一致的结果，是对原合同进行变更的法律行为，具有与原合同同等的法律效力，并构成整个工程的合同组成部分。工程签证的范围、权限、程序等问题都应在建设工程合同中加以确定，我国建设部、国家工商局颁发的《建设工程施工合同》示范文本及 FIDIC 合同条款中，对此都有相应的规定。

3. 合同履行过程中的管理

在合同实施阶段，承包人的中心任务就是按照合同的要求，认真负责地、保证质量地按规定的工期完成工程并履行保修义务。具体到承包人一方的施工管理，又大体上分为两个方面，一方面是承包人施工现场机构内部的各项管理；另一方面是按合同要求组织项目实施各项管理。当然，这两方面不可能截然分开。

承包人施工现场机构内部的各项管理指的是承包人的现场施工项目经理可以自己作出决定并进行管理的事宜，如现场组织机构的设置和管理；人力资源和其他资源的配置和调度；承包人内部的财务管理，包括成本核算管理；工程施工质量保证体系的确定和管理等。除非涉及到执行合同事宜，业主和工程师不应也不宜干预这些内部管理，当然可以对承包人提出建议，但应由承包人作出决策。

（1）根据发包人的委托，完成施工图设计或与工程配套的设计

根据发包人的委托，在其设计资质允许的范围内，完成施工图设计或与工程配套的设计，经工程师确认后使用，发生的费用由发包人承担。

如果属于设计施工总承包合同或承包工作范围内包括部分施工图设计任务，则专用条款内需要约定承担设计任务单位的设计资质等级及设计文件的提交时间和文件要求（可能属于施工承包人的设计分包人）。

（2）提交施工组织设计、施工进度实施计划和有关报表

按合同的工作范围、技术规范、图纸要求在开工后规定时间内，将施工组织设计和施工进度实施计划提交工程师确认，并根据此计划负责组织现场施工，每月的施工进度计划亦须事先报工程师确认。

按专用条款内约定应提供的计划、报表的具体名称和时间，向工程师提供年、季、月工程进度计划及相应进度统计报表。

如果工程师根据此施工进度实施计划进行检查后认为承包人的工程进度太慢，不符合施工期限要求的，工程师有权下令承包人赶工，由此引起的各种开支由承包人承担。如果承包人无视工程师的书面警告或不采取相应措施时，业主可认为承包人违约。

(3) 按时提交各类保证，按时开工

如履约保证（有时在签订合同时即要求提交）、预付款保函等。

根据工程师的开工命令或合同条件规定的日期按时开工，否则会构成违约。

(4) 负责现场安全保卫

按工程需要提供和维修非夜间施工使用的照明、围栏设施，并负责安全保卫。专用条款内需要约定具体的工作位置和要求。

(5) 向发包人提供在施工现场办公和生活的房屋及设施

按专用条款约定的数量和要求，向发包人提供在施工现场办公和生活的房屋及设施，发生的费用由发包人承担。专用条款内需要约定设施名称、要求和完成时间。

(6) 办理施工场地交通、施工噪声以及环境保护和安全生产等有关手续

遵守有关部门对施工场地交通、施工噪声以及环境保护和安全生产等的管理的规定，按管理规定办理有关手续，并以书面形式通知发包人。发包人承担由此发生的费用，因承包人责任造成罚款除外。专用条款内需要约定需承包人办理的有关内容。

(7) 保证工程质量，履行照管责任

检验工程质量的标准是合同中的规范和图纸中的规定，承包人应制定各种有效措施保证工程质量，并且在需要时，根据工程师的指示，提出有关质量检查办法的建议，经工程师批准执行。承包人应负责按工程进度及工艺要求进行各项有关现场及实验室的试验，所有试验成果均须报工程师审核批准，但承包人应对试验成果的正确性负责。承包人应负责施工放样及测量。所有测量原始数据、图纸均须经工程师检查并签字批准，但承包人应对测量数据和图纸的正确性负责。

在订购材料之前，如工程师认为需要时，应将材料样品送工程师审核，或将材料送工程师指定的试验室进行检验，检验成果报请工程师审核批准。对进场材料承包人应随时抽样检验质量。

承包人应按合同要求，负责设备的采购检验、运输、验收、安装调试以及试运行。

如果工程师认为材料或工程设备有缺陷或不符合合同规定时，可拒收并要求承包人采取措施纠正；工程师也有权要求将不合格的材料或设备运走并用合格产品替换，或要求将之拆除并适当地重新施工。如果承包人拒不执行这些要求将构成违约。已竣工工程未交付发包人之前，承包人按专用条款约定负责已完成工程的成品保护工作，保护期间发生损坏，承包人自费予以修复。要求承包人采取特殊措施保护的单位工程的部位和相应追加合同价款，在专用条款内约定。

(8) 做好地下管线和邻近建筑物、构筑物、古树名木的保护工作

按专用条款的约定做好施工现场地下管线和邻近建筑物（包括文物保护建筑）、构筑物、古树名木的保护工作。专用条款内约定需要保护的范围和费用。

(9) 保证施工场地清洁，符合环境卫生管理

保证施工场地清洁符合环境卫生管理的有关规定。交工前清理现场达到专用条款约定的要求，承担因自身原因违反有关规定造成的损失和罚款。专用条款内需要根据施工管理规定和当地的环保法规，约定对施工现场的具体要求。

(10) 协调、分包与联营体

①协调。如果承包人是工地中主要的承包人时，则应按合同规定和工程师的要求为其他承包人及分包人提供方便和服务，但可以收取相应的费用。

②分包。按照合同规定，不得将整个工程分包出去，在开工后进行工程分包之前，一定要取得工程师（或业主代表）的同意，否则将构成违约。

在签订分包合同时，承包人应将合同条件中规定的，要求在签订分包合同时写入的保护业主权益的条款包括在分包合同中，否则所造成的对业主权益的损害由承包人负责补偿。

③联营体（JV）。如采用JV形式承包工程时，要写明JV中各成员共同的责任和各自的责任。

(11) 保险

承包商应按合同条件中的要求及时办理保险（包括对自己的工作人员和施工机械的保险）。在工程条件发生变化（如延期、增加新项目等）时，也应及时去补办保险以免造成意外的损失。

(12) 安全

承包人应按合同要求和工程师批准的安全计划，全面负责工地的安全工作，包括安装各种安全设施、采取安全措施等。同时要在移交证书颁发前保护工程、材料和未安装的工程设备。

4. 工程合同纠纷的调解和仲裁

发生合同争议时，应按如下程序解决：双方协商和解解决；达不成一致时请第三方调解解决；调解不成，则需通过仲裁或诉讼最终解决。

因此在专用条款内需要明确约定双方共同接受的调解人，以及最终解决合同争议是采用仲裁还是诉讼方式和仲裁委员会或法院的名称。

### 7.3.2 工程索赔的概念、分类及程序

1. 索赔的概念

索赔是指在建设工程合同的实施过程中，合同当事人的一方因对方未履行或不能正确地履行合同所规定的义务而受到损失，向对方提出的赔偿要求。"索赔"是合同管理的一部分，索赔是一项公正的合同赋予双方当事人的正当权利。在合同履行过程中，由于一方不履行或不完全履行合同义务，而使另一方遭受了损失，受损方有权提出索赔要求。在工程实践中，合同一般是由业主起草，大多数情况下是承包人向业主提出索赔。

在建设过程中索赔是必然而经常发生的，它是工程建设的经济活动中行之有效的，也是建设管理工作必不可少的、理所当然的手段，是合同管理的重要组成部分。索赔是合同当事人的权利，是保护和捍卫自己正当利益的手段。索赔不但可行，而且是十分必要。如果索赔运用得法，可变不利为有利，变被动为主动。

索赔是以合同为基础和依据的。当事人双方索赔的权利是平等的，即甲方可向乙方索赔，乙方同样可向甲方索赔。此外，索赔与反索赔相对应，被索赔方亦可提出合理论证和齐全的数据、资料，以抵御对方的索赔。

2. 索赔要求

（1）工期即合同期的延长

承包合同中都有工期延误的罚款条款。如果工程拖延是由于承包人管理不善造成，则他必须接受合同处罚。承包人工期索赔的目的是争取业主对已经拖延了的工期作补偿，以推卸自己的合同责任，不支付或少支付工期罚款。

（2）费用补偿

由于外界索赔事件的影响使承包人工程成本增加，使他蒙受经济损失，他可以根据合同规定提出费用索赔要求，以补偿损失。费用索赔实质上是调整合同价格的要求。如果该要求得到业主认可，业主应向承包人追加支付这笔费用。

如果是业主的原因造成承包人的损失，并且证据确凿，资料、数据齐全，业主应同意给予补偿。但是在数量上，必须经详细计算和核对后确定。目前索赔已成为许多承包人的经营策略之一。由于建筑市场竞争激烈，承包人为了取得工程，只能

压低报价，以低价中标。而通过工程过程中的索赔来提高合同价格，减少或转移工程风险，保护自己，避免亏本，争取赢利。所以现代工程中索赔业务越来越多。在许多国际承包工程中，索赔额达10%～20%的工程合同价，甚至有些工程索赔要求超过合同额。因此，建设管理者必须重视索赔问题，提高索赔管理水平。

3.索赔的分类

从不同的角度，按不同的方法和不同的标准，索赔有许多种分类方法，现列举如表7-1所示。

**工程索赔的分类** 表7-1

| 序号 | 角度 | 分类 | 内容 |
|---|---|---|---|
| 1 | 索赔要求 | 工期索赔 | 要求延长合同工期 |
| | | 费用索赔 | 要求追加费用，提高合同价格 |
| 2 | 合同类型 | 总承包合同索赔 | 总承包人与业主之间的索赔 |
| | | 分包合同索赔 | 总承包人与分包人之间的索赔 |
| | | 合伙合同索赔 | 合伙人之间的索赔 |
| | | 供应合同索赔 | 业主（或承包人）与供应商之间的索赔 |
| | | 劳务合同索赔 | 劳务供应人与雇用者之间的索赔 |
| | | 其他 | 向银行、保险公司的索赔等 |
| 3 | 起因 | 当事人违约 | 如业主未按合同规定提供施工条件（场地，道路，水电，图纸等），下达错误指令，拖延下达指令，未按合同支付工程款 |
| | | 合同变更 | 业主指令修改设计、施工进度、施工方案；合同条款缺陷，错误、矛盾和不一致等；双方协商达成新的附加协议，修正案，备忘录 |
| | | 工程环境变化 | 如地质条件与合同规定不一致 |
| | | 不可抗力因素 | 物价上涨，法律变化，汇率变化；反常气候条件、洪水、地震、政局变化、战争、经济封锁等 |
| 4 | 索赔事件的性质 | 工期延长或中断 | 由于索赔事件的影响造成工程拖期或工程中断一段时间 |
| | | 工程变更索赔 | 索赔事件引起工程量增加、减少、增加新的工程以及变更施工顺序 |
| | | 工程终止索赔 | 索赔事件造成工程被迫停止，并不再进行 |
| | | 其他 | 如货币贬值，汇率变化，物价上涨，政策、法律变化等 |
| 5 | 处理方式 | 单项索赔 | 在工程施工中，针对某一索赔事件的索赔 |
| | | 总索赔（又叫一揽子索赔或综合索赔） | 将许多已提出但未获解决的单项索赔集中起来，提出一份总索赔报告；通常在工程竣工前提出，双方进行最终谈判，以一个一揽子方案解决 |

4. 索赔的特点

（1）索赔没有统一标准，但有若干影响因素

对一特定索赔事件的索赔没有预定的、统一标准的解决方案，但要索赔成功则取决于许多因素。

①合同背景，即合同的具体规定。不同的合同，对风险有不同的定义和规定，有不同的赔（补）偿范围、条件和方法，则索赔会有不同的解决结果。

②业主的管理水平。如果业主不太精明，工程师也比较平庸，则索赔易于成功；而如果业主是十分精明的管理专家，业主聘请工程师进行工程监理，则通常索赔比较困难。

③承包人的工程管理水平。这是影响索赔的主要原因，例如：承包人能全面完成合同责任、不违约，工程管理中没有失误行为，往往是其提出的索赔容易成功，而被索赔则极少发生。

④承包人的索赔业务能力。如果承包人熟悉索赔业务，有索赔经验，注意索赔策略和方法，就容易取得索赔的成功。在这种情况下，业主与工程师更应发挥反索赔的水平和采取对策，以合法、合理为准则，以事实为依据，不能使对方的索赔轻易得手。

所以对索赔事件必须具体问题具体分析，不可盲目照搬以往案例，或一味凭经验办事。在国际工程中，许多相同或相近的索赔事件却得到不同、甚至完全相悖的结果，这并不奇怪。

（2）不“索”则不“赔”

对由于索赔事件造成的损失，对方如果放弃索赔机会（如超过合同规定的索赔有效期等），或放弃索赔权力（如不敢索赔，不要索赔），则另一方就没有赔偿责任，对方必须承担自己的损失。

（3）成功的索赔基于国家法规、合同

索赔的成功常常不仅在于索赔事件本身，而且在于能否找到有利于自己的证据，能否找到为自己辩护的法律条文。所以合同和事实根据（证据）是索赔中两个最重要的影响因素。

（4）索赔是以利益为原则

即通过索赔使自己的损失得到补偿，争取自己合理的收益。索赔是以维护索赔人利益为目的，而不是以辨明是非为目的。

（5）索赔程序有专门的规定

在索赔事件发生后的一定时间内，承包人必须根据合同的约定将索赔意向书和索赔报告及时提交给工程师。

5. 工程索赔的程序

根据《建设工程施工合同（示范文本）》的规定，建设工程施工索赔应遵循如下程序：

（1）索赔意向通知

在造成损失的索赔事件发生时，承包人应在不超过约定的期限内（一般为 28 天）向工程师提出索赔意向通知。

紧接着，承包人应对引起损失的索赔事件进行调查，分析索赔事件的原因和责任，收集证据并做好现场施工的同期记录，以便于工程师检查与调阅，以判断索赔事件造成的实际损害，为最终起草索赔报告做好准备工作。如果承包人未能在上述时间内递交索赔意向通知，工程师和发包人有权拒绝承包人的索赔要求。

（2）递交索赔报告

在递交索赔意向通知后一定的时间（一般为 28 天）内，或工程师同意的合理时间内，承包人应递交正式的索赔报告。如果未能按规定时间提出索赔报告，则承包人就失去了就该项事件请求补偿的索赔权利。如果索赔事件的影响持续存在，在约定的时间内还不能计算出索赔额，承包人应按工程师合理要求的时间间隔，定期报告每一阶段的索赔证据资料和索赔要求。在该项索赔事件的影响结束后的约定时间（一般为 28 天）内，提出最终详细报告。

索赔报告的内容应包括：事件发生的原因，对其权益影响的证据资料，索赔的依据，此项索赔要求补偿的款项和工期展延天数的详细计算等有关资料。

（3）工程师审核索赔报告

在接到正式索赔报告后，工程师应认真研究报送的索赔资料。索赔报告的审查包括：事态调查、损害事件原因分析、索赔依据分析、实际损失分析以及证据资料分析等。

（4）谈判

工程师收到承包人递交的索赔报告和有关资料后，在规定的时间（一般为 28 天）内应给予答复或要求承包人进一步补充索赔理由和证据。

工程师核查后初步确定应予以补偿的额度往往与承包人的索赔要求不一致，甚至差额较大。主要原因大多为对承担事件损害责任的界限划分不一致，索赔证据不充分，索赔计算的依据和方法分歧较大等，双方应就索赔的处理进行协商。

在经过认真分析研究，与发包人、承包人广泛讨论后，工程师应该向发包人与承包人提出自己的“索赔处理决定”。当然，该处理决定不是终局性的，对发包人、承包人都不具有强制性的约束力。承包人对工程师的处理决定不满意，可以按合同中的争议条款提交约定的仲裁机构仲裁或起诉。

（5）发包人审核索赔处理

当工程师确定的索赔额超过其权限范围时，必须报发包人批准。索赔处理经发包人同意后，工程师才能签发有关证书。

(6) 承包人是否接受最终索赔处理

承包人接受最终的索赔处理决定，索赔事件的处理即告结束。如果承包人不同意，就会导致合同争议。通过协商达成相互谅解的解决方案，是处理争议的最理想方式。如达不成谅解，承包人有权提交仲裁或诉讼。

6. 建筑工程施工索赔成立的条件

(1) 索赔成立的条件

索赔成立应当同时具备以下三个条件（没有先后主次之分）：

①与合同相对照，事件已造成了承包人施工成本额外支出或总工期延误。

②造成成本额外支出或工期延误的原因，按合同约定不属于承包人应承担的责任，包括行为责任或风险责任。

③承包人按规定的程序和时间递交了索赔意向和索赔报告。

(2) 判定索赔成立的相关事宜

①工期索赔审核。对索赔报告中要求顺延的工期，在审核时应注意：

a. 划清施工进度拖延的责任，只有承包人不应承担责任的延误才是可原谅的延期，才能够批准顺延合同工期。

b. 被延误的工作应是处于施工进度计划关键线路上或延误的时间超过了其总时差的施工内容。

c. 被延误的工作是非关键工作，且其延误的时间没有超过其总时差。此时该项工作的延误并不影响总工期，没有工期补偿。但是，承包人可以进行窝工费等费用索赔。

②费用索赔审核。费用索赔的原因，可能是与工期索赔相同的内容，即属于可原谅并应给与费用补偿的索赔，也可能是与工期索赔无关的理由。工程师在审核索赔的过程中，除了审核费用索赔的内容及其索赔计算的合理性以外，还应注意索赔计算的正确性，即所采用的费率是否合理、适度。

具体来讲，审核时要注意：

a. 工程量清单单价是综合单价还是工料单价，要区分，避免重复取费。

b. 停工损失不应以日工费计算。在此期间的奖金、福利等不应计算，通常采取人工日工费乘以折扣系数计算。停驶的机械费补偿，应按机械折旧费或设备租赁费计算，不应包括运转操作费用，并且台班费索赔中包含了机上工作人员的人工费。

c. 正确区分停工损失与因工程师临时改变工作内容或作业方法的工效降低损失的区别。凡可改作其他工作的不应按停工损失计算，但可以适当补偿工效降低损失，费率为日工费等。

d. 共同事件引起的索赔问题要按照“优先原则”（又称之为“枪打出头鸟原则”），即按先发生事件，确定责任归属。

此外，业主、承包人、分包人之间只能按合同关系进行索赔，也就是说只有有合同关系的当事人之间才能进行索赔，否则不能索赔。

例如：分包人只可能与承包人之间有索赔关系，如果业主原因导致分包人有损失，分包人只能向承包人索赔，承包人可以就此问题向业主提出索赔；平行承包人之间也不存在索赔问题，如果甲承包人的原因导致平行承包人乙有损失，乙只能向业主索赔，然后业主可以就此问题向甲索赔。

### 7.3.3 承包商施工索赔管理现状与索赔管理对策

#### 1.施工索赔管理现状

工程承包是一项复杂的系统工程，它持续周期长、可变因素多，在实施的过程中可能会遇到各种各样的问题。因为业主的优势地位，许多问题在合同中并未得到全面的反映，需要采取工程索赔的方式进行处理，以维护承包人的正当权益。

根据对国际工程承包市场的分析可知，与工程项目其他管理工作不同，索赔管理工作有如下特点：

①对一特定的索赔事件没有预定的同一标准的解决方法，它的影响因素有合同背景（即合同具体规定）、业主与工程师信誉、公正性和管理水平、承包人水平以及索赔业务能力。

②索赔的成功与否往往不在于事件本身的事情，承包人只有按程序提出索赔，业主才会赔，承包人必须有主动性和积极性。

③索赔是以利益为原则，而不是以立场为原则，不以辩明是非为目的。

在我国，由于受传统工程管理模式的影响，承包人对工程项目实施中的合同管理重视不够，索赔管理现状可用“不规范、不重视、粗放”等八个字概括。当前索赔管理工作存在许多误区，主要有：

①当索赔事件发生时，有些承包人考虑与业主、工程师的下一步合作，而不敢提出。

②项目经理和技术负责人的索赔工作意识不到位，对可提可不提的索赔往往不提出。

③主管人员对技术规范文件及业主、工程师、承包人三方往来的文件理解不深刻，对实际存在的索赔项目无充分理由。

④只注重索赔意向的提出，不重视索赔过程中的证据收集和及时提交最终的索赔报告。

⑤不重视索赔方法的研究，盲目地照搬现成的索赔计算方法。

⑥过分强调公共关系工作的作用。

⑦没有认识到“工程量清单计价模式”对承包人而言既是一种挑战，同时也是一种机遇等。

针对工程施工索赔所存在的上述情况，特别是随着中国加入WTO以后我国的建筑市场对国际市场的准入和准出，探讨工程施工索赔问题具有非常重要的实际意义。

施工项目索赔是一门涉及面广，融技术、经济、法律、管理、财会、公共关系为一体的边缘学科，又是一门艺术，因此说索赔具有技巧性。灵活应用索赔技巧是索赔成功的关键。

承包人提出索赔的依据是施工合同，索赔发生在合同签订后的履行期间。如果以签订施工合同为分界线，把承包人完成一个施工项目划分为两个阶段：签订合同和履行合同阶段，就不难看出，索赔与这两个阶段工作密不可分，前阶段工作是索赔的依据与基础，后阶段工作是索赔的手段与途径。

2. 合同签订阶段的索赔管理

在此阶段，承包人的索赔管理任务是：在签订合同期间应为以后提出索赔而做一些隐蔽工作，“良好的开始是成功的一半”。主要体现在以下几方面：

①承包商在投标过程中，要反复深入研究招标文件，仔细勘察现场，要尽可能发现并挖掘招标文件中的缺陷，探索可能索赔的机会。

②在编制工程量报价表时，要对图纸内容不明确的地方，修改后工程量要增加的方面，有可能进行索赔的，单价可报高，以期在进行索赔时获得较高的收益。

③在商签合同过程中，承包人一定要头脑清醒，逐一仔细斟酌合同条款，划清双方责任，明确承包内容，尤其要特别注意业主有意转嫁风险和开脱责任的条款，要争取得到修改，并对达成修改的协议以“谈判纪要”的形式写出，作为该合同文件的有效组成部分。

3. 合同实施过程中的索赔管理

合同实施过程中的索赔管理任务是：善于发现索赔、提出索赔与实施索赔，并在此过程中应用恰当的工作技巧，力求索赔成功，从而取得比较好的经济效益。主要体现在以下几个方面：

(1) 及时确认口头变更指令

工程师常常乐于用口头指令工程的变更，如果承包人不对工程师（业主代表）的口头指令予以书面确认，就进行变更工程的施工。事后，如果工程师（业主代表）否认，拒绝承包人的索赔要求，承包人就有苦难言。

（2）及时发出索赔意向通知书

一般合同都规定，索赔事件发生后的一定时间内（FIDIC合同条款规定为引起索赔事件第一次发生后的28天内），承包人必须送出“索赔意向通知书”，过期无效。

（3）注意并重视索赔资料与准备

索赔的成功很大程度上取决于承包人对索赔最初的解释和具有强有力的证明材料。因此，承包人在正式提出索赔报告前的资料准备工作极为重要。这就要求承包人注意记录和积累保存以下各个方面的资料，并可随时从中索取与索赔有关的证明资料，包括施工日志、来往信件、气象资料、备忘录、会议记录、工程照片和工程声像资料、工程进度计划、工程核算资料、工程图纸、招投标阶段有关现场考察和编制标书资料，各种原始单据（工资单、材料、设备采购单等），各种法规、证明等。

（4）编写好索赔报告

索赔报告应做到简明扼要、条理清楚、论证充足、目的明确，索赔的要求要实事求是，切忌夸大损失。索赔计算的方法要科学合理，要经得起推敲与分析，方法若有些不合理或经不起推敲，则应充分的征求工程师和（或）业主的意见，采取一种各方都能接受的方法。

（5）力争单项索赔，避免一揽子索赔

单项索赔事件简单，容易解决，而且能及时得到补偿。一揽子索赔，时间长、金额大、问题复杂，不易解决。承包人对实在不能单项解决、需要一揽子索赔的，也应力争在工程建成移交之前完成主要索赔事项的谈判与付款。否则，工程完工后，业主有可能赖账，使索赔问题长期得不到解决。

（6）搞好索赔谈判

索赔谈判是索赔能否取得成功的关键。一切索赔的计划和策略都要在谈判桌上体现和接受检验。因此，在谈判之前做好充分的准备，对谈判的可能过程要做分析。谈判中要抓住实质性问题，不轻易让步。谈判要做到有礼有节，要始终保持谈判在友好和谐的气氛中进行，从而促成索赔的成功实现。

（7）注意公共关系工作

工程师是处理解决索赔问题公正的第三方，注意同工程师搞好关系，争取第三方的公正裁决，竭力避免仲裁或诉讼。

工程索赔是合同管理的重要环节，也是项目管理的重要内容，是承包人获取利润的重要手段，必须予以重视。索赔又是一项复杂的、系统性很强的工作，承包人必须在项目实施过程中依合同、重证据、讲信誉，踏踏实实的做好合同管理基础工作。在施工过程中如果发生了索赔事件，承包人应就适用的索赔计算方法与业主和

（或）工程师进行深入探讨，不能盲目地照搬某一种方法，而采用一种各方都能够接受的方法。坚持严格按照程序办事，加强合同管理工作，能把握索赔机会，才能够切实维护自己的正当权益。

### 7.3.4 工程索赔报告的编写

#### 1.对索赔报告的要求

索赔报告是索赔方向对方提出索赔要求的书面文件。对方的反应——认可或反驳——就是针对索赔报告的。调解人和仲裁人只有通过索赔报告了解和分析合同实施的情况和索赔要求，评价它的合理性，并据此做出决议。所以索赔报告应充满说服力，是有法律效力的书面文件。

索赔报告必须有力地证明索赔事件的存在和影响，证明自己的索赔理由和根据。要取得索赔的成功，索赔报告首先必须无懈可击。

索赔报告的起草需要实际工作经验。对重大的索赔或一揽子索赔最好在律师或索赔专家的指导下进行。索赔报告的一般要求有：

（1）索赔事件应是真实的

这是整个索赔的基本要求，关系到索赔人的信誉和索赔的成败。索赔报告中所指出的索赔事件必须有可靠的证据来证明，这些证据应附于索赔报告之后。对索赔事件的叙述必须清楚、明确，不夸大事实，不包含任何猜测，也不可用诸如“可能”、“大概”、“也许”等用语，否则会使索赔要求苍白无力。

（2）责任分析应清楚、准确

一般索赔报告中所针对的索赔事件都是由对方责任引起的，应将责任全部推给对方。不可用含混不清的字眼和自我批评式的语言，否则会丧失自己在索赔中的有利地位。

（3）索赔要求合情合理，有根有据

在索赔报告中特别应说明如下几点：

①索赔事件的不可预见性和突然性。对它不可能有准备，对它的发生无法制止，也无法控制。

②为了避免和减轻索赔事件的影响和损失已尽了最大努力，采取了能够采取的措施。在索赔报告中可以叙述所采取的措施以及产生的效果。

③由于索赔事件的影响，使工程实施受到严重干扰，使工期拖延，费用增加。应强调，索赔事件与工程受到的影响和索赔值之间有直接的因果关系。

强调这些是为了使索赔理由更充足，使对方和仲裁人在感情上易于接受索赔要求，使人觉得索赔要求符合实际，合情合理。

（4）索赔报告要简洁，条理要清楚，定性要准确，结论要科学索赔证据和索赔值应很详细和精确。应尽力避免索赔报告中的错误，如用词错误、计算错误、打字错误等。否则这会降低整个索赔要求的可信度，使人觉得索赔不严肃。

（5）用词既要简单明了，又要婉转

特别作为承包人，在索赔报告中应避免使用强硬的、不友好的、抗议式的语言，亦不要用似乎深奥或含有讽刺意味的句子。不能因为语言而伤了和气和双方的感情，导致索赔失败。这在实际工作中应予以注意。

### 2. 索赔报告的内容

通常工程索赔文件有如下几部分构成：

（1）索赔方的全权代表向对方提出索赔要求的说明信

信中概要说明索赔事件，主要索赔理由，索赔要求（费用和工期）等。

（2）索赔报告正文

单项索赔，应设计统一格式的索赔报告，这使得索赔处理比较方便。一揽子索赔报告的形式可以灵活确定，但实质性内容相似。

索赔报告一般主要包括：

①题目。简洁地说明针对什么提出索赔。

②索赔事件陈述。叙述事件的起因，事件经过及事件过程中双方的活动，重点叙述我方按合同所采取的行为、对方不符合合同的行为或没履行合同责任的情况。这里要提出事件的时间、地点及结果，并引用报告后面的证据作为证明。

③理由。总结上述事件，同时引用合同条文或合同的变更和补充协议条文，证明对方行为违反合同或对方的要求超过合同规定，造成了该索赔事件，有责任对由此造成的损失作出补（赔）偿。

④影响。简要说明事件对我方的影响，且这些影响与上述事件有着直接的因果关系。重点围绕由于上述事件原因造成成本增加和工期延长。

⑤结论。由于上述事件的影响，造成索赔方的工期延长和费用增加。通过详细的索赔值的计算（这里包括对工期的分析和各费用损失项目的分项计算），提出索赔要求。

（3）附件

即该报告所列举的事实、理由、影响的证明文件和各种计算基础、计算依据的证明文件及详细的索赔计算书。

### 3. 索赔证据

证据作为索赔文件的一部分，关系到索赔的成败。证据不足或没有证据，索赔是不能成立的。证据又是对方反索赔攻击的重点之一。所以索赔证据一定要充分，要确凿。

证据在合同签订和合同履行过程中产生。主要为合同资料、日常的工程资料和合同双方信息沟通资料等。在一个正常的项目管理系统中，索赔事件发生，自然会收集到许多证据。而如果项目信息流通不畅，文档散杂零乱、不成系统或对合同事件的发生没有记载，待提出索赔文件时再收集证据，要浪费许多时间，可能损失索赔机会（超过索赔有效期限制或增加索赔难度。因为人们对过迟提交的索赔文件和证据容易产生怀疑）。

（1）对证据的要求

①真实性。索赔证据必须是在实际工程中产生，完全反映实际情况，并能经得住对方推敲。由于在工程过程中合同双方都在进行合同管理，收集工程资料，所以双方应有相同的证据。使用不实的或虚假证据是违反商业道德甚至会触犯法律的。

②全面性。所提供的证据应能说明事件的全过程。索赔报告中所涉及到的问题都应有相应的证据，不能零乱和支离破碎。否则，对方退回索赔报告，要求重新补充证据，这会拖延索赔的解决，损害索赔方在索赔中的有利地位。当对方认为索赔方的索赔要求轻率、理由不足或没经过认真的准备，必将强化其抗赔情绪，使索赔难度加大。

所以在工程建设过程中，对涉及合同的所有工程活动和其他经济活动都应做记录，对所有涉及合同资料都应保存。

③法律证明效力。索赔证据必须有法律证明效力，特别对准备递交仲裁的索赔报告更要注意这一点。

通常应注意：

a. 证据必须是当时的书面文件，一切口头承诺、口头协议都不能作为证据。

b. 合同变更协议必须由双方签署，或以会谈纪要的形式确定，必须是决定性决议。一切商讨性、意向性意见或建议都不能作为证据。

c. 工程中的重大事件、特殊情况的记录，应由工程师签署认可。

④及时性。包括两方面内容：

a. 证据是工程活动或其他经济活动发生时记录或产生的文件，除了专门规定外，后补的证据通常不容易被认可；

b. 证据作为索赔报告的一部分，一般和索赔报告一并交付对方。

（2）证据的种类

索赔中的证据通常分如下几种：

①证明索赔事件存在和事件经过的证据，主要为来往信件、影像记录、会谈纪要、业主或工程师的指令等。

②证明索赔事件责任影响的证据。

③证明索赔理由的证据，如合同文件、备忘录、会谈纪要等。

④证明索赔值的计算基础和计算过程的证据，如各种账单、记工单、进料单、工程成本报表等。

在合同实施过程中，资料很多，面很广。在索赔中要分析考虑对方和仲裁人需要哪些证据，哪些证据最说明问题，最有说服力，这需要索赔工作经验。

（3）索赔的证据

在工程过程中常见的索赔证据有：

①招标文件、合同文本及附件、其他的各种签约（备忘录、修正案等）、业主认可的原工程实施计划、各种工程图纸（包括图纸修改指令）、技术规范等。它们作为索赔理由方面的证据，在索赔报告中可直接引用。此外还有各种投标资料和报价资料。

在标前会议上，合同签订前的澄清会议上，双方签订的会议纪要、备忘录、附加协议及各种书面解释和澄清也是有法律效力的证据。

②来往信件，如业主的变更指令、各种认可信、通知、对承包人问题的答复信函等。这里要注意：商讨性的和意向性的信件不能作为证据。

在合同实施过程中，承包人对业主和监理师的口头指令和对工程问题的处理意见要及时索取书面证据。尽管相距很近，天天见面，也应以信件或其他书面方式交流信息。这样有根有据，对双方都有利。

来信的信封也要留存，信封上的邮戳记载着发信和收信的准确日期，可起到证明作用。承包人的回信都要复印留底。所有信件都应建立索引存档保存，直到工程全部竣工，合同结束。

③各种会谈纪要。在合同实施过程中，业主、工程师和各承包人定期或不定期会议，做出决议或决定的会谈纪要，可作为合同的补充。但会谈纪要须经各方签署才有法律效力。通常，会谈后，按会谈结果起草会谈纪要交各方审查，如有不同意见，须在接到草稿后若干天内提出（这期限由工程参加者各方在项目开始前商定）。超过这个期限不作答复即作为认可纪要内容处理。所以，对会议纪要也要像对待合同一样认真审查，及时答复。

一般的会谈或谈话单方面的记录，只要对方承认，也能作为证据，但它的法律证明效力不足。通过对它的分析可以得到当时讨论的问题、遇到的事件、各方面的观点意见，可以发现索赔事件发生的日期和经过，作为寻找其他证据和分析问题的引导。

④施工进度计划和具体的实际施工进度安排。这里对索赔有重大影响的，不仅是工程的施工监理顺序，各工序的持续时间，而且包括劳动力、管理人员、施工机

械设备、现场设施的安排计划和实际情况，材料的采购订货、运输、使用计划和实际情况等。它们是工程变更索赔的证据。

⑤施工现场的工程文件，施工记录、施工备忘录、施工日报，工长或检查员的工作日记，工程师填写施工监理记录等。

⑥工程照片。照片作为证据最清楚和直观。照片上应注明日期。索赔中常用的有：表示工程进度的照片、隐蔽工程覆盖前的照片、责任方造成返工的照片、责任方造成工程损坏的照片等。

⑦气候报告。如果遇到恶劣天气，应做记录，并请工程师签证。

⑧工程检查验收报告和各种技术鉴定报告，如地基承载力试验报告，隐蔽工程验收报告，材料试验报告，材料、设备开箱验收报告，工程验收报告等。它们能证明各相关责任方的工程质量。

⑨施工过程中停电、停水、道路开通和封闭的记录和证明，应由工程师签证。

⑩建筑材料采购、订货、运输、进场、使用方面的凭据。

⑪官方公布的物价指数、工资指数，中央银行的外汇比价等。

⑫各种会计核算资料。它们作为计算基础的证明。因为索赔是以赔偿实际损失为原则，所以实际会计资料决定索赔值的大小。在索赔值计算中要用到的会计资料有：工资单、工资报表，各种收付款原始凭证，总、分类账，管理费用报表，工程成本报表等。

⑬国家法律、法令、政策文件。如果提出国家法律、法令、政策的变化而增加费用的索赔，索赔报告中只需引用文号、合同条款号，而在索赔报告后附上复印件。

## 本章小结

本章以建筑市场的概念与特点为出发点，介绍了建筑企业经营方式、建筑企业投标以及建筑企业合同管理与索赔等内容。

狭义的建筑市场，是指以建筑产品为交换内容的场所；广义的建筑市场，则是指建筑产品供求关系的总和，即：是由建筑产品、建筑生产活动和与建筑生产活动有关的机构所组成的三维空间。与一般市场相比，建筑市场具有没有商业中介人，由建筑产品的需求者和生产者直接进行交易活动、交换关系的确立在产品生产之前、交换过程很长、有显著的区域性特点、竞争较为激烈以及风险较大等特点。

建筑企业经营方式是指建筑企业向建设单位或服务对象提供建筑产品或服务的方式，也是建筑企业获得工程任务并组织其建设所采取的经营管理方式。按承发包中相互结合的关系、业务承包的范围、合同的取费方式进行划分，建筑企业的经营方式有不同的类别。

工程建设招标是指招标人在发包建设项目之前，公开招引或邀请投标人，根据招标人的意图和要求提出报价，择日当场开标，以便从中择优选定中标人的一种市场经济活动。建设工程招标可分为公开招标和邀请招标。两种招标方式各有不同的优缺点。工程项目施工招投标分为招标准备、正式招标投标和决标成交三个阶段。招投标活动必须按照国家规定的招投标程序依法进行。建筑企业投标报价时，既要考虑自身的优势和劣势，也要分析投标项目的特点，按照工程项目的不同特点、类别、施工条件等来选择报价策略。报价技巧主要有不平衡报价、增加建议方案报价、多方案报价、突然降价、无利润报价等。

建筑企业合同管理主要是依据工程施工合同所组织的各项管理工作，包括合同订立前的管理、合同订立时的管理、合同履行过程中的管理、合同发生纠纷时的管理，重点是在工程合同的订立、变更、履行过程中的合同管理。

索赔是指在建设工程合同的实施过程中，合同当事人的一方因对方未履行或不能正确地履行合同所规定的义务而受到损失，向对方提出的赔偿要求。在工程实践中，因为合同一般是由业主起草，所以大多数情况下的索赔是由承包商向业主提出的。从不同的角度，按不同的方法和不同的标准，索赔有不同的种类。在索赔事件发生后的一定时间内，承包商必须根据合同约定的程序，将索赔意向书和索赔报告及时提交。索赔成立应当同时具备一定的条件。索赔报告是索赔方向对方提出索赔要求的书面文件，索赔报告必须有力地证明索赔事件的存在和影响，证明自己的索赔理由和根据。

## 复习思考题

1. 什么是建筑市场？有何特征？
2. 简述建筑企业经营方式的发展。
3. 建筑企业经营方式如何分类？
4. 简述招标投标的概念与招标方式。
5. 简述招标投标的程序。
6. 建筑工程投标报价有哪些报价技巧？
7. 简述多方案报价法和增加建议方案报价法的异同？
8. 简述建筑工程施工承包合同在履行阶段管理的主要内容。
9. 何谓工程索赔？怎样分类？
10. 简述工程索赔成立的条件。
11. 简述《建设工程施工合同（示范文本）》规定的工程索赔的程序。
12. 试述承包人施工索赔管理现状与索赔管理对策。
13. 简述工程索赔报告的编写要求。
14. 简述工程索赔报价的主要内容。

15. 案例分析题

【案例一】 施工招标投标与报价技巧

背景：

某设备厂筹资新建一生产流水线，该工程设计已完成，施工图纸齐备，施工现场已完成“三通一平”工作，已具备开工条件。在招标投标过程中，发生了下列事项。

(1) 招标阶段

工程施工招标委托招标代理机构采用公开招标方式代理招标。招标代理机构编制了标底（800万元）和招标文件。招标文件中要求工程总工期为365天。按国家工期定额规定，该工程的工期应为460天。

通过资格预审并参加投标的共有A、B、C、D、E等5家施工单位。开标会议由招标代理机构主持，开标结果表明这5家投标单位的报价均高出标底价近300万元，这一异常引起了招标人的注意。为了避免招标失败，业主提出由招标代理机构重新复核和制定新的标底。招标代理机构复核标底后，确认是由于工作失误，漏算了部分工程项目，使标底价偏低。在修正错误后，招标代理机构重新确定了新的标底。A、B、C等三家投标单位认为新的标底不合理，向招标人提出要求撤回投标文件。

由于上述问题纠纷导致定标工作在原定的投标有效期内一直没有完成。为早日开工，该业主更改了原定工期和工程结算方式等条件，指定了其中一家施工单位中标。

(2) 投标阶段

A单位专家就招标文件进行分析、估算之后，提出了投标估价。为了不影响中标，又能在中标后取得较好收益，A单位在不改变总报价基础上对工程内部各项目报价进行了调整，提出了正式报价，增加了投标单位所得工程款现值。

D单位造价工程师经对招标文件进行估算之后，认为工程价款按季度支付不利于资金周转，决定在按招标文件要求报价之外，另建议业主将付款条件改为工程预付款降低到5%，工程款按月支付，其余条款不变。

E单位首先对原招标文件进行了报价，又在认真分析原招标文件的设计和施工方案的基础上提出了一种新方案（缩短了工期，且可操作性好），并进行了相应报价。

问题：

(1) 根据该工程的具体条件，造价工程师应向业主推荐采用何种合同（按付款方式划分)？为什么？

(2) 根据该工程特点和业主的要求，在工程的标底中是否应含有赶工措施费？为什么？

(3) 上述招标工作存在哪些问题？

(4) A、B、C等三家投标单位要求撤回投标文件的做法是否正确？为什么？

(5) 如果招标失败，招标人可否另行招标？投标单位的损失是否应由招标人赔偿？为什么？

(6) 在投标期间，A、D、E三家投标单位各采用了哪些报价技巧？

【案例二】 工程合同管理与索赔

背景：

某高速公路项目利用世界银行贷款修建，施工合同采用FIDIC合同条款，由工程师代表业主对项目建设实施管理。该工程在施工过程中，陆续发生了如下索赔事件（索赔工期与费用数据均符合实际）：

(1) 施工期间，承包方发现施工图纸有误，需设计单位进行修改，由于图纸修改造成停工20天。承包方提出工期延期20天与费用补偿2万元的要求。

(2) 施工期间下雨，为保证路基工程填筑质量，工程师下达了暂停施工指令，共停工10天，其中连续4天出现低于工程所在地雨季平均降雨量的雨天气候和连续6天出现50年一遇特大暴雨。承包方提出工期延期10天与费用补偿2万元的要求。

(3) 施工过程中，现场周围居民以承包方施工噪声的干扰，阻止承包方的混凝土浇注工作。承包方则提出工期延期5天与费用补偿1万元的要求。

(4) 由于业主要求，在原设计中的一座互通式立交桥设计长度增加了5m，工程师向承包方下达了变更指令，承包方收到变更指令后及时向该桥的分包单位发出了变更通知。分包单位及时向承包方提出了索赔报告，报告内容包括：

①由于增加立交桥长度，提出增加的费用20万元和分包合同工期延期30天的索赔；

②此设计变更前因承包方使用而未按分包合同约定提供施工场地，导致工程材料到场二次倒运增加的费用1万元和分包合同工期延期10天的索赔。

承包方以已向分包单位支付索赔款21万元的凭证为索赔证据，向工程师提出要求补偿该笔费用21万元和延长工期40天的要求。

(5) 由于某路段路基基底是淤泥，根据设计文件要求，需进行换填，在招标文件中已提供了地质的技术资料。承包方原计划使用隧道出碴作为填料换填，但施工中发现隧道出碴级配不符合设计要求，需进一步破碎以达到级配要求，承包方认为施工费用高出合同单价，如仍按原价支付不合理，需另外给予延期20天与费用补偿20万元的要求。

问题：

(1) 判定承包人索赔成立的条件有哪些？

(2) 承包方提出的上述索赔要求能获得工程师的批准吗？为什么？

## 参考文献

[1] 田金信. 建筑企业管理学（第2版）. 北京：中国建筑工业出版社，2004.

[2] 刘伊生. 建筑企业管理. 北京：北方交通大学出版社，2003.

[3] 黄如宝. 建筑经济学. 上海：同济大学出版社，1993.

[4] 卢有杰. 新建筑经济学. 北京：中国水利水电出版社，2002.

[5] 姜早龙. 工程造价案例分析（第2版）. 大连：大连理工大学出版社，2006.

[6] 姜早龙. 建设工程监理案例分析. 大连：大连理工大学出版社，2006.

# 第8章 建筑企业生产要素管理

**本章概要**

1. 施工企业生产管理的概念；
2. 施工准备，现场施工管理，交工验收；
3. 建筑企业的劳动定额管理，劳动力的优化配置；
4. 材料计划及其供应；
5. 材料的定额管理；
6. 材料库存决策及其技术方法和材料管理的评价；
7. 机械设备管理的意义、任务和内容；
8. 机械设备的合理装备；
9. 机械设备的选择、评价使用、维修与维护。

## 8.1 建筑企业施工生产管理

### 8.1.1 建筑企业施工生产管理概述

**1. 建筑企业施工生产管理的概念**

建筑企业施工生产管理是指企业为了完成建筑产品的施工任务，在从接受施工任务开始到工程交工验收为止的全过程中，围绕施工对象和施工现场而进行的生产事务的组织管理工作。

建筑企业的主管业务就是从事建安工程的施工生产活动，而在施工生产中，工程进度的快慢、工程质量的好坏、工程造价和资源的合理利用等都取决于施工管理的水平。所以，施工管理在很大程度上影响着建筑企业的生产经营实际效果，施工管理是建筑企业管理的重要组成部分。

**2. 建筑企业施工生产管理的任务**

建筑企业所从事的建安工程由于具有单件性和多样性，因此要按工程类型、工程规模、工程地点和施工条件的不同，分别采用不同的施工方案、施工准备、劳动组织和技术措施。因此建安工程必须按各工程对象的施工过程进行管理。

建筑企业生产管理的主要任务是：根据不同的工程对象，不同的工程特点，不同的施工条件，结合企业的具体情况，进行详细周密的分析研究，在施工全过程中，合理地利用人力、物力，有效地使用时间和空间，采用先进的施工方法，保证协调施工。以便用最快的速度，最好的质量，最少的消耗，取得最大的经济效益。

3. 建筑企业施工生产管理的主要内容

建筑企业生产管理贯穿于建筑产品生产的全过程，不同阶段的工作内容各不相同。施工管理全过程按阶段可划分为施工准备、建安施工、交工验收三个阶段，其基本内容包括：落实施工任务，签订承包合同；进行开工前的各项业务准备和现场施工条件的准备，促成工程开工；进行施工中的经常性准备工作；按计划组织综合施工，进行施工过程的全面控制和全面协调；加强对施工现场的平面管理，合理利用空间，保证良好的施工条件；组织工程的交工验收。

从上述内容可以看出，建筑企业生产管理是一种综合性很强的管理工作，其中也包括与其他各专业管理的配合。没有专业管理，建筑企业生产管理就失去了支柱；没有施工管理，专业管理会各行其是，缺乏应有的活力，不能服务于整体。因此建筑企业生产管理之所以重要，关键在于它的协调和组织作用。

### 8.1.2 施工准备

施工准备是建筑企业生产管理工作中的第一阶段，也是整个建筑安装工程施工的一个必需而重要的阶段。施工准备工作的基本任务，是掌握建设工程的特点、进度要求；摸清施工的客观条件；合理部署施工力量；从技术、物资、人力和组织等方面为建筑安装施工创造一切必要的条件。认真细致地做好施工准备工作，对充分发挥人的积极因素，合理组织人力物力，加快施工进度，提高工程质量，都起着十分重要的作用。

施工准备的依据是工程合同、施工图纸、现场地形图和土壤地质钻探资料等。施工准备的主要内容有：

1. 办理开工手续

工程项目开工前必须办理《施工许可证》和《开工报告》。《施工许可证》由建设单位申请，经主管部门批准后，连同施工图纸发送给施工单位。《开工报告》由项目经理部申请，由公司工程管理部上报总公司批复后实施。未领取《施工许可证》和《开工报告》的项目不允许开工。

2. 技术准备

技术准备是指通过调查研究、搜集关于工程项目和施工区域的必要资料，编制合理的施工组织设计，为工程施工建立必要的技术条件。技术准备的主要工作如下：

（1）熟悉、审查图纸及有关资料

审查设计图纸和资料是否齐全，掌握工程结构和构造上的特点，了解设计意图，发现问题，消灭图纸上的差错。了解总图布置，各单项工程在工艺流程和配套投产上的相互关系。了解设计上的新结构、新工艺、特殊材料和专用设备等方面施工有无困难，施工条件和能力能否满足设计的要求。熟悉工程的土层、地质、水文等勘查资料，审查地基处理设计，审查建筑物与地下构筑物、管道等之间的关系，熟悉建设地区的规划资料。

（2）调查研究，收集必要的资料

进行施工准备时，不仅要从已有的书面资料了解建设要求和施工地区的情况，而且必须进行实地勘测调查，获得第一手资料。如气象资料、交通运输条件、地方材料、建筑构配件供应和加工能力等，这样才可能拟订出切合客观实际的施工组织设计，合理地进行施工。

（3）编制施工组织设计

施工组织设计是指导建筑施工的重要技术文件。由于建筑生产的技术经济特点，建筑工程没有一个通用定型的、一成不变的施工方法，所以每个建筑工程项目都需要分别确定施工方案和施工组织方法，也就是要分别编制施工组织设计，作为组织和指导施工的重要依据。

（4）编制施工预算

施工预算是编制工程成本计划的基础，是控制施工工料消耗和成本支出的依据。施工预算的编制主要依据是施工组织设计确定的施工方案和技术组织措施计划。

3. 施工现场准备

施工现场准备主要是根据设计文件及已编制的施工组织设计中的有关各项要求进行，一般有下列几项工作：

做好“三通一平”：工程现场清除施工障碍和平整场地，修通道路，接通施工用水、用电，简称“三通一平”。三通一平是建筑施工必须具备的基本条件。施工区域地形图、建筑总平面图、土方竖向设计图和施工组织设计是搞好三通一平工作的依据。

场地测量控制网和水准点的测设：为了使建筑物的平面位置和高度严格符合设

计要求，施工前应按总平面图的要求，测出占地范围，并按一定的距离布点，组成测量控制网，便于施工时按总平面图准确地定出建筑物的位置。工程开工前要进行厂区控制网的测设，设置永久性的水准基桩，根据经纬坐标和水准基点导引主要建筑物的控制桩。

大型临时设施的准备：大型临时设施是施工必需的，包括各种附属生产加工场（如预制构件、混凝土搅拌、钢筋加工、木材加工等），施工用各种仓库及公用设施，生活设施等。大型临时设施按施工组织设计中的规划修建，要因地制宜，尽可能利用永久性建筑和现有房屋，节约投资，降低成本，也可采用标准化、装拆式的临时房屋，便于拆迁和重复利用。

4. 物资准备

物资是施工的基础，必须在施工前做好准备，以保证施工顺利进行。施工所需要的物资包括建筑材料、构件、施工机械和机具设备、工具等，种类繁多、规格型号复杂。因此，做好物资准备是一项较为复杂而又细致的工作，一般有如下几项主要工作：建筑材料和生产设备的准备；施工机械和机具设备的准备。

5. 施工队伍的准备

根据编制的劳动需用计划，由承建的承包单位，具体安排，建立现场施工指挥机构，集结施工力量。在大批队伍进入现场之前对职工要进行技术交底和安全教育，对特殊工种要进行技术培训，同时必须做好后勤工作的安排，如职工的住、食、行等问题，都要在施工准备中全面考虑。保证职工有良好的生活条件，生产上无后顾之忧。

必须指出，施工准备工作不仅是在准备阶段进行，它还贯穿于整个施工过程中，随着工程的进展，在各分部分项工程施工之前，都要做好施工准备工作。因此，施工准备工作是有计划、有步骤、分阶段进行的，要贯穿于整个工程项目建设的始终。施工准备工作的计划通常用表格形式表示，如表 8-1 所示。

**主要施工准备工作计划** 表 8-1

| 序号 | 项目 | 施工准备工作内容 | 负责单位 | 涉及单位 | 要求完成日期 | 备注 |
|---|---|---|---|---|---|---|
| | | | | | | |

我们必须坚持没有做好施工准备，不准开工的原则。要建立开工报告制度。单位工程开工，必须具备下列条件：施工图纸经过会审，图纸中存在的问题和错误已得到纠正；施工组织设计或施工方案已经批准并进行交底；施工图预算已经编制和审批、施工预算已编制；“三通一平”已完成或已满足开工要求；材料、成品、半成品和工艺设备等供应能满足连续施工的要求，基础工程需用材料已进场达 80%

以上；大型临时设施已能满足施工和生活的需要；施工机械、机具设备已进场，并经过检修能保证正常运转；劳动力已经调集，并已经过必要的技术安全和防火教育，安全消防设备已经具备；永久性或半永久性测量坐标和水准点已经设置；已经办理开工许可证。

### 8.1.3 施工现场管理

现场施工管理，就是对施工生产过程的组织和管理。组织施工在整个建筑生产过程中，占有极为重要的地位，因为只有通过合理地组织施工，才能最后形成最终建筑产品，要把一个施工现场的许多专业队组织起来，有条不紊地、均衡地施工，使其达到工期短、质量好、成本低以及安全生产的目的，这是一个很复杂的问题。概括地说，组织施工应达到的目标是：工期短，质量好，成本低和生产安全。组织施工的主要内容应包括两个问题：一是如何按计划组织综合施工；二是如何对施工过程进行指挥、控制和协调。

#### 1.施工进度计划的贯彻

施工进度计划是现场施工管理的主要依据，根据施工方案编制的进度计划，确定了各分部分项工程的施工顺序，各施工过程的起止时间和相互衔接关系，按日历指示每天的工作项目和内容。

施工进度计划是一个动态过程，由于各种主客观因素的影响，实际进度与计划进度发生差异是常有的事，所以要定期及时地检查，掌握实际情况，分析进度超前或拖后的原因，研究对策和措施，保证整个工程施工进度计划的实施。

#### 2.施工过程中的检查

施工过程中的检查包括技术、质量、安全、节约等方面。

(1) 施工中的技术检查

技术检查是为了建立正常的施工秩序和保证工程质量，技术检查包括下列主要内容：检查工程施工是否按图施工，是否符合设计要求；检查工程施工是否贯彻施工组织设计规定的施工顺序和施工方法，施工是否遵守操作规程；对测量放线及各施工过程的技术检查和复核，要求符合图纸规定，符合质量标准，误差应控制在技术规范和标准的允许范围内；对材料、半成品、生产设备均须由供应单位提出合格证明文件，否则应进行必要的检验试验；隐蔽工程要符合质量检查的规定，并作必要的记录。

(2) 施工中的安全检查

建筑安装工程由于露天作业，有时还是立体交叉作业，施工条件较差，不安全因素多。因此加强施工过程中的安全检查，对保证安全生产，防止发生人身事故十分重要。安全检查是整个安全施工工作的一个重要环节，在做好安全教育，贯彻安全技术规程的基础上督促检查现场施工情况，发现隐患，杜绝事故，必须做好以下各方面工作：施工现场布置要符合安全规定，合理使用场地，不安全地段要设置安全围栏、安全网，运输道路和排水渠道要保证畅通，消防栓要按规定设置，防火设施应齐全；要检查脚手架、斜道、跳板等是否坚固和稳定可靠，高空作业要坚持使用安全帽、安全带和安全网，防止高空坠落物伤人；土石方施工要防止土石塌方，爆破要符合有关安全规程；施工机械要由专职人员操作，传动部分有保护装置，电器设备和线路绝缘可靠；搞好环境保护，对现场的防火、防爆、防毒、防尘和防止噪声等都要符合有关安全规程。

(3) 施工过程中的节约检查

检查技术组织措施计划的落实；返工返修是不必要的浪费，施工中需加强技术检查，防止质量事故的发生。

### 3. 专业业务分析

在现场施工组织管理中，还要深入开展各项专业业务分析活动。要根据大量的统计数据资料进行核算和专题分析研究。例如工程质量分析、材料消耗分析、机械使用情况分析、成本费用分析、安全施工情况分析、文明施工情况分析等。分析是为了了解这些专业业务的情况，解决存在的问题或制止某种不良的倾向，因此要及时把各种专业业务分析的结论、信息反映给现场施工指挥和调度部门，使得现场管理工作或作出的决定更加全面和正确。

### 4. 施工总平面管理

施工总平面管理是合理使用场地，保证现场交通道路和排水系统畅通以及文明施工的重要措施。所有施工现场都必须以施工组织设计所确定的施工总平面规划为依据，进行经常性的管理工作。施工总平面管理是全场性工作，由总包单位负责管理。由于施工是动态的、进展的，不同阶段施工平面布置的内容不同。因此，根据各施工单位不同时间对施工平面的要求，及时做好调整工作。

施工总平面的管理工作有以下几个方面：检查施工总平面规划的贯彻执行情况，指定大宗材料、成品、半成品和生产设备的堆放位置；确定大型暂设工程的位置和使用分配。如有增设、拆迁时，要经过有关部门批准方能执行；保证施工用水、用电，排水沟渠的畅通无阻；对于现场局部停水、停电，事先要有计划，并得到总指挥批准后才能实施；保证道路畅通。施工道路、轨道等交通线路上不准堆放材料，加强道路的维修，及时处理障碍物；签署和审批建筑物、构筑物、管线、道路等工程的开工申请；根据施工过程，不断修正施工总平面图。

### 8.1.4 交工验收

工程的交工验收是建筑生产组织管理的最后阶段，也是工程施工的最后一个环节。验收是一个法定手续，通过交工验收，甲乙双方办理结算解除合同关系。对建筑企业来说，交工验收意味着完成了一件最终产品，销售了一件建筑产品。因此，搞好交工验收工作，对全面完成设计文件规定的施工内容，促进工程项目的及时投产或交付使用起着重要的作用。

1.交工验收的概念

交工验收就是指施工企业已完成按照与建设单位签订的建设工程施工合同的要求，建设工程已经完工，经建设单位验收合格，向建设单位移交的建筑产品。如建设单位只进行一个单项工程建设，则此次向建设单位移交建筑产品的交工验收工作已全部完成。如建设单位进行一个建设项目的建设，则要进行多次单项工程的交工验收，待全部单项工程完成后，最后进行建设项目交工验收，这时，施工企业向建设单位移交建筑产品的工作才全部完成。

2.交工验收资料准备

交工验收资料是工程竣工验收和质量保证的重要依据之一。施工单位应按合同要求提供竣工工程项目一览表、图纸会审记录、施工技术资料、质量检查记录、试验记录、施工记录等资料。经建设单位或监理工程师审核，确认无误后，方可进行交工验收。

3.交工验收程序

交工验收程序是按合同规定的质量等级，遵循现行的质量检验评定标准，按隐蔽工程验收、分部分项工程验收、单位工程验收、单项工程验收、建设项目验收的顺序，进行质量认可与否的过程。

4.交工验收的组织

建设单位或监理工程师收到施工单位提交的交工验收报告后，成立交工验收领导小组，负责验收工作。领导小组由监理工程师牵头，由建设单位、设计单位、施工单位等组成。

5.工程交接及保修

工程交接是工程项目通过了正式验收之后，施工单位向建设单位移交建设项目（含其他固定资产）所有权的过程。办理工程交接手续，应填写移交项目清单，竣工验收清单必须有三方（业主、监理、承包人）的签字方生效。工程进行竣工验收合格后，由监理工程师协助承建单位向业主进行项目移交，完成整个工程建设工作。

工程保修是建设工程项目在验收交付使用后，在一定期限内，对工程发生的确属施工责任造成的建筑物使用功能不良或无法使用的质量问题，实行保修，直至达到正常使用标准。

## 8.2 建筑企业劳动管理

### 8.2.1 劳动定额管理

1. 劳动定额及其作用

劳动定额是指在一定生产、技术、组织条件下，为生产合格产品或完成一定量的工作所预先规定的劳动消耗量标准。它有两种基本表现形式：时间定额和产量定额。

时间定额是指劳动者生产单位合格产品所需的时间。通常采用双重单位，如工时/件，工时/$m^2$ 等。

产量定额是指劳动者在单位时间内（每小时或每一个轮班），完成合格产品的数量。通常采用双重单位，如件/时，t/时等。

时间定额和产量定额互为倒数，其时间定额越低，则产量定额越高，反之亦然，其公式如下：

$$T = \frac{1}{Q}$$

式中：$T$——代表时间定额；

$Q$——代表产量定额。

当产量定额提高时，时间定额相应降低，但二者增减幅度不相同。劳动定额是在总结劳动者劳动效率的基础上规定的劳动效率标准，是考核劳动消耗量和劳动报酬分配的客观标准。因此，凡可以计量的工种或岗位都应实行劳动定额考核制度，打破分配中的平均主义，推动劳动效率的提高。

2. 劳动定额的制定

劳动定额的制定必须符合先进性、科学性、简明适用的原则。劳动定额的先进性，既反映一定历史条件下的定额水平，同时对社会生产力的发展起推动作用。有利于提高劳动生产率，降低生产消耗，代表社会生产力的水平和方向。科学性表现为在大量的调查研究基础上，以科学的方法测算制定劳动定额，并由实践检验是否能正确地反映单位产品生产所需的必要的劳动消耗量。简明适用的原则是针对建筑安装工程结构复杂、产品品种繁多等特点，为适合客观上对劳动定额在内容和结构形式上简明适用的要求而提出。即要求劳动定额结构合理，定额步距大小适当，文字通俗易懂，计算方法简便，易为群众掌握运用，具有多方面的适应性，能在较大范围内满足不同情况和不同用途的需要。

制定劳动定额的方法有：技术测定法、比较类推法、统计分析法和经验估计法等。

3. 劳动定额的管理

劳动定额管理包括制订、贯彻执行、考核和修订四个环节。一般来讲，劳动定额是由国家指定的机构制订和颁发的，具有权威性和法令性，不能任意修改，必须严格执行。

劳动定额的贯彻执行是定额管理中的重要环节。要以劳动定额为主要依据，对劳动力进行合理安排和调配，提高工时有效利用。劳动定额的贯彻一定要严肃认真，并与企业生产经营管理、推广先进施工技术和技术组织措施等结合起来。

劳动定额考核是企业检查和分析其执行情况，发现其中存在的问题，找出差距，提出改进措施，不断提高劳动定额管理水平的必要手段。劳动定额是在一定的生产技术组织条件下制订的，定额制订后，要保持相对稳定，但也不是一成不变的，随着生产技术的发展，施工工艺的改进，特别是施工机械化水平不断提高，劳动定额必须及时做出相应的修订和补充，以适应施工生产发展的需要。

### 8.2.2 工资管理

工资是依据职工的技能、工作强度、担负的责任、工作条件和实际贡献，以货币形式分配给个人的劳动报酬。建筑企业工资管理应坚持以按劳分配为主体、多种分配方式并存的分配原则，体现“公平与效率”，处理好各类人员的工资关系，达到既能防止工资增长过快，又能提高劳动效率的目的。

1. 工资制度

(1) 结构工资

它是根据决定工资的不同因素和工资的不同作用，将工资划分为几个不同的单元或部分，共同组成劳动报酬的一种工资形式。结构工资一般分为四个部分：基础工资，是保障职工基本生活，维持劳动力再生产的必需的工资收入的基本部分，基础工资的数额按不同工资类别确定；职务工资、职称岗位工资，干部按职务、职称，工人按工种岗位，根据职务高低、业务技术要求、劳动条件、责任大小等因素，划分为若干个工资等级标准；工龄工资，是以工龄为主体来确定的工资性开支，工龄工资是随着工龄的增长而逐年增加的，它属于按劳动分配原则的范畴；奖励工资，用于奖励在工作中做出了显著成绩的人员，有较大贡献的可以多奖，不搞平均发放。

（2）技能工资

它一般由技能工资、岗位工资、工龄工资、效益工资和津贴工资五个单元组成。技能工资是根据职工所具备的技术业务能力的水平高低及在相应岗位上实际运用的情况，经有关部门测评后，所确定的若干工资等级的工资单位，是体现一个劳动者能干什么的标志。特点是不受工龄、资历等客观因素的制约；可以简化合并实行内部一条龙工资标准；可以考虑企业中提供技术者、出资者的利益；鼓励职工刻苦钻研技术、业务，不断提高技能素质，推进企业技术进步。

2. 工资形式

（1）计时工资

计时工资是以劳动者的工资等级，不同等级的工资标准和实际工作时间来计算以支付职工劳动报酬的工资形式。计时工资根据计算时间的不同，一般分为小时工资制、日工资制和月工作制。施工企业一般采取月工资制和日工资制相结合的方法来计算计时工资。计时工资的优点是简单易行，适应性强，实行范围广；其缺点是与劳动成果没有直接联系，不利于鼓励职工从物质利益上去关心劳动成果。

（2）计件工资

计件工资是按工人生产合格产品的数量或完成的作业数量，按照预先规定的计件单价，来计算劳动报酬的一种工资形式。按工资的支付方式，计件工资分为直接无限计件，有限计件，超额计件，包工计件和累进计件等形式。

由于计件工资把工人的工资收入同其劳动成果紧密地联系在一起，因此，计件工资，更能体现多劳多得的分配原则。其特点是工人付出的劳动量，以劳动成果的数量和质量表现出来，并以此来计算报酬。

计件工资的适用范围：计件工资适合于单纯依靠或主要依靠体力劳动进行生产，能单独计算劳动产品的数量或作业量，产品质量易检查，生产的品种或工程项目相对固定的工种工人。

（3）岗位工资

岗位工资是按照职工在劳动中的不同工作岗位确定劳动报酬的一种工资形式。岗位工资的特点是：按照工作难易、劳动轻重、责任大小以及劳动环境确定工资标准，同一岗位可以规定一个或几个工资档次。岗位工资一般适用于专业化程度较高，分工较细，同一工种内部技术差别不大，工作物对象和工作物等级比较固定，而且劳动强度较大的工种。

（4）浮动工资

浮动工资是在实行奖励制度的基础上，在贯彻经济责任制的实践中，由企业创造出来的工资形式。浮动工资的特点：工资既要随个人劳动贡献的大小而浮动，又要随企业经济效益的高低而浮动；既有个人工资的浮动，又有企业（单位）工资总额的浮动。把职工的物质利益同经济责任、经济效益挂起钩来，实行能上能下的浮动。

(5) 包工工资

包工工资是将一定数量的施工任务包给施工队（或班、组、个人），规定完成任务的期限、质量标准和工资总额，如能按期、按质、按量完成生产任务，即可得到全部工资。这种工资形式由于实行五包（包工、包料、包质、包工期、包量），符合按劳分配的原则，适合建筑企业生产的特点，所以应用范围也较广泛。

(6) 奖金

奖金是用货币形式支付的一种物质奖励，是对劳动者提供的超额劳动、劳动者的技术革新、新方法的运用等的报酬，它可以弥补工资的不足，是计时工资和计件工资的补充形式。

(7) 津贴

津贴是职工劳动报酬的辅助形式，是用来补偿职工在特殊劳动条件下的额外劳动消耗和弥补生活费用的支出。

### 8.2.3 劳动力的优化配置

#### 1. 劳动定员及其意义

劳动定员是根据企业一定时期的生产规模、任务和技术条件，本着节约用人、精简机构、提高效率的精神，规定企业必须配备的各类人员的质量要求、数量标准和比例。既要保证职工人数在总数上满足生产需要，又要在工种上保证满足工艺的需求。

通过劳动定员，可以使企业在配备使用人员方面有章可循，为合理使用劳动力提供条件；可以使企业在考核劳动效率和节约用人方面有明确目标，促使企业改善劳动组织；可以使企业在编制劳动计划时有所依据，保证企业在用人方面做到心中有数，为企业调整劳动力和控制各类人员比例提供标准。因此，劳动定员起到合理和节约使用劳动力，合理组织生产，提高劳动生产率的作用。

#### 2. 建筑企业人员构成

按照在企业生产经营活动中执行的职能，企业人员包括：生产工人、学徒工、工程技术人员、管理人员、服务人员和其他人员等。按照与施工生产的关系可分为直接生产人员（即生产工人和学徒工）和非直接生产人员（即管理人员、工程技术人员、服务人员和其他人员）。

3.编制定员方法

企业按各类人员工作性质不同，其确定人员数量的方法也不同，但都必须考虑定员标准的先进、合理；各类人员的比例要适当和管理制度要健全。在实践中，可考虑按以下几种方法来编制定员。

（1）按劳动效率定员

根据计划期生产任务量和劳动效率，考虑出勤率及工时利用情况影响，计算确定定员。劳动效率的确定要考虑以往历年企业劳动效率水平以及企业近期技术、管理能力的变化。其计算公式：

$$\text{某工程计划定员人数}=\frac{\text{某工种生产任务计划量}}{\text{某工种人员计划劳动生产率}\times\text{出勤率系数}\times\text{工时利用系数}} \tag{8-1}$$

（2）按设备定员

根据机构设备开动的台数和机械操作驾驶定额来计算定员人数。主要用于施工机械的司机、机床工人等定员。其计算公式为：

$$\text{某种机械设备计划定员人数}=\frac{\text{必需的机械设备台数}\times\text{开动班次}\times\text{每台班次需人数}}{\text{计划出勤率}\times\text{计划出勤工日利用率}} \tag{8-2}$$

（3）按组织机构职责范围和业务分工定员

根据各个组织机构承担任务和分工需要确定定员人数。主要用于管理人员和工程技术人员的定员。一般先确定领导体制、组织机构；然后确定各职能科室，各项业务的分工及职责范围，最后根据各项业务工作量的大小进行定员。

（4）按比例定员

即按照规定的各类人员之间的比例或某人员与他们所服务对象人数之间的比例关系来计算定员人数。如炊事员人数可按就餐人数确定。

（5）按岗位定员

按生产设备或工作岗位所必需的操作看管岗位和工作岗位数目确定定员。如企业门卫人员、变电所维护电工等的定员。

在实际工作中，一般是把上述几种方法结合起来使用。

4.劳动力管理

（1）用工制度

劳动用工制度是企业为了解决生产对劳动力的需要而采取的劳动力招收、录用、使用、调动和辞退等方面的制度。

建筑企业要按照劳动合同的要求和本着先进、合理原则，制订用工标准，要实行双向选择、择优录用、竞争上岗，建立劳动合同制，用劳动合同这一法律形式确立和调整企业和劳动者之间的劳动关系，它较好地体现了用工管理上的经济手段、法律手段和行政手段相结合，双方责权利相统一，使劳动队伍既有相对的稳定性，又有合理的流动性。企业用工制度的管理应做好合同化管理、择优上岗制及试用工制等项工作。

（2）劳动力的招收和调配

劳动力的招收是企业更新队伍、补充生产技术力量，保证施工生产所需劳动力的一种主要措施。劳动力的招收实行面向社会公开招考，全面考核，择优录用，并规定试用期，在试用期内发现不适合的可以调换或辞退，面向社会直接招考职工，还可以促成先培训后就业，从而使招收的职工素质起点较高。

在录用形式上，由企业根据生产和工作的特点及需要，可以招用5年以上的长期工，1～5年的短期工和定期转换工、临时工、季节工，多种用工形式并存，统一实行劳动合同制。通过劳动合同，规定双方的权利和义务。

劳动力调配是把在职的劳动力在不同部门、不同地点、不同单位之间进行平衡调剂。劳动力调配工作，是建筑企业劳动力管理的一项重要工作，是有计划地安排劳动力的必要手段。

劳动力调配必须遵守以下几方面原则：要加强调查研究，有计划地调配劳动力；要统筹兼顾，全面安排；要按照“先内后外，先近后远”原则调剂劳动力余缺；要按岗位的特点和要求，安排合适的劳动力；调配工人时，力争做到专业对口，尽量发挥劳动者的专长。

劳动力的调配形式主要有：成建制调动，就是将某个单位的全部人员及设备、工具等一同迁入一个新地区或调入一个新单位；成套调动，是指人员配备成套，即一定数量的领导干部、技术骨干、生产工人配备成套，同时调入新建、扩建单位。这种调配方法适用于老企业支援新企业；成批调动，是指同时将同工种或不同工种的一部分职工从一部门地区的企业调动到另一部门地区的企业。采用这种方法是为了加强职工力量比较薄弱的单位；零星调动，包括对调、单调两种。这种调动除工作需要以外，在大多数情况下都是属于照顾性调动。

（3）劳动纪律

劳动纪律是有关劳动方面的规章制度，是人们在共同劳动中所必须遵守的行为规范。加强劳动纪律，严格奖惩制度，是有秩序地组织施工生产的有力保证。企业如果没有良好的劳动纪律，就无法组织生产。

劳动纪律的内容可分为三个方面。工作纪律：要求所有参加劳动的职工必须严格遵守企业规定的工作守则，如遵守作息制度，服从生产指挥等。工艺纪律：要求生产者必须遵守技术操作规程和各项规章制度，如施工中的水灰比例、振捣机械的操作要求等。生产纪律：要求生产者必须遵守劳动保护和安全技术规程，按时、按质、按量完成生产任务，如施工中戴安全帽、钢筋的数量等。

# 8.3 建筑企业材料管理

## 8.3.1 材料管理概述

建筑企业的材料管理是现代建筑企业管理的重要内容之一。它是指对施工生产过程所需要的各种材料的计划、订货、采购、运输、保管、发放、使用所进行的一系列组织和管理工作。材料管理是企业管理的重要组成部分，搞好材料管理具有十分重要的意义。

加强材料管理是保证施工生产正常进行的物质前提，加强材料的采购、运输、储存保管、领发使用等各个环节，可以减少材料损耗，降低材料费用，从而降低工程成本，可以加速流动资金周转，减少流动资金的占用，并有利于保证工程质量和提高劳动生产率。

### 1.材料管理的特点

建筑企业材料管理有以下几个特点：

(1) 材料消耗的大量性与不均匀性

同一工程，施工阶段不同，所需材料的品种不同。建筑材料的数量通常以万吨计算，需要量是很大的，并且各阶段用料的品种和数量不固定、不均匀。

(2) 材料供应的多样性和多变性

建筑材料品种规格繁多，共有 32 大类，1856 个品种，25445 个规格。既有大宗材料，又有零星材料，供应渠道多样，反映了建筑材料的多变性。

(3) 材料储备的季节性

建筑材料的生产与供应，受季节影响很大，必须考虑季节储藏和供应，如沙子利用枯水期采取，伐木多在冬季。

(4) 材料供应方式不固定

由于建筑生产的流动性，随着工程地点的变化，建筑材料的供应来源和运输方式受运输方面和运输环节的牵制，不易固定。

### 2.材料管理的任务

(1) 保证适时、适地、按质、按量、成套齐备地供应

适时是指按规定的时间供应材料。供应时间不宜过早或过晚，过早则多占用仓库和施工现场，晚了则会造成停工停料。适地是指按规定的地点供应。材料卸货地点不适当，就可能造成二次搬运，从而增加费用。按质是指按规定的质量标准供应材料。材料质量低于标准要求，势必降低工程质量；若高于质量标准要求，则会增

加材料费，加大成本。按量是指按规定的数量供应材料。多了造成超储积压，多占用流动资金；少了停工待料，影响进度，延误工期。成套齐备地供应是指供应的材料品种、规格要齐全，要配套，要符合工程需要。

(2) 加速材料周转，监督和促进材料的合理节约使用，以降低材料费用

在材料的供应管理上，既要保证生产的需要，又要注意经济效果，从各方面采取有效措施降低材料费用。如就近采购就近供应，尽量减少中间周转环节，组织好材料调运，节约运费；改善运输装卸、包装、保管工作，降低材料损耗；严格做好材料验收，控制材料的规格和质量，以避免大材小用、优材劣用和不合理的代用等；要合理地建立材料储备，严格进行库存控制，在保证生产正常进行的情况下，使得库存最小，避免材料积压和减少资金占用，加速资金周转，降低材料成本。

材料供应管理工作还包括监督其合理使用和节约使用。为此，材料供应管理部门要加强材料消耗定额的管理；建立健全材料发放制度，严格实行限额领料，控制用料；搞好清仓利库，修旧利废，做好废旧材料的回收和利用等。

在施工企业实行项目法施工后，施工现场材料管理的责任主要由项目经理部负责，企业材料管理的重点是内部材料市场的组织、运作，并对项目的材料管理负有检查、指导责任。

### 8.3.2 材料消耗定额管理

#### 1. 材料消耗定额的概念

材料消耗定额是指在一定条件下，生产单位合格产品或完成单位工作量所合理消耗的材料数量标准。所谓“一定条件”主要是指施工生产的技术条件、施工工艺方法、工人技术熟练程度、企业管理水平、材料的质量、自然条件以及职工的思想觉悟程度等。所有这些条件，对材料消耗定额的高低都有直接影响。所谓“合理消耗的材料数量标准”，是指在正常施工条件下，通过采取有效的节约措施，生产单位产品或完成单位工作量所必须消耗的材料数量。它包括构成产品的净用量，也包括劳动过程中的合理损耗。“生产单位产品或完成单位工作量”，指的是按实物单位表示的一个产品，如砌 1$m^3$ 砖墙；加工 1$m^3$ 混凝土等。有的工作量很难用实物单位计量，但可按工作所完成的价值即工作量来反映，如加工维修按价值量衡量为 1 元、100 元工作量，工作一个台班等。“合理消耗”是指按此数量所给的材料，足够完成该项任务所需。“材料数量标准”，可理解为合理的、可以衡量其消耗水平的尺度。

#### 2. 材料消耗定额的种类

建筑工程中使用的定额有概算定额、预算定额、施工定额三类。

（1）材料消耗概算定额

材料消耗概算定额是建筑工程概算定额的组成部分。它是在初步设计或技术设计阶段，即在施工图还没有出来之前，用来估算或概略计算主要材料和设备的需要量。常用的材料概算定额有两种：万元定额，指每万元建安工作量消耗的材料数量。这种定额只能表示主要材料的消耗数量，不能表示规格型号，所以准确性差。一般不能用来编制备料计划，只能供编制申请主要材料指标时参考。平方米定额，指单位建设面积所消耗的材料数量。其准确性比万元定额高一些。如果根据历年经验资料求得材料规格，就可以用来编制年度备料计划。

（2）材料消耗预算定额

材料消耗预算定额是建筑工程预算定额的组成部分，系按单位分部、分项工程来计算和确定的。它的项目比概算定额细，是用来编制工程预算、施工计划、材料需用、申请和供应计划的依据，也是完工后办理材料结算的依据。它是建筑企业材料管理中使用的主要定额。

（3）材料消耗施工定额

材料消耗施工定额是建筑工程施工定额的组成部分，其内容与预算定额相同，但更为细致和具体。施工定额是用来编制作业计划，下达任务书、工料预算、限额领料、考核工料消耗的依据。

3.材料消耗定额的制定方法

材料消耗定额的制定，包括两方面的工作内容。一是定质，即对建筑工程或产品所需的材料品种、规格、质量作出正确的选择。具体要求：品种、规格、质量符合设计要求，有良好的工艺性能、便于操作，有利于提高工效；采用通用、标准产品，尽量避免稀缺材料。二是定量，即通过对材料消耗量的正确测算，确定材料消耗的数量标准。定量是制定材料消耗定额的关键。材料消耗定额中有效消耗，一般是不变的量。定额的先进性主要反映在对损耗量的合理判断，即如何科学、正确而合理地判断损耗量的大小，是制定消耗定额的关键。

制定消耗定额常用的方法主要有技术计算法、实验法、统计分析法、实际测定法、经验估计法。

①技术分析法

是根据施工图纸、施工规范、施工工艺、设备要求及有关配合比等资料，采用一定的科学方法，确定最经济合理的材料消耗定额的办法。用这种办法制定的定额，技术依据充分，故比较准确，但工作量较大。

②标准实验法

系按一定的标准技术方法进行试验，根据试验得出的数据，通过整理分析，确定材料的消耗。如确定混凝土的材料消耗，即可用此法。

③统计分析法

主要根据单位工程或分部分项工程材料消耗的历史统计资料，并考虑到生产技术组织条件的变化等因素来计算和确定定额。这种方法注重实际消耗水平，不需进行理论计算。用这种方法制定的材料消耗定额不够准确。采用此法必须具备健全的统计资料，并尽量消除偶然因素的影响，才能做到定额的先进性。

④实际测定法

指在一定的技术、组织水平和技术熟练工人操作的条件下，根据现场实地进行观察、记录、测定得出的数据，经分析整理而确定材料的消耗数量。这种方法的优点是较统计分析法准确，能消除某些不合理的消耗因素。缺点是工作量大，需要花费的时间多，同时还受一定的生产技术水平和测定人员水平的限制，不能完全消除各种不合理因素的影响。

⑤经验估计法

是根据生产人员、技术人员和定额制定人员的实践经验，并参考有关技术文件，以及企业生产技术条件变化等因素制定材料消耗定额的方法。采用此法实践性强，简便易行，制定速度快，但技术依据不充分，准确性较差。一般来说，凡是缺乏必要的技术资料或耗用量不大的辅助材料，可采用统计分析或经验估计法。

在实际工作中，通常是把上述几种方法结合使用。一般主要材料的消耗定额以技术计算法为主，同时考虑必要的生产经验和统计资料来补充或修正。辅助材料的消耗可根据不同情况分别采用统计分析法和经验估计法来制订。

#### 4. 材料消耗定额的管理

材料定额的管理，包括定额的制订和定额的贯彻执行两项内容。贯彻执行中要经常考核和分析材料消耗定额的执行情况，以确切掌握定额执行过程中出现的问题和原因。及时反映执行定额达到的水平和节约材料的经济效果。材料消耗定额的考核和分析，可着重于材料利用率、定额与实际用料的差异，非工艺性损耗的构成分析等。

定额制定之后，不宜随意修改，但也不应一成不变。由于新技术、新工艺、新材料的使用和材料节约措施的实现，定额所依据的生产技术条件和组织管理水平也就发生了变化。所以，为了使消耗定额保持先进合理的水平，应适时进行修正。

### 8.3.3 材料供应计划

#### 1. 建筑企业的材料计划的概念

建筑安装企业的材料计划是材料管理的组成部分，也是企业计划管理的重要环节。它是合理地利用人力、物力、财力保证施工生产顺利进行，全面完成企业生产经营计划的一项重要管理工作。

材料计划是指根据施工生产对材料供应的要求以及市场材料供应情况而编制的各类计划的总称。在市场经济条件下，掌握建材市场供求信息，搞好建材市场的预测和分析，预测建筑材料在一定时期的供求变化及其发展趋势，已成为编制材料计划的重要依据，它可以避免材料采购供应中的盲目性，有利于降低材料采购成本，改善企业经营，提高企业的竞争能力。

2. 材料计划的编制

（1）材料计划编制的依据

材料计划编制的依据包括：生产资料市场的信息；各种有关的数据资料，如施工生产任务的有关技术资料；各类材料消耗定额资料，库存材料储备情况资料，报告期材料执行计划资料等；施工现场实际情况等。

（2）材料计划编制的原则

①综合平衡的原则。综合平衡是计划管理工作的一个重要内容，包括产需平衡，供求平衡，各供应渠道间平衡，各施工单位间的平衡等。坚持积极平衡，计划留有余地做好控制协调工作，促使材料合理使用。

②实事求是的原则。编制材料计划必须坚持实事求是的原则，材料计划的科学性就在于实事求是，深入调查研究，掌握正确数据，使材料计划可靠合理。

③留有余地的原则。编制材料计划要瞻前顾后，留有余地，不能头戴三尺帽，扩大需用量，形成材料积压。材料计划不能留有缺口，避免供应脱节，影响生产。只有供需平衡，略有余地，才能确保供应。

④严肃性和灵活性统一的原则。材料计划对供需两方面，都有严格的约束作用，必须具有一定的严肃性，同时建筑施工受着多种主客观因素的制约，出现变化情况也是在所难免的，所以在执行材料计划中既要讲严肃性，又要适当重视灵活性，只有严肃性和灵活性的统一，才能保证材料计划的实现。

（3）编制材料计划前的准备工作

为了使材料供应计划编制得能切合实际、真正发挥作用，须做好以下准备工作：收集并核实施工生产任务、工程设备制造、施工机械制造、技术革新等情况；弄清材料家底核实库存；搜集和整理分析有关材料消耗原始统计资料，调查消耗定额的执行情况，确定计划期内各类材料消耗定额水平，对有些新材料、新产品还要制订补充定额和修改定额；检查上期施工生产计划和材料计划执行情况，分析研究计划期内有利因素和不利因素，总结经验教训，采取有效措施，改进材料供应与管理工作。

（4）材料需用计划的编制

材料需用计划是编制其他各类材料计划的基础，是控制供应量和供应时间的依据。根据不同的情况，可分别采用直接计算法或间接计算法确定材料需用量。

①直接计算法。对于工程任务明确，施工图纸齐全的，直接按施工图纸计算出分部分项工程实物工程量，套用相应的材料消耗定额，逐条逐项计算各种材料的需用量，然后汇总编制材料需用计划，再按施工进度计划分期编制各期材料需用计划。直接计算法的公式如下：

材料计划需用量＝建筑安装工程工程量×材料消耗定额

上式中，材料消耗定额的选用要视计划的用途而定，如计划需用量用于向建设单位结算或编制订货、采购计划，则应采用概算定额计算材料需用量；如计划需用量用于向单位工程承包人和班组实行定额供料，作为承包核算基础，则要采用施工定额计算材料需用量。

②间接计算法。对于工程任务已经落实，但设计尚未完成，技术资料不全，不具备直接计算需用量条件的情况，为了事前做好备料工作，便可采用间接计算法。当设计图纸等技术资料具备后，应按直接计算法进行计算调整。间接计算法主要有概算指标法。即利用概算指标计算材料需用量的方法。其计算公式如下：

材料计划需用量＝建筑面积×同类型工程每 $m^2$ 建筑面积材料消耗定额×调整系数　(8-3)

这种计算方法适用于已知工程结构类型和建筑面积，计算主要材料需用量。

材料计划需用量＝工程项目计划总投资×每万元产值材料消耗定额×调整系数　(8-4)

这种计算方法适用于工程类型不具体，只知道计划总投资额的情况。由于该方法只考虑了投资报价，而未考虑不同结构类型工程之间材料消耗的区别，故其准确度差。

③动态分析法。即利用材料消耗的历史统计资料，分析变化规律，根据计划任务量估算材料计划需用量的方法。公式如下：

某种材料计划需用量＝上期该种材料消耗量×调整系数　(8-5)

式中任务量可用实物量，也可用价值量。

④类比分析法。即根据类似工程材料消耗水平来估算材料计划需用量的方法。计算公式如下：

某种材料计划需用量＝建筑面积或计划投资额×类似工程每平方米或每万元产值某材料消耗量×调整系数

(5) 材料供应计划的编制

材料供应计划是组织材料采购、加工订货、运输、仓储等材料管理工作的行动指南。

材料供应量的计算公式如下：

材料供应量＝材料需用量＋期末储备量－期初库存量　(8-6)

式中期末储备量要根据储备定额来确定。

期末储备量＝经常储备量＋保险储备量 （8-7）

由于编制计划的时间与计划期开始时间不一致，故对期初库存量要根据这段时间差中材料收发情况进行调整。

期初库存量＝编制计划时的实际库存＋至计划期初的预计收入量－至计划期初的预计发出量 （8-8）

材料供应计划除确定供应量外，还要确定供应措施。

（6）材料采购及加工订货计划的编制

材料采购及加工订货计划是材料供应计划的具体落实。凡在市场上可以直接采购的材料，均应编制采购计划。这部分材料品种多、规格杂、分布广，供应渠道多，供应方式复杂，主要是通过计划控制采购材料的数量、规格及时间等。

凡需要与供货单位签订加工、订货合同的材料，均应编制加工、订货合同计划。计划中的主要内容应包括：材料名称、规格、型号、质量标准、技术要求、数量、交货时间和地点等。有的还应包括必要的技术图纸及说明材料，如有必要，可由加工厂家先期提供加工样品，待需方认可后再批量加工。

3. 材料计划的执行与检查

材料计划的执行效果，应该有一个科学的考评方法，以推动材料计划的实现，在考评中的一个重要内容就是建立材料计划指标体系，可包括几项指标：采购量及到货率；供应量及配套率；自有运输设备的运输量；占用流动资金及资金周转次数；材料成本的降低率；三大材料的节约率和节约额。通过指标考评，以激励各部门实施材料计划。

为了保证计划的实现，在计划执行过程中必须进行认真检查，检查的内容包括：供货合同执行情况；短线产品的供需情况；重点工程或用量较大工程的单位材料消耗定额管理情况；主要材料的库存周转情况；施工生产计划中各单位工程形象进度完成情况等。通过检查，发现供求脱节的现象，应及时进行调整，以求得在新的基础上的平衡。

4. 材料的采购

建筑施工企业材料管理的四大业务环节，即采购、运输、储备和供应，其中采购是首要环节。材料采购就是通过各种渠道，把建筑施工所需用的各种材料购买进来，保证施工生产的顺利进行。没有采购，就没有材料供应，就没有施工生产的顺利进行。因此采购是决定其他三项业务环节的基础因素。

（1）材料采购应遵循的原则

材料采购占用大量资金，其采购的材料价格高低、品质优劣，都对企业经济效益起着重大作用，因此材料采购必须遵循以下原则：

①执行采购计划。采购计划是采购工作的行动纲领，按照采购计划安排采购时间、品种、规格和数量，可以减少资金占用，避免盲目采购而造成积压，发挥资金最大效益。

②加强市场调查，收集经济信息。每次材料采购，尽量做到货比三家，对批量大、价值高的材料采购，可采用公开招标供应办法。坚持“三比一算”的原则，比质量、比价格、比运距、算成本是对采购环节加强核算和管理的基本要求。在满足工程质量要求条件下，选用价格低、距离近的采购对象，从而降低采购成本。

③遵守企业采购工作制度。不做无原则交易，不违反财经纪律。熟悉有关经济合同法、财经制度及工商行政管理部门的规定。

④讲求信誉。及时清理经济手续，不拖欠货款，做到物款两清，手续完备。

(2) 材料的供应方法

材料供应，就是要及时地、全面地、连续地按质按量地为企业施工生产提供劳动对象和劳动工具的活动。材料的供应方法一般有两种：一是直达供应；二是中转供应。这两者是相辅相成的，采取何种形式，必须根据施工现场实际情况而定，但应遵循减少中转，能直供的不中转的供应原则。

①材料直达供应，即施工生产企业根据材料供需双方签订的供货合同，将材料直接从供货单位供应至需用单位，不经过仓库中转的供货方法。它具有缩短周转时间，减少运输消耗和仓库保管费用，加速材料周转和资金周转等优点。建筑施工现场的大堆材料，均应采取直达供应的方法。

②中转供应是将不具备直达供应的材料，作适量的仓库储备。然后根据生产需要，再由仓库供应至工地。这些材料具有通用性强、用量小、品种规格多、需用可变性大等特点，如建筑工地常用的零星小五金材料、辅助材料等。

(3) 材料采购订货

材料订货是指需用单位在采购选择确定所购买的材料后，与供货单位按双方商定的条件，以合同形式约定某种材料供需衔接的工作过程。在市场经济条件下，建筑企业的材料采购工作要根据复杂多变的市场情况，采用灵活多样的采购方式，既要保证施工生产需要，又要最大限度降低采购成本，常用的材料采购方式主要有：现货供应、期货供应、赊销供应、招标供应等。建筑企业要根据不同材料的采购，采用不同的采购方式。当然，在千变万化的市场环境中，采购方式不是一成不变的，企业要把握市场，灵活应用采购方式。

(4) 材料采购合同

材料采购除现货供应货款两清外，一般都应签订订货合同，以确定采购供应职责。签订合同应遵循平等、自愿、诚实、协商一致的原则。材料采购订货合同的基本内容包括材料供应条件：供应的材料名称、品种、规格型号、数量、计量单位、质量、包装等要求；材料交接条件：交货期限、交货地点、交货方式、运输方式、验收方式等；货款结算条件：材料的结算价格、结算金额、结算方式、结算银行及账号、拒付条件和拒付手续等；履行合同的经济责任：违约赔偿办法等；合同附则条件：包括合同的有效期限、合同份数、未尽事宜及合同变更修改办法、合同签订单位及法人代表的签章等。

### 8.3.4 材料的库存决策和库存管理技术方法

建筑企业为了保证施工生产连续地有节奏地进行，需要建立一定的材料储备，也就是材料的库存。企业的库存必须经济合理，不能过多也不能过少。如果库存量过多，就会积压资金，增加库存保管费用；如果库存量过少，就会导致停工待料，延误工期，造成损失。因此材料的储备应有个合理的界限，这个合理的储备界限就是材料的储备定额。

1. 材料储备定额的概念

材料储备定额，是在一定的生产技术和组织管理条件下，为保证企业施工生产的正常进行所必需的合理储备材料的数量标准。建筑材料在施工中是逐渐地被消耗并转化成工程实体的组成部分，而各种材料的供应却是间断、分批进场的，为解决这个矛盾，企业就必须建立一定的材料储备。储备过多会造成材料积压，影响企业资金的周转，过少又不能保证生产的正常进行，因此确定材料储备定额，要依据下列两个原则，即材料储备数量能够满足施工生产需要，并且储备量应该是最低限度的。

2. 材料储备定额的作用

(1) 材料储备定额是企业编制材料供应计划，确定订购批量和进料时间的重要依据

在材料供应计划中，利用库存是一项重要的供应措施。材料储备定额制定的合理，可以缓解材料供需矛盾，保证供应计划的实现。同时，企业材料采购的次数，一次进货数量即采购批量，都需要依据最佳储备数量而确定，由此必然影响到订购周期、进料频率，影响到仓库验收、保管发放等一系列业务工作。因此，制定合理的材料储备定额，是储备管理的重要内容之一。

(2) 材料储备定额是控制库存数量，考核库存水平的标准

材料储备定额，是根据施工生产和需求特点，根据资金状况和企业供应方式，根据企业管理水平综合制定的。材料储备定额是确定合理的储备数量，以此为衡量标准，则储备量超过材料储备定额，可能造成材料周转缓慢，资金占用增加，保管

投入加大，材料利用效率下降等问题；储备量低于材料储备定额，可能影响施工生产，造成配套供应困难，仓库利用率低等各方面问题。因此应以材料储备定额为标准控制储备量，使库存数量始终处于合理水平。

（3）材料储备定额是核定储备资金、确定仓库储备面积、保管设备和管理人员的依据

材料储备定额是综合了各方面的因素而确定的数量标准。在企业编制资金使用计划时，储备定额正确合理与否直接影响到占用流动资金的大小和周转的快慢，影响企业经营成果的好坏。因此，可以据此确定储备材料资金占用水平、周转水平，确定库房、库区利用面积，装卸搬运机具、工具的配备和管理人员的配备，从人力、物力、财力三方面保证仓库工作运转正常，保证良好的配套供应能力。

3. 材料储备定额的计算

在社会再生产过程中，按材料储备所处的领域和所在的环节，一般分为生产储备、流通储备和国家储备。建筑企业的材料储备是生产储备，它处于生产领域内，是为保证生产进行，材料不间断供应而建立的储备。它由经常储备、保险储备和季节性储备组成。

（1）经常储备

经常储备也称周转储备，是指企业在前后两批材料到货间隔期内，为保证施工生产正常进行所需要的材料经常储备量。经常储备量是一个周期性的变量，它随着供应情况和生产变化而不断变动。

经常储备量的计算公式如下：

经常储备量＝（验收天数＋整理准备天数＋平均供应间隔天数）×平均每天材料需用量

式中：验收天数是指材料到达企业后在入库前所需的检验、清点计量、分类验收等的天数。

整理准备天数是指有些材料在投入施工生产使用前进行加工、技术处理和生产准备等所需的时间。

平均供应间隔天数是指前后两次购买材料之间相隔的天数（一般包括在途天数）。通常以算术加权平均法计算：

$$\text{平均间隔天数}=\frac{\sum(\text{供货间隔期}\times\text{供货量})}{\sum\text{供货量}} \tag{8-9}$$

材料经常储备如图 8-1 所示。

从图 8-1 可知，当一批材料进入企业时，此时材料储备达到最高水平，这一点叫做材料最高经常储备（最高库存），是储备量的上限，一般不得超过，如有超过则将造成超储积压。随着生产的耗用，材料储备量逐渐下降，直到下一批到货入库、验收、加工整理前，此时库存量为最小，叫做最低经常储备（最低库存），是

储备量的下限。此时如不及时到货，将产生动用保险储备或造成停工待料的可能。建筑企业的日常材料经常储备，只能在最高库存和最低库存之间进行。

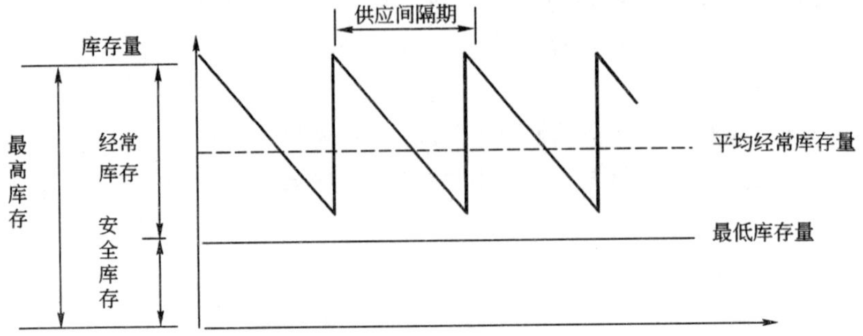


图 8-1 经常库存和安全库存

（2）保险储备

保险储备也称安全储备，是指企业为了防止意外情况（如交货脱期，到货质量不符合要求退货等）造成的材料供应脱期，或适应生产中各种材料需用量的临时增加而建立的材料储备。为了保证施工生产的顺利进行，就需要在经常储备之外，对一些关键性的材料建立一部分保险储备。保险储备一般是一个常量，在正常情况下是不允许动用的，特殊情况下动用后，应立即补上。保险储备时间的计算，通常按历史统计资料确定，即从某种材料中断开始，到以最快速度重新取得可投入施工生产需要的时间为止。如图 8-2 所示。

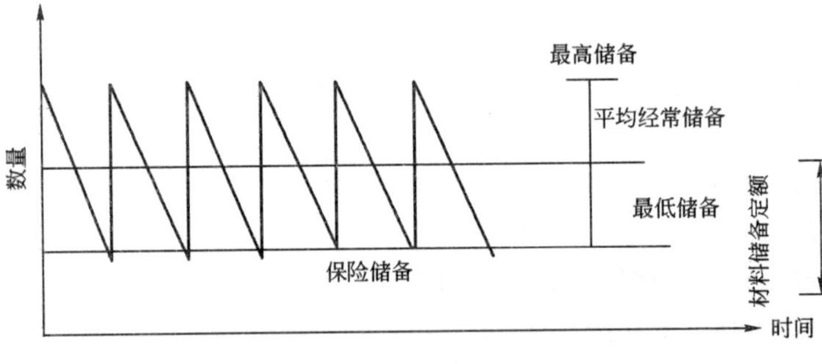


图 8-2 保险储备

计算公式如下：

保险储备＝平均每天材料消耗量×保险天数

（3）季节储备

季节储备是指企业为了适应某些材料的生产、供应受季节性的影响而中断的情况所建立的材料储备。如某些农副产品必须在收获季节采购储备，某些砂石材料因受洪、冻季节的影响需提前备料等，这种临时增加的储备，只限于某些特定材料，一般材料不需作季节储备。

季节性材料储备量＝季节性材料储备天数×平均每天材料消耗量　　(8-10)

（4）材料储备定额的确定

由于企业库存材料的领用，通常是根据工程施工进度的每日耗用量成有规律递减。在确定材料经常储备定额时，不必按到货期的最高储备计算，通常按库存材料的最大值和最小值平均计算，或以（期初＋期末）÷2计算，因此在确定企业某种材料储备定额时可按材料经常平均储备量加材料常年保险储备量计算。

材料储备定额＝材料平均经常储备量＋材料保险储备量　　(8-11)

实行保险储备后，能在供应不正常、需用有变动的情况下，仍保持供应不脱节。

#### 4. 材料库存管理的技术方法

材料库存管理的技术方法，目前最基本的有ABC分类法、定量订购法（经济订购批量）和定期订购法。

（1）ABC分类法

要搞好材料管理，首先就要对库存材料进行分类，抓住"关键的少数，次要的多数"，找出重点管理的材料。建筑企业所需要的材料种类繁多，消耗量、占用资金及重要程度各不相同，只有实行重点控制，才能达到有效管理。ABC分类法就是一种科学的抓重点的管理方法。

在一个企业内部，材料的库存价值和品种数量之间是存在一定比例关系的，如表8-2所示。根据这一规律，将品种较少但需用量大、资金占用较高的材料，划分为A类；将品种数不多、资金占用额相当的划分为B类；而将品种数量很多、占用资金比重却较少的材料划分为C类，如图8-3所示。

**ABC分类及管理要求**　　表8-2

| 分　类 | 比　例 | 管理要求 |
|---|---|---|
| A | 占总品种数的5%～10%<br>占总金额的10%～80% | 精心管理，定期检查，控制进货，压低库存。 |
| B | 占总品种数的10%～25%<br>占总金额的10%～20% | 按经营方针，调节库存，管理方法可适当灵活，保险存量可稍大些。 |
| C | 占总品种数的70%～80%<br>占总金额的5%～10% | 简化管理，按最高储备定额核定库存，采用定期交点订货。 |

根据ABC三类材料的特点，可分别采取不同的库存管理方法。A类材料是重

点管理的材料，对其中的每种材料都要规定合理的经济订购批量，尽可能减少安全库存量，并对库存量随时进行严格盘点。把这类材料控制好了，对资金节省将起重要的作用。对B类材料也不能忽视，也要认真管理，控制其库存。对于C类材料，可采用简化的方法管理，如定期检查库存，组织在一起订货运输或适当加大订货批量等。

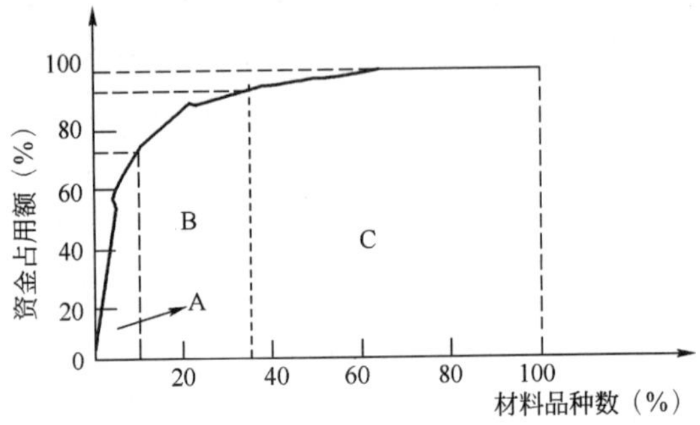


图 8-3　ABC 分类图

（2）定量订购法

定量订购法是指某种材料的库存量由最高库存消耗到最低库存之前的某一预定的库存量水平时，就提出并组织订货，每次订货的数量是一定的。提出订货时的库存量称之为订购点库存量，简称订购点。每次订货的数量称之为订购批量。

见图 8-4，随着施工生产的进行，库存材料逐渐消耗，当库存量下降到订购点即 A 点时，就立即提出订货，订购数量为 $Q$。这批材料在 B 点时到达入库，这时库存量升到 C 点，以后随着材料出库，库存量逐渐减少，又到订购点 D 点时，再进行订购，订购数量仍为 $Q$，这样以此重复进行。

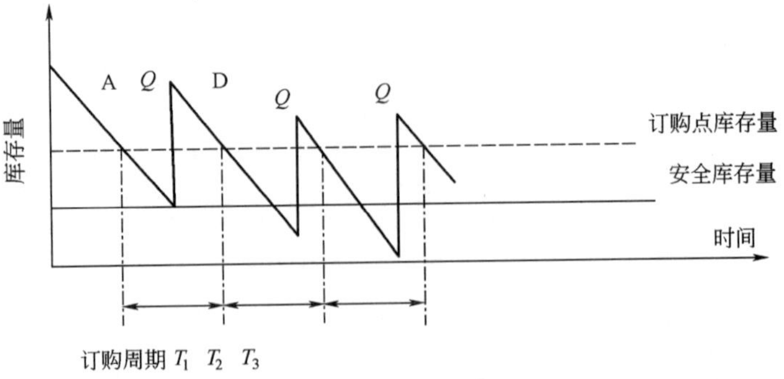


图 8-4　定量订购图

经济订购批量（$EOQ$）。经济订购批量是指某种材料的订购费用和仓库保管费用之和最低时的订购批量。

订购费用是指使某种材料成为企业库存的有关费用，主要包括采购人员的工资、差旅费、采购手续费、检验费等。订购费用的特点是随订购次数的增加而增加。通常年需要量一定时，订购费用又随订购批量的增加而减少。

仓库保管费是指材料在库或在场所需要的一切费用，主要包括库存材料占用流动资金的利息、仓库及仓库机械设备的折旧费和修理费、燃料动力费、采暖通风照明费；仓库管理费，如仓库职工工资及办公费、管理费；库存材料在保管过程中的损耗；以及由于技术进步而使库存材料性能陈旧贬值而带来的损失等。仓库保管费用的特点是随库存量的增长而增长，也就是说与订购批量成正比。通常以年度为期限，按平均库存值的百分率表示。

订购批量与订购费用、仓库保管费用、总费用的关系如图 8-5 所示。

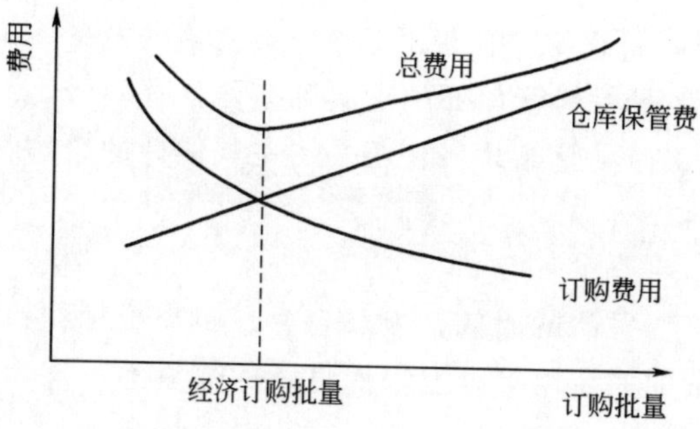


图 8-5　订购批量与费用关系图

订购费用和仓库保管费用之和即总费用为最小的经济订购批量（假定以年度为单位期限）可由以下推导的公式求得：

设：$R$——全年某种材料的需要量；

$C$——该材料的单价；

$P$——每次订购费用；

$I$——单位材料年度库存保管费率；

$Q$——每次订购批量。

因此，

年度总费用＝年度订购费用＋年度仓库保管费用

＝全年订购次数×每次订购费用＋全年平均库存值×仓库保管费率　　(8-12)

即：$T_C = \frac{R}{Q} \cdot P + \frac{CQ}{2} \cdot I$

求 $T_C$ 最小时的订购批量 $Q$，须令 $\frac{dT_C}{dQ}=0$

$$\frac{dT_C}{dQ}=\frac{RP}{Q^2}+\frac{CI}{2}=0$$

$$\frac{CI}{2}=\frac{RP}{Q^2}$$

$$Q^* =\sqrt{\frac{2RP}{CI}}$$

$$\text{经济订购批量}(Q^*)=\sqrt{\frac{2\times\text{年需要量}\times\text{每次订购费用}}{\text{材料单价}\times\text{仓库保管费率}}}$$

**[例 8-1]** 某公司年需要某种材料 10000 件，每次订购费用为 100 元，仓库保管费率为 10%，材料单价为 20 元，则

$$\text{经济订购批量}=\sqrt{\frac{2\times10000\times100}{20\times0.1}}=\sqrt{1000000}=1000\text{（件）}$$

在图 8-5 中，经济订购批量就是仓库保管费用等于订购费用的批量。

计算 *EOQ* 所用的数据，一般是材料管理部门对实际值的最佳估计，所以不应认为 *EOQ* 值是一个很精确的数字。尽管如此，它还是比主观估计的合理批量精确得多。

(3) 定期订购法

定期订购法是事先确定好订货采购的时间，例如每月、每季或每旬订购一次，到达订货日期就组织订货，订货的周期相等。但每次订货的数量不一定，如图 8-6 所示。

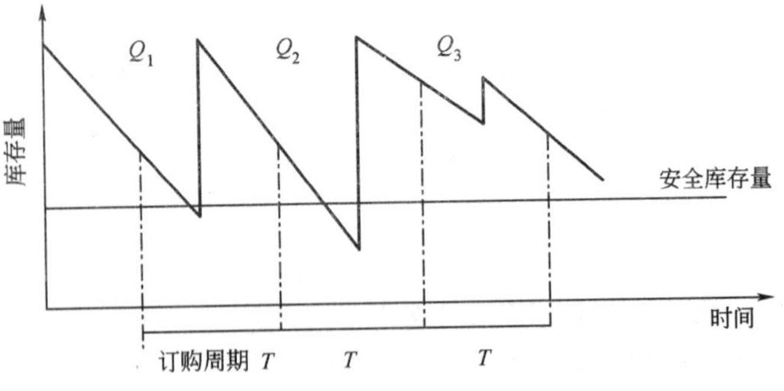


图 8-6 定期订购图

采用定期订购法，一是需要确定订购周期，即多长时间订一次货，具体什么时间订货；二是需要确定每次的订购数量。

订购周期，一般是先用材料的年需要量除以经济订购批量求得订购次数，然后

用365天除以订购次数确定的。订购的具体日期应考虑提出订购时的实际库存量高于安全库存量，并满足订购期间的材料需要量。

每次订购的数量是根据下一次到货前所需材料的数量减去订货时的实际盘存量而定。其计算公式为

订购量＝（订购天数＋供应间隔天数）×平均日需要量＋安全库存量－实际库存量

定期订购由于订货时间是固定不变的，所以其保险储备必须考虑整个供应间隔期和订购期间的需要，不得不适当多留一些。

采用定期订货方式，由于在订货期对各种材料统一组织订货，所以不要求平时对每种材料严格实行永续盘点，这可以简化订货组织工作，降低订货费用。另外，这种订货方式可以事先与供货方协商供应时间，做到有计划地安排产需衔接，有利于双方实行均衡生产。

我们可以根据经济订购批量公式计算出每次订货的最优供应天数、每年最优订购次数、最大库存值和平均库存值。例如我们可以求出每年最优订购次数（$N^*$）如下：

令 $N$ 为每年订购次数，则：$Q=\frac{R}{N},\frac{R}{N}=\sqrt{\frac{2RP}{CI}}$

$$N^*=\sqrt{\frac{RCI}{2P}}$$

［例8-2］　某建筑公司全年耗用水泥的总金额为50万元，每次订购费为700元，仓库保管费率为平均存货价值的10%，求：①最优订购次数；②每次最佳订购量；③每次订购时间间隔期？

**解**　①求最佳订购次数

$$N=\sqrt{\frac{RCI}{2P}}=\sqrt{\frac{500000\times0.1}{2\times700}}=6\text{ 次/年}$$

②每次最佳订购量

$$Q=\frac{R}{N}=\frac{5\times10^4}{6}=8.333\text{ 万元}$$

③每次订购时间间隔 $\frac{365}{6}\approx60$ 天。

### 8.3.5 材料管理评价

材料管理评价就是对企业的材料管理状况进行分析，发现材料供应、库存、使用中存在的问题，找出原因，采取相应的措施对策，以达到改进材料管理工作的目

的。因此，材料管理评价是搞好材料管理的重要环节。材料管理评价一般分为三个部分，即供应情况、库存情况、消耗情况的分析和评价。

1. 材料供应情况分析

材料供应情况分析，又称材料收入情况分析。它是把主要材料分类进行，并从供应数量、时间、品种规格的齐备情况分析入手，找出影响材料正常供应的问题所在。

供应数量分析，要按一定时期的材料供应计划的需要量与该期的实际收入量比较，研究收入量不足的原因，是订货量不足，还是供货单位组织运动或发货时间延误的原因，然后针对原因，想办法及时解决，以便保证供应。

供应时间分析，有时供应数量没问题，而是由于供应时间不平衡，满足不了施工进度的要求，这也要查明原因，采取措施解决。进货品种规格情况分析，主要分析进货品种规格是否齐全配套，一般用进货品种齐备率表示：

$$\text{进货品种齐备率}=\frac{\text{实际进货品种数}}{\text{计划进货品种数}}\times 100\% \tag{8-13}$$

2. 材料库存情况分析

库存情况分析的目的在于了解材料的周转情况和资金占用情况，以加速材料周转和减少资金占用。

$$\text{年度材料周转次数}=\frac{12\times\text{库存材料月需用量}}{\text{月末库存量}} \tag{8-14}$$

如某种材料每月需要为250t，月末库存量按月保持500t，可供两个月使用，那么一年该材料周转6次。

库存资金占用情况用库存资金占用率来表示。资金占用率为年度施工产值与库存总值之比。它反映每完成一定的施工产值占用多少库存材料价值，可用下式计算：

$$\text{库存材料资金占用率}=\frac{\text{材料平衡库存}}{\text{年度施工产值}}\times 100\% \tag{8-15}$$

材料库存总值可按全年月平均库存价值计算，或按各主要材料每一次最高库存价值计算，但要注意价格的波动因素。

3. 材料消耗情况分析

材料消耗情况分析要以定额为标准，按不同类型的消耗定额与实际情况进行比较，分析研究材料消耗超定额的原因，或找出节约材料的因素，作为改善材料消耗的依据。

材料消耗量直接关系到材料成本，材料价格变动也影响材料成本。所以在进行材料消耗分析时，应计算材料消耗的节约额或超支额，进行计划成本和实际成本的比较分析。

材料成本节约或超支额＝材料预算成本－材料实际成本

＝材料计划用量×材料预算单价－材料实际用量×材料实际单价 (8-16)

由于材料耗用量减少和材料价格变动而产生的材料成本的节约额可用下面公式计算：

材料成本节约额＝材料实际用量×（预算单价－实际单价）

＋（材料预算用量－材料实际用量）×预算单价 (8-17)

从上式看出，右端前面括号内是“价差”，后面括号内是“量差”。分析该式可知，降低材料成本的主要途径是，降低材料的实际耗用量降低材料的实际价格。

## 8.4 建筑企业机械设备管理

### 8.4.1 建筑企业机械设备管理概述

#### 1.机械设备管理的概念与意义

随着建筑科学技术的发展，建筑工业化、机械化水平正迅速提高，以机械施工代替繁重的体力劳动日趋增多，机械设备的数量、种类、型号也在不断增加。机械设备在施工中所起的作用越来越大，因此，加强对施工机械设备的优化管理工作就显得尤为重要。

机械设备管理是对机械设备从选购、验收、使用、维护、修理、更新到调出或报废为止的运动全过程的管理。按照优化原则，应对施工机械设备进行选择、合理使用与适时更新。

机械设备管理是建筑企业管理的一项重要内容，设备管理好坏，对于产品的品种、产量、减轻劳动强度、提高劳动效率以及减少原材料消耗、降低成本，具有极其重要的作用。如果机械管理不善，将使产品质量下降，产量减少，消耗增加，成本上升，对于某些需连续性施工的项目，如混凝土浇注、大坝施工等，由于设备故障停工，会造成严重的经济损失和社会影响。如果一个企业的设备发生故障停产，还会引起连锁反应，影响整个工程的进展，甚至成败。

机械设备是建筑企业从事施工的物质技术基础。机械设备管理工作是保证企业正常生产秩序和均衡施工的前提，是发挥机械效率、提高经济效果的重要条件，也有利于提高机械化施工水平、促进建筑工业化发展。由于建筑机械使用流动性大、服务对象多、露天作业时间长、固定程度差、负荷不均衡、受手工操作与现场多工种交叉作业影响等诸因素，增加了其管理的复杂性，也体现了管理的重要性。

2. 机械设备管理的任务和内容

机械设备管理的任务，主要是正确选择施工机械，及时维护和修理机械设备，保证机械设备经常处于良好状态，减少闲置和损坏，适时改造和更新机械设备，以提高机械设备的使用效率及产出水平，从而提高设备的经济效率。

机械设备管理的主要内容如下：

（1）正确配置机械设备。根据技术先进、经济合理的原则，通过技术经济评价，为施工生产提供性能好、效率高、作业成本低、通用性强、操作方便安全的机械设备。

（2）建立和健全机械设备管理制度。针对机械设备管理的特点，从合理操作和经济效率两个方面着手建立和健全各项规章制度，如机械设备的操作规程、岗位责任制、计划检修制度等。

（3）正确使用机械设备。做好日常管理工作，合理组织机械施工，充分发挥机械设备的效能，提高利用率和产出率。

（4）正确维修维护机械设备。按照检修制度，经常、及时做好维护、维修和检测工作，使其处于良好的技术状态，提高机械设备的完好率。

（5）正确进行机械设备的更新。根据设备的性能和技术改造规划，有计划、有重点地对现有机械设备进行技术改造和更新。

3. 机械设备的分类

建筑企业拥有的机械设备类型很多，从设备的范围来说，可以分为以下几类：

（1）生产性机械设备

一般指直接改变原材料属性、形态或功能的各种工作机械和设备。如各种挖掘机械，铲土运输机械，压实机械，钢筋混凝土机械，路面设备，木工机械，铝材切割、石材切割机械，焊接、热处理、冶炼设备，维修加工设备，锻压设备和风动工具等。

（2）动力设备

指用于生产电力、热力和其他动力的各种设备。如发电机，空压机，蒸汽锅炉等。

（3）传导设备

指用于传送固体、液体、气体和动力的各种设备。如上下水管道，蒸汽、压缩空气的传导管，电力网，输电线路和传送带等。

（4）交通运输设备

指用于运送材料和载人的各种运输工具。如各种汽车，工程起重机械，铲车、行车、电瓶车等。

(5) 仪器仪表

指用于工程和其他工作用的各种仪器、仪表和工具等。如测量仪器，测试仪器和科学实验设备等。

4. 机械设备的运动形态

所有机械设备都必须经历从选购，使用，损耗，补偿直到报废的运营过程。而机械设备的损耗及其补偿是决定机械设备管理的重要因素。机械设备的整个运营过程包括两种形态：物质运动形态和价值运动形态。物质运动形态包括设备的选购、进场验收、安装调试、使用维修、更新改造等；价值运动形态包括最初投资、折旧、维护修理和更新改造资金的来源、运用等。

在实际工作中，前者是机械设备的使用业务管理，一般称为机械设备的技术管理，由机械管理部门承担；后者是设备的经济管理，称为固定资金管理，由企业财务部门承担。

### 8.4.2 机械设备装备的外部因素

建筑机械设备装备的形式一般有三种：自制、购买和租赁。企业自行装备就是企业根据工作的性质、任务类型、施工工艺特点和技术发展趋势购置自有机械，自行使用。企业为达到较高的机械利用率和经济效果，因而自有机械设备应当是企业常年大量使用的机械。租赁，就是对某些大型、专用的特殊建筑机械的租用，一般企业自行装备在经济上不合理时，可向专门的机械供应站租赁使用。机械施工承包是指某些操作复杂或要求人与机械密切配合的机械，由专业机械化施工公司装备，组织专业工程队承包，如大型构件的吊装、大型土方工程等。因此，建筑企业在机械设备装备时，应分析企业外部对机械设备装备的制约因素，具体表现在以下几方面。

1. 国家有关机械设备装备的技术经济的方针政策

①贯彻机械化、半机械化和动力机具、改良机具相结合的方针，重点发展中小型机械和手持动力工具。应该认识到在一个相当长的时期内，机械化、半机械化和手工劳动仍将同时并存，这是由建筑生产的特点决定的，片面追求全盘机械化是不现实的。

②装备的优先顺序是只有用机械施工才能保证质量的工程，劳动强度大、作业条件差的工程，是机械施工生产的薄弱环节。

③机械装备必须以专业施工队伍和建筑结构为对象，按体系成套装备，应注意发展综合机械化。

④机械设备要立足于充分发挥现有机械设备的能力，根据任务变化，不断调整装备结构，提高设备效能。

⑤讲究经济效果，充分体现机械化的优越性。机械化的优越性，不仅表现在技术上先进，还表现在经济上合理。因此，作决策时应进行经济核算，以保证获得最大的经济效益。

2. 机械设备装备的资金来源

①企业自有资金。如企业税后利润中用作生产发展资金部分；企业固定资产折旧费、大修理费；企业由工程预算向建设单位提取的技术装备费。

②企业向银行贷款。

③企业通过发行股票或债券募集资金，以及企业内部职工的集资。

3. 未来建筑科学技术的发展方向和趋势的预测

如要考虑对未来建筑设计、建设结构、建筑材料、施工技术的发展方向和趋势的预测。同时，也要考虑环境保护和工人的安全健康等。

4. 租赁业的发展

建筑企业进行机械设备装备决策时，要考虑各省市、各地区租赁业的发展情况，这样才能保证企业合理使用设备资金。

### 8.4.3 机械设备的使用、维护和修理

1. 建筑机械设备的特点

①流动性强。由于建筑施工生产具有很大的流动性，机械设备也随之而移动，现场调动频繁。

②磨损快。建筑业多系露天高空作业，机械设备风吹、日晒、雨淋，深受自然界侵蚀，又由于搬迁安装，时间利用率低，易受颠簸，因而设备磨损加快。

③均衡性差。建筑机械负荷的均衡性较差，它的能力负荷——作业时间负荷的均衡性较差，易加快磨损。

④综合利用率低。建筑生产在同一现场的不同时间，或同一时间的不同现场进行配合作业，机械作业的连续性差，因而效率较低。

⑤管理的复杂性。由于建筑产品的多样性和工程复杂性，使建筑机械不易配套，且其品种规格复杂，相应也增加了管理工作量和维修工作的复杂性。

2. 建筑机械设备管理的基本制度

(1) 机械设备的基础资料

机械设备的基础资料，包括制造厂提供的技术文件资料（如使用说明书、日常

维护说明书、试验签证记录、配件目录及图纸等）和使用过程中试运转、运转、消耗、检查和维修、事故、改造等原始记录资料。

对于重要的施工机械，上述资料、记录、凭证等构成该设备的技术档案，对于次要的机械，可以参照上述内容编写履历表，存档保管。

（2）基本制度

以岗位责任制为中心的规章制度有：施工机械管理制度；岗位责任制，包括使用、维修、零配件供应和管理人员责任制，其中最主要的是机务人员的“三定责任制”（定机、定人、定岗），具体包括专机专人负责、机长负责制和机械班组负责制；技术检验、走合期规定和改装试验制度；技术操作规程；保养维修制度和保养修理技术规程；交接班制度；机械事故报告处理制度；定额管理制度；统计工作制度和单机机组核算制。

3. 机械设备的损耗

（1）机械设备损耗的形式

机械设备属于固定资产，其损耗包括有形损耗和无形损耗两类。机械设备的有形损耗也称实物损耗，包括使用损耗和自然损耗两类。使用损耗是机械设备在使用过程中，零件由于发生摩擦，震动，腐蚀和疲劳等现象产生的。这种损耗通常表现为机械零部件原始尺寸，形状发生变化，公差配合性质改变以及精度降低，零部件的损坏等。自然损耗是在机械设备的闲置过程中，由于自然力的作用而腐蚀，或由于管理不善和缺乏必要的维护而自然丧失精度和工作能力造成的损耗。

无形损耗是由于科学技术进步而不断出现性能更加完善、生产效率更高的设备，导致原有设备价值降低，或者是生产同样结构的设备由于工艺改进或加大生产规模等原因，使其重置价值不断降低，亦即原有设备贬值。这种无形损耗也可分为两种形式。一是由于相同结构设备重置价格的降低而带来的原有设备价值的贬值；二是由于不断出现性能更完善、效率更高的设备而使原有设备在技术上显得陈旧和落后所产生的。

（2）机械设备磨损规律

机械设备磨损规律，是指机械设备从投入使用以后，机械设备磨损量随时间而变化的规律。它大致可分为初期磨损阶段、正常磨损阶段和急剧磨损阶段三个阶段。

①初期磨损阶段。包括制造和大修理中的磨合磨损和使用期的走合磨损。此阶段内故障发生的原因，多是由于设计、制造上缺陷，零部件磨合关系不好，搬运、拆卸、安装时的缺欠，操作人员不适应。特别是对于进口机械设备，操作人员的不熟练造成初期故障率较高，对于使用单位来说，要慎重地进行搬迁、拆卸，严格地进行验收、试运转，以及培训好操作人员等。

②正常磨损阶段。包括使用磨损和自然磨损。此阶段设备处于正常运转时期，故障率最低，故障发生的主要原因是由于操作人员的疏忽与错误。因此，此时期的工作重点应是加强正确操作，做好日常维护和维修，机械设备的寿命在很大程度上决定于正确操作和日常维护。

③急剧磨损阶段。该阶段机械设备性能和效率降低，应进行维修与维护，产生磨损的主要原因是机械零部件老化和间隙增大，产生冲击荷载。此阶段是由于磨损严重，机械设备性能劣化而造成故障，为了防止其故障发生，就要在零部件达到极限磨损前加以更换。

（3）机械设备故障率变化规律

所谓故障率，就是机械设备在工作的单位时间内发生故障的次数。了解机械设备的磨损规律后，也就好理解机械设备故障变化规律。

①初期故障期。此阶段内故障发生的原因，多数是由于设计、制造上的缺陷，零部件磨合关系不好，搬运、拆卸、安装时的缺欠，操作人员不适应。特别对于进口机械设备，操作人员的不熟练造成初期故障率较高，对于使用单位来说，要慎重地进行搬迁、拆卸，严格地进行验收、试运转，以及培训好操作人员等。

②偶发故障期。此阶段设备处于正常运转时期，故障率最低，故障的发生主要是由于操作人员的疏忽与错误。因此，此时期的工作重点应是加强正确操作，做好日常维护和保养，机械设备的寿命在很大程度上决定于正确操作和日常维护。

③磨损故障期。此阶段是由于磨损严重，机械设备性能劣化而造成故障，为了防止其故障发生，就要在零部件达到极限磨损前加以更换。

4.机械设备的合理使用

（1）正确选配机械，合理组织机械施工

选配机械时应做到：根据工程量、施工方法和进度要求，确定机械机种规格，各机械间生产能力应当相适应，使每台机械都能充分发挥效能；要考虑尽可能在相邻工程项目上综合流动，多次使用，从而减少拆、装、运次数，提高设备利用率；工程量大而集中时，应采用大型专用机械设备，工程量小而分散时，应采用一专多用或移动灵活的中小型机械设备，以适应不同类型机械的特点；根据需要和可能，采用现代管理理论的经济性计算方法，在供需产生矛盾时寻求最优。

要合理组织机械施工，做好机械施工的计划工作，及时调度。编制机械设备的供需计划，要经过平衡，共同遵守执行。要避免少用多要，迟用早要，使机械使用有计划地进行。与此同时，要保证合理组织的有效性，保证原料供应，水、电、动力的供应，保证施工场地和施工顺序安排的合理性，安排好机械设备的维修维护，避免带病运行，使所有机械都得到充分有效的利用。

（2）实行定人、定机、定岗位责任的使用管理制度实行定人、定机、定岗位责任的三定制度是合理使用机械设备的基础和核心。把机械设备交给操作工人或班组固定使用，由他们负责保管、操作、维护和日常检修，在使用过程中对机械设备的技术状况和使用效率负责，以加强操作人员的责任心，保证安全生产，充分发挥机械设备的效能。凡属在用的机械设备，必须指定专人保管使用。“三定”的核心是执行岗位责任制。它要求机械操作人员严格遵守设备操作规程和设备维护规程，爱护机械设备，保管好原机零件、部件、附属设备和随机工具，认真执行交接班和操作证制度，填好运转记录，降低原材料和能源的消耗，提高机械设备质量，积极为施工生产服务。

（3）严格执行机械设备使用中的技术规定

①机械设备的技术试验规定。凡是新机械或经过大修、改装、改造、重新安装的机械设备，均应进行技术试验后方可投入使用。新机械设备的检验由机械管理部分负责；大修、改装和改造后的机械设备的技术试验，由承担维修任务单位负责；重新安装的机械设备的技术试验，由使用单位组织进行。

②机械设备走合期的规定。新出厂或新大修的机械设备在投产使用初期，必须经过运行磨合（走合）过程。因为新加工的零件表面有比较粗糙的刀痕和加工痕迹，或存在装配表面未达到良好配合的情况，还需经过一定时间的运行磨合，才能保证达到正常运转。

③机械设备寒冷季节使用规定。为确定机械设备寒冷季节的正常运行，防止低温影响使用和造成损坏事故，必须遵守机械设备寒冷季节使用规定。在进入寒冷季节前，要制定寒冷季节机械施工安全技术措施，并对机械操作人员进行寒冷使用机械设备的安全教育。在技术上，要执行机械设备寒冷季节使用的技术措施，包括机械冷却系统防冻措施，燃料、润滑油料的选用和机械使用中应遵守的事项等内容。

#### 5. 机械设备的检查

设备检查是对设备运转情况、技术状况、工作精度、零部件老化程度进行各种形式的检查和校验。设备检查是设备维护保养与修理工作的重要前提条件。通过检查能及时查明和清除隐患，针对发现的问题提出改进维修工作的措施；有目的地做好修理前的各项准备工作，以提高修理质量和缩短修理时间。设备检查从时间上可分为日常检查和定期检查；从技术上可分为机能检查和精度检查。

①日常检查是由操作人员结合日常维护进行的日检查和交班检查。凭借摸、听、看、嗅等方式或用简单的工具来进行。其目的是及时发现不正常的情况，并加以清楚和及时记录下来。

②定期检查是专业维修人员在操作人员的配合下，按计划进行检查，其目的是查明零部件磨损与腐蚀情况，以便确定修理类别、修理时间和修理前的各项准备工作。定期检查可进一步分为年检查、月检查等。

③机能检查又称功能检查。是对设备的各项功能进行检查和测定。如检查设备的漏油、漏水、漏气、防尘密封等功能情况。

④精度检查是对设备的精度进行检查和测定，以确定设备的实际状况。

6. 机械设备的维修维护

机械设备在使用过程中，不可避免地出现一些不正常的现象，例如紧固件松动，局部漏油，声音异常等。这种状况如不及时处理就会造成设备过早磨损。为了避免不应有的损失，必须经常对设备进行检查、调整和处理。如根据设备的技术资料或操作规程，对设备进行清洁、润滑、紧固、调整、防腐等工作，以减少磨损，延长设备使用年限，保证设备在正常条件下运转，这就是机械设备的维修维护。

机械设备维护的目的是为了保持机械设备的良好技术状态，提高设备运转的可靠性和安全性，减少零件的磨损，延长使用寿命，降低消耗，提高机械施工的经济效益。按工作量的大小可分为：日常维护和定期维护。

(1) 日常维修维护，又称例行维护，是操作人员每天（班）在设备使用前，使用过程中和使用后必须进行的工作，其基本要求是：操作者一概严格按操作规程使用设备，经常观察设备运转情况，并在班前、班后填写记录卡，通过维修保养，达到“整齐、清洁、安全、润滑”。

(2) 定期维护。定期维护的等级和内容，是根据机械设备的复杂程度、特性和作业环境等因素确定的。定期维护一般分为三级，大型机械实行四级维护制，小型机械实行二级维护制。

一级维护，是以定期检查为主，辅以维护性检修的一种间接预防性维修形式，除普遍地进行紧固、清洗、润滑、检查以外，还要部分地进行调整。主要内容是：检查、清扫、调整电器（控制）部位；彻底清洗、擦拭外表；检查设备内脏；检查、调整各操纵、传动连接机构的零部件；检查油泵，疏通油路，清洗或更换油毡、油线，检查油箱油质、油量；清除各活动表面毛刺；检查、调节各指示仪表与安全防护装置。在检查中，发现故障、隐患和异常现象要予以排除。一级维护以操作人员为主，由专业维修人员配合进行。

二级维护，是磨损的一种补偿形式，它是以维持机械设备的技术状况为主的检修形式。二级维护主要是进行内部清洗、润滑、局部解体检查和调整、更换或修复磨损件，使局部回复精度。对检测中获得的各项数据和状态情况，应及时、认真、详细记录。二级维护以专业维修人员为主，操作工人参加。

三级维护，它是以维修人员为主，对设备的主体部分进行解体检查与调整，更换部分零件。包括：二级维护项目；检查发动机运转情况，消除内部污垢，更换已磨损零件；对整机进行全面的清洗、检查、整修，排除异常现象，保持机况良好，机容整洁。

对不同机械设备规定维修维护的类别和内容时要考虑设备的生产工艺、结构复杂程度和完成任务情况详细制定。

7. 机械设备的修理

修理是通过修复或更换磨损零件，调整精度，排除故障，恢复设备原有功能而进行的技术活动，其主要作用是恢复设备精度、性能，提高效率，延长使用寿命，保持生产能力。设备修理方式有两种：一种是待设备磨损到不能再继续使用时才进行，这种方式称为“事后修理”或“故障修理”；另一种是在设备未损坏之前就进行，其目的不仅在于恢复设备应有的技术状态和效能，同时也为了防止在使用过程中，因零部件磨损增多而突然发生故障或事故，这种形式称为预防性修理。

（1）预防性修理的方式

预防性修理按修理的程度和工作量大小，一般分为小修、中修和大修，在国内实践中，还产生了项修。

小修是指对设备进行局部修理，没有固定时间，一般是根据机械故障情况临时安排。通常只需修复、更换部分磨损较快和使用期限等于或小于修理间隔期的零件，调整设备的局部机构，以保证设备能正常运行到下一次计划修理。

中修是指对设备进行部分解体，修理或更换部分主要零部件和数量较多的其他磨损件，并校正机械设备的基准，恢复达到技术要求。设备修理后质量管理部门和设备管理部门组织车间人员、主修工人和操作者根据中修技术任务书的规定和有关要求，共同检查验收。中修费用由生产费用开支。

大修是工作量最大的修理活动。大修要对设备进行全部拆卸和调整，更换或修复所有磨损部件，全面恢复设备原有精度、性能、效率，达到设备出厂时的水平。设备大修后，质量部门和设备管理部门应组织有关部门和人员共同验收。大修费用由专提的大修基金支付。

项修是根据设备的实际技术状态，对设备精度、性能达不到工艺要求的某些项目，按实际需要进行针对性修理，在项修时一般要求进行部分解体、检查、修复或更新磨损机件，必要时对基准件进行局部修理，从而恢复设备的精度和性能。因只对其中丧失精度的某些项目进行恢复性修理，甚至是提高性的改善修理，因此既节约人力、物力和修理费用，又能缩短停机时间。一般来说，项修所花费用为大修的40％～60％，而达到的效果仍能满足要求。因此，在我国项修已逐渐取代了中修，而且在某种程度上还可以代替大修。

（2）预防性修理的方法

预防性修理的方法大体上分为检查后修理法、定期修理法、标准修理法等三种方法

检查后修理法。这种方法是事先规定机械设备的检查期限，再根据检查的结果

和积累的修理资料，编制修理计划，确定修理的日期、类别和内容。这种方法的优点是简便易行，与其他修理方法相比，修理的费用较低；缺点是不易作好修理前的准备工作，停修时间可能较长。这种方法适用于在缺乏修理定额资料，不能掌握零件磨损规律和使用寿命的情况下采用。

定期修理法。这种方法是根据机械设备的实际使用情况和修理定额资料，制定检修计划，确定大致的修理日期、类别和内容。至于具体的修理日期、类别和内容，则需根据修理前的检查结果来确定。这种方法的优点是比较切合实际，便于做好修理前的准备工作，有利于采用先进的修理工艺，能缩短设备停修时间，保证修理质量，企业采用的比较普遍。

标准修理法。或者叫强制修理法。这种方法是根据零件磨损规律和使用寿命，明确规定检修的日期、类别和内容，到了规定的时间，不管设备状态如何，就要按计划强制进行修理。这种方法的优点是能充分做好修前准备，有效地保证设备正常运转。但是要事先精确地规定零件的使用寿命是比较难的，还容易增加修理成本。因此这种方法只适用于必须保证安全运转的特别重要的设备。

### 8.4.4 机械设备的改造和更新

#### 1.机械设备的改造

机械设备的改造是指对原有设备进行技术改革，以改善和提高机械设备的性能、精度及生产效率。对现有设备进行有效的改造，是企业挖潜、革新、改造的重要内容。机械设备的改造是一项极为精细复杂的工作，必须充分考虑其改造的必要性、技术的可行性和经济的合理性。

(1) 改造的必要性

必须根据生产技术发展的需要出发，针对设备对产量、质量、成本、安全、能源消耗和环境保护等各方面的影响程度，有计划、有步骤地进行。使设备经过革新改造以后，能达到预期的目的和要求。

(2) 技术上的可行性

一般来说改造规模小，不影响设备的主要性能，可由使用单位经有关部门批准，自行设计改装。但必须充分考虑技术上的可行性，一切要提前通过实验进行验证。

(3) 经济上的合理性

对于机械设备的各种改造方案，必须充分考虑经济上的合理性，要经过专业人员进行一系列的详细计算，从而进行技术经济论证和经济效果分析来选择。如果改造费用很高，或者改造后其效果很不理想，必须重新修改方案。

在机械设备进行改造时，必须与机械设备的大修理结合起来。这样，既能达到设备改造的目的，又能大大地节约改造费用，这是一种行之有效、经济合理的方法。

在机械设备改造的同时，必须坚持“自力更生”方针，充分发动群众，总结我国自己的先进经验。同时，也要重视吸收国外的科学技术上的新成就，在努力学习的基础上，做到“洋为中用”。

2. 机械设备的更新

(1) 机械设备更新的意义

机械设备的修理和改造固然重要，但是，由机械设备使用中的技术规律可知机械设备使用期限并不是无休止的。过去有一种陈旧的观念，以为设备的使用寿命越长越好，根本不考虑经济效果，甚至出现维修费和改造费超过更新设备费用时，还要千方百计地去维护陈旧和效率很低的设备，这种现象必须改变。

机械设备的更新，主要是指以新的、效率更高的设备，去更换陈旧的和经济上不合理的机械设备。由于现代科学技术日新月异，机械设备的陈旧化愈来愈快，更新的周期愈来愈短，例如有的工业发达国家的机械设备，20 世纪 50 年代的更新周期约为 10 年左右，到 70 年代已缩短为 5 年左右。原来以增加设备拥有量为主，现在已转移到以设备更新为主。目前，我国建筑机械设备大多数是七八十年代的老产品。为适应现代化的要求，充分发挥企业生产技术潜力，对现有设备进行更新，具有重要意义。

(2) 确定机械设备的寿命

机械设备的寿命是指设备从投入使用开始，经过有形损耗和无形损耗，直到在技术上或经济上不宜继续使用，需要更新改造所经历的时间。按其性质分为：自然寿命，经济寿命，技术寿命。

自然寿命，亦即物理寿命，指机械设备从开始使用起，直到由于有形损耗的原因造成不能继续使用为止所经历的整个时间。它与设备的维修、维护的状态有关，并可通过恢复性修理延长设备的自然寿命。

经济寿命，指设备从投入使用到因继续使用会造成经济上不合理而退出服务为止所经历的时间，是从经济角度考虑最合理的使用年限。设备使用到后期，虽没有达到自然寿命，但由于性能老化，维修费用日益增多，靠高额维修费来维持使用，在经济上不合理而应淘汰。

技术寿命，指设备从投产使用到由于新技术的出现使其丧失使用价值而被淘汰为止所经历的时间。技术进步越快，技术寿命越短。

(3) 经济寿命的确定

确定机械设备的经济寿命也就是决定设备的最佳更新期。设备更新的最佳时机，应根据不同设备类型用各种方法求得，常用的方法有最小平均费用法和低劣化数值法。

(4) 设备最佳更新时机

实际工作中经常遇到原有设备还未达到其最佳更新期，就出现了一种新型设备，是继续使用旧设备还是购置新设备，应采取动态管理的方法，用预决策技术判定方案的经济合理性，最后做出正确的选择。

(5) 建筑机械设备发展的趋势

随着科学技术的发展，建筑企业机械设备的技术含量愈来愈高，正在向专用大型化、多能小型化、液压化、电子化等方向发展。

专用大型化是指为提高生产效率和使用高层建筑而发展的大功率、大能力、大容量专门用途的新机种。为采取多台发动机或多机联合使用，或研制新型大功率发动机等。

多能小型化是指为了满足各种工程的不同要求而发展起来的多功能、多用途的新机种。

组装化是指在施工现场，根据作业需要，将某些独立的组装件进行组装，称为需要的机械。实行组装化，既可满足多种机械需要，又便于互换修理，减少机械闲置，有利于生产专业化和系列化。

轮胎化是指发展轮胎机械，使其机动性强，移动轻便，结构简单，维修方便，但轮胎容易磨损。

液压化是指广泛采用液压传动技术，可简化传动机械，减轻机械重量，操作起来平衡可靠，且便于实行标准化、系列化和通用化。

电子化是指采用电子技术，发展无线电遥控、自动控制、自动测量计量、保安控制，以提高自动化程度。

系列化是指同一种机械的性能、规格也要逐渐形成系列化。

3. 机械设备的考核指标

建立机械设备考核指标体系，是加强机械设备管理的重要措施。机械设备考核指标主要有：

(1) 装备生产率

装备生产率是考核企业机械装备在生产中创造价值大小的指标，是企业完成的年工作量与机械设备净值之比，也就是每元机械净值完成年度工作量的数值。

$$\text{装备生产率}=\frac{\text{年度完成的工作量}}{\text{机械设备的净值}} \tag{8-18}$$

(2) 设备完好率

设备完好率是反映报告期内机械设备技术状态和维修管理情况的指标。可分为日历完好率和制度完好率。日历完好率按日历台日数统计，制度完好率按抽除节假日的制度台日数统计。

$$日历完好率=\frac{报告期完好台日数}{报告期日历台日数}$$
$$制度完好率=\frac{报告期完好台日数}{报告期制度台日数} \tag{8-19}$$

(3) 设备利用率

设备利用率是反映企业在报告期内对机械台日利用情况的指标。分日历利用率和制度利用率两种。

$$日历利用率=\frac{报告期实际台日数}{报告期内日历台日数} \tag{8-20}$$

$$年度利用率=\frac{报告期实际台日数}{报告期年度台日数} \tag{8-21}$$

(4) 施工机械化程度

施工机械化程度是指利用机械完好的工程量占总工程量的百分比。它反映企业在施工中使用机械化代替劳动力的程度，是考察企业施工机械化水平的一项重要指标。用工种机械化程度和综合机械化程度指标来反映。

$$工种机械化程度=\frac{某工种工程用机械完成实物量}{某工种工程完成的全部实物量} \tag{8-22}$$

$$综合机械化程度=\frac{\sum（各工种工程用机械完成实物量\times各工种工程人工定额工日）}{\sum（各工种工程完成的总实物工程量\times各该工种工程人工定额工日）} \tag{8-23}$$

(5) 机械效率

机械效率是用以综合反映设备时间利用率和生产能力利用率的指标。计算公式如下：

$$机械效率=\frac{报告期内同类机械实际产量}{报告期内同类机械定额产量} \tag{8-24}$$

(6) 机械施工产值率

机械施工产值率是用以考核机械化施工程度的指标。计算公式如下：

$$机械施工产值率=\frac{机械施工完成产值}{施工总产值} \tag{8-25}$$

以上是反映企业机械设备水平和管理水平的主要指标，这些指标是与之密切相关的，不能独立看待，设备生产率和机械效率是反映机械使用效率的关键指标。机械设备要围绕着提高机械设备使用效率进行。

## 本章小结

本章首先概述了建筑企业施工生产管理的内容，其次详细介绍了建筑企业生产要素管理的内容，包括建筑企业劳动管理、材料管理和机械设备的管理。

建筑企业施工生产管理是指企业为了完成建筑产品的施工任务，从接受施工任务开始到工程交工验收为止的全过程中，围绕施工对象和施工现场而进行的生产事务的组织管理工作。施工管理按阶段划分的内容包括施工准备的管理、施工现场的管理以及交工验收的管理。

建筑企业劳动管理包括劳动定额管理、工资管理、劳动力的优化配置等内容。劳动定额是指在一定的生产、技术、组织条件下，为生产合格产品或完成一定量的工作所预先规定的劳动消耗量标准。工资是依据职工的技能、工作强度、责任、工作条件和实际贡献，以货币形式分配给个人的劳动报酬。劳动定员是根据企业一定时期的生产规模、任务和技术条件，本着节约用人、精简机构、提高效率的精神，规定企业必须配备的各类人员的质量要求、数量标准和比例。建筑企业人员包括：生产工人、学徒工、工程技术人员、管理人员、服务人员和其他人员等。

建筑企业的材料管理是指对施工生产过程所需要的各种材料的计划、订货、采购、运输、保管、发放、使用所进行的一系列组织和管理工作。建筑企业材料管理具有材料消耗的大量性与不均匀性、材料供应的多样性和多变性、材料储备的季节性和材料供应方式不固定等特点。其内容包括材料消耗定额的管理、材料供应计划的管理、材料库存管理等内容。材料储备定额，是在一定的生产技术和组织管理条件下，为保证企业施工生产的正常进行所必需的合理储备材料的数量标准，由经常储备、保险储备和季节性储备组成。材料库存管理的技术方法，目前最基本的有 ABC 分类法、定量订购法（经济订购批量）和定期订购法。

建筑企业的机械设备管理是对机械设备从选购、验收、使用、维护、修理、更新到调出或报废为止的运动全过程的管理。建筑机械设备具有流动性强、磨损快、均衡性差、综合利用率低和管理的复杂性等特点。机械设备磨损规律，是指机械设备从投入使用以后，机械设备磨损量随时间而变化的规律。它大致可分为初期磨损阶段、正常磨损阶段和急剧磨损阶段三个阶段。机械设备检查是对设备运转情况、技术状况、工作精度、零部件老化程度进行各种形式的检查和校验。机械设备的维护是为了保持机械设备的良好技术状态，提高设备运转的可靠性和安全性，减少零件的磨损，延长使用寿命，降低消耗。机械设备修理是通过修复或更换磨损零件，调整精度，排除故障，恢复设备原有功能而进行的技术活动。机械设备的改造是指对原有设备进行技术改革，以改善和提高机械设备的性能、精度及生产效率。机械设备的更新主要是指以新的、效率更高的设备，去更换陈旧的和经济上不合理的机械设备。机械设备的寿命是指设备从投入使用开始，经过有形损耗和无形损耗，直到在技术上或经济上不宜继续使用，需要更新改造所经历的时间。按其性质分为自然寿命、经济寿命和技术寿命。

## 复习思考题

1. 建筑企业生产管理的主要内容有哪些？
2. 简述施工项目管理的主要内容。
3. 项目竣工验收的依据有哪些？
4. 劳动定额的概念与特点是什么？

5. 简述劳动保险的种类。
6. 建筑企业材料管理的任务是什么？
7. 如何确定材料的消耗定额和储备定额？
8. 什么是材料最高储备？平均储备？最低储备和保险储备？
9. 材料储备定额与材料经常储备有什么区别？
10. 什么是ABC分类法？它的特点是什么？
11. 机械设备管理的内容和任务是什么？
12. 机械设备装备的原则有哪些？
13. 机械设备的损耗分哪几种？
14. 如何保证机械设备的合理使用？
15. 如何进行机械设备的修理？
16. 机械设备的维修维护和检查包括哪些内容？

## 参考文献

[1] 孙兴民．建筑企业管理．北京：科学出版社，2002.
[2] 张海贵．现代建筑施工项目管理．北京：金盾出版社，2001.
[3] 周直．工程项目管理．北京：人民交通出版社，2001.
[4] 石勇民．施工企业经营管理学．北京：人民交通出版社，2001.
[5] 武育秦．建筑工程经济与管理．湖北：武汉工业大学出版社，1997.
[6] 黄定显．建筑经济与企业管理．江西：江西高校出版社，1996.
[7] 黄仕诚．建筑工程经济与企业管理．湖北：武汉工业出版社，1996.
[8] 黄强．建筑企业管理与改制．北京：中国建筑工业出版社，2002.
[9] 田金信．建筑企业管理．北京：中国建筑工业出版社，2004.

# 第9章 建筑企业技术管理

**本章概要**

1. 建筑企业技术管理的概念、任务和内容；
2. 建筑企业技术管理的基础工作；
3. 建筑企业技术管理的标准化工作和工法制度。

## 9.1 建筑企业技术管理概述

### 9.1.1 建筑企业技术管理的概念和任务

#### 1.建筑企业技术管理的概念

建筑企业技术管理是对建筑企业中的各项技术活动过程和技术工作的各种要素进行的科学管理工作。建筑施工过程是建筑产品的生产过程，也是一系列技术活动进行的过程。因此，技术管理是建筑企业管理的重要组成部分。企业的技术管理活动不仅研究某项技术问题如何解决，而且还研究如何对各项技术活动和技术工作进行管理，即运用管理的职能促进各项技术工作的开展，保证施工生产的顺利进行。技术管理的基本概念如图 9-1 所示。

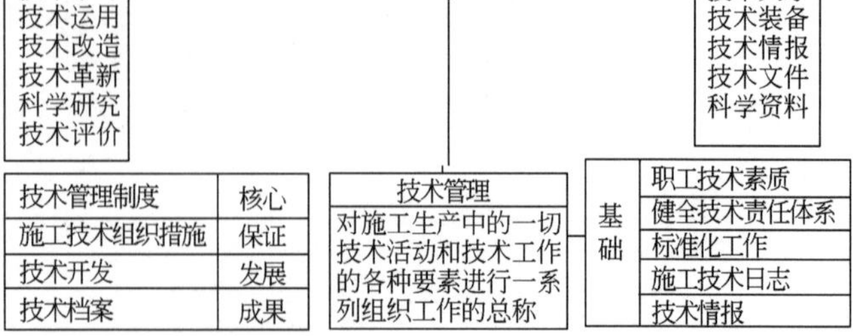


图 9-1 技术管理的基本概念

建筑企业技术管理工作是至关重要的。据预测表明：将来采用新技术的新产品将占总销售额的三分之一，采用改进技术的新产品将占总销售额的三分之一以上，采用原技术的老产品将占总销售额的三分之一以下。这说明，在科学技术飞速发展的时代，如果技术水平跟不上时代的步伐，将会在激烈的市场竞争中被淘汰。建筑企业技术水平的高低，除受建筑企业所拥有的技术本身决定以外，还受建筑企业技术管理水平决定，并且技术管理水平更为重要。因为，建筑企业所拥有的技术人才和技术装备，只有通过技术管理工作，才能真正发挥技术作用，做到人尽其才，物尽其用，建筑企业必须加强技术管理工作，提高技术水平，增强生存发展能力。

2.建筑企业技术管理的任务

建筑企业技术管理的基本任务有5个方面：

(1) 正确贯彻国家的技术政策和上级对技术工作的指示与决定。

(2) 按照"现场第一，强化服务"的原则，建立和健全组织机构，形成技术保障体系，按照技术规律，科学地组织各项技术工作，充分发挥技术的作用。

(3) 建立技术责任制，严格遵守基本建设程序、施工程序和正常的生产技术秩序，组织现场文明施工，保证工程质量，安全施工，降低消耗，提高建设投资和生产施工设备投资效益。

(4) 促进企业的科学研究、技术开发、技术教育、技术改造、技术更新和技术进步，不断提高技术水平。

(5) 努力提高技术工作的经济效果，做到技术与经济的统一。

### 9.1.2 建筑企业技术管理的内容

建筑企业技术管理的内容是由技术管理的任务所决定的，又是与建筑施工技术工作的特点相适应的。建筑企业技术管理工作的内容如图9-2所示。从图中可以看出，建筑企业技术管理的工作内容包括基础工作和基本工作两个部分。技术管理的基本工作是紧紧围绕技术管理的基本任务而展开的，它与技术管理的基础工作之间是相辅相成相互依赖的关系。技术管理的基础工作是为有效地开展技术管理的基本工作开道。所以，建筑企业只有全面地做好上述技术管理工作，才能保证企业生产技术活动得以正常进行，生产技术准备水平、工程质量、劳动生产率和经济效益得以不断提高，从而增强企业的技术经济活动，使自身得以不断发展壮大。

### 9.1.3 建筑企业技术管理的基础工作

技术管理的基础工作是指为实现技术管理创造前提条件的最基本工作。

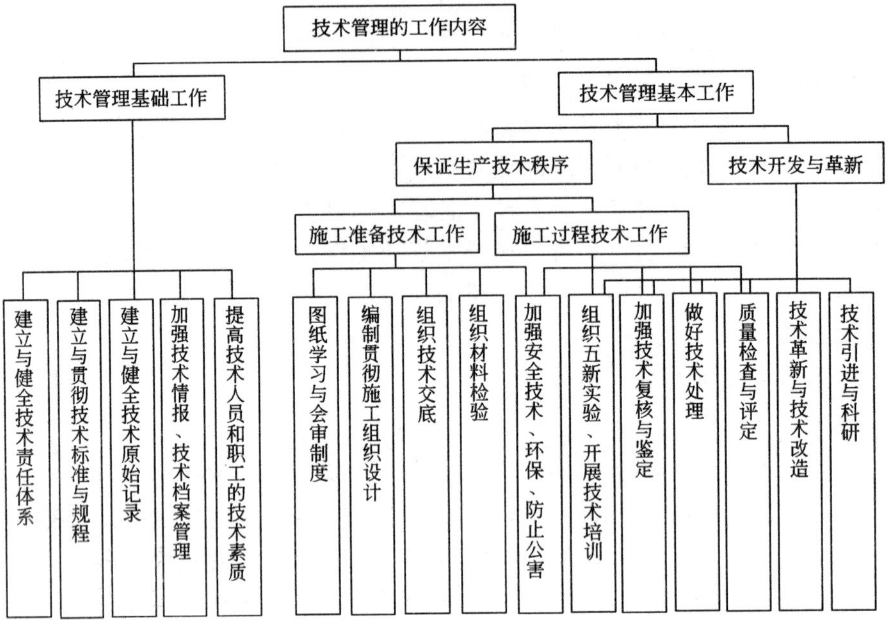


图 9-2　技术管理工作的内容

1. 制定与贯彻技术标准和技术规程

建筑安装工程技术标准，是对建筑安装工程质量、规格及其检验方法等所作的技术规定，是企业技术管理的依据。

我国现行的建筑安装工程技术标准有：《建筑安装工程施工及验收规范》、《建筑安装工程质量检验评定标准》。施工验收规范主要规定分部、分项工程的技术要求、质量标准及其检验方法。质量评定标准则是根据验收规范的要求制定具体的检验方法，评定分部、分项和单位工程质量等级标准的依据。

技术标准可分为 3 级：国家标准、部标准（专业标准）和企业标准。部标准（专业标准）和企业标准不得与国家标准相抵触；企业标准不得与部标准（专业标准）相抵触。企业标准仅限于本企业范围内使用，是对国家和部标准中没有列入的项目所作的补充。为了不断提高产品质量，企业可以制订比国家和部标准更先进的技术标准。

建筑安装工程技术标准是建筑业长期生产实践经验的总结，也是建筑安装工程施工的标准，在技术管理上具有法律效力。技术标准反映了一个国家或一个企业在一定时期内的生产技术水平。技术标准不是一成不变的，随着国家技术经济条件的不断发展，必须及时进行修订。通常要求每隔 3～5 年检查一次，分别予以确认、修订或废止。

技术规程是对建筑产品的生产施工过程、操作方法、设备的使用与维修、施工安全技术等方面所作的具体技术规定。

我国现行的建筑安装工程技术规程有:《建筑安装工程施工操作规程》、《建筑安装工程安全操作规程》。

技术规程因地区操作方法和操作习惯不同,在保证达到技术标准的前提下,一般由地区或企业自行制订执行。技术规程制订时,必须严格按照技术标准的要求,总结广大群众的生产实践经验,在合理利用企业现有生产技术条件的同时,尽可能地采用国内外比较成熟的先进经验,以促进企业生产技术的发展。

除了上述的标准和规程外,国家还制定了一系列技术政策和法规,企业必须正确贯彻执行。贯彻国家的技术政策,要注意因时因地制宜,从企业实际情况出发,制订规划逐步实现。

#### 2.建立与健全技术责任制

技术责任制是指将企业的全部技术管理工作分别落实到具体岗位(或个人)和具体的职能部门,使其职责明确,并制度化。

企业内部的技术管理,实行公司和项目经理部两级管理。公司工程管理部下设技术管理室、科研室、实验室、计量室,在总工程师领导下进行技术、科研、试验、计量和测量管理工作。项目经理部设工程技术股,在项目经理和主任工程师领导下进行施工技术工作。总工程师、主任工程师是技术行政职务,系同级行政领导成员,分别在总经理、项目部经理的领导下,全面负责技术工作,对本单位的技术问题,如施工方案、各项技术措施、质量事故处理、科技开发和改造等重大问题有决定权。

建立技术责任制,不只是使各级技术人员具有一定的职权,更重要的是要充分发挥他们的作用。各级技术人员在做好职权范围内工作的同时,要不断地更新知识,树立开拓精神。使企业具有先进的施工技术和科学的管理水平。

#### 3.建立与健全技术原始记录

技术原始记录,是整个企业管理基础工作的重要组成部分。它包括:材料、构配件及建安工程质量检验记录;质量、安全事故分析和处理记录;设计变更记录,以及施工日记等。技术原始记录是评定产品质量、技术活动质量及产品交付使用后制订维修、加固或改建方案的重要依据。建筑企业必须建立和加强各项技术原始记录工作并使之形成制度。

#### 4.施工日记

施工日记是在建筑工程整个施工阶段有关施工技术方面的原始记录。因此,从工程开始施工时，就应由单位工程技术负责人进行记录，直至工程竣工。施工日记应逐日记录，并保持其完整，在工程竣工验收时，作为质量评定的一项重要依据。在工程竣工若干年后，其耐久性、可靠性、安全性发生问题，影响其功能使用，须进行维修、加固时，施工日记也是制订方案的依据之一。施工日记的内容一般有：

(1) 工程的开竣工日期以及主要分部分项工程的施工起止日期，技术资料供应情况；

(2) 因设计与实际情况不符，由设计单位在现场解决的设计问题和对施工图修改的记录；

(3) 重要工程的特殊质量要求和施工办法；

(4) 在紧急情况下采取的特殊措施和施工方法；

(5) 质量、安全、机械事故的情况，发生原因及处理方法的记录；

(6) 有关领导或部门对工程所作的生产、技术方面的决定或建议；

(7) 气候、气温、地质以及其他特殊情况（如停电、停水、停工待料）的记录等。

#### 5. 技术档案的管理

建筑企业的技术档案使之有计划地、系统地积累具有一定价值的建筑技术经济资料。它来源于企业的生产和科研活动，反过来又为生产和科研服务。

建筑企业技术档案的内容可分两大类，一类是为工程交工验收而准备的技术资料，作为评定工程质量和使用、维护、改造、扩建的技术依据之一；另一类是企业自身要求保留的技术资料，如施工组织设计、施工经验总结、“五新”实验资料、重大治疗安全事故的分析与处理措施、有关技术管理工作经验总结等，作为继续进行生产、科研以及对外进行技术交流的重要依据。

#### 6. 技术情报的管理

建筑企业的技术情报是指国内外建筑生产、技术发展动态的资料和信息。它包括有关的科技图书、科技刊物、科技报告、专门文献、学术论文和实物样本等。

技术情报是企业改进技术、发展技术的“耳目”，它可使企业及时获得先进的技术，并直接用于实践。这样，企业可以赢得时间，不必自己再去闯路子从头做起。同时，通过情报工作，总结和交流本企业的先进生产技术成果，促进企业内部各单位及各兄弟企业得到共同提高。

技术情报的管理，就是有计划、有目的、有组织地对建筑生产技术情报的收集、加工、存储、检索的管理。技术情报应当做到：走在科研和生产的前面；有目的地进行情报跟踪；及时交流和普及技术情报；技术情报应及时可靠；建立和完善技术情报工作机构等。

# 9.2 建筑企业技术管理的主要工作

## 9.2.1 图纸会审

图纸会审是指开工前，由设计单位交底、施工单位参加、对全套施工图纸共同进行的检索与核对。

施工图纸是进行施工的依据，图纸学习与会审的目的是领会设计意图，熟悉图纸的内容，明确技术要求，及早发现并消除图纸中的技术错误和不当之处，保证施工顺利进行。因此，图纸会审是一项严肃、重要的技术工作。

### 1.图纸学习与自审

施工单位在收到施工图及有关技术文件后，应立即组织有关人员学习研究施工图纸。在学习、熟悉图纸的基础上，施工单位进行自审。自审的要点是：

(1) 了解、研究图纸与说明有无矛盾，图纸是否齐全，规定是否明确。

(2) 主要尺寸、高程、位置有无错误，平面图、立面图、剖面图之间是否有矛盾或标注是否遗漏。

(3) 土建与水、电、设备之间如何交叉衔接。

(4) 所采用的标准图编号、型号与设计图纸有无矛盾。

(5) 结构图中是否有钢筋明细表，若无钢筋明细表，关于钢筋构造方面的要求在图中是否说明清楚。

### 2.图纸会审

在自审基础上，再邀请建设单位、设计单位共同会审，也可以由建设单位组织，邀请设计单位、施工单位共同会审。会审的主要内容有：

(1) 设计图纸必须是设计单位正式签署的图纸，凡是无证设计或越级设计，以及非设计单位正式签署的图纸不得施工。

(2) 设计是否符合国家的有关技术政策、经济政策和规定。

(3) 设计计算的假设条件和采用的处理方法是否符合实际情况，施工时有无足够的稳定性，对安全施工有无影响。

(4) 地质勘探资料是否齐全，设计的地震烈度是否符合当地要求。

(5) 建筑、结构、水、暖、电、卫与设备安装之间有无重大矛盾。

(6) 图纸及说明是否齐全、清楚、明确，有无矛盾。

(7) 图纸上的尺寸，高程、轴线，坐标及各种管线、道路、立体交叉、连接有无矛盾等。

(8) 实现新技术项目、特殊项目、复杂设备的技术可能性和必要性如何，是否有必要的措施。

3. 图纸会审纪要

图纸会审的纪录要会签。会后由组织会审的单位，将审查中提出的问题以及解决办法，根据纪录，写成正式文件或会议纪要，作为施工或修改设计的依据。图纸会审纪要一般包括以下内容：

(1) 会议地点、时间、参加会议人员名单。

(2) 建设单位与施工单位对设计提出的要求，以及要求修改的内容。

(3) 施工单位为便于施工、施工安全或建筑材料问题而要求设计单位修改部分设计图纸，会议商讨结果与解决办法。

(4) 会议中尚未解决或需进一步商讨的问题与要求等。

按图施工是建筑施工人员必须严格遵守的纪律，施工人员无权对设计图纸进行修改。在施工过程中，如发现图纸仍有差错或与实际情况不符或因施工条件、材料规格、品种、质量不能符合设计要求，以及职工提出了合理化建议等原因，需要进行施工图修改时，必须严格执行技术核定和设计变更签证制度。如设计变更的内容对建设规格、投资等方面影响较大时，必须报请原批准单位同意。

所有技术核定和设计变更资料，包括设计变更通知、修改图纸等，都须有文字记录，归入技术档案，并作为施工和竣工结算的依据。

### 9.2.2 编制施工组织设计

1. 编制施工组织设计的重要性

施工组织设计是指导拟建工程施工全过程各项活动的技术、经济和组织的综合性文件，也是对施工活动实施科学管理的有力手段。它的重要性主要从以下 3 个方面体现。

(1) 由于建筑产品及其生产的特点，决定了在建筑施工中没有完全相同的、一成不变的施工组织方法。对于一个拟建工程，要结合工程要点、地区环境和施工条件，合理地进行施工过程的时间空间安排，科学地组织劳动力和物资供应，协调各个单位、各个部门、各个施工段时间的关系，以便在开工前对整个施工过程有个统一部署，而这些都要通过施工组织设计科学地表达出来。

(2) 在整个基本建设程序中，施工阶段是将计划变成客观现实的重要阶段，而这个阶段的资金投入远远高于计划和设计阶段的投资总和，编制好施工组织设计对保证施工阶段顺利进行，实现预期效果具有非常重要的意义。

(3) 施工组织设计是施工企业统筹企业施工计划和统筹企业投入产出过程的关

键，同时也体现施工企业的经营管理素质和经营管理水平。

2.施工组织设计的任务和作用

(1) 施工组织设计的任务

编制施工组织设计就是要在满足国家的有关政策和技术法规、建设单位要求、设计图纸和组织施工基本原则的前提下，从施工全局出发，结合工程特点和企业自身条件，合理组织施工，科学管理，不断革新施工技术，有效使用人力、物力，在时间和空间上统筹安排，以期达到消耗低、工期短、质量高的最优效果。

(2) 施工组织设计的作用

①施工组织设计是对拟建工程全过程合理安排，实行科学管理的重要手段和措施。通过施工组织设计的编制，可以从工程实际出发制订出合理的施工方案、技术经济和组织措施；制订最优计划；提供最优临时设施；以及材料和机具在施工场地上的布置方案，保证施工顺利进行。

②施工组织设计统筹安排和协调施工中的各种关系。它把拟建工程的设计与施工、技术与经济、技术与经济、施工企业的全部施工安排与具体工程之间的施工组织更紧密地结合起来；它把各分包单位、各专业之间的关系，各施工阶段和施工过程之间的关系更好地协调起来。

③通过编制施工组织设计，可以事先预计到施工过程中可能产生的各种情况，从而做好准备工作和拟订采取的相应防范措施，减少施工的盲目性，使管理者和生产者做到心中有数，为实现建设目标提供技术保证。

实践证明，拟建工程的施工组织设计编制合理，并且在施工过程中认真地贯彻执行，就可以保证其施工有条不紊地进行，从而做到人尽其力、物尽其用，取得最好的经济效益和社会效益。

3.施工组织设计的分类和内容

(1) 施工组织设计分类

施工组织设计根据设计阶段和编制对象的不同大致可分为三类，即施工组织总设计、单位工程施工组织设计和分部分项工程施工设计。

①施工组织总设计是以一个建设项目或建筑群为编制对象，规划其施工全过程各项活动的技术经济的全局性、控制性的文件。它是整个建筑项目施工的战略部署，设计范围较广，内容比较概括，一般是在初步设计或扩大初步设计批准后，由总承包单位会同建设、设计和各分包单位共同编制的，也是施工单位编制年度施工计划和单位工程施工组织设计的依据。

②单位工程施工组织设计是以单位工程为编制对象，用来指导其施工全过程各项活动的技术经济的局限性、指导性文件。它是拟建工程施工的战术安排，是施工

单位年度施工计划和施工组织总设计的具体化，可作为编制季度、月度和分部分项工程施工设计的依据。

单位工程施工组织设计，依据工程规模、技术复杂程度不同，在编制内容的广度和深度上有以下两种类型：单位工程施工组织设计，内容全面，一般用于重点的、规模大的、技术复杂的或采用新技术的项目；简单的单位工程施工组织设计（或施工方案），内容简单，通常只编制施工方案并附以施工进度表和施工平面图。

③分部分项工程施工设计，对于工程规模大、技术复杂或施工难度大的大型工业厂房或公共建筑物，在编制单位工程施工组织设计之后，常需编制某些主要分部分项工程施工设计。如土建中复杂的基础工程、大型吊装工程、高级装修工程等。它是直接指导现场施工和编制月、旬作业计划的依据。

（2）施工组织设计的内容

①工程概况在工程概况中简要说明建筑工程性质、规模、建筑地点、建筑面积、施工期限；本地区气象、水文、地质情况；施工条件、劳动力、构件、机具、材料等供应情况。

②施工方案选择是依据工程概况，结合人力、材料、机械设备等条件，全面布置施工任务；安排总的施工顺序，确定主要工种工程的施工方法；对拟订的根据工程各种条件可能采用的几种方案，进行定性、定量的分析，通过技术经济评价，选择最佳方案。

③施工进度计划反映了施工方案在时间上的安排；采用计划的方法，使工期、成本、资源等方面通过计算和调整达到既定目标；在此基础上即可安排人力和各项资源需要量计划。

④施工平面图是施工方案及进度在空间上的全面安排。它是把投入的各项资源（如材料、构件、机械等）和生产、生活活动场地合理地布置在施工现场，使整个现场能进行有组织、有计划的文明施工。

⑤主要技术经济指标是对确定的施工方案及施工部署的技术经济效益进行全面的评价，用以衡量组织施工的水平。一般包括工期指标、质量指标、安全指标、降低成本和节约材料指标等。

### 4.编制施工组织设计的依据和原则

（1）编制施工组织设计的依据

施工组织设计是根据不同的施工对象、现场条件、施工条件等主客观因素，在充分研究工程特点和要求的基础上编制的。不同类型的施工组织设计其编制依据有共同的地方，也有差异之处。这里仅就其共同的编制依据简述如下：计划和设计文件，包括已批准的计划任务书、初步设计、施工图样；自然条件资料，包括地形资料、工程地质资料、水文地质资料、气象资料等；建设地区的技术经济条件资料，包括建设地区地方工业、交通运输、资源、供水、供电、生产、生活基地等；国家和上级的有关指示，如要求交付使用的期限，推广新结构、新技术及有关的先进技术指标等；施工中可能配备的人力、机械设备、施工经验、技术状况等；如是引入成套设备或中外合资经营的工程，要详细了解外国设备性能和质量及供应日期、施工要求及有关合同规定内容；国家或地方有关规范、规程和规定。

（2）编制施工组织设计的基本原则

在编制施工组织设计时，应根据建筑施工的特点和以往积累的经验，遵循以下原则。

①保证重点，统筹安排，遵守施工期限。拟建工程项目的轻重缓急，应根据国家建设需要和承包合同的要求按建筑施工程序进行工程排队，把人力、物力、财力优先投入急需的工程上去，使其尽快建成投产。同时，注意照顾一般工程，使重点和一般工程很好地结合起来。还应注意主要项目与辅助项目之间的关系，准备项目、施工项目、收尾项目和竣工投产项目的关系，做到主次分明，统筹兼顾。严格遵守合同规定期限，使建设项目按期或提前交付使用，尽快发挥投资效益。

②合理安排施工程序和顺序。建筑产品的特点之一是产品的固定性，因而，建筑施工始终在同一场地上进行。没有前一阶段的工作，后一阶段就不可能进行，即使它们之间交叉搭接地进行，也必须严格遵守一定的程序和顺序。施工组织和顺序反映客观规律的要求，交叉搭接则体现争取时间的主观努力。在组织施工时，必须合理地安排施工和顺序，避免不必要的重复工作，加快施工速度，缩短工期。

③尽量采用国内外先进的施工技术，科学地确定施工方案。先进的施工技术是提高劳动生产率，保证工程质量，加快施工速度，降低工程成本的主要途径。在编制施工组织设计时要结合工程特点和施工水平，广泛采用先进的施工技术，吸收先进工地和先进工作者的施工方法，并把技术的先进性、实用性和经济合理性相结合，防止单纯追求先进性而忽视经济效益的做法；还要符合施工验收规范、操作规程的要求和遵守有关安全和卫生方面的规定，确保工程质量和施工安全。

④采用流水施工方法和网络计划技术安排进度计划。在编制施工进度计划时，应从实际出发，采用流水施工方法组织均衡施工，采用网络计划技术编制施工计划，保证施工连续、均衡进行，合理地使用人力、物力和财力；做好人力、物力的综合平衡，好、快、省、安全完成施工任务。对于那些必须进入冬、雨期施工的工程，应落实季节性施工措施，以增加全年的施工天数。

⑤合理布置施工平面图，减少施工用地。尽量利用正式工程、原有或就近已有设施，减少暂设工程和临时性设施；尽量利用当地资源，合理安排运输、装卸与储存作业，减少物资运输量，避免二次搬运；精心进行场地规划布置，节约施工用地，做到文明施工。

⑥贯彻工厂预制和现场预制相结合的方针，提高工业化程度。必须注意根据地区条件和构件性质，通过技术经济比较，恰当地选择预制方案或现场浇筑方案。确定预制方案时，应贯彻工厂预制与现场预制相结合的方针，努力提高建筑工业化程度，以提高劳动生产率，降低工程造价，改善工程质量，加快施工进度，但不能盲目追求装配化程序的提高。

⑦充分利用现有机械设备，扩大机械化施工范围。要贯彻先进机械、简易机械和改进机械相结合的方针，恰当选择自行装备、租赁机械或机械化分包施工等方式，但不能片面强调提高机械化程度指标。

⑧坚持质量第一，重视安全施工。要贯彻质量第一的方针，严格执行施工验收规范、操作规程和质量检验评定标准，从各方面制订保证质量的措施，预防和控制影响工程质量的各种因素，建造满足用户要求的优质工程。同时必须建立健全各项安全管理制度，制订确保安全施工的措施，并在施工过程中经常性地进行检查和督促。

### 9.2.3 技术交底

在工程正式施工以前，为了使参加施工的技术人员和工人熟悉和了解所承担工程的特点、设计意图、技术要求、施工工艺和应注意的问题，以便科学地组织施工，必须认真做好技术交底工作。

1.技术交底的内容

(1) 在工程正式施工以前，为了使施工人员了解施工工程的设计特点、做法要求、抗震处理、施工时应注意事项等，以便掌握设计关键，结合本企业的施工力量、技术水平、施工设备等合理组织按图施工。

(2) 施工组织设计交底。将施工组织设计的全部内容向参与施工的有关人员交代，以便掌握工程特点、施工部署、任务划分、施工方法、施工进度、各项管理措施、平面布置等，用先进的技术手段和科学的组织手段完成施工任务。

(3) 设计变更和洽商交底。将设计变更的结果向参与施工的人员做统一说明，便于统一口径，避免差错。

(4) 分项工程技术交底。分项工程技术交底主要包括施工工艺、技术安全措施、规范要求、操作规程和质量标准要求等。

对于重点工程，工程重要部位，特殊工程和推广与应用新技术、新工艺、新材料、新结构的工程，在技术交底时更需要作全面、明确、具体、详细的技术交底。

2.技术交底的组织

(1) 施工单位总工程师或主任工程师向施工队或项目负责人进行施工方案实施

技术交底。

(2) 施工队技术队长(或专责工程师)向单位工程负责人、质量检查员、安全员、有关职能人员、班组长进行施工方案、施工方法、质量要求及施工注意事项等内容交底。

(3) 单位工程负责人再向参与施工的班组长和操作工人进行交底。这是技术交底的关键,其内容包括:

①有关工程的各项要求;

②必须注意的尺寸、轴线、高程以及预留孔洞、预埋件的位置、规格、数量等;

③使用材料的品种、规格、等级、质量要求以及混凝土、砂浆、防水和耐火材料的配合比;

④施工方法、施工顺序、工程配合、工序搭接、安全操作要求;

⑤各项技术指标的要求和实施措施;

⑥设计变更情况;

⑦施工机械性能及使用注意事项等。

班组长在接受各项技术交底后,应组织班组的工人进行认真的讨论,制订保证全面完成任务的班组措施。班组长对新工人还应组织应知、应会的技术学习和技术练兵。

技术交底是一项重要的技术管理。书面交底仅仅是一种形式,技术管理的大量工作是检查、督促,在施工过程中,反复检查技术交底的落实情况,加强施工监督,对中间验收要严格,从而保证施工质量。

### 9.2.4 技术检验

建筑材料、构件、零配件和设备质量的优劣,直接影响建筑工程质量。因此,必须加强技术检验工作,并健全试验检验机构,把好质量检验关。技术检验是指对施工所需材料及构件在施工前进行的试验和检验,它是合理使用资源,确保工程质量的重要措施。

为了做好这项工作,建筑企业要根据实际需要建立健全试验、检验机构和制度,配合相应的人员和仪器设备,在企业总工程师和技术部门的领导下开展工作。

#### 1. 对技术检验部门和施工技术人员的要求

(1) 遵守国家有关技术标准、规范和设计要求,按照试验、检验规程进行操作,提出准确可靠的数据。

(2) 试验、检验机构按规定对材料进行抽样检查,提供数据存入工程档案。

(3) 施工技术人员在施工中应经常检查各种材料、半成品、成品的质量和使用情况，对不符合质量要求的，确定解决办法。

2. 对原材料、构件、设备检验的要求

(1) 用于施工的原材料、成品、半成品和设备等，必须由供应部门提出合格证明文件，对没有证明文件或虽有证明文件，但技术部门认为必要时，在使用前必须进行抽查、复验，证明合格后才能使用。

(2) 钢材、水泥、砖、焊件等结构用材料，除应有出厂证明或检验单外，还要根据规范和设计要求进行检验。

(3) 高低压电缆和高压绝缘材料要进行耐压试验。

(4) 混凝土、砂浆、防水材料的配合比，应进行试配，经试验合格后才能使用。

(5) 钢筋混凝土构件及预应力钢筋混凝土构件，均应按规定方法进行抽样检验。

(6) 预制厂、机修厂等必须对成品、半成品进行严格检查，签发出厂合格证，不合格的不能出厂。

(7) 新材料、新产品、新构件，应有权威的技术检验部门关于其技术性能的鉴定书，制订出质量标准及操作规程后，才能在工程上使用。

(8) 对工业设备和建筑设备，安装前必须进行检查验收，做好记录。重要的设备、仪器、仪表还应开箱检验。

### 9.2.5 技术复核

技术复核是指在施工过程中，对重要的和涉及工程全局的技术工作，依据设计文件和有关技术标准进行的复查和核验。其目的是避免发生重大差错，影响工程的质量和使用。复核的内容视工程的情况而定，一般包括建筑物位置坐标、高程和轴线、模板、钢筋、混凝土、大样图、主要管道、电气等及其配合。

如在混凝土结构工程施工的全过程中，每一分部、分项工程均必须对模板、钢筋、混凝土进行复核，主要复核内容如下。

(1) 模板组装施工全过程中主要复核的内容是：模板成型的模型几何尺寸、轴线、高程、挠度（起拱高度），承受竖向荷载的强度，支撑连接的牢固性；卡具的规格和数量，预埋件和预留孔的位置，模板及其支架是否达到设计的强度、刚度和稳定性。

(2) 钢筋制作和组装过程的主要复核内容是：钢筋的材质、品种、制作与组装外形的几何尺寸，配筋的数量、间距、排距，接头的搭接长度、焊缝的质量，弯起钢筋的弯起点，预埋件的几何尺寸、数量、位置，垫块的强度和厚度，钢筋除锈情况。

(3) 混凝土拌和、浇筑过程的主要复核内容是：混凝土组成的材料材质、配合比，计量衡具的准确性，混凝土拌和物的坍落度。

(4) 构件安装前的主要复核内容是：构件种类、型号、几何尺寸，预制构件起吊预测强度、安装的位置、高程、支座处锚固长度、接头及接缝情况。

技术复核的要求：

(1) 建筑安装工程的技术复核应按系统回路、区段进行复核部位的划分。它的内容包括设计、材料、施工三个方面。每一个分部、分项工程进行一道工序时应及时进行复核，未经技术复核的项目不得进行下道工序施工。

(2) 复核内容如建筑物内管道的高程、坡度是否根据设计和规范施工、空调的管道高程是否与设备协调等，对于设备基础应根据设备基础的位置高程进行复核。

(3) 在建筑基础工程阶段的技术复核一般为埋地的各种管道、预留件及各种管道的预留洞口等。

### 9.2.6 技术核定

设计图纸虽然经过图纸会审，但是，在施工过程中，仍有可能发现设计图纸上的差错或与实际情况不符的地方；或者由于施工条件、材料的规格、品种、质量不能完全满足设计要求，需要进行修改设计或代换材料；或者在使用功能上有某些变动，设计标准上有所提高或降低以及职工提供合理化建议，需要补充或修改设计图纸时，就必须进行工程变更。

要进行工程变更，就会带来一系列的问题，如返工损失、停工窝工、材料准备、设备供应、施工机械、工期拖延以及预算变更、工程决算等。但有的单位工程负责人发现设计图纸不全或尺寸不符，既不向上请示，又不和有关人员研究，就凭想当然，拍脑袋擅自决定。这样就不仅会造成工程费用扯皮，而且，也容易造成工程质量事故或难以弥补的缺陷，给工程带来不应有的损失。因此，对工程变更工作，绝不能等闲视之。

这就要求，进行工程变更时，必须严格地执行技术核定制度。所谓技术核定，就是需要进行设计变更时，必须经过有关部门的充分协商，在技术上、经济上、质量上、使用功能上、结构强度上进行全面考虑和技术复核，然后再写成技术核定单，经设计单位、建设单位和施工单位三方有关人员签署认可后，与设计图纸具有同等效力，是指导施工的依据。未经设计单位签署的核定单无效。

进行技术核定的情况，一般有以下几种。

#### 1. 施工单位提出的问题

由施工单位提出的一般技术问题，不影响建筑结构强度、不降低等级标准、不改变设计功能等问题，必须经过建设单位、设计单位核定签署后，才能作为施工的依据。由施工单位提出的重大技术问题，如新技术、新材料的使用等，需经公司总工程师审核，并取得建设单位、设计单位的核定签署后，方能作为施工的依据。

2. 设计单位提出的问题

凡因设计错误、做法改变及由于建筑或结构变更影响等问题，由设计单位提出设计变更图纸或通知书，由施工单位技术负责人根据施工准备和工程进度情况，提出是否接受的意见。重大的设计变更，应经公司总工程师审查后，做出能不能变更的决定。

3. 建设单位提出的问题

建设单位对器具、设备安装及使用功能等方面提出的修改意见，必须经过设计单位进行技术核定，签署同意后，提供设计变更图或设计变更通知书。施工队技术负责人应根据工程进度和施工准备工作情况，提出是否接受的意见。重大技术问题，应经过公司总工程师审查后，做出能不能变更的决定。

图纸变更通知书和技术核定单的份数，应与发给施工单位图纸的份数相同。施工队收到技术核定单后，应及时转发给单位工程负责人、技术管理人员、预算员，并以此作为工程交工验收和工程竣工决算的依据。如果由于建设单位、设计单位提出的工程变更，造成返工、停工、材料浪费等情况，应由单位工程负责人及时向建设单位办理现场经济签证手续，核对造成的经济损失。双方签字认可后，将经济签证记录交给预算人员，作为工程竣工决算时的原始依据资料。

技术核定必须遵循以下权限和程序，不得擅自修改设计。

(1) 属于一般的技术核定，如钢筋代用（除预应力和特殊要求钢筋外），由经办技术人员核算，经技术负责人核定。

(2) 凡涉及工程量变更，影响原设计标准、功能等，应由施工单位的主任工程师和总工程师核算，并经设计单位和建筑单位签署认可后，方能生效。

(3) 由设计单位提出的变更，须有施工单位的是否接受的书面意见。

### 9.2.7 安全技术及施工公害防治

1. 安全施工及安全措施

(1) 安全施工

安全是指在工程建设活动中没有危险，不出事故，不造成人身伤亡、财产损失。安全不但包括人身安全，也包括财产安全。通过宣传教育和采取技术组织措施，保证生产顺利进行，防止事故发生，即谓安全施工。

建筑安装工程工种繁多，流动性大，许多工种常年处于露天作业，高空作业，立体交叉施工，施工中不安全因素较多，保护职工在施工中的安全和健康，不仅是企业管理的首要职责，也是调动职工积极性的必要条件。“生产必须安全，安全为了生产”。没有安全施工的环境，便没有群众的高度积极性，也就没有施工的高效率。

（2）建筑生产中安全事故原因分析

发生安全事故不是偶然的，究其原因主要有：

①人的因素。包括思想麻痹，操作技术不熟练，安全知识差，违章作业，违章指挥等。

②物的因素。机械设备年久失修、超负荷运转或带病运转；现场布置杂乱无序，视线不畅，交通阻碍；现场安全标志不清等。

③管理因素。忽视劳动保护；纪律松弛，管理混乱，有章不循或无章可循；缺乏必要的安全检查；缺乏安全技术措施等。

（3）安全措施

安全工作要以预防为主，必须从思想上、组织上、制度上、技术上采取相应的措施。

①思想重视，加强安全意识。思想重视，首先是领导的思想要重视，纠正只管生产，不管安全；只抓效益，不抓安全；不出事故，不抓安全的错误倾向。其次，要加强对职工进行安全生产的思想教育，加强安全意识，使每个职工牢固树立“安全第一”的思想。

②建立安全管理制度。

a. 建立安全生产责任制。安全生产责任制是企业岗位责任制的组成部分。根据“管生产必须管安全”的原则，明确规定企业各级领导、职能部门、工程技术人员和生产工人在施工中应负的安全责任。在当前建筑承包中，必须将施工安全列入承包主要指标内，建立安全施工责任制。

b. 建立安全检查制度。安全检查是揭示和消除事故隐患，交流经验，促进安全生产的有效手段。安全检查分为经常性安全检查、专业性安全检查、季节性安全检查和节假日安全检查。

c. 建立安全生产教育制度。运用各种形式，进行经常性的有针对性的安全教育。对新工人、学徒工、临时工及外包建筑队伍人员，要进行入场前的安全教育，学习安全操作规程和安全生产规章制度；在使用新工艺、新材料、新机械设备施工前，需进行详细的技术交底和安全交底，需要时应进行技术和安全培训；塔吊和电梯司机，除进行安全教育外，必须经过培训，持安全合格证方可上岗工作。

d. 建立健全伤亡事故的调查处理制度。发生伤亡事故，要按照规定，逐级报告。对重大事故要认真调查，分析原因、确定性质，分别情况，严肃处理。处理坚持“三不放过”原则，即事故原因分析不清不放过；事故责任者和群众没有受到教育不放过；没有防范措施不放过。根据国家有关规定，做好事故的善后处理工作，吸取教训，防止事故的重复发生。

（4）加强安全技术工作

①严格执行安全生产责任制，使各级领导、各职能系统都负起责任，并制订安全施工奖罚条例。

②建立健全安全专职机构，配备专职安全技术干部，施工队设置专职安全检查员，在现场进行经常性安全检查。

③要切实保证职工在安全的条件下进行施工作业。现场内的安全、卫生、防火设施要齐全有效。

④安全技术措施要有针对性，安全交底要认真细致。在施工组织设计、施工方案、技术交底中，应将安全技术措施列为主要内容。

2. 施工公害的防治管理

在建筑施工中，往往会有噪声、振动、粉尘、烟气、废渣等产生，轻则影响本单位职工的作业条件和劳动卫生，重则影响和破坏地区原有的生产和生活环境，造成公害。对施工公害应制订防治措施，并在施工中进行检查和检测。施工公害的防治管理程序可见图 9-3。

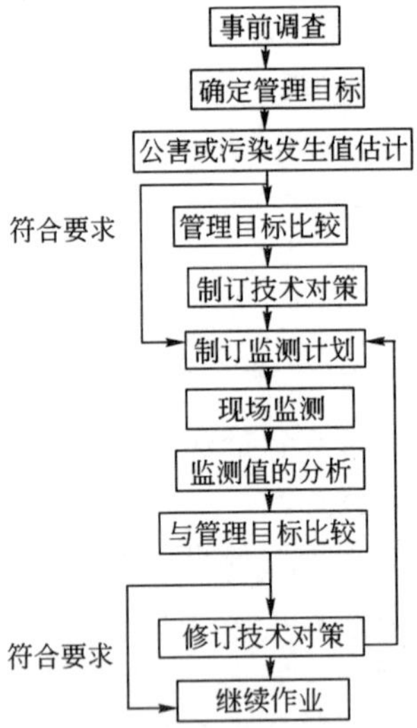


图 9-3　施工公害防治管理程序

事前调查主要是调查施工地区环境情况以及对环境保护的要求，然后根据有关规定，结合工程施工条件，确定控制公害的标准或控制值，即管理目标。若计算的公害或污染发生值低于管理目标，即认为是允许的，若计算的发生值高于管理目标，即造成公害，需制订技术对策，并进行现场监测，使公害发生值降至控制值之下。

### 9.2.8 技术改进与技术开发

技术改进与技术开发是建筑企业技术管理工作的主要内容，是提高建筑企业的工程质量水平和效益的重要途径之一。

1. 技术改进

技术改进是以提高生产效率和技术水平，降低材耗、提高工程质量为目的，用现代化的先进的机器设备和工艺方法对原有的技术进行改进，是对现有技术的更新与发展，是技术发展的量的变化。

（1）技术改进的内容

技术改进的内容主要包括改进施工工艺和操作方法、改进施工机械设备和工具、改进原料、材料、燃料的利用方法。采用新的结构形式，进行管理工具和管理方法的革新等。

（2）技术改进的组织与管理

技术改进工作必须加强领导，通过有效的组织与管理，调动各方面的积极性和创造性，具体工作中要注意以下环节：

①在技术改造活动中，首先要抓好管理的现代化，只有管理水平提高了，才能在现有技术装备的基础上发挥更大的效益，这是技术改进的大前提。

②在技术改进选题中，要从目前对本企业影响较大，最迫切的问题出发，提出方向性的技术改进课题，并制订规划和计划，科学组织，以取得良好的经济效益。

③技术改进要尊重科学，实事求是，每一项技术改进工作都要通过鉴定，对其技术的成熟程度和经济合理性做出评价，确定其适用范围与条件，对于重大的技术改进项目，要有计划地组织攻关。

④要及时做好技术改进成果的巩固、提高和推广工作。对于取得的成果，经过鉴定，证明其是有效的技术革新成果，就应立即形成制度化、标准化，加以巩固和提高，推广到生产施工中去。要加强推广工作的领导，努力创造和提供推广技术革新成果的条件，总结推广中的经验教训，加速推广工作，迅速取得经济效益。

⑤要正确处理技术改进和技术引进的关系。技术引进在一定程度上提高了企业的水平，减少了技术改进研究的费用和时间，具有省时、省力、见效快的特点。但一定要消化、吸收，真正给企业带来效益。同时，也要做好技术引进的经济评价工作，要比较自我改进和向外引进的经济成本，选取经济效果更好的方案。

2. 技术开发

（1）技术开发的含义及作用

①技术开发的含义。基础研究是以发现新的知识或某一自然法则为目的的研究，而应用研究是将已发现的新知识或法则应用到特殊目的的研究。技术开发属于应用研究，是根据基础研究所阐明的技术可能性，以用于最终产品为目的，确定其实用性（功能、质量、成本）后，应用于企业的生产经济活动。它是实现技术进步的重要手段，也是技术管理的内容之一，技术开发就是技术创新，在中央《关于加强技术创新发展高科技实现产业化的决定》中，对技术创新下了一个明确的定义，即“技术创新是指企业应用创新的知识和新技术、新工艺、采用新的生产方式和经营管理模式，提高产品质量，开发生产新的产品，提供新的服务，占据市场并实现市场价值。”技术开发有四个要点，一是企业是技术开发的主体；二是科技成果必须转化为现实的生产力；三是转化的产品必须实现市场价值；四是技术开发必须以知识创新和科技创新为前提和条件。通过技术开发，创造或运用新技术，可以促进企业的技术进步，提高企业的施工生产和管理的水平。

②技术开发的作用。技术开发是科学技术转化为生产力的桥梁，例如建筑施工技术的开发，能使建筑生产难度大的工艺得以实现，能使工程的质量指标符合相关施工规范的要求，能更好地满足用户的需求，增强企业的竞争力，提高经济效益；再比如企业管理系统的技术开发，可以提高企业管理和项目决策的效率，降低决策成本。同时，通过技术开发的过程，也可为研究提出新的课题，提供新的研究手段，推动技术开发工作的发展。所以，技术开发对于保证企业的可持续发展、提高企业的核心竞争力意义重大。通过技术开发，建筑企业才能推进技术进步，才能发展生产力，才能在激烈的国内、国际竞争中立于不败之地。

(2) 建筑企业技术开发的种类与对象

技术开发包括对企业中第一次应用或出现的技术所开展的一系列的活动，如引进、学习、吸收、消化、掌握和改进等，在建筑企业中，技术开发大致可分为四种，即小革新或小发明、局部革新、技术改造、技术的创新与发明。技术开发的对象是多方面的，主要有围绕产品开发的技术开发、针对设备和工具的开发、关于施工工艺的开发、能源和建筑材料的开发及改善生产环境的技术开发等。当然，技术开发的对象很广泛，企业应根据实际情况决定自己开发的重点，以促进经济效益的提高和技术进步。

(3) 技术开发的程序与途径

①技术开发的程序。技术开发的程序是指从企业开发开始，直到推广应用、企业化的过程，共分四个阶段。一是根据应用研究的成果，确定技术开发的项目、时间、开发技术的功能、质量、特点等技术指标及要求。二是制订技术开发的工作计划。三是对技术开发的成果进行评价，评价分三个方面，即技术评价、经济评价、事业评价。所谓技术评价就是根据过去情况、未来趋势作技术预测，它是否符合技

术进步的方向，难度上的可行性和技术上的先进性；经济评价是根据一些经济指标如利润、费用指数、投资回收率、材耗降低率等来衡量其对企业的经济效益的贡献及影响；事业评价是指对该项技术开发成果与建筑企业的经营方针、目标是否一致，对增强企业的综合素质和对企业发展的评价。四是技术的企业化阶段，包括试点实验、考察效果、正式应用或运行。

②技术开发的途径。独创性的技术开发，就是从基础研究、应用基础研究开始，通过应用研究取得技术上的重大突破，再通过技术开发，提出生产性的样机、样品在工厂中进行试生产，最后投入大批量生产；引进型的技术开发，指从企业外部引进与转移新技术，通过人员培训，技术的吸收、消化，并在吸收、消化基础上加以组配、仿制、创新提高，从而提高本企业的技术水平；综合与延伸型的技术开发，这是技术开发的一个重要途径，即通过对现有技术的综合与延伸，进行技术开发、形成新技术，其还可进一步分为两种，一是单项移植，互相组配，就是以某项技术为主体，使另一项技术与之组配，使之有机结合起来成为一个整体，从而产生性能更为优越的新型技术；二是多种技术的总和，也就是现有创造发明的成果的系列化，显然，它并不是简单的相加，同样也存在着大量的研究与开发工作。总结、提高型的技术开发，即通过生产实践经验的总结、提高来开发新技术，促进企业技术的进步。

(4) 技术开发的特点

技术开发与生产、经营活动不同，其主要特点是：

①技术开发要与社会和企业的具体要求相结合。

②技术开发要注重相关技术的调查，所选开发项目应具有创新性和开拓性。能够使企业在该领域处于领先地位。

③对于研究开发人员，要提供良好的工作环境，要注重开发人员的激励工作，调动他们的积极性与创造性；同时，在经费上要给以保证。

④技术开发的期限不等，一般要三年以上，风险较大，因此，作为企业的决策者，要勇于承担风险，坚持技术开发，才能促进企业的技术进步。

总之，技术开发没有固定的模式可循，应根据课题、人员和具体条件的不同而有所区别。

(5) 科学研究和技术开发

施工科学研究的目的在于为生产或工程提供必要的理论根据、技术方案和技术参数。技术开发的目的在于运用科学研究中所获得的知识，以实验为主要手段，验证技术可行性和经济合理性。通过实验室和中间试验等一系列步骤，提供完整的技术开发成果，使科学技术转化为直接生产力。它主要包括新技术、新产品、新材料、新设备的开发。搞好科学研究和技术开发工作，是提高施工技术水平、确保工程质量、缩短建设周期、降低工程成本的重要条件之一。

施工企业研究和开发的内容，应结合我国国情、科技发展方向以及施工企业本身的特点来确定。目前，就全国范围来说，在施工技术方面应重点研究开发的内容如下。

①复杂的地基处理技术。在工程建设中经常遇到软弱土、湿陷性黄土、膨胀土、岩石破碎带和软弱夹层等复杂地基处理问题。因此，应研究开发软土及超软土地的处理技术和多种地基加固、桩基施工新技术，改变完全依靠野外大型试验的方法。

②混凝土施工技术。应以大型工程项目和中心城市为重点，大力发展混凝土集中生产和商品化供应及其配套工艺，推广滑模施工工艺和碾压混凝土施工工艺。开发控制大体积混凝土温度裂缝的施工工艺、混凝土冬季施工方法和混凝土、钢筋混凝土新型质量检测设备技术。

③新型隔热、防腐材料及施工技术。应发展高效保温材料、防腐材料、保温防腐复合材料及施工工艺；充分利用粉煤灰、炉渣等工业废渣，积极开发装修、防水、隔热、饰面材料与黏合剂的应用技术。

④焊接技术。应积极开发施工焊接新工艺、新设备和新材料，逐步实现焊接自动化。

⑤爆破技术。应开发新型爆破材料和技术，逐步做到爆破器材产品按防水、威力、控爆、专用的系列化，提高雷管质量和精度，完善爆破工艺和量测手段，解决爆破公害问题，研究爆破机理，提高爆破参数设计的科学性。

⑥旧建筑物和构筑物的改、扩建施工技术。我国相当一部分投资用于现有企业的技术改造和扩建。为适应这一形势，要开发改、扩建施工技术；旧建筑及构筑物的检测鉴定技术；结构系统的可靠性评定标准，以及加固改造的施工工艺。

⑦地下工程快速施工技术。我国目前地下工程的施工方法比较落后，而地下工程将日益增多。为改变目前落后状态，应以发展快速、高效的掘进、装运、支护机构，采用先进的施工工艺为主要方向，发展锚喷支护技术、水泥裹砂喷射混凝土工艺及混凝土帷幕凿井技术。同时进一步开发通风、防毒、防尘和防排水技术。

⑧节约“三材”新技术。我国木材、钢材和水泥的供需矛盾在较长时期内存在。因此，必须坚持节约、代用的政策。同时，大力开发利用新型、轻质、高强、高效材料；推广先进的施工工艺，减少材料损耗，提高材料利用率和产品质量；开发多种形式和材质的模板、支撑系统以及脚手架；开发新型门窗和其他制品。

⑨现代施工管理科学技术。我国施工管理科学技术与国外先进水平差距很大。为此应大力开发适合我国国情的现代施工管理技术，加速开发施工管理应用软件。

# 9.3 标准化管理与工法制度

## 9.3.1 标准化管理

### 1.标准化管理的含义及作用

（1）标准化管理的含义

所谓标准化管理，是指为了取得最佳的经济效果，依据科学技术和实践经验，在充分协商的基础上，对经济技术活动中具有多样性和相关特性的重复事物，按一定的程序和形式颁发的统一规定。标准具有不同的级别，如国际标准、国家标准、部颁标准和企业标准等。标准化管理具有不同的类型，如技术标准、生产组织标准和经济管理标准等。

建筑标准分为强制性标准和推荐性标准两类，前者指有关安全、卫生、环境、基本功能要求、计量单位、质量测验等的标准，具有法律性；后者指勘察设计、施工工艺、产品、技术经济和管理标准等，具有权威性。

而标准化，又称规范化，是针对生产技术和组织管理等例行性工作，规定出统一的标准，并加以实施的整个过程，这是一项重要的技术政策。

（2）标准化管理的作用

标准化管理是一项重要的社会活动，建筑企业管理中的标准化对象，主要是生产活动中具有大量重复或重复性特征的事物。在技术管理中推行标准化工作的一个直接的、主要的目的，在于获得全面的、最佳的经济效益，因此搞好企业标准化管理工作具有十分重要的意义。

标准化管理是现代化大生产的必要条件，它能使广泛的生产经营活动按标准有秩序地进行。有了标准，各项工作就有了衡量的尺度，可以减少施工生产中的盲目性和管理中的混乱现象，可使管理方法定型，简化管理程序，从而提高企业的科学管理水平；标准化能够促使管理工作高效化，可以大大减少随机的处理问题，它规定了工艺、原料、管理的标准，有利于从技术上保证建筑产品高质量、高速度、低成本，有利于提高工程质量，为用户与社会提供合格的产品。这样一方面有利于维护用户的利益，另一方面也有利于提高企业信誉和经济效益，使企业在国内、国际竞争中处于优势。标准化也是组织专业生产的可靠技术基础。专业化、协作化要依靠标准化工作，在标准化的基础上，企业按标准组织生产，互换性、通用性强，产品性能才能适应作用要求，才能在专业化的基础上进行协作。标准化的推广和应用，能够推动建筑企业的技术进步。

2. 标准化管理的原则

标准化管理的原则是对标准化行动过程的规律的认识，主要内容有以下4个方面。

（1）简化。所谓简化就是剔除多余，合并重复，增加互换性，使无序转化为有序，使放任转为规范管理，使混乱变为整齐，使复杂成为简单。

（2）统一。指在标准化工作中要将名词、编码、代号、标识、计量单位和标准系列等予以统一。

（3）协调。先进的标准，如工期，它能与质量、成本得到最佳的协调。

（4）优化。指在标准化的过程中，会有多个可行方案，要加以选优，从中选择一个功能最佳的方案。

3. 标准化管理的体系及其内容

所有标准（包括国家、部门、企业），都存在着内在联系，具有相互依存、相互补充、相互制约的关系，构成一个有机整体，这就是标准的体系。我国现行的建筑企业的技术标准分为四个层次。

（1）国际标准。指为了适应全球经济一体化的需求，国际上统一规定的有关标准。如国际标准化组织（ISO）出台的ISO-9000系列标准，就为各国企业参与国际合作与竞争提供了一个共同的质量管理语言，对于国内外工程的合作与竞争意义重大。

（2）国家标准。国家标准是对全国经济、技术发展具有重大意义而必须在全国范围内统一的标准，如《给排水管道工程施工及验收规范》、《通风与空调工程施工及验收规范》等。

（3）部标准。主要是建设部颁布的一些规范和标准，如工程质量验收规范、建筑安装规范、材料标准、健康和环境保护标准等。

（4）企业标准。指由建筑企业单位或其上级主管机关批准发布的用于企业的标准。为了不断提高产品质量，国内某些先进企业还制订了企业内控标准，以促进企业提高产品质量，提高建筑产品的竞争能力。在制订企业标准时要以技术先进、经济合理、安全可靠为原则。

4. 企业标准化推进

标准化管理在企业的管理工作中占有重要地位，通过标准化的推进和管理，可以提高企业的管理效率，提高竞争力，提高企业的产品质量，因此在企业中，标准化的推进和管理往往是企业决策层的核心工作之一。要推进在建筑企业的标准化管理，首先要建立健全适于本企业职能部门活动的标准化组织机构，如标准化小组或标准化科室，以有效地推进管理标准化的工作。同时，还必须积极采用国际先进标准，推进国际标准化组织（ISO）及其所承认的其他国际组织和国际电工委员会

(IEC) 已制定的相关标准。

5.国家加强建筑标准化工作的政策

在国家建设部颁布的1996～2010年建筑技术政策中，对于加强建筑标准化工作，提出了7点意见。

(1) 健全建筑标准化组织机构，完善建筑标准化体系，包括规划、勘察、设计、生产或施工、检验或验收等标准，规范建筑市场技术行为，保证建筑产品的使用功能和安全等方面的重要作用。

(2) 继续完善强制性标准和推荐性标准相结合的建筑标准体制，在此基础上，建立建筑技术法规与建筑技术标准相结合的体制。

(3) 继续重点制定有关保障人体健康、人身财产安全的执行标准，加强供建设单位和企事业单位采用的各种推荐性标准。

(4) 继续完善房屋建筑的模数协调体系，加速制定各类建筑制品和设备的产品标准，提高建筑制品和设备的定型化、系列化和通用化程度，提高建筑工业化水平。

(5) 推动企业建立健全以技术标准为主体，包括工作标准和管理标准在内的企业标准体系，鼓励企业结合自身的特长制定高水平的企业技术标准，建立健全实施标准和对标准实施进行监督的组织机构，以增强本企业参与市场竞争的能力。

(6) 结合国情认真研究、积极采用国际标准和国外先进标准，积极参与国际标准化活动，承担国际标准化工作。

(7) 加强标准实施和实施监督工作，继续建立、完善工程和产品的安全和质量监督、检测机构，逐步建立产品准用证制度和质量认证制度，实施企业自控、行业管理、政府监督、社会监理、用户评价相结合的质量监督体系。

### 9.3.2 工法制度

在建筑企业管理中，重视工程实践经验，编制工法和工艺标准，并在实践中加以贯彻，逐步形成具有企业特色的工艺技术标准，使科技迅速转化为生产力，是建筑企业技术管理的重要内容。近年来，我国颁布并实施了相当数量的国家级、省级工法，如1991年建设部公布了41项国家级工法，1993年建施［1993］50号文件公布了67项工法，2001年公布了61项工法；这些工法的公布与实施对施工企业的技术进步起了积极的推动作用，提高了我国的施工技术水平。

1.工法的定义

“工法”一词来自于日本，日本建筑大字典称工法是“建造建筑物（构筑物）的施工方法或建造方法”。日本的《国语大辞典》则称工法是“工艺方法和工程方法”。日本有“构法”一词，与工法有些相近，指“建筑物（构造物）的构成方法”。和工法相近的词义，美、英称“Construction Method and System”。

我国建设部在颁发的《施工企业实行工法制度的试行管理办法》中对工法下了如下的定义：工法是指以工程为对象，以工艺为核心，运用系统工程的原理，结合先进技术与科学管理，在实践的基础上形成的综合配套技术的应用方法。它具有一定的实用价值和经济价值。

工法是指导建筑企业施工管理的一种规范化文件，是衡量企业技术水平和施工能力的重要标志，是施工企业技术进步的重要组成部分。对于推动企业技术创新工作深化，提高企业技术素质，保证工程质量，提高企业的市场竞争力，加快施工进度，增加经济效益，推动施工企业技术进步，发挥了明显的作用。工法分为一级（国家级）、二级（地区部门级）、三级（企业级）三个等级。

### 2. 工法的内容

工法的内容一般可分为 10 个部分。

(1) 工法的特点。比如对人员的专业化要求、机具设备的要求，施工的简洁与否及对周围环境的影响等，说明本工法使用功能和施工方法的特点。

(2) 适用范围。说明本工法适用的工程对象或工程部位。

(3) 工艺原理。说明本工法的核心工艺原理，包括基本原理、工艺流程、施工工艺。

(4) 施工程序要点。主要内容有原材料质量控制、施工工艺质量控制等内容。

(5) 劳动组织与安全措施。对人员的安排包括技术管理人员的数量和专业水平等做出安排，安全措施主要对施工人员在施工中的各个工序环节的安全提出注意事项，以保证安全施工。

(6) 机具设备。一般以表格的形式列出本工法所需的各种机具设备的名称、规格、单位和数量。

(7) 质量控制。对工法所涉及的各个项目的允许偏差做出说明，并对保证质量及注意事项等做出详细的规定和说明。

(8) 技术经济分析与评价。以技术指标和经济指标对工法实施的情况作出分析与评价。

(9) 工程实例。以具体事例对工法实施情况加以论证，说明其技术及经济的优越性能。

(10) 工法的执笔人及参加人员的署名。

### 3. 工法管理及应用

企业的工法管理工作应由总工程师负责领导，并设立相应各级主管机构和专人负责日常管理工作。主要职责是负责组织本企业的工法立项、申报、评审和公布，以及推广应用、考核和奖励等日常管理工作。目前国家级工法两年评审、公布一次，企业可根据具体情况做出相应的安排。

工法是一项技术性工作，企业要经常做好宣传和推广应用工作，不断完善管理体制，建立健全规章制度，使工法工作不断发展完善，要在物质和人力上加大投入，从政策上调动广大工程技术人员的积极性，对工法工作中有贡献的工程技术人员应予以奖励，并作为考核、晋升和职称评定的依据。

认真做好工法的申报、评审和公布工作。这是一项细致和时间性很强的工作，应按国家有关规定及时完成。

加强工法推广应用工作。工法编制的目的在于应用，企业应选择合适工程积极推广应用，通过工程实践再总结修订工法，使之不断充实和完善，成为企业的优势技术，增强企业在建筑市场中的竞争实力。根据当前应用较好企业的经验，越是工程项目难度大，任务重，企业的技术攻关课题多，推广应用效果就越好，企业的经济效益好，实力增强，对工法的投入就多，形成良性循环。所以工法的应用与效益和再投入有着密切联系。

## 本章小结

本章在介绍建筑企业技术管理概念和任务的基础上，重点介绍了建筑企业技术管理的主要工作，包括图纸会审、编制施工组织设计、技术交底、技术检验、技术复核、技术核定以及技术改进和技术开发等。

建筑企业技术管理是对建筑企业中的各项技术活动过程和技术工作的各种要素进行的科学管理工作。技术管理的基本任务包括严格贯彻国家、上级部门的相关技术政策和技术工作的指示精神、按照“现场第一，强化服务”的原则，建立和健全组织机构、完善技术岗位责任制、促进建筑企业的研究开发、提高技术工作的经济效果等5个方面。建筑企业技术管理的内容是由技术管理的任务所决定的，又是与建筑施工技术工作的特点相适应的。

建筑企业技术管理工作内容包括技术管理的基础工作和基本工作两个部分。建筑企业技术管理的基础工作包括制定与贯彻技术标准和技术规程，建立与健全技术责任制，建立与健全技术原始记录、施工日记、技术档案的管理以及技术情报的管理。建筑企业技术管理的基本工作是紧紧围绕技术管理的基本任务而展开的，是技术管理的主要工作，它与技术管理的基础工作之间是相辅相成、相互依赖的关系，主要包括图纸会审、编制施工组织设计、技术交底、技术检验、技术复核、技术核定、安全技术及施工公害防治、技术改进与技术开发等几个部分。应当明确区分技术检验、技术复核、技术核定几个基本概念，技术检验是指对施工所需材料及构件在施工前进行的试验和检验；技术复核是指在施工过程中，对重要的和涉及工程全局的技术工作，依据设计文件和有关技术标准进行的复查和核验；技术核定，就是对设计变更在技术上、经济上、质量上、使用功能上、结构强度上进行的全面考虑和技术复核，它与设计图纸具有同等效力，是指导施工的依据。

标准化管理是指为了取得最佳的经济效果，依据科学技术和实践经验，在充分协商的基础上，对经济技术活动中具有多样性和相关特性的重复事物，按一定的程序和形式颁发的统一规定。标准化管理在建筑企业中占有重要地位，通过推进标准化管理，可以提高企业的管理效率，增强建筑企业的竞争力。工法管理作为企业标准化管理体系的重要组成部分，它是针对具体施工条件所编制的有关技术特点、适用范围、工艺原理、工艺流程、操作要点，以及材料、机具设备的要求和质量标准、劳动组织健全措施等的规范文件。企业的工法管理工作应由总工程师负责领导，并设立相应各级主管机构和专人负责日常管理工作。在实践中一定要重视工法和工艺标准的编制，并加以贯彻，逐步形成具有企业特色的工艺技术标准。

## 复习思考题

1. 建筑企业的技术管理有哪些制度？
2. 建筑企业技术管理的内容有哪些？
3. 如何进行图纸会审与交底？
4. 什么是标准化？标准化有哪些内容？
5. 施工组织设计的任务、内容和分类是什么？
6. 编制施工组织设计的依据和原则有哪些？
7. 什么是技术开发？技术开发有哪些途径？
8. 工法管理的含义及内容是什么？

## 参 考 文 献

[1] 张国兴．建筑企业管理．武汉：武汉理工大学出版社，2005.
[2] 田金信．建筑企业管理学．北京：中国建筑工业出版社，2004.
[3] 阮连法．建筑企业管理学．杭州：浙江大学出版社，2004.
[4] 关柯．建筑企业管理学．北京：中国建筑工业出版社，1987.
[5] 黄仕诚．建筑工程经济与企业管理．武汉：武汉工业大学出版社，1995.

# 第10章 建筑企业财务管理

本章概要

1. 建筑企业流动资产的特点及其管理的内容，企业的资产组合策略；
2. 现金及有价证券、应收账款、存货管理的内容和目标；
3. 流动资金需要量的预测方法；
4. 固定资产的特点及管理要求；
5. 固定资金需要量的预测方法；
6. 固定资产折旧的计提方法；
7. 无形资产和其他资产的管理内容；
8. 建筑企业利润总额的构成；
9. 利润分配的原则和顺序；
10. 常见的股利政策。

## 10.1 建筑企业财务管理概述

### 10.1.1 建筑企业财务管理的目标

所谓建筑企业财务管理的目标，就是在一定环境和条件下所应达到的预期结果，是建筑企业一切财务活动的出发点和归宿。企业财务活动必须服务和遵循企业目标。最具有代表性的财务管理目标有以下几种提法。

1. 利润最大化

以追求利润最大化作为财务管理的目标，其原因有三：

(1) 人类进行生产经营活动的目的是为了创造更多的剩余产品，在商品经济条件下，剩余产品的多少可以用利润这个价值指标来衡量；

(2) 在自由竞争的资本市场中，资本的使用权最终属于获利最多的企业；

(3) 每个企业都最大限度地获取利润，整个社会的财富才可能实现最大化，从而带来社会的进步和发展。

利润最大化目标在实践中也存在一些难以解决的问题：

(1) 这里的利润是指企业一定时期实现的利润总额，它没有考虑货币的实践价值；

(2) 没有反映创造的利润与投入的资本之间的关系，因而不利于不同资本规模的企业之间或期间之间的比较；

(3) 没有考虑风险因素，高额利润往往要承担过大的风险；

(4) 片面追求利润最大化，可能导致企业短期行为，如忽视科技开发、产品开发、人才开发、生产安全、技术装备水平、环境保护、履行社会责任等。

可见，将利润最大化作为企业财务管理目标是有一定的片面性的。为此，把利润最大化作为企业财务管理的目标是不合适的。

### 2. 每股收益（净资产收益率）最大化

每股收益也称每股盈余，是指企业一定时期的净利润与发行在外的普通股股数的比值，说明了投资者每股股本的盈利能力，该指标主要适用于上市公司。对于非上市公司来讲，一般可采用净资产收益率。该指标是指企业一定时期的净利润与其权益资本总额的比值，说明了企业权益资本的盈利能力。其实这两个指标的本质是相同的，如将企业的普通股股数乘以每股收益，便能得到企业的利润总额。用每股收益（或权益资本收益率）来概括企业财务管理的目标，可避免“利润最大化”的缺点，但仍存在以下问题：

(1) 同样未考虑每股收益发生的时间性；

(2) 仍然未考虑每股收益的风险；

(3) 同样会由于经营者追求最大收益而造成短期行为，而不利于公司的长远和稳定的发展。

因此，每股盈余（净资产收益率）与利润最大化一样也有许多不完善之处，同样不能作为企业的财务目标。

### 3. 企业价值最大化或股东财富最大化

股东创办企业的目的是扩大财富，他们是企业的所有者，企业价值最大化就是股东财富最大化。

企业的价值在于它能给所有者带来未来报酬，包括获得股利和出售其股权换取现金。如同商品的价值一样，企业的价值只有投入市场才能通过价格表现出来。企业价值不同于利润，利润只是新创造价值的一部分，而企业价值不仅包括了新创造的价值，还包含了企业潜在的或预期的获利能力。企业价值的评价一般是通过投资大众的市场评价进行的，投资者对企业潜在的获利能力预期越高，其价值就越大。

在企业负债水平一定的情况下，企业价值主要体现在企业股票价格上，股票投资收益的现值越大，股票的市场价格就越高，企业的价值就越大。以企业价值最大化作为财务管理的目标，其优点主要表现在：

(1) 这一目标考虑了货币的时间价值和投资的风险价值，有利于选择投资方案，统筹安排长短期规划，有效筹措资金，合理制定股利政策等；

(2) 这一目标反映了对企业资产保值增值的要求，从某种意义上说，股东财富越多，企业资产的市场价值就越大，追求股东财富最大化的结果可促使企业资产保值或增值；

(3) 这一目标有利于克服管理上的片面性和短期行为；

(4) 这一目标有利于社会资源合理配置，社会资本通常流向企业价值最大化或股东财富最大化的企业或行业，从而实现社会效益最大化。

以企业价值最大化作为财务管理的目标也存在一些问题：

(1) 对于非股票上市公司，只有对企业进行专门的评估才能真正确定其价值，而在评估企业资产时，由于评估标准和评估方式的影响，很难做到客观和准确，这也导致企业价值确定的困难；

(2) 对于上市公司来讲，虽可通过股价的变动揭示企业价值，但股价是受多种因素影响的结果，只有长期趋势才能揭示企业的获利能力；公司股票价值并非为公司所控制，其价格波动也并非与公司财务状况的实际变动相一致，这对公司实际经营业绩的衡量也带来了一定的困难；

(3) 概念比较抽象，不易被外行人士接受。综上所述，虽然企业价值最大化的目标也存在一些问题，但它还是有利于体现企业管理的目标，更能揭示市场认可企业的价值，而且它也考虑了资金时间价值和风险价值，所以，通常被认为是一个较为合理的财务管理目标。

### 10.1.2 建筑企业财务管理的对象及内容

#### 1.建筑企业财务管理的对象

建筑企业在资金流转过程中，资金流转的起点和终点是现金，其他的资产都是现金在流转中的转化形式，因此，财务管理的对象是现金及其流转。

(1) 建筑企业资金流转的一般过程

建筑企业从各种渠道筹集资金，是企业资金运动的起点。一开始，这些资金大都处于货币形态。建筑企业利用筹集的货币资金购买各种生产资料，为施工生产建立必要的物质条件。企业的资金从货币形态转化为建筑安装施工生产所需的机械设备、材料等各种物质形态。在建筑安装生产过程中企业资金一方面发生形态的变化，即从生产用的机械设备、材料等物质形态经过未完施工转化为已完工程形态，另一方面引起价值量的增加。所以，建筑企业的建筑安装施工生产过程，既是企业资金形态的转化过程，又是资金耗费和资金积累的过程。在工程完工以后，要将已完工程交给发包建设单位，并按预算造价进行工程款结算，取得工程结算收入。在这一过程中，企业资金从工程形态转化为货币形态。企业就完成了从货币形态垫支又恢复到货币形态的循环过程，同时，通过循环过程还增大了原来的资金数额。

（2）资金流转的类型

建筑企业资金的循环是复杂的，表现为在空间上多重循环并存，在时间上依次继起。但资金的循环按其循环一周的时间不同，基本可以分为资金的长期循环和短期循环。

①资金的短期循环。资金短期循环指资金循环一周不超过 1 年。短期循环中的资金是流动资金，包括目前正处于现金、存货、应收账款、短期投资等形态的资金。在这一循环过程中，企业将从所有者和债权人那里筹措到的资金，在采购过程中转化为存货等生产资料的形态，而后将其投入生产过程，依次转化为在产品形态和产成品形态。

②资金的长期循环。资金长期循环是指资金循环一周需要 1 年以上的时间。长期循环中的资金主要是占用在固定资产、长期投资、长期待摊费用等长期非现金资产上的资金，进入这一循环的资金，流转速度较慢，循环一周所需时间较长。由于占用在长期循环过程中的资金量比重较大，时间较长，所以，应注意资金能可靠地变现，尽量避免变现时产生的净损失。

资金在长期和短期循环后，会得到重新分配。所以，长期循环和短期循环是相连接的，在重新分配时要调度得当，如果调度不当，则会出现资金流转的不平衡。企业在经营过程中，资金流转平衡是相对的，不平衡是绝对的，所以，资金的调度与分配是财务管理中十分复杂的问题。

2. 建筑企业财务管理的内容

财务管理的内容是财务管理对象的具体化。财务管理的对象是企业再生产过程中的资金活动。所以财务管理内容就是企业资金活动所表现出来的各个具体方面。建筑企业财务管理的内容比较宽泛，概括起来包括以下 4 个方面：资金管理、投资管理、收入与利润分配管理以及成本费用管理。

（1）资金管理

资金管理包括固定资金、流动资金和专项资金管理。首先，有计划地从正确的渠道筹措资金，及时组织资金供应，以保证各项财务活动的正常进行。企业筹措资金的渠道主要有国家财政拨款、银行贷款、企业留成等；此外，还可通过正常的手续发行公司债券和对外筹资等形式筹到必要的资金；其次，在资金使用上要做到有计划地安排和加强资金使用的监督和检查，做到资金使用合理化。一是要使资金的结构合理；二是要保持资金的收支平衡；三是要实现资金使用的经济效益。

（2）投资管理

投资是指以收回现金并取得收益为目的而发生的现金流出。企业投资包括固定资产投资、证券投资和其他企业的直接投资等。投资管理的基本要求是建立严密的投资管理程序，充分论证投资在技术上的可行性和经济上的合理性。在收益和风险同时存在的条件下，力求做好预测和决策，减少风险，提高效益。投资是企业财务管理的重要环节。投资决策的成败，对企业未来经营成败具有根本性的影响。

企业筹集的资金必须投入到生产经营中去，并收回现金，取得盈利。在做出投资决策时需要考虑的问题，主要是投资的对象和投资的时期、投资的报酬和投资的风险，力求选择收益大、风险少的投资方案。

（3）收入与利润分配管理

销售过程是建筑企业资金运动的最后阶段。在销售阶段，按建筑产品价格，通过一定的结算程序取得销售收入即工程收入。价格是价值的货币表现，按建筑产品价格取得的工程收入，实现了建筑产品的全部价值，完成了从成品资金形态向货币形态的转化。企业取得的工程收入包括成本、利润和税金三部分，用以进行资金的分配。

利润分配是指将企业赚取的利润总额，在与建筑企业有利害关系的各方中进行分配。对于利润分配管理的基本要求是，采取各种措施，努力提高企业利润水平，合理分配企业利润。企业的利润分配关系到国家、企业、企业所有者和企业职工的经济利益。在分配时，一定要从全局出发，正确处理国家利益、企业利益、企业所有者利益和企业职工利益之间的关系，要统筹兼顾，合理安排。

（4）成本费用管理

成本费用是指建筑企业在一定时期内生产经营过程中的各种资金耗费。包括直接费用、间接费用和期间费用。费用的管理包括营业费用的管理、成本费用的确定及核算等内容。

### 10.1.3 建筑企业财务管理的环境

任何一个企业的财务活动都离不开它的经营环境，企业的财务管理环境又称理财环境，它是指对建筑企业的财务活动产生影响作用的各种内外条件。在市场经济条件下，财务管理活动具有构成复杂、变化快速等特点，对财务管理工作会产生重大影响。财务管理人员必须对环境进行认真调查和分析，预测财务活动环境的发展变化趋势，不断增强对环境的适应能力、应变能力和利用能力，根据环境的发展变化采取相应财务策略，提高财务管理水平。财务管理的环境涉及的范围很广，其中最重要的是经济环境、法律环境和金融环境。

1.经济环境

经济环境主要是指国家在一定时期的各种经济政策以及经济发展水平。它是影响企业经营和财务管理活动的最主要的因素。它主要包括经济周期、经济发展水平、市场竞争环境和经济政策等。

(1) 经济周期

市场经济条件下，经济发展与运行带有一定的波动性，大体上呈现复苏、繁荣、衰退和萧条几个阶段的循环，这种循环叫做经济周期。在复苏期，企业一般会增加厂房、建立存货、购入新产品、增加劳动力、实行长期租赁等；在繁荣期，企业一般会扩充厂房设备、继续建立存货、提高价格、扩大营销规模、增加劳动力；在衰退期，企业一般会停止扩张、出售多余设备、停产不利产品、停止长期采购、削减存货、停止雇员；在萧条期，企业一般会建立投资标准、保持市场份额、缩减管理费用、放弃次要利益、削减存货、裁减雇员。

(2) 经济发展水平

经济发展水平是指国家整个经济增长和发展的水平，它对企业调度资金、调整生产结构有很大影响。国家经济处在发展缓慢或不景气阶段，必然会使企业的生产经营和资金调度产生不平衡状况。企业财务人员要根据国家经济发展水平状况采取相应的调整措施，满足经济发展水平对资金的需要。

(3) 市场竞争环境

竞争广泛存在于市场经济之中，是经济系统得以运行的动力。这种动力推动市场的运行发展，并在各市场参与主体的微观行为中得以表现，任何企业都不可回避。构成竞争的要素主要有两项：一是参加市场交易的生产和消费者的数量；二是参加市场交易的商品和劳务的差异程度。但是，现代市场经济的竞争不仅最终体现为产品和劳务的竞争，而且扩展到人才的竞争、技术的竞争、资金的竞争和信息的竞争。

具体而言，竞争环境是直接通过连接其他企业或者消费者的购进和销售环节予以体现的。在购进活动中，如果供不应求，企业必须增加存货使资金占用增加，而为了得到存货也必须付出较高的价格和支付较多的费用，从而需要支付更多的财务费用。在销售活动中，如果供不应求，企业存货会尽快出手，可以减少存货的资金占用，甚至可以采取预付货款或一手钱一手货的形式，使存货降至最低，资金占用最少，相应的财务费用最小。

(4) 经济政策

我国经济体制改革的目标是建立社会主义市场经济体制，以进一步解放和发展生产力。在这个总目标的指导下，我国已经并正在进行财税体制、金融体制、外汇体制、外贸体制、计划体制、价格体制、投资体制、社会保障制度等项改革。所有这些改革措施，深刻地影响着建筑企业的发展和财务活动的运行。如金融政策中货币的发行量、信贷规模都能影响企业投资的资金来源和投资的预期收益；财税政策会影响企业的资金结构和投资项目的选择等；价格政策能影响决定资金投向和投资回收期及预期收益等。可见，经济政策对企业财务的影响是非常大的。这就要求企业财务人员必须把握经济政策，更好地为企业的经营理财活动服务。

2. 法律环境

财务管理的法律环境是指企业与外部发生经济关系时所必须遵守的各种法律、法规和规章。企业在其经营活动中，要和国家、其他企业社会组织、企业职工或其他公民，及国外的经济组织或个人发生经济关系。国家管理这些经济活动和经济关系的手段包括行政手段、经济手段和法律手段三种。在市场经济条件下，行政手段逐步减少，而经济手段，特别是法律手段日益增多，愈来愈多的经济关系和经济活动的准则用法律的形式固定下来。同时，众多的经济手段和必要的行政手段的使用，也必须逐步做到有法可依，从而转化为法律手段的具体形式，真正实现国民经济管理的法制化。法律环境为企业经营活动规定了活动空间，也为企业在相应空间内自由经营提供了法律上的保护。影响财务管理的主要法律环境因素有企业组织法律规范、税务法律规范和财务法律规范等。

（1）企业组织法律规范

企业组织必须依法成立。组建不同的企业，要依照不同的法律规范，它们包括：《中华人民共和国公司法》（简称《公司法》）、《中华人民共和国全民所有制工业企业法》、《中华人民共和国外资企业法》、《中华人民共和国合伙企业法》、《中华人民共和国中外合资经营企业法》、《中华人民共和国中外合作经营企业法》、《中华人民共和国个人独资企业法》等。这些法律法规既是企业的组织法，又是企业的行为法。

按其组织形式不同可将企业分为独资企业、合伙企业和公司。

①独资企业。个人独资企业是指依法设立，由一个自然人投资，财产为投资人个人所有，投资人以其个人财产对公司债务承担无限责任的经营实体。个人独资企业特点：

a. 只有一个出资者。

b. 出资人对企业债务承担无限责任。在个人独资企业中，独资人直接拥有企业的全部资产并直接承担企业的全部负债，也就是说独资人承担无限责任。

c. 独资企业不作为企业所得税的纳税主体。一般而言，独资企业的收益纳入所有者的其他收益一并计算缴纳个人所得税。

独资企业具有结构简单、容易开办、利润独享、限制较少等优点。但也存在无法克服的缺点，一是出资者负有无限偿债责任；二是筹资困难，个人财力有限，企业往往会因信用不足、信息不对称而存在筹资障碍。

我国的国有独资公司不属于本类企业，而是按有限责任公司对待。

②合伙企业。合伙企业是依法设立，由各合伙人订立合伙协议，共同出资，合伙经营，共享收益，共担风险，并对合伙企业债务承担无限连带责任的营利组织。合伙企业的法律特征是：

a. 有两个以上合伙人，并且都是具有完全民事行为能力，依法承担无限责任的人。

b. 有书面合伙协议，合伙人依照合伙协议享有权利，承担责任。

c. 合伙人可以用货币、实物、土地使用权、知识产权或者其他属于合伙人的合法财产及财产权利出资，经全体合伙人协商一致。合伙人也可以用劳务出资，其评估作价由全体合伙人协商确定。

d. 有关合伙企业改变名称、向企业登记机关申请办理变更登记手续、处分不动产或财产权利、为他人提供担保、聘任企业经营管理人员的重要事务，均须经全体合伙人一致同意。

e. 合伙企业的利润和亏损，由合伙人依照合伙协议约定的比例分配和分担；合伙协议未约定利润分配和亏损分担比例的，由各合伙人平均分配和分担。

f. 各合伙人对合伙企业债务承担无限连带责任。

合伙企业具有开办容易、信用相对较佳的优点，但也存在责任无限、权力不易集中、有时决策过程过于冗长等缺点。

③公司。公司是指依照公司法登记设立，以其全部法人财产，依法自主经营、自负盈亏的企业法人。公司享有由股东投资形成的全部法人财产权，依法享有民事权利，承担民事责任。公司股东作为出资者按投入公司的资本额享有所有者的资产收益、重大决策和选择管理者等权利，并以其出资额或所持股份为限对公司承担有限责任。我国公司法所称公司指有限责任公司和股份有限公司。

a. 有限责任公司。是指由 50 个以下股东共同出资设立，每个股东以其所认缴的出资额为限对公司承担有限责任，公司以其全部资产对其债务承担责任的企业法人。其特征：一是公司的资本总额不分为等额的股份；二是公司向股东签发出资证明书，不发股票；三是公司股份的转让有较严格限制；四是限制股东人数，不得超过一定限额；五是股东以其出资比例享受权利、承担义务；六是股东以其出资额为限对公司承担有限责任。

b. 股份有限公司。是指其全部资本分为等额股份，股东以其所出股份为限对公司承担责任，公司以其全部资产对公司的债务承担责任的企业法人。其特征：一是公司的资本划分为股份，每一股的金额相等；二是公司的股份采取股票的形式，股票是公司签发的证明股东所持股份的凭证；三是同股同权，同股同利；股东出席股东大会，所持每一股份有一表决权；四是股东可以依法转让持有的股份；五是股东不得少于规定的数目，但没有上限限制；六是股东以其所持股份为限对公司债务承担有限责任。

公司这一组织形式，已经成为西方大企业所采用的普遍形式，也是我国建立现代企业制度过程中选择的企业组织形式之一。

（2）税务法律规范

任何企业都有法定的纳税义务。国家以税收的方式对企业所得征税，这是强制的、无偿的。因此，国家税收政策的制定及变动对财务管理会产生影响和制约。

我国目前税制的主要内容如下。

①所得税类。我国所得税有三种类型：

a. 企业所得税。企业所得税适用于我国境内实行独立经济核算的企业组织，包括国有企业、集体企业、私营企业、联营企业、股份制企业和其他组织，但外商投资企业和外国企业除外。上述企业在我国境内和境外的生产、经营所得和其他所得，为应纳税所得额，按33%的税率计算缴纳税款。

b. 外商投资企业和外国企业所得税。在中国境内设立的中外合资经营企业、中外合作经营企业和外商独资企业，以及在中国境内设立机构、场所，从事生产、经营和虽未设立机构、场所而有来源于中国境内所得的外国公司、企业和其他经济组织。上述外商投资企业和外国企业的生产、经营所得和其他所得为应纳税所得额，税率为30%，地方所得税税率为3%。

c. 个人所得税。我国个人所得税的税率按所得项目的不同分别确定。个人所得税在工资或其他收入中缴纳，支付税金的数额要根据个人的应税收入计算。应税收入等于收入减去税法中规定允许扣除的项目。

我国个人所得税制采用的是分类所得税制，即对不同性质的所得项目采取不同的税率，如工资、薪金等采用超额累进所得税率，投资所得之股息、红利、利息等采用比例税率等。在我国个人所得税法中规定个人运用资财投资所得的红利、利息收入须交纳20%的个人所得税。国库券和国家债券利息所得免征个人所得税，投资于证券的资本所得，暂时未征个人所得税（目前只按比例征收交易印花税）。

②流转税类。流转税是对企业的流转额即销售额所征收的税金，从企业角度看就是销售税金，包括四种：

a. 增值税。增值税是就商品生产、流通和加工、修理各个环节的增值额课税的一种流转税。

b. 消费税。消费税是对少数特定的消费品需要调节其消费行为而征收的一种税。征收消费税，有利于正确引导消费，调整消费结构，也有助于调节个人收入水平，缓解分配不公的矛盾。

c. 营业税。营业税主要是对第三产业，包括交通运输、金融保险、邮电通信、文化娱乐、建筑安装、服务业等单位的营业额征收的一种税。

d 城市维护建设税。城市维护建设税是专为筹集城市维护建设资金而征收的一种税，按增值税、消费税、营业税三税的税额和一定比例计算缴纳。

③资源税类。资源税目前主要是对矿产资源和土地资源征收的税种，其目的既有对资源收益的征收，又有对资源级差收入的调节，主要有三种：

a. 资源税。资源税是对在我国开采矿产和盐资源的单位和个人取得的级差收入征收的一种税。

b. 土地使用税。土地使用税是对在城市和县城占用国家和集体土地的单位和个人，按使用土地面积定额征收的一种税。

c. 土地增值税。土地增值税是为了调节土地增值收益而征收的一种税。

④财产税类。财产税是对纳税人所有的财产课征的税。我国目前的财产税主要是房产税，它是在城市、县城、建制镇、工矿区征收，向产权所有人和承租人征收的一种税。中国居民个人拥有的非营业用的房产，免纳房产税。

⑤行为税类。行为税是以纳税人的某种特定行为为征税对象的税种，主要有以下几种：

a. 印花税。印花税是对书立、领受应税凭证的行为而征收的一种税。

b. 车船使用税。车船使用税是对行驶于我国境内的车船，按其种类定额征收的一种税。

c. 屠宰税。屠宰税是对屠宰猪、牛、羊等牲畜行为征收的一种税。

税负是企业的一种费用，会增加企业的现金流出，对企业理财有重要影响。企业无不希望在不违反税法的前提下减少税务负担。税负的减少，只能靠精细安排和筹划投资、筹资和利润分配等财务决策，而不允许在纳税行为已经发生时去偷税漏税。因此，财务人员应当熟悉国家税收法律的规定，不仅要了解各税种的计征范围、计征依据和税率，而且要了解差别税率的有关规定，减税、免税的有关规定，自觉按照税收政策导向进行经营活动和财务活动。

(3) 财务法律规范

财务法律规范主要是《企业财务通则》和行业财务制度。

《企业财务通则》是各类企业进行财务活动、实施财务管理的基本规范。经国务院批准由财政部发布的《企业财务通则》，于 1994 年 7 月 1 日起施行。它对以下问题做出了规定：建立资本金制度、固定资产的折旧、成本的开支范围、利润的分配。

行业财务制度是根据《企业财务通则》的规定，为适应不同行业的特点和管理要求，由财政部制订的行业规范。

除上述法律规范外，与企业财务管理有关的其他经济法律规范还有许多，包括各种证券法律规范、结算法律规范、合同法律规范等。财务人员要熟悉这些法律规范，在守法的前提下完成财务管理的职能，实现企业的财务目标。

3. 金融环境

金融环境是指资金融通的场所，是为资金需求和供应提供有效服务的中介。影响财务管理的主要金融环境因素有金融机构、金融市场等。

(1) 金融机构

金融机构是指经营存款、放款、汇兑、储蓄等金融业务，承担信用中介的金融机构。它包括银行业金融机构和其他金融机构，其框架见图 10-1。

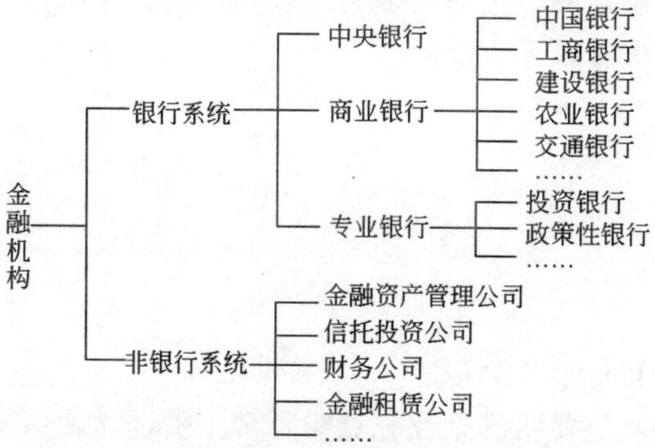


图 10-1 金融机构框架图

(2) 金融市场

金融市场是指资金供应者和资金需求者双方通过金融工具进行交易的场所。金融市场可以是有形的市场，也可以是无形的市场。金融市场的功能主要有五项：转化储蓄为投资；改善社会经济福利；提供多种金融工具并加速流动，使中短期资金凝结为长期资金；提高金融体系竞争性和效率；引导资金流向。

金融市场可按不同的标准进行分类：按交易期限划分，可分为货币市场和资本市场；按交易性质划分，可分为发行（一级）市场与流通（二级）市场；按交割时间划分，可分为现货市场与期货市场；按交易对象划分，可分为外汇市场、资金市场与黄金市场；按交易区域划分，可分为国内金融市场与国际金融市场。

## 10.2 建筑企业资金管理

### 10.2.1 资金预测

资金预测主要是对未来一定时期内企业生产经营活动所需资金、资金利用效果以及扩展业务需要追加的资金进行估计和测算，它可以为决策提供多种方案。资金预测的主要作用表现在：

(1) 有利于确定各类资金的需用量以及筹措量，以满足企业正常的生产经营活动的需要；

(2) 建立合理的资金结构及其运行程序；

(3) 减少资金占用；

(4) 加快资金周转，提高资金使用效果。

资金预测按其内容可以分为：固定资金需用量预测、固定资金投资预测、固定资金使用效果预测、流动资金需用量预测、流动资金利用效果预测、专项资金预测和资金筹措预测等。资金预测的步骤有以下五步：

①确定目标；

②收集资料；

③建立模型；

④分析评价；

⑤修订预测值。

预测的方法主要有定性预测法和定量预测法。

企业筹集资金的一个重要前提，是要明确企业究竟需要多少资金，就一个新建企业来说，从投资人投入资本开始，然后购置固定资产、原材料等，通过生产环节将产成品出售并收回现金，继续用于购买活动，因此企业需要预先知道自己的资金需求，提前安排融资计划。通过预测可以提高企业对不确定事件的反应能力，从而减少由不利事件造成的损失，增加利用有利机会带来的收益。这里仅介绍预测资金需要量常用的方法，即销售百分比和线性回归分析法。

#### 1. 销售百分比法

影响企业筹资需求的最重要的变量是预计销售量（额）。销售预测是资金需求预测的必要基础。通常资金预测把销售预测视为已知数，销售预测对资金预测的质量有重大影响。如果销售的实际状况超出预测很多，企业没有准备足够的资金添置设备或储存存货，则无法满足顾客需要，这不仅会失去盈利机会，并且会丧失原有的市场份额；反之，销售预测过高，筹集大量资金购买设备和储存存货，则会造成设备闲置和存货积压，使资金周转率下降，导致企业净资产收益率降低。

销售百分比是以未来销售收入变动的百分比为主要参数，考虑随销售量变动的资产负债项目及其他因素对资金的影响，从而预测未来需要追加资金量的一种定量分析法。

其计算公式如下：

$$\begin{pmatrix}\text{计划期}\\\text{追加资}\\\text{金数量}\end{pmatrix}=\begin{pmatrix}\text{未来销}\\\text{售收入}\\\text{变动率}\end{pmatrix}\times\left[\begin{pmatrix}\text{资产项目中}\\\text{与销售关联}\\\text{的金额}\end{pmatrix}-\begin{pmatrix}\text{负债项目中}\\\text{与销售关联}\\\text{的金额}\end{pmatrix}\right]-\begin{pmatrix}\text{提取折}\\\text{旧使用}\\\text{后的金额}\end{pmatrix}-$$

$$\begin{pmatrix}\text{计划期}\\\text{销售}\\\text{收入}\end{pmatrix} \times \begin{pmatrix}\text{基期}\\\text{销售}\\\text{利润率}\end{pmatrix} \times \left[1-\begin{pmatrix}\text{计划期}\\\text{股利}\\\text{发放率}\end{pmatrix}\right] + \begin{pmatrix}\text{计划期}\\\text{零星资金}\\\text{需要量}\end{pmatrix} \tag{10-1}$$

销售百分比的主要优点，是能为财务管理提供短期预计的财务报表，以适应外部筹资的需要，且易于使用。但该法的主要缺点是，倘若有关固定比率的假定失实，据此进行预测就会形成错误的结果。因此，在有关因素发生变动的情况下，必须相应地做出调整。

销售百分比法，一般可借助预计利润表和预计资产负债表，然后利用会计等式确定融资需求，即通过预计资产负债表预测企业资金需要总额和外部筹资的增加额。

#### 2. 线性回归分析法

线性回归分析法是指假定资金需要量与营业业务量之间存在线性关系而建立数学模型，然后根据有关历史资料，用回归直线方程确定参数、预测资金需要量的一种方法。其预测模型为：

$$y = a + bx \tag{10-2}$$

式中：$y$——资金需要量；

$a$——不变资金；

$b$——单位业务量所需要的变动资金；

$x$——业务量。

其中，不变资金是指在一定的经营规模下，不随业务量增减而变化的资金，主要包括为维持营业而需要的最低数额的现金、原材料的保险储备、必要的产品储备，以及固定资产占用的资金。变动资金是随着业务量的变动而同比例变动的资金，包括在企业最低储备以外的现金、存货、应收账款等所占用的资金。

### 10.2.2 资金来源与筹措

#### 1. 资金来源

资金来源是指取得资金的渠道。认识和了解各筹资渠道及其特点，有助于企业充分拓宽和正确利用筹资渠道。我国企业目前筹资渠道主要有以下几种。

(1) 国家财政资金

代表国家投资的政府部门或者机构以国有资金投入企业的资金。按《企业财务通则》规定，这部分资金为国家资本金。建立资本金制度后，原有企业的固定基金、流动基金和专用基金中的更新改造基金转作为国家资本金。新建企业则为有权代表国家投资的机构（国有资产管理机构与所属国有资产经营公司）以国有资产投入形成的。

(2) 银行信贷资金

银行对企业的各种贷款，是我国目前各类企业最为重要的资金来源。我国银行分为商业性银行和政策性银行两种。商业银行是以盈利为目的、从事信贷资金投放的金融机构，它主要为企业提供各种商业贷款。政策性银行是为特定企业提供政策性贷款。

(3) 其他金融机构资金

其他金融机构主要指信托投资公司、保险公司、租赁公司、证券公司、财务公司等。它们所提供的各种金融服务，既包括信贷资金投放，也包括物资的融通，还包括为企业承销证券等金融服务。

(4) 企业自留资金

它是指企业内部形成的资金，也称为企业内部留存，主要包括提取公积金和未分配利润等。这些资金按照法定程序可以转化为资本金。它的重要特征是，无须通过一定的方式去筹集，而直接由企业内部自动生成和转移。

(5) 其他法人单位资金

其他法人单位资金，包括企业法人和社团法人以其依法可以支配的资产投入企业形成的资金。这部分资金为法人资本金。

(6) 居民个人资金

企业职工和居民个人的节余货币，作为“游离”于银行及非银行金融机构之外的个人资金，可用于对企业进行投资，形成民间资金来源渠道，从而为企业所用。

(7) 境外资金

我国大陆境外投资者，包括港、澳、台地区和外国投资者投入形成的资金。这部分资金称之为外商资本金。

各种筹资渠道在体现资金的供应量多少时，存在较大的差别。有些渠道的资金供应量多，而有些相对较少。资金供应量的多少，在一定程度上取决于财务管理环境的变化，特别是宏观经济体制、银行体制和金融市场发展速度等因素。

2. 资金筹措方式

对于上述各种渠道来源的资金，企业可以采用不同的方式进行筹集。所谓筹资方式是指取得资金的具体形式，或者说用什么方法取得资金。企业的筹资方式除了国内过去传统采用的国家拨款、银行借款、企业内部积累以外，还可采用发行股票、债券，进行租赁、联营、合资合作经营、补偿贸易、商业信用等方式筹资。

### 10.2.3 资金成本与资本结构

1. 资金成本

资金（资本）成本是指企业为筹措和使用一定量的资金而付出的代价。这种代价包括两个部分的内容：一是用资费用，即企业在使用资金的过程中付出的代价，如向投资者支付的报酬、向债权人支付的利息等。这一部分费用是资金成本的基本内容。二是筹资费用，即在筹集资金过程中发生的费用，如发行股票、债券的印制费、证券公司承销手续费、资信评估费、公正费、律师费、注册会计师费、广告费等。

筹资费用和用资费用的区别在于：它通常是在筹措资金时一次支付的，在资金使用过程中不再发生，因此也可视作筹资数量的一项扣除。

资金成本的高低，通常用资金成本率表示，其公式为：

$$资金成本率=\frac{资金占用费}{筹资总额-筹资费用}\times 100\% \tag{10-3}$$

资金成本是在市场经济条件下，由于资金所有权和资金使用权分离而形成的一种财务概念。资金成本是企业选择资金来源和筹资方式的基本依据；是评价投资项目可行性的主要经济标准；是考核企业经营业绩的最低尺度。它可以在许多方面加以应用，而主要应用于企业的筹资决策和投资决策中。

资金成本就其计算的范围与界限看，可分为：个别资金成本、综合资金成本、边际资金成本。

(1) 个别资金成本

个别资金成本是指各种不同形态的长期资金的成本，如长期借款资金成本、公司债券成本、优先股成本、普通股资金成本和留存收益资金成本等。前两者可统称为负债资金成本，后三者统称为权益资金成本。

①长期借款资金成本。长期借款的成本指借款利息和筹资费。由于借款利息计入税前成本费用，可以起到抵税的作用，因此，长期借款资金成本的公式为：

$$K_1=\frac{I_1(1-T)}{L(1-F_1)} \tag{10-4}$$

式中：$K_1$——长期借款资金成本；

$I_1$——长期借款年利息；

$T$——所得税率；

$L$——长期借款筹资额（借款本金）；

$F_1$——长期借款筹资费用率。

［**例 10-1**］某公司从银行借入长期借款 130 万元，期限 3 年，年利率为 12%，每年付息一次，到期一次还本，筹资费用率为 2‰，所得税税率为 33%，计算长期借款资金成本如下：

$$\frac{130\times 12\%\times(1-33\%)}{130\times(1-2‰)}=8.06\%$$

上列公式也可改为如下形式：

$$K_1 = \frac{R_1(1-T)}{1-F_1} \tag{10-5}$$

式中：$R_1$——长期借款的利率。

当长期借款的筹资费（主要是借款的手续费）很小时，也可以忽略不计。

②债券资金成本。债券资金成本中的利息亦在所得税前列支，但发行债券的筹资费用一般较高，应予考虑。债券的筹资费用即债券发行费用，包括申请发行债券的手续费、债券注册费、印刷费、上市费以及推销费用等。其中有些费用按一定的标准（定额或定率）支付，有的并无固定的标准。

债券的发行价格有等价、溢价、折价三种。债券利息按面额（即本金）和票面利率确定，但债券的筹资额应按具体发行价格计算，以便正确计算债券成本。债券成本的计算公式为：

$$K_b = \frac{I_b(1-T)}{B(1-F_b)} \tag{10-6}$$

式中：$K_b$——债券成本；

$I_b$——债券年利息；

$T$——企业所得税税率；

$B$——债券筹资额，按发行价格确定；

$F_b$——债券筹资费用率。

在实际中，由于债券利率水平通常高于长期借款，同时债券发行费用较多，因此，债券成本一般高于长期借款成本。

[例 10-2] 某企业平价发行三年期债券 600 万元，该债券票面利率为 15%，筹资费率为 3%，企业所得税率为 33%，则该债券的成本为：

$$\frac{600 \times 15\% \times (1-33\%)}{600 \times (1-3\%)} = 10.36\%$$

③普通股资金成本。普通股由于发行时没有约定股利的支付比例，其资金成本的估计就有困难。估计方法有许多种，比较常用的方法是“股利折现法”，其计算公式为：

$$\text{普通股资金成本率 } K_c = \frac{\text{预计第一年股利}}{\text{发行总额} - \text{筹资费用}} + \text{预计以后每年股利增长率} \tag{10-7}$$

[例 10-3] 某股份有限公司发行股票面值为 1000 万元的普通股股票，筹资费率为 5%，第一年股票发放率为 14%，以后每年预计增长 6%，则该普通股的资金成本为：

$$\frac{1\,000 \times 14\%}{1\,000 \times (1-5\%)} + 6\% = 21.74\%$$

④留存收益资金成本。一般认为，留存收益是普通股的投资者用自己应该分得

的利润对企业的再投入。从投资者角度考虑，把应该分得的利润继续留在企业而造成了机会收益的丧失。从而就以投资者的机会成本作为企业使用这笔资金的成本。所以，留存收益的资金成本同普通股的资金成本的差别只是企业的留存收益无需支付筹资费用。

留存收益只要经股东大会通过即可保留，没有筹资费用，其算式如下：

$$K_r = \frac{D_c}{P_c} + G \tag{10-8}$$

式中：$K_r$——留存收益资金成本；

$D_c$——普通股股利；

$P_c$——普通股筹资额；

$G$——年增长率。

以上四个渠道的资金成本中以①、②两者为较低，因有减低税负的优惠；①与④，则又较②与③为低，因无筹资费用或费用较低。

(2) 综合资金成本

对于大部分企业来说，其资金都不可能从单一的途径去筹集，而是各种不同资金来源的组合。综合资金成本，又称加权平均资本成本（Weighted Average Cost Capital，缩写为 WACC)，是指企业来自不同途径的各类资金成本，以各自的资金金额占全部资金金额的比重为权数，进行加权平均所得的平均成本，其计算公式如下：

$$K_w = \sum_{j=1}^{n} K_j W_j \qquad 其中 \sum_{j=1}^{n} W_j = 1 \tag{10-9}$$

式中：$K_w$——加权平均资金成本；

$K_j$——第 $j$ 种个别资金的成本；

$W_j$——第 $j$ 种个别资本在全部资本总额中所占的比重，这个比重即为权重或权数。

从公式中可以看出，加权平均资金成本是由各类资金成本及其相关权数形成的。而权数的获得可通过不同的方法，例如，综合资金成本既可以按市场价值权数来计算，也可以按目标权数来计算，还可以按账面价值权数来计算。

**[例 10-4]** 某企业账面反映的长期资金为 1 000 万元，其中长期借款 300 万元，应付长期债券 100 万元，普通股 600 万元；其资金成本分别为 6%、9.58%、12.5%，则该企业的加权平均资金成本为：

$$6\% \times \frac{300}{1\,000} + 9.58\% \times \frac{100}{1\,000} + 12.5\% \times \frac{600}{1\,000} = 10.26\%$$

(3) 边际资金成本

边际资金成本是企业追加筹资的成本。企业在追加筹资和追加投资的决策中必须考虑边际资本成本的高低。

上述企业的个别资金成本和综合资金成本，是企业过去筹集的或目前使用资金的成本。然而，随着时间的推移或筹资条件的变化，个别资金成本会随之变化，综合资金成本也会随之变动。因此，企业在未来追加筹资时，不能仅仅考虑目前所使用的资金的成本，还要考虑新筹资金的成本，即边际资本成本。

企业追加筹资，有时可能只采取某一种筹资方式，但在筹资数额较大，或在目标资本结构既定的情况下，则需通过多种筹资方式的组合来实现。这时，边际资本成本需要按加权平均法来计算，其权数必须为市场价值权数，不应采用账面价值权数。

**[例 10-5]** 某公司目标资本结构为：债务 0.3、优先股 0.05、普通股权益（包括普通股和留存收益）0.65。现拟追加筹资 400 万元，仍按此资金结构来筹资。个别资金成本预计为债务 7.50%，优先股 12.5%，普通股权益 15%。按加权平均法追加筹资 400 万元的边际资金成本如表 10-1 所示。

**边际资金成本计算表** 表 10-1

| 资 金 种 类 | 目标资金结构 | 追加筹资（市场价值） | 个别资本成本（%） | 加权平均边际资本成本（%） |
|---|---|---|---|---|
| 债务 | 0.3 | 90 | 7.5% | 2.25% |
| 优先股 | 0.05 | 25 | 12.5% | 0.63% |
| 普通股权益 | 0.65 | 285 | 15% | 9.75% |
| 合计 | 1 | 400 | — | 12.63% |

2. 资本结构

资本结构是企业筹资决策的核心。在筹资管理过程中，采用适当的方法以确定最佳资本结构，是筹资管理的主要任务之一。

（1）资本结构的含义

资本结构是指企业各种资本的构成及其比例关系。在实务中，资本结构有广义和狭义之分。广义的资本结构是指企业全部资本的构成，不仅包括长期资本，还包括短期资本，主要指短期债务资本。狭义的资本结构是指长期资本（长期债务资本与权益资本）的构成及其比例关系，在这种情况下，短期债务资本列入营运资本来管理。本书采用狭义的概念。

（2）最佳资本结构决策

①最佳资本结构的含义。所谓最佳资本结构是指企业在一定时期内，使综合资金成本最低、企业价值最大时的资本结构。其判断标准有三个：一是有利于最大限度地增加所有者财富，能使企业价值最大化；二是企业综合资金成本最低；三是资产保持适宜的流动，并使资本结构具有弹性。其中，综合资金成本最低或企业价值

最大是主要标准。

②最佳资本结构的确定方法。根据综合资金成本最低或企业价值最大的资本结构理论，最优资本结构的决策方法一般有比较资本成本法、无差异点分析法。

a. 比较资本成本法。比较资本成本法是计算不同资本结构方案的综合资金成本，并以此为标准，通过对不同资本结构方案的比较来进行资本结构决策的方法。其决策过程包括三个步骤：一是确定各方案的资本结构；二是确定各结构的加权资本成本；三是进行比较，选择综合资金成本最低的结构为最优结构。

［**例 10-6**］某企业拟筹资规模确定为 900 万元，有三个备选方案，其资本结构分别是：方案 A：长期借款 200 万元、债券 300 万元、股本 400 万元；方案 B：长期借款 300 万元、债券 300 万元、股本 300 万元；方案 C：长期借款 400 万元、债券 300 万元、股本 200 万元，相对应的个别资金成本如表 10-2 所示。

计算各方案的综合资金成本（WACC）

WACC（A）$=200\div900\times6\%+300\div900\times9\%+400\div900\times15\%=11\%$

WACC（B）$=300\div900\times6.5\%+300\div900\times7.5\%+300\div900\times15\%=9.67\%$

WACC（C）$=400\div900\times7\%+300\div900\times8\%+200\div900\times15\%=9.11\%$

进行计算与比较，方案 C 的资金成本最低，因此，选择长期借款 400 万元、债券 300 万元、普通股票 200 万元的资本结构最为可行。

**各方案的有关数据**

表 10-2

| 筹资方式 | 方案 A | | 方案 B | | 方案 C | |
|---|---|---|---|---|---|---|
| | 筹资额 | 资本成本 | 筹资额 | 资本成本 | 筹资额 | 资本成本 |
| 长期借款 | 200 | 6% | 300 | 6.5% | 400 | 7% |
| 债券 | 300 | 9% | 300 | 7.5% | 300 | 8% |
| 普通股 | 400 | 15% | 300 | 15% | 200 | 15% |
| 合计 | 900 | — | 900 | — | 900 | — |

采用综合资金成本法确定最佳资本结构，通俗易懂，计算较为简便，因而实际工作中常被应用。但由于所列方案的数量有限，可能会遗漏最优方案。

b. 无差异点分析法。无差异点分析法又称每股利润分析法（EPS Analysis Method），是利用每股利润无差别点来进行资本结构决策的方法。每股利润无差别点是指两种筹资方式下普通股每股利润相等时的息税前利润点，即息税前利润平衡点（或称筹资无差别点）。根据每股利润无差别点，可以分析判断在什么情况下运用债务筹资来安排和调整资本结构。现举例说明这种分析方法的运用。

［**例 10-7**］某公司现有资金 800 万元，其中自有资金、普通股和借入资金、债

券各为400万元，普通股每股10元，债券利息率为8%，所得税为40%。现拟追加筹资400万元，有增发普通股和发行债券两种方案可供选择。试计算每股利润无差别点。

每股利润无差别点的计算公式如下：

$$\frac{(\overline{\mathrm{E}}\,\overline{\mathrm{BIT}}-I_1)(1-T)-D_{p1}}{N_1}=\frac{(\overline{\mathrm{E}}\,\overline{\mathrm{BIT}}-I_2)(1-T)-D_{p2}}{N_2} \quad (10\text{-}10)$$

式中：$\overline{\mathrm{E}}\,\overline{\mathrm{BIT}}$——息税前利润平衡点，即每股利润无差别点；

$I_1$、$I_2$——两种增资方式下的年利息；

$D_{p1}$、$D_{p2}$——两种增资方式下年优先股股利；

$N_1$、$N_2$——两种增资方式下的普通股股数。

将例子中的数据代入上式，则增发普通股和发行债券两种增资方式下的无差别点为96万元。

$$\frac{(\overline{\mathrm{E}}\,\overline{\mathrm{BIT}}-32)(1-40\%)}{80}=\frac{(\overline{\mathrm{E}}\,\overline{\mathrm{BIT}}-64)(1-40\%)}{40}$$

得出：

$$\overline{\mathrm{E}}\,\overline{\mathrm{BIT}}=96\ (\text{万元})$$

即当息税前利润为96万元时，增发普通股和发行债券后的每股利润相等，如表10-3所示。

**每股利润计算表**（单位：万元） 表10-3

| 项　　目 | 增发普通股 | 增 加 债 券 |
|---|---|---|
| 息税前利润 | 96 | 96 |
| 减：利息 | 32 | 64 |
| 税前利润 | 64 | 32 |
| 减：所得税（40%） | 25.6 | 12.8 |
| 减：优先股 | 0 | 0 |
| 普通股可分配利润 | 38.4 | 19.2 |
| 普通股份数（万股） | 80 | 40 |
| 每股利润（元） | 0.48 | 0.48 |

根据上述每股无差别点分析，可绘制图10-2。

$\overline{\mathrm{E}}\,\overline{\mathrm{BIT}}$为96万元的意义在于：在息税前利润大于96万元时，增加债券筹资比增加普通股有利；当息税前利润小于96万元时，则不再增加债务。当然，企业增加债券筹资也不是没有止境的，当债务增加到一定程度后，企业的信誉会下降，债务利率会上升，而且企业还本付息的风险很大，企业再增加债务就不利了。

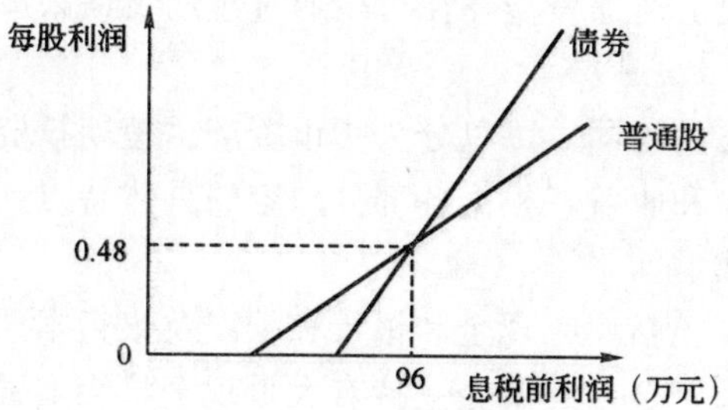


图 10-2　每股利润无差别点分析图

## 10.3　建筑企业资产管理

资产是指企业过去的交易或事项形成的，并由企业拥有或者控制、预期会给企业带来经济利益的资源。资产包括企业的各种财产、债权和其他权利。资产可以按照不同的标准分类，主要分为流动资产、长期投资、固定资产、无形资产、递延资产及其他资产等。本节着重讲解流动资产、固定资产、无形资产及其他资产的分类和管理。

### 10.3.1　建筑企业流动资产管理

#### 1.建筑企业流动资产的特点及其管理的内容

建筑企业的流动资产是指可以在一年或虽超过一年，但在一个施工周期内能够变现或耗用的资产，主要包括现金及各种存款、短期投资、应收及预付款项、存货等。流动资产管理，主要包括现金及各种存款管理、应收账款管理、存货管理等内容。

(1) 流动资产的特点

流动资产具有不断改变实物形态、周转速度快、变现能力强的特点。

变现能力强。相对于非流动资产而言，如固定资产、长期资产、无形资产等，流动资产具有较强的变现能力。如果企业资金周转不善，出现财务困难时，可以迅速变现流动资产，及时获取现金，以满足企业经营或偿债的需求。

数量波动大。企业对流动资产投资的数量应随着企业经营环境及状况的变化而不断改变，如季节性企业更是如此。

资金占用形态易变。流动资产投资的具体占用形态经常发生变化，其具体占用形态在时间上具有继起性，在空间上具有并存性。

资金占用时间短。流动资产投资往往是逐次追加，而不是一次性的，并且占用时间较短，对企业影响的时间也较短。流动资产投资通常会在一年或超过一年的一个营业周期内收回。因此，流动资产投资所需资金往往可以通过短期负债来筹集。

（2）流动资产管理的内容

建筑企业的流动资产按其占用形态的不同，可以分为货币资产、短期投资、债权资产和存货等内容。企业应权衡风险和收益，根据各部分内容的具体特点加强管理，以便降低企业的风险，提高企业收益。

货币资金。货币资金也称为现金，包括库存现金和银行存款以及银行本票、银行汇票、信用证、在途资金等其他货币资金。建筑企业持有大量现金将会增强企业的偿债能力，降低企业的财务风险，但同时也会降低企业的投资收益。

短期投资。短期投资是指企业资产中各种准备随时变现的有价证券及不超过一年的其他投资，其中主要是指有价证券。建筑企业进行短期的有价证券投资，一般要引起现金的减少。有价证券在企业需要资金时能随时变现，因此将有价证券视同现金进行管理。持有适量的有价证券既能为企业带来较好的收益，同时又能增强企业资产的流动性，降低企业的财务风险。

债权资产。债权资产是指企业在生产经营过程中所形成的应收及预付的各种款项，包括应收工程款、应收账款、应收票据、预付账款、其他应收及预付款项等。建筑企业为增强市场竞争能力，增加工程结算收入或销售额，必然会发生各种债权，但同时会引起坏账损失费用的发生。企业必须权衡收入和赊账费用支出，制订科学的信用政策，以便增加收入、减少费用和损失。

存货资产。存货是指建筑企业在建筑生产经营过程中为变现或耗用而储备的各种资产，主要包括原材料、在建工程、在产品、产成品、半成品、低值易耗品、包装物等。存货在流动资产中所占比重较大，而其流动性相对又较差，因此，合理地规划存货需要量，使存货保持在最优的水平上，加强存货控制是建筑企业财务管理的一项重要内容。

（3）企业的资产组合策略

建筑企业的资产按照时间长短划分为流动资产和非流动资产，企业资产总额中流动资产和非流动资产所占比例称为资产组合。不同的资产组合将给企业带来不同的风险和收益，因此，企业应对资产组合进行合理的安排。

正常的资产组合。建筑企业的流动资产中包括两部分，即正常需要量和保险储备量。其中正常需要量是指企业为满足正常的施工生产经营需要而占用的流动资产；而保险储备量是指企业为应付意外情况的发生，在正常施工生产经营需要量以外储备的流动资产。正常的资产组合是指企业对流动资产在保证正常需要量的情况下，再适当留有一定的保险储备量。

［**例 10-8**］某建筑企业根据以往经验确定流动资产的正常需要量一般占工程价款收入的 35%，保险储备量占工程价款收入的 10%，据此确定的正常资产组合应

为流动资产占工程价款收入的45%。若企业预期工程价款收入为2 000万元时，则企业预计的流动资产需要量为900万元，如图10-3所示。

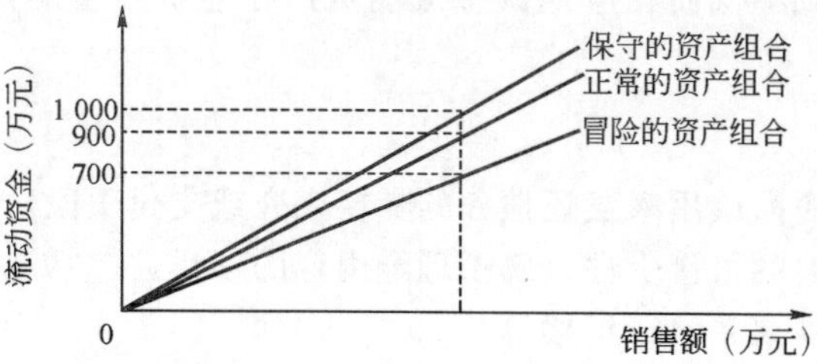


图10-3　企业资产组合策略

在建筑企业总资产构成中，采用正常的资产组合，流动资产所占比例适中，企业风险一般，收益也一般。

在工程价款收入一定的情况下，应尽量减少流动资产，但企业流动资产占用数额过少，将有可能导致企业中断施工生产，降低偿债能力，从而增加企业风险；若流动资产占用数额过多，则非但不能带来额外收益，却会因此增加筹资成本。因此，建筑企业必须权衡风险和收益，并选择合适的资产组合。

冒险的资产组合。建筑企业为了提高投资收益率，一般应考虑尽量减少流动资产占用数额，在保证正常需要量的情况下，不安排或只安排少量的保险储备量，构成冒险的资产组合。

如上例，企业预期工程价款收入为2 000万元时，按照冒险的资产组合策略，安排流动资产的占用数量为预期工程价款收入的35%，即700万元，如图10-3所示。

采用冒险的资产组合，可以提高企业的投资收益率，同时也增大企业的风险，因此，此策略适用于肯于冒险以获得高收益的企业。

保守的资产组合。建筑企业为了降低风险，往往在保证正常需要量和正常保险储备量的基础上，再安排一部分额外的保险量，构成保守的资产组合。

根据上例的资料，当建筑企业预期的工程价款收入为2 000万元时，按照保守的资产组合策略，安排流动资产的占用数量为预期工程价款收入的50%，即保证流动资产的正常建筑生产经营需要量为预期工程价款收入的35%和正常保险储备量为预期工程价款收入的10%，此外，再安排预期工程价款收入的5%作为保险储备量，流动资产占用数量为1 000万元，如图10-3所示。

采用保守的资产组合，企业的投资收益率一般较低，但所冒风险也较小，因此，该策略适用于重视安全、回避风险的建筑企业。

不同的资产组合策略将对企业的风险和收益产生不同的影响，企业应认真地权衡投资的风险和收益，选择最优的资产组合策略。企业的资产组合一般会受到很多因素的影响，除了上述的风险和收益以外，企业所属的行业、企业经营规模对资产组合也有重要影响，行业不同，其流动资产的比重有所不同。企业规模的扩大也会引起流动资产的比重相对下降，此外，若利息率发生变化，企业为减少负债利息的支出，一般会随着利息率的升高或降低而相应地调整流动资产在总资产中的比重，使其呈相反方向变化。

2. 现金及有价证券管理

现金是指可以直接用来购买商品或用来偿还债务的交换媒介或支付手段。是企业中流通性最强的资产，具有普遍的可接受性。属于现金内容的项目，包括库存现金、各种形式的银行存款和银行本票、银行汇票等。

有价证券是企业现金的一种转换形式，有价证券变现能力强，可以随时兑换成现金。企业有多余现金时，亦可将现金兑换为有价证券；企业现金流出量大于流入量需要补充现金时，再出让有价证券换回现金。有价证券是现金的一部分，因此，可将有价证券视为现金的替代品。获取收益是持有有价证券的原因。

（1）现金管理的目标

为了维持正常的建筑生产经营活动，建筑企业应持有适量的现金。企业持有一定量的现金，主要是为了满足以下几方面的需要。

交易性需要。交易性需要是指满足日常业务的现金支付需要。企业经常得到收入，也经常发生支出，但两者不可能同步同量。收入多于支出，形成现金置存；收入少于支出，需要借入现金。建筑企业持有适量的现金，可以满足日常开支的需要，才能使业务活动正常地进行下去。

预防性需要。预防性需要是指置存现金以防发生意外的支付。建筑企业持有适量现金，可以满足防止意外事项发生的需要。企业预计的现金需要量一般是指在正常情况下的需要量。但企业日常经营过程中有时会发生各种意外事项，影响现金的收入和支出。如地震、水灾、火灾等自然灾害以及生产事故，会打破企业的现金收支计划，使现金收支出现不平衡。预防动机所需要现金的多少取决于以下三个因素，第一，现金收支预测的可靠程度；第二，企业的临时借款能力；第三，企业愿意承担的风险程度。

投机性需要。建筑企业持有现金，并用于有利可图的投机活动中，将会获取丰厚的投资收益。比如遇有廉价原材料或其他资产供应的机会，便可用手头现金大量购入；再如当预期银行存款利率下调，而有价证券的价格有上升趋势时，企业若将现金投放于有价证券，可以从有价证券的价格上涨中获取较好的收益；但预期利率上升、有价证券的价格将要下跌时，投机的动机就会鼓励企业暂时持有现金，直到利率停止上升为止。

建筑企业现金管理的目的在于保证企业正常经营活动需要的同时，有效并节约地使用现金，并从闲置的现金中获取更多的利息、股息或投资差额收入。建筑企业进行现金管理，应力求保证正常交易所需现金，降低财务风险，同时又使企业不至于过多地闲置现金，以便于增加企业收益。

（2）现金管理的有关规定

按照现行制度，国家有关部门对企业使用现金有如下规定。

①规定了现金的使用范围。这里的现金，是指人民币现钞，即企业用现钞从事交易，只能在一定范围内进行。使用范围主要包括：支付职工工资、津贴；支付个人劳务报酬；根据国家规定颁发给个人的科学技术、文化艺术、体育等各种奖金；支付各种劳保、福利费用以及国家规定的对个人的其他支出；向个人收购农副产品和其他物资的价款；出差人员的差旅费；结算起点（1000 元）以下的零星支出；中国人民银行规定的其他需要支付现金的支出项目。

②规定了库存现金限额。建筑企业的库存现金数量应由其开户银行根据企业的实际需要予以核定，一般应以企业 3～5d 的零星开支数额为限。

③不得“坐支”现金。企业从日常生产经营业务中取得的现金收入，必须于当日或次日送存银行，而不得直接用于各种业务的现金支出。

④不得出租、出借银行账户。

⑤不得签发空头支票和远期支票。

⑥不得套用银行信用。

⑦不得保存账外公款。包括不得将公款以个人名义存入银行和保存账外现金等各种形式的账外公款。

（3）最佳现金持有量

现金的管理除了做好日常收支，加速现金流转速度外，还需控制好现金持有规模，即确定适当的现金持有量。确定最佳现金持有量的模式主要有成本分析模式和存货模式。

①成本分析模式。成本分析模式是通过分析持有现金的成本，寻找持有成本最低的现金持有量。

企业持有的成本有三种，即机会成本、管理成本和短缺成本。

a. 机会成本。机会成本是指企业因持有现金而丧失的再投资收益。建筑企业持有现金就会丧失其他方面的投资收益。假定某企业的资金成本率为 10%，年均持有 50 万元的现金，则该企业每年现金的机会成本为 5 万元（50 万元×10%）。机会成本与现金的持有量成正比，持有量越大，机会成本就越高。企业为了经营业务，需要拥有一定的现金，付出相应的机会成本代价是必要的，但现金拥有量过多，机会成本代价大幅度上升，就不合算了。通常可以用有价证券的投资收益率来衡量现金的机会成本。

b. 管理成本。管理成本是指建筑企业在现金管理过程中所发生的各种费用，如现金管理人员的工资、安全措施费等。现金的管理成本是一种固定成本，与现金持有量之间无明显的比例关系。

c. 短缺成本。短缺成本是指企业因缺乏必要的现金，不能应付日常施工生产经营活动的正常需要，而使企业可能蒙受的损失或为此付出的代价。现金的短缺成本随现金持有量的增加而下降，随现金持有量的减少而上升。

机会成本、管理成本、短缺成本三种成本之和最小的现金持有量，就是最佳现金持有量。如果把以上三种成本放在一个图上（如图 10-4 所示），就能表现出持有现金的总成本（总代价）。找出最佳现金持有量的点：机会成本线向右上方倾斜，短缺成本线向右下方倾斜，管理成本线为平行于横轴的平行线，总成本便是一条抛物线，该抛物线的最低点即为持有现金的最低总成本。超过这一点，机本成本上升的代价就会大于短缺成本下降的好处；这一点之前，短缺成本上升的代价又会大于机会成本下降的好处。这一点对应的横轴上的量，即是现金最佳持有量。

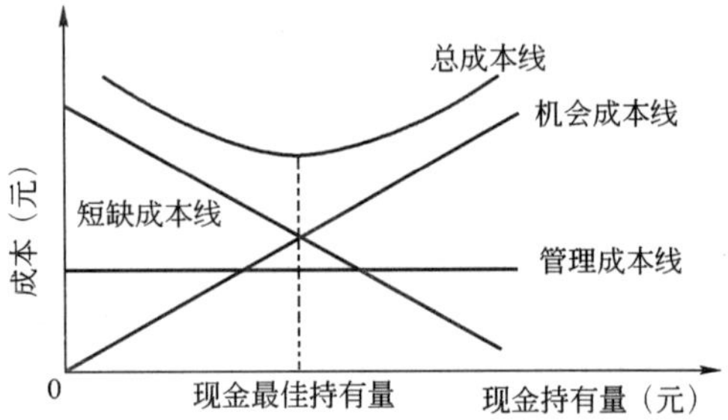


图 10-4　现金持有成本关系

要求最佳现金持有量，可以先分别计算出各种方案的机会成本与短缺成本之和，再从中选出总成本之和最低的现金持有量即为最佳现金持有量。

**[例 10-9]** 某企业有四种现金持有方案，他们各自的机会成本、管理成本、短缺成本见表 10-4。

这四种方案的总成本计算结果见表 10-5。

**现金持有方案**（单位：元）　　表 10-4

| 项　　目 | 方　　案 | | | |
|---|---|---|---|---|
| | 甲 | 乙 | 丙 | 丁 |
| 现金持有量 | 25 000 | 50 000 | 75 000 | 100 000 |
| 机会成本 | 3 000 | 6 000 | 9 000 | 12 000 |
| 管理成本 | 20 000 | 20 000 | 20 000 | 20 000 |
| 短缺成本 | 12 000 | 6 750 | 2 500 | 0 |

现金持有总成本（单位：元） 表 10-5

| 项　目 | 方　案 | | | |
| --- | --- | --- | --- | --- |
| | 甲 | 乙 | 丙 | 丁 |
| 机会成本 | 3 000 | 6 000 | 9 000 | 12 000 |
| 管理成本 | 20 000 | 20 000 | 20 000 | 20 000 |
| 短缺成本 | 12 000 | 6 750 | 2 500 | 0 |
| 总成本 | 35 000 | 32 750 | 31 500 | 32 000 |

将以上各方案的总成本加以比较可知，丙方案的总成本最低，也就是说当企业持有 75 000 元现金时，各方面的总代价最低，对企业最合算，故 75 000 元是该企业的最佳现金持有量。

②存货模式。从上面的分析中我们已经知道，企业平时持有较多的现金，会降低现金的短缺成本，但也会增加占用的机会成本；而平时持有较少的现金，则会增加现金的短缺成本，却能减少现金占用的机会成本。如果企业平时只持有较少的现金，在有现金需要时（如手头的现金用尽），通过出售有价证券换回现金（或从银行借入现金），便能既满足现金的需要，避免短缺成本，又能减少机会成本。因此，适当的现金与有价证券之间的转换，是企业提高资金使用效率的有效途径。企业每次以有价证券换回现金是要付出代价的（如支付经纪费用），这被称为现金的转换成本或交易成本。

存货模式又称鲍莫模式（Baumol Model），它是由美国经济学家 William. J. Baumol 首先提出的，他认为公司现金持有量在许多方面与存货相似，存货经济订货批量模型可用于确定目标现金持有量，并以此为出发点，建立了鲍莫模式。

存货模式的着眼点也是现金相关总成本最低。在这些成本中，管理费用因其相对稳定，同现金持有量的多少关系不大，因此在存货模式中将其视为决策无关成本而不予考虑。由于现金是否会发生短缺、短缺多少、概率多大以及各种短缺情形发生时可能的损失如何，都存在很大的不确定性和无法计量性。因而，在利用存货模式计算现金最佳持有量时，对短缺成本也不予考虑。在存货模式中，只对机会成本和转换成本予以考虑。前已述及，机会成本和转换成本随着现金持有量的变动而呈现出相反的变动趋向，这就要求企业必须对现金与有价证券的分割比例进行合理安排，从而使机会成本与转换成本保持最佳组合。换言之，能够使现金管理的机会成本与转换成本之和保持最低的现金持有量，即为最佳现金持有量。

设 $T$ 为一个周期内现金总需求量；$F$ 为每次转换有价证券的转换成本；$Q$ 为

最佳现金持有量（每次证券变现的数量）；$K$ 为有价证券利息率（机会成本）；TC 为现金管理相关总成本。则：

现金管理相关总成本＝持有机会成本＋转换成本

即：

$$TC=(Q/2)\cdot K+(T/Q)\cdot F \tag{10-11}$$

现金管理总成本与机会成本、转换成本的关系如图 10-5 所示。

在图 10-5 中，现金的机会成本和转换成本是两条随现金持有量呈不同方向发展的曲线，两条曲线交叉点相应的现金持有量，即是总成本最低的现金持有量，即：

$$Q=\sqrt{2TF/K} \tag{10-12}$$

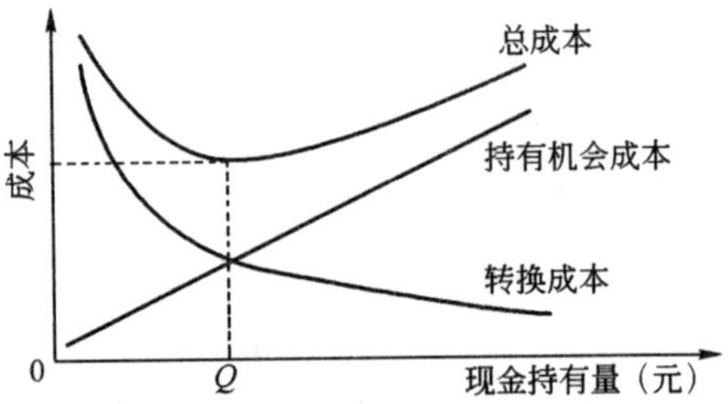


图 10-5　最佳现金持有量

将式（10-12）代入式（10-11）得：

最低现金管理相关总成本 $TC=\sqrt{2TFK}$。

（4）现金的日常收支管理

建筑企业在施工生产经营过程中，应按照国家《现金管理暂行条例》和《银行结算办法》中有关货币资金的使用规定处理现金收支，完善企业现金收支的内部管理制度，做好现金收支凭证的保管、现金收支的职责分工与内部控制工作。预测现金最佳持有量，制订现金预算，并按照预算安排现金收支。企业应及时清理现金，做到日清月结，确保账实相符，保证现金的安全完整。

现金收支管理的目的在于提高现金使用效率。为提高现金的使用效率，在现金日常管理中，除了上述工作以外，还应进行现金的日常控制。

力争现金流量同步。企业应尽可能地使其现金流入与现金流出在时间与数量上相一致，使企业持有现金的交易性金额降至最低。

充分利用现金浮游量。所谓现金浮游量，是指从企业开出支票、收款人收到支票并存入银行，至银行将这笔款项划出企业存款户之前这一段时间的货币资金占用量。在这段时间里，尽管企业已开出了支票，却仍可动用在活期存款账户上的这笔资金。不过，在使用现金浮游量时，一定要控制好使用时间，否则会发生银行存款透支。

加速催收货款。主要是指缩短应收账款的时间。企业应实施措施，加速催收账款，尽力缩短应收账款的占用时间。发生应收账款会增加企业资金的占用，但又是必要的，因为可以扩大销售规模，增加销售收入。问题在于如何既利用应收账款吸引顾客，又缩短收款时间。这要在两者之间找到适当的平衡点，并需实施妥善的收账策略。

延迟付款。企业应在不影响自己信誉的前提下，尽可能推迟应付款项的支付期，充分运用供货方所提供的信用优惠。如遇企业急需现金，甚至可以放弃供货方的折扣优惠，在信用期的最后一天支付款项。当然，这要权衡折扣优惠与急需现金之间的利弊得失而定。

3. 应收账款管理

应收账款是指建筑企业因对外承揽施工任务、对外销售产品、提供劳务或其他服务而应向发包方、购货方或接受劳务单位及其他单位收取的各种款项。会计上所指的应收账款有其特定的范围。首先，应收账款是指因销售活动形成的债权，不包括应收职工欠款、应收债务人的利息等其他应收款；其次，应收账款是指流动资产性质的债权，不包括长期的债权，如购买的长期债券等；第三，应收账款是指本企业应收客户的款项，不包括本企业付出的各类存出保证金，如投标保证金和租入包装物保证金等。随着市场经济的发展，商品交易中商业信用的广泛推行，建筑企业应收账款也逐渐增多，因此对应收账款进行管理也就日益重要。

（1）应收账款管理的目的

企业在日常经营过程中发生大量的应收账款，其原因主要有以下两方面。

商业竞争。在市场竞争比较激烈的情况下，企业需要进行赊销以促进销售，这是发生应收账款的主要原因。竞争机制的作用迫使企业以各种手段扩大销售，对于各因素几乎相同的产品，实行赊销的销售额将大于现金销售的销售额。因为赊销会给顾客带来资金方面的优惠。出于扩大销售的竞争需要，企业不得不以赊销或其他优惠的方式招揽顾客，由此产生了应收账款，它是一种商业信用。

商品销售和款项收回的时间差距。商品销售成交的时间和收到货款的时间不一致，也会产生应收账款。由于货款结算所采用的方式不同，结算所需时间不同，而销货企业必须承担由此引起的资金垫支。但由于商品销售和货款回收的时间差所产生的应收账款不属于商业信用，不应视为债权资产的内容。

应收账款管理的目的，主要是为了扩大销售，增强企业竞争能力，降低应收账款投资成本，使企业提供商业信用、扩大销售所增加的收益大于因此而增加的各种费用，获得较多的利润。

（2）信用政策的制订

企业的信用政策又称为应收账款政策，是建筑企业财务政策的一个重要组成部分。企业进行应收账款管理，必须制订合理的信用政策，企业的信用政策主要包括信用标准、信用条件和收款政策。

信用标准。信用标准是指顾客获得企业的交易信用所应具备的条件。企业在设定某一顾客的信用标准时，通常要评价其信用品质。可以通过“5C”系统来评价顾客的信用品质，即品质（Character）、能力（Capacity）、资产（Capital）、抵押（Collateral）和条件（Conditions）。

①品质（Character）：是指顾客的信誉，即顾客履行债务清偿的可能性。品质是评价顾客信用的重要因素。

②能力（Capacity）：是指顾客偿付债务的能力。可以从其拥有流动资产的数量和质量及其流动比率、速动比率等指标加以考虑。顾客所拥有的流动资产数量多、质量好，其转换为现金的能力就强，偿付债务的能力也就越强。

③资产（Capital）：是指顾客的财务实力和财务状况，反映顾客可能偿还债务的资产实力。

④抵押（Collateral）：是指顾客若拒付货款或无能力支付所欠款项时，可以用作债务抵押的资产状况。

⑤条件（Conditions）：是指可能影响顾客付款能力的经济环境。企业应充分地了解顾客在过去困难时期的清偿债务历史，再向顾客提供相应的商业信用。

对于建筑企业来说，信用标准是企业同意向发包建设单位等客户提供商业信用而提出的基本要求，通常以预期的坏账损失率作为判别标准。企业确定信用标准时，既要考虑企业承担违约风险的能力，又要考虑同行业竞争对手所确定的信用标准，使企业在扩大工程承包和产品销售的同时，尽可能地降低违约风险，提高企业的市场竞争能力。

信用条件。信用条件是指企业要求顾客支付赊销货款的条件，主要包括信用期限、折扣期限及现金折扣。

①信用期限：是指企业为顾客规定的最长付款期限，即企业允许顾客从购货到付款之间的时间。如企业允许顾客在购货后的30d内付款，则信用期限为30d。企业确定信用期限时，应分析改变现行信用期限对收入和成本的影响。若企业信用期限放长，将会使企业的销售额增加，但同时将会增加企业的应收账款占用额、收账费用和坏账损失；若企业信用期限缩短，将会使企业的销售额降低，虽然各项有关费用也相对较小，但企业利润也会因此而减少。企业应对其收益和费用加以权衡，确定企业合理的信用期限。

②折扣期限：是指企业规定的顾客可以享受现金折扣的付款期限。企业规定折扣期限，促使顾客及时偿付货款，这样既可以及时收回资金，减少应收账款的资金占用，又可以避免相应的资金占用利息、管理费用及可能发生的坏账损失，增加企

业效益。

③现金折扣：是指顾客在企业规定的折扣期限内付款所享受的货款金额方面的优惠。例如企业规定的货款支付条件为“2/10，$n$/30”，它说明企业规定的信用期限为30d，折扣期限为10d，即10d内付款，可以享受2%的价格优惠，付款的最后期限为30d，此时付款无优惠。$n$为无优惠的天数。

对于建筑企业来说，主要是信用期限，即企业为发包建设单位等客户规定的最长付款时间。对客户提供比较优惠的信用条件能增加工程承包和产品销售量，增加企业收益，但同时也会带来额外的费用负担，如应收账款占用资金的利息或机会成本、管理费用、坏账损失和现金折扣成本等。因此，企业需要比较分析因调整信用期限而增加的收益与成本，选择较好的信用条件。

（3）收账政策

收账政策是指企业向客户收取逾期未付款的收账策略与措施。前已述及，企业的信用政策影响着坏账损失，为了避免或减少坏账损失，提高收款的效率，企业应制订收款政策。一般企业为了扩大产品销售量，增强竞争能力，往往对客户的逾期未付款项规定一个允许拖欠的期限，超过规定的期限，企业就将进行各种形式的催收。如果企业制订的收账政策过宽，会导致逾期款项拖延时间更长，对企业不利，收账政策过严，催收过急，又可能伤害无意拖欠的顾客，影响企业未来的销售和利润。因此，企业在制订收账政策时必须十分谨慎，做到宽严适度。

企业采用任何方式对拖欠款的催收，都要付出一定的代价，即收账费用。在一定的范围内，收账费用与坏账损失呈反向变动，收账费用适当增加，坏账损失会相对减少，但二者并非呈现直线线性关系。初始期，随着收账业务的展开，收账费用的增加，坏账损失明显减少；以后，随着收账费用的逐渐增加，坏账损失继续减少，费用增加的幅度将小于坏账损失减少的幅度。到一定限度时，继续增加收账费用对坏账损失减少的影响就较小了，这个限度称为饱和点，为图10-6中的$G$点。

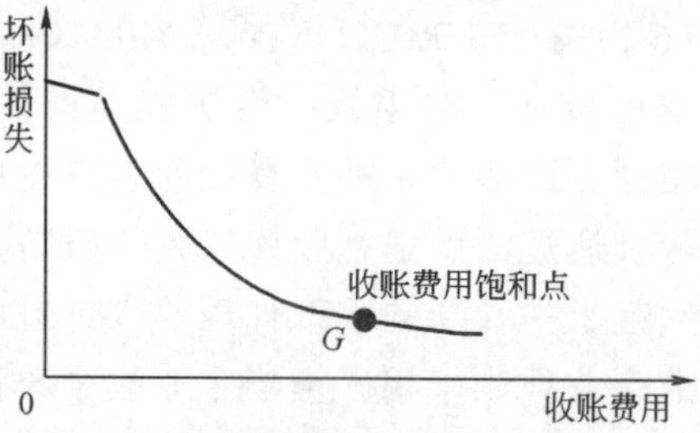


图10-6　坏账损失和收账费用的关系

在$G$点内，收账费用除与坏账损失有关外，和应收账款平均收回日数也有一定的关系。增加收账费用，将会减少应收账款平均收回日数。企业可以根据收账费用、坏账损失、应收账款的平均回收日数三者的关系，制订收账政策，或修改原有的收账政策。在进行收账政策决策时，掌握的原则是，所花费的收账费用必须小于回收的应收账款的收益额。

［例 10-10］某企业现行收账政策和拟改变的收账政策见表 10-6。

假设同期资本成本为 20%，两种收账政策分析评价见表 10-7。

收账政策备选方案（单位：元）　　表 10-6

| 项　　目 | 现行收账政策 | 拟改变的收账政策 |
|---|---|---|
| 年赊销额（元） | 4 800 000 | 4 800 000 |
| 应收账款周转天数（d） | 30 | 15 |
| 年收账费用（元） | 40 000 | 60 000 |
| 坏账损失率 | 2% | 1% |

收账政策分析评价（单位：元）　　表 10-7

| 项　　目 | 现行收账政策 | 拟改变的收账政策 |
|---|---|---|
| 1. 赊销额 | 4 800 000 | 4 800 000 |
| 2. 应收账款周转率（次数）（360/周转天数） | 360/30=12 | 360/15=24 |
| 3. 应收账款平均占用额（1÷2） | 400 000 | 200 000 |
| 4. 坏账损失率 | 2% | 1% |
| 5. 收账成本 | | |
| 应收账款的机会成本（3×资金利润率） | 400 000×20%=80 000 | 200 000×20%=40 000 |
| 坏账损失（1×4） | 4 800 000×2%=96 000 | 4 800 000×1%=4 8000 |
| 年收账费用 | 40 000 | 60 000 |
| 合计 | 216 000 | 148 000 |

因此，拟改变的收账政策将使企业收益（少损失）68 000（148 000−216 000）元。

从理论上讲，履约付款是客户义不容辞的责任，是债权人合法权益的体现。但实际上，每个客户拖付账款的原因不尽相同。许多信用品质良好的客户也可能因某些原因无法如期付款，企业应区别对待。通过法院强行收回账款一般是企业不得已而为之的最后办法。国外一些国家兴起了一种新的收账代理业务，但由于委托手续费往往较高，许多经济实力较弱的企业很难采用。影响企业收账政策的因素很多，有可控因素，也有不可控因素，这就使得收账政策的制订更为复杂。一般而言，理想的收账政策应该是使企业实施某种决策所带来的信用收益最大的政策。

(4) 应收账款的风险防范与控制

应收账款风险的防范。任何企业在实施商业信用时，应收账款的坏账损失都难以避免。按国家现行制度规定，确定坏账损失的标准有三条：

因债务人破产，依照法律清偿后，仍确实无法收回的债权。

债务人死亡，既无遗产可供清偿，又无义务承担人，确实无法收回的债权。

债务人逾期三年未履行的偿债义务，经主管财政机关审核认可，可以作为坏账损失处理的债权。

只要企业的应收账款现状符合上述任何一个条件，均可作为坏账损失处理。当企业的应收账款已经作为坏账损失处理后，并非意味着企业已经放弃了对该项应收账款的索取权。实际上，企业仍然拥有继续催收的法定权利，即企业与债务人之间的债权债务关系不能因企业已作坏账处理而结束。对应收账款坏账损失的确定，企业可遵循谨慎性原则，预先估计坏账损失的可能性，建立弥补坏账损失的准备金制度。坏账准备金的提取比率及提取数额应按照现行财务制度的规定进行，必要时运用会计职业判断，计提坏账准备。

为了加速应收账款的周转，降低应收账款的风险，应采取以下措施：

加强对客户偿还能力与信用状况的调查和分析。通过对客户情况的调查、分析和评价，确定各客户的信用等级，并给予相应的信用条件，即信用期限、付现折扣和折扣期限以及赊销额度。

做好日常的核算工作。即在总分类账中设置“应收账款”账户，汇总记载企业所有销货客户的账款增减数额，以反映企业总的应收账款数额的变动状况，便于掌握总的情况；与此同时，另设“应收账款明细分类账”，分别详细地记载各销货客户的账款增减数额，以反映顾客所赊欠账款的变动状况，以便及时催收。

全面了解和掌握有关信用资料，以满足控制的需要。通常将了解和掌握到的销货客户的有关资料，记入各客户应收账款明细分类账页的上方，以便控制参考。

定期与客户对账，抓紧催收货款，在给予客户的信用期限和折扣期限内，要经常与客户保持联系，按月将账款往来清单送交销货客户核对，以保证账户记录的正确，及时掌握应收账款数额和偿还进度。对于已超过信用期限的，应及时通知客户，提醒其早日付清账款，必要时应电告或派人登门催收。

(5) 应收账款的日常控制

账龄分析。企业应收账款能否收回以及能收回多少，不一定完全取决于时间的长短，但一般来说，账款被拖欠的时间越长，发生坏账的可能性就越大。账龄分析就是将所有赊销客户的应收账款的实际归还编制成表，汇总反应其信用分类、账龄、比重、损失金额和百分比。

账龄分析表是显示应收账款在外天数（账龄）长短的报告。具体格式见表10-8。

账龄分析表

表 10-8

20××年度

| 应收账款账龄 | 客户数量 | 应收金额（千元） | 金额比例（%） |
|---|---|---|---|
| 信用期内 | 200 | 400 | 40 |
| 超过信用期 1 个月 | 150 | 200 | 20 |
| 超过信用期 2 个月 | 100 | 100 | 10 |
| 超过信用期 3 个月 | 50 | 100 | 10 |
| 超过信用期 6 个月 | 30 | 100 | 10 |
| 超过信用期 1 年 | 20 | 50 | 5 |
| 超过信用期 2 年 | 10 | 30 | 3 |
| 超过信用期 3 年以上 | 5 | 20 | 2 |
| 合计 | | 1 000 | 100 |

通过账龄分析表，可分析如下：

有多少欠账尚在信用期内。由于这部分款项没有超过信用期，属正常欠款，但到期后能否收回，还应具体分析，故应及时监控。

有多少欠账已超过信用期，超过时间不等的款项各占多少，有多少欠款最终形成坏账。表 10-8 显示，有 60 万元的应收账款已超过信用期，所占比例为 60%，其拖欠时间较短（如一个月内）的有 20 万元，所占比例为 20%，其收回的可能性相对较大；账龄越长的款项，其坏账的可能性越大。企业应针对不同客户采取相应的收账方法，制订经济可行的收账政策，防止出现不良债权。

在日常管理中，应确定合理的收账程序。催收账款的程序一般是：信函通知、电话催收、派员面谈、法律行动。当顾客拖欠账款时，要先给顾客一封有礼貌的通知信件；接着，可寄出一封措辞较直率的信件；进一步则可通过电话催收；如再无效，企业的收账员可直接与顾客面谈，协商解决；如果谈判不成，就只好交给企业的律师采取法律行动。

确定合理的讨债方法。客户拖欠货款的原因可能比较多，但可以概括为两类：无力偿付和故意拖欠。

无力偿付是指顾客因经营管理不善，财务出现困难，没有资金偿还到期债务，对这种情况要进行具体分析。如果客户确实遇到暂时困难，经过努力可以东山再起，企业应该帮助顾客渡过难关，以便收回较多的账款；如果顾客遇到严重困难，已达到破产界限，无法恢复活力，则应及时向法院起诉，以期在破产清算时得到债权的部分清偿。

故意拖欠是指客户虽然有能力付款，但为了无偿使用或其他目的，想方设法不付款。这时则需要确定合理的讨债方法，以达到回笼货款的目的。常见的讨债对策有：讲理法、恻隐术法、激将法、软硬兼施法等。

4.存货管理

在企业的流动资产中，存货所占比重较大，存货利用程度的高低直接影响着企业的财务状况。因此，为了使存货水平达到最优，对存货进行正确的规划和有效的控制，成为建筑企业财务管理的一项重要内容。

(1) 存货管理的目标

存货是指建筑企业在施工生产经营过程中为耗用或者销售而储备的各种物资，包括主要材料、结构件、机械配件、周转材料、燃料、低值易耗品、在建工程、在产品、半成品、产成品、协作件、商品等。企业在施工生产经营过程中，总有储存存货的需要，并因此占用或多或少的资金。企业储备存货出自以下原因。

保证施工生产或销售的需要。实际上，由于市场供应及企业购货条件的限制，企业很少能够做到随时购入生产或销售所需要的各种物资，即使是市场上供应量充足的物资也如此。若不储备一定量的存货，一旦生产或销售所需物资短缺，生产经营将会被迫停工，造成停工损失。为了避免或减少停工待料、停业待货等事故的发生，企业需要储备存货。

出自价格的考虑。零星购货的价格往往比较高，而批量购货在价格上常有优惠。但存货储备过多，将会增加各项费用开支，增加存货成本。

存货管理的主要目的是既要控制存货水平，又要在充分发挥各项存货功能的基础上，降低存货成本，即要在各种存货成本与存货效益之间作出权衡，达到两者的最佳结合。

(2) 存货成本

企业在购入及储存存货过程中要发生各种费用成本，与储备存货有关的成本主要有以下三种。

①取得成本。取得成本是指为取得某种存货而支付的成本，通常用 $TC_a$ 表示。取得成本通常由两部分组成：即材料的购置成本和订货成本。

订货成本。订货成本是指为取得订单而发生的成本，如办公费、差旅费、邮费、电报电话费等支出。如果存货是从外部购入的，订货成本是指订货费用，如采购材料所花费的文件处理费、差旅费等；如果存货是企业内部自制的，则是指安排生产各种存货的生产准备成本。

订货成本中有一部分与订货次数无关，视为订货的固定成本，如常设采购机构的基本开支等，用 $F_1$ 表示；另一部分与订货次数有关，称为订货的变动成本，如差旅费、邮资等，每次的变动订货成本用 $K$ 表示，订货次数等于存货年需要量 $D$ 与每次进货量 $Q$ 之商。订货成本的计算式为：

$$\text{订货成本} = F_1 + \frac{D}{Q}K \tag{10-13}$$

购置成本。存货的购置成本是指存货本身的价值。购置成本的大小是由存货采购数量的多少与采购单价的高低决定的。一定时期内的采购数量是根据企业自身的生产规模和生产计划确定的一个较为固定的量，所以，购置成本的变动主要受采购单价的影响。而采购单价除了受市场供求、供应商、产品质量等因素影响外，还受一次采购批量大小的影响。一般情况下，采购批量越大，企业可能享受到的价格折扣就越高，单价就越低。但是，采购批量越大，储存成本就越高。所以，一次采购批量应有一个经济合理的限额。存货的年需要量用 $D$ 表示，单价用 $U$ 表示，则存货的购置成本为：

$$购置成本 = D \cdot U \tag{10-14}$$

②储存成本。储存成本是指为保持存货而发生的成本，包括存货占用资金应支付的利息、仓库存储费、保险费、仓库建筑物和机械设备的折旧费、仓库工作人员工资和办公费等。储存成本可区分为固定成本和变动成本两部分，前者在一定期间的发生额基本是固定的，它与存货数量的多少无关，通常用 $F_2$ 表示；后者则依存货的储存量为转移，储存量越大，这部分成本也越多。储存成本中的单位存货变动成本可用 $K_c$ 表示。储存成本可表示为：

$$储存成本 = F_2 + \frac{Q}{2}K_c \tag{10-15}$$

③缺货成本。缺货成本是指由于存货供应中断而造成的各种损失，包括材料供货中断而造成的停工损失、产成品库存短缺造成的拖欠发货而发生的额外成本支出、丧失销售机会的损失及企业信誉因此所受到的负面影响等。

如果用 TC 表示存货总成本，用 $TC_a$ 表示取得成本，用 $TC_c$ 表示储存成本，用 $TC_s$ 表示缺货成本，则企业储存存货的总成本可用表示为：

$$\begin{aligned} TC &= TC_a + TC_c + TC_s \\ &= F_1 + \frac{D}{Q}K + D \cdot U + F_2 + \frac{Q}{2}K_c + TC_s \end{aligned} \tag{10-16}$$

(3) 存货控制

存货控制是指企业在日常生产经营过程中，按照存货计划的要求，对存货的使用和周转情况进行组织、协调和监督。企业进行存货日常管理的有效方法主要有经济批量控制、再订货点控制、巴雷特分析法（又称为 ABC 分析法）等。

在日常生产经营过程中，企业应按照存货计划的要求，对存货的使用和周转情况进行组织、协调和监督，实行分级归口管理，各归口的管理部门要根据具体情况将资金计划指标进行分解，分配给所属单位或个人。在经理领导下，由财务部门对存货资金实行统一管理。企业必须加强对存货资金的集中统一管理，促进供产销相互协调，实现资金使用的综合管理，加速资金周转。

### 10.3.2 建筑企业固定资产管理

1.固定资产的特点及其管理要求

(1) 固定资产及其特点

固定资产是指使用期限超过1年，单位价值在规定标准以上，并且在使用过程中保持原有物质形态的资产。建筑企业的固定资产是从事建筑安装工程施工的重要物资条件，包括建筑企业的主要劳动资料和非施工生产经营用房屋及建筑物等。企业投资于固定资产方面的资金具有以下特点：

①固定资产投资数额大，回收期长。固定资产投资的数量取决于企业生产规模的大小，其投资回收期取决于固定资产使用年限的长短。一般地，企业固定资产投资规模越大，其资金回收期限越长。

②固定资产投资是一次性投入的，其回收是分次进行的。企业用于购建和更新固定资产的资金是一次性集中投放，而且投放量很大，但其资金回收是逐次通过销售过程实现的。

③固定资产投资的价值补偿与实物更新在时间上可以分离。固定资产的价值是随着其使用发生磨损，逐期计提折旧，计入当期成本费用，通过实现收入得以补偿。而固定资产的实物更新则是在固定资产报废或不宜再继续使用时进行。这就形成了固定资产投资价值补偿与其实物更新在时间上的不同步。

(2) 固定资产分类与管理的要求

企业的固定资产管理，根据不同的管理需要、核算要求以及不同的分类标准，可以进行不同的分类。按照固定资产的经济用途和使用情况，综合地将固定资产分为生产经营用固定资产、非生产经营用固定资产、经营性租出固定资产、不需用固定资产、未使用固定资产、土地、融资租入固定资产等类别。企业可以根据各自的具体情况和经营管理、会计核算的需要进行必要的分类。

建筑企业的固定资产管理应根据固定资产的经济性质来组织，应满足以下几方面的要求：

①维持固定资产的再生产能力。企业必须建立健全完善的固定资产管理制度，加强资金投放和使用的计划管理，包括竣工验收、调拨转移、定期清查和报废清理等；编制固定资产折旧计划，及时调配固定资产所需资金，保证固定资产再生产能力得以维持，保持企业的长久发展能力。

②正确地预测固定资产的需要量。企业应对固定资产的需要量及其占用资金情况进行准确的核定，取得资金调配的主动权，对企业一定时期的固定资产短缺或溢余进行及时的补充和适当的调整，有效地利用固定资产。

③提高固定资产的利用效果。企业应充分利用现有的固定资产，注重内部的挖

潜革新，提高固定资产在单位时间内创造的生产成果；加强固定资产投资的回收，提高固定资产的完好率、利用率和生产效率等。

2. 固定资金需要量的预测

固定资金需要量预测是对企业未来一定时期内进行生产经营活动所需固定资产占用资金进行的预计和测算。一般可通过预测固定资金需要量，再根据固定资产的原始价值计算出固定资金的需要量。固定资金需要量的预测既要保证生产经营的正常需要，又要尽可能地节约资金，减少固定资金占用；同时，既要考虑企业现有的技术条件，充分利用、挖掘现有生产经营能力的潜力，又要尽可能地采用先进的科学技术成果，不断提高企业生产经营的技术水平。预测固定资金需要量，应根据企业现有生产规模、现有生产能力、产品生产特点及专业程度等情况，分别对不同生产部门、不同产品或工艺加工过程等多方面因素分析后确定，其内容主要是预测生产设备及其他配套性固定资产，如厂房、动力设备、运输设备等，以及非生产性固定资产的需要量。

(1) 施工机械设备需要量的预测

建筑企业要完成一定的工程任务，必须配备一定数量的施工机械和运输设备。如要完成一定数量的土方工程，就要有相应数量的挖土机、推土机、装卸机、压路机、打夯机、井点设备、运土汽车和经纬仪、水平仪等。要完成一定数量的混凝土工程，就要有相应数量的混凝土搅拌机、后台上料的单斗装载机、前台运送混凝土的机动翻斗车等。如果混凝土是采用集中搅拌的，还要配备自卸汽车、混凝土搅拌输送车、混凝土输送泵等。这些施工机械设备只有与工种工程保持一定的比例，即与一定工程任务的土方工程量、混凝土工程量相适应，才能充分发挥机械设备的效能，提高机械设备的利用率。

建筑企业在预测施工机械设备的需要量时，应先根据企业施工任务的特点，即工程结构、性质、施工工艺、集中分散情况，以及以往年度历史资料等，确定万元工作量的主要实物工程量，再根据工程任务计算主要工种工程实物量。再根据各种施工机械设备单位能力年产量定额，计算完成工程量所需的施工机械设备，计算式为：

$$\text{某种施工机械设备需要量}=\frac{\text{预测年度工种工程量}}{\text{某种施工机械设备单台能力年产量定额}} \tag{10-17}$$

预测各种主要施工机械设备需要量的同时，还要计算各种配套机械设备的需要量。如计算挖土和运土机械设备需要量时，要计算装土用的装载机、平土用的推土机、压土用的压路机和打夯机、抽水用的井点设备、测量用的经纬仪和水平仪等。同样，可测算混凝土工程、垂直运输、平面运输、装饰工程、水电安装工程等所需施工机械设备的需要量。

（2）生产设备需要量的预测

建筑企业附属生产单位，如机修厂、木材加工厂、混凝土构件预制厂等，其生产设备需要量的预测方法是将其预期的生产任务和生产能力相比较，在测定单台设备生产能力的基础上，求得与生产任务相一致的生产设备需要量，其计算公式如下：

$$生产设备需要量=\frac{预测期生产任务（实物量或台时数）}{单台设备生产能力（实物量或台时数）} \quad (10\text{-}18)$$

①预期生产任务的测算。企业预测某项生产设备在预测期需完成的生产任务，可以采用“实物量法”或“台时数法”分别进行测算。

实物量法。采用实物量法预测企业的计划生产任务时，就是根据企业在预测期内按计划规定完成的各种产品生产数量，作为预测期生产任务来测算生产设备的需要量。主要适用于产品单一或品种不多的生产设备需要量的预测。在实际工作中，当企业生产产品的品种较多时，常常是将产品结构相似或工艺相近的产品作为一类，从每类产品中选择一种产品作为标准产品，同类其他产品则需按一定系数折算标准产品来测算生产设备的需要量。

台时数法。采用台时数法预测企业的计划生产任务时，就是以预测期产品的生产数量为基础，再乘以单位产品的定额台时作为计划生产任务预测生产设备的需要量。当企业生产产品的品种比较多又各有差异，同时企业的同一种生产设备又可以加工各种不同的产品或零件、部件，并且加工对象又经常变动时，一般只能采用台时数法测算预测期的生产任务，其测算公式如下所示：

$$预测期生产任务总台时数=\sum（预测期产品生产量\times单位产品定额台时\times定额变动系数） \quad (10\text{-}19)$$

上式中，单位产品定额台时是指企业在预测期内加工单位产品所需要的台时数，一般应以现行定额为准；单位定额变动系数则是考虑到企业在预测期内的工艺技术和劳动生产率水平可能会发生变化，为使预测期内所制订的计划任务具有一定的先进性，根据修改后的定额与现行定额所确定的百分比，来确定定额变动系数，如下式所示：

$$定额变动系数=\frac{修改后定额}{现行定额}\times 100\% \quad (10\text{-}20)$$

②单台设备生产能力的测算。单台设备生产能力是指单台生产设备加工产品的能力，企业预测某项生产设备单台设备生产能力时，可以根据不同情况分别采用“实物量法”或“台时数法”进行测算。

实物量法。采用实物量法预测单台设备生产能力时，就是根据生产设备的台班产量、每天开工班次及全年计划工作日数计算每台生产设备的年产量，其测算公式如下所示：

$$\text{单台生产设备年产量}=\text{每台班产量}\times\text{每天开班次数}\times\text{全年计划工作日数} \tag{10-21}$$

上式中，生产设备的台时产量可以根据设计、核定的或实际可以达到的生产能力进行测算；每天开工班次应根据企业预测期的计划生产任务、现有人力及生产设备的数量进行确定；全年计划工作日数应根据全年日历天数扣减法定节假日天数和生产设备预计检修停工日数后的日数确定，其计算式为：

$$\text{全年计划工作日数}=\text{全年日历天数}-\text{节假日天数}-\text{计划检修停工天数} \tag{10-22}$$

台时数法。采用台时数法预测单台设备生产能力时，就是根据生产设备的每班工作台时数、每天开工班次及全年计划工作日数计算每台生产设备全年工作的有效台时数，其计算公式如下：

$$\begin{matrix}\text{单台生产设备全年}\\\text{工作有效台时总数}\end{matrix}=\begin{matrix}\text{每班工作}\\\text{台时数}\end{matrix}\times\begin{matrix}\text{每天开}\\\text{班次数}\end{matrix}\times\left(\begin{matrix}\text{全年日}\\\text{历天数}\end{matrix}-\begin{matrix}\text{节假}\\\text{日天数}\end{matrix}-\begin{matrix}\text{计划检修}\\\text{停工天数}\end{matrix}\right) \tag{10-23}$$

③生产设备需要量的预测。在确定了预测期生产任务和单台设备生产能力指标的基础上，可以分别采用“实物量法”或“台时数法”测算预测期生产设备需要量。

实物量法。根据预测的预测期生产任务的产品数量与单台生产设备的年产量相平衡，预测出生产设备的需要量，其计算公式如下所示：

$$\text{生产设备需要量}=\frac{\text{预测期生产任务总数量}}{\text{单台生产设备的年产量}}$$

即为：

$$\text{生产设备需要量}=\frac{\text{预测期生产任务总量}}{\begin{matrix}\text{每台班}\\\text{产量}\end{matrix}\times\begin{matrix}\text{每天开}\\\text{班次数}\end{matrix}\times\left(\begin{matrix}\text{全年日}\\\text{历天数}\end{matrix}-\begin{matrix}\text{节假}\\\text{日天数}\end{matrix}-\begin{matrix}\text{计划检修}\\\text{停工天数}\end{matrix}\right)} \tag{10-24}$$

[**例 10-11**] 企业生产 A 产品，预计全年总产量为 60 000 件，某项生产设备全年有效工作日数为 274d，每天开工两班，每班产量 20 件。则预测生产设备需要量为：

$$\text{生产设备需要量}=\frac{60\ 000}{20\times2\times274}=6\text{（台）}$$

台时数法。根据预测的预测期生产任务的台时总数与单台生产设备的全年工作有效台数相平衡，预测出生产设备的需要量，其计算公式如下所示：

$$\text{生产设备需要量}=\frac{\text{计划生产任务总台时数}}{\text{单台设备全年工作有效台时数}} \tag{10-25}$$

$$\begin{matrix}\text{生产设备}\\\text{需要量}\end{matrix}=\frac{\sum\text{（某种产品计划生产数量}\times\text{单位产品定额台时}\times\text{单位定额变动系数）}}{\begin{matrix}\text{每班工作}\\\text{台时数}\end{matrix}\times\begin{matrix}\text{每天开}\\\text{班次数}\end{matrix}\times\left(\begin{matrix}\text{全年日}\\\text{历天数}\end{matrix}-\begin{matrix}\text{节假}\\\text{日天数}\end{matrix}-\begin{matrix}\text{计划检修}\\\text{停工天数}\end{matrix}\right)} \tag{10-26}$$

［例 10-12］某企业某项生产设备同时生产 A、B 两种产品，有关资料如表 10-9 所示。

A、B 两种产品的预计年产量、单位定额工时和定额变动系数　　表 10-9

| 项　　目 | A 产　品 | B 产　品 |
|---|---|---|
| 预计年产量 | 500 台 | 800 台 |
| 单位定额工时 | 150 台时 | 100 台时 |
| 定额变动系数 | 98% | 90% |

企业预测期按日历天数 365d 计算，法定节假日数为 59d，预计设备检修停工日数为 20d，每天开工两班次，每班开工 7.5h。则测算生产设备需要量为：

$$生产设备需要量=\frac{(500\times150\times98\%+800\times100\times90\%)}{7.5\times2\times(365-59-20)}=33.92\approx34（台）$$

④计算审查设备负荷系数。企业预测出生产设备需要量之后，还应以预测的生产设备需要量与其现有数量相比较，计算生产设备负荷系数，以便预测出企业现有设备的不足或多余数量，及时做出补充或调配固定资产占用的决策，其计算公式为：

$$生产设备负荷系数=\frac{预期生产设备需要量}{现有生产设备需要量}\times100\% \tag{10-27}$$

或者将预测期生产任务定额台时总数与现有生产设备有效台时总数相比较，计算生产设备负荷系数。

$$生产设备负荷系数=\frac{预测期生产任务总台时数}{现有生产设备数量\times单台设备全年工作有效台时数}\times100\% \tag{10-28}$$

生产设备负荷系数等于或接近于 1，说明企业现有生产能力与预测期生产任务相一致，现有设备数量正合适；若生产设备负荷系数明显小于 1，说明企业现有生产能力有剩余，可以适当增加产量或减少生产设备数量；若生产设备负荷系数大于 1，说明企业现有生产能力不足，应增加生产设备数量。企业应首先挖掘内部潜力，其次再考虑筹措资金，安排购建或扩建固定资产。

［例 10-13］某生产设备现有数量为 30 台，经预测该项设备需要数量为 34 台，则计算该生产设备的负荷系数为：

生产设备的负荷系数＝34/30＝1.13＝113%

计算结果表明，该项生产设备的现有数量不足，应该进行购建。

(3) 其他固定资产需要量的预测

①配套性固定资产需要量的预测。配套性固定资产需要量与生产设备需要量有一定的比例关系，可以在测定生产设备需要量的基础上，按照基年配套性固定资产数量与生产设备量的比例关系，结合预测年度提高设备利用率的要求进行测算。再

将预测年度需要量的数量与基年实有数量进行比较，即可测算出预测年度配套性固定资产的多余或不足。

②非生产性固定资产需要量的预测。非生产性固定资产需要量的预测，应根据企业的实际需要和可能条件决定，即在现有非生产性固定资产数量的基础上，结合职工人数的增减和改善职工物质文化生活的实际需要增加（或减少）的非生产性固定资产项目。

3. 固定资产折旧的计提方法

建筑企业的固定资产由于受到有形损耗和无形损耗两个因素的影响，会发生价值损耗。这部分损耗价值，通过计提折旧，将其计入工程和产品的成本中，由当期取得的工程结算收入或产品销售收入予以补偿。正确地计提固定资产折旧，是正确计算工程成本和产品成本，保证固定资产简单再生产的前提条件。

施工企业的固定资产，应按使用中的固定资产计提折旧，未使用、不需用的固定资产则不提折旧，具体情况如表 10-10 所示。

**计提固定资产折旧情况对照表** 表 10-10

| 允许计提折旧的固定资产 | 不允许计提折旧的固定资产 |
|---|---|
| 1. 房屋和建筑物<br>2 在用的机器设备、仪器仪表、运输车辆、工具器具等<br>3. 季节性停用和大修理停用的设备<br>4. 经营租出的固定资产<br>5. 融资租入的固定资产 | 1. 未使用、不需用的房屋、建筑物以外的固定资产<br>2. 经营租入的固定资产<br>3. 已提足折旧继续使用的固定资产<br>4. 单独估价入账的土地<br>5. 破产、关停并转的固定资产<br>6. 连续停工一个月以上的固定资产<br>7. 提前报废的固定资产 |

另外，由于生产任务不足，处于半停工状态的固定资产，除另有规定外，可减半提取折旧。固定资产折旧一般按月计提，月内投入使用的固定资产，当月不计提折旧，从次月起计提折旧；月内减少或者停止使用的固定资产，当月应计提折旧，从次月起停止计提折旧。

按照财务制度规定，建筑企业固定资产计提折旧一般应采用平均年限折旧法和工作量法。技术进步较快或使用寿命受工作环境影响较大的施工机械和运输设备，经财政部批准，可采用双倍余额递减法或年数总和法计提折旧。

（1）平均年限折旧法

平均年限法，又称使用年限法，是指按照固定资产的预计使用年限平均分摊固定资产折旧额的方法。平均年限法计算的折旧额在各个使用年（月）份均相等，累计折旧额呈直线趋势，故也称为直线折旧法。平均年限法计提的固定资产折旧额及其折旧率的计算公式如下：

$$年折旧额=\frac{固定资产原值\times(1-预计净残值率)}{预计使用年限} \tag{10-29}$$

$$年折旧率=\frac{(1-预计净残值率)}{预计使用年限}\times100\% \tag{10-30}$$

$$月折旧率=年折旧率\div12 \tag{10-31}$$

$$月折旧额=固定资产原值\times月折旧率 \tag{10-32}$$

上式中，预计净残值率应按照固定资产原值的3%～5%确定，净残值率低于3%或者高于5%时，由企业自主确定，并报主管财政机关备案。

采用平均年限法计提固定资产折旧虽然比较简便，但它也存在着一些明显的局限性。首先，固定资产在不同使用年限提供的经济效益是不同的。一般来讲，固定资产在其使用前期工作效率相对较高，所带来的经济利益也就多；而在其使用后期，工作效率一般呈下降趋势，因而，所带来的经济利益也就逐渐减少。平均年限法不考虑这一事实，明显是不合理的。其次，固定资产在不同的使用年限发生的维修费用也不一样。固定资产的维修费用将随着其使用时间的延长而不断增大，而平均年限法也没有考虑这一因素。

当固定资产各期的负荷程度相同时，各期应分摊相同的折旧费，这时采用平均年限法计算折旧是合理的。但是，若固定资产各期负荷程度不同，采用平均年限法计算折旧时，则不能反映固定资产的实际使用情况，提取的折旧数与固定资产的损耗程度也不相符。

(2) 工作量法

工作量法，是指按照固定资产施工生产过程中所完成的工作量计提折旧的一种方法。这种方法弥补平均年限法只重使用时间，不考虑使用强度的缺点。采用工作量法计算折旧额的计算公式为：

$$每一工作量折旧额=\frac{固定资产原值\times(1-预计净残值率)}{预计总工作量} \tag{10-33}$$

$$\begin{matrix}某项固定资产\\月折旧额\end{matrix}=\begin{matrix}该项固定资产\\当月工作量\end{matrix}\times\begin{matrix}每一工作量\\折旧额\end{matrix} \tag{10-34}$$

例如，对于运输设备计提折旧时，按照行驶里程计算应提折旧额，如下式所示：

$$单位里程折旧额=\frac{固定资产原值\times(1-预计净残值率)}{预计总行驶里程} \tag{10-35}$$

[**例** 10-14] 某企业的一辆运货汽车的原价为60 000元，预计总行驶里程为50万km，其报废时的残值率为5%，本月行驶4 000km。该辆汽车的折旧额计算如下：

单位里程折旧额=60 000×（1−5%）/500 000=0.114元/km

本月折旧额＝4000×0.114＝456 元

对于施工机械设备计提折旧时，按照台班数计算应提折旧额如下式所示：

$$单位台班折旧额=\frac{固定资产原值\times（1-预计净残值率）}{预计总工作台班} \quad (10\text{-}36)$$

$$某项固定资产月折旧额=该项固定资产当月实际台班\times单位台班折旧额 \quad (10\text{-}37)$$

(3) 双倍余额递减法

双倍余额递减法，是在不考虑固定资产残值的情况下，根据每期期初固定资产账面余额和双倍的直线法折旧率计算固定资产折旧的一种方法。计算其应提折旧额和折旧率的公式如下所示：

$$年折旧率=\frac{2}{预计使用年限}\times 100\% \quad (10\text{-}38)$$

$$年折旧额=固定资产账面净值\times年折旧率 \quad (10\text{-}39)$$

由于双倍余额递减法不考虑固定资产的残值收入，因此，在应用这种方法时，必须注意不能使固定资产的账面折余价值降低到它的预计残值收入之下。即实行双倍余额递减法计提折旧的固定资产，应当在其固定资产折旧年限到期以前两年内，将固定资产净值扣除预计净残值后的余额平均摊销。

**[例 10-15]** 某企业一项固定资产的原价为 10 000 元，预计使用年限为 5 年，预计净残值 200 元。按双倍余额递减法计算折旧，每年的折旧额计算如下：

双倍直线折旧率＝2/5×100%＝40%

第一年应提的折旧额＝10 000×40%＝4 000 元

第二年应提的折旧额＝（10 000－4 000）×40%＝2 400 元

第三年应提的折旧额＝（6 000－2 400）×40%＝1 440 元

从第四年起按平均年限法（直线法）计提折旧。

第四、第五年的年折旧额＝（2 160－200）÷2＝980 元

(4) 年数总和法

年数总和法，又称合计年限法，是将固定资产的原值减去净残值后的净额乘以一个逐年递减的年折旧率计算每年折旧额的一种方法。其计算公式为：

$$某年折旧率=\frac{预计使用年数-已使用年数}{预计使用年限的年限总和}\times 100\% \quad (10\text{-}40)$$

$$某年折旧额=(固定资产原值-预计净残值)\times该年折旧率 \quad (10\text{-}41)$$

$$月折旧率=年折旧率\div 12 \quad (10\text{-}42)$$

$$月折旧额=(固定资产原值-预计净残值)\times月折旧率 \quad (10\text{-}43)$$

**[例 10-16]** 某项固定资产的原值为 5 万元，预计使用年限为 5 年，预计净残值为 2 000 元。采用年数总和法计算的各年折旧额如表 10-11 所示。

利用年数总和法计算的各年折旧额　　表 10-11

| 年　份 | 尚可使用年限（元） | 原值－净残值（元） | 变动折旧率 | 每年折旧额（元） | 累计折旧（元） |
|---|---|---|---|---|---|
| 1 | 5 | 48 000 | 5/15 | 16 000 | 16 000 |
| 2 | 4 | 48 000 | 4/15 | 12 800 | 28 800 |
| 3 | 3 | 48 000 | 3/15 | 9 600 | 38 400 |
| 4 | 2 | 48 000 | 2/15 | 6 400 | 44 800 |
| 5 | 1 | 48 000 | 1/15 | 3 200 | 48 000 |

双倍余额递减法和年数总和法均为加速折旧法，也称为快速折旧法或递减折旧法，其特点是在固定资产有效使用年限的前期多提折旧，后期则少提折旧，从而相对地加快折旧计提的速度，目的是使固定资产成本在其有效使用年限中快速地得到补偿。

### 10.3.3　建筑企业无形资产及其他资产管理

#### 1.无形资产管理

无形资产是指企业为生产产品或者提供劳务，出租给他人或其他管理目的而持有的、没有实物形态的非货币性长期资产。无形资产分为可辨认无形资产和不可辨认无形资产。可辨认无形资产是指具有专门的名称，可以个别地辨认的无形资产，包括专利权、非专利技术、商标权、土地使用权等。不可辨认无形资产是指那些不能个别辨认的、存在于整个企业之中的无形资产，如商誉等。企业自创的商誉，以及未满足无形资产确认条件的其他项目，不能作为无形资产。

(1) 无形资产的特征

无形资产一般具有如下特征：

没有实物形态。无形资产所体现的是一种权力或获得超额利润的能力，它没有实物形态，但却具有价值，或者能使企业获得高于同行业一般水平的盈利能力。不具有实物形态是无形资产区别于其他资产的显著标志。

能在较长的时间内使企业获得经济利益。无形资产能在多个生产经营期内使用，使企业长期受益，因而，属于一项长期资产，企业为取得无形资产所发生的支出，属于资本性支出。

持有的目的是使用而不是出售。企业持有无形资产的目的是用于生产商品或提供劳务、出租给他人，或为了管理目的，而不是为了对外销售。脱离了生产经营活动，无形资产就失去其经济价值。

通常是企业有偿取得的。只有花费了支出的无形资产，才能作为无形资产入账；否则，不能作为无形资产入账。

无形资产只有在满足以下条件时，企业才能加以确认：该资产获得的经济利益很可能流入企业；该资产的成本能够可靠地计量。

企业应当能够控制无形资产所产生的经济利益，比如企业拥有无形资产的法定所有权，或企业与他人签订了协议，使得企业的相关权利受到法律的保护。

在判断无形资产产生的经济利益是否很可能流入企业时，企业管理部门应对无形资产在预计使用年限内存在的各种因素做出稳健的估计。

（2）无形资产的计价

企业的无形资产在取得时，应按取得时的实际成本计价。

购入的无形资产，按实际支付的价款作为实际成本；投资者投入的无形资产，按投资各方确定的价值作为实际成本。但是，为首次发行股票而接受投资者投入的无形资产，应以该项无形资产在投资方的账面价值作为实际成本；企业接受的债务人以非现金资产抵债方式取得的无形资产，按应收债权的账面价值加上应支付相关税费作为实际成本；以非货币性交易换入的无形资产，按换出资产的账面价值加上应支付的相关税费作为实际成本；接受捐赠的无形资产，应按捐赠方提供的凭据上标明的金额加上应支付的相关税费作为实际成本，或者以其同类无形资产的市价作为实际成本；自行开发并按法律程序申请取得的无形资产，按依法取得时发生的注册费、聘请律师费等费用，作为无形资产的实际成本。

（3）无形资产的摊销

无形资产属于企业的长期资产，能在较长的时间里给企业带来效益。但无形资产通常也有一定的有效期限，它所具有的价值的权利或特权总会终结或消失，因此，企业应将入账的无形资产在一定年限内摊销。企业自用的无形资产，其摊销的无形资产价值应当计入当期管理费用；出租的无形资产，相关的无形资产摊销价值应当记入其他业务支出，并同时冲减无形资产的成本。

无形资产的成本，应当自取得当月起在预计使用年限内分期平均摊销，处置无形资产的当月不再摊销。即无形资产摊销的起始和停止日期为：当月增加的无形资产，当月开始摊销；当月减少的无形资产，当月不再摊销。如预计使用年限超过了相关合同规定的受益年限或法律规定的有限年限，该无形资产的有效使用年限应按照如下原则确定：

合同规定受益年限，但法律没有规定有效年限的，摊销期不应超过合同规定的受益年限；合同没有规定受益年限，但法律规定有效年限的，摊销期不应超过法律规定的有效年限；合同规定了受益年限，法律也规定了有效年限的，摊销期不应超过受益年限和有效年限二者之中较短者；如果合同没有规定受益年限，法律也没有规定有效年限的，摊销期不应超过 10 年。

无形资产采用直线法平均计算每年的摊销额，无残值和清理费用，其年摊销额的计算为：

$$某项无形资产年摊销额=\frac{无形资产的账面价值}{预计的有效使用年限} \tag{10-44}$$

$$月摊销额=年摊销额\div 12 \tag{10-45}$$

2. 其他资产管理

其他资产是指不能包括在流动资产、长期资产、固定资产、无形资产等以内的资产，主要包括长期性质的待摊费用和其他长期资产。

(1) 长期待摊费用

长期待摊费用是指企业已经支出，但摊销期限在 1 年以上（不含 1 年）的各项费用。应当由本期负担的借款利息、租金等，不得作为长期待摊费用处理。长期待摊费用应当单独核算，在费用项目的受益期限内分期平均摊销。

股份有限公司委托其他单位发行股票支付的手续费或佣金等相关费用，减去股票发行冻结期间的利息收入后的余额，从发行股票的溢价中不够抵消的，或者无溢价的，若金额较小，直接计入当期损益；若金额较大，可作为长期待摊费用，在不超过 2 年的期限内平均摊销，计入损益。

除购置和建造固定资产以外，所有筹建期间发生的费用，应先在长期待摊费用中归集，待企业开始生产经营起一次计入开始生产经营当期的损益。若长期待摊的费用项目不能使以后会计期间受益的，应当将尚未摊销的该项目的摊余价值全部计入当期损益。

(2) 其他长期资产

其他长期资产一般包括国家批准储备的特种物资、银行冻结存款以及临时设施和涉及诉讼中的财产等。其他长期资产可以根据资产的性质及特点单独设置相关科目进行核算和管理。

## 10.4 建筑企业收益管理

企业在经营期内实现的利润，应根据企业所有权的归属及各权益者占有的比例进行分配。收益管理就是要通过制订合理的利润分配政策，利用财务手段，确保利润的合理归属和正确分配的管理过程。收益管理就是要尽可能地兼顾各方面利益，处理好投资人的近期收益与企业长远发展之间的关系，协调分配政策与其他财务决策之间的关系，以便为谋求企业的未来发展和实现最佳经济效益服务。

### 10.4.1 利润总额的构成

在进行利润分配之前，首先需要计算出企业在一定时期内实现的利润总额，再扣减企业应向国家缴纳的所得税额，计算税后净利润。建筑企业利润是企业施工生产经营成果的集中体现，也是衡量企业施工生产经营管理业绩的主要指标。建筑企业利润总额是企业在一定时期内生产经营的最终成果，主要包括营业利润、投资净收益和营业外收支净额。而净利润则是由利润总额减去应纳所得税额之后的余额，如下式所示：

$$利润总额=营业利润+投资净收益+营业外收支净额 \tag{10-46}$$

$$净利润=利润总额-应纳所得税额 \tag{10-47}$$

1.营业利润

建筑企业营业利润是企业在一定时期内实现的施工生产经营所得利润，是利润总额的主要构成部分，在数量上表现为工程结算利润和其他业务利润再扣除当期的管理费用和财务费用后的余额，如下式所示：

$$营业利润=工程结算利润+其他业务利润-管理费用-财务费用 \tag{10-48}$$

（1）工程结算利润

工程结算利润是建筑企业及其内部独立核算的施工单位从事生产经营活动所获取的利润，是建筑企业在一定时期内工程结算收入减去工程结算成本和工程结算税金及附加后的余额，其计算公式为：

$$工程结算利润=工程结算收入-工程结算成本-工程结算税金及附加 \tag{10-49}$$

上式中，工程结算收入是指建筑企业已完工程或竣工工程向发包单位结算的工程价款收入。工程价款收入的确认分别采用下列办法：对采用按月结算工程价款的企业、即在月中按已完分部分项工程结算确认工程价款收入；对采用分段结算工程价款的企业，即按工程形象进度划分的不同阶段（部位），分段结算确认工程价款收入；对采用竣工后一次结算工程价款的企业，即在单项工程或建设项目全部建筑安装竣工以后结算确认工程价款收入。工程结算收入除包括工程合同中规定的工程造价外，还包括因合同变更、索赔、奖励等形成的收入。这部分收入是在执行合同过程中，由于合同工程内容或施工条件变更、索赔、奖励等原因形成的追加收入，经发包单位签证同意后，构成建筑企业的工程结算收入。

工程结算成本是建筑企业为取得工程价款结算收入而发生的工程施工成本，包括工程施工中的材料费、人工费、机械使用费、其他直接费和分摊的间接费用。

工程结算税金及附加包括按工程结算收入计征的营业税，及按营业税计征的城市建设维护税和教育费附加。

（2）其他业务利润

建筑企业的其他业务利润是指企业在一定时期内除了工程施工业务以外的其他业务收入扣减其他业务支出和其他业务税金及附加后的余额。其计算公式如下所示：

其他业务利润＝其他业务收入－其他业务支出－其他业务税金及附加 (10-50)

建筑企业的其他业务利润主要包括：

产品销售利润：指施工企业内部独立核算的工业企业等销售产品所实现的利润。

机械作业利润：指施工企业及其内部独立核算的机械施工运输单位，进行施工运输作业所实现的利润。

材料销售利润：指施工企业及其内部独立核算单位、材料供应部门销售材料所实现的利润。

对外工程承包利润：指施工企业承包（或分包）国外工程、国内外资工程和提供劳务所实现的利润。

多种经营利润：指施工企业为了拓展业务、增加效益，举办一些与工程施工无直接联系的、非独立核算的其他行业经营业务（如影视服务、服装加工、商品流通等）而形成的利润。

机具设备租赁利润：指施工企业对外单位或企业内部其他单位出租施工机具形成的利润。

其他利润：指施工企业除上述列举利润外的其他利润。如无形资产转让利润等。

2. 投资净收益

建筑企业的投资净收益是指企业对外股权投资、债权投资所获得的投资收益减去投资损失后的净额，其计算公式如下所示：

投资净收益＝投资收益－投资损失 (10-51)

其中，投资收益包括企业转让有价证券所获取的款项高于账面价值的差额收入、债券利息收入、联营投资所分得的利润或到期收回投资高于账面价值部分，以及在权益法下，企业的股权投资在受资企业增加的净资产中按投资比例拥有的份额等。投资损失则包括到期收回投资或转让有价证券取得的款项低于原账面价值的差额，以及权益法下，企业的股权投资在受资企业减少的净资产中按投资比例应分摊的金额等。

3. 营业外收支净额

建筑企业的营业外收支净额是指企业所获得的与企业施工生产经营活动没有直接关系的各项营业外收入减去各项营业外支出的余额，其计算式为：

营业外收支净额＝营业外收入－营业外支出 (10-52)

其中，营业外收入主要包括固定资产盘盈、处理固定资产净收益、处理临时设施净收益、转让无形资产收益、罚款收入、无法支付的应付款项、教育附加费返还、非货币性交易收益等。营业外支出主要包括固定资产盘亏、处理固定资产净损失、处理临时设施净损失、转让无形资产损失、计提的固定资产、无形资产、在建工程等减值准备、公益救济性捐赠、赔偿金、违约金、债务重组损失等。

综上所述，企业的利润总额在数量上表现为企业一定时期全部收入扣除全部支出后的余额，它不但可以综合反映企业一定时期的经营业绩，同时也是评价企业理财效果和管理水平的依据，从而为企业分配利润奠定基础。

### 10.4.2 企业利润分配的原则与顺序

一般来说，企业取得的利润总额，可在扣除应纳所得税后进行利润分配。分配利润时应遵循以下原则。

1. 企业利润分配的原则

(1) 遵守国家各项财经法规原则

要求企业在进行利润分配时应严格遵循国家各项财经法规，依法纳税，确保国家利益不受侵犯。合法性原则主要表现在两方面：首先应将企业税前会计利润总额按规定调整后计算应税所得额，并依法纳税后才可进行税后利润的分配。其次，企业应按财经法规的要求合理确定税后利润分配的项目、顺序及比例，尤其必须按规定提取最低法定比例的盈余公积金。若企业亏损，一般不应向投资者分配利润。

(2) 盈利确认原则

这项原则要求企业在进行利润分配时，当年必须有可以确认的利润，或有累计未分配利润及留存收益，若企业当年无账面利润或没有留存收益，则不能进行利润分配。

(3) 资本金保全原则

因为利润分配应是投资者投入资本增值部分的分配，而并非投资者资本金的返还。在分配利润时，企业不得在亏损的情况下用资本金向投资者分配利润。若出现此情况，应视为自动清算而非真正的利润分配，这与上述盈利确认原则是一致的。资本金保全原则从根本上保证了企业未来生存发展的资金，为企业的经营起保护作用。

(4) 保护债权人权利原则

保护债权人权利原则要求企业分配利润前应先清偿所有到期债务，而不能故意拖欠债权人债务进行利润分配，伤害债权人权益。此外，企业进行利润分配时应使企业保持一定的偿债能力，以免日后资金周转困难时损害债权人利益。在企业与债权人签订某些有限制性条款的债务契约时，其利润分配政策须征得债权人的同意。

(5) 利润分配应兼顾企业所有者、经营者和职工利益原则

利润分配政策的合理与否，直接关系到企业所有者、经营者和职工的利益，所

以利润分配既要考虑上述几方面的共同利益，也应考虑各方面的局部利益，以协调好各方面的近期利益与企业发展的关系，合理确定提取盈余公积金、公益金和分配给投资者利润的金额。此外，在向投资者分配利润时应做到股权平等，公平利益，同股同利等。

（6）利润分配要有利于增强企业发展能力，并处理好企业内部积累与消费的关系

企业的利润分配政策应有利于增强企业的发展能力，这要求企业利润分配要贯彻积累优先原则，合理确定提取盈余公积金、公益金和分配给投资者利润的比例，以促进企业健康发展。企业分配利润时提取的公益金主要用于集体福利支出，若提取比例过大，有可能使企业财力缺乏，降低企业应付各种风险的能力，最终影响企业发展，并影响到投资者和职工的利益。但若提取比例过小，职工生活条件得不到改善，而挫伤职工的积极性，也影响企业发展。故企业利润分配中应处理好积累与消费的关系，调动职工积极性，促进企业持续健康发展。

2. 利润分配的顺序

企业实现的利润总额在依法交纳所得税后成为可供分配的利润，根据《企业财务通则》规定，除国家另有规定外，可按下列顺序分配：

（1）用于抵补被没收财物损失、支付违反税法规定的各项滞纳金和罚款。

（2）弥补超过税前利润抵补期限，按规定须用税后利润弥补的亏损。

（3）提取法定盈余公积金，用于发展企业生产经营、弥补亏损或按国家规定转增资本金。

（4）按规定提取公益金，用于企业职工集体福利方面的支出。

（5）支付优先股股利。

（6）提取任意盈余公积金，可用于派发股东股利。

（7）支付普通股股利。企业以前年度未分配的利润可以并入本年度向投资者分配。

3. 利润分配各项目的意义

（1）对于企业因违反有关法规而没收的财物损失或支付各项税收的滞纳金和罚款，必须在税后利润中支付，以免抵减应税所得额，损害国家利益，失去处罚的意义。

（2）超过 5 年弥补期仍未弥补足的亏损应从税后利润中弥补，以体现现代企业作为自主经营、自负盈亏的经济实体应承担的经济责任。

（3）盈余公积是企业按税后利润一定比例提取的各种积累资金，是企业用于防范风险，补充资本的重要资金来源。它既是保全企业资本，防止因企业乱分利润而损害债权人利益的手段，也是企业为生产发展积累资金的重要手段。法定盈余公积按照税后利润的 10%提取，当法定盈余公积累计额已达到注册资本的 50%时，可

不再提取。法定盈余公积可用于弥补亏损或转增资本。但企业用盈余公积转增资本时，转增后留存的盈余公积的数额不得低于注册资本的25%。

(4) 公益金是企业从税后利润中提取的用于企业职工集体福利方面的资金，其提取比例由各企业自行决定。公司提取的公益金性质上属于所有者权益，但由企业自主安排用于职工集体福利设施支出，如用于建造职工住宅、食堂、幼儿园、卫生所等，但职工对这些福利设施只有使用权，而所有权属于企业的投资者。现行制度规定，公司制企业按照税后利润的5%～10%的比例提取法定公益金。

(5) 向投资者分配利润应遵循纳税优先、企业积累优先、无盈余不分利的原则，向投资者分配利润的顺序放在利润分配的最终阶段。应指明的是，向投资者分配的利润并不限于当年利润，如企业存在以前年度的未分配利润，可并入当年利润一同分配。

### 10.4.3 常见的股利政策

股利政策的制订受诸多因素的影响，而各公司的股利政策又受管理者的经营思想的影响，因此存在多种股利政策。在实务中较常用的有以下几种。

#### 1. 剩余股利政策

(1) 股利分配方案的确定

剩余股利政策主张，公司的收益首先应当满足盈利性投资项目资本的需要，在满足了盈利性投资项目的资本需要之后，若有剩余，则公司可将剩余部分作为股利发放给股东。

采用剩余股利政策的公司一般应遵循以下4个步骤：根据资本投资计划和加权平均资本成本确定最佳资本支出水平；确定目标资本结构，即确定股东权益资本和债务资本的比率，并以此确定所需达到的股东权益的数额；最大限度地利用留存收益来满足这一股东权益数，如果留存收益不足，则需发行新股弥补不足；现有留存盈余在满足资本预算后仍有余额，才能将其作为股利发放给股东。

**[例10-17]** 某公司现有盈余150万元，可用于发放股利，也可用于留存。假设该公司的最佳资本结构为30%的负债和70%的股东权益。根据公司加权平均的边际资本成本和投资机会计划决定的最佳资本支出为120万元。该公司拟采取剩余股利政策，则该公司的股利发放额和股利支付率为：

| | |
|---|---|
| 资本支出预算 | 120万元 |
| 现有留存收益 | 150万元 |
| 资本预算所需要的股东权益资本（120万元×70%） | 84万元 |
| 股利发放额（150－84）万元 | 66万元 |
| 股利支付率（66/150） | 44% |

如果上例中，资本支出预算为 200 万元，股利发放额为 10 万元，股利发放率为 6.67%；如果资本支出预算为 300 万元，股东权益资本需要额为 210 万元，由于现存的收益满足不了资本预算对股权资本的需要量，因此，不仅不能发放股利，反而要发行新普通股 60（210－150）万元，以弥补股权资本的不足。

从上述分析可知，按照剩余股利政策，将使股利发放额每年随投资机会和盈利水平的变动而变动。即使在盈利水平不变的情况下，股利将与投资机会的多少呈反方向变动，投资机会越多，股利越少；反之，投资机会越少，股利发放越多。在这种政策下，股利变动较大，因此很少有人会机械地照搬剩余股利理论，但许多公司运用这种理论来帮助建立一个长期目标发放率。

（2）采用剩余股利政策的缘由

如果公司继续发展，它就能做到在不减少股利的前提下，根据需要将盈利的大部分留存下来。公司可通过暂时提高负债与权益比率，筹集所需资金，以避免削减股利。若公司在某一特定年份有许多好的投资机会，向外借款利用财务杠杆将比削减股利更有利。公司只需在以后年度将盈利留存下来，使负债与权益恢复到原来的最佳结构，仍能保持最低的综合资金成本。

2.固定股利或稳定增长的股利政策

（1）分配方案的确定

大量事实表明，绝大多数企业和股东喜欢稳定性或持续增长的股利政策。长期的稳定性股利政策表现为每股股利固定在某一水平上，在一段时间内维持不变，且不论经济情况如何，也不论公司经营好坏，绝对不降低年度股利的发放额。只有当公司管理当局认为公司盈利确已增加，且未来收益的增加足以使它能够将股利维持到一个更高水平时，公司才会提高每股股利支付额。这种股利政策的一个重要原则是：绝对不要降低年度股利的发放额。但在通货膨胀情况下，大多数公司的盈余会随之提高，此时，大多数投资者也希望公司能提供足以抵消通货膨胀不利影响的股利，因此通货膨胀时期应提高股利发放额，其基本特征如图 10-7 所示。

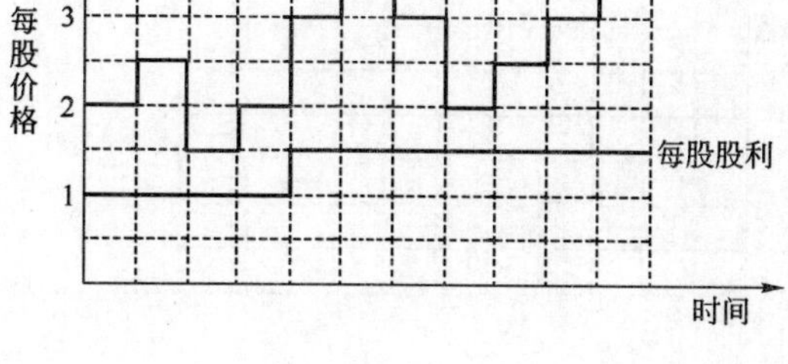


图 10-7 固定股利和稳定增长股利

（2）采用本政策的缘由

固定股利或稳定增长的股利政策的主要目的是避免出现由于经营不善而削减股利的情况。一般而言，此种股利政策会吸引投资者，在其他因素相同时，采用这种股利政策公司的股票价格会更高些，这是因为：

稳定的股利支付向市场传递出公司正常发展的信息，可以消除股东内心的不确定性。当盈余下降时公司并不削减股利，会使市场对这种股票更有信心。因此，公司管理当局可通过股利信息影响投资者。当然，若公司管理当局不能保证公司盈利持续稳定增长，稳定的股利政策也不会使投资者持该公司股票。

许多需要和依靠固定股利收入满足其现金收入需要的股东更喜欢稳定的股利支付方式。尽管股东们在股利不足以满足其现金需要时，可出售部分股票以获得收入，但许多股东经常因需要支付交易成本而不愿意卖出股票；而且，当公司削减股利时，往往意味着盈利已下滑，股价也会随之下跌。因此，投资者更喜欢稳定的股利。

固定或稳定增长型股利政策，可以消除投资者对未来股利的不安全感。此外，具有稳定股利的股票会吸引投资者购买。

稳定的股利政策可能会不符合剩余股利理论，但考虑到股票市场会受多种因素的影响，其中包括股东心理状态和其他因素，因此为将股利维持在稳定水平，即使暂时偏离目标资本结构，也可能比降低股利或降低股利增长率更有利。

该种股利政策的缺陷在于股利的支付与盈余水平脱节，当盈余较低时仍需支付固定股利，这可能导致企业资金短缺，财务状况恶化；同时不可能像剩余股利政策那样保持最低的综合资金成本。

3. 固定股利支付率政策

（1）分配方案的确定

这一政策是指公司从其收益中提取固定的百分比，每年按这固定的比率向股东分配股利。采用这一政策，公司每年所发放的股利会随着公司收益的变动而变动，从而使公司的股利支付极不稳定，由此导致股票市价上下波动，很难使公司的价值达到最大(见图 10-8)。

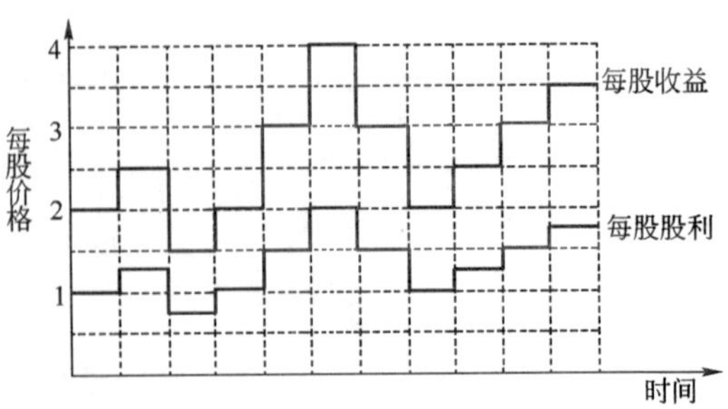


图 10-8　固定股利支付率

（2）采用本政策的缘由

主张采用固定股利支付率的公司认为，这样能使股利与公司盈余紧密结合，从而体现多盈多分，少盈少分，无盈不分的原则，只有这样才算真正公平地对待每位股东。但因为股利常常被认为是公司未来发展的信息来源，这样做将会对公司股价的稳定产生不利影响。但对我国某些内部职工持股比例较高的公司而言，采用这种股利政策，可使职工个人利益与公司利益紧密结合起来，使职工意识到他们的切身利益与公司利益紧密结合，从而充分调动职工积极性和创造性，增强企业活力，这样有利于企业经济效益的提高，从而为企业盈利逐年递增创造条件。若企业经济效益持续稳定增长，则每股股利也随之增长，这样，一方面公司内部职工股东财富增加，同时，企业外部股东股利也不断增加，进而吸引更多投资者购买该公司股票，使得公司股价上涨，从而实现股东财富最大化。

4. 低正常股利加额外股利政策

（1）分配方案的确定

这一政策是指公司每年只支付数额较低的正常股利，只有在公司繁荣时期才向股东发放额外股利。例如，通用汽车公司在效益好的年份就曾经发放过额外股利。额外股利政策的运用，既可以使公司保持固定股利的稳定记录，又可以使股东分享公司繁荣的好处。但如果公司经常连续支付额外股利，那么它就失去了原有的目的，额外股利就变成了一种期望回报。当然如能以适当的方式表明这是额外股利的话，额外股利或者特别股利仍然能向市场传递有关公司目前与未来经营业绩的积极信息。也就是说，根据公司的盈利状况，在盈余较多的年份向股东发放额外股利，但额外股利并不固定化，不意味着公司永久提高规定股利率。

（2）采用这种政策的缘由

采用低正常股利加额外股利的股利政策基于以下理由：

使公司在支付股利方面有较大的弹性。当公司盈余较少或投资需用较多资金时，可以少付甚至不付额外股利，而只维持设定的较低的正常股利，以减轻公司负担；而公司盈利较多且资金又很充裕时，可向股东支付额外股利，使股东分享公司盈利增长的好处。

这种政策可使那些依靠股利度日的股东每年至少可得到虽然较低但较稳定的股利，从而留住这些投资者。此外，即使公司盈利状况不佳，公司因不得已而支付正常股利，但此种正常股利在预先确定时，就已考虑到公司财务安排上的各种不利因素，而将股利水平定得较低，因此不会由于正常股利的支付而使公司无法负担。

当然，这种股利政策也存在一定的缺陷。当公司盈利极少或需要投资资金时，这种股利政策使公司仍须支付股利，尽管所付正常股利可能不致使公司陷入财务困境，但毕竟股利支付会导致公司资金的流出，这对资金本已较紧的公司来说，无疑会产生不利影响；如若公司盈余稳定增长，使其持续支付额外股利，定将会提高股东对派发股利的期望值，股东会把额外股利视为正常股利，一旦公司盈余减少而降低甚至不发放额外股利时，会引起股东不满，不利于公司股价的稳定。

上述 4 种股利政策各有所长，各公司在分配股利时应充分考虑各种影响因素，制订最符合公司具体情况和未来发展的股利政策。

## 本章小结

本章首先概要介绍建筑企业财务管理的目标、对象及内容，其次详细介绍了建筑企业的资金管理、资产管理和收益管理。

建筑企业财务管理的目标是企业价值最大化。建筑企业财务管理的对象是现金及其流转。建筑企业财务管理内容包括资金管理、投资管理、利润分配管理以及成本费用管理等 4 个方面。财务管理活动是在一定的环境中进行的，最主要的是经济环境、法律环境和金融环境。企业只有熟悉这些环境，才能利用这些环境为企业发展服务。

建筑企业资金管理包括资金预测、资金来源与筹措、资金成本与资本结构等内容。资金预测主要是对未来一定时期内企业生产经营活动所需资金、资金利用效果以及扩展业务需要追加的资金进行估计和测算。资金预测常用的方法有销售百分比和线性回归分析法。资金（资本）成本是指企业为筹措和使用一定量的资金而付出的代价。资金成本的高低，通常用资金成本率表示。资金成本包括个别资金成本、综合资金成本、边际资金成本。最佳资本结构是指企业在一定时期内，使综合资金成本最低、企业价值最大时的资本结构，这是判断最佳资本结构的主要标准。最佳资本结构的确定方法一般有比较资本成本法、无差异点分析法。

建筑企业资产管理着重讲解流动资产、固定资产、无形资产及其他资产的分类和管理。企业流动资产管理包括现金及有价证券管理、应收账款管理、存货管理等内容。固定资产在使用中会发生有形损耗和无形损耗，这部分损耗价值，通过计提折旧的形式在工程结算和产品销售收入中得到补偿。固定资产计提折旧的方法有平均年限法、工作量法、双倍余额递减法和年数总和法。双倍余额递减法和年数总和法均为加速折旧法。无形资产是企业为生产产品或者提供劳务，出租给他人或管理目的而持有的、没有实物形态的非货币性长期资产。无形资产按取得时的实际成本计价，在有效使用年限内分期平均摊销。其他资产是指不能包括在流动资产、长期资产、固定资产、无形资产等以内的资产，主要包括长期性质的待摊费用和其他长期资产。

建筑企业收益管理就是要通过制订合理的利润分配政策，利用财务手段，确保利润的合理归属和正确分配的管理过程。收益管理就是要尽可能地兼顾各方面利益，处理好投资人的近期收益与企业长远发展之间的关系，协调分配政策与其他财务决策之间的关系，以便为谋求企业的未来发展和实现最佳经济效益服务。企业取得的利润总额，可在扣除应纳所得税后进行利润分配。分配利润时应遵循一定的原则。常见的股利政策有剩余股利政策、固定股利或稳定增长的股利政策、固定股利支付率政策和低正常股利加额外股利政策，不同的股利政策体现着公司不同的管理理念和发展思路。

## 复习思考题

1. 财务管理的目标是什么？

2. 简述经济环境对企业财务管理活动的影响。

3. 简述法律环境对企业财务管理活动的影响。

4. 简述建筑企业利润总额的构成。

5. 利润分配的原则和顺序是什么？

6. 建筑企业在分配股利时的股利政策是什么？

7. 某企业计划筹资100万元，所得税税率为33%。有关资料如下：

①向银行借款10万元，借款年利率7%，手续费2%；

②按溢价发行债券，债券面值14万元，溢价发行价格为15万元，票面利率为9%，期限为5年，每年支付一次利息，其筹资费率为3%；

③发行优先股25万元，预计年股利率为12%，筹资费率为4%；

④发行普通股40万元，每股发行价格为10元，筹资费率为6%。预计第一年每股股利1.2元，以后每年按8%递增；

⑤企业所需资金通过留存收益取得。

要求：

①计算个别资金成本；

②计算该企业加权平均资金成本。

8. 某公司投资建成的A项目投入生产经营活动，产品的单位变动成本20元、售价40元。公司若实行30d信用期，销量预计10000件，收账费用2000元；若用60d信用期，销量预计16000件，收账费用与损失预计4000元。企业全年固定成本8000元，资金成本率10%。

要求：对信用期进行分析，并作出信用决策。

9. 某企业经过测算，如果采用30d信用期，预计全年赊销收入可达6480万元，销售毛利1962万元，应收账款管理开支12.5万元，坏账损失19万元；如果采用60d信用期，预计全年赊销收入可达7740万元，销售毛利2338万元，应收账款管理开支13.5万元，坏账损失24.5万元。该企业的短期投资收益率为12%。产品变动成本率为70%，固定成本保持不变。

要求：计算30d、60d信用期的净收益，并确定恰当的信用期。

10. 某生产企业年需要甲种材料36万件，该材料每次订货成本为2000元，材料存货的每件储存成本为10元，如果存货供应商给出条件，若一次订货1.5万件及以上，给予每件价格 0.1 元的数量折扣。

要求：该企业的经济订货批量是多少？如果经济订货批量小于 1.5 万件是否要将订货量提高到 1.5 万件的水平。

## 参考文献

[1] 苏宁，等．中小企业财务管理．北京：中国劳动社会保障出版社，2003.
[2] 康晓波．财务管理教程．上海：立信会计出版社，2006.
[3] 安保荣．财务管理教程．上海：立信会计出版社，2004.
[4] 吕殿平．现代企业管理学．北京：中国社会科学出版社，2005.
[5] 陈炳辉．企业财务管理学习题集．北京：中国金融出版社，2004.
[6] 王文华．现代企业财务管理基础．北京：人民交通出版社，2005.
[7] 王孙雄．建筑企业财务管理．北京：中国建筑工业出版社，1997.
[8] 陈天泉，李伯圣．企业财务管理．北京：社会科学文献出版社，2003.
[9] 谷祺，刘淑莲．财务管理．辽宁：东北财经大学出版社，2006.
[10] 财政部注册会计师考试委员会．会计．北京：中国财政经济出版社，2005.
[11] 田金信．建筑企业管理．北京：中国建筑工业出版社，2004.
[12] 戴书松．财务管理．北京：经济管理出版社，2006.
[13] 中国注册会计师协会．财务成本管理．北京：经济科学出版社，2006.

# 第11章 建筑企业质量管理

**本章概要**

1. 质量、建筑工程质量的概念，质量管理的发展过程；
2. 全面质量管理的特点、程序和方法；
3. 建筑企业质量管理的目的、任务和原则；
4. 质量管理常用统计分析方法：分层法、检查表法、排列图法、因果分析图法、相关图法、直方图法和控制图法；
5. 建筑企业一体化管理体系的构成及建立。

## 11.1 质量管理概述

### 11.1.1 质量、建筑工程质量的概念

**1. 质量的基本概念**

2000 版 ISO 9000 标准中质量的定义是：一组固有特性满足要求的程度。

(1) 质量不仅是指产品质量，也可以是某项活动或过程的工作质量。

(2) 特性是指可区分的性质。特性可以是固有的或赋予的，也可以是定性或定量的。

(3) 满足要求就是应满足明示的（如合同、规范、图纸中明确规定的）、隐含的（如一般习惯）或必须履行的（如法律、法规、行业规则）需要和期望。

(4) 顾客和其他相关方对产品、过程或体系的质量要求是动态的、发展和相对的。

**2. 建筑工程质量的概念**

建筑工程质量分为狭义和广义两种含义。狭义的建筑工程质量是指工程符合建设单位需要而具备的使用功能。这一概念强调的是工程的实体质量，如基础是否坚固、主体结构是否安全以及通风、采光是否合理等。

广义的建筑工程质量不仅包括工程的实体质量，还包括形成实体质量的工作质量。工作质量是指参与工程的建设者，为了保证工程实体质量所从事工作的水平和完善程度，包括社会工作质量，如社会调查、市场预测、质量回访和保修服务等；生产过程工作质量，如管理工作质量、技术工作质量和后勤工作质量等。工作质量直接决定了实体质量，工程实体质量的好坏是决策、建设工程勘察、设计、施工等单位各方面、各环节工作质量的综合反映。

因此，我们须从广义上理解建筑工程质量的概念，而不能仅仅把认识停留在工程的实体质量上。过去对建筑工程质量的管理通常是一种事后的行为，楼倒人伤才想起应该追究有关方面的工程质量责任，这时即使对责任主体依法惩处，也无法挽回已经造成的损失。但如果在工程质量形成过程中就对参建单位的建设活动进行规范化管理，就可以将工程质量隐患消灭在萌芽状态，这样虽然看上去加大了工作量，但却可以有效地解决工程质量问题。

与一般的产品质量相比较，建筑工程质量具有如下一些特点：

（1）影响因素多，质量变动大

决策、设计、材料、机械、环境、施工工艺、管理制度以及参建人员素质等均直接或间接地影响建筑工程质量。工程项目建设不像一般工业产品的生产那样，在固定的生产流水线，有规范化的生产工艺和完善的检测技术，有成套的生产设备和稳定的生产环境，因此它具有受影响因素多、质量波动较大的特点。

（2）隐蔽性强，终检局限性大

先期存在的质量问题，事后表面上质量尽管很好，但这时可能混凝土已经失去了强度，钢筋已经被锈蚀的完全失去了作用，诸如此类的工程质量问题在终检时是很难通过肉眼判断出来的，有时即使用上检测工具，也不一定能发现问题。

（3）对社会环境影响大

与工程规划、设计、施工质量的好坏有密切联系的不仅仅是使用者，而是整个社会。建筑工程质量不仅直接影响人民群众的生产生活，而且还影响着社会可持续发展的环境，特别是有关绿化、环保和噪声等方面的问题。

（4）工程建设各阶段对质量都存在着影响

工程项目具有周期长的特点，工程质量不是在旦夕之间形成的。人们常常对设计和施工阶段比较重视，孰不知工程建设各阶段紧密衔接，互相制约影响，所以工程建设的每一阶段均对建筑工程质量的形成产生十分重要的影响。

（5）评价方法的特殊性

工程质量的检查评定及验收是按检验批、分项工程、分部工程、单位工程进行的。工程质量是在施工单位按合格质量标准自行检查评定的基础上，组织有关单位、人员确认验收。这种评价方法体现了“验评分离、强化验收、完善手段、过程控制”的思想。

### 11.1.2 质量管理的发展过程

质量管理的产生和发展过程已经走过了漫长的道路，可以说是源远流长。人类历史上自有商品生产以来，就开始了以商品的成品检验为主的质量管理方法。根据历史文献记载，我国早在2400年以前，就已有了青铜刀枪武器的质量检验制度。按照质量管理所依据的手段和方式，可以将质量管理发展历史大致分为以下四个阶段。

1. 传统的质量管理阶段

这个阶段从开始出现原始的质量管理方法，一直到19世纪末资本主义的工厂逐步取代分散经营的家庭手工业作坊为止。这段时期受家庭生产或手工业作坊式生产经营方式的影响，产品质量主要依靠工人的实际操作经验，靠手摸、眼看等感官估计和简单的度量衡器测量而定。工人既是操作者又是质量检验、质量管理者，且经验就是“标准”。因此，有人又称之为“操作者的质量管理”。

2. 质量检验阶段

工业革命改变了一切。机器工业生产取代了手工业作坊式生产，劳动者集中到一个工厂内共同进行批量生产劳动，于是产生了对正式产品的企业管理和质量检验管理技术的需要。由于生产规模的扩大以及职能的分解，为了保证产品的正确生产，独立的质量部门承担了质量控制职能。检验工作是这一阶段执行质量职能的主要内容。质量检验所使用的手段是各种各样的检测设备和仪表，它的方式是严格把关，进行百分之百的检验。大多数企业都设置专职的检验部门和人员，有人称它为“检验员的质量管理”。从20世纪初到40年代，质量管理水平一直处于这个阶段。

这种检验有其弱点：其一，它属于“事后检验”，无法在生产过程中完全起到预防、控制作用，一经发现废品，就是“既成事实”，一般很难补救；其二，它要求对成品进行百分之百的检验，这样做有时在经济上并不合理（它增加检验费用，延误出厂交货期限），有时从技术上考虑也不可能（例如破坏性检验），在大批量生产的情况下，这个弱点尤为突出。

3. 统计质量控制阶段

从20世纪40年代初到50年代末，以美国休哈特（W. A. Shewhan）、戴明（Deming）为代表提出抽样检验的概念，最早把数理统计技术应用到质量管理领域，此时运用数理统计方法，从产品的质量波动中找出规律性，采取措施消除产生波动的异常原因，使生产的各个环节控制在正常状态，从而更经济地生产出品质优良的产品。最先是在美国国防部，其后在民用工业上得到应用。这一阶段的特征是数理统计方法与质量管理的结合。由于采取质量控制的统计方法给企业带来了巨额利润，战后，很多国家都开始积极开展统计质量控制活动，并取得成效。利用数理统计原理，预防产出废品并检验产品质量的方法，由专职检验人员转移给专业的质量控制工程师承担。这标志着将事后检验的观念改变为预测质量事故的发生并事先加以预防的观念。

但是这个阶段过分强调质量控制的统计方法，忽视其组织管理工作，使得人们误认为"质量管理就是统计方法"，而专业的数理统计方法理论比较深奥，因此质量工作成了"质量管理专家的事情"，对质量管理产生了一种"高不可攀、望而生畏"的感觉。这在一定程度上限制了质量管理统计方法的普及推广。

4. 全面质量管理阶段

二战以后，社会生产力循序发展，科学技术日新月异，质量管理的理论也出现了很多新情况。最早提出全面质量管理概念的是美国通用电气公司质量经理菲根堡姆。1961 年，他的著作《全面质量管理》出版。该书强调执行质量职能是公司全体人员的责任，应该使企业全体人员都具有质量意识和承担质量的责任。而戴明、朱兰等美国专家在日本的努力下真正掀起了一场质量革命，使得全面质量管理运动最先在日本蓬勃发展起来。

20 世纪 80 年代以后，全面质量管理的思想逐步被世界各国接受，并在运用时各有所长。在日本被称为全公司的质量控制（CWQC）或一贯质量管理（新日本制铁公司），在加拿大总结制定为四级大纲标准（即 CSAZ 299），在英国总结制定为三级质量保证体系标准（即 BS 5750）等。1987 年，国际标准化组织（ISO）又在总结各国全面质量管理经验的基础上，制定了 ISO 9000《质量管理和质量保证》系列标准。现今，全面质量管理思想仍然对企业发挥着巨大的作用。

5. 质量管理的国际化

随着国际贸易的迅速扩大，产品和资本的流动日趋国际化，相伴而产生的是国际产品质量保证和产品责任问题。1973 年在海牙国际司法会议上通过了《关于产品责任适用法律公约》，之后欧洲理事会在丹麦斯特塔斯堡缔结了《关于造成人身伤害与死亡的产品责任欧洲公约》。同时，旨在消除非关税壁垒，经缔约国谈判通过《技术标准守则》对商品质量检测合格评定、技术法规等方面做了详尽的规定。由于许多国家和地方性组织相继发布了一系列质量管理和质量保证标准，制定质量管理国际标准已成为一项迫切的需要。为此，经理事会成员国多年酝酿，国际标准化组织（ISO）于 1979 年单独建立质量管理和质量保证技术委员会（TC176），负责制定质量管理国际标准。1987 年 3 月正式发布 ISO 9004 质量管理和质量保证系列标准。该标准总结了各先进国家的管理经验，将之归纳、规范、发布后引起世界各国的关注，并予以贯彻，适应了国际贸易发展的需要，满足了质量方面对国际标准化的需求。

### 11.1.3 全面质量管理的特点、程序和方法

#### 1. 全面质量管理的概念及特点

(1) 全面质量管理的概念

全面质量管理是以组织全员参与为基础的质量管理形式。全面质量管理代表了质量管理发展的最新阶段，起源于美国，后来在其他一些工业发达国家开始推行，并且在实践运用中各有所长。特别是日本，在 20 世纪 60 年代以后推行全面质量管理并取得了丰硕的成果，引起世界各国的瞩目。

全面质量管理在早期称为 TQC，以后随着进一步发展而演化成为 TQM。菲根堡姆于 1961 年在其《全面质量管理》一书中首先提出了全面质量管理的概念："全面质量管理是为了能够在最经济的水平上，并考虑到充分满足用户要求的条件下进行市场研究、设计、生产和服务，把企业内各部门研制质量、维持质量和提高质量的活动构成为一体的一种有效体系。"菲氏的这个定义强调了以下 3 个方面。首先，这里的"全面"一词首先是相对于统计质量控制中的"统计"而言。也就是说要生产出满足顾客要求的产品，提供顾客满意的服务，单靠统计方法控制生产过程是很不够的，必须综合运用各种管理方法和手段，充分发挥组织中的每一个成员的作用，从而更全面地去解决质量问题。其次，"全面"还相对于制造过程而言。产品质量有个产生、形成和实现的过程，这一过程包括市场研究、研制、设计、制订标准、制订工艺、采购、配备设备与工装、加工制造、工序控制、检验、销售、售后服务等多个环节，它们相互制约、共同作用的结果决定出最终的质量水准。仅仅局限于只对制造过程实行控制是远远不够的。再次，质量应当是"最经济的水平"与"充分满足顾客要求"的完美统一，离开经济效益和质量成本去谈质量是没有实际意义的。

菲氏的全面质量管理观点在世界范围内得到了广泛的接受。但各个国家在实践中都结合自己的实际进行了创新。特别是 20 世纪 80 年代后期以来，全面质量管理得到了进一步的扩展和深化，其含义远远超出了一般意义上的质量管理的领域，而成为一种综合的、全面的经营管理方式和理念。在这一过程中，全面质量管理的概念也得到了进一步的发展。1994 版 ISO 9000 族标准中对全面质量管理的定义为：一个组织以质量为中心，以全员参与为基础，目的在于通过让顾客满意和本组织所有成员及社会受益而达到长期成功的管理途径。这一定义反映了全面质量管理概念的最新发展，也得到了质量管理界广泛共识。

(2) 全面质量管理的特点

全面质量管理与一般的质量管理理念相比，表现出如下几个方面的特点。

①全过程的质量管理。

任何产品或服务的质量，都有一个产生、形成和实现的过程。从全过程的角度来看，质量产生、形成和实现的整个过程是由多个相互联系、相互影响的环节所组成的，每一个环节都或轻或重地影响着最终的质量状况。为了保证和提高质量就必须把影响质量的所有环节和因素都控制起来。为此，全过程的质量管理包括了从市场调研、产品的设计开发、生产（作业），到销售、服务等全部有关过程的质量管理。换句话说，要保证产品或服务的质量，不仅要搞好生产或作业过程的质量管理，还要搞好设计过程和使用过程的质量管理。要把质量形成全过程的各个环节或有关因素控制起来，形成一个综合性的质量管理体系，做到以预防为主，防检结合，重在提高。全过程的质量管理就意味着全面质量管理要“始于识别顾客的需要，终于满足顾客的需要”。

②全员的质量管理。

产品或服务质量是企业各方面、各部门、各环节工作质量的综合反映。企业中任何一个环节，任何一个人的工作质量都会不同程度地直接或间接地影响着产品质量或服务质量。因此，产品质量人人有责，人人关心产品质量和服务质量，人人做好本职工作，全体参加质量管理，才能生产出顾客满意的产品。

③全企业的质量管理。

全企业的质量管理可以从纵横两个方面来加以理解。从纵向的组织管理角度来看，质量目标的实现有赖于企业的上层、中层、基层管理乃至一线员工的通力协作，其中尤以高层管理能否全力以赴起着决定性的作用。从企业职能间的横向配合来看，要保证和提高产品质量必须使企业研制、维持和改进质量的所有活动构成为一个有效的整体。全企业的质量管理就是要“以质量为中心，领导重视、组织落实、体系完善。”

④多方法的质量管理。

影响产品质量和服务质量的因素也越来越复杂，既有物质的因素，又有人的因素；既有技术的因素，又有管理的因素；既有企业内部的因素，又有随着现代科学技术的发展，对产品质量和服务质量提出了越来越高要求的企业外部的因素。要把这一系列的因素系统地控制起来，全面管好，就必须根据不同情况，区别不同的影响因素，广泛、灵活地运用多种多样的现代化管理办法来解决当代质量问题。

上述“三全一多样”，都是围绕着“有效地利用人力、物力、财力、信息等资源，以最经济的手段生产出顾客满意的产品”这一企业目标的，这是企业推行全面质量管理的出发点和落脚点，也是全面质量管理的基本特点与要求。坚持质量第一，把顾客的需要放在第一位，树立为顾客服务、对顾客负责的思想，是企业推行全面质量管理贯彻始终的指导思想。

2. 全面质量管理的实施程序与方法

由于全面质量管理突出一个“全”字，组织管理工作量之大，要求之高都是空前的，因此做好全面质量管理的组织工作，有十分重要的意义。全面质量管理的组织工作能顺利进行，依赖于科学的全面质量管理保证体系。

全面质量管理保证体系运转的基本方式是以计划—实施—检查—控制（Plan，Do，Check，Action，缩写为 PDCA）的科学程序进行管理循环。这个循环包括质量保证体系活动必须经历的四个阶段和八个步骤，不停顿地周而复始地运转。它体现了全面质量管理的先进思想方法和科学的工作步骤。

（1）PDCA 循环的程序和内容

PDCA 循环包括的质量保证体系活动必须经历的四个阶段和八个步骤具体如下。

①计划阶段。它包括制订质量方针、目标、措施和管理项目等计划活动。具体包括以下 4 个步骤。

第一步：调查分析质量现状，找出存在的问题；

第二步：查出产生质量问题的原因；

第三步：从各种质量问题原因中找出主要原因；

第四步：针对主要原因制订出明确具体的措施计划（包括实施方案、预计效果、时间进度、负责部门、执行者和完成方法等内容）。

②实施阶段。这是管理循环的第五个步骤，它是按照预定计划和措施，具体组织实施和执行的过程。

③检查阶段。这是管理循环的第六个步骤。它是把执行的结果与预定的目标对比，检查按预定计划目标的执行情况，哪些做了，哪些还没做；哪些做对了，哪些做错了；总结成功经验；找出失败的教训并分析其原因。

④处理阶段。它包括第七、第八两个步骤。

第七步：总结经验教训。把成功的经验加以肯定，制订成标准，以便再用时有所遵循；把失败的教训进行总结整理，记录在案，作为前车之鉴，防止以后再次发生。

第八步：处理遗留问题，即把没有解决的问题转入下一个管理循环，作为下一个管理循环的第一阶段的计划目标。

质量保证体系运转的基本方式——计划、实施、检查、处理，即管理循环工作程序的 4 个阶段、8 个步骤，可以分别表示成图 11-1 的形式和表 11-1 的内容。

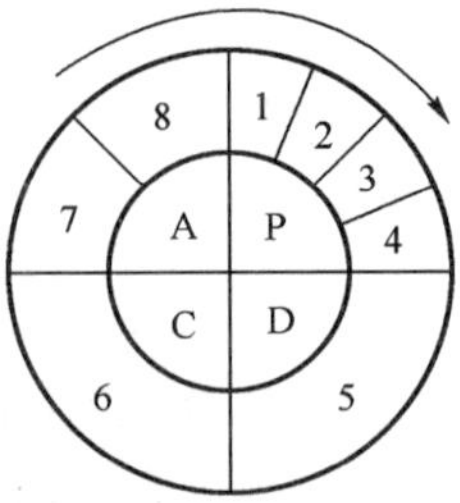


图 11-1　PDCA 循环示意图

**管理循环工作程序内容表**　　表 11-1

| PDCA 循环 | | 8 个工作步骤 |
|---|---|---|
| 第一阶段 | 计划：P | 1. 检查质量现状，找出存在问题<br>2. 查出产生质量问题的原因<br>3. 找出主要原因<br>4. 针对主要原因，定出具体实施计划 |
| 第二阶段 | 实施：D | 5. 贯彻和实施预定计划和措施 |
| 第三阶段 | 检查：C | 6. 检查预定目标执行情况 |
| 第四阶段 | 处理：A | 7. 总结经验教训<br>8. 遗留问题转入下一个管理循环 |

(2) PDCA 循环的特点

质量保证体系按照 PDCA 管理循环运行时，有以下三个特点：

①大环套小环，互相促进。小环是大环的分解，大环是小环的母体，小环保大环，推动大循环。PDCA 循环作为企业管理的一种科学方法，适用于企业管理各方面的工作。整个企业是个大 PDCA 循环系统。各个部门又都各自成 PDCA 循环，依次有车间、班组，乃至每个人的更小循环。这些逐级分层的 PDCA 循环不断地运转，把企业各项工作有机的联系起来，彼此协同，互相促进。如图 11-2 所示。

②PDCA 循环每转动一周就提高一步。管理循环的四个阶段周而复始的转动，如同一个循环的车轮，每转动一次就前进一步。又像在上楼梯，向上滚动，每旋转一周就上升一个台阶，达到一个新的目标。不停地转动，不停地提高，如图 11-3 所示。

③管理循环是综合性循环。把管理过程划为四个阶段是相对的，它们之间不是截然分开的，而是紧紧衔接存在一定交叉。PDCA 的实际工作过程就是，边计划边执行，边执行边检验，边检验边总结，边总结边改进，边改进边制订下个循环的计划过程。

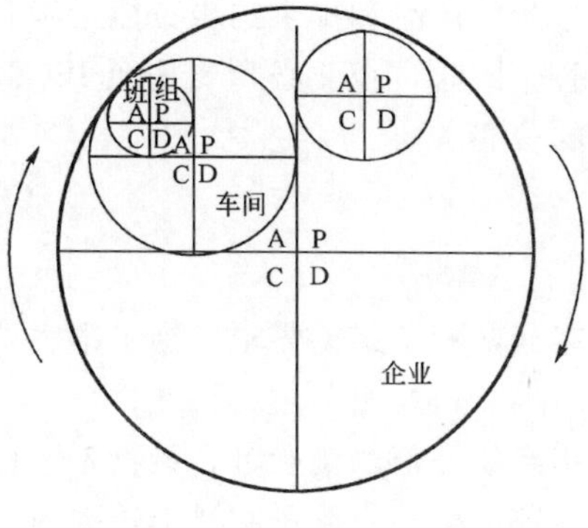


图 11-2　大环套小环

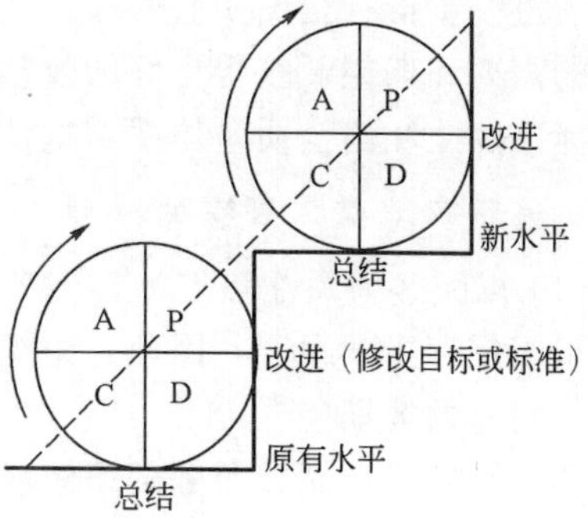


图 11-3　循环上升图

### 11.1.4　建筑企业质量管理的目的、任务和原则

1. 建筑企业质量管理的目的

建筑企业的产业链长，在国民经济中影响大，具有重要的地位。建筑企业质量管理是建筑企业从开始施工准备到工程竣工验收交付使用过程中，为保证工程质量所进行的各项管理组织工作，是建筑企业管理不可或缺的内容。作为建筑企业产品的工程项目，不仅投资和耗费巨大，而且由于其产品的特殊性，对人民生活和经济发展影响巨大，且作为反映建筑企业质量水平和技术管理的重要指标，工程质量对于建筑企业参与国内、外项目的竞争与合作也意义非凡，因此，建筑企业必须加强质量管理，方可在市场竞争中发展、壮大。

建筑企业质量管理的目的，就是在保证工期、降低成本的同时，完成一定数量达到质量标准的工程，也就是说，建造出符合设计和用户满意的工程。所谓用户满意是指工程质量可靠、实用性强、造价合理、美观大方、按工期交工和保修服务良好等。

2. 建筑企业质量管理的任务

建筑企业质量管理的基本任务，有以下两个方面：

(1) 确定企业质量目标和方针，制订企业质量规划

确定质量目标就是根据企业存在的质量问题、质量通病以及与先进质量标准或用户需求的更新更高质量标准对比的差距，确定企业在计划期应达到的质量水平。确定质量方针就是企业制订企业在质量方面总的宗旨和方向，明确全体职工在质量方面的追求和努力方向。制订企业质量规划，就是围绕上述的质量目标和方针，制订技术组织措施。

(2) 建立和健全质量体系

为进一步推行全面质量管理，使建筑企业生产的产品和提供的服务能持续满足用户的需要和期望，获得更好的效益和社会信誉；同时，企业必须要按照ISO9000系列标准建立和健全质量体系，这是质量管理的核心。

3.建筑企业质量管理的原则

（1）以顾客为关注焦点

组织依存于其顾客，因此，组织应理解顾客当前和未来的需求，满足顾客要求并争取超越顾客期望。

顾客是接受产品或服务的组织或个人，既指组织外部的消费者、购物者、最终使用者、零售商、受益者和采购方，也指组织内部的生产、服务和活动接受前一个过程输出的部门、岗位或个人。顾客是组织存在的基础，顾客的要求应放在组织的第一位。最终的顾客是使用设备的群体，对产品或服务质量感受最深，其期望和需求对于组织意义重大。对潜在的顾客亦不容忽视，如果条件成熟，他们会成为组织的一批现实顾客。市场是变化的，顾客是动态的，顾客需求和期望也是不断发展的。因此，组织要及时调整自己的经营策略，采取必要的措施，以适应市场的变化，满足顾客不断发展的需求和期望，争取超越顾客的需求和期望，使自己的产品或服务处于领先的地位。

实施本原则可以使组织了解顾客及其他相关方的需求；可直接与顾客的需求和期望相联系，确保有关的目标和指标；可以提高顾客对组织的忠诚度；能使组织及时抓住市场机遇，作出快速而灵活的反应，从而提高市场占有率，增加收入，提高经济效益。

实施本原则时一般采取的主要措施包括：全面了解顾客的需求和期望，确保顾客的需求和期望在整个组织中得到沟通，确保实现组织的各项目标；有计划地、系统地测量顾客满意程度并针对测量结果采取改进措施；在重点关注顾客的前提下，确保兼顾其他相关方的利益，使组织得到全面、持续的发展。

（2）领导作用

领导者建立组织统一的宗旨及方向。他们应当创造并保持使员工能充分参与实现组织目标的内部环境。

一个组织的领导者，即最高管理者，是“在最高层指挥和监理组织的一个人或一组人”。领导者要想指挥和监理好一个组织，必须做好确定方向、策划未来、激励员工、协调活动和营造一个良好的内部环境等工作。领导者的领导作用、承诺和积极参与，对建立并保持一个高效的质量管理体系，并使所有相关方获益是必不可少的。此外，在领导方式上，领导者要做到透明、务实和以身作则。

在领导者创造的比较宽松、和谐和有序的环境下，全体员工能够理解组织的目标并动员起来实现这些目标。所有的员工都依据领导者规定的各级、各部门的工作准则，以一种统一的方式加以评价、协调和实施。领导者可以对组织的未来勾画出一个清晰的远景，并细化为各项可测量的目标和指标，在组织内进行沟通，让全体员工都能了解组织的奋斗方向，从而建立起一支职责明确、积极性高、组织严密、稳定的员工队伍。

实施本原则时一般要采取的措施包括：全面考虑所有相关方的需求，做好发展规划，为组织勾画出一个清晰的远景，设定富有挑战性的目标，并实施为达到目标所需的发展战略；在一定范围内给予员工自主权，激发、鼓励并承认员工的贡献，提倡公开和诚恳的交流和沟通，建立宽松、和谐的工作环境，创造并坚持一种共同的价值观，形成企业的精神和企业文化。

(3) 全员参与

各级人员是组织之本，只有他们的充分参与，才能使他们的才干为组织带来收益。

组织的质量管理有赖于各级人员的参与，组织应对员工进行以顾客为关注焦点的质量意识和敬业爱岗的职业道德教育，激励他们的工作积极性和责任感。此外，员工还应具备足够的知识、技能和经验，以胜任工作，实现对质量管理的充分参与。

实施本原则可使全体员工动员起来，积极参与，努力工作，实现承诺，树立起工作责任心和事业心，为实现组织的方针和战略做出贡献。

实施本原则一般要采取的主要措施包括：对员工进行职业道德的教育，教育员工要识别影响他们工作的制约条件；在本职工作中，让员工有一定的自主权，并承担解决问题的责任；把组织的目标分解到职能部门和层次，激励员工为实现目标而努力，并评价员工的业绩；启发员工积极提高自身素质；在组织内部提倡自由地分享知识和经验，使先进的知识和经验成为共同的财富。

(4) 过程方法

将活动和相关的资源作为过程进行管理，可以更高效率地得到期望的结果。

过程方法或 PDCA 模式适用于对每一个过程的管理，这是公认的一种现代管理方法。

过程方法的目的是获得持续改进的动态循环，并使组织的总体业绩得到显著的提高。其通过识别组织的关键过程，随后加以实施和管理并不断进行持续的改进来达到顾客满意，将活动和相关的资源作为过程进行管理，可以更高效地得到期望的结果。

实施本原则可对过程的各个要素进行管理和监理，可以通过有效地使用资源，使组织具有降低成本并缩短周期的能力，可制订更富有挑战性的目标和指标，可建立更经济的人力资源管理过程。

实施本原则时一般要采取的措施包括：识别质量管理体系所需要的过程；确定每个过程的关键活动，并明确其职责和义务；确定对过程的运行实施有效监理的准则和方法，实施对过程的监视和测量，并对其结果进行数据分析，发现改进的机会并采取措施。

(5) 管理的系统方法

将相互关联的过程作为系统加以识别、理解和管理，有助于组织提高实现目标的有效性和效率。

质量管理的系统方法，就是要把质量管理体系作为一个大系统，对组成质量管理体系在各个过程加以识别、理解和管理，以达到实现质量方针和质量目标。

系统方法可包括系统分析、系统工程和系统管理三个大环节。它通过系统地分析有关的数据、资料或客观事实来确定要达到的优化目标；然后通过系统工程，设计或策划为达到目标而应采取的各项步骤，以及应配置的资源，形成一个完善的方案；最后在实施中通过系统管理而取得高有效性和高效率。

实施本原则可使各过程彼此协调一致，能取得所期望的最好结果；可增强把注意力集中于关键过程的能力。由于体系、产品或服务和过程处于受控制状态，组织能向重要的相关方提供对组织的有效性和效率的信任。

实施本原则时一般要采取的措施包括：建立一个以过程方法为主体的质量管理体系；明确质量管理过程的顺序和相互作用，使这些过程相互协调；监视并协调质量管理体系各过程的运行，并规定其运行的方法和程序；通过对质量管理体系的测量和评审，采取措施以持续改进体系，提高组织的业绩。

(6) 持续改进

持续改进整体业绩应当是组织的一个永恒的目标。

进行质量管理的目的就是保持和提高产品或服务质量，没有改进就不可能提高。持续改进是增强满足要求能力的循环活动，通过不断寻求改进机会，采取适当的改进方式，重点改进产品或服务的特性和管理体系的有效性。改进的途径可以是日常的改进活动，也可以是突破性的改进项目。

坚持持续改进，可提高组织对改进机会快速而灵活的反应能力，增强组织的竞争优势；可通过战略和业务规划，把各项改进集中起来，形成更有竞争力的业务计划。

实施本原则时一般要采取的措施包括：使持续改进成为一种制度；对员工提供关于持续改进的方法和工具的培训，使产品或服务、过程和体系的持续改进成为组织内每个员工的目标；为跟踪持续改进规定指导和测量的目标，承认改进的结果。

(7) 基于事实的决策方法

有效决策是建立在数据和信息分析的基础上。

对数据和信息的逻辑分析或直觉判断是有效决策的基础。以事实为依据作决策，可以防止决策失误。通过合理运用统计技术来测量、分析和说明产品或服务和过程的变异性；通过对质量信息和资料的科学分析，确保信息和资料的准确和可靠，并基于对事实的分析、过去经验和直观判断，做出决策并采取行动。

实施本原则可增强通过实际来验证过去决策的正确性的能力，可增强对各种意见和决策进行评审、质疑和更改的能力，发扬民主决策的作风，使决策更切合实际。

实施本原则时一般要采取的措施包括：收集与目标有关的数据和信息，并规定收集信息的种类、渠道和职责；通过鉴别，确保数据和信息的准确性和可靠性；采取各种有效方法，对数据和信息进行分析，确保数据和信息能被使用者得到和利用；根据对事实的分析、过去的经验和直觉判断做出决策并采取行动。

(8) 与供方互利的关系

组织与供方是相互依存的，互利的关系可增强双方创造价值的能力。

供方提供的产品或服务将对组织向顾客提供满意的产品或服务产生重要影响，能否处理好与供方的关系，影响到组织能否持续稳定地向顾客提供满意的产品或服务。对供方不能只讲监督，不讲合作与利益，特别对关键供方，更要建立互利互惠的合作关系，这对组织和供方来说都是非常重要的。

实施本原则可增强供需双方创造价值的能力。通过与供方建立合作关系可以降低成本，使资源的配置达到最优化，并通过与供方的合作增强对市场变化联合做出灵活和快速反应的能力，创造竞争优势。

实施本原则时一般要采取的措施包括：识别并选择重要供方，考虑眼前和长远的利益；创造一个通畅和公开的沟通渠道，及时解决问题，联合改进活动；与重要供方共享专门技术、信息和资源，激发、鼓励和承认供方的改进及成果。

## 11.2 质量管理常用统计分析方法

### 11.2.1 质量统计数据

#### 1.质量数据的收集

数据是进行质量控制的基础，是工程项目质量监控的基本出发点。质量统计数据的收集有全数检验和抽样检验，但实际应用中，数据的产生依赖于抽样检验。

(1) 抽样检验的目的

抽样检验的基本思想是从整批产品中随机抽取部分产品作为样本，根据对样本的检验结果，使用一定的判断规则，去推断整批产品的质量水平。对于非破坏性检验，如果批量小且检验费用低，采用100％的检验是可行的。如果批量大或检验费用高，采用100％的检验是不可行的，只允许抽样检验。

抽样检验的目的，就是根据样本的质量特征分析判断已经制造出来全部成品或半成品（包括原材料）的质量是否符合技术标准。

（2）抽样检验的方法

①单纯随机法。这种方法是用随机数表、随机数生成器或随机数色子来进行抽样，广泛应用于原材料、购配件的进货检验和分项工程、分部工程、单位工程竣工后的检验。

②系统抽样。是每隔一定的时间或空间抽取一个样本的方法，其第一个样本是随机的，所以，又称为机械随机抽样法。此方法主要用于工序间的检验，如混凝土的塌落度检验。

③二次抽样。又称二次随机抽样，当总体很大时，将总体分为若干批，先从这些批中随机地抽几批，再随机地从抽中的几批中抽取所需的样品。如对批量很大的砖的抽样就可按二次抽样的方法进行。

④分层抽样。它是先将批分为若干层，然后从每层中抽取样本的方法。这种方法是为了使样本具有较好的代表性，如砂、石、水泥等散料的检验和分层堆放整齐的构配件的检验，都可用这种方法抽取样品。

（3）抽样检验中的两类风险

①供方风险：供方风险也称生产者风险，指将合格品判为不合格品，而错误地拒收的概率，用$\alpha$表示。对主控项目和一般项目均应控制在5％以内。

②需方风险：也称消费者风险，指将不合格品判为合格品，而错误地接收的概率，用$\beta$表示。对主控项目应控制在5％以内，一般项目应控制在10％以内。

2.质量样本数据的特征值

（1）均值：样本的均值又称为样本的算术平均值。它表示数据集中的位置。

（2）中位数：先将样本中的数据按大小排列，样本为奇数时，中间的一个数即为中位数；样本为偶数时，中间两个数的平均值即为中位数。

（3）极值：一个样本中的最大值和最小值称为极值，第$i$个样本的最大值用$X_{imax}$表示；策$i$个样本的最小值用$X_{imin}$表示。

（4）极差值：样本中最大值与最小值之差称为极差，第$i$个样本的极差值用$R_i$来表示。

$$R_i = x_{imax} - x_{imin} \tag{11-1}$$

它表示数据的分散程度。

(5) 标准偏差：总体的标准偏差用 $\delta$ 表示。

$$\delta=\sqrt{\frac{\sum_{i=1}^{N}(x_i-\mu)^2}{N}} \tag{11-2}$$

式中：N——总体大小；

$\mu$——总体均值。

样本的标准偏差用 $S$ 表示：

$$S=\sqrt{\frac{\sum_{i=1}^{n}(x_i-\overline{x})^2}{n-1}} \tag{11-3}$$

式中：$x_i$——第 $i$ 个样品的数值；

$n$——样本大小。

$S$ 也叫标准偏差的无偏估计。它的大小反映了数据的波动情况，即分散程度。

(6) 变异系数：变异系数表示数据的相对波动大小，即相对的分散程度，用 $C_V$ 表示

$$C_V=\frac{S}{x}\times 100\%\text{（样本）} \tag{11-4}$$

或

$$C_V=\frac{\delta}{\mu}\times 100\%\text{（总体）} \tag{11-5}$$

3. 质量数据的特性和质量波动原因分析

(1) 质量数据的特性

质量数据具有个体数值的波动性，样本或总体数据的规律性。即在实际质量检测中，个体产品质量特性数值具有互不相同性、随机性。但样本或总体数据呈现出发展变化的内在规律性。

(2) 质量波动原因

质量波动也称质量变异，其影响因素分为偶然性因素和系统性因素两大类。

①偶然性因素。偶然性因素又称随机性因素，经常是随机发生的、不可避免的、难以控制和难以消除的因素，或者是在经济上不值得消除的因素。这类因素对质量影响很小，属于允许偏差范围的波动，生产过程正常稳定。通常把 4M1E (Man，人员；Machine，机器；Marerial，材料；Method，方法；Environments，环境）因素的微小变化归为偶然性原因。

②系统性因素。系统性因素是可控制的、易消除的因素。这类因素不经常发

生，但对工程质量的影响较大。质量的波动属于非正常波动，即非正常变异。如：材料的规格、型号不对；机械设备故障或过度磨损；工人违规操作等。

质量控制的目标就是要查找系统性因素并加以排除，使质量只受随机偶然性因素的影响。随着科学技术的发展，两类因素在一定条件下可以相互转化，因而它们的区别是相对的，关键是要加强对它们的预测和控制。

### 11.2.2 质量控制常用统计分析方法

广泛地采用统计分析技术能使质量管理工作的效益和效率不断提高。质量控制中常用的七种工具和方法是：分层法、检查表法、排列图法、因果分析图法、相关图法、直方图法和控制图法。

1. 分层法

分层法是将收集来的数据，按不同情况和不同条件分组，每组叫作一层。所以，分层法又称为分类法或分组法。分层的方法很多，可按班次、日期分类；按操作者、操作方法、检测方法分类；可按设备型号、施工方法分类；可按使用的材料规格、型号、供料单位分类等。

分层法一般用于将原始数据进行分门别类，使人们能从不同角度分析产品质量问题和影响因素，现举例来说明分层法的应用。

**[例 11-1]** 某批钢筋的焊接由三个师傅操作，而焊条是两个厂家提供的产品，对钢筋焊接质量调查了 50 个焊接点，其中不合格的 19 个，不合格率为 38%。存在严重的质量问题，用分层法分析质量问题的原因。

**[解]** (1) 按操作者分层，见表 11-2 所示。从分析结果看出，焊接质量最好的 B 师傅，不合格率为 25%。

**按操作者分类表** 表 11-2

| 操作者 | 不合格点数 | 合格点数 | 不合格率（%） |
|---|---|---|---|
| A | 6 | 13 | 32 |
| B | 3 | 9 | 25 |
| C | 10 | 9 | 53 |
| 合计 | 19 | 31 | 38 |

**按供应焊条工厂分层** 表 11-3

| 工厂 | 不合格 | 合格 | 不合格率（%） |
|---|---|---|---|
| 甲 | 9 | 14 | 39 |
| 乙 | 10 | 17 | 37 |
| 合计 | 19 | 31 | 38 |

(2) 按供应焊条的厂家分层，见表 11-3 所示。发现不论是采用甲厂还是乙厂的焊条，不合格率都很高而且相差不多。

(3) 综合分层。将操作者与供应焊条的厂家结合起来分层，见表 11-4。根据表 11-4 的综合分析可知，在使用甲厂的焊条时，应使用 B 师傅的操作方法为好；在使用乙厂的焊条时，应采用 A 师傅的操作方法为好，这样会使合格率大大提高。

**综合分层分析焊接质量** 表 11-4

| 操作者＼工厂 | | 甲厂 | 乙厂 | 合计 |
|---|---|---|---|---|
| A | 不合格点数 | 6 | 0 | 6 |
| | 合格点数 | 2 | 11 | 13 |
| B | 不合格点数 | 0 | 3 | 3 |
| | 合格点数 | 5 | 4 | 9 |
| C | 不合格点数 | 3 | 7 | 10 |
| | 合格点数 | 7 | 2 | 9 |
| 合计 | 不合格点数 | 9 | 10 | 19 |
| | 合格点数 | 14 | 17 | 31 |

### 2. 检查表法

检查表法又称调查分析法。检查表法。是收集和整理数据用的统计表，利用这些统计表对数据进行整理，并可粗略地进行原因分析。按使用的目的不同，常用的检查表有：工序分布检查表、缺陷位置检查表、不良项目检查表、不良原因检查表等。调查表形式灵活，简便实用，与分层法结合，可更快、更好地找出问题的原因。表 11-5 所示是混凝土预制板不合格项目调查表。

**预制混凝土板不合格项目** 表 11-5

| 序号 | 项目 | 检查记录 | 小计 | 备注 |
|---|---|---|---|---|
| 1 | 强度不足 | 正正正正下 | 23 | |
| 2 | 蜂窝麻面 | 正正正正一 | 21 | |
| 3 | 局部露筋 | 正正正 | 15 | |
| 4 | 局部有裂缝 | 正正丅 | 12 | |
| 5 | 折断 | 正疒 | 9 | |

### 3. 排列图法

(1) 排列图的概念

排列图的全称是“主次因素排列图”，也称为 Pareto 图。在生产过程中，影响产品质量的因素常常不只几个或几十个，在这些纷繁庞杂的众多因素中，迅速、准确地找出主要因素的最有效方法就是排列图法，它有利于企业抓住关键因素，用有限的资源解决更大的问题，取得更好的经济效益。

排列图法并不仅仅适用于确定某个特定产品的质量问题，更重要的是要在合理分层的基础上，分别找出各层的主要矛盾及其相互关系。例如，从全企业来看，可能找出影响产品质量的主要工序是铸造和金属加工，而这两组工序内部又可以分别找出主要产品的主要部件、关键零件及关键工序等。由此可见，排列图法可以步步深入，具体地找出有关影响产品质量的根本原因。

排列图是由两个纵坐标，一个横坐标，几个直方图和一条曲线组成的。左边的纵坐标表示频数（件数、金额、时间等），右边的纵坐标表示累计频率（以百分数表示）。有时候为了方便，也可以把两个纵坐标都画在左边。横坐标表示影响质量的各个因素，按其影响程度的大小从左到右顺序排列，直方图的高度表示某个影响因素的影响大小，而图中的曲线表示各个影响因素大小的累计百分比数。通过这条曲线所对应的累计百分数划分为 3 个区域：累计百分数 0%～80%称为 A 类区，相对于 A 类区的因素一般称为主要因素；累计百分数 80%～90%称为 B 类区，相对于 B 类区的因素称为次要因素；累计百分数 90%～100%称为 C 类区，对应该区的因素称为更次要因素。图 11-4 为排列图示例。

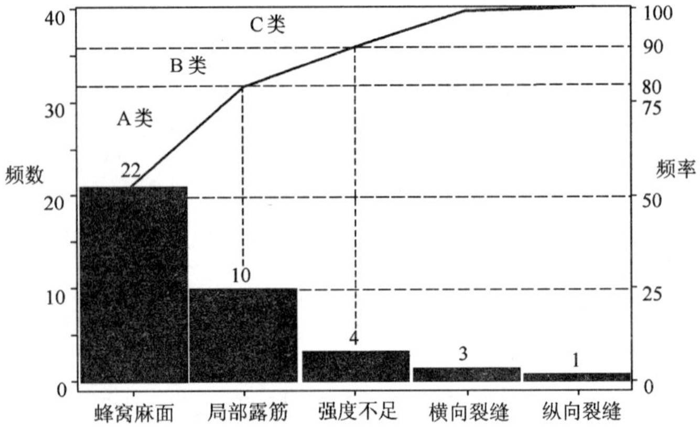

图 11-4　排列图示例

（2）排列图的作图步骤

①在一定时期内收集有关质量问题的数据。

②将收集到的数据资料，按不同的问题进行分层次处理，每一层作为一个项目，然后统计出每一个项目反复出现的频数，一些小问题可以合并在一起统称为“其他”一项；最后将这些项目和相应的频数按照频数的大小列成数据表，作为计算和作图的依据。

③计算数据表中每一个项目的频数占总频数的百分比和累积百分比，把这些数据填在记录表中。

④画两根纵轴和一根横轴。左边纵轴，标上频数刻度，最大刻度为总频数；右边纵轴，标上频率刻度，最大刻度为 100%；在横轴上按频数大小依次列出各项。

⑤在横轴上按频数大小画出直方柱。

⑥在每一个直方柱右侧上方，按累计值描点，并用直线连接，画出排列线。

(3) 使用排列图应注意的事项

①找出的主要因素不要过多，一般来说，主要原因1～2两个，最多不能超过3个，就是说它们所占的频数必须高于50%（如果项目少时，则应高于70%或80%），否则就失去了找出"主要因素"的意义，要考虑重新进行分类。

②当采取措施解决或基本解决了这些主要因素后，原先次要的因素将上升为主要因素，此时可以再通过做排列图曲线来分析处理。这样不断循序而进，可以使产品质量得到不断的改进和提高。

③纵坐标可以用件数或金额表示，也可以用时间表示，也有用"可能性"来表示的。原则是以能够较好地找出"主要问题"为准。

④不重要的项目很多时，为了避免横坐标过长，通常合并列入"其他"栏内，并置于最后一项。对于一些较小的问题，如果不容易分类，也可以将其归入其他栏内。如"其他"项的频数太多时，需要考虑重新分类。

⑤为作排列图而取数据时，应考虑不同的原因、状况和条件后对数据进行分类，如按时间、产品或服务、工序、人员等分类，以取得更多有效的信息。

**[例 11-2]** 某工程施工监理中，监理工程师对承建商在施工现场制作的水泥预制板进行质量检查，抽查了500块，发现其中存在如表11-6所示的质量问题。

**问题：** 产品的主要质量问题是什么？监理工程师应如何处理？

**[解]** (1) 采用排列图法分析产品的主要质量问题

第一步，针对本题特点，应选择排列图法进行分析。

第二步，根据检查记录，按不良品数由大到小进行整理排列，算出频数和累计频率，如表11-6所示。

**预制板质量问题及相关资料**　　表11-6

| 序号 | 存在问题项目 | 出现问题频数 | 累计频率（%） |
|---|---|---|---|
| 1 | 蜂窝麻面 | 22 | 55 |
| 2 | 局部露筋 | 10 | 80 |
| 3 | 强度不足 | 4 | 90 |
| 4 | 横向裂缝 | 3 | 97.5 |
| 5 | 纵向裂缝 | 1 | 100 |
| 合计 | 存在问题项目 | 40 | |

第三步，绘制排列图，见图11-4。

第四步，分析。由排列图可见，主要的质量问题是水泥预制板的表面出现蜂窝麻面和局部露筋，次要问题是混凝土强度不足，一般问题是横向和纵向裂缝。

(2) 出现质量问题后的处理

监理工程师应要求承建商提出具体的质量改进方案，分析产生质量问题的原因，制订具体的措施提交监理工程师审查，经监理工程师审查确认后，由施工单位实施改进。执行过程中，监理工程师应严格监控。

4. 因果分析图法

(1) 因果图的概念

影响产品质量的因素多种多样，这些因素往往又错综复杂地交织在一起，企业只有准确地找出问题产生的根源才能从根本上解决问题，进而保证质量得到持续改进。因果分析图就是寻找质量问题产生原因的一种有效方法，它能清晰、有效地整理和分析出产品质量和诸因素之间的关系。

因果分析图又叫特性要素图、树枝图和鱼刺图等，是质量管理常用工具之一。它于 1953 年最早在日本川缔制铁公司毒合工厂应用，并取得了很好的效果，从而得到推广。

一般说来，影响产品质量的原因尽管很多，关系复杂，但归纳起来，不外乎存在两种互为依存的关系，即平行关系和因果关系。在进行质量分析时，如果通过直观方法能够找出属于同一层的有关因素的主次关系（平行关系），就可以利用排列图对它们进行统计分析。但是由于因素在层间还存在着纵向的因果关系，这就要求要有一种方法能同时整理出这两种关系，因果分析图就是根据这种需要而构思的。在具体分析时，我们可以从质量问题出发，首先分析哪些因素是影响产品质量的大原因，进而从大原因出发寻找中原因、小原因和更小原因，并查出和确定主要原因。

因果图就是用箭头表示小原因、中原因、大原因、某种结果之间的因果关系的图形。因果分析图法就是针对某一结果通过分析，制作因果图，并查明和确认主要原因的方法。

(2) 因果图的格式

因果图的格式如图 11-5 所示，它由以下几个部分组成。

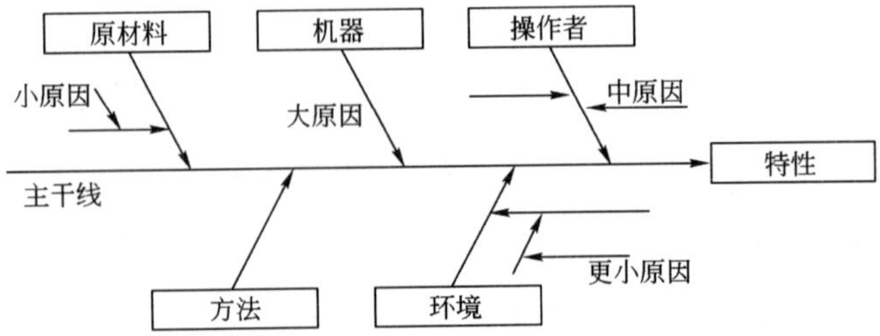


图 11-5 因果图的格式

①特性。因果图中所提出的特性，是指要通过管理工作和技术措施予以解决并能够解决的问题。

②原因。原因是对质量特性产生影响的主要因素，一般是导致质量特性发生分散的几个主要来源。原因通常分为大原因、中原因和小原因等。

③枝干。枝干是表示特性与原因关系或原因与原因关系的各种箭头，其中，把全部原因同质量特性联系起来的是主干；把个别原因同主干联系起来的是大枝；把逐层细分的因素同各个原因联系起来的是中枝、小枝和细枝。

建立因果图时要考虑所有的原因，一般可以从人、机、料、法、环及测量等多个方面去寻找。在一个具体的问题中，不一定每一个方面的原因都要具备。

（3）因果图的作图步骤

①确定质量特性（结果），用确切的语言把质量问题表达出来，并用方框画在图面的最右边。所谓质量特性是准备改善或控制的对象。

②组织讨论，从这个质量问题出发先分析大原因，再以大原因作为结果寻找中原因，然后以中原因为结果寻找小原因，甚至更小的原因，尽可能找出可能会影响结果的所有因素。由于因果图实质上是一种枚举法，为了能够把所有重要因素都能列举上，故在构造因果图时，强调通过座谈法，畅所欲言，集思广益。

③找出各因素之间的因果关系。先找出影响质量特性的大原因，再进一步找出影响质量的中原因、小原因。注意所分析的各层次原因之间的关系必须是因果关系，分析原因直到能采取措施为止。

④画出主干线，主干线的箭头指向质量问题，再在主干线的两边依次用不同粗细的箭头线表示出大、中、小原因之间的因果关系，在相应箭头线旁边注出原因内容。

⑤根据对结果影响的程度，找出主要原因，将对结果有显著影响的重要原因用明显的符号标示出来。

⑥记录必要的有关事项，如因果图的标题、制图者、时间及其他备查事项。

（4）使用因果图应注意的事项

①所有分析的某种质量问题只能是一个，主干线箭头就指向这个结果（要解决的问题），并且该问题要提得具体。

②质量问题中的大原因一般有人、机器、材料、方法、环境等五个方面，以这些方面作为切入点，分析中原因、小原因时要追根究底，直至分析出可以采取具体措施的原因为止。材料、方法、环境等五个方面因果图中的原因是可以归类的，类与类之间的原因不发生联系，要避免归类不当的错误，同时要避免因果倒置的错误。

③最后细分出来的原因应是具体的，以便采取措施。

④在分析原因时，要设法找到主要原因，注意大原因不一定都是主要原因。为了找出主要原因，可作进一步调查、验证。

⑤分析时要充分发扬民主，各抒己见。主持会议者要注意会议形式，以有利于集思广益为宗旨。

5. 相关图法

(1) 相关图的概念与格式

相关图法又称散点图法，它是将两个变量（两个质量特性）间的相互关系用一个直角坐标表示出来，从相关图中点子的分布状况就可以看出两个质量特性间的相互关系，以及关系的密切程度。

相关图的几种基本类型如图 11-6 所示，分别表示以下关系。

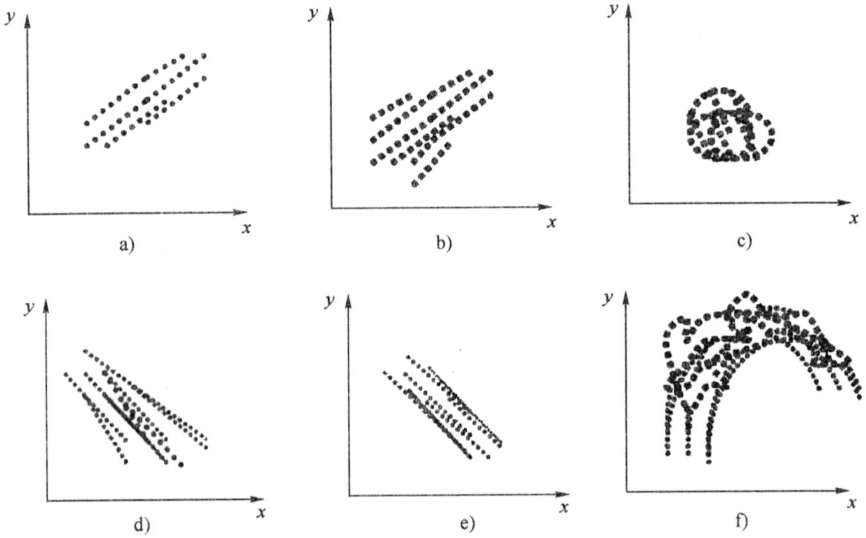


图 11-6　相关图基本类型

①正相关：因素 $x$ 增加，结果 $y$ 也明显增加，如图 11-6a)。

②弱正相关：因素 $x$ 增加，结果 $y$ 略有增加，如图 11-6b)。

③不相关：因素 $x$ 与结果 $y$ 没有关系，如图 11-6c)。

④弱负相关：因素 $x$ 增加，结果 $y$ 略有减小，如图 11-6d)。

⑤负相关：因素 $x$ 增加，结果 $y$ 明显减小，如图 11-6e)。

⑥非线性相关：因素 $x$ 增加到某一范围时，结果 $y$ 也增加，但超过一定范围后 $y$ 反而减小，如图 11-6f)。

从图 11-6a）和 e）两种图形可以判断 $x$ 是质量特性 $y$ 的重要影响因素，而控制好因素 $x$，就可以把结果 y 较为有效地控制起来。

(2) 相关系数的计算

从相关图上可以大概知道两个因素的相关程度，而相关系数则是定量地分析两个变量相关程度，亦即将两个因素的相关程度用数值表示出来。相关系数的公式为：

$$R=\frac{S_{(xy)}}{\sqrt{S_{(xx)}S_{(yy)}}} \tag{11-6}$$

式中：

$$S_{xx}=\sum(x-\overline{x})^2=\sum x^2-\frac{(\sum x)^2}{n} \tag{11-7}$$

$$S_{(yy)}=\sum(y-\overline{y})^2=\sum y^2-\frac{(\sum y)^2}{n} \tag{11-8}$$

$$S_{(xy)}=\sum(x-\overline{x})(y-\overline{y})=\sum xy-\frac{(\sum x\cdot\sum y)}{n} \tag{11-9}$$

相关系数 $R$ 的值在［−1，1］范围内：

①$|R|$接近于1时，表示 $x$、$y$ 之间有明显的相关关系；$|R|\leqslant 0.3$ 时，相关关系就很弱了；当$|R|=1$时，则表示数据的点在一条直线上；

②$R>0$，表示若 $x$ 增加，则 $y$ 也增加，即正相关；$R<0$，表示 $x$ 增加，则 $y$ 减小，即负相关。

6. 直方图法

（1）直方图的概念

直方图又称为质量分布图，是一种几何形图表，是一目了然地把质量分布状态图表化处理的工具。它是通过对从生产过程中收集来的貌似无序的数据进行处理，根据质量数据分布情况，画成以组距为底边、以频数为高度的一系列连接起来的直方形矩形图（如图 11-7 所示），来反映产品质量的分布情况，以判断和预测产品质量及不合格率。

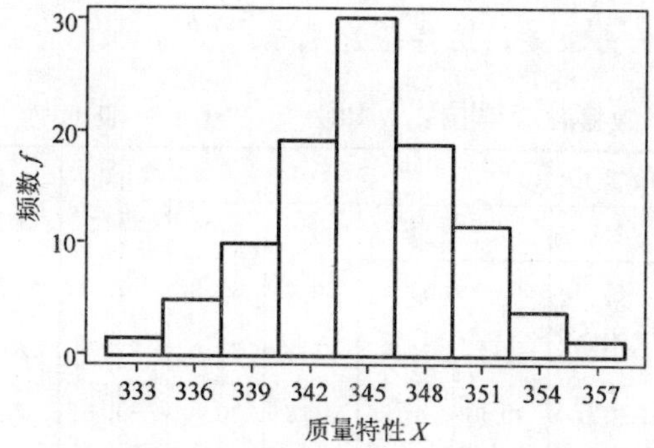


图 11-7　直方图

（2）直方图的作用

直方图法是从总体中随机抽取样本，将从样本中获得的数据进行整理，从而根据这些数据找出数据变化的规律，来判断生产过程质量的一种常用方法。作直方图的目的就是通过观察图的形状，判断生产过程是否稳定，预测生产过程的质量。具体来说，作直方图的作用有：

①比较直观地反映出质量特性分布状态，便于及时掌握质量分布状况和判断一批已加工完成的产品质量。

②考察过程能力，估计生产过程的不合格率，了解过程能力对产品质量的保证情况。

③可以用来提高人们的质量意识。在生产现场挂出直方图，可以给全体人员一个“产品质量第一”的观念，有助于提高全体人员的管理意识和质量意识。

(3) 直方图的作图步骤

①集中和记录数据，求出其最大值和最小值。数据的数量应在 100 个以上，在数量不多的情况下，至少也应在 50 个以上。

②将数据分成若干组，并做好记号。分组的数量在 6～20 之间较为适宜。

③计算组距的宽度。用组数去除最大值和最小值之差，求出组距的宽度。

④计算各组的界限位。各组的界限位可以从第一组开始依次计算，第一组的下界为最小值减去组距的一半，第一组的上界为其下界值加上组距。第二组的下界限位为第一组的上界限值，第二组的下界限值加上组距，就是第二组的上界限位，依此类推。

⑤统计各组数据出现频数，作频数分布表。

⑥作直方图。以组距为底长，以频数为高，作各组的矩形图。

**[例 11-3]**

①数据的收集与整理。某工地在一个时期内生产的 C30 混凝土，共做试块 100 块，抗压强度如表 11-7 所示。由该表中找出全体数据中最大值为 34.7，最小值为 27.4，两者之差即 34.7－27.4＝7.3，称为极差，用符号 $R$ 表示。

**混凝土试块强度统计数据表**（单位：MPa）　　表 11-7

| 组　号 | 各组中的数据序号 | | | | | | | | | | 组中最大 | 组中最小 |
|---|---|---|---|---|---|---|---|---|---|---|---|---|
| | 1 | 2 | 3 | 4 | 5 | 6 | 7 | 8 | 9 | 10 | | |
| 1 | 32.3 | 31.0 | 32.6 | 30.1 | 32.0 | 31.1 | 32.7 | 31.6 | 29.4 | 31.9 | 32.7 | 29.4 |
| 2 | 32.2 | 32.0 | 28.7 | 31.0 | 29.5 | 31.4 | 31.7 | 30.9 | 31.8 | 31.6 | 32.2 | 28.7 |
| 3 | 31.4 | 34.1 | 31.4 | 34.0 | 33.5 | 32.6 | 30.9 | 30.8 | 31.6 | 30.4 | 34.1 | 30.4 |
| 4 | 31.5 | 32.7 | 32.6 | 32.0 | 32.4 | 31.7 | 32.7 | 29.4 | 31.7 | 31.6 | 32.7 | 29.4 |
| 5 | 30.9 | 32.9 | 31.4 | 30.8 | 33.1 | 33.0 | 31.3 | 32.9 | 31.7 | 31.6 | 32.7 | 29.4 |
| 6 | 30.3 | 30.4 | 30.6 | 30.9 | 31.0 | 31.4 | 33.0 | 31.3 | 31.9 | 31.8 | 33.0 | 30.4 |
| 7 | 31.9 | 30.9 | 31.1 | 31.3 | 31.9 | 31.3 | 30.8 | 30.5 | 31.4 | 31.3 | 31.9 | 30.5 |

续上表

| 组号 | 各组中的数据序号 | | | | | | | | | | 组中最大 | 组中最小 |
|---|---|---|---|---|---|---|---|---|---|---|---|---|
| | 1 | 2 | 3 | 4 | 5 | 6 | 7 | 8 | 9 | 10 | | |
| 8 | 31.7 | 31.6 | 32.2 | 31.6 | 32.7 | 32.6 | 27.4 | 31.6 | 31.9 | 32.0 | 32.7 | 27.4 |
| 9 | 34.7 | 30.3 | 31.2 | 32.0 | 34.3 | 33.5 | 31.6 | 31.3 | 31.6 | 31.0 | 34.7 | 30.3 |
| 10 | 30.8 | 32.0 | 31.3 | 29.7 | 30.5 | 31.6 | 31.7 | 30.4 | 31.1 | 32.7 | 32.7 | 29.7 |

②确定直方图的组数和组距，组数多少要按收集数据的多少来确定。当数据总数为50～100时，可分为8～12组，组数用字母$K$表示。为了方便，通常可选定组数，然后算出组距，组距用字母$h$表示。

$$组数与组距的关系式是：组数=\frac{极差}{组距}，即K=\frac{R}{h} \tag{11-10}$$

本例组数选定$K=10$组，则组距$h=\frac{R}{K}=\frac{7.3}{10}=0.73\approx0.8$

③确定数据分组区间。数据分组区间应遵循如下的规则来确定：相邻区间在数值上应当是连续的，即前一区间的上界值应等于后一区间的下界值；要避免数据落在区间的分界上。为此，一般把区间分界值精度比数据值精度提高半级。即第一区间的下界值，可取最小值减0.05；上界值采用最小值减0.05再加组距，本例中：

第一区间下界值=最小值−0.05=27.4−0.05=27.35

第一区间上界值=第一区间下界值+$h$=27.35+0.8=28.15

第二区间下界值=第一区间上界值=28.15

第二区间上界值=其下界值+$h$=28.15+0.8=28.95。

以下类推。

④编制频数分布统计表。根据确定的各个区间值，就可以进行频数统计，编制出频数分布统计表，如表11-8所示。

**频数分布统计表**

表11-8

| 序号 | 分组区间 | 频数 | 序号 | 分组区间 | 频数 |
|---|---|---|---|---|---|
| 1 | 27.35～28.15 | 1 | 6 | 31.35～32.15 | 37 |
| 2 | 28.15～28.95 | 1 | 7 | 32.15～32.95 | 15 |
| 3 | 28.95～29.75 | 4 | 8 | 32.95～33.75 | 5 |
| 4 | 29.75～30.55 | 7 | 9 | 33.75～34.55 | 3 |
| 5 | 30.55～31.35 | 25 | 10 | 34.55～35.35 | 1 |
| 合计 | | | | | 100 |

⑤绘制频数直方图。用横坐标表示数据分组区间，纵坐标表示各数据分组区间出现的频数。本例中混凝土强度频数直方图如图 11-8 所示。

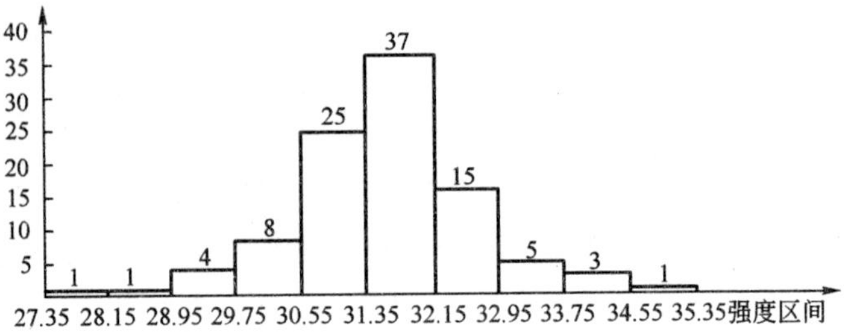


图 11-8　混凝土强度直方图

(4) 直方图的观察和分析

①分布状态的分析。对直方图分布状态进行分析，可判断生产过程是否正常，常见的直方图分析如下：

a. 正态分布，见图 11-9a)。说明生产过程正常、质量稳定。

b. 偏态分布，见图 11-9b)、c)。由于技术或习惯上的原因，或由于上（下）限控制过严造成。

c. 锯齿分布，见图 11-9d)。由于组数或组距不当，或测试所用方法和读数有问题所致。

d. 孤岛分布，见图 11-9e)。由于原材料变化如少量材料不合格，或工人临时替班所致。

f. 陡壁分布，见图 11-9f)。往往是剔除不合格品、等外品或超差返修后造成的。

g. 双峰分布，见图 11-9g)。把两种不同方法、产品或服务生产的产品数据混淆在一起所致。

h. 平峰分布，见图 11-9h)。生产过程中有缓慢变化的因素起主导作用的结果。

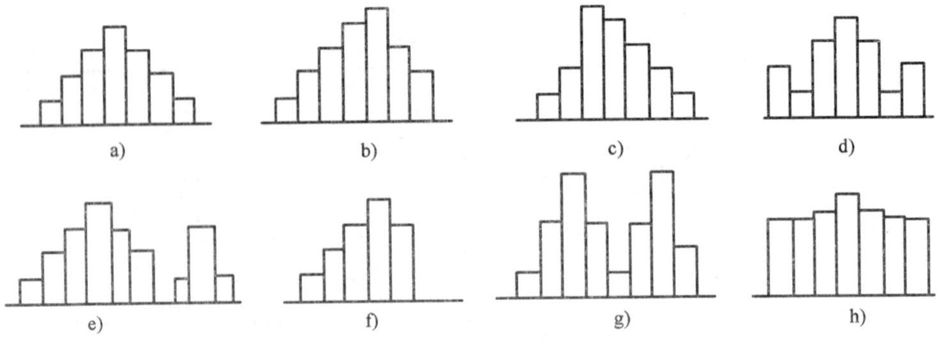


图 11-9　常见直方图分析

②实际分布与标准分布的比较。将正常形直方图与质量标准进行比较，判断实际施工能力。如图 11-10 所示，$T$ 表示质量标准要求的界限，$B$ 代表实际质量特性值分布范围。比较结果一般有以下几种情况：

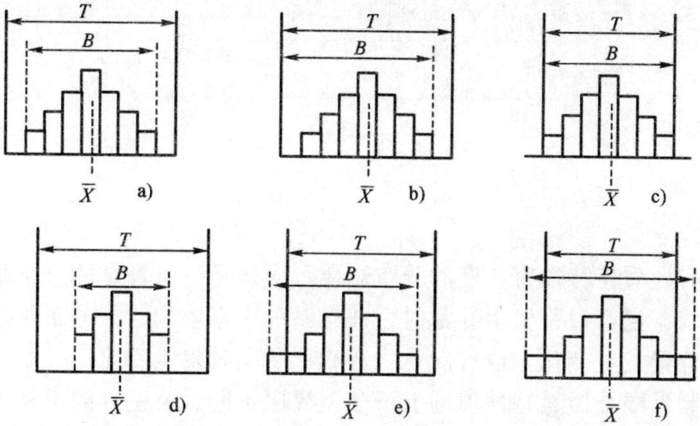


图 11-10 实际质量分布与标准质量分布比较

a. $B$ 在 $T$ 中间，两边各有一定余地，这是理想的情况，如图 11-10a)。

b. $B$ 虽在 T 之内，但偏向一边，有超差的可能，需要采取纠偏措施，如图 11-10b)。

c. $B$ 与 $T$ 相重合，实际分布太宽，易超差，要减少数据的分散，如图 11-10c)。

d. $B$ 过分小于 $T$，说明加工过于精确，不经济，如图 11-10d)。

f. 由于 $B$ 过分偏离 $T$ 的中心，造成很多废品，需要调整，如图 11-10e)。

g. 实际分布范围 $B$ 过大，产生大量废品，说明不能满足技术要求，如图 11-10f)。

7. 控制图法

(1) 控制图的概念

前述的各种质量控制统计方法均为静态方法，都是某一段时间内的数值，通过这些数据，事后进行分析，拟订控制的方法。而控制图法则可以动态地反映质量特性的变化，依数据随时间的变化，可以动态地掌握质量状态，判断其生产过程的稳定性，这样，就可以实现对工序质量的动态控制，及时发现隐患，并采取措施，防止不合格产品的产生。

控制图的形式很简单，如图 11-11 所示，一个纵坐标为质量特性，横坐标为样本序号，图中三条线，中间一条细实线为中心线，是数据的均值，用 CL 表示，上下两条虚线为上控制界限 UCL 和下控制界限 LCL，中心线与上下控制界限的距离为 $3\sigma$。

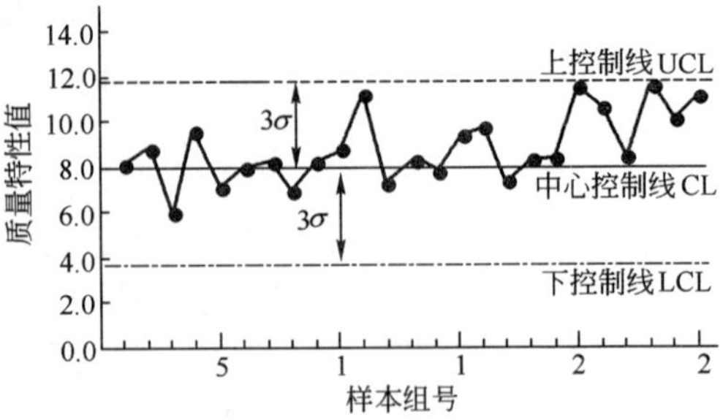


图 11-11 控制图

（2）基本原理

①分布曲线与界限。

生产处于稳定状态时，质量特性有一定的分布规律，应该是一条稳定的分布曲线，通常为正态分布曲线。生产过程发生异常时，即有系统因素影响时，分布曲线的形状发生变化或者是位置发生变化，也可能是位置和形状同时发生变化。

控制图中的上下控制界限与质量特性值的上下公差界限不同。公差界限用来判断产品合格与否，而控制界限则用来判断工序是否正常。

②控制界限。

控制界限是以正态分布为理论基础的，生产若处于稳定状态，对正态分布而言，质量数据落在 $\mu \pm 3\sigma$ 范围内的概率为 99.73%，因此，用 $\mu \pm 3\sigma$ 作为控制界限，质量数据落在控制界限内，即可判断生产的稳定性。控制界限定在 $\mu \pm 3\sigma$，又称“$3\sigma$ 法则”。

（3）控制图的种类

控制图分为计量值控制图和计数值控制图两大类，常用的控制图分类如图 11-12 所示。

- 控制图
  - 计量值控制图
    - $X$ 图（单值控制图）
    - $\overline{X}-R$ 图（平均值－极差控制图）
    - $\tilde{X}-R$ 图（中位数－极差控制图）
    - $X-R_s$ 图（单值－移动极差控制图）
  - 计数值控制图
    - 计件值控制图
      - $pn$ 图（不良品数控制图）
      - $p$ 图（不良品率控制图）
    - 计点值控制图
      - $c$ 图（样本缺陷数控制图）
      - $u$ 图（单位产品缺陷数控制图）

图 11-12 常用控制图分类

①$X$ 控制图，又称单值控制图：是把一个个计量值的数据直接点入控制图，即每次抽检的样本为 1 的情况，通常用于测量费用高，得到数据间隔较长的场合，或只需测量一个数据就可反映质量特性的场合。这种控制图的检出能力较低，所以

使用时要特别注意。

②$\overline{X}-R$ 控制图，即平均值—极差控制图：是用平均值控制图和极差控制图联合使用，这种控制图可以对生产过程的状况作较全面而准确的分析，提供的信息较多，检出能力高，是被广泛采用的计量值控制图。

③$\widetilde{X}-R$ 控制图，即中位数—极差控制图：他是将 $\widetilde{X}$ 控制图代替了 $\overline{X}-R$ 中的 $\overline{X}$ 控制图制成的，这种控制图可以不计算样本的平均值，做起来简单，很适用于现场，但 $\widetilde{X}$ 控制图的检出能力比 $\overline{X}$ 控制图较差。

④$X-R_s$ 控制图，即单值—移动极差控制图：是将单值控制图与移动极差控制图联合使用，单值控制图每次只取一个数据，无法观察数据分散程度的变化，所以和移动极差控制图并用，移动极差就是相邻两个数据 $x_i$ 和 $x_{i+1}$ 之差的绝对值，即：$R_{si}=|x_i-x_{i+1}|$（$i=1$，2，…，$k-1$）。

⑤$pn$ 图，即不良品数控制图：使用这种控制图时，要求每次抽检的样本大小 $n$ 要相同，这种控制图可以把检验中所得的不合格品数直接点入图中，比较好用。

⑥$p$ 图，即不良品率控制图：除不合格品率以外，凡符合二项分布的计算值，如出勤率、合格品率等，也可使用这种控制图。在运用上 $p$ 图必须经过运算求出 $p$ 后才能点入图中，因此作图麻烦，但当 $n$ 在检验中取值不同时，必须用 $p$ 图。

⑦$c$ 图，即样本缺陷数控制图，例如门窗安装的缺陷、混凝土地面的缺陷等都可以采用。

⑧$u$ 图，即单位产品缺陷数控制图，如墙面每平方米的缺陷数、同型号的每台电梯安装的缺陷数等均可采用。

（4）控制图的做法

以常用的 $\overline{X}-R$ 控制图为例，说明控制图的作图步骤。

例如，若采用 $\overline{X}-R$ 控制图对拉模生产多孔板的生产过程进行控制，用系统抽样法收集了 25 组数据，如表 11-9 所示。

**拉模生产多孔板长度偏差** 表 11-9

| 组号 | 测定值（mm） | | | | | $\overline{X}_i$ | $R_i$ |
|---|---|---|---|---|---|---|---|
| | $X_1$ | $X_2$ | $X_3$ | $X_4$ | $X_5$ | | |
| 1 | −5 | −6 | −5 | −4 | −5 | −5 | 2 |
| 2 | −3 | −3 | −5 | −5 | −5 | −4.2 | 2 |
| 3 | −7 | −4 | −3 | −5 | −4 | −4.6 | 4 |
| 4 | −3 | −6 | −5 | −4 | −5 | −4.6 | 3 |
| 5 | −5 | −5 | −4 | −6 | −5 | −5 | 2 |

续上表

| 组　号 | 测　定　值　(mm) | | | | | $\overline{X}_i$ | $R_i$ |
|---|---|---|---|---|---|---|---|
| | $X_1$ | $X_2$ | $X_3$ | $X_4$ | $X_5$ | | |
| 6 | −6 | −7 | −5 | −4 | −4 | −5.2 | 3 |
| 7 | −5 | −3 | −5 | −5 | −6 | −4.8 | 3 |
| 8 | −3 | −6 | −7 | −4 | −4 | −4.8 | 4 |
| 9 | −3 | −4 | −3 | −6 | −5 | −4.2 | 3 |
| 10 | −5 | −4 | −6 | −4 | −5 | −4.8 | 2 |
| 11 | −3 | −5 | −7 | −5 | −6 | −5.2 | 4 |
| 12 | −6 | −4 | −5 | −3 | −5 | −4.6 | 3 |
| 13 | −5 | −4 | −6 | −5 | −6 | −5.2 | 2 |
| 14 | −3 | −5 | −3 | −7 | −5 | −4.6 | 4 |
| 15 | −5 | −5 | −5 | −6 | −5 | −5.2 | 1 |
| 16 | −4 | −6 | −4 | −6 | −7 | −5.4 | 3 |
| 17 | −6 | −4 | −7 | −5 | −5 | −5.4 | 3 |
| 18 | −6 | −4 | −5 | −7 | −7 | −5.8 | 3 |
| 19 | −5 | −7 | −5 | −6 | −5 | −5.6 | 2 |
| 20 | −7 | −6 | −7 | −6 | −5 | −6.2 | 2 |
| 21 | −6 | −7 | −7 | −7 | −6 | −6.6 | 1 |
| 22 | −4 | −3 | −5 | −6 | −4 | −4.4 | 3 |
| 23 | −3 | −4 | −5 | −6 | −5 | −4.6 | 3 |
| 24 | −3 | −7 | −5 | −4 | −5 | −4.8 | 4 |
| 25 | −7 | −5 | −7 | −4 | −6 | −5.8 | 3 |
| 合 计 | | | | | | −126.6 | 69 |

①计算控制界限：

a. 在表 11-9 中计算出 $\overline{X}_i$，$R_i$ 和 $\sum\overline{X}_i$、$\sum R_i$，本例中，$\sum\overline{X}_i=-126.6$mm、$\sum R_i=69$mm。

b. 计算总平均值 $\overline{\overline{X}}_i$，本例中，$\overline{\overline{X}}_i=\frac{1}{K}\sum\overline{X}_i=\frac{1}{25}\times(-126.6)=-5.06$mm。

c. 计算极差平均值 $\overline{R}$，本例中，$\overline{R}=\frac{1}{K}\sum R_i=\frac{1}{25}\times69=2.76$（mm）

d. 计算控制界限。

$\overline{X}$ 图的控制界限：

中心线 $CL=\overline{\overline{X}}=-5.06$mm

上控制极限 $UCL=\overline{\overline{X}}+A_2\overline{R}$

$=-5.06+0.577\times2.76=-3.47$mm

下控制界限 $LCL=\overline{\overline{X}}-A_2\overline{R}$

$=-5.06-0.577\times2.76=-6.66\text{mm}$

$R$ 图的控制界限：

中心线 $CL=\overline{R}=2.76\text{mm}$

上控制极限 $UCL=D_4\overline{R}=2.115\times2.76=5.8$

下控制界限 $LCL=D_3\overline{R}=0$

计算中的 $A_2$、$D_4$、$D_3$ 可由控制图系数表查得。

②绘制 $\overline{X}—R$ 控制图。

$\overline{X}$ 图在上，$R$ 图在下，纵坐标分别为 $\overline{X}$ 和 $R$，横坐标为抽样时间或样本序号，依计算结果绘出中心线和上下控制界限，并将计算控制界限所用的数据 $\overline{X}_i$ 和 $R_i$ 描述在控制图上，如图 11-13 所示。

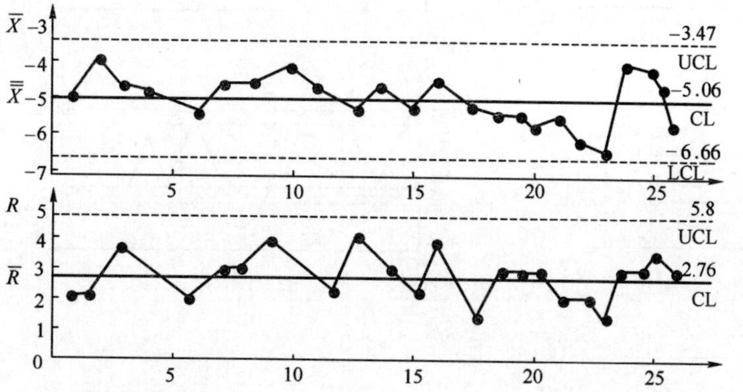


图 11-13 拉模生产多孔板过程的 $\overline{X}—R$ 控制图

③写上注意事项。

在图上标明图的名称、产品或工序的名称、质量特性、制图者、操作者等事项。

应该注意的是，$\overline{X}—R$ 控制图是把 $\overline{X}$ 控制图与 $R$ 控制图联合使用，两个图需对照起来分析的序号必须对齐，因此，纵坐标须对齐，横坐标也可只用 $R$ 图的一个横坐标，但绝对不可以把两个图分开来画。

(5) 控制图的观察分析

应用控制图的主要目的是分析判断生产过程是否处于稳定状态，预防不合格品的发生。当控制图的点子满足以下两个条件：一是点子没有跳出控制界限；二是点子随机排列且没有缺陷，我们就认为生产过程基本上处于控制状态，即生产正常。否则，就认为生产过程发生了异常变化，必须把引起这种变化的原因找出来，排除掉。这里所说的点子在控制界限内排列有缺陷，包括以下几种情况：

①点子连续在中心线一侧出现 7 个以上，如图 11-14a)。

②连续 7 个以上点子上升或下降，如图 11-14b)。

③点子在中心线一侧多次出现。如连续 11 个点中至少有 10 个点在同一侧，如

图 11-14c)；或连续 14 点中至少有 12 点、或连续 17 点中至少有 14 点、或连续 20 点中至少有 16 点出现在同一侧。

④点子接近控制界限。如连续 3 个点中至少有 2 点在中心线上或下二倍标准偏差横线以外出现，如图 11-14d)；或连续 7 点中至少有 3 点、或连续 10 点中至少有 4 点在该横线外出现。

⑤点子出现周期性波动，如图 11-14e)。

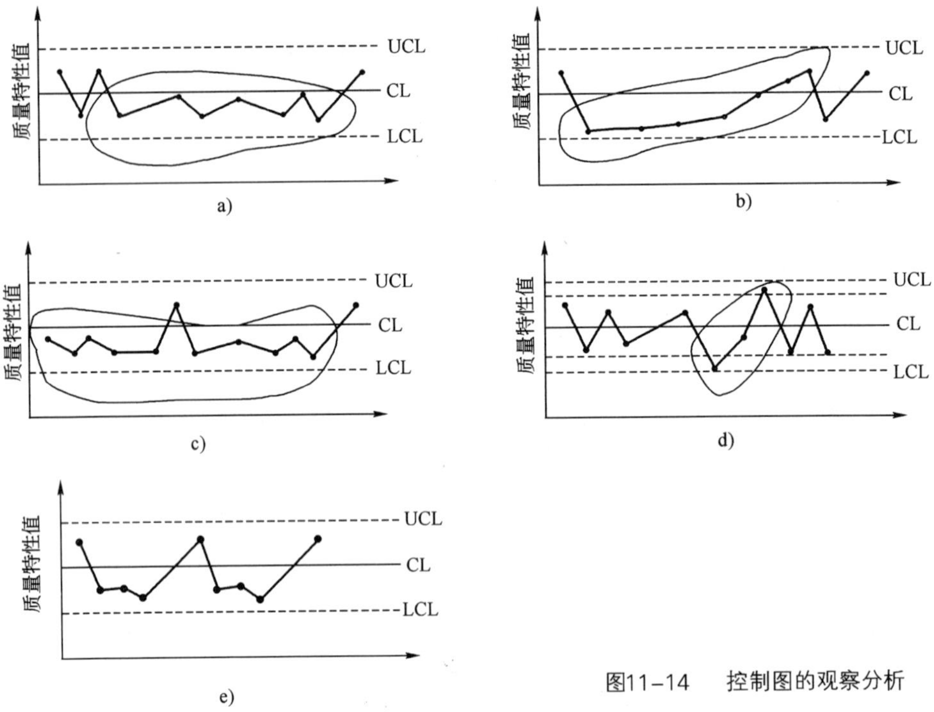


图11–14　控制图的观察分析

(6) 使用控制图应注意的事项

在使用控制图时，除了上述异常情况外，下列几种情况也应引起重视：

①数据点出现上、下循环移动的情形。可能是季节性的环境影响、操作人员的轮换或操作人员的疲劳造成的。

②数据点出现朝单一方向变化的趋势。其原因可能是工具磨损，产品或服务未按期进行检验，或原材料的均匀性变质。

③连续若干点集中出现在某些不同的数值上。其原因可能是工具磨损，产品或服务未按期进行检验。

④太多的数据点接近中心线。若连续 13 点以上落在中心线±0 的带型区域内，此为小概率事件，该情况也应判为异常。出现的原因可能是控制图使用太久没有加

以修改而失去了控制作用，或者数据不真实。

## 11.3 建筑企业一体化管理体系的建立

### 11.3.1 ISO 9000质量管理体系标准概况

国际化标准组织（ISO）于1987年发布了ISO 9000质量管理与质量保证系列标准，2000年对该标准进行了第二次修订（第一次是在1994年），发布了2000版ISO 9000质量管理体系标准。

2000版标准采用以“过程”为基础的质量管理体系模型，取代了1994版标准20个质量要素的结构，强调质量管理体系过程内在的统一联系，强化了建立和实施体系中的系统性思想。

2000版标准更加突出地体现了现代科学管理的理念，该标准提出了“八项质量管理原则”和“十二项质量管理体系基础”，其内容大多涉及系统论、控制论、信息论、决策科学、统计技术等现代科学管理的理念，为深化质量管理理论，引导各类组织建立、实施有效的质量管理体系提供了科学依据。

2000版标准更加强调了顾客满意及监视和测量的重要性，促进了质量管理原则在各类组织中的应用，满足了使用者对标准应更加通俗易懂的要求，降低了质量管理体系文件系统的强制性，使文件的灵活性和适用性得到加强。

1. 实施ISO 9000系列标准的意义

从国内、国际市场经济发展的趋势来看，企业认真贯彻实施ISO 9000系列标准，有着重要意义，具体体现在以下几个方面。

（1）有利于企业质量管理规范化、程序化、科学化和走上法制的轨道

质量管理工作是一项复杂的系统工程，质量活动贯穿于建筑产品质量形成的全过程，如设计、施工、采购、工艺、试验、服务等，完成这些环节的工作必须从管理和技术两个方面给予保证，配置必要的资源，有一定的组织机构及其责任制等。ISO 9000系列标准是按照产品质量的规律和过程，规定必须控制的质量要素及其实施的程序，要求结合企业实际做出书面规定，使操作标准化、规范化、程序化。因此，严格贯彻实施ISO 9000系列标准必将会推动企业的质量管理工作。

（2）有利于满足用户对质量的要求，取得用户的信任，提高质量管理水平，求得质量效益

产品质量是施工生产过程中多种活动的综合反映。采取“就事论事”、“头痛医

头，脚痛医脚"的方法，显然不是治本的办法。社会、用户对建筑产品质量有更高的期望和要求，加上产生质量的复杂性、多样性和综合性的原因，因此，贯彻 ISO 9000 系列标准就更加重要。ISO 9000 系列标准强调企业必须建立完整的质量体系，使之文件化，保证质量体系运行程序化、标准化，使其持续有效。在产品质量的产生、形成、终结过程中，采取积极措施加以预防和及时纠正，使产品质量始终处于受控状态，以减少和消除质量缺陷。可适时开展质量体系内部审核和管理评审，对产品质量进行动态管理。这样的结果无疑是对提高企业的整体管理素质和水平有重要意义的。

(3) 有利于提高建筑市场的竞争能力，发展外向型经济，扩大市场占有率

当前在国际经济合作和技术合作中，将 ISO 9000 系列标准普遍作为确认产品质量保证能力的依据，在国际市场的许多重大工程项目的招标和贸易谈判中，企业是否按 ISO 9000 系列标准建立质量体系并取得第三方认证证书，已成为参加工程项目投标和签约的前提条件。面对如此严峻的形势，企业若不认真和采取积极的态度贯彻 ISO 9000 系列标准，在条件成熟时开展质量体系认证，并取得第三方认证评论书，那么，企业就会使自己在国际国内市场的激烈竞争中处于被动的地位。

因此，建筑企业为开拓国内、国际建筑市场，争取在竞争中立于不败之地，必须根据建筑企业的特点采用和贯彻 ISO 9000 系列标准。

2. ISO 9000 系列标准的文件结构

ISO 9000 系列标准的文件结构见表 11-10。

**ISO 9000 系列标准文件结构** 表 11-10

| | | |
|---|---|---|
| 核心标准 | ISO 9000：2000 | 质量管理体系 基础和术语 |
| | ISO 9001：2000 | 质量管理体系 要求 |
| | ISO 9004：2000 | 质量管理体系 也叫改进指南 |
| | ISO 90011（未发布） | 质量和（或）环境管理体系审核指南 |
| 支持性标准 | ISO10012 | 测量控制系统 |
| 技术报告 | ISO/TR 10005 | 质量计划编制指南 |
| | ISO/TR 10006 | 项目管理指南 |
| | ISO/TR 10007 | 技术状态管理指南 |
| | ISO/TR 10013 | 质量管理体系文件指南 |
| | ISO/TR 10014 | 质量经济性管理指南 |
| | ISO/TR 10015 | 教育和培训指南 |
| | ISO/TR 10017 | 统计技术应用指南 |

续上表

| | | |
|---|---|---|
| 支持性文件 | | 质量管理原则 |
| | | 选择和使用指南 |
| | | 小型组织实施指南 |

### 11.3.2 ISO 14000 环境管理体系标准概况

近代工业的发展过程中，由于人类过度追求经济增长速度而忽略环境的重要性，导致水土流失、土地沙漠化、水体污染、空气质量下降、全球气候反常、臭氧层耗竭、生态环境严重破坏等，环境问题已成为制约经济发展和人类生存的重要因素。

各国政府非常重视环境问题，纷纷制定环境标准，各项标准日趋严格，出口商品因不符合标准而蒙受巨大经济损失。环境问题已成为绿色贸易壁垒，成为企业生存和发展必须关注的问题。

考虑到零散的、被动适应法规要求的环境管理机制不足以确保一个组织的环境行为不仅现在满足，将来也一直能满足法律和方针所提出的要求，企业没有持续改进的动力，ISO 国际标准化组织在汲取世界发达国家多年环境管理经验的基础上制定并颁布 ISO 14000 环境管理系列标准。

ISO 14000 是国际标准化组织（ISO）制定的环境管理体系国际标准。ISO 14000 认证已经成为打破国际绿色壁垒、进入欧美市场的准入证，通过 ISO 14000 认证的企业可以节能降耗、优化成本、满足政府法律要求，改善企业形象，提高企业竞争力。ISO 14000 已经成为一套目前世界上最全面和最系统的环境管理国际化标准，并引起世界各国政府、企业界的普遍重视和积极响应。

1. 企业实施 ISO 14000 系列标准的意义

ISO 14000 系列标准是国际标准化组织（ISO）汇集全球环境管理及标准化方面的专家，在总结全世界环境管理科学经验基础上制定并正式发布的一套环境管理的国际标准，涉及到环境管理体系、环境审核、生命周期评价等国际环境领域内的诸多焦点问题。

作为 ISO 14000 系列标准中最重要也是最基础的一项标准，ISO 14001《环境管理体系——规范及使用指南》站在政府、社会、采购方的角度对组织的环境管理体系（环境管理制度）提出了共同的要求，以有效地预防与控制污染并提高资源与能源的利用效率。ISO 14001 是组织建立与实施环境管理体系和开展认证的依据。

ISO 14001 标准由环境方针、策划、实施与运行、检查和纠正、管理评审等 5 个部分的 17 个要素构成。各要素之间有机结合，紧密联系，形成 PDCA 循环的管理体系，并确保组织的环境行为持续改进。

(1) 有利于提高全社会的环境意识，树立科学的自然观和发展观。

(2) 有利于提高人们的遵法、守法意识，促进环境法规的贯彻实施。

(3) 促进组织提高建立自律机制，制订并实施以预防为主、从源头抓起、全过程控制的管理措施。为解决环境问题提供了一套同依法治理相辅相成的科学管理工具，为人类社会解决环境问题开辟了新的思路。

(4) ISO 14000 系列标准对环境污染和减少资源、能源的消耗同时并重，从而能有力促进组织对资源和能源的合理利用，对保护地球上的不可再生和稀缺资源也会起到重要作用。

(5) ISO 14000 系列标准意在保护环境，但它并不排斥发展，它是建立在科学的发展基础之上，贯彻这一标准，有利于实现经济与环境协调统一，有利于实现可持续发展。

实施统一的国际环境管理标准，有利于实现各国间环境认证的双边和多边互认，有利于消除技术和贸易壁垒。

(6) 环境管理是一项综合管理，涉及到组织的方方面面，环境管理水平的提高必定促进和带动整个管理水平的提高，从而有利于推动我国经济由消耗高、浪费大、效率低、效益差的粗放式经营向集约化经营转变。

#### 2. ISO 14000 系列标准的分类

(1) 按性质分类

ISO 14000 系列标准按性质分为：

基础标准——术语标准；

基本标准——环境管理体系、规范、原理、应用指南；

支持技术类标准（工具）——环境审核、环境标志、环境行为评价和生命周期评估。

(2) 按功能分类

ISO 14000 系列标准按功能分为：

评价组织：包括环境管理体系、环境行为评价和环境评审；

评价产品：包括生命周期评估、环境标志和产品标准中的环境指标。

#### 3. 目前已颁布的环境管理体系标准

目前已颁布的环境管理体系标准见表 11-11。

目前已颁布的环境管理体系标准　　表 11-11

| 标准编号 | 标准名称 | 备注 |
|---|---|---|
| ISO Guide66：1997 | 对环境管理体系认证机构的基本要求 | |
| ISO 14000：1996 | 环境管理体系——规范及使用指南 | ISO 14000 系列标准的主体标准 |
| ISO 14004：1996 | 环境管理体系——原则、体系和支持技术通用指南 | 只作为内部管理工具 |
| ISO 14010：1996 | 环境审核指南——通用原则 | 用于环境管理体系审核的标准 |
| ISO 14011：1996 | 环境审核指南——审核程序——环境管理体系审核 | 提供环境管理体系审核的程序 |
| ISO 14012：1996 | 环境审核指南——审核员资格要求 | 用于管理环境审核员的标准 |
| ISO 14020：2000 | 环境标志和声明——通用原则 | |
| ISO 14021：1999 | 环境标志和声明——自行声明的环境申诉（II型标志） | |
| ISO 14024：1999 | 环境标志和声明——I 型环境标志和声明——原则与程序 | |
| ISO 14031：1999 | 环境管理——环境绩效评估——指导纲要 | |
| ISO 14040：1997 | 环境管理——生命周期评价——原则与框架 | 提供评估生命周期的原则和框架 |
| ISO 14041：1998 | 环境管理——生命周期评价——目标和范围的界定及清单分析 | |
| ISO 14042：2000 | 环境管理——生命周期评价——影响评价 | |
| ISO 14043：2000 | 环境管理——生命周期评价——解释 | |
| ISO 14050：1998 | 环境管理——术语和概念——术语使用原则指南 | |
| ISO/TR 14025：2000 | 环境标志和声明——III 型环境声明 | |
| ISO/TR 14032：1999 | 环境管理——环境绩效评估——ISO 14031 案例研究技术报告 | |
| ISO/TR 14061：1998 | 帮助组织运用环境管理体系的有关 14001 和 14004 的信息 | |

4. ISO 14000 与 ISO 9000 的异同

（1）共同点

①两套标准都是 ISO 组织制定的针对管理方面的标准，都是国际贸易中消除贸易壁垒的有效手段。

②两套标准的要素有相同或相似之处（见表 11-12）。

（2）不同点

二者的不同点主要体现于以下几方面：

①两套标准最大的区别在于承诺的对象不同。ISO 9000 标准是对顾客承诺，ISO 14000 标准是对政府、社会和众多相关方（包括股东、贷款方、保险公司等等）；ISO 9000 标准缺乏行之有效的外部监督机制，而实施 ISO 14000 标准的同时，就要接受政府、执法当局、社会公众和各相关方的监督。

②两套标准最大的区别在于承诺的内容也不同。ISO 9000 标准是保证产品的质量；而 ISO 14000 标准则是承诺遵守环境法律、法规及其他要求，并对污染预防和持续改进做出承诺。

**ISO 14000 与 ISO 9000 要素对比表** 表 11-12

| ISO 14000 | ISO 9000 |
| --- | --- |
| 环境方针 | 质量方针 |
| 组织结构和职责 | 职责与权限 |
| 人员环境培训 | 人员质量培训 |
| 环境信息交流 | 质量信息交流 |
| 环境文件控制 | 质量文件控制 |
| 应急准备和响应 | （部分与消防安全的要求相同） |
| 不符合、纠正和预防措施 | 不符合、纠正和预防措施 |
| 环境记录 | 质量记录 |
| 内部审核 | 内部审核 |
| 管理评审 | 管理评审 |

③对审核人员的资格要求不同，ISO 14000 标准涉及的是环境问题，面对的是如何按照本国的环境法规、标准等要求保护生态环境、防治和处理污染环境问题，故环境管理体系对组织有目标、指标的要求。因此，从事 ISO 14000 认证工作的人员必须具备相应的环境知识和环境管理经验，否则，难以对现场存在的环境问题做出正确的判断。

### 11.3.3 OHSMS 18000 职业安全卫生管理体系概况

1999 年英国标准协会（BSI）等 13 个国家的相关组织提出了职业安全卫生管理体系（Occupational Healh and Safety Management Systems，OHSMS 18001）标准。

OHSMS 18001 标准秉承了 ISO14001 标准成功的思维及管理（PDCA）模式，且由于职业健康与安全体系、环境管理体系的密切联系和共同之处，其标准条款及相应要求也具备许多共同特点。

为了有效推动我国职业安全卫生管理工作，提高企业职业安全卫生管理水平，降低安全卫生风险因素及相关费用，降低生产成本，并使企业管理模式符合国际通行的惯例，促进国际贸易及提高我国企业的综合形象以此加强其在市场上的竞争力，我国已经开始全面推广实施职业安全卫生管理体系工作。

1. 实施 OHSMS 18000 标准的意义

(1) 提高企业安全管理水平，建立现代企业制度

建筑企业开展职业安全卫生管理体系认证工作，是提高企业安全管理水平，建立现代企业制度的重要内容。建设部于 1999 年重新修订了《建筑施工安全检查标准》，规范了施工现场的安全检查工作。但是，职业安全卫生管理体系的建立和体系审核与一般安全检查不同，也不同于一般的安全评价。它标志着我国安全生产管理的基本观点和方法的变化。安全检查的基本原理是“发现事故隐患—整改事故隐患—检查整改结果”；职业安全卫生管理体系的认证与审核的基本原理是“策划—实施与运行—检查与纠正措施—管理评审”。企业出于自身利益的需要，建立职业安全卫生管理体系，按要素、按程序控制，保证体系运行，能保证企业的安全生产长期保持在正常的、可控的状态下运行，能保证企业管理与国际标准、惯例接轨。

(2) 使企业的安全生产管理由被动行为变为主动行为

OHSMS 标准是市场经济体制下的产物，它将职业安全卫生与组织的管理融为一体，运用市场机制，突破了职业安全卫生管理的单一管理模式，将安全管理单纯靠强制性管理的政府行为，变为组织自愿参与的市场行为。使职业安全卫生工作在组织的地位，由被动消极地服从转变为积极主动地参与。建筑企业开展职业安全卫生管理体系认证工作，是提高企业竞争力的需要。在市场经济的今天，建筑企业的竞争从投标阶段就已经开始了，无职业安全卫生管理体系认证证书的企业，无论在国内市场，还是在国际市场，今后肯定会在竞争中处于不利地位。

(3) 促进我国建筑企业职业安全卫生管理标准与国际接轨，有利于消除贸易壁垒

职业安全卫生管理体系认证是国际贸易发展的需要。欧、美等工业发达的国家提出，由于国际贸易的发展和发展中国家在世界经济活动中越来越多的参与，各国职业安全卫生的差异使发达国家在成本和贸易竞争中处于不利地位。只有在世界范围内采取统一的职业安全卫生管理标准，才能从根本上解决此问题。因此，在国际建筑市场上，发达国家建筑企业对发展中国家建筑企业的职业安全卫生管理体系均有安全生产准入的要求，即中国的建筑企业如果未达到其职业安全卫生的基本要求，就不能与之合作。

(4) 有利于提高全员安全意识

实施 OHSMS 标准，建立职业安全卫生管理体系，要求对企业的员工进行系统的安全培训，使每个员工都参与组织的职业安全卫生工作。同时，标准还要求被

认证组织要对相关方施加影响，提高安全意识。因此，一个企业实施 OHSMS 标准，就会以点带面影响一片，随着 OHSMS 标准的推广，将使全员的安全意识得到提高。

2. 职业安全卫生管理体系的特征

(1) 系统性。职业安全卫生管理体系标准强调了组织结构的系统性，它要求企业在职业安全卫生管理中同时具有两个系统：从基层岗位到最高决策层的运作系统和监控系统，决策人依靠这两个系统确保体系有效运行。同时，它强调了程序化、文件化的管理手段，增强了体系的系统性。

(2) 先进性。职业安全卫生管理体系运用系统工程原理，研究、确定所有影响要素，把管理过程和控制措施建立在科学的危险辨识、风险评价的基础上，对每个要素规定了具体要求，建立、保持一套以文件支持的程序，保证了体系的先进性。

(3) 动态性。职业安全卫生管理体系的一个鲜明特征就是体系的持续改进，通过持续的承诺、跟踪和改进，动态地审视体系的适用性、充分性和有效性，确保体系的日臻完美。

(4) 预防性。危险辨识、风险评价与控制是职业安全卫生管理体系的精髓所在，它充分体现了"以防为主"的方针。实施有效的风险辨识评价与控制，可实现对事故的预防和生产作业的安全过程控制，对各种作业和生产过程进行评价，并在此基础上进行职业安全卫生管理体系策划，形成职业安全卫生管理体系作业文件，对各种预知的风险因素做到事前控制，实现预防为主的目的，并针对各种潜在的事故隐患制定应急方案，力求损失最小化。

(5) 全员性和全过程控制。职业安全卫生管理体系标准把职业安全卫生管理当作一个系统工程，采用系统分析的理论和方法，要求全员参与，对全过程进行监控，实现系统的目的。

### 11.3.4 一体化管理体系的建立

1. 三大标准体系的异同

(1) 不同之处

①目的、对象和适用范围不完全相同。

ISO 9000 标准是指导组织建立质量管理体系，通过对影响质量的过程和要素控制，旨在增强顾客满意度；ISO 14000 标准是用于组织建立环境管理体系，规范组织的环境管理，通过体系运行和持续改进，达到改善环境绩效，使社会及众多相关方满意效果；OHSMS 18000 标准是指导组织建立职业安全卫生管理体系，通过体系运行和持续改进，达到改善组织企业安全卫生绩效，满足员工及组织内相关方的要求。

②要素名称虽然相同或相近，但内容差别较大。

例如三大标准体系中都有“方针”、“目标”要素，虽然目标管理都要求在“组织的相关职能和层次上”建立并形成文件，但质量目标、环境目标和职业安全卫生目标的内容却不同。

③满足不同相关方的要求。

ISO 9000 标准的目的是满足顾客要求，落脚点是产品，强制性要求较少，只有提高产品质量，才能达到顾客满意。

ISO 14000 标准的目的是满足社会等众多相关方的要求，落脚点是生产过程，强制性要求较多，企业在各种生产过程中，只有减少污染，充分利用自然资源，才能增强其对社会的责任感，提高企业的社会信誉度。

OHSMS 18000 标准的目的是满足员工及组织内部相关方的要求，落脚点是所有的生产活动，强制性要求较多，是以人为本理念的具体体现，其目的是提高员工满意度，为员工创造一个安全舒适的环境，这样有利于调动全体员工的积极性，为企业创造价值。

这三个方面的优先顺序是先解决企业生存或者说企业吃饭问题，即必须有市场、有顾客企业才能生存，第二步是解决企业的可持续发展的问题，即员工和社会环境的问题，其关系如图 11-15 所示。

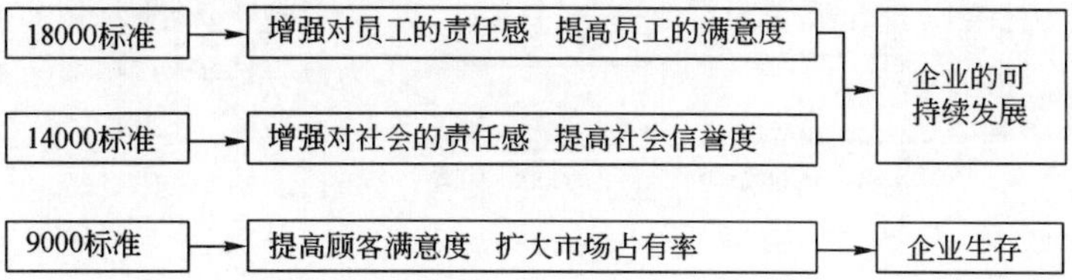


图 11-15 三大标准体系的作用

④管理体系要素不尽相同。

各个管理体系都有其区别于其他体系的专用性要素，如图 11-16 所示。

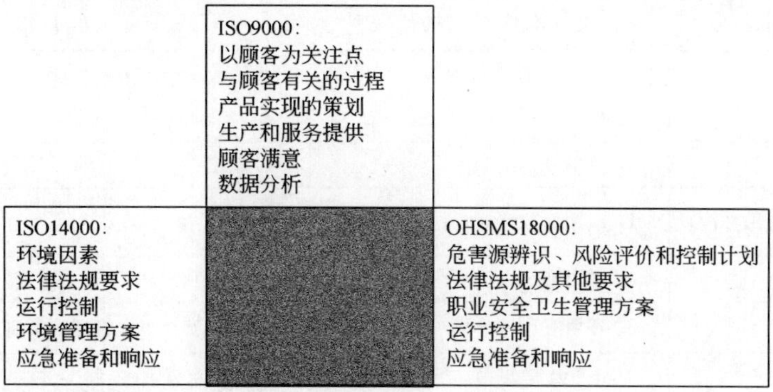


图 11-16 三大标准体系要素及关系图

(2) 共同点

①三大标准体系的核心内容。

三大标准体系的核心内容都是根据管理学原理，为组织建立了一个动态循环的管理过程框架，以持续改进的思想指导组织系统地实现其既定目标，如图 11-17 所示。

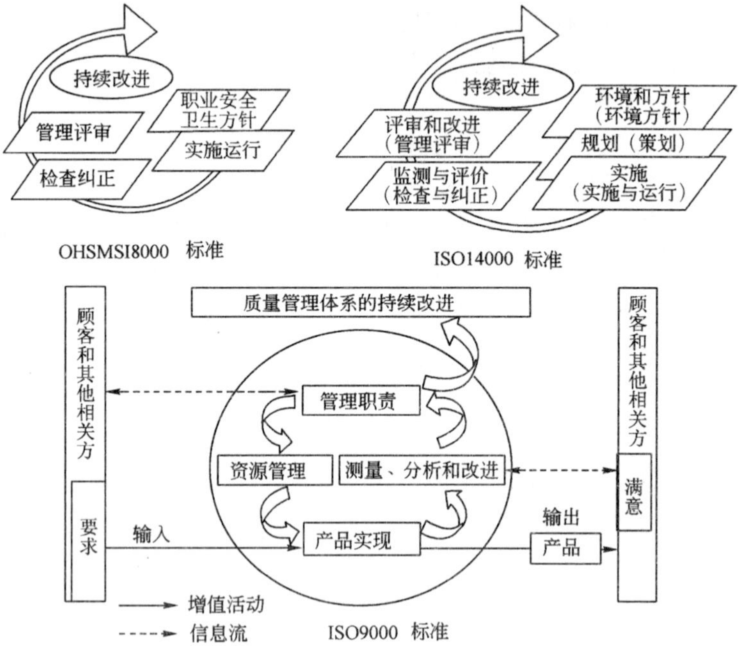


图 11-17 三大标准体系的管理过程图

②三大标准体系的基本结构十分接近。

三大标准体系在结构章节上尽管不是一一对应的，但其基本结构是一致的，如表 11-13 所示。

**三大标准体系结构比较** 表 11-13

| 质量管理<br>ISO 9000 | 环境管理<br>ISO 14000 | 职业安全卫生管理<br>OHSMS 18000 |
|---|---|---|
| 1. 范围 | 1. 范围 | 1. 范围 |
| 2. 应用标准（规范性引用文件） | 2. 应用标准（规范性引用文件） | 2. 应用标准（规范性引用文件） |
| 3. 术语和定义 | 3. 术语和定义 | 3. 术语和定义 |
| 4. 质量管理体系 | 4. 环境管理体系要求 | 4. 职业安全卫生管理体系要求 |
| 5. 管理职责 | 4.1 总要求 | 4.1 总要求 |

续上表

| 质量管理<br>ISO 9000 | 环境管理<br>ISO 14000 | 职业安全卫生管理<br>OHSMS 18000 |
|---|---|---|
| 6. 资源管理 | 4.2 环境方针 | 4.2 职业安全卫生方针 |
| 7. 产品实现 | 4.3 规划（策划） | 4.3 策划 |
| 8. 测量、分析和改进 | 4.4 实施与运行 | 4.4 实施与运行 |
| | 4.5 检查和纠正措施 | 4.5 检查和纠正措施 |
| | 4.6 管理评审 | 4.6 管理评审 |

③三大标准体系的管理性内容要求相同。

管理性内容共同的部分包括：

a. 组织结构和职责。

b. 方针目标。

c. 培训、意识和能力。

d. 交流与沟通。

e. 资源管理。

f. 法律法规要求。

g. 文件控制。

h. 记录控制。

i. 实施与运行。

j. 监视和测量。

k. 纠正措施和预防措施。

l. 内部审核。

m. 管理评审。

④三大标准体系对管理体系建立的原则和实施的方法要求一致。

a. 都是自愿采用的管理型标准。

b. 都要求采用系统的方法，通过实施完善的管理体系，在组织内建立起一个完整、有效的文件化管理体系。

c. 都通过管理体系的建立、实施与改进，采用过程的方法，对组织的活动过程进行控制和优化，实现方针、承诺，并达到预期的目的。

d. 都按 PDCA 的循环思想，通过识别影响质量、环境、职业安全卫生的因素，有针对性地制订计划和管理方案，实施运行控制，并采取必要的监视和测量，发现问题，实施改进，实现管理体系的持续改进。

总之，三大标准体系都要求在体系建立的过程中遵守“领导作用、全员参与、过程方法、管理的系统方法、持续改进”等管理原则。

2. 全面一体化管理体系的建立

(1) 全面一体化管理体系建立的原因

由于三大标准体系的问世时间不同，组织最初总是分别采用这些标准建立各自的管理体系。但是，它们毕竟都属于管理性标准，况且这些管理体系又有许多交叉和重复之处，这就难免给组织带来工作重复、资源浪费，并使管理效率、效益受到影响。解决这一问题的最佳途径，就是组织实施全面一体化管理。

(2) 全面一体化管理（Total Integrated Management，TIM）的概念

全面一体化是指组织在所有领域内以质量、环境、职业安全卫生为核心，以全面质量管理（Total Quality Management，TQM）理论为基础，依据国际管理性标准框架，融合其他管理要求，优化整合协调一致管理，其目的在于让顾客满意及员工、相关方受益而达到长期成功的管理途径。

①全面质量管理是一种现代的质量管理。他包括质量文化、质量方针、质量目标、质量体系、质量改进、质量策划、质量成本和质量审核8个组成部分。

②国际管理性标准框架有3层含义：

a. 要同时满足ISO 9000、ISO 14000、OHSMS 18000标准各自管理体系的需求和适用法律、法规及其他要求；

b. 管理体系要容纳并结合组织的要求，核心思想是坚持持续改进，提高组织绩效；

c. 管理体系均以体系文件为载体，从方针目标、管理手册、程序文件、作业性文件及记录5个层次予以表述和证实。

③所有领域是指一个组织中的所有部门和产品、过程及活动所涉及的范围，包括组织所有层次和不同系统都融合在一个有机体之内，统一策划及设计，统一运作，统一形成自我完善的一体化管理体系。

(3) 一体化管理体系的含义

一体化管理体系，是指在一体化管理方面指挥和控制组织的建立方针及目标，并实现这些目标的体系。有人将其分为狭义的一体化管理体系和广义的一体化管理体系两种。

狭义的一体化管理体系，又称为“三标一体化管理体系”。它是组织依据三大标准体系建立的质量、环境、职业安全卫生的一体化管理体系，其目的是满足顾客、社会、员工及组织的相关方要求，用于第二方评价认定或第三方审核认证注册，这是对组织管理体系的最基本要求。

广义的一体化管理，亦称全面一体化管理体系。它是在狭义一体化管理体系基

础上的发展，其目的在于组织业绩（绩效）改进，追求卓越，满足顾客、社会、员工及组织相关方的期望。全面一体化管理体系是对组织一体化管理的较高要求。

（4）建立全面一体化管理体系的意义

①简化工作程序。

②避免交叉重叠。

③明确管理职责。

④精简程序文件。

⑤理顺管理接口。

⑥降低生产成本。

⑦提高工作效率。

### 3. 建立一体化管理体系需要注意的问题

（1）一体化管理体系策划和设计的若干统一点

①统一 3 个定位——供应链及相关方、产品及相关方活动、部门及其区域；

②统一 4 种要求——顾客、社会、员工及相关方、法律法规及其他；

③统一 5 项确定——目标、过程、准则、能力、资源；

④统一 3 种关键——过程识别确定、环境评价判定、危害识别评价。

（2）建立一体化管理体系需要正确处理好几个关系

①正确处理好一体化体系与“自在”管理体系的关系。任何组织在客观上都存在着质量、环境、职业安全卫生的“自在”管理体系，而这个体系是不完整、不规范的。按照三大标准体系建立的一体化管理体系，不是对原有“自在”管理体系的全盘否定，而是依据 3 个标准加以改进，使之更加科学化、规范化和程序化。

②正确处理好一体化管理体系与企业标准化管理的关系。一体化管理体系文件是企业标准化管理的主要组成部分。企业的三大标准有技术标准、管理标准、工作标准及制度、规范等，是一体化管理体系文件中的作业性文件。显然，一体化管理体系文件属于企业管理标准的范畴，但它涉及的人、机、料、法、环等内容更广，各种关系更严密。因此，建立一体化管理体系更有助于提高企业标准化工作的水平。

③正确处理好一体化管理体系与企业文化建设的关系。一体化管理体系的策划与设计，注重员工的质量意识、环境意识及职业安全卫生意识的提高。三大标准都强调管理职责及人员的培训教育，最大限度地发挥员工的创新热情。因此，要坚持以人为本，营造一种使组织全员在哲学理念、道德观念、思维方式及自身作风等方面都追求卓越的氛围。一体化管理体系文件为指导和约束企业整体行为以及员工的行为提供了统一的准则。

## 本章小结

本章由质量的概念，引申到建筑工程质量的概念及特点，介绍了质量管理的发展过程，全面质量管理的特点、程序和方法，常用的质量管理统计分析方法，并介绍了 ISO 9000 质量管理体系、ISO 14000 环境管理体系和 OHSMS 18000 职业安全卫生管理体系概况以及建筑企业一体化管理体系的建立。

质量是一组固有特性满足要求的程度。狭义的建筑工程质量是指工程符合建设单位需要而具备的使用功能；广义的建筑工程质量不仅包括工程的实体质量，还包括形成实体质量的工作质量。建筑工程质量具有影响因素多、质量变动大、隐蔽性强、终检局限性大、对社会环境影响大等特点。质量管理发展历史大致分为 4 个阶段，即传统的质量管理阶段、质量检验阶段、统计质量控制阶段、全面质量管理阶段。其中全面质量管理是“三全一多样”即全过程、全员、全企业以及多方法的质量管理。全面质量管理保证体系运转的基本方式是以计划、实施、检查、控制（Plan，Do，Check，Action，缩写为 PDCA）的科学程序进行管理循环，它体现了全面质量管理的先进思想方法和科学的工作步骤。建筑企业质量管理的目的，就是在保证工期、降低成本的同时，完成一定数量达到质量标准的工程，即建造出符合设计和用户满意的工程。建筑企业质量管理基本任务包括确定企业质量目标、方针，制订企业质量规划和建立健全质量体系等内容。

质量管理常用的统计分析方法包括分层法、检查表法、排列图法、因果分析图法、相关图法、直方图法、控制图法等。各种方法有其不同的特点和适用范围。

ISO 9000 标准是指导组织建立质量管理体系，通过对影响质量的过程和要素的控制，旨在增强顾客满意度；ISO 14000 标准是用于组织建立环境管理体系，规范组织的环境管理，通过体系运行和持续改进，达到改善环境绩效，使社会及众多相关方满意；OHSMS 18000 标准是指导组织建立职业安全卫生管理体系，通过体系运行和持续改进，达到改善组织安全卫生绩效，满足员工及组织内相关方的要求。由于三大标准体系的问世时间不同，所以组织最初是分别采用这些标准建立各自的管理体系。但是，这些管理体系又有许多交叉和重复之处，这就给组织带来工作重复、资源浪费，并使管理效率、效益受到影响。解决这一问题的最佳途径，就是组织实施全面一体化管理。全面一体化是指组织在所有领域内以质量、环境、职业安全卫生为核心，以全面质量管理理论为基础，依据国际管理性标准框架，融合其他管理要求，优化整合协调一致管理，其目的在于让顾客满意及员工、相关方受益，从而达到长期成功。

## 复习思考题

1. 简述质量的含义及质量管理的发展历程。
2. 什么是建筑工程质量？它有什么特点？

3. 全面质量管理有何特征？

4. 企业应该如何实施全面质量管理？

5. 建筑企业质量管理的目的和任务是什么？

6. 质量管理中常用的统计分析方法有哪些？试简述其各自的特点。

7. 对某工程楼地面质量进行调查，发现有80间房间地面起砂，统计结果如表11-14所示，试绘制地面起砂原因排列图，并加以分析。

**地面起砂原因统计结果** 表11-14

| 起砂原因 | 起砂房间数 | 起砂原因 | 起砂房间数 |
|---|---|---|---|
| 砂含泥量过大 | 17 | 砂浆配合比不当 | 7 |
| 砂粒径过大 | 47 | 水泥强度等级太低 | 3 |
| 养护不良 | 5 | 压光不足 | 1 |

8. 某大型基础工程的混凝土设计强度为C30。在混凝土开始浇筑后，施工单位按规定预留了40组混凝土试块，根据其抗压强度试验结果绘制出频数分布情况见表11-15。

如已知C30混凝土强度质量控制范围取值为：上限 $T_u$=38.2MPa，下限 $T_L$=24.8MPa，请绘制频数直方图，并对混凝土浇筑质量给予全面评价。

**混凝土试块抗压强度试验结果** 表11-15

| 组号 | 分组区间（MPa） | 频数 | 频率 |
|---|---|---|---|
| 1 | 25.15～26.95 | 2 | 0.05 |
| 2 | 26.95～28.75 | 4 | 0.10 |
| 3 | 28.75～30.55 | 8 | 0.20 |
| 4 | 30.55～32.35 | 11 | 0.275 |
| 5 | 32.35～34.15 | 7 | 0.175 |
| 6 | 34.15～35.95 | 5 | 0.125 |
| 7 | 35.95～37.75 | 3 | 0.075 |

9. 三大标准体系有何异同？

10. 什么是一体化管理体系，企业为什么要建立一体化管理体系？

11. 建立一体化管理体系应该注意什么问题？

# 参考文献


[1] 孙兴民．建筑企业管理．北京：科学出版社，2002.

[2] 张国兴．建筑企业管理．武汉：武汉理工大学出版社，2005.

[3] 龚晓海．工程建设企业质量管理．北京：中国水利水电出版社，2002.

[4] 夏伯忠．全面质量管理．吉林：吉林人民出版社，1986.

[5] A. V. 菲根堡姆．全面质量管理．北京：机械工业出版社，1991.

[6] 华夏认证中心有限公司，中国铁路工程公司，中国铁道建筑总公司．建筑施工企业一体化管理体系的建立与实施．北京：中国标准出版社，2005.

# 第12章 建筑企业信息化建设与管理

**本章概要**

1. 企业信息化的概念、分类和发展历程；
2. 建筑企业实施信息化的结构、内容；
3. 建筑企业实施信息化的原则、步骤及注意事项；
4. 建筑企业信息化的具体表现。

## 12.1 建筑企业信息化概述

### 12.1.1 企业信息化及其分类

企业信息化是国家信息化的基础，是国家信息化的重要组成部分。要实现改造和提高传统产业、发展新兴产业和高科技产业、推进国民经济信息化，就必须推进企业信息化。事实上，产业是国民经济的基本组成部分，企业是产业的细胞。因此，企业信息化是国民经济信息化的基础，抓住了企业的信息化，就是抓住了信息化建设的关键。

1. 企业信息化的基本概念

企业信息化是指挖掘先进的管理理念，应用先进的计算机网络技术去整合企业现有的生产、经营、设计、制造、管理，及时地为企业的战术、战略决策、经营运作和管理提供准确而有效的数据信息，以便对市场需求做出迅速反应，其本质是提升企业的核心竞争力。

（1）企业信息化的内涵

①目标：利用先进的信息技术和手段，把瞬息万变的信息变成企业管理者的知识，将知识变成企业领导者的正确决策，最后由正确的决策带来企业实实在在的利润，从而帮助企业抓住机遇，快速反应市场，增加经济效益。

②手段：计算机网络技术。

③部门：涉及企业的各个部门，包括企业的生产、经营、设计、制造、管理等所有部门。

④支持层：高级管理层、中间管理层和基础业务层。

⑤功能：进行信息的收集、传输、加工、存储、更新和维护。

⑥组成：企业信息化是一个人机合一的系统，包括人、计算机网络硬件、系统平台、数据库平台、通用软件、应用软件及必要的终端设备。

（2）企业信息化的外延

①企业信息化的基础是企业的管理和运行模式，而不是计算机网络技术本身，计算机网络技术仅仅是实现企业信息化的手段。

②企业信息化建设的概念是发展的，它随着管理理念、实现手段等因素的发展而发展。

③企业信息化是一项集成技术。企业信息化建设的关键点在于信息的集成和共享，实现将关键的、准确的数据及时地传输到相应的决策人，为企业的决策运作提供可靠的数据。

④企业信息化是一个系统工程。企业的信息化建设是一个人机合一的、有层次的系统工程，包括企业领导和员工理念的信息化；企业决策、组织管理信息化；企业经营手段信息化；生产运作过程信息化。

⑤企业信息化的实现是一个过程。企业信息化包含了人才培养、咨询服务、方案设计、设备采购、网络建设、软件选型、应用培训、二次开发等过程。

2. 企业信息化的分类

企业信息化是一个动态发展的过程，企业信息化可以从不同的角度进行分类。

（1）按行业分类划分

不同的行业其信息化建设具有不同的特征，这些特征差异还往往很大。同行业企业的信息化往往有参照性和示范性。根据企业所属的行业，企业信息化可以分成：农业信息化、采掘业信息化、制造业信息化、建筑业信息化、金融业信息化、商业信息化、交通运输业信息化、服务业信息化等。

（2）按企业规模划分

不同规模企业的信息化实现途径和策略具有很大的差异。按企业规模，企业信息化可分成：大型企业信息化、中型企业信息化、小型企业信息化。

（3）按企业的市场范围划分

面向国际市场的企业和以国内市场为主的企业在企业信息化的紧迫性、规范性上有重大差别。按企业的市场范围，企业信息化可以分为外向型企业和内向型企业。

（4）按企业的工艺过程特点划分

不同工艺过程企业的信息管理和信息控制模式不同。按企业的工艺过程特点，企业信息化可以分为：离散型企业信息化和流程型企业信息化。

(5) 按照企业信息化的集成度划分

①单元技术。即限于某一业务流程的局部环节或步骤采用了信息化。

②技术部门集成。是指技术部门内部的全部单元技术集成，或是某一业务流程的各个环节均实现了信息化。

③企业内部集成。是指各个技术部门之间的信息化衔接，构成企业内部的信息化网络。

④动态联盟集成。这种信息化建设是以供应链或产业链为依据，以全社会甚至是全球的资源为对象，进行信息互联。

(6) 按照企业信息化的集成对象划分

①数据集成。这是针对各种易于显性化的信息进行管理。

②知识集成。主要是针对各种隐性的信息进行知识管理，使隐性知识显性化，成为便于传递的信息。

③人的集成。在信息化的建设中，人既是信息化的主体，又是信息化的客体。作为信息化的客体，人是信息的发布者、接受者和分析者，其行为应符合信息化的标准和要求，所有信息化的建设涉及到的人都应遵循上述要求，这就是对人的集成。

#### 3. 企业信息化的层次

当前，信息技术正由以前的注重单元技术和短期效益向注重整体、全局的信息化建设发展。从宏观角度看，企业信息化可以分为 3 个层次。

第一层次是企业在生产过程中广泛运用电子信息技术实现生产自动化，如生产设计与制造（CAD/CAM）、自动化控制（AC）、智能仪表。凡是在生产过程中应用电子信息技术的，均是企业信息化的一部分，同时也是企业信息化的基础部分，很多技术数据来源于该层次。

第二层次是企业数据的自动化、信息化。利用电子信息技术处理生产、销售、财务等方面数据，是最基础的数据信息化过程。

第三层次是更高层次的辅助管理、辅助决策系统，如 Intranet、Extranet、ERP 等。

### 12.1.2 企业信息化的发展过程

目前，关于企业信息化发展阶段的问题，国内外已有很多专家和学者进行了研究和描述。这些研究成果是对大量企业信息化实践的总结，它们从不同的角度反映了企业信息化的发展过程。

1. 诺兰模型

美国管理信息系统专家诺兰通过对 200 多个公司、部门开发信息系统的时间经验的总结，提出了著名的信息系统进化的阶段模型，即诺兰模型。

诺兰认为，任何组织由手工信息系统向以计算机为基础的信息系统发展时，都存在着一条客观的发展历程和规律。数据处理的发展涉及到技术的进步、应用的拓展、计划和控制战略的变化以及用户的状态 4 个方面。1979 年，诺兰将计算机信息系统的发展历程分为 6 个阶段。诺兰强调，任何组织在实现以计算机为基础的信息系统时都必须从一个阶段发展到下一个阶段，不能实现跨越式发展。

诺兰模型的 6 个阶段分别是：初始阶段、传播阶段、控制阶段、集成阶段、数据管理阶段和成熟阶段。

（1）初始阶段

组织引入了像管理应收账款和支付工资这样的数据处理系统，各个职能部门（如财务）的专家致力于发展他们自己的系统。人们对数据处理费用缺乏控制，信息系统的建立往往不讲究经济效益。用户对信息系统也是抱着敬而远之的态度。

（2）传播阶段

信息技术应用开始扩散，数据处理专家开始在组织内部鼓吹自动化作用。这时，组织管理者开始关注信息系统方面投资的经济效益，但是实质的控制还不存在。

（3）控制阶段

出于控制数据费用的需要，管理者开始召集来自不同部门的用户组成委员会，以共同规划信息系统的发展。管理信息系统成为一个正式部门，以控制其内部活动，启动了项目管理计划和系统发展方法。目前的应用开始走向正规，并为将来的信息系统发展打下了基础。

（4）集成阶段

组织从管理计算机转向管理信息资源，这是一个质的飞跃。从初始阶段到控制阶段，通常产生了很多独立的实体。在集成阶段，组织开始使用数据库和远程通信技术，努力整合现有的信息系统。

（5）数据管理阶段。信息系统开始从支持单项应用发展到在逻辑数据库支持下的综合应用。组织开始全面考察和评估信息系统建设的各种成本和效益，全面分析和解决信息系统投资中各个领域的平衡与协调问题。

（6）成熟阶段

中上层和高层管理者开始认识到，管理信息系统是组织不可缺少的基础，正式的信息资源计划和控制系统投入使用，以确保管理信息系统并支持业务计划，使信息资源管理的效益充分体现出来。

2.系统进化模型

美国的C·埃德沃斯等人利用两种参数，对企业信息化的发展过程进行了划分，埃德沃斯认为，信息技术在企业中的应用是沿着从内部到外部、从分散到整合、从追求效率到追求效益向前发展的。这种划分理清了企业应用信息技术的思想脉络，比较符合企业信息化的实际进程。同时，这种划分也为企业信息化实施、管理和评估奠定了基础。

（1）阶段1：内部效率

大多数组织的最初活动集中于开发以改善内部效率为目的的系统。秘书承担的任务被计算机化，出现了开发票、会计和订单处理这类任务的系统，数据处理部门已经诞生。

（2）阶段2：内部有效性

随着时间的推移，注意力转向以管理信息为目的，在计算机中存储大量信息和使用这些信息。这类信息与组织的内部工作相关，因此“管理信息系统”出现了。这一时期的主要问题在于系统开发的可用的工具仍是数据处理时期所使用的工具。用户提出了灵活性的要求，希望在他们的需求发生变化时可以修补系统。这时，还难以实现比较好的数据共享，每个部门都试图独立开发自己的系统。

（3）阶段3：内部综合

通过在各种业务功能之间共享数据，或以共享系统方式来努力实现综合。将企业中可用的信息综合，而不是把它们分割到各个功能子系统中。

（4）阶段4：外部效率

许多组织已经认识到：在纸张上打印订单并邮寄给供应商，只是为了供方把相关信息再输入到他们的计算机中，这是何等的慢和低效。不同组织的计算机连接起来形成网络克服了这种低效率，订单、发票、产品规格一起和其他文件都被电子邮件传送。

（5）阶段5：外部有效性

电子信息交换，涉及各种组织之间的信息共享。这里不只是客户和供应商之间联网而省去了有关的打印设备，而是为了所有方面的共同利益在各个不同的组织之间真正的共享信息。

（6）阶段6：外部综合

客户能够承担传统上是由供应商完成的任务，如由客户自己产生发票。供应商能够承担传统上由客户执行的任务，如供应商代表客户产生订货单。

3.渐进式模型

企业信息化的进程大致分为以下6个阶段，虽然企业信息化的过程未必都经历这6个阶段，这6个阶段在时间上的先后顺序也不是绝对的，但基本上遵循着由低级到高级、由局部到全局、由战术到战略的规律。

（1）企业进入数字化生存阶段

企业购买第一台计算机开始即进入数字化生存阶段。也许一开始只用它来打字，但是它对于企业来说是一个里程碑。企业知识第一次有了数字化的存在形式，标志着企业对于数字化生存的认可，企业信息化的进程从此开始。中国存在大量的企业，需要第一台计算机带领他们进入数字化生存的门槛。

（2）单点数字化阶段

单点数字化阶段是指企业某些部门的基本数据和文件开始进行数字化处理。其特征有以下几个方面。

①在个别部门内应用了处理软件。财务软件处理文件和数据，或使用拨号上网等单机形式从互联网上获得信息。

②软件的应用仅限于数据和信息的数字化，以便于数据和信息的存储查询和使用。

③没有使用数据库，或使用了数据库，但仅限于编辑、查询，输出，没有进一步的功能开发。

（3）单点自动化阶段

企业实现单点自动化，是指企业某些部门的业务流程的自动化，其特征有以下 3 点。

①在个别部门内应用办公自动化、计算机辅助设计系统、计算机辅助制造系统、人力资源管理系统、财务管理系统等，支持其业务流程的自动化，部门工作的效率得到了较大的提高。

②为适应企业信息化，部门内部进行业务流程重组。

③开始建立基于部门业务需要的数据库，数据库处于分散组织状态，部门内部的信息资源开始逐步有序化。

由于部门之间或企业与外部不能进行电子化的业务流程处理，故还称之为单点。单点自动化阶段可以表现为多种状态。一个部门实现了自动化叫单点自动化，多个部门实现了自动化，也不过是自动化思想的复制，所以，仍然叫单点自动化。就是对某一个点来说，单点自动化也是有层次的，企业可以不断地深化和改进单点的管理。盲目地追求整个企业的信息化，经常会导致信息技术应用的形式化，看起来很好看，而实际上信息技术在经营管理中并没有起到应有的作用。单点自动化是企业信息化的基础，只有把这一阶段的工作做好做实，整个企业的信息化才能真正地发挥作用。

对于以上 3 个阶段，信息技术的应用基本处于战术层次，即为自动化和信息沟通的工具。

（4）联合自动化阶段

在联合自动化阶段，企业部门之间或企业与外部可以进行电子化的业务流程处理，其特征如下：

①企业有了联合的集成框架，部门之间能够实现数据和资源的整合和优化。

②数据库管理成为企业关注的重要事情，建立了数据仓库，企业可以在一个平台上利用来自各个部门的信息进行计划、组织和控制工作。

③人们的思想认识发生根本的转变，开始尝试采用全新的工作方式。企业的组织结构和业务运行不再基于传统的部门制，组织结构实现扁平化，以团队或项目组形式进行业务运行，企业水平界限开始被打破。联合自动化阶段可以表现为多种状态。最初，可能只有两个部门之间实现了电子化业务流程处理。虽然如此，却标志着企业应用信息技术的水平又迈上了一个新的台阶。

（5）决策支持自动化阶段

企业实现自动化的决策支持，是指企业有了所有人员能够使用的辅助决策的知识平台和协调机制，还包括决策信息的自动发布，其特征有以下 4 点：

①信息和数据进入自组织状态，他们可以在恰当的时间自动、合理地流向需要它们的地方。

②应用了专家系统、决策支持系统等软件，企业的决策能力得到了加强。

③有面向各层次的简单易用的知识管理工具，企业能够及时地捕捉、加工和利用企业内外部的各种信息，可以实现业务的实时管理。

④组织层级之间的垂直界限被打破，信息在企业内部畅通无阻地流动，企业对市场的反应能力得到了极大的增强。

（6）敏捷的、虚拟化企业阶段

企业实现基于信息技术的敏捷的、虚拟化阶段，是指企业作为一个智能的主体，有快速反应市场的能力，并能利用与其他企业的协作，快速组织生产，满足市场需求，其特征如下：

①能通过网络和对企业采购、营销、维护数据的分析，及时了解市场信息和顾客需求。

②企业实现了与合作伙伴之间的数据和资源的共享与整合。

③在实现企业目标的过程中，企业能迅速找到合适的合作伙伴，将自己不擅长或盈利少的业务分包出去。

④企业打破了外部界限，实现了组织之间的业务流程重组；在信息技术的支持下，业务网络重新设计，业务范围重新定义。

对于以上 3 个阶段，信息技术的应用已处于战略层次。企业应该时刻准备着进行变革，实现对等的知识联网和集成的过程、对话式工作等新的组织和管理模式。企业在进行信息化投资前，应深入分析信息化的基础条件，认识评估所处的信息化阶段，有针对性地制订信息化方案。

### 12.1.3 建筑企业实施信息化的意义

企业信息化的本质作用，在于它将为企业建立起一个对外界变化多端的环境实现快速反应的机制，它的直接效果就是提高企业的管理效率与水平。可以从以下几个方面来具体认识企业信息化的作用和意义。

1. 企业信息化是迎接信息技术迅猛发展所带来的挑战的重要途径

从20世纪70年代中期开始的信息技术革命发展至今，已给经济生活带来了重大变化。随着因特网的发展，企业不仅获得了展示形象的新舞台，而且大大缩短了产品投入市场的时间，增强了他们直接与客商和用户的交流频度。全面依赖信息技术开展电子商务，将成为任何一个传统企业发展的必然趋势。为迎接信息技术迅猛发展带来的这一挑战，企业必须加速信息化建设的步伐。

2. 企业信息化是企业迈向知识经济的通行证

知识经济的一个重要特点就是将信息与知识视为企业头等重要的战略资源。在知识经济时代，企业间的竞争从物质资源的争夺转向对知识、信息资源的争夺，而争夺的基础就是建立一个能够提供高效获取知识与信息的电子平台以及与其相配套的企业信息化管理的运作机制。没有这张"通行证"，企业就根本谈不上进入知识经济。

3. 企业信息化是迎接全球化的重要准备

面对经济全球化的大趋势，特别是我国加入WTO后，企业将全面融入国际大循环中，直接地面对国际竞争。这一发展趋势向我国企业（尤其是那些目前尚处于政府计划分配资源、政策垄断市场的企业）参与国际、国内市场资源配置的竞争，提出了严峻的挑战。而推行企业信息化则是迎接经济全球化的重要准备。事实上通过信息化，企业可以加速技术创新、管理创新和体制创新的步伐；通过信息化，企业可以更为便利地直接面对国际环境，而这正是企业是否能参与国际竞争的直接影响因素。

4. 企业信息化是企业提高自身竞争力的重要保证

在今天这个信息传播畅通无阻的时代，企业竞争力的提高将更多地取决于其快速获取和处理信息的能力。企业发展依靠的是正确的决策，而决策的基础则是信息。对企业来说，怎么样比对手先一步获得有效的市场信息在今天将变得愈来愈关键。离开现代信息技术的支撑，缺乏信息意识，这关键的"先一步"则难以实现。知己知彼方能百战不殆，因此企业信息化建设是企业提高自身竞争力的重要保证。

5. 企业信息化是企业适应市场的客观需要

对企业来说，市场就是其生命线。迅速对市场需求变化做出反应并及时推出适销对路的新产品，是企业成功的关键所在。在买方市场条件下，企业为满足消费者的需求，不仅仅要提供物美价廉的产品，而且还要提供包括对应于产品高附加值的服务。借助于现代计算机网络技术，对内可使生产经营活动过程中的人流、物流、资金流、信息流处于最佳状态，以最少的投入获得最大的产出；对外则可跨越传统的中间商环节，直接面对顾客，从而以更低的价格和更高的产品、服务质量赢得市场。因此，企业要适应市场环境，就必须推行企业信息化。

6. 企业信息化是提高企业管理效率与水平的重要基础

有关研究资料显示，我国的企业管理存在这样一些问题：管理流程不规范，岗位职能不明确；对于迅速变化的市场反应迟钝，缺乏市场风险的防范机制，缺乏应急对策与风险的转移能力；缺乏对迅速发展的新技术的跟踪和发展能力；缺乏对资金的运营能力；缺乏适应新经济时代的人才吸引、使用和培养机制等。

建立一个高效的企业信息管理系统以及信息资源利用机制，是有效解决上述问题的重要途径之一。企业信息化将促使企业形成一个规范的、高效的、科学的管理流程，促使信息在企业内部顺畅地流动，这包括供应链环节中的各种业务信息、市场环境信息、技术发展信息、资金运营信息、人力资源流动信息、基础状况信息等。而这些信息的掌握和有效利用，是企业经营者进行科学决策的重要基础。

### 12.1.4 实施信息化对建筑企业的影响

1. 改进经营管理理念

企业在信息时代面临的外部环境变得极其复杂。从需求方面看，市场将进一步细分并趋向个性化。消费需求的个性化将进一步促进原材料需求的多样化、高品质化。借助于信息网络的作用，消费品生产商和原材料供应商将形成共同的网络形组织，迅速、快捷地获取市场需求。建筑企业要想适应信息时代快速灵活的特点，必须首先改进原有的管理理念和经营思路，以适应新形势的要求。

2. 企业组织重组

工业时代的企业主要是依照物流流程组织的，专业化分工是物流的基础。而在信息时代，企业需要在信息流的基础上重新构建组织，这种重新构建的基本特点是：对标准的信息进行实时处理和共享，而将非标准化的信息提供给人，由人脑进行分析，做出决策。

3. 生产要素重组

企业在信息时代的最主要的特征是“以快应变”，即以快速的反应来适应外部环境的变化。在这种情况下，企业的人才和技术储备的投入将变得极为重要，资本的重要性进一步缩小。技术，特别是信息技术将满足企业对信息的管理要求，而人才的重要作用，在于把信息进行综合、创新，进而转变为知识和决策。对技术和人才的投入与储备，将是网络时代企业的两项基本建设。

4. 工作流程重组

在未来的信息时代，企业必须利用信息技术才能做到：取得市场信息快，决策快，产品开发快，生产快，结算快，上市快，反馈快。而做到这些，就是要最大限度地减少各个环节之间的时间浪费，把能够合并的环节合并，实现流程重组。

## 12.2 建筑企业信息化系统的结构和内容

### 12.2.1 企业信息化系统的结构类型

对于一般的信息化系统，其拓扑结构有以下几种形式。

1. 总线式结构

总线式结构的信息流程如图 12-1 所示，企业设置最高层的信息中心，在各个职能中心（或业务中心、项目中心）设置信息节点。信息在信息中心和信息节点之间流动传递，信息节点向信息中心上报节点的业务信息，信息中心向各个信息节点发布指令信息。

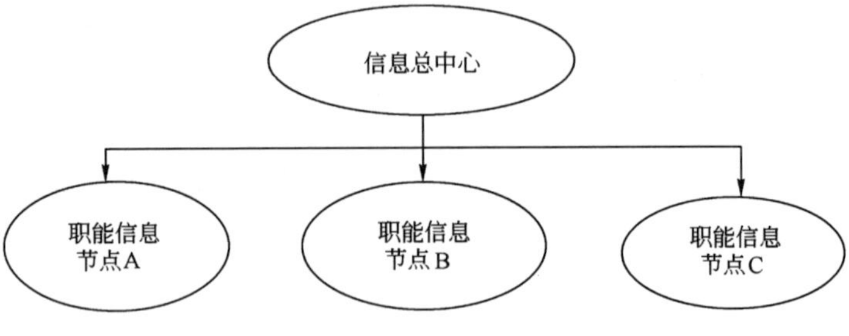


图 12-1 总线式结构

总线式结构具有以下特点：

(1) 各个信息节点之间不能直接进行信息流通，必须向信息中心发出申请指令并经信息中心确认后，才能传递信息。

(2) 各个信息节点与信息中心间的信息传递只有一条通路（即总线）。

这种拓扑结构的优点是：信息来源明确，信息控制严格，相应的硬件投资费用较低。缺点是：信息流通总线唯一，安全性差，各个信息节点之间缺乏横向联系。

### 2. 星形结构

星形结构的信息流程如图 12-2 所示，与总线式结构一样，在企业最高层设置信息中心，在各个职能部门设置信息节点。但不同于总线式结构的是，每一个信息节点与信息中心之间均设置信息通道，可以同时进行传递。当然，各个节点之间的信息传递仍由信息中心控制。这种结构的优点是总体安全性高。缺点是结构比较复杂，设备投资较高。

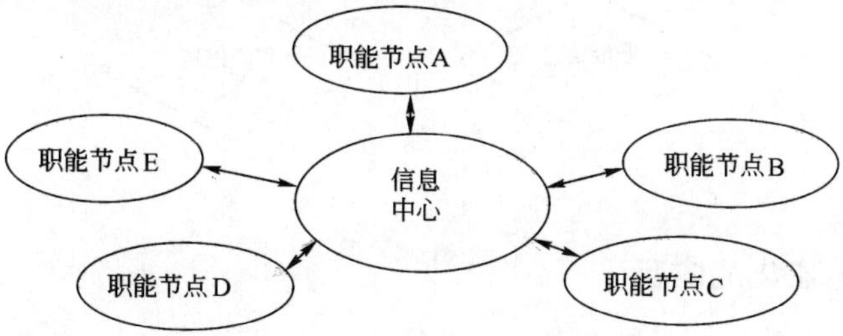


图 12-2　星形结构

### 3. 环状结构

环状结构如图 12-3 所示，其特点是各个信息节点挂接在同一个信息环上，彼此之间的地位相同，通过共享的信息环进行各个节点间的信息传递。对于需要中心数据处理时，某一节点可以强化为信息分析中心。环状结构的优点在于拓扑结构简单且易于扩展，构架的安全性要优于总线式结构。

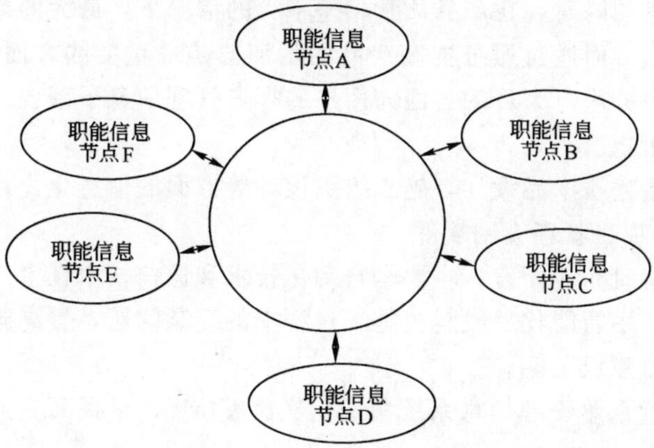


图 12-3　环状结构

### 4. 网状结构

网状结构是最为复杂的一种形式，其结构如图 12-4 所示。这种结构同样也是弱化了信息分析中心的地位，各个信息节点之间均设有信息通道，两点之间的信息访问不受第三方的影响，因而信息的传递也最为畅通。

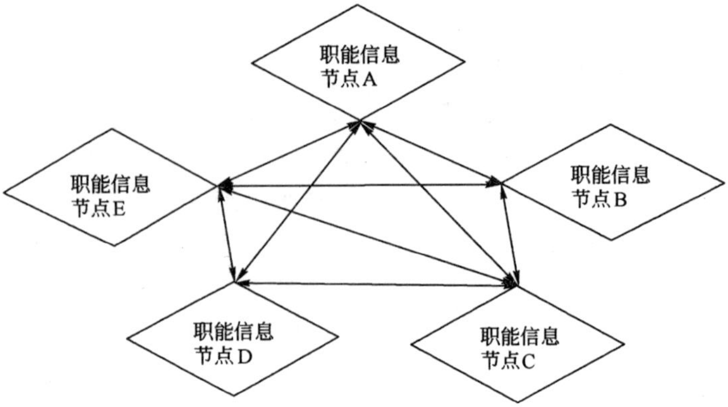


图 12-4 网状结构

### 12.2.2 建筑企业信息化的内容

1. 企业信息化的一般内容

一套完善、科学的企业信息系统必然要渗透到企业的各个业务环节和管理职能中，这样才能发挥出巨大的效能。一般来说，企业信息化的内容应该包含以下 5 个方面。

(1) 产品信息化。利用数字技术，增加传统产品的功能，提高产品的附加值。例如数字化大厦和智能化小区的出现，就是建筑企业产品新功能的体现。进一步讲，技术上的壁垒不会成为最终的障碍，在产品质量相差不大的情况下，最大的差别在于服务，在于产品的附加值，而通过服务提高产品的附加值是最重要的方面。所谓建筑产品信息化，是将以服务用户为目的、面向用户的客户管理信息子系统也作为建筑产品的一部分提交给用户。

(2) 设计信息化。主要是指建筑产品设计，施工组织设计等方面的信息化，目前普遍应用的是 CAD 和相关的项目管理应用软件。

(3) 生产过程信息化。对建筑企业而言，主要是自动化技术和通信技术在生产过程中的应用。采取自动控制，用智能化手段解决施工过程中的复杂问题，提高施工的质量，降低工程成本和缩短建设工期。

(4) 企业管理信息化。进行企业管理信息系统集成，实施 CIMS，以提高企业管理水平。

(5) 市场经营信息化。通过实施电子商务使项目投标决策、材料设备及劳动力等资源供应信息化，从而可以大大节约经营成本，提高经济效益。

2. 建筑企业信息化的具体应用

综合建筑企业的自身特点，企业信息化系统将在以下 3 个方面得到应用。

（1）辅助基层业务处理

辅助基层业务处理的主要目的是提高效率，降低成本，这也是目前运用较普遍的层次。

①辅助投标。目前投标书的制作已基本由计算机辅助完成，如用 CAD 软件及 Project 等项目管理软件绘图；Office 软件进行文字编辑；概预算软件编制商务报价；利用计算机、投影仪唱标演示等。

②辅助施工过程控制。如编制施工组织设计、施工计划、施工预算、财务会计处理、工程结算等。

③充分利用设计成果，提高效率。设计单位向建设单位、施工单位提交图纸、资料，以电子文档代替目前的纸面文档，提高了传递速度；同时便于施工单位的二次利用（翻样、施工预算、成本控制），节省大量的人力、纸张、时间等资源。

④辅助采购。将整个企业的材料、设备采购需求合并，统一由企业利用互联网对外发标，通过网上供货商的竞标，以最低价格完成采购。这样不仅有利于降低材料、设备的采购价格，同时也有利于降低采购成本。如通用汽车公司实施全球各地的采购集中进行法，现每年仅办公类物品的采购就可节省上千万美元的支出。

⑤辅助企业实现依法经营。工程项目建设中会涉及很多相关的法律、条例、规程、规范、定额等法规性文件，涉外工程还将涉及到项目所在国的法律法规文件、规则惯例。企业很难将这些资料收集齐全，有时即使有资料，查询起来也相当费时。随着政府上网工程的推行，将使企业查找法规性文件变得非常容易。

⑥辅助企业进行统计工作。过去企业的综合性统计数据，需要在月底、季末、年底计算后才能得到，计算机系统的应用使得管理人员随时可得到企业前一天、上月、上季乃至一年内任何时间、任何类别的信息。

⑦辅助营销。互联网的广泛性，为企业开辟了一个新的销售渠道，使得无店铺销售成为可能。通过互联网，企业可获得大量定购信息，再向供货商获得产品，提供给最终的客户。不需要大量有形资产的投入，就可以完成传统贸易公司全球业务，成本低，利润大。就建筑而言，可利用互联网在世界范围内实现企业介绍、投标报价、签订合同、工程结算等。

（2）辅助管理

建筑管理的职能是计划、组织、协调、领导和控制。实施企业管理信息化，可以更好地计划、组织、协调、控制，从而及时实现价值。

①计划。当前流行的计划管理软件有 P3、Project、梦龙、同洲等。一般建筑企业均拥有此类软件，但目前大多还停留在打字阶段，其强大功能远未充分利用。进一步利用目标应是：综合考虑工程成本、质量等因素确定工程最优工期；根据工期目标、资源配置、劳动定额等条件自动生成详细的优化网络计划，用以指导施

工；根据工期、劳动定额等条件优化资源配置；为实施施工进度的动态控制提供分析资料。

②组织。

a. 促使组织结构扁平化。随着企业的扩张，其管理层次和机构也在发展，结果使组织结构越来越臃肿，管理流程越来越复杂，造成大量的冗员和官僚作风。而当今高速变化的市场，需要企业迅速对市场做出反应，使决策者和执行者快速沟通，企业结构必须趋向扁平。若能充分利用信息技术手段，使管理人员的管理跨度大幅提高，组织结构即可迅速扁平，既精简了机构、人员，又提高了效率、效益，真正做到向管理要效益。

b. 合作组织虚拟化。当前整个世界施工能力过剩，因此对于扩展的企业，更多地采取专业化的协作方式，有任务时，合作干；无任务时，各奔前程。互联网使实现世界级虚拟合作成为现实。众所周知的 IBM 公司，已经大规模地精简了制造工厂，每年的产品主要依靠上千个合作制造商完成，而这就是依靠信息手段将自己和合作制造商联系在一起的。IBM 的采购中心将其信息专线一直接到其合作制造商的生产线上，在第一时间就能掌握生产进度、质量、制造成本等。

③协调。由于建筑企业的可变因素多，协调工作量非常大。通过建立公司的机械信息网、周转性材料信息网、人力资源信息网、资金信息网等，使资源的时空调配变得非常简单、及时、合理，并可使现有的资源得以充分利用，也将促使企业资源不断优化。此外，通过建立网络化的平台，可使声音、文字、图像等交流不受时空、组织的限制，从而使大量且复杂的施工界面及工种间的技术协调得以简化。

④控制。建筑企业需要控制的要素有进度、质量、成本、安全、环保等，通过信息系统实现信息公开、程序透明、规范化运营，避免人为因素，可以及时发现和解决出现的问题，提高对过程的动态、量化控制。

（3）辅助决策

决策的基本内容是制订企业的目标和战略，决定企业的经营方针和组织结构等。

建筑企业的辅助决策信息系统主要有国际国内工程项目信息系统、企业人财物资源信息系统、生产信息系统、管理信息系统、行业技术信息系统、政策信息系统、行业发展方向信息系统以及多元化经营研究信息系统。

辅助决策信息系统的主要作用是根据及时全面的信息，利用现代管理方法和数学模型，辅助决策者进行科学决策，使科学的决策方法代替主要依靠决策人的经验进行决策的传统方法变为现实，从而科学合理地规划企业目标和充分利用人财物资源。

## 12.3 建筑企业信息化的实施

### 12.3.1 建筑企业实施的基础

#### 1.需要领导的大力支持与参与

企业信息化监视要定位在企业的决策者和管理者。企业的信息化系统是为企业管理服务的，是一种现代化的管理手段。企业的领导者能够利用信息系统平台，及时准确地了解到与企业生产运作密切相关的各类信息，从而进行科学的管理。因此，作为这一现代化管理手段的主要使用者，企业的领导尤其是高层领导，必须从思想深处对企业信息化建设有充分的认识，一方面要认清企业信息化建设是发展的必然方向，主动地去接受信息化建设；另一方面对于信息化建设中出现的各种问题和困难，也要做好思想准备，要有打攻坚战的准备。

国外一些发达国家的企业信息化建设经过多年的发展，已经建立和完善了信息化领导机制。最高信息主管（Chief Information Office，CIO）作为最高管理层中的一员，全面负责企业信息基础建设、信息资源与业务流程的整合等战略性工作，从而推进企业信息化工作健康有序地进行。审视国内企业，尤其是一些传统企业，由于在信息化意识、文化背景、管理体制和模式等方面与国外企业存在着迥异和差距，必须仔细研究自身特点，不能简单地不加扬弃地效仿国外企业的做法。

对于国内企业来说，不仅要拥有自己的CIO，更重要的是要有企业一把手的全力支持和直接参与。由于企业领导所具有的独特地位、权威和“光晕效应”，他的态度对企业信息化具有十分重要的战略意义。这就是目前人们常常提到的“企业信息化是一把手工程”的概念。传统企业信息化首先要从最高管理者开始。由此可见，作为企业，只有成立由一把手为组长的企业信息化推进领导小组，加强对企业信息化的领导，形成有效的信息化领导机制，才能从战略的高度做好信息化建设工作。

#### 2.需要具备科学合理的管理制度

企业的信息化建设借助于现代网络信息技术使得企业的信息传递更加畅通，但在某种意义上讲，它所起到的是一种催化剂的作用，要使其发挥巨大的功效，还必须以企业科学合理的管理体系作为基础。

首先，管理体系为信息化建设提供合理的信息流程。信息流程是参照管理流程而设定，如果管理体系本身就不完善，管理流程存在着诸多紊乱，信息流程就会出现错误，有时甚至将管理体系中的错误放大，使后果更为严重。

其次，管理体系为信息化建设提供职能保证。信息化建设的核心就是实现信息的价值增值，信息作为资源要素，要通过具体的管理职能（计划、组织、领导、协调、控制等）来实现其价值，而各个管理职能综合体现为管理体系，因此，信息化建设必须依靠管理体系提供的管理职能进行具体运作。

最后，管理信息为信息系统提供规范的信息数据格式。信息系统传递的信息应当具备统一的规范格式，目的是节约时间，使信息的接受方不产生歧义或误解。管理体系以规章制度的形式对信息格式做出统一的规定，为信息系统提供形式上的保证。

3. 需要组建跨部门的团队

理想的信息化组织机构是在企业内部组建一个跨部门的、长期的独立团队。它直接受命于企业信息化领导小组，由具有全新的知识结构、信息化意识和管理理念的人员领导，汇集企业各方面的业务骨干和精英。这样的团队不仅为企业信息化提供技术支持，更重要的是对业务流程的梳理和规范，统一业务流程基础数据的数字化，建立类似于ISO质量标准体系的信息化建设、实施和评估体系，从而可以很好地将信息技术与传统业务有机地整合。

4. 需要新型人才当家作主

企业信息化的主体是人，从某种意义上讲，信息化首先是人的信息化。如果从企业高层管理者一直到普通员工都对信息化有正确的认识，并掌握一定的信息化知识，那么，一切问题将迎刃而解。但是，事实上在一些传统企业中，我们却不得不面对这样的现实：管理层知识老化、观念陈腐、因循守旧、故步自封，远远不能理解信息化的真正含义。而中底层管理者虽然有这方面的人才，往往人微言轻，正确的意见得不到采纳。在社会大环境的影响下，他们一方面在招聘计算机专业人才，另一方面这样的人才却在悄悄流失。所以，只有具有信息化意识的新型人才真正走上中高级管理层，形成有效的人才机制，才能为实施信息化奠定基础。

### 12.3.2 建筑企业信息化实施的原则

1. 利益最大化

利益最大化是企业进行一切经营活动的根本目的。在信息经济时代，信息化建设的出发点就是将信息作为一项重要的资源，使其创造出更大的价值。遵循这一原则，企业必须考虑如何使信息的价值充分地体现，信息与人力、资本、物资和技术知识等资源要密切地衔接和配合，真正使信息渗透到管理系统的各个职能中去；同时要考虑各种新增的成本，把眼前利益和长远利益结合起来，追求最佳效益。

2. 稳定性与灵活性相结合

信息系统一经形成，将成为企业信息要素传递的基本通道。随着信息经济的深入发展，信息要素在企业发展中的权重将不断增大，信息系统将作为指导整个企业经营运作的框架。信息系统的重要作用必然要求其具备优良的稳定性，这包括两方面的内容：一是系统的运行质量稳定，故障率必须低；二是强调主体结构稳定，不宜频繁改动。信息时代的环境条件变化更为迅速，信息系统作为整个企业的神经中枢，要及时应对各种变化，灵活地对自身作出各种适应的调整。

稳定性与灵活性是一致的。系统建设之初为避免出现频繁的变动，要充分考虑到各种不定因素以及相应的措施去灵活应对，稳定性要求系统建设留有余地。一个灵活的信息系统具备很强的适应性，能够在主体结构保持相对稳定的情况下处理新情况、新问题。系统的灵活性越强，对系统的变动也就越少，系统也就越稳定。

3. 长期性与阶段性相一致

信息技术起初的作用是战术层次的，但随着它向企业经营各个环节的渗透，会逐渐产生战略性的影响，从作为自动化的工具和信息沟通的手段，到决策支持直至促使企业运作模式和组织结构的变化，这可能是一个相当漫长的过程。在这一过程中，制订阶段性的发展计划是完全有必要的。信息系统发展的速度取决于两个因素：一是随着企业业务的发展而发展，而信息系统的发展、企业信息化水平的提高反过来又促进企业业务的发展。这样就形成一个良性的循环。二是随着员工对数字化工具使用的水平提高而提高。长期性的发展战略为企业的信息化建设指明方向，阶段性的发展计划则是将这一目标细化分解，每一个阶段性成果的取得，都会使得整个信息化建设前进一步，能够不断地激励员工的热情；同时，一旦环境条件发生变化时，阶段性的发展计划又能对整体的发展战略作出及时正确的调整，确保信息化建设的质量水平。在这一过程中，教育培训工作应该始终走在前面，使员工对数字化工具的使用产生成就感和舒适感，不能让信息系统的发展使员工感到无所适从，疲于奔命。

4. 面向使用端的实用性

信息化建设中选取的信息系统软件大致有两种类型：一种是通用型软件，如Project、P3等项目管理软件；另一类是专门为某一企业量身定做的软件平台，或基于某一种现有的通用软件平台进行系统的二次开发。不管企业采用哪一种类型，都必须强调面向使用端的实用性。开发人员与使用方必须经常互相沟通、交流，使开发员的技术用语与使用端的业务术语在项目含义上基本一致，满足企业的特定需求；同时，企业也应当尽可能地遵循行业的统一标准规范，减少系统软件不必要的调整。

5. 系统性和模块化相结合

企业作为一个整体，系统性是企业的内在要求。信息化建设涉及企业的方方面面，因此，也必须符合系统性原理。企业在信息化建设之初，就应当对信息系统的整体做统筹安排，明确总体要求和各个业务之间的内在联系。在系统设计中，应当遵循模块化的设计原则，将系统化整为零。首先，有利于企业的信息化建设取得阶段性成果，尤其是某些问题难以马上解决的情况下，避免全局工作止步不前；其次，便于及时对系统作出调整，当系统某些环节的最初要求或目标不能够适应环境的变化要求时，只需要对涉及到的模块作出调整即可，不至于对整个信息系统造成重大影响；最后，方便企业开展员工培训工作，减少信息化建设中的阻力。

6. 应具备自我诊断和自我完善的机能

在信息经济时代，信息要素是反应最为灵敏的要素，据此建立的信息系统也必然是一个灵敏迅速的系统。信息系统要向着智能化的方向发展，一旦系统中出现事故，能够进行自我诊断，分析判断出问题的所在，并且能够提出相应的参考方案，使信息系统成为具有生命力的有机体。

### 12.3.3 建筑企业信息化实施的步骤

1. 明确信息化的内容

企业进行信息化建设时，并不是所有的业务都适合或都必然要建成信息化系统，明确企业信息化建设的内容将避免耗费无谓的时间和精力。

2. 明确信息流程

根据企业的信息源和信息流向明确信息流程，分析各信息系统模块的功能和相互关系，然后确定与之相应的信息系统拓扑结构，并对企业的管理流程和组织结构进行适当的调整。

3. 信息节点的设置

信息节点的作用是信息收集汇总、分析整理和传递发布。信息节点一般设置在控制的关键点上。以施工过程为例，质量控制中的关键工序和关键部位均应当设置信息节点，以此作为采集控制施工现场第一手资料的依据。信息节点的数量根据信息流量、重要程度、地域分布和业务流程的需要来确定。

4. 信息平台的选取

信息平台是整个系统的基础，因此，要求信息平台具备良好的稳定性、安全性、兼容性和扩展性。稳定是指平台的运行状况必须稳定，易于采用成熟的技术；

安全性则是强调平台能够很好地防止各种非法的侵入；信息化建设本身是在不断发展的，因此，必然要考虑选取现有的通用型软件，也可能是根据企业自身的特殊要求进行的二次开发。

5. 人员的培训

这种人员培训必须是全员的、全岗位、全过程的培训。上至企业最高层领导，下至施工现场的普通职工，都要清楚地了解信息化对企业发展的意义，掌握在本岗位的具体运用。通过培训，不仅要使企业职工成为信息化建设的参与者，更要成为设计者和创新者。

6. 系统试运行

信息系统与企业原有的管理系统存在一个衔接过程，在这个衔接过程中，信息系统进行试运行，检验信息系统的质量，发现其中存在的各种问题，提出整改措施，直到整个系统能够无“摩擦”地运行。

7. 信息系统的改进完善

信息化建设不可能一蹴而就和一劳永逸，信息系统在具体的使用中，需要进行不断的改进、提高和完善，这既是环境条件变化的客观要求，也是信息系统保持持续生命力的内在需要。

### 12.3.4 建筑企业信息化建设应注意的问题

1. 控制信息化建设的成本

企业的信息化建设不仅需要投入大量的人力、物力和时间，并且会对原有的管理体系产生改变，会产生制度成本和替代成本，因此，必须要考虑信息化建设的成本问题。在考虑成本问题时，要全方位综合地考虑，对信息化建设所能增加的价值和所带来的成本变化要有一个较为精确的分析，把企业的长期利益和短期利益相结合。信息化一定要算效益账，要有投资回报率的概念，宁缺毋滥。

对我国建筑企业而言，由于人工成本低和从业人员的素质不高，又长期受计划体制的影响，在推行信息化建设时的阻力尤其巨大，并且受施工现场的条件约束，相应的各种成本也较高，因此，建筑企业应根据行业特点和本企业的实际情况，以科学的态度处理信息化建设的成本问题。

2. 掌握信息化建设的时机

就发展趋势而言，企业信息化建设势在必行。但是，企业信息化建设存在一个时机问题。一方面它需要企业具有良好的管理基础工作，在人员、物资、制度和环境等各种因素到位的情况下才能提到议事日程上来，要避免盲目地赶潮流；同时，企业信息化建设需要较长的时间，要尽可能地避免与其他工作相冲突。另一方面，企业要对当前的各项成本综合考虑，在企业利益最大化的原则下开展信息化建设。

3. 明确信息系统的辅助决策功能

信息系统的辅助决策功能有两层含义：一是指通过信息系统提供的决策模型可以很好地辅助决策，对市场的变化做出迅速反应，从而避免决策过程中的主观臆断，增强决策的科学性；二是作为管理者，必须认识到信息系统的决策模型起到的作用仅是辅助性的，其决策是辅助决策，而不能代替人进行决策。因此，在使用信息系统时，必须要明确其辅助决策性，对信息系统业务流程的原理要知其然，更要知其所以然。

4. 保证信息系统中的信息安全

信息安全是信息化建设的基本要求，未经授权的信息访问者一旦侵入信息系统，所造成的危害是难以估量的。信息安全主要通过以下几个方面实现。

（1）访问控制。即对访问用户进行访问授权，设定访问等级。

（2）认证。保证另一方确实是所需要的对话者。

（3）一致性。发出和接受的信息必须是一致的。

（4）设置“防火墙”。确保信息系统不被非法用户侵入。

（5）设置“信息访问跟踪”。即对每一个访问用户的每一次访问均进行记录，设置问题档案，并提出相应的责任要求。

5. 实现信息化建设中的信息价值增值

通过企业的信息化建设，管理者能够初步掌握与企业发展相关的各类信息。但是，信息化决不能只停留在信息数据的收集整理上，应当注重将信息管理上升到知识管理的高度。

对于建筑企业而言，现场的工程管理者在每项工程建设的实践中都积累了大量的实用型知识，使这些隐性的知识转化为可供整个企业所共享的知识，在今后的工作中加以应用，将会不断提高建筑企业的管理水平。企业实施信息化，为知识传播、团队学习、组织提高提供了信息化平台，这样才能真正体现出信息价值的增值。

## 12.4 建筑企业实施信息化的具体表现

### 12.4.1 企业资源计划（ERP）

1. 企业资源计划概述

（1）企业资源计划概念

企业资源计划（Enterprise Resource Planning，ERP）起源于 20 世纪 60 年代

初，是由美国加特纳公司（Gartner Group Inc.）最早提出的一种管理理念。ERP是一种科学管理思想的计算机实现，它强调对产品研发与设计、作业控制、生产计划、投入品采购、市场营销、销售、库存（投入品、半成品、成品）、财务和人事等方面进行集成优化的管理，并包括相应的模块组成部分。由于企业的管理主要涉及物流、信息流和资金流，一般的管理模块主要包括三个方面的内容：生产控制（计划、制造）、物流管理（分销、采购、库存管理）和财务管理（会计和出纳、财务管理）。ERP并非机械地适应于企业现有流程，而是对企业流程不合理部分提出改进和优化建议，并可能导致组织机构的重新设计和业务流程的重组，其含义可以从以下3个方面理解。

①ERP是由美国著名的计算机技术咨询和评估集团Garter Group Inc. 提出的一整套企业管理系统体系标准，其实质是在MRPII（Manufacturing Resources Planning）基础上进一步发展而成的面向供应链（Supply Chain）的管理思想。

②ERP是综合应用了客户机、服务器体系、关系数据库结构、面向对象技术、图形用户界面、第四代语言（4GL）、网络通信等信息产业成果，以ERP管理思想为灵魂的软件产品。

③ERP是整合了企业管理理念、业务流程、基础数据、人力物力、计算机硬件和软件于一体的企业资源管理系统。

（2）企业资源与ERP

厂房、生产线、加工设备、检测设备、运输工具等都是企业的硬件资源，人力、管理、信誉、融资能力、组织结构、员工的劳动热情等就是企业的软件资源。企业在运行发展中，这些资源相互作用，形成企业进行生产活动、完成建设单位交予的任务、创造社会财富、实现社会财富、实现企业价值的基础，反映企业在竞争发展中的地位。

ERP系统的管理对象便是上述各种资源及生产要素，通过ERP的使用，使企业的生产过程能及时、高质地完成建设单位交予的任务，最大限度地发挥这些资源的作用，并根据用户需求及生产状况作出调整资源的决策。

（3）ERP的作用

企业发展的重要标志是合理调整和运用上述资源，在没有ERP这样的现代化管理工具时，企业资源状况及调整方向不清楚，要做调整安排是相当困难的，调整过程会相当漫长，企业的组织结构只能是金字塔形的，部门间的协作交流相对较弱，资源的运行难以把握，并难以作出调整。信息技术的发展，特别是针对企业资源进行管理而设计的ERP系统正是针对这些问题设计的，成功推行的结果必然使企业能更好地运行资源。

（4）ERP与信息技术发展的关系

计算机技术特别是数据库技术的发展为企业建立管理信息系统，甚至对改变管理思想起到了不可估量的作用，管理思想的发展与信息技术的发展是互成因果的环路。实践证明，信息技术在企业的管理层面扮演着越来越重要的角色。

2. 企业资源计划的发展历史

信息技术最初在管理上的运用是十分简单的，主要是记录一些数据，方便查询和汇总，而现在发展成为建立在全国 Internet 基础上的跨国家、跨企业的运行体系。回顾信息技术的发展历程，大致可分为以下阶段。

①MIS（Management Information System）阶段。企业的信息管理系统主要是记录大量原始数据，支持查询、汇总等方面的工作。

②MRP（Material Require Planning）阶段。企业的信息管理系统对产品构成进行管理，借助计算机的运算能力及系统对客户订单、在库物料、产品构成的管理能力，根据客户订单，按照产品结构清单展开并计算物料需求计划，实现减少库存、优化库存的管理目标。

③MRP II（Manufacture Resource Planning）阶段。在 MRP 管理系统的基础上，系统增加了对企业生产中心、加工工时、生产能力等方面的管理，以实现计算机进行生产计划的功能，同时也将财务的功能囊括进来，在企业中形成以计算机为核心的闭环管理系统，这种管理系统已能动态监测到产、供、销的全部过程。

④ERP（Enterprise Resource Planning）阶段。进入 ERP 阶段后，以计算机为核心的企业级管理系统更为成熟，系统增加了包括财务预测、生产能力、调整资源调度等方面的功能。配合企业实现 JIT 管理、全面质量管理和生产资源调度管理及辅助决策的功能，成为企业进行生产管理及决策的平台工具。

⑤电子商务时代的 ERP。Internet 技术的成熟，增强了企业与客户或供应商实现信息共享和直接进行数据交换的能力，从而强化了企业间的联系，ERP 系统能够实现这方面的功能，使决策者及业务部门实现跨企业的联合作战。

由此可见，ERP 的应用可以有效地促进现有企业管理的现代化、科学化，适应日益激烈的市场竞争要求，它的导入已经成为大势所趋。

3. 企业资源计划软件的基本功能

ERP 是将企业的三大流：物流、资金流、信息流进行全面一体化管理的管理信息系统。目前用于生产企业的 ERP 软件系统的功能模块一般包括 3 个方面的内容：生产控制（计划、制造）、物流管理（分销、采购、库存管理）和财务管理（会计核算、财务管理），随着企业对人力资源管理日益重视，已经有越来越多的 ERP 开发商将人力资源管理作为 ERP 系统的一个重要组成部分。以下将从 4 个方面给予介绍。

（1）财务管理模块

一般的ERP软件的财务管理模块分为会计核算与财务管理两个子模块。

①会计核算。会计核算主要是记录、核算、反映和分析资金在企业经营活动中的变动过程及其结果。它由总账、应收账、现金、固定资产、多币制等部分构成。

②财务管理。财务管理的功能主要是基于会计核算的数据加以分析，从而进行相应的预测、管理和控制活动。它侧重于财务计划、控制、分析和预测。其中计划分析就是通过用户定义的差异数据的图形显示，进行财务绩效评估、账户分析等；财务计划就是根据前期财务分析作出下期的财务计划、预算等；而财务决策则是财务管理的核心部分，其中心内容是作出有关资金的决策，包括资金筹集、投放及资金管理。

（2）生产控制管理模块

这一部分是ERP系统的核心所在，它将企业的整个生产过程有机地结合起来，使得企业能够有效地降低库存，提高效率。原本分散的生产环节的自动衔接使生产流程得以连贯顺畅地进行，避免出现生产脱节，延误交货的情况。

生产控制管理是一个以计划为导向的先进的生产管理方法。首先，企业确定一个总生产计划，再经过系统层层细分后，下达到各个部门去执行；生产部门据此生产，采购部门按此采购等。

①主生产计划。根据生产计划、预测和实际客户订单的录入来安排将来各周期内要提供的产品种类和数量。它将生产计划转换为产品计划，是在平衡了物料和能力的需求后，精确到时间、数量的详细的进度计划，是企业在一段时间内的总体活动安排，是一个稳定的计划。

②物料需求计划。在主生产计划决定生产多少最终产品后，再根据物料清单，把整个企业生产的产品的数量转变为需生产的零部件的数量，并对照现有的库存量，得到还需加工多少，采购多少的最终数量。这才是整个部门真正要依照执行的计划。

③能力需求计划。在得出初步的物料需求计划之后，将所有工作中心的总工作负荷与其能力平衡后可产生详细的工作计划，用以确定生成的物料需求计划是否在企业生产能力上可行。能力需求计划是一种短期的、当前实际应用的计划。

④车间控制。这是随时间变化的动态作业计划，是将作业分配到具体的各个车间，再进行作业排序、作业管理、作业监控。

⑤制造标准。在编制计划中需要许多生产制造方面的基本信息，这些基本信息就是制造标准，包括零件、产品结构、工序和工作中心，都用唯一的代码在计算机中标识。

（3）物流管理模块

①分销管理。大致有 3 个方面的功能。

a. 对客户信息的管理和服务。

b. 对销售订单的管理。

c. 对销售数据的统计与分析。

②库存控制。它是一种相关的、动态的、真实的库存控制系统，能够结合、满足相关部门的需求，随时间变化动态地调整库存，精确地反映库存现状。具体功能包括：

为所有的物料建立库存，决定何时订货采购，同时作为采购部门采购、生产部门作生产计划的依据。

收到的订购物料、生产的产品，经过质量检验入库。

收发料的日常业务处理工作。

③采购管理。能够随时提供订购、验收的信息，跟踪和催促外购或委托外加工的物料、保证货物及时到达。建立供应商的档案，用最新的成本信息来调整库存的成本。

（4）人力资源管理模块

以往的 ERP 系统基本上都是以生产制造及销售过程为中心。因此，长期以来一直把与制造资源有关的资源作为企业的核心资源来进行管理。随着人力资源越来越被视为企业的资源之本，人力资源管理，作为一个独立的模块，被加入到 ERP 系统中，和财务、生产系统组成了一个高效且具有高度集成性的企业资源系统，它的功能如下所述。

①人力资源规划的辅助决策。对于企业人员、组织结构编制的多种方案，进行模拟比较和运行分析，并辅之以图形直观评估，辅助管理者作出最终决策。

②招聘管理。人才是企业最重要的资源。优秀的人才才能保证企业持久的竞争力。招聘系统一般从以下几个方面提供支持：进行招聘过程的管理，优化招聘过程，减少业务工作量；对招聘的成本进行科学管理，降低招聘成本；为招聘人员的岗位提供辅助信息，有效地帮助企业进行人才资源的挖掘。

③工资核算。能根据公司跨地区、跨部门、跨工种的不同薪资结构及处理流程制订与之相适应的薪资核算方法；与时间管理直接集成，能够及时更新，对员工的薪资核算动态化；通过和其他模块的集成，自动根据要求调整薪资结构及数据。

④工时管理。根据我国或当地的日历，安排企业的运作时间以及劳动系统的作息时间表；运用远端考勤系统，将员工的实际出勤状况记录到主系统中，并把与员工薪资、奖金有关的时间数据导入薪资系统和成本核算中。

⑤差旅核算。系统能够自动控制从差旅申请、差旅批准到差旅报销整个流程。并且通过集成环境将核算数据导进财务成本核算模块中去。

### 12.4.2 电子商务

1. 电子商务的概念

电子商务（Electronic Commerce，E-commerce，EC 或 Electronic Business，EB）的概念可以从广义和狭义两个方面理解。广义上，电子商务包括一切使用电子手段进行的商务活动。从这个意义上来讲，现在已经流行的电话购物、电视购物，以及超级市场中使用的售货终端机都可以归入电子商务的范围。狭义上，电子商务就是在网上开展商务活动。商务活动包括广告、交易、支付和服务等。当企业将它的主要业务通过企业内部网（Intranet）、外部网（Extranet）以及 Internet 与企业的职员、客户、供应商以及合作伙伴直接相连时，其中发生的各种活动就是电子商务。

事实上，今天还没有一个较为全面的、具有权威性的、能够为大多数人接受的电子商务的定义，许多组织、政府、公司、学术团体依据自己的理解和需要为电子商务下过不少定义，下面列举几种比较有代表性的说法。

加拿大电子商务协会认为：电子商务是通过数字通信进行商品和服务的买卖以及资金的转账，它还包括公司间和公司内利用电子邮件、电子数据交换（EDI）、文件传输、传真、电视会议、远程计算机联网所能实现的全部功能（如：市场营销、金融结算、销售以及商务谈判）。

联合国经济合作和发展组织（OECD）在有关电子商务的报告中对电子商务的定义是：电子商务是发生在开放网络上的包含企业间（Business to Business）、企业和消费者之间（Business to Consumer）的商业交易。

美国政府在其“全球电子商务纲要”中，比较笼统地指出：电子商务是通过 Internet 进行的各项商务活动，包括广告、交易、支付、服务等活动，全球电子商务将涉及世界各国。

全球信息基础设施委员会（GIIC）电子商务工作委员会报告草案中对电子商务定义为：电子商务是运用电子通信作为手段的经济活动，通过这种方式人们可以对带有经济价值的产品和服务进行宣传、购买和结算。这种交易的方式不受地理位置、资金多少或零售渠道的所有权影响，公有、私有企业、公司、政府组织、各种社会团体、一般公民、企业家都能自由地参加广泛的经济活动，其中包括农业、林业、渔业、工业、私营和政府的服务业。电子商务能使产品在世界范围内交易并向消费者提供多种多样的选择。

2. 电子商务的主要模式

从电子商务的实质内容来看，电子商务主要有企业与消费者之间、企业与企业之间、消费者与消费者之间以及企业或消费者与政府之间的电子商务 4 种模式。

(1) 企业与消费者之间的电子商务

企业与消费者之间的电子商务，即 EC in Business to Consumer（简称 B to C 或 B2C)，是以 Internet 为主要服务手段，实现公众消费或提供服务，并保证与其相关的付款方式的电子化。它随着 WWW 的出现而迅速发展，可以将其看作是一种电子化的零售。目前，在 Internet 上，从鲜花、书籍到计算机、汽车等各种商品的销售和服务站点，以及可以处理金融业务的金融机构的 Web 站点，都是企业与消费者之间的电子商务 Web 站点。Internet 的 WWW 网上有很多这一类顾客，如可以自己管理和跟踪货物的联邦快递、网上预订外卖食品的比萨屋 www. pizzahut. com 等。

(2) 企业与企业之间的电子商务

企业与企业之间的电子商务，即 EC in Business to Business（简称 B to B 或 B2B)。企业与企业之间的电子商务将是电子商务业务中的重头戏。就目前来看，电子商务最热心的推动者也是商家。因为相对来说，企业与企业之间的交易才是大宗的，是通过电子商务能够产生大量效益的地方。

就一个处于生产领域的商品生产企业来说，电子商务在以下方面进行商务活动并提高了企业的商业效率。

①供货体系。电子商务使得企业能够减少订单处理费用，缩短交易时间，减少人力占用来加强同供货商的合作关系，概括地说，就是“加速收缩供货链”。

②库存。电子商务缩短了从发出订单到货物装箱的时间，从而使企业可以保持一个较为合理的库存数量。

③安全。在电子商务中，企业的每一笔交易都有加密的电子签名并由专门的中介结构记录在案，从而保证了交易的安全性。

④运输。电子商务使得运输过程所需的各种单证，如订单、货物清单、装船通知等能够快速准确地到达交易各方，从而加快了运输过程，由于单证是标准的，也保证了所含信息的精确性。

⑤信息流通。在电子商务的环境中，信息以更快、更大量、更精确、更便宜的方式流动，并且能够被监控和跟踪。

对于一个处于流通领域的商贸企业来说，由于它没有生产环节，电子商务活动几乎覆盖了整个企业的经营管理活动，是利用电子商务最多的企业。通过电子商务，商贸企业可以更及时、准确地获得消费者信息，从而准确定货、减少库存，并通过网络促进销售，以提高效率，获取更大的利益。

(3) 消费者与消费者之间的电子商务

消费者与消费者之间的电子商务，即 EC in Consumer to Consumer（简称 C to

C或C2C)。网上拍卖和在线竞价交易是C2C模式的典型应用，例如eBay网站。消费者在网站上可以通过询价、议价、评价以及各种讨价还价的方式进行各类物品的拍卖交易。购买廉价机票是C2C最常见的应用。C2C应用模式中的一些相关问题是需要建立相互的信任，保持交易过程中物流和资金流的安全和畅通。

(4) 企业或消费者与政府之间的电子商务

企业与政府之间的电子商务，即EC in Business to Government（简写为B to G或B2G)。这种模式的电子商务应用覆盖了企业与政府之间的许多事务。例如网上报关、网上报税、网上审批、网上竞标、网上政府采购、网上产权交易、网上政策发布和信息公告等。政府通过网上的各类服务为企业创造规范的电子商务应用环境，提高了政府和企业的工作效率，也为政府本身树立了公平、公正、廉洁和高效优质服务的良好形象。

消费者与政府之间的电子商务，即EC in Consumer to Government（简写为CtoG或C2G)。这种模式的电子商务应用将消费者与政府之间的许多事务通过网络环境进行。例如网上报税、网上收税、网上身份认证、网上发放福利基金、网上社区服务、网上公益活动、网上政策发布和信息查询等。政府通过网上的各类服务为大众创造了良好的优质服务环境，提高了政府的工作效率，也密切了政府与民众的联系。

3. 电子商务系统

所谓电子商务系统，广义上讲是支持商务活动的电子技术手段的集合。狭义上讲，电子商务系统则是建立在Internet和其他网络的基础上，以实现企业电子商务活动为目标，满足企业生产、销售、服务等生产和管理的需要，支持企业的对外业务协作，从运作、管理和决策等层次，全面提高企业信息化水平，为企业提供商业智能的计算机系统。

电子商务系统是基于Internet并支持企业价值链增值的信息系统。电子商务系统和网站是两个不同的概念，网站仅仅是电子商务的一个部分。电子商务系统不仅包括企业开展商务活动的外部电子化环境，而且还包括企业内部商务活动的电子化环境，这两部分必须结合起来才能满足企业在Internet上开展商务活动的需要。

(1) 电子商务系统的框架结构

电子商务系统的基本框架由社会环境、网络环境、硬件环境、软件及开发环境、商务服务环境和电子商务服务6大部分组成。

①社会环境。电子商务系统同其他系统一样需要特定的法律环境，而且这一系统对法律、国家政策等的依赖性更大。例如，对于电子交易，发生商务纠纷时，能够利用电子契约作为法律证据；再有，为刺激网络经济的发展，美国规定对通过Internet进行的商品交易的税收减免，因而Internet上交易的产品价格明显比传统

市场交易的低廉。所以，电子商务系统的存在和发展必须以特定的法律、税收政策来规范。同时，国家也需要制定相应的政策，鼓励甚至引导电子商务系统的建设。

②网络环境。网络环境是电子商务系统的底层基础。一般而言，电子商务的开展可以利用电信网络资源，同时也可以利用无线网络和原有的行业性数据通信网络，例如铁路、石油、有线广播电视网络等。在电子商务系统中，应用系统大体都构建在公共数据通信网络基础上。

③硬件系统。计算机主机和外部设备构成电子商务系统的硬件环境平台。

④软件及开发环境。软件及开发环境包括了操作系统、网络通信协议软件、开发工具等。这一环境为电子商务系统的开发、维护提供平台支持。

⑤商务服务环境。商务服务环境为特定商务应用软件的正常运行提供保证，为电子商务系统提供软件平台支持和技术标准。商务服务环境和应用软件的差别主要体现在：商务服务环境提供公共的商务服务功能，例如资金转账、订单传输、系统安全管理等，这些公共的服务和具体业务关系并不密切，具有一般性，基本上任何企业的商务活动都需要这些服务支持。而应用软件则主要实现某一企业特定的功能。

（2）电子商务系统的基本组成

电子商务系统的框架还可以从技术系统的角度进一步细化，其基本组成为企业内部信息系统、电子商务基础平台、电子商务服务平台、电子商务应用系统、电子商务应用表达平台和安全保障环境。

①企业内部信息系统。这一部分主要实现的是企业内部生产管理的电子化，负责完成企业生产过程中的信息处理、信息管理，并为生产和管理提供决策依据。企业内部系统利用 TCP/IP、Web 等 Internet 技术构造，它面对的是企业内部的用户。一般而言，除企业内部 EDP（电子数据处理）、MIS 和 DSS 系统外，还包括支持企业内部工作流（Work Flow）的办公自动化系统（OA）。

②电子商务基础平台。电子商务基础平台为企业的电子商务应用提供运行环境和管理工具及内部系统的连接。它是保证电子商务系统具有高扩展性、集中控制、高可靠性的基础。电子商务基础平台一般包括以下组成部分：

a. 负荷均衡。

b. 连接、传输管理。

c. 事务管理。

d. 网站管理。

e. 数据管理。

f. 安全管理。

③电子商务服务平台。该部分的基本作用是为电子商务系统提供公共的服务，通过集成一些成熟的软件产品向企业提供一些公共的商务服务，为企业的商务活动提

供支持，增强系统的服务功能，简化应用软件的开发。这一部分主要包含以下内容：

a. 支付网关接口。

b. 认证（CA）中心接口。

c. 客户关系管理（CRM）。

d. 内容管理（Content Management）。

e. 搜索引擎（Search Engine）

f. 商务智能工具（Business Intelligent Tools）。

④电子商务应用系统。该部分是电子商务系统的核心，它对企业电子商务活动提供具体的支持。前面所阐述的各个部分都是为该部分提供不同的环境和技术支持。电子商务应用系统一般是在 Web Server 上，由应用开发人员根据企业特定的应用背景和需要来建立的，它实现企业应用逻辑所需要的各种功能。

⑤电子商务应用表达平台。这一部分在整个系统的顶层，面向电子商务系统的最终用户。电子商务系统的表达平台有两个基本功能：第一是作为与用户的接口，接受用户的各种请求，并传递给应用系统；第二是将应用系统的处理结果以不同的形式进行表达，并将其提供给不同的用户信息终端。

⑥安全保障环境。安全保障环境不仅仅是技术或产品问题，它实际上是保障企业商务活动安全的一整套方案。它包括安全策略、安全体系、安全措施等内容。安全策略是企业保障其电子商务系统安全的指导原则集合，包括对避免非法入侵、减少安全隐患、控制存取内容、访问授权、受攻击后的响应等方面的策略，并定义软件和技术设备的选用及评判标准、系统需要的技术规范等。安全体系由保证系统安全所需要的技术和设备构成，一般包括网络的物理安全、访问控制安全、系统安全、用户安全、信息加密、安全传输和安全管理等。安全措施是安全策略及安全体系下所采取的具体手段。

#### 4. 电子商务与企业资源计划（ERP）的关系

(1) 电子商务与 ERP 的关系

如前所述，在电子商务发展过程中，建筑企业核心业务管理和应用系统阶段最有代表性的环节是企业内部的资源计划系统 ERP。而 ERP 不是机械地适应企业现有的流程，而是对企业流程中不合理的部分提出改进和优化建议，并可能导致组织机构的重新设计和业务流程的重组。由此而见，电子商务是建立在 ERP 的基础之上，也即 ERP 是企业实施电子商务的支撑系统。

从另一个角度讲，电子商务与 ERP 又可以被归于同一个层次的应用，只是侧重点不同，ERP 主要针对企业内部的管理，而电子商务则以与外部交互为主。总之，电子商务与 ERP 之间存在着种种密切的联系。

电子商务与 ERP 的关系体现在以下 3 个方面。

①基于供应链的兼容性。一般来说，企业中存在物流、资金流和信息流。其中，信息流不是孤立存在的，它与物流和资金流密切相关，反映了物资和资金在流动前、流动中和流动后的状况。对应于这3种流分别存在3种供应链，即物资供应链、资金供应链和信息供应链。

由于电子商务主要涉及到采购与销售业务，因此，网上采购部和网上销售部将成为企业新的物流与资金流的一部分。虽然ERP首先使用了供应链管理思想，但供应链并不依赖于ERP而存在，供应链是企业的一种客观存在，任何企业应用系统都可以使用供应链管理的思想与方法。这样，通过组织结构和业务流程的重组，电子商务就可以纳入到供应链中。

②基于业务流程的辅助性。ERP系统作用于企业的整个业务流程，它的应用层次有3个：决策层的数据查询与综合分析、中间层的管理与控制、作业层的业务实现。而电子商务则可以为各个层次提供辅助性支持，例如，对于作业层而言，可以为市场营销提供网上广告发布、网上消费问卷调查等辅助手段。

③基于应用的互补性。根据企业目前的内外部条件，企业在引进电子商务时，不会完全摒弃传统的采购与销售模式，而是两种模式、两个系统的共同存在和互为补充。

(2) 电子商务与ERP的整合

制造或生产企业使用电子商务是至关重要的，因为它可以减少流通环节，降低交易成本；加快资金周转速度；提高市场营销能力，拓展国内外市场；方便客户信息记录，改善客户服务体系，增强客户关系管理，促进企业从面向生产的管理转为面向市场的管理。

电子商务与ERP的整合可以通过以下途径实现。“整合”是从企业管理学中借用而来，是指企业根据发展战略和业务流程，合并、撤销或增加一些业务部门，包括水平整合和垂直整合。电子商务与ERP的整合需要有业务流程重组相配合，同时，也要求应用软件各模块的合理划分和有机集成。

在实现两者整合时，ERP方面应优先考虑采购、生产计划、市场营销、销售、库存、财务等与物流、资金流密切相关的模块，电子商务方面应考虑网站管理、网上销售、网上采购和网上资金收付等模块，把这些模块集成到一起，构成一个新的应用系统，即为整合系统。整合系统要为今后模块的扩充留有接口。

在进行系统设计时，要充分考虑到：传统销售模式和网上销售模式都必须能够为市场需求和供给分析提供数字依据，两种模式可以共享现有的和未来的数据库，两种模式下的资金收入与支出都应该反映到财务分析中去。

在两种模式并存的情况下，如果制造业的电子商务与ERP不进行整合，就很难保证企业物流、资金流和信息流的有机统一，也很难保证数据的一致性、完整性和准确性。

新的整合系统可以分为7个层次，即网络层、数据库层、公共层、总线层、中间件层、表现层和应用层。电子商务与ERP的整合不仅需要应用层各模块的重新组合与集成，而且也必须有数据库层和操作系统层来作支持。开放式数据库互联（ODBC）和不同操作系统间的互访性则可以为电子商务与ERP的整合提供技术支撑平台。

总之，把电子商务和ERP企业资源计划的整合系统引入企业，既是一种技术上的创新，也是一种经营管理上的创新，可以为企业提供强大有效的网上业务辅助支持。

### 12.4.3 业务流程重组（BPR）

#### 1.业务流程重组的概念

业务流程重组（Business Process Reengineering，BPR）最早是由美国的Michael Hammer和Jame Champy提出的，在20世纪90年代达到全盛的一种管理思想。Michael Hammer对业务流程重组是这样定义的：企业流程再造工程是对企业的业务流程做根本性的思考和彻底重建，其目的是在成本、质量、服务和速度等方面取得显著的改善，使得企业能最大限度地适应以顾客（Customer）、竞争（Competition）、变化（Change）为特征的现代企业经营环境。

Michael Hammer强调以业务流程为改造对象和中心，以关心客户的需求和满意度为目标，对现有的业务流程进行根本的再思考和彻底的再设计，利用先进的制造技术、信息技术以及现代化的管理手段，最大限度地实现技术上的功能集成和管理上的职能集成，以打破传统的职能型组织结构，建立全新的过程型组织结构，从而实现企业经营在成本、质量、服务和速度等方面的戏剧性改善。在这个定义上，“根本性”、“彻底性”、“戏剧性”和“流程”是应关注的4个核心内容。

#### 2.业务流程重组的类型

根据流程范围和重组特征，可将BPR分为以下3类。

(1) 功能内的BPR

功能内的BPR通常是指对职能内部的流程进行重组。在传统的管理体制下，各职能部门机构重叠、层次繁多，而这些中间管理部门一般只执行一些非创造性的统计、汇总、填表等工作，计算机完全可以取代这些业务而将中间层取消，使每项职能从头至尾只有一个职能机构管理，做到机构不重叠、业务不重复。例如物资管理由分层管理改为集中管理，取消二级仓库；财务核算系统将原始数据输入计算机，全部核算工作由计算机完成，变多级核算为一级核算等。

(2) 功能间的BPR

功能间的BPR是指在企业范围内，并跨越多个职能部门边界的业务流程重组。例如北京某企业进行的新产品开发机构重组，以开发某一新产品为目标，组织集设计、工艺、生产、供应、检验人员为一体的承包组，打破部门的界限，实行团队管理，以及将设计、工艺、生产制造并行交叉的作业管理等。这种组织结构灵活机动，适应性强，将各部门人员组织在一起，使许多工作可平行处理，从而可大幅度地缩短新产品的开发周期。

(3) 组织间的BPR

组织间的BPR是指发生在两个以上企业之间的业务重组，如通用汽车公司(GM)与SATURN轿车配件供应商之间的购销协作关系就是企业间BPR的典型例子。GM公司采用共享数据库、EDI等信息技术，将公司的经营活动与配件供应商的经营活动连接起来。配件供应商通过GM的数据库了解其生产进度，拟订自己的生产计划、采购计划和发货计划，同时通过计算机将发货信息传给GM公司。GM的收货员在扫描条形码确认收到货物的同时，通过EDI自动向供应商付款。这样，使GM与其零部件供应商的运转像一个公司似的，实现了对整个供应链的有效管理，缩短了生产周期、销售周期和订货周期，减少了非生产性成本，简化了工作流程。这类BPR是目前业务流程重组的最高层次，也是重组的最终目标。

### 3.业务流程重组的实施步骤

业务流程重组是一种管理理念，然而它的实现仍然需要有一个严谨的方法来完成，这一点对于实施业务流程重组来说是非常重要的。其实施过程可分为以下几个步骤。

(1) 分析现有业务流程

企业在实施业务流程重组以前，首先要根据企业现行的业务流程，绘制细致而明晰的业务流程图，从以下几个方面分析现行业务流程的问题。

①寻找现有流程中增加管理成本的主要原因，组织结构设计不合理的环节，分析现存业务流程的功能、制约因素以及表现的关键问题。

②根据市场、技术变化的特点及企业的现实情况，分清问题的轻重缓急，找出业务流程再造的切入点。

③根据市场的发展趋势以及客户对产品、服务需求的变化，对业务流程中的关键环节以及环节的重要性重新定位和排序。

(2) 设计新的流程改进方案

企业设计新的流程改进方案的原则是尽量对流程进行简化和优化，可以从如下几个方面着手：

①将现在的多项业务合并为一。

②业务流程的各个步骤按其自然顺序进行。

③权力下放，压缩管理层次，给予员工参与决策的权力。

④为同一种工作流程设置若干种进行方式。

⑤工作应当超越组织的界限，在最适当的场所进行。

⑥变事后管理为事前管理，尽量减少检查、控制、调整等管理工作。

⑦该串行工程为并行工程。

此外，企业还要对提出的多个业务流程改进方案从成本、效益、技术条件和风险程度等方面进行评估，从中选取可行性最强的方案。

（3）形成系统的业务流程重组方案

企业业务流程的实施要以相应的组织结构、人力资源配置方式、业务规范、沟通渠道、甚至企业文化作为保证，出于这样的原因，企业必须以流程改进为核心，形成系统的业务流程重组方案，方能达到目的。具体而言，企业可以从以下以个方面进行：

①组建自主的、多功能化的工作小组，引入项目小组的工作方式。

②改革生产管理者和监督人的角色。

③缩小组织各单元的规模。

④引入质量小组的方式。

⑤精简某些管理层。

⑥实行员工持股计划以及与业绩挂钩的弹性的薪资制度。

⑦弘扬团队精神。

⑧重新确立公司目标，完善使命宣言。

⑨基于企业价值观和工作态度的培训，提高全面质量管理的责任感。

（4）组织实施与持续改善

企业在实施业务流程重组方案的过程中，必然会触及原有人员的利益。为此，企业必须精心组织、谨慎推进 BPR 的实施过程，要在组织内形成共识，保证业务流程重组的顺利进行。

### 12.4.4 供应链管理

#### 1. 供应链管理的概念

对于供应链这一复杂系统，要想取得良好的绩效，必须找到有效的管理方法，供应链管理的思想就是在这种环境下提出来的。在某些行业中，供应链管理还被称作快速响应（Quick Response，QR）、有效消费者响应（Efficient Consumer Response，ECR）、供应链同步（Supply Chain Synchronization）和持续补货（Continuous Replenishment）。

和供应链一样，国内外相关领域的研究人员也从不同角度对供应链管理进行了定义。综合这些定义，我们认为，供应链管理是一种集成的管理思想和方法，用于对供应链中从供应商到最终用户的各个节点进行协调、管理和控制，其目的是使商品（或服务）以正确的数量、在正确的地点和正确的时间递交给最终用户，以最小的系统范围成本满足最终用户的需求。

2. 供应链管理的内容

供应链管理涉及供应链的物流、信息流、资金流和工作流。供应链管理是以同步化、集成化计划为指导，以系统工程、运筹学、管理技术、信息技术和通信技术等为支持，尤其以 Internet、Intranet 为依托，围绕供应、生产作业、物流和需求来实施。供应链管理主要包括计划、合作、控制从供应商到用户的物料和信息。供应链管理的目标在于提高用户服务水平和降低总的交易成本，并且寻求两个目标之间的平衡。

供应链管理可细分为职能领域和辅助领域。职能领域主要包括产品工程、产品技术保证、采购、生产控制、库存控制、仓储管理、分销管理。而辅助领域主要包括客户服务、制造、设计工程、会计核算、人力资源、市场营销。

供应链管理关心的并不仅仅是物料实体在供应链中的流动，除了企业内部与企业之间的运输问题和实物分销之外，供应链管理还包括以下主要内容：

①战略性供应商和用户合作伙伴关系管理。

②供应链产品需求预测和计划。

③供应链的设计。

④企业内部与企业之间物料供应与需求管理。

⑤基于供应链管理的产品设计与制造管理、生产集成化计划、跟踪和控制。

⑥基于供应链的用户服务和物流管理。

⑦企业间资金流管理。

⑧基于 Internet、Intranet 的供应链交互信息管理等。

供应链管理注重总的物流成本与用户服务水平之间的关系，为此要把供应链各个职能部门有机地结合在一起，从而最大限度地发挥供应链整体的力量，达到供应链企业群体获益的目的。

3. 供应链管理系统的组成

一个典型的供应链管理系统由需求计划、物流网络设计、存货配置、销售与营销区域划分、分销资源计划（DRP）、物料需求计划（MRP）、产量或供应计划、采购管理、库存管理、车辆计划、生产地点选址和设施布置、提前期报单、生产计划和人力计划等部分组成。

（1）需求计划

需求预测在许多供应链决策中都占据着相当重要的地位。一般来说，我们需要考虑关于条款、需求的稳定性、促销期望的完全信息、特殊产品状况等的历史数据，并且在此基础上利用各种统计技术做出预测。

（2）物流网络设计

物流网络设计包括仓库和工厂位置的确定、仓库周围零售商和顾客的配置等。物流网络设计通常需要输入的数据包括备选位置、运输成本、总需求预测等。在建议物流网络设计方案时可以使用启发式和优化的运算法则。此外，并不是所有的标准都能够被量化，因此决策者最终还需要依靠他的判断。

（3）存货配置

存货配置是指企业对在什么时间、在哪个仓库、保持何种库存作出决策。在这里，运输成本、需求预测和现有库存被用来决定在每一时间每一位置保持存货的水平，并且也可以使用优化和启发式的运算法则来生成建议策略。

（4）销售与营销区域划分

销售区域的划分既需要使销售额最大化，又需要使顾客和销售代表都保持满意。销售区域划分的决策支持系统将顾客位置和需求预测作为输入，销售区域的设计要根据决策者所选定的一系列目标进行。

（5）分销资源计划

对于一组仓库和零售商，此模型用来确定合适的配送路线和存货政策。如果给定仓库和零售商的位置、存货和运输成本以及每一零售点的需求预测，此系统可以利用分析工具来确定以最低的成本向顾客提供高水平服务的策略。

（6）物料需求计划（MRP）

MRP 系统利用产品的物料清单和零部件的提前期来计划何时开始制造某产品。

（7）产量或供应计划

确定生产多少以及在哪里生产是同样重要的。产量或供应计划是一个复杂的任务，它需要在战略、战术和运作三个方面做出计划。尽管这些计划层次是依靠时间来划分并且又是相互关联的，但是这种关联性使制订有效计划的难度增加了。此外，同需求计划一样，有效的供应计划需要从供应链的许多不同环节来收集信息，反过来，这些计划又会影响供应链中的许多不同环节。

（8）采购管理

采购是许多企业的重要活动。有效的采购管理包括管理供应商数据库，发送投标邀请，跟踪出厂产品和订单的状态。此外，在许多情况下，采购公司需要重新设计它的内部物流网络。

（9）库存管理

当企业持有许多不同种类的存货时，管理那么多存货就变得相当困难了。库存管理系统能够运用运输和持有成本信息以及生产提前期和项目需求来制订库存政策，从而帮助决策者达到降低成本与提高服务客户质量的目标。

(10) 生产地点选址和设施布置

许多制造商都有一个生产设施网络，网络上的每一个点分别生产不同的产品或者是同一产品的不同部件。设施布置决策支持系统将生产成本、提前期、运输成本及需求预测作为输入数据，针对生产设施来分配不同的产品或部件。在工作时，这些决策支持系统经常将人工智能和数学技术结合在一起使用。

(11) 车辆计划

车辆计划不仅包括企业自有车辆的派遣，而且也包括在某些线路上商业车辆的选择。车辆选择中的一个重要组成部分是车辆的路线安排，有动态和静态两种系统。在静态系统中，每日的路线是早上就计划好，同样每周的路线在那一周的开始也就安排好了，每日或者每周的路线是不会改变的；然而在动态系统中，自每日或每周计划完成后，路线就在不断变化。

(12) 提前期报单

在许多制造过程中，销售代表经常从电话上收到客户的订单，这时他们能够立刻报出交货的提前期。过去，销售代表通常尽可能地报出较长的提前期以确保生产能够满足提前期的要求。然而现在，通过考虑当前的生产计划、制造时间及运送时间，提前期报单系统则能够报出某一特定订单的确切交货提前期，因此这一交货提前期就有可能是较短的。有时销售代表还需要判断一下订单的重要性，如果他认为某一订单没有其他订单重要，那么他就可以报出比提前期报单系统还晚的交货提前期，从而为将来报出更短的交货提前期留出一条后路。

(13) 生产计划

给定所要生产的产品系列、生产流程、产品的到期日期，生产计划系统可以制订产品的生产次序及计划。生产计划系统可以利用人工智能、数学及模拟技术来订定生产计划。基于优化技术的生产计划系统使用运算法则来使某些目标最大化或最小化。利用这一法则系统可以模拟生产过程，并且决策者可以看到模拟的结果。

(14) 人力计划

同样，给定生产（或服务）计划、劳动力成本、工作流程等信息，人力计划系统可以做出一些可行的员工计划，以保证在任何时间以最低的成本提供所需的劳动力。

### 12.4.5 客户关系管理（CRM）

#### 1.客户关系管理的内涵与管理思想

客户关系管理是一种“以客户为中心”的经营管理策略。它综合运用现代管理学、市场营销学和信息技术，对企业的销售、市场营销、客户服务与支持等与客户相关的业务流程进行全面管理和优化整合，达到提高工作效率、缩短销售周期、降低销售成本、提高客户忠诚度和保有率等目的，并通过对客户购买行为和价值取向的分析，为企业挖掘新的销售机会，对未来产品发展方向提供科学量化的指导依据，使企业在快速变化的市场中保持可持续发展能力，从而全面提升企业的赢利能力和竞争能力。

客户关系管理（CRM）内涵有两个层次：首先是一种现代的经营管理理念，其次是一套软件、系统和技术。其核心是客户，CRM 的直接目的是为了留住客户和争取到更多的客户，企业所有经营活动和业务流程的设置都是为了让客户满意。

（1）CRM 的管理思想

众所周知，蒸汽机革命使得人类社会从农业经济时代进入到工业经济时代。工业经济时代，整个社会的生产能力不足、商品匮乏，企业依据“劳动分工”原理组织规模化大生产，以便提高劳动效率和最大限度地降低成本，同时通过建立质量管理体系以控制产品质量，从而获得市场竞争优势。可以说，工业经济时代是以“产品”生产为导向的“卖方市场”经济，也可以说是产品经济时代。企业管理最重要的指标是成本控制和利润最大化。

工业经济时代生产力的不断发展，逐步改变了全社会生产能力不足和商品短缺的状况，并导致全社会生产能力过剩、商品极大丰富。社会经济开始进入“买方市场”。这时，客户选择空间及选择余地显著增大，客户需求开始呈现出个性化特征。只有最先满足客户需求的产品才容易卖出去，市场竞争变得异常残酷。企业管理不得不从过去的“产品”导向转变为“客户”导向，只有快速响应并满足客户个性化与瞬息万变的需求，企业才能在激烈的市场竞争中得以生存和发展。标准化和规模生产方式开始让位于多品种小批量的生产方式，企业取得市场竞争优势最重要的手段不再是成本，而是技术的持续创新，企业管理最重要的指标也从“成本”和“利润”转变为“客户满意度”。至此，企业的管理思想开始从“以产品为中心”转变到“以客户为中心”。

（2）客户关系管理（CRM）的目标

CRM 的目标可以归纳为三个方面：提高效率、拓展市场和保留客户。

所谓提高效率，就是通过采用信息技术，提高业务处理流程的自动化程度，实现企业范围内的信息共享，使原本“各自为战”的销售人员、市场推广人员、电话服务人员、售后维修人员等开始真正地协调工作，成为围绕“满足客户需求”这一中心要旨的强大团队，提高企业员工的工作能力，使企业内部能够更高效地运转，降低企业经营成本。

所谓拓展市场，就是通过新的业务模式的整合，扩大企业经营活动范围，及时把握新的市场机会，占领更多的市场份额。

所谓保留客户，就是客户可以选择自己喜欢的方式同企业进行交流，方便地获取信息并得到更好的服务，提升客户满意度和利润贡献度，帮助企业保留更多的老客户，并更好地吸引新客户。

(3) CRM的关注对象

CRM关注的对象是“客户”。CRM中的“客户”是指所有与企业有互动行为的共同利益群体。广义上的定义，包括直接客户、合作伙伴或分销商等所有与所提供的产品有关的企业或个人。

(4) CRM涉及的企业人员

CRM作为一种经营策略和一套软件系统，涉及到企业方方面面的人员。除其日常工作与客户密切相关的销售人员、营销人员、电话服务人员、售后维修人员之外，还与企业设计、生产、质量、财务等部门的相关人员有关。

(5) CRM的技术体系

CRM除了包含一套管理理念，其次还需一套软件系统和技术。没有信息技术的支持，CRM工作的效率将难以保证，CRM的管理理念也就失去了落脚点。CRM需要现代管理学、营销学、网络技术、数据库技术、软件技术、数据挖掘技术、决策支持技术、多媒体技术、语音集成技术、知识管理技术等多学科技术的支持。

2. 客户关系管理实施阶段

为了使企业赢得客户的高度满意，建立与客户的长期良好关系，比竞争对手提供更廉价、更独特、更集中、更快捷以及更符合客户要求的服务来赢得竞争优势，企业应该开展多方面的工作：客户分析、企业对客户的承诺、客户信息交流、以良好的关系留住客户、客户档案管理、客户反馈信息管理、客户服务与教育、开展与客户合作。并且要把这些基本工作整合到有效的客户关系管理实施流程中去。

客户关系管理实施可分以下几个阶段。

(1) 制订CRM战略

制订CRM战略包括如下几个方面：

①收集客户数据的方案；

②使用外部数据的方案；

③构建、使用CRM的方案。

(2) 建立数据库框架

企业通过营销数据库的建立，选择和收集大量的客户和潜在客户数据，了解这些消费者的状况，从而进行有针对性的沟通。营销数据库还可以反映出与竞争者有关联的客户特征，进而分析竞争者的优势和缺点，改进营销策略，提供比竞争者更好的产品和服务，增进客户满意度。建立数据库框架包括如下几个方面：

①建立 Data ware house 框架；

②建立客户数据库；

③使用模块化软件，具有扩展性和灵活性。

(3) 建立 CRM 系统

CRM 系统包括如下几个方面：

①信息分析系统；

②渠道管理系统；

③建立系统目标和开发方向。

3. CRM 的实施步骤

通过对企业实施客户关系管理的案例分析，以及在如按上节所述的企业在确立实施客户关系管理的指导思想和规划出合适的实施阶段后，CRM 的实施步骤可以按以下的几个步骤进行。

(1) 客户管理要获得高层的支持

以客户为中心是公司生存的根本所在，而不仅仅是某个部门的责任。客户关系管理的建立涉及到公司的诸多业务领域，如销售、营销、客户服务、财务、制造、库存、分销等。客户关系管理的实施，除其核心作用被广泛理解外，更重要的是要获得高层的支持。

(2) 组成客户管理小组

项目的实施要由高效的项目小组来进行。CRM 项目小组由公司内部及外部人员共同组成。一般来说应包括高层领导、销售和营销部门人员、IT 部门人员、财务人员，特别还要包括所有最终用户的代言人。

(3) 实现的目标

客户管理的目的是为了建立良好的客户关系，培养忠诚的客户群，因此客户关系管理要实现以下几个方面的目标。

①市场的不断变化使人们的消费观念处于不断的变化中，企业如何才能掌握更多的信息，才能把握住市场脉搏，赢得消费者的青睐。

②市场竞争愈演愈烈，为维持现有的客户，建立起忠诚的客户群，企业需要做到让客户更方便。IT 技术使得人们可以方便地获得各种信息，辨别产品和服务以及随时随地的进行消费选择。因此，在现代信息技术非常发达的情况下，企业就必须对市场需求和变化快捷地做出反应，赢得客户。

(4) 客户管理的具体内容

在上面的实施步骤中，说明了实施客户关系管理的主要内容。除此之外，还应该根据各个部门的具体调查，了解具体情况：所在部门的职责、如何与客户进行互动、如何更好的了解客户、当前应获得的主要信息、如何增强与客户的沟通、主要以何种方式与客户进行信息交流、如何对潜在客户进行跟踪。通过调查和业务分析来发现哪些业务领域需要自动化，业务流程需要改善，最终可以决定实施的CRM解决方案的技术特点。

(5) 合适的客户管理方案

从事不同行业的企业，应该根据自身特点选择一套合适的方案。选择合适方案一般可以分为两步。

①从哪里开始寻找CRM解决方案。实施客户管理的企业很多，企业应借助媒体多方去了解、搜集信息，然后进行综合总结多套不同的客户关系管理方案。另外，现在市场的很多策划咨询公司，借助他们也可以获得客户关系管理方面的资料。

②如何判断CRM解决方案是否适合企业的要求。一个复杂的客户管理方案有三个重要的因素：软件、经销商和经费。这三个要素紧密地结合在一起，才能实现CRM的成功。在对这三个方面进行详细考察后，结合公司的实际情况，从备选方案中寻找最后的实施方案。

(6) 绩效考核

为有效实施客户关系管理，提高客户忠诚度，就应该限时对客户关系管理进行考核。采取或不采取客户关系管理，有时单从表面销售业绩看不出好坏。因此，客户关系管理的基本指标应按以下几个方面来考核：新增客户量、流失客户量、升级客户量、客户平均盈利能力。其中升级客户量的指标是客户关系管理的新内容，不断升级的客户给企业带来诸多的好处。因为客户升级就是客户满意，客户升级的最终目标是客户成为企业、品牌的忠诚客户。

(7) 流程改进与维持

有效的客户关系管理流程将大大增强企业的客户关系改进与维持能力，通过绩效评估，检验流程的运行情况，对不尽如人意的环节要进行改进。

## 本章小结

本章在介绍企业信息化及其分类、企业信息化发展过程的基础上，具体阐述了建筑企业信息化系统的结构和内容，建筑企业信息化实施的基础、原则、步骤以及应注意的问题，并列举了建筑企业实施信息化的具体表现。

企业信息化是指挖掘先进的管理理念，应用先进的计算机网络技术去整合企业现有的生产、经营、设计、制造、管理，及时为企业的战术、战略决策、经营运作和管理提供准确而有效的数据信息，以便对市场需求做出迅速反应，其本质是提升企业的核心竞争力。企业信息化建设作为一个动态的发展过程，不同阶段要采用不同的模型，主要有诺兰模型、系统进化模型和渐进式模型。

建筑企业信息化一般采用拓扑结构，其结构类型主要有总线式结构、星形结构、环状结构和网状结构。企业信息化建设也涵盖了从产品、设计、生产过程、企业管理到市场经营等5个方面的信息化内容，在辅助基层业务处理、企业管理决策等应用方面都起到了重要作用。

建筑企业要成功实施信息化，就需要有领导的大力支持、完善的管理制度、跨部门的管理团队、广大职工的积极参与作为基础。在实施信息化时应遵循利益最大化、稳定性与灵活性相结合、长期性与阶段性相一致、面向使用端的实用性、系统性和模块化相结合以及应具备自我诊断和自我完善的机能等原则。建筑企业信息化的实施要按照明确信息化的内容、明确信息流程、信息节点的设置、信息平台的选取、人员的培训、系统试运行以及信息系统的改进完善等7大步骤进行。建筑企业信息化实施过程中还应注意控制信息化建设的成本、掌握信息化建设的时机、明确信息系统的辅助决策功能、保证信息系统中的信息安全以及实现信息化建设中的信息价值增值等几个事项。

建筑企业信息化建设的具体表现，典型的有企业资源计划（ERP）、电子商务、业务流程重组、供应链管理和客户关系管理等。企业资源计划（ERP）是指建立在信息技术基础上，以系统化的管理思想，为企业决策层及员工提供决策运行手段的管理平台。企业资源计划（ERP）是信息技术和管理思想不断发展、结合的产物。电子商务是建立在企业资源计划（ERP）的基础之上的，即企业资源计划（ERP）是企业实施电子商务的支撑系统。而把电子商务和企业资源计划整合系统引入企业，既是一种技术上的创新，也是一种经营管理上的创新，可以为企业提供强大有效的网上业务辅助支持。业务流程重组、供应链管理和客户关系管理则是企业信息化建设的高级阶段，是企业经营管理的一种思想和方法，是保持企业可持续发展，维持企业竞争力的一种经营策略。

## 复习思考题

1. 简述企业信息化的概念及分类。
2. 企业信息化的发展过程有哪几种模型？
3. 简述信息化对建筑企业的影响。
4. 简述建筑企业信息化的一般内容和具体应用。
5. 简述信息化结构类型及其特点。
6. 简述建筑企业信息化建设的基础、原则和步骤。
7. 在企业信息化建设中，应注意哪些问题？
8. 简述ERP和电子商务的概念及其相互关系。
9. 简述业务流程重组的概念及其步骤。

# 参 考 文 献


[1] 韩同银，刘庆凡．建设项目施工组织与管理．北京：中国铁道出版社，2000.

[2] 刘伊生．建筑企业管理．北京：北方交通大学出版社，2001.

[3] 郭峰．工程项目管理．贵阳：贵州科技出版社，2003.

[4] 张旭梅，但斌，刘飞．企业信息化工程．北京：科学出版社，2003.

[5] 刘强，傅德彬．SCM 实施宝典．北京：国防工业出版社，2004.

[6] 甘利人．企业信息化建设与管理．北京：北京大学出版社，2001.

[7] 杨学山．企业信息化建设与管理：北京：北京出版社，2001.

[8] 方美琪．电子商务概论，北京：清华大学出版社，1999.

[9] 马士化，林勇，陈志详．供应链管理．北京：机械工业出版社，2000.

[10] 张毅．制造资源计划 MRP-II 及其应用．北京：清华大学出版社，1997.

**图书在版编目（CIP）数据**

建筑企业经营管理/张涑贤等主编．—北京：人民交通出版社，2007.2

ISBN 978-7-114-06309-1

I. 建… II. 张… III. 建筑工业—工业企业管理—教材 IV. F407.96

中国版本图书馆 CIP 数据核字（2006）第 146701 号

书　　名：建筑企业经营管理
著 作 者：张涑贤　姜早龙
责任编辑：王　霞（wxccpress@126.com）
出版发行：人民交通出版社
地　　址：（100011）北京市朝阳区安定门外外馆斜街 3 号
网　　址：http://www.ccpress.com.cn
销售电话：（010）59757973
总 经 销：人民交通出版社发行部
经　　销：各地新华书店
印　　刷：北京市密东印刷有限公司
开　　本：720×960　1/16
印　　张：33
字　　数：611 千
版　　次：2007 年 2 月　第 1 版
印　　次：2019 年 1 月　第 7 次印刷
书　　号：ISBN 978-7-114-06309-1
定　　价：39.00 元